i

为了人与书的相遇

B<small>ETTANY</small>
H<small>UGHES</small>

ISTANBUL
A T<small>ALE OF</small> T<small>HREE</small> C<small>ITIES</small>

伊斯坦布尔
三城记

[英] 贝塔妮·休斯　著

黄煜文　译

上海三联书店

ISTANBUL: A TALE OF THREE CITIES by Bettany Hughes
Copyright © Bettany Hughes 2017
First published by Weidenfeld & Nicolson, an imprint of the Orion Publishing Group, London
Published by arrangement with Orion Publishing Group via The Grayhawk Agency
Simplified Chinese edition copyright © 2019 Beijing Imaginist Time Culture Co., Ltd.
All rights reserved.

地图审图号：GS（2018）5298号
著作权合同登记图字：09-2018-1180号

图书在版编目（CIP）数据

伊斯坦布尔三城记 /（英）贝塔妮·休斯著；黄煜文译 .
—上海：上海三联书店，2019.10（2023.1 重印）
ISBN 978-7-5426-6707-6

Ⅰ . ①伊… Ⅱ . ①贝… ②黄… Ⅲ . ①城市史—伊斯坦布尔 Ⅳ . ① K937.4

中国版本图书馆 CIP 数据核字 (2019) 第 133401 号

伊斯坦布尔三城记

［英］贝塔妮·休斯著；黄煜文译

责任编辑 / 殷亚平
特约编辑 / 罗丹妮　王天仪　张璇硕
责任校对 / 张大伟
责任印制 / 姚　军
内文制作 / 大观世纪

出版发行 / 上海三联书店
　　　　　（200030）上海市漕溪北路331号A座6楼
邮购电话 / 021-22895540
印　　刷 / 山东临沂新华印刷物流集团有限责任公司

版　　次 / 2019 年 10 月第 1 版
印　　次 / 2023 年 1 月第 3 次印刷
开　　本 / 1420mm×960mm　1/16
字　　数 / 690千字
印　　张 / 43.5
书　　号 / ISBN　978-7-5426-6707-6/K·535
定　　价 / 138.00元

如发现印装质量问题，影响阅读，请与出版社发行部门联系调换。

献给给予我身体和灵魂以力量的简与卡尔。

献给给予我希望的罗宾·莱恩·福克斯，

和那些无法再行走在伊斯坦布尔街头的人们。

一枚钻石镶嵌在两颗蓝宝石与两颗祖母绿之间……这只戒指上的宝石，象征着统治整个世界的至高无上的权力。

—— "奥斯曼之梦"（The Dream of Osman），1280 年 [1]

这些人从未到访过君士坦丁堡，直至他们目不转睛地凝视着眼前这座城市，完全无法想象，世上竟有这等地方。

—— 杰弗里·德·维尔阿杜安（Geoffrey de Villehardouin），

在第四次十字军东征途中，1204 年 [2]

一个人若只能看这世界一眼，这一眼应该看向伊斯坦布尔。

—— 阿尔方斯·德·拉马丁（Alphonse de Lamartine），

诗人、作家与政治家，1790 年—1869 年 [3]

喔，我的上帝！让这座城市繁盛，直至时间的尽头。

—— 苏丹穆拉德四世（Sultan Murad IV），1638 年 [4]

目录

第一部分　拜占庭
公元前 80 万年—公元 311 年

第二部分　君士坦丁堡：上帝之城

公元 311 年—475 年

第三部分　新罗马

公元 476 年—565 年

第四部分　举世倾羡之城

公元 565 年—1050 年

第五部分　战争之城

公元 1050 年—1320 年

第六部分　真主之城

公元 1320 年—1575 年（伊斯兰历 720 年—983 年）

第七部分　帝国之城

公元 1550 年—1800 年（伊斯兰历 957 年—1215 年）

第八部分　叛乱与机遇之城

公元 1800 年（伊斯兰历 1215 年）以降

序言

公元632年—718年（伊斯兰历10年—100年）

> "的确，你应该征服君士坦丁堡。这是伟大领袖与英勇将士才能立下的功业！"
>
> 传统圣训*，论及先知穆罕默德征服君士坦丁堡的心愿 [1]

> "死亡之风一把将他们抓住……罗马人被围困，阿拉伯人也好不到哪儿去。饥饿迫使他们啃食死尸和彼此的粪便秽物。他们不得不自相残杀，如此才有东西可吃。一莫迪乌斯（modius）的小麦居然要价十迪纳厄斯（denarii）†。阿拉伯人吞下小石子解饥，也吃船上的垃圾。"
>
> 叙利亚的米海尔，记公元 717 年的君士坦丁堡围城战 [2]

我们不知道那位信差的名字，但我们都活在其信息的余波之中。

公元 7 世纪仲夏，身处首都君士坦丁堡（Constantinople）的拜占庭皇帝君士坦斯二世（Constans II）年仅 25 岁 [3]。当时有消息来报，一支凶猛的、自称"穆斯林"（即顺从真主之人 [4]）的阿拉伯人军队，率领着还飘散着新鲜松木香味的、由两百多艘舰船组成的海军攻打了塞浦路斯（Cyprus）、科斯（Kos）、克里特（Crete）与罗得（Rhodes）诸岛。君士坦斯与他的基督徒大臣知道这些穆斯林追随信仰还不到一代的时间，也知道他们是沙漠民族，面对大

---

* 传统圣训（Hadith）：穆罕默德言行录，由后人所编，主要内容是先知对教义、律例、制度、礼仪的意见主张。——编注

† 莫迪乌斯是罗马的容积单位，约合 8.73 公升；迪纳厄斯是罗马的货币单位。——译注

海总是战战兢兢，在阿拉伯街头就流传着这样一句话："骆驼肠胃的胀气声都比鱼的祷告来得动听。"[5] 君士坦斯的军队人数众多，拜占庭也有着悠久的航海传统，足以上溯到一千四百年前希腊水手建立君士坦丁堡之时。因此，君士坦斯从拥有着闪亮的金色圆顶的君士坦丁堡出征，祈祷这场战争可以狠狠羞辱他的穆斯林敌人。

然而，交战不到一天，蒙羞的却是君士坦斯——他打扮成普通水手的样子跳船逃生，然后蹲伏在民船的甲板上，拼命逃离现今位于塞浦路斯和土耳其之间的杀戮战场。[6] 这场阿拉伯与拜占庭、穆斯林与基督徒之间的冲突伤亡惨重，据说周遭的海面全被鲜血染成了深红色。在穆斯林的史料里，这场战争被称为"船桅之战"（The Battle of Masts）；他们启用的新型夏兰迪战舰（shalandiyyāt）[7]，能用绳索套住拜占庭的德罗蒙战舰（dromon），迫使对方进行近距离的肉搏战。令君士坦丁堡的基督徒难堪的是，尽管拥有了各种战前优势，最后还是穆罕默德的追随者赢得了胜利。

往后半个多世纪，有"上帝的尘世居所"之称的君士坦丁堡惊恐地发现，自己不仅在现实中遭遇困境，心理上也落了下风。人们相信君士坦丁堡是蒙受神恩的城市；在世界末日到来之前，君士坦丁堡永不会被征服。就在一个世纪之前，这座"新罗马"，世上最富庶的城市，曾是版图广达 260 万平方公里的基督教帝国首都。君士坦丁堡的居民虔诚信仰城市的守护者圣母马利亚，甚至称她是君士坦丁堡的"统帅"。

君士坦斯皇帝逃离战场后，先是折回君士坦丁堡，最终逃往西西里岛避难。首都进而完全暴露在敌军的兵锋之下。皇帝弃城而去，居于君士坦丁堡和附近的古希腊卫城的民众，只能空望着马尔马拉海（Sea of Marmara）。他们分散在博斯普鲁斯海峡（Bosporus）与金角湾（Golden Horn）沿岸，无法组织起像样的防线。对有些人而言，阿拉伯的征服似乎已成定局。公元 632 年（伊斯兰历 10 年—11 年），先知穆罕默德去世。在他死后不过数年的时间里，穆斯林看似已有统治绝大部分已知世界的可能性。632 年，阿拉伯军队攻克了拜占庭的叙利亚；636 年，拜占庭大军在雅尔穆克（Yarmuk）遭到攻击，节节败退；640 年，阿拉伯人占领赫利奥波利斯（Heliopolis），拜占庭的埃及行省门户洞开；641 年，亚历山大（Alexandria）沦陷；642 年到 643 年，的黎波里（Tripoli）被占领。此后，阿拉伯人转而北上。照这种情势发展下去，早在一千五百年前伊斯坦布尔就会成为哈里发（Caliphs）的领地。

然而，"船桅之战"后，双方进入了休战期。新兴的穆斯林共同体因为一连串的危机与内讧，实力锐减。最终在 661 年，伊斯兰世界分裂成什叶派（Shia）和逊尼派（Sunnis）。这种分裂的态势一直延续至今。[8] 在君士坦丁堡，民众生活如常，只是多了几分焦虑。许多人选择离城，他们不知道继续待下去是否能得到温饱与安全。拜占庭帝国近来引进了一种刑罚——劓刑（rhinotomy）——失势的皇帝会被割掉鼻子（他们的妻子则会被断舌）。黄金鼻套因而成了拜占庭皇宫以及皇室所到流放之地的特色。在君士坦丁堡的边远地区，像伯罗奔尼撒地区（Peloponnese）的莫奈姆瓦夏（Monemvasia），居民纷纷躲进防御工事里；而在小亚细亚的卡帕多西亚（Cappadocia），人们把他们的房子、教堂和粮仓通通藏到了软岩之下。君士坦斯皇帝甚至想把首都迁往西西里岛的锡拉库萨（Syracuse）。

他们的担忧并非空穴来风。在 667 年 [9]，以及紧接着在 668 年和 669 年，阿拉伯人卷土重来，兵锋直抵君士坦丁堡的金门（Golden Gate）。穆斯林沿用了希腊罗马船舰与希腊埃及的船夫，这些是他们在 642 年征服亚历山大港后强行征用的。阿拉伯人在迦克墩（Chalcedon）下船；隔着博斯普鲁斯海峡，迦克墩与君士坦丁堡仅 1000 米之遥，人们可以清楚地看到海峡对岸的城市风貌。阿拉伯的穆斯林对困在这座"举世倾羡之城"（World's Desire）的人们极尽揶揄恐吓之能。[10] 毫无疑问，阿拉伯人是新兴的海上霸主。每年春天他们都会从小亚细亚沿岸的基齐库斯（Cyzikus）发动攻击。君士坦丁堡只得仰赖"秘密武器"——希腊火（Greek Fire），才能击退阿拉伯人。希腊火混合了高加索原油、硫黄、沥青和生石灰，有凝固汽油弹一般的效果。此外，君士坦丁堡还依靠避居西西里岛的君士坦斯建造的 500 多艘船舰维系火力。[11] 近来对于叙利亚与穆斯林史料的研究指出，我们应该把阿拉伯人的这些早期攻势视为侵扰性的活动，而非倾尽全力的持久围城战。

然而，到了 717 年，一切都将改变。

虽然被君士坦丁堡的高墙和先进武器击败，穆斯林大军仍旧觊觎着这头肥美的猎物。717 年（伊斯兰历 98 年—99 年），穆斯林再度兵临城下。早在 711 年，阿拉伯人就在直布罗陀（Gibraltar）建立了根据地，侵袭了伊比利亚半岛的大片土地。彼时他们已横扫中东、北非，也占领了欧洲的边缘地区。接下来该轮到"上帝之城"了。717 年，攻城部队在以叙利亚为根据地的倭马亚（Umayyad）哈里发苏莱曼（Sülayman）的兄弟率领下，从海陆两路进攻。在此之前，拜占庭已失去对高加索与亚美尼亚的控制。1800 艘船只组成的舰队，支援着一支规模庞大的穆斯林陆军。君士坦丁堡的领导人惊慌失措，他们下令，城内居民必须证明自己拥有作战不可或缺的资金和足以支撑一整年的储粮，不合乎这一标准的人均被逐出城外。同年，守军在君士坦丁堡知名的数重城墙之间种植了小麦。[12] 与此同时，穆斯林们正因一道"天启预言"而大受激励——他们相信能攻下君士坦丁堡的统帅，是一个与先知同名的王者（"苏莱曼"正是阿拉伯文里的所罗门）。一支以阿拉伯人与柏柏尔人（Berbers）为主体的进攻部队开始大量囤积武器辎重，其中包括了石脑油；他们还迅速地用泥土在君士坦丁堡外头筑起一道墙，将城市完全包围起来，意在让城内的守军陷于孤立，无法与盟友联系。

　　但是，阿拉伯人的计划有一个致命的弱点：他们的舰队无法封锁君士坦丁堡靠海的那面。首先是因为"超乎常理"的希腊火（由皇帝亲自站在君士坦丁堡城头指挥将士操作）；其次是因为穆斯林船舰上那些信仰基督教的科普特（Coptic）埃及人有不少变节了，继而补给、士兵能在夜幕掩护下从漆黑的海面源源不断地进入到城内，城内士气也有所增长。此外，博斯普鲁斯海峡变化莫测的水流，让从马尔马拉海前来增援的穆斯林船舰吃尽了苦头。阿拉伯人对邻近乡村的破坏，导致自己也无粮可吃；饥荒、恐惧与疾病一波又一波地侵袭着阿拉伯人的营地。严冬降临，大地覆盖上一层雪毯，困于城中的人相安无事，在外头围城的人却吃起了自己的驮畜，到后来甚至演变成了人吃人的局面。[13]

　　终于，在 718 年 8 月 15 日，也就是圣母安息日（the Feast of Dormition）这一天，阿拉伯统帅下令撤兵。民众相信是君士坦丁堡的守护者圣母马利亚带来了胜利，战争期间她的形象一直在城墙四周展示。[14] 筋疲力尽的君士坦丁堡军民发现情势对己有利，于是振作精神对败逃的敌军发动最后一击。许多穆斯林溺死，余下的士兵则饱受保加尔人（Bulgars）的骚扰。生还者迂回撤退到同盟国的领土上，然后返回故乡。

这些事件尚未被写入历史，就已经成了传说。一系列的攻守大战和英雄事迹，为我们引出了一个在伊斯坦布尔历史上反复出现的主题。这座城市同时拥有两副面孔——它既是一个真实的地方，也是一个故事。

在往后好几个世代的对抗中，这些关于围城与海战的歌谣不断地在双方的营火堆旁传唱。中世纪的编年史家和日后的史料继续描述：传言拜占庭皇帝利奥三世（Leo III）只是用他的十字架轻触博斯普鲁斯海峡，穆斯林舰队就沉入了海底。许多人宣称，君士坦斯举起十字架时，他的士兵同声唱起了《圣经》中的诗篇；而在穆斯林统帅穆阿威叶（Muawiyah）展示新月旗时，底下的士兵则齐声以阿拉伯语诵念《古兰经》。这些编年史家忽略了一件事——双方阵营讲的或许都是希腊语。当两边的士兵与平民高声威吓对方或低声诵念祷文时，彼此应该完全听得懂对方在说什么。

不管是基督教家庭还是穆斯林家庭，717 年的君士坦丁堡围城之役对他们来说不仅是一部伟大的史诗，也是一场迟来的胜利。奥斯曼人会在日后前来朝拜城内的清真寺与神龛，因他们相信这些寺庙神龛是在围城时期兴建的。[15] 许多阿拉伯文献宣称实际上是穆斯林赢得了这场战争的胜利——他们这么说不是没有道理，因为到后来君士坦丁堡确实被征服了，领土也遭到吞并。[16] 在传说中，早在 674 年围城之前，耶齐德一世（Yazid I）就登上了君士坦丁堡坚不可摧的城头，他因此得到了"阿拉伯少雄"（fata al-'arab）的称号；为了给遭屠杀的穆斯林复仇，阿拉伯诸将攻入城内，在圣索菲亚大教堂（Haghia Sophia）绞死了拜占庭皇帝。在西方世界，君士坦丁堡遭受磨难的故事至今仍被咏唱。托尔金（J. R. R. Tolkien）的《魔戒》（*The Lord of the Rings*）中，从水陆两路解救米那斯提力斯（Minas Tirith）的帕兰诺平原战役（the Battle of Pelennor），就是从君士坦丁堡围城得到的灵感。[17] 每年的 8 月 15 日，基督教世界的许多人仍会感谢圣母马利亚奇迹般的守护力量。君士坦丁堡久攻不破，反倒增加了她的魅力。在许多人心中，君士坦丁堡有着无可取代的分量。

除了胜利凯旋的故事，拜占庭史料还明确提到，在君士坦丁堡遭到围攻的时候，阿拉伯人占领了罗得岛，击碎了古代世界奇观太阳神铜像（Colossus），并将其卖给了一名犹太商人（也有人说这座铜像在公元前228年的一场地震中倾倒，历任罗马皇帝都曾予以修复；还有一说是铜像其实早就被推入海中）。这座上古时代的庞然大物需要900头骆驼（少数编年史家激动地说要3000头）才能运走、当废金属卖掉。这一奇闻在许多中世纪文献中有着生动的描述，不少享有声誉的近代史作品也曾提过它。然而遍观阿拉伯史料，却从未有这方面的记载。又或许这段"历史"只是一个虚构故事，影射了据信为犹太人与撒拉森人（Saracens）所特有的故意毁坏公共财产的不良习性，与毫无文化修养的作风，并且带着一丝末世论的焦虑情绪。[18]

文化能制造记忆，对于历史的期望往往和史实一样有力。

这就是伊斯坦布尔，是故事与历史彼此融合的地方，是一座以理念和信息罗织自身记忆的城市。它是众人竞逐的目标，意味着理念和梦想，也意味着现实。长久以来，伊斯坦布尔维持着一种不受时间影响的传统，该传统与现代思想的诞生一样久远——它用过去的叙事，让我们认识当下的自己。从史实的角度来看，阿拉伯人的失败确实使他们改变了企图。此时他们想要的已不再是"砍下拜占庭帝国的首级"，而是专注于巩固东部、南部和西南部的领土。这么做的结果，是两个一神教帝国长达七百年令人不安的对峙，由此形成了和战不定的关系。但谁都未曾忘记，有块"梗在安拉喉咙里的骨头"尚未取出。

对众多宗教的信徒和东西两个世界而言，伊斯坦布尔不仅是一座城市，它还是一种隐喻和观念、一种可能性。它描述了在想象中我们希望前往和安顿灵魂之处的模样。它是一座鼓励观念与军队、神祇与商品、内心与身体、心智与精神自由徜徉的城市。

关于本书地名及专有名词的说明

　　不光伊斯坦布尔有许多名称，伊斯坦布尔的统治者、居民，生活于其中的主要人物，其领土、敌人和盟友的名称也有许多不同的翻译、处理与拼写方式。举例来说，我一般都会用希腊语来拼写东罗马帝国皇帝的姓名，但我也会在适当的地方采用通行的拼写方式，如 Constantine 与 Michael。绝对前后一致几乎不可能做到，而且这么做可能只是一种自我满足，在一座经常被形容为"光明之城"的城市里，我希望我的表述清楚明晰而非晦涩难懂。关于土耳其文的发音，这方面要感谢罗宾·马登（Robin Madden）、劳伦·黑尔斯（Lauren Hales）以及优秀的审稿员彼得·詹姆斯（Peter James）与校对员安东尼·希皮斯利（Anthony Hippisley）的热心协助。[1]

　　古典希腊语里的 Byzantion（拉丁文是 Byzantium），几乎可以确定源自原始印欧语 bhugo，也就是雄鹿的意思。Byzantion 也可能源自色雷斯当地的词 Buz，有水与泉水的含义。无论如何，大伊斯坦布尔拥有丰富的动植物与地质自然资源，这些都涵盖在这座城市的第一个历史名称，"拜占庭"之下。Constantinople 来自拉丁文 Constantinus，这是君士坦丁大帝的本名，这位罗马皇帝于 324 年重建城市，他肇建的文明直到 16 世纪才被称为"Byzantine"（这是历史学家希罗尼穆斯·沃尔夫［Hieronymus Wolf］于 1557 年首度使用的词汇）。这座城市从 330 年开始被称作是新罗马（New Rome）；而从古至今，拜占庭帝国在波斯与中东的标准名称一直是 Rum。Istanbul 可能是从希腊语 eis ten polin（或 eis tin polin）转化而来的突厥方言，有进入或朝向城市的意思；也可能指 Islam-bol，意即伊斯兰无所不在。最晚从 10 世纪开始，希腊人就把这个地方称为 Stinpolin、Stanbulin、Polin 或 Bulin。奥斯曼人征服之后，土耳其语里出现了几个类似的表述：Stanbulin、Stambol 与 Islam-bol。由于喜爱 Islam-bol 这个名字带有的宗教意涵，直到 20 世纪，土耳其人还把这座城市称为 Kostantiniye 或 Kostantiniye，这是阿拉伯语 al-Qustantiniyya 的写法。1930 年 3 月 28 日，《土耳其邮务法》（Turkish Postal Service Law）规定邮件地址不许使用"君士坦丁堡"（Constantinople），此后，Constantinople/Kostantiniyye 这个名称才正式被废除。现在，这座城市的官方名称是伊斯坦布尔。一千五百多年来，无论在口语还是文字中，这座大都会一直被简单地称为 He Polis（城市）或 Ten Polin（到城里）；拜占庭帝国的中文名称"拂菻"，其实就是 Polin 的讹音。[2]

历史上最早将这座城市称为拜占庭的并非希伯来《圣经》，也非希腊文的《新约·圣经》（关于《圣经》曾提到博斯普鲁斯海峡的说法，现在已经知道是误译）。[3] 虽然伊斯坦布尔聚集了一批事业经营得有声有色的犹太人，但在犹太的《圣经》传统下，这座城市一直是"他者"，一个模糊不清的存在，既非罪恶之城，也非应许之地。《伊利亚特》也未提到拜占庭。对于早期希腊人来说，这块从博斯普鲁斯海峡延伸进入马尔马拉海（Sea of Marmara）的弯曲的陆地是一片弥漫神秘气息的密林，是位于文明边缘的幽灵。传统认为，魔鬼曾向耶稣展示从亚洲的恰姆勒加（Camlica）望向博斯普鲁斯海峡、金角湾与拜占庭卫城，将"世上的万国与万国的荣华"指给他看。这是一座被描绘得尽善尽美的城市，因此成为诱惑的化身。

7 世纪，在这座混杂着各种文化的城市里，有不说拉丁文的罗马人，而直到 9 世纪，还有会说希腊语的穆斯林。1204 年的拉丁入侵者形容君士坦丁堡居民是 Graikoi（希腊人，出自尼基塔斯·蔡尼亚提斯［Niketas Choniates］《年代纪》,History），而君士坦丁堡的男女基督徒则想避免古希腊文 Hellen 的称呼，因为这带有异教的联想，他们倾向于称呼自己是 Romaios（罗马人）。21 世纪，世界各地的希腊人仍然以 Romaioi（罗马人，新罗马或第二罗马的子孙）自居，至于伊斯坦布尔的希腊人则仍被称为 Romoi 或 Rumlar。

虽然从心理语言学的角度看，这是个重要的选择，但在写作时把从公元前 700 年到公元 1450 年的城市居民全归类为罗马人似乎会造成一点混淆。因此在本书中，古罗马人称为 Romans（罗马人），而生活在曾经是 Byzantion、后来成为 Byzantium 和 Constantinople 这座城市的人，我称他们是 Byzantines（拜占庭人）。Byzantium 可能指拜占庭这座城市，也可能指拜占庭帝国这个观念。城市的名字当然既可以用来颂扬与之相关的存在，也可以用来限定城市这个实体。在中世纪的西方，长达数世纪，君士坦丁堡的文明被称为 Constantinopolitan。但就在 1453 年城市遭奥斯曼土耳其人攻陷之前，君士坦丁堡已经沦为四周围着高墙的废墟，仅剩少许毗邻的土地。[4]

伊斯坦布尔的奥斯曼人原本用 Turc 来指称荒野山村的粗人。今日，美国西岸的城市俚语则用 Turk 来形容特别有冲劲的小伙子，与数世纪以来 Turk 一词流行时所带有的刻板焦虑印象刚好相反，然而近年来在土耳其寻求进入欧盟时，这个词所带有的刻板印象在政治说辞中出现死灰复燃之势。[5] 1578 年，约翰·利利（John Lyly）问道，是否"从未有如此邪恶残暴的小恶魔，与如此肮脏粗鄙的土耳其人（Turke）"[6]；1699 年的字典把 Turk 定义为心狠手辣之人。Ottoman 除了用来表示低矮粗大、无扶手的卧室家具，在西方起居室里更常听到人们用这个词来表示奥斯曼对基督教文明的威胁。[7]

Bosporus（母牛海峡，[Cow Strait]）在中世纪拉丁文与希腊文中逐渐被写成 Bosphorus，它的名称也就此固定，我倾向于使用后者，因为后者比前者来得常用。在对城市进行概括而非描述特定年代时，我使用 Istanbul 这个名称。我也会依照引用的资料使用其他名称，如 Byzantium、Constantinople 或 Kostantiniyye。有时这么做也许会有年代顺序不恰当的问题，但我相信已经长眠的 Byzantion、Byzantium、Constantinople 与 Istanbul 的居民应该会理解与原谅我（希望如此）。

导论

所有城市都免不了盛衰兴替，在时光中倾颓湮没，唯有君士坦丁堡堪称不朽，只要有人类生存，无论继承或重建，这座城市都将延续下去。

皮埃尔·吉勒（Pierre Gilles），1550 年 [1]

1939 年 2 月 4 日，BBC 播放了叶芝（W. B. Yeats）诗作《航向拜占庭》（"Sailing to Byzantium"）的朗诵录音。七天前，叶芝去世，这是 BBC 对这位热情洋溢的爱尔兰人致上的敬意。清脆而短促的标准英语夹杂在收音机嘈杂的嘶嘶声中，介于崇高和诡异之间，断断续续地提醒着我们拜占庭从过去到今日的伟大与辉煌。铿锵有力的男声吟咏着叶芝的诗句，诉说着一个活在诗人脑海里，也继续活在我们想象中的地方——肉欲横流、奢华、难以言喻——这个"希腊风味"的名字蕴含着超越世俗的魅力，点燃了尘世的欲望。

因此我就远渡重洋而来到
拜占庭的神圣的城堡。

哦，智者们！立于上帝的神火中，
好像是壁画上嵌金的雕饰，
从神火中走出来吧，旋转当空，
请为我的灵魂作歌唱的教师。

把我的心烧尽，它被绑在一个

垂死的肉身上，为欲望所腐蚀，

已不知它原来是什么了；请尽快

把我采集进永恒的艺术安排。

一旦脱离自然界，我就不再从

任何自然物体取得我的形状，

而只要希腊的金匠用金釉

和锤打的金子所制作的式样，

供给瞌睡的皇帝保持清醒；

或者就镶在金树枝上歌唱

一切过去、现在和未来的事情

给拜占庭的贵族和夫人听。

（查良铮 译）

  伊斯坦布尔这种融合过去、现在与未来的多面向特质，使我和她结下不解之缘；这层关系至今已持续了四十多年。这座城市拥有三个名字——拜占庭*、君士坦丁堡†与伊斯坦布尔‡——她的历史通常被区分为几个独立的时期：古典时代、拜占庭时代、奥斯曼时代与土耳其时代。但对我来说，伊斯坦布尔的文化、政治与情感力量来源于那些不受线性时间限制的故事。伊斯坦布尔是一个可以将不同时代的人联结起来的地方。因此，我决定担负起这项艰巨、时而棘手的任务——运用实地的线索讲述这座城市从史前到当下的故事。

  在伊斯坦布尔这座现代大都会的周围，偶尔可以瞥见历史的痕迹——购物街上那些古代石柱的底座、清真寺旁的喷泉、古代异教的神龛（先是成了基督教教堂，然后又成了穆斯林的殿宇）—— 一并存留至今，见证着这座城市接纳过的丰富多样的群体。伊斯坦布尔是跨越时间的存在，她同时被称为新罗

---

* 拜占庭：Byzantion 或 Byzantium，约公元前 670 年到公元 330 年。

† 君士坦丁堡：Constantinople、al-Qustantiniyye，之后也被称为 Kostantiniyye，约 330 年到 1930 年。

‡ 伊斯坦布尔：Istanbul 或 Stimboli，约 1453 年至今。

马、新耶路撒冷、安拉的永恒之城（Allah's Eternal City）。八千多年来，超过三百二十代人在此生活、工作、游憩。在少数几处令人扼腕的缺漏背后，伊斯坦布尔的历史仍旧是绵延不绝的。这里的考古与文字证据极为丰富，许多资料时至今日才从地底出土或从档案中被发现。这些资料也成为我在书写本书时所仰赖的根基。伊斯坦布尔一直矗立在历史舞台的前沿，除了讲述那些显赫的人物以外，我也设法探寻一些普通人的生命经验，尽管他们可能没有意识到，自己同样是创造历史的人。从语义、象征和哲学的层面来看，一座城市的意义，事关城市里的所有居民。因此你会发现，在这本书中有男人也有女人，有富人也有穷人，有强者也有弱者。

本书不是"包罗万象"的伊斯坦布尔历史大全，而是一趟个人的实地探访之旅，一场对城市构成要素的调查；尤其在检视到一些新证据后，我们可以发现伊斯坦布尔故事背后的普世本质。也许，这种做法可以让我们在理解一座城市的同时也理解我们自身。从时间，抑或是空间位置的角度讲，伊斯坦布尔一直处在中枢位置。这座城市其实无法自给自足——她的存续乃至于繁荣仰赖专业分工，以及与外部世界的交往。因此，我将注意力集中在形塑伊斯坦布尔的重大事件与概念，以及它对其他地区产生的影响上。我试着理解伊斯坦布尔（及其居民）存续千年所需的调适与发展，以及这座猛烈燃烧的熔炉又是如何迸出火花、点亮外部世界的。

公元前 5 世纪，通过希罗多德（Herodotus）的文字，拜占庭首次成为了众人瞩目的焦点。当时这位"历史之父"以缅怀的语气提到一座由世上最有权势的男人建造的连接欧亚两洲的浮桥。[2] 当我撰写这本时间跨度两千五百年的书稿时，土耳其总统埃尔多安（Erdoğan）支持兴建的、首条连通欧亚大陆的海底隧道在伊斯坦布尔完工。2016 年 7 月 15 日，军方派系发动政变，意欲推翻埃尔多安政府。许多坦克停放在连接现代伊斯坦布尔欧亚两端的博斯普鲁斯大桥（Bosphorus Bridge）上。伊斯坦布尔的塔克西姆广场（Taksim Square）与阿塔图克国际机场（Atatürk Airport）被占领，而横跨欧亚大陆的穆罕默德二世大桥（Fatih Sultan Mehmet Bridge）也遭到了封锁。晚间，博斯普鲁斯大桥（这次事件后改名为"7 月 15 日烈士大桥"）上的抗议民众遭开枪射击。天亮时，年轻的叛军士兵举起手，在分隔欧亚大陆的水路上方投降；之后有些叛军士兵被处以私刑。伊斯坦布尔是个如同得了热病一般变化多端的地方，其基调与行事将决定东西方未来的安全。

伊斯坦布尔拥有得天独厚的水陆交通位置，长期以来，她满足了人们在身心上对旅行、探索、联结与控制的渴望。这块如同犀牛角的陆地位于巴黎以东约 2736 公里，巴格达以北约 2253 公里，一直延伸至马尔马拉海。这座城市建立在欧洲最边缘的地方，放眼就能望见亚洲。她在古典时代开始崭露头角，当时的船舶科技已经发达到可以让更多的人、货物、战船与新奇观念进出此地。当人类开始按照某种史前的字词观念行动时，伊斯坦布尔便跟着繁荣兴旺。而我认为，文明也于此应运而生。来自印欧语系的 "ghosti"，这个词衍生出了客人（guest）、主人（host）与鬼魂（ghost）这三个词，暗含了一种礼俗：在地平线上看到陌生人的身影时，我们不该用长矛或弓箭攻击他们，而应该冒险欢迎他们走进我们的家门——因为他们可能会带来新的理念、物件和"新鲜血液"。这个词后来演变成了希腊语的 "xenia"（殷勤好客），指一种被仪式化的宾主情谊。这一理解将古代的地中海和近东世界联系到了一块儿。多亏出现了新的骨骼 DNA 证据，我们现在知道古代人的旅行不仅比我们想象的距离更远，也更有规律。[3] 如果文明是走到地平线外拥抱未知、建立联系、寻求与他人的相处之道的话，那么伊斯坦布尔就是可以满足（东方与西方）这一需求的绝佳场所。今日，我们愈加需要了解拜占庭人所谓"举世倾羡之城"的意义。

伊斯坦布尔的历史正在飞速成为现代的政治议题。除了最近的内部动荡与恐怖袭击事件，伊斯坦布尔的影响力也有效解释了我们整个生活的地缘政治样貌。伊斯坦布尔曾经支持世上最顽强的神权政治，也曾维护了基督教作为世界性宗教的支配地位。她曾让历代哈里发铩羽而归，之后却也维系了历史存续最久的哈里发国。除了麦加、麦地那与耶路撒冷之外，伊斯坦布尔被许多人奉为伊斯兰教逊尼派最神圣的地方。中东的身份问题、巴尔干半岛的冲突、克罗地亚与塞尔维亚的分裂、土耳其在欧盟扮演的角色、俄罗斯的扩张、圣地的冲突、欧美的宗教争端、伊拉克与叙利亚（及以色列）的边界问题，以及逃离这两个国家的无国籍难民……这一切问题都源自这座拥有三个名字的城市的历史。可以的话，我们不妨把伊斯坦布尔称为解读国际事务的罗塞塔石碑

（Rossetta Stone）*。历代伊斯坦布尔统治者争夺的热点——大马士革、利比亚、巴格达、贝尔格莱德、萨拉热窝、开罗、高加索和克里米亚——也是我们关注的热点。我们在欧洲、近东、中东、远东与北非的许多祖先都曾是希腊、罗马、拜占庭或奥斯曼主人的盟友、臣民或奴隶。从小葡萄干到棉花，从浴室踏垫到弹道学，甚至人口的流通——旅人、俘虏与难民——长久以来都在"诸城之首"（Queen of Cities）的港口与道路进行交易。

伊斯坦布尔的位置也许形塑了她的历史，伊斯坦布尔的历史则形塑了我们生活的世界，但伊斯坦布尔的实际地域规模却很难与她吸引来的传说中的敌人与英雄等量齐观：君士坦丁一世（Constantine the First）、匈奴王阿提拉（Attila the Hun）、成吉思汗、伊斯兰新军、帖木儿（Tamerlane）、伊凡四世（Ivan the Terrible）、叶卡捷琳娜大帝（Catherine the Great）、大英帝国……但是，伊斯坦布尔的意义远大于她自身的地界。作为一个隐喻、一个切实存在的场域，伊斯坦布尔出现在希腊戏剧中，也存在于《古兰经》[4] 和莎士比亚的作品中 [5]；莫里哀（Molière）曾在作品中提及土耳其人，马基雅维利（Machiavelli）则说起过奥斯曼人。伊斯坦布尔甚至还在 007 系列电影《大破天幕杀机》中作为故事的背景出现——在"洲际"思想的视野中，伊斯坦布尔是邦德故事的终极背景。土耳其人在描述他们城市的传奇时，总会使用一个特殊的时态——"正如过去所记"（as was remembered）。[6] 伊斯坦布尔是商业交易的场所，也是娱乐消遣的地方，故事在这里的分量，足以与历史并驾齐驱。我们可能不知道，伊斯坦布尔及其对文化的促进作用，给我们带来了许多东西："通用语"（Lingua Franca）这一说法、圣母崇拜、《尼西亚信经》（Nicene Creed）、罗马（Roma）这个名称、叉子、护照、沙文主义（Jingoism）、某些白种人自称"高加索人"（White Caucasian）的事实、现代西方法律的基础——都是从伊斯坦布尔这个熔炉中冶炼出来的。希腊戏剧、罗马哲学、基督教文献、伊斯兰教诗歌——许

---

* 罗塞塔石碑是一块刻有古埃及法老托勒密五世诏书的石碑，因其同时刻有同一段内容的三种不同语言（古埃及文、世俗体和古希腊文），使得近代考古学家得以破解埃及象形文字的含义与结构，是研究古埃及历史的重要里程碑。——编注

多世界级的作品能保存下来要完全归功于伊斯坦布尔缮写室*和图书馆、伊斯兰学校与修道院里工作的人们（不限男性，也有女性）；在丰富共享文明的记忆库这一点上，伊斯坦布尔可谓居功至伟。

今日的伊斯坦布尔，收旧货的小贩驾着马拉的货车，把堵在车阵中的法拉利远远抛到了后头。超级油轮从俄罗斯运载石油，巨大的货轮从马尔马拉海将奢侈品运往黑海。这些庞然大物给当地作业的渔民带来威胁。塞满乘客的火车与咆哮的巴士一天运载 1000 万名伊斯坦布尔居民进出市中心——若算上整个大伊斯坦布尔地区，人数还会更多。这个不断往外蔓延的地区依然支持着第一级、第二级与第三级的产业，非官方人口已达到 1600 万左右。这座现代都市现已延伸约 160 公里宽。海鸥在蓝色清真寺的尖塔上飞翔，就如过去在君士坦丁堡的教堂圆顶上方飞翔一样。是的，这是一座引人遐想的城市—— 一座有灵魂的城市——这座城市诞生于她所寓居的土地上，实实在在地存在着。

伊斯坦布尔是欧洲最长寿的政治实体。她是一座集合都市，八千年来将星罗棋布的聚落与小城聚合在一起，使其成为一个整体，形成一幅雄伟而混乱的现代大都会的面貌。伊斯坦布尔有许多城区原本都是独立小城：迦克墩、克鲁索波利斯（Chrysopolis）†、苏丹艾哈迈德（Sultanhamet）、普萨马提恩（Psamathion），还有科斯米迪恩（Cosmidion）与金角湾的希凯（Sycae）、佩拉（Pera）、加拉塔（Galata）——现在，这些小城就像水银般点滴汇聚成整个大伊斯坦布尔。近期，考古学家在古竞技场下方有了最新发现：他们挖掘到伊斯坦布尔在铜石并用时代之前的遗迹，发现这里可以追溯到比特洛伊的 42 层人类居住遗址还要古老的年代。腓尼基人、希腊人、罗马人、热那亚人、威尼斯人、犹太人、阿拉伯人、维京人、阿塞拜疆人、亚美尼亚人都把这片介于东方与西方之间的土地称为自己的家。在这里，我们觉得自己身处地球的中心，因为我们确实联结着四面八方的世界。

接下来我们要开展一项检视—— 一次地理和文化意义上的考古之旅，试

---

* 缮写室（scriptoria）：为了复制、誊抄与分析手稿而建立的工作坊。

† 克鲁索波利斯：毗邻今天的于斯屈达尔（Üsküdar），是大伊斯坦布尔地区在博斯普鲁斯海峡的亚洲海岸的市区，该区在君士坦丁大帝时代变得十分重要。

图理解城市以何种方式影响着我们的生活，这些方式我们可能已经遗忘，也可能习焉不察。撰写本书时，我曾行至帝国最边缘的地方，在格鲁吉亚寻找德马尼西（Dmanisi），然而这个地方现在只剩下一名孤独的僧侣，举目所及只有结满露水的山丘上浮着一缕轻烟；尽管如此，这里曾是拜占庭、波斯与亚美尼亚骆驼商队路线与丝路轴线交会的地方，而且此地最近也挖掘出欧洲最古老的人类先祖化石——高 1.2 米的男性与女性骸骨，他们或许是遭剑齿虎杀害；[7] 我来到土耳其与叙利亚无人看守的交界地带；忍受阿拉伯半岛的炙热与多洛米蒂山脉（Dolomites）的严寒。我曾爬进中国古墓，穿越 1914 年到 1918 年第一次世界大战之后伊斯坦布尔丧失的争议领土地带，也曾遭遇亚美尼亚与阿塞拜疆边境的狙击手，来自阿联酋的恐怖主义威胁，在安纳托利亚（Anatolian）与伊拉克的交界处、那个被铁丝网所分隔的世界里，见识到穆斯林中间生活方式的巨大差异。我在托普卡珀皇宫（Topkapı Palace）用餐时，外头的示威者遭到逮捕，于是我加入了示威者的行列，旋即在塔克西姆广场遭遇催泪瓦斯。我看到过土耳其国旗汇成的旗海染红了整座城市，500 万民众在伊斯坦布尔最古老的港口附近聚集，反对 2016 年 7 月的政变，即使在太空也能看见这一大片红色。为了完成本书，我到许多地方进行研究。但真要了解伊斯坦布尔的故事，我们首先必须前往历史时间的边缘地带，前往史前时代，然后再俯瞰往后的历史。

第一部分

拜占庭

公元前 80 万年—公元 311 年

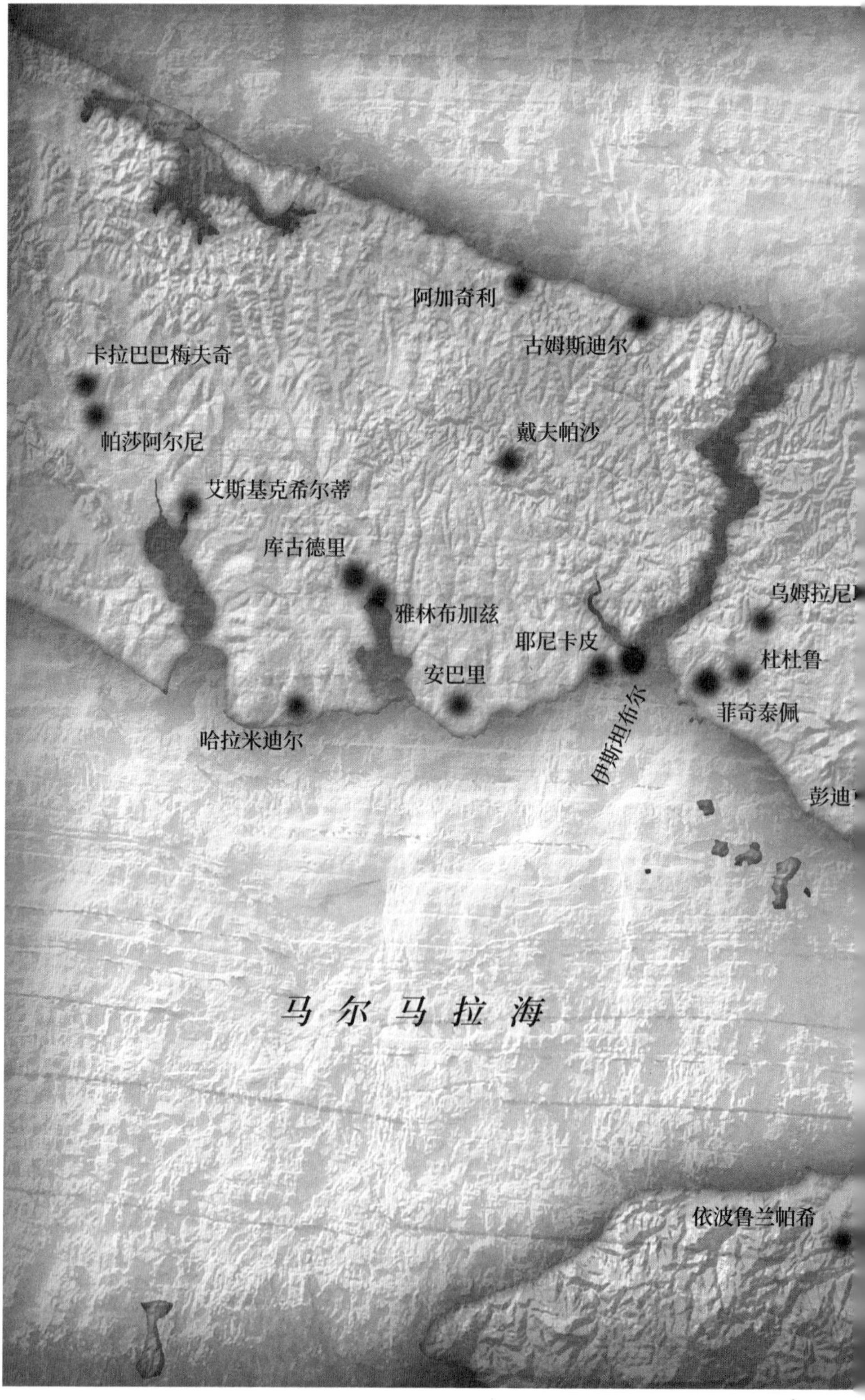

阿加奇利

古姆斯迪尔

卡拉巴巴梅夫奇

帕莎阿尔尼

戴夫帕沙

艾斯基克希尔蒂

库古德里

乌姆拉尼

雅林布加兹

耶尼卡皮

杜杜鲁

安巴里

菲奇泰佩

哈拉米迪尔

伊斯坦布尔

彭迪

马 尔 马 拉 海

依波鲁兰帕希

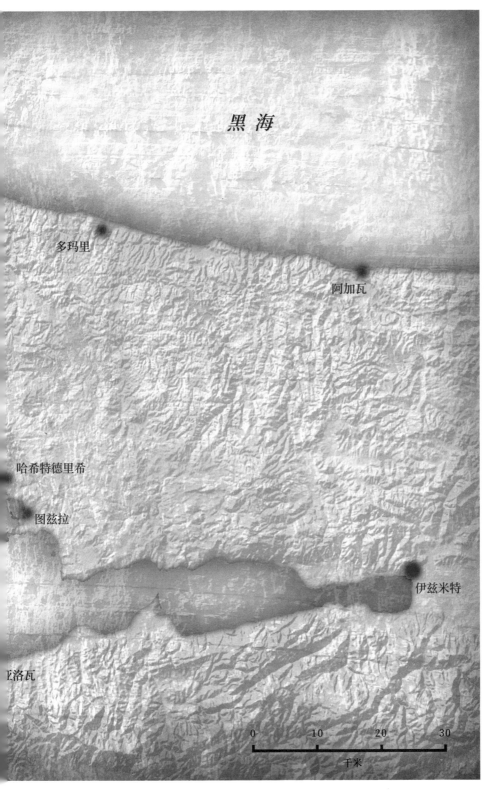

黑 海

多玛里

阿加瓦

哈希特德里希

图兹拉

伊兹米特

瓦洛瓦

| 0 | 10 | 20 | 30 |

千米

博斯普鲁斯海峡、马尔马拉海和黑海周边的史前遗迹

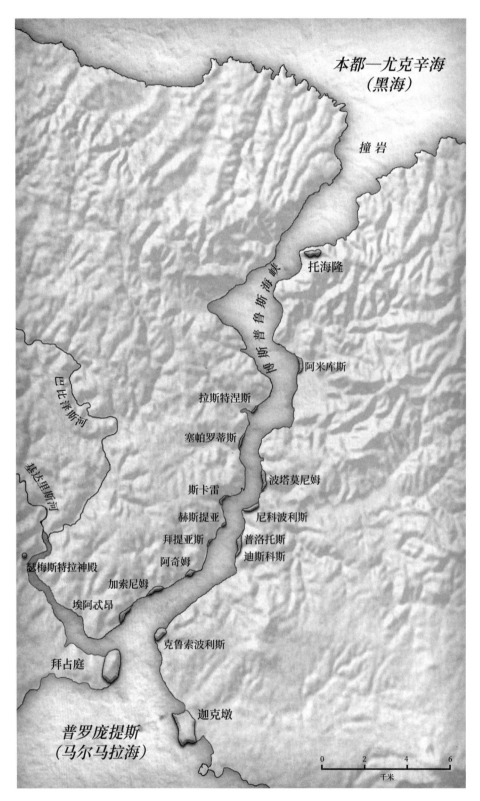

本都—尤克辛海
（黑海）

撞岩

博斯普鲁斯海峡

托海隆

阿米库斯

拉斯特涅斯

塞帕罗蒂斯

巴比泽斯河

波塔莫尼姆

斯卡雷

基达里斯河

赫斯提亚

尼科波利斯

拜提亚斯

普洛托斯

阿奇姆

迪斯科斯

瑟梅斯特拉神殿

加索尼姆

埃阿忒昂

克鲁索波利斯

拜占庭

迦克墩

普罗庞提斯
（马尔马拉海）

0   2   4   6
千米

博斯普鲁斯海峡沿岸的早期希腊村落

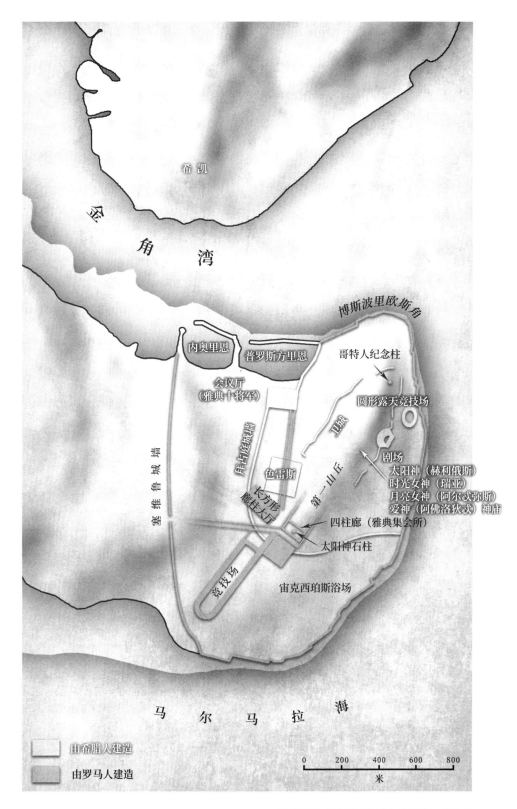

希凯

金 角 湾

博斯波里欧斯角

内奥里恩　　普罗斯方里恩

哥特人纪念柱

会议厅
（雅典十将军）

圆形露天竞技场

拜占庭城墙

卫城

剧场

色雷斯

第一山丘

长方形
廊柱大厅

塞维鲁城墙

太阳神（赫利俄斯）
时光女神（瑞亚）
月亮女神（阿尔忒弥斯）
爱神（阿佛洛狄忒）神庙

四柱廊（雅典集会所）

太阳神石柱

竞技场

宙克西珀斯浴场

马　尔　马　拉　海

由希腊人建造

由罗马人建造

0　　200　　400　　600　　800

米

约公元前 5 世纪至公元 3 世纪的古典城市

第一章　骸骨、石块与泥土

公元前 80 万年—公元前 5500 年

突然间眼前掀起一道巨浪，拱上天际，如同一块陡峭的岩石；他们一看到这景象，马上低头，弯起身子……铺天盖地的波涛朝他们猛扑而来，船像根圆柱在汹涌的浪头翻腾，然后从中空的浪谷疾驶而过。海中的旋涡让船在彼此相撞的岩石间穿行；两侧的岩石摇晃着发出雷鸣般的巨响；船的肋材被紧紧勒住。于是雅典娜用她的左手推开其中一块巨岩，右手将船推过这片水域……

伊阿宋横渡博斯普鲁斯海峡的情景，

阿波罗尼俄斯（Apollonius），《阿尔戈英雄纪》（*The Bosphorus*）[1]

从棺材开始讲述故事或许非常奇怪。2011 年，在今日伊斯坦布尔市中心的耶尼卡皮（Yenikapı）新地铁站下方发现了一具遗骨。新地铁站对面是一些卖掸子和塑料桶的商店。这具遗骨蜷缩成胎儿的姿态，以西南—东北的走向安放在木格子架上，上头覆盖着一块木头，遗骨周围环绕着以抹灰篱笆墙兴建的新石器时代房屋，附近摆着骨灰坛。这名石器时代女性埋在目前已知的世上最古老的木棺材里。[2] 这件有着八千年历史的遗物要么只是一个独特的发现，不同寻常地在伊斯坦布尔泥土中的无氧条件下保存完好，要么向我们提供了新时代安纳托利亚人的埋葬仪式的独特认知。埋葬在这里的年轻女性，其生活年代可以上溯到公元前 6300 年到公元前 5800 年（时间接近世界上已知最早的正式"城镇"遗址，土耳其中部的加泰土丘 [Çatalhöyük]），这名女性显然努力让自己过上了富足的生活。在同一个挖掘地点，考古学家在海床底下的油层发现她所属的群体使用的工具——包括木铲、种子和焚烧过的有机物残骸。有些人认为木铲其实是独木舟的划桨，若是如此，那么这根木铲也将成为拥有 8000 年历史的最古老的划桨。此外值得注意的是，这座史前村落保存了 1000 个以上的人类脚印（见彩图 1）。这些石器时代的伊斯坦布尔人，有些赤足旅行，有些则穿着精心制作的皮鞋，还有些甚至穿了木鞋——跟现代的伊斯坦布尔人享受土耳其浴时所穿的木鞋相似。[3]

这是一处相当值得到访的地点，是一片孕育生命的土地。在广义的色雷斯半岛上 [4]——这个半岛位于黑海与爱琴海之间，伊斯坦布尔就位于这个半岛的东缘——已经标记了 236 处天然泉水；包括溪涧、河流、湖泊和分布在橡树、栗树与阿月浑子树森林里的咸水湖。和许多不同年代的人（可以上溯到旧石器时代）一样，棺材里的那名年轻女性被吸引前来此地（今日的大伊斯坦布尔地区）。比她来得更早的是那些中石器时代的邻居，他们的遗骸也在附近被发现。此外，在能俯瞰现代伊斯坦布尔边缘的雅林布加兹洞穴（Yarımburgaz Cave）里也挖掘到了更新世（Pleistocene）的巨熊。灰白的石灰岩 [5] 提供了自然的居所，一条古老的道路可以抵达此处，沿途经过推广茶具的工厂与羊圈，这里的羊都等着在开斋节时被宰杀。这个仍在进行挖掘的考古遗址从岩石表面向内延伸超过 800 米，高度约 15 米，被重重覆盖在雅林布加兹洞穴的土壤与粪便底下。此处还发现了大伊斯坦布尔地区最早的人类居民遗迹——矛头，骨头碎片，石英、石英岩与燧石制作的石器。今日，从洞穴眺望，可以看到一座如噬菌细胞般的现代城市，环绕着被称为小切克梅杰（Küçükçekmece）的泻湖蔓延生长。在石器时代，此地应该布满了森林与水源。冬天，熊在这里冬眠，春天，人类群落移入洞中。洞里一些遗骸的年代可以上溯到 80 万年前（比智人早了 60 万年），这使位于大伊斯坦布尔的这处遗址成为近东地区最古老的一个人类居住地点。近期人类在这块史前时代的宝藏上的活动包括拍电影、吸毒、种植蘑菇、从事性交易，这让考古学家和部分伊斯坦布尔的官员忧心忡忡。

早期的人类以及他们石器时代的后裔在这片不断变迁的土地上生活，他们身处的地貌与今日所见大有不同：马尔马拉海原是稍带咸味的内陆湖，人们至今无法辨识的厚皮动物在谷地漫游，豹子在山岭上巡行，9000 种以上已被辨识的花朵盛开着。还有巨鹿、猛犸象、斑点鬣狗，所有生物都在比今天温暖两度的气温下悠然生活。

发现木棺那会儿，正好也是价值 40 亿美元的、连接现代伊斯坦布尔欧亚大陆两端市区的海底隧道开挖的时候。这里也挖掘到了公元前 6000 年左右的四座人类墓地和四处火化场地，俨然成了一座"考古主题公园"：2007 年的旱灾使当地农民在离市中心约 27 公里的地方挖掘出了新的灌溉渠道。考古学家立马赶来抢救那些为数不多、但已证实极具历史价值的发现。因为这里，也就是小切克梅杰湖与伊斯坦布尔黑海沿岸的边缘地带，出土了欧洲人类文明食用肉类和蔬菜的最早证据——船形石核（打制形成的船形石器）与加压制成的燧石。此外还发现了切肉刀、燧石刀、骨制刮削器。[6] 这里是史前时代狩猎屋的所在地吗？还是男人、女人轮番狩猎耕种时的歇脚处？金角湾顶端的考古挖掘预期将提供更多的证据。[7] 几乎可以确定，在大伊斯坦布尔地区藏有欧洲农业的遗迹，这会让原先认定的欧洲农业起源时间足足提前一千年。[8] 生活在伊斯坦布尔及其周边地区的新石器时代居民胼手胝足，逐渐在此地赢得了生存的空间，但随后这片土地将进行反击。

公元前 5500 年左右，一个毁灭大地的划时代事件——黑海大洪水决定了伊斯坦布尔的性格与它之后的生命故事，大伊斯坦布尔地区的地形也在这场剧变中形成。[9] 冰盖融化造成海平面急剧上升，洪水席卷内陆，冲刷出博斯普鲁斯海峡。黑海原本是较浅的淡水湖，从此变成濒临海洋的内陆海，湖中的淡水贝类也被咸水贝类取代。短短三百天的时间，水面最高可能攀升了七十三米左右。金角湾成为了拥有天然港湾的河口，有基达里斯（Kydaris）与巴比泽斯（Barbyzes）这两条人称"欧洲甜水"（Sweet Waters of Europe）的泉水注入。在新世界创生的过程中，许多生命遭到毁灭；今日从黑海海床中可以挖掘到人类居住的遗迹、被淹没的建筑物和加工过的木材。有人估计，当时在一年之内有约 40 立方公里的水倾倒在黑海海床上，淹没了 1500 多平方公里以上的土地 *。这次事件毁灭了旧世界，同时也让一个世界级的城市有了发展的可能。

----

* 1 立方英里约等于 4.12×10^9 立方米；1 平方英里约等于 2.6×10^6 平方米。——编注

　　有些文明，例如埃及，可能与海洋保持着一种疏远的关系。但在伊斯坦布尔，海洋无所不在。因此，伊斯坦布尔居民不得不将海洋视作朋友而非敌人。"海水像花环一样围绕着君士坦丁堡"[10]，一名编年史家如此描述这座城市。[11]今日的伊斯坦布尔被金角湾、博斯普鲁斯海峡与马尔马拉海围绕；在它的北方是尤克辛海（Euxine，或称黑海），南方经由赫勒斯滂（Hellespont，或称达达尼尔海峡）抵达地中海。地中海这块"液态的大陆"（Liquid Continent），在历史上曾有白海（White Sea）、信仰之海（Faithful Sea）、苦涩之海（Bitter Sea）、伟大的绿色海洋（Great Green）与"我们的海"（Mare Nostrum）的称呼。地中海不仅提供了机遇，也带来了毁灭。在一个帆桨、水湾与天然港湾的世界里，随着博斯普鲁斯海峡的出现，两块大陆成形，这意味着伊斯坦布尔的土地有着无限的可能性。

　　所以，当我们与伊斯坦布尔相偕而行时，我们必须记住，这不仅是一座城市的故事，也是一片海洋的故事。

第二章　盲者之城

约公元前 682 年

> 这个美伽巴佐斯（Megabazus）由于自己所说的话而永远为赫勒斯滂的人们所铭记。当他在拜占庭的时候，有人告诉他说，迦太基人曾在拜占庭人建城前十七年建立了他们的城，他说："迦太基人那时一定是瞎了眼睛的，这里明明有一个完美的地点营建新城，为什么舍近求远，选择在遥远的内陆地区建城？只能说他们瞎了眼睛！"
>
> 希罗多德（Herodotus），《历史》（*Histories*）[1]

2016 年 5 月，据新闻报道，伊斯坦布尔又发现了一处重要的考古遗址。在马尔马拉海沿岸的锡利夫里（Silivri），人们在时髦的避暑小屋下方挖掘到一座四千年前的圆形坟墓，形似中亚的坟墩（kurgans），埋在里头的战士同样蜷缩成了胎儿的姿势。土耳其当局表示，这座墓地显示伊斯坦布尔在史前时代诞生时曾受到中亚的影响。这是一项意义重大的声明。因为过去古希腊人不断宣称，这座遗址所在的聚落塞里姆布里亚（Selymbria，即今日的锡利夫里）事实上是他们建立的。

围绕着古城拜占庭及其腹地的故事，与拜占庭的历史一样重要。这些传说解释了希腊人创建伊斯坦布尔的神话，其内容可想而知非常生动。宙斯，众神之王，依然本性难移地在凡间四处留情。这一次他找的是他的妻子赫拉的女祭司，名字叫伊俄（Io）。愤怒的赫拉将伊俄变成了一头母牛（另一种说法是宙斯为了保护伊俄把她变成了母牛），后来还派了牛虻去折磨这名诱人的年轻女子。博斯普鲁斯（Bos-porus，也就是 Ox-Ford，指牛涉水而过的地方），据说是因伊俄在此横渡海峡而得名。伊俄生下女儿姬罗伊莎（Keroessa），并在金角湾（这条水路在古代称为克拉斯［Keras］）的岸边将女儿交由仙女瑟梅斯特拉（Semestra）抚养长大。这名年轻女性延续了家族传统，继续跟奥林匹斯的诸神纠缠不清，还与海神波塞冬同寝。姬罗伊莎与波塞冬所生的儿子拜占斯（Byzas）建立了拜占庭。另一个版本的建城神话或许比较接近青铜器时代或铁器时代的真实情况——色雷斯（Thracian）国王拜占斯是墨伽拉人（Megarians）的统治者，他是先前提过的仙女瑟梅斯特拉的儿子。他娶了当地的公主菲妲蕾雅（Phidaleia）为妻。菲妲蕾雅以土地作为自己的嫁妆，伊斯坦布尔正是在这片土地上建立的。

事实上，人们曾经在伊斯坦布尔历史中心的地底深处，发现过可以追溯到公元前 4500 年的色雷斯陶器碎片，还有美丽的用绿石做的锤头碎片。使用木棺的新石器时代人类知道这里是定居的好地方——他们对此地的认知并未凭空消失，而是一直流传到了铜石并用时代、青铜器时代与早期铁器时代。这块坐落在金角湾、博斯普鲁斯海峡与马尔马拉海（在古代称为普罗庞提斯［Propontis］）之间的楔形土地被称为萨拉基里奥角（Sarayburnu）或皇宫角（Palace Point，对古希腊人来说，这里是卫城；对说拉丁语的人来说，这里是博斯普鲁斯角）。此地对人类而言特别宜居，四周有七座山丘；地势很高，足够提供保护，但又不至于不适合居住。这里的确是建立家园的好地方。

在 20 世纪 20 年代和 1942 年，人们在拜占庭竞技场附近挖掘到了大量的色雷斯陶罐，其中有个陶罐特别美丽，它的侧面用模具压铸出了人类面孔的形状。所以忘了希腊神话吧，早在希腊人从西方来到此地之前，就已经有人在此生活良久。本地居民生活的这块区域后来成了托普卡珀皇宫的所在地，男男女女们在此从事贸易和耕作。至少，从公元前 1100 年开始，此地就有人类居住，并一直延续至今。现代伊斯坦布尔就像一块层层叠叠的历史千层酥，若要从"中心"开始挖，这项工作就会变得相当棘手。可以确定的是，关于这座城市早期生活的证据会陆续浮出水面。1989 年，水下考古学家在卡拉米斯湾（Kalamış Bay）附近的费内巴切游艇港（Fenerbahçe Yacht Harbour）进行挖掘。在一篇吊足胃口、尚未对外发表的报告中，考古学家表示他们感觉在层层海草下有一些建筑结构；其年代之久远，和在附近出土的四千年前的陶罐不相上下。青铜器时代早期的人曾住在这些建筑之中。[2] 这块水域不仅创造了历史，也隐藏着历史。

最初的伊斯坦布尔人在此地默默生活着，他们的故事要从大地和博斯普鲁斯海峡那片昏暗的水面讲起。相较之下，伊斯坦布尔的希腊移民则大张旗鼓地宣示着他们的存在。希腊人不仅发明了历史观念，还擅于将自己写到历史中去。这些希腊移民声称，拜占庭的古聚落是他们建立的。

正当宙斯、赫拉、伊俄试图解开他们之间的三角关系时，史诗诗人告诉我们：伊阿宋（Easun）与他的阿尔戈英雄们（赫拉克勒斯［Herakles］、俄耳甫斯［Orpheus］、涅斯托尔国王［King Nestor］和其他人，相当于把传说中的希腊英雄全列了一遍）在前往黑海探险的途中航经了拜占庭。希腊锡拉岛（Thera，又称圣托里尼岛［Santorini］）上精巧的海洋湿壁画告诉我们，早期的希腊人确实已掌握先进的航海技术 *。更特别的是，希腊人不仅可以绘制环地中海沿岸的航海图，还能测绘深海的状况。

故事还有很多。它们不仅描绘了这些跨大陆的旅程，或许也激励了希腊人伊阿宋集合阿尔戈英雄（包括奥革阿斯［Augeas］，就是他逼着赫拉克勒斯去清理他巨大的畜栏）进行探险与追求财富。伊阿宋曾在博斯普鲁斯海峡沿岸停留，还发现了太阳升起的地方。之后其他希腊英雄便前往亚洲追寻海伦、特洛伊与荣耀。在《荷马史诗》中，我们听到伊阿宋往东旅行时遭遇科尔喀斯的美狄亚（Medea of Colchis）、美狄亚的姑姑喀耳刻（Circe）以及好斗的亚马孙（Amazon）部族的故事。伊阿宋先是受到黄金承诺的引诱（当时此地确实出现了优良的早期金属加工技术，这或许激起了希腊人的想象，让他们觉得东方"遍地都是黄金"）。[3] 虽然因为美狄亚公主的药水与毒剂耽搁了行程，伊阿宋终于还是成功抵达了高加索地区——在希腊人心目中，这是一个危险与希望并存的国度。[4] 普罗米修斯（Prometheus）偷取众神之火，被铁铆钉打造的锁链束缚在岩石上，那块岩石所在的地方就是高加索。伊斯坦布尔以东的考古发现

---

* 公元前 1615 年左右，在锡拉岛发生了人类历史上最大的一场火山爆发，这些湿壁画因为被火山岩覆盖，奇迹般地保存了下来。

揭示了神话是如何蚕食历史的。亚美尼亚的考古新发现让我们对早期青铜器时代历史的复杂性以及博斯普鲁斯海峡以东利用火从事金属加工的情况有了进一步的了解。[5] 1917 年，英国皇家海军为纪念在加里波利（Gallipoli）阵亡的将士，决定在伊斯坦布尔南方的印布洛斯岛（Imbros）立一块方尖碑，他们在挖地时偶然发现了一只可以追溯至公元前 2500 年的闪亮金杯。这只印布洛斯金杯是荷马诸神使用的金杯的真实版本。伊斯坦布尔的腹地享有神话般的美誉，背后确实有着充分的理由。

据说，伊阿宋在旅行过程中必须面对相互碰撞的巨石（几乎可以确定这是在描述博斯普鲁斯海峡通往黑海的入口），但他成功地让所有追随者都通过了此地。怪不得我们会从希腊维奥蒂亚（Boeotian）的抒情诗人品达（Pindar）那里得知，东方是诱惑英雄与创造英雄的地方。

高加索地区出土的新证据显示：青铜器时代与铁器时代的希腊人确实曾经从爱琴海穿过引人入胜的赫勒斯滂海峡，再越过马尔马拉海，沿狭窄的博斯普鲁斯海峡而上——有些海域的宽度大约只有 640 米，中央部分却深达 122 米——接着经过一段沙岸，最终横跨黑海。今天，在格鲁吉亚黑海沿岸城市巴统（Batumi）附近，有一片刚挖掘出土的公元前 5 世纪的墓地。许多希腊坟墓则散布于沙地与灌木丛中，它们排列之紧密，宛若市立公墓。希腊坟墓后方还有一片青铜器时代的坟冢。亚洲新发现的希腊手工制品和遗迹不仅揭示了两地的贸易关系，还暗含了两地间的一些军事行动。想象的英雄，例如伊阿宋，与真实的英雄探险留下的坚实证据相互呼应。[6]

伊斯坦布尔依然记得伊阿宋。小渔村塔拉比亚（Tarabya）现在成了伊斯坦布尔社会名流时常出没的地方。它的希腊文名称是特拉皮亚（Therapeia，这个名字原本有治疗或治愈的意思，在后来的奥斯曼帝国晚期，特拉皮亚是外国大使喜爱的避暑胜地），此地在公元 5 世纪开始基督教化：主教阿提科斯（Attikos）提议修改地名，因为他反对原先的异教名称法玛克斯（Pharmakeus）。从青铜器时代流传下来的 "pharmaka" 一词，用来指代药物或有用的草药，并逐渐演变成了今日的 "药房"（pharmacies）一词。但在法玛克斯这里（这个词从史前时代就已出现），据说原本指的是美狄亚公主的致命毒药。故事里提到这名科尔喀斯的皇室美人被抛弃，因为悲伤愤怒过度导致精神错乱，对她的爱人穷追不舍。她沿着博斯普鲁斯海峡的欧洲一侧走到一半，便将"pharmaka"倒入海里。

因此，我们知道希腊人曾经旅行到伊斯坦布尔以及更远的地方，[7] 虽说船只的确切样式与旅程的实际距离至今还是个谜。从希腊本土出发，白天航行，晚上靠岸休息饮食，如此约需一个月才能抵达博斯普鲁斯海峡。[8] 这些线条优雅的狭长的船只拥有大批桨手，航行速度相当快。当风从船的后侧方吹拂时，速度可达到 6 节 *（相当于每小时 11 公里左右）。但汹涌的波涛是个问题，逆风而行是不可能的，而且必要经历一些已知和未知的危险。旅程中有几处危险地带，尤其是苏尼翁角（Sounion cape）、埃维亚岛（Euboea）的南端，达达尼尔海峡的北风与往南流动的海流也是阻碍前行的因素。

希腊探险家试探性地离开广阔的大海，驶入夹在两个大陆之间的水道，他们经过森林浓密的山岭与嶙峋不毛的岩石，盲目地沿着赫勒斯滂海峡航行，浑然不知这条曲折而诱人的海峡将引领他们前往何处。他们最初登陆的地点恐怕是错的（讽刺的是他们还宣称自己有眼光看得出拜占庭所具备的潜力）。在博斯普鲁斯海峡入口的亚洲一侧，拓荒者开始在马尔马拉海东岸的天然港湾迦克墩进行垦殖。迦克墩与拜占庭之间隔着一湾海峡，两地相距 1000 米左右。数个世纪以来，无论是在营火旁，在城市广场上，在皇家宫廷里，还是在古典文献中，迦克墩这座"盲者之城"一直被公认是欧洲人最初登陆的地方。此地现在也是今日伊斯坦布尔的亚洲市区。

迦克墩所在之处其实不是一块处女地。跟海峡对岸的考古发现一样，菲奇泰佩（Fikirtepe）附近留下了大量证据，显示早在新石器时代就已经有人在这里过着艰苦但充满希望的生活。猎人与渔夫住在简陋的泥土小屋里，他们从浓密的无花果树林取得丰富的食物，使用野牛骨制成的汤匙和长柄勺。到了青铜器时代，腓尼基的商业殖民者也曾抵达此地。时至今日，古迦克墩已经成为位于亚洲区的卡德柯伊（Kadıköy）的繁忙小郊区。当地的街道充满着烟火气息，伊斯坦布尔人会带你来这儿见证这座城市的社会变迁史。卖榛子的商贩等

---

* 节（knot），速度单位，定义为每小时 1 海里（约等于 1.852 公里）。为了计算船的航行速度，水手们会在一根长绳上打很多结，将打结的长绳在船尾随水流放下，然后通过计算一定时间内冲走的结的个数来算船速。——编注

待你来光顾，家住伊斯坦布尔欧洲市区的主妇跨越海峡来找最好的新鲜山区芝士——这里让人感受到市井的气息。不同宗教的神职人员在此传播他们的信仰，在亚美尼亚教会，看守的教士时刻静坐等候，期盼有人能走进教堂，张开双臂欢迎他们的到来。伊斯坦布尔最古老的犹太会堂位于卡德柯伊，罗马天主教会与塞尔维亚的神殿也在这里。蒙着面纱的本地少女在 16 世纪所建的清真寺中进进出出，这些寺院是早期奥斯曼人的作品，用来表现虔信与伊斯坦布尔的新穆斯林的美学标准。时至今日，这里已成为交通枢纽：海达尔帕夏（Haydarpaşa）火车站就像一座欧洲城堡，毗邻的马尔马拉海宛如护城河，车站建于 1908 年，这里出发的火车可以开往巴格达、大马士革与麦地那。此外还有客运与小型巴士总站。从上古时代经中世纪直到近代世界早期，迦克墩一直是重要的转运点。

相较于拜占庭，迦克墩更不容易防守；乍看之下，它似乎也不是理想的殖民地点。早期的希腊人并不是因为精神错乱才会选择在这里开垦。从斯坦布尔（Stamboul，过去伊斯坦布尔的别名）高丘上的坟墓、人面陶罐与权杖头的碎片可以得知，希腊人所说的拜占庭在当时已经有人居住。新拓荒者不是全副武装的入侵部队——无论他们如何自信地讲述祖先入侵亚洲滨海城市特洛伊的丰功伟绩——他们还没有能力发起长达十年的围城战。所以，与其说迦克墩是"盲者之城"，不如说它是一座无险可守之城。今日，我们可以用不到一英镑（渡轮的船费）的价钱从亚洲前往欧洲。但在两千七百年前，同样的事却需要冒很大的风险。而在拜占庭，已经有人（历史并未留下他的名字）捷足先登。

但在公元前 7 世纪上半叶，据说诸神通过晦涩难解的神谕，启示希腊本土上某座城邦的居民——墨伽拉人——要他们搭船出海，在"盲者之城的对岸"建立另一座城市。

如果迦克墩是"盲者之城"，那么能够建立一座拥有清楚视野的城市，这样的大好良机怎能错过？

第三章　光明之城

约公元前 680 年—公元前 540 年

那被海豚撕裂，被钟声折磨的大海。

叶芝,《拜占庭》(Byzantium)

由于拜占庭拥有肥沃的土地与富饶的海洋，大批鱼群从本都
(Pontus) 蜂拥而出，被水面下倾斜的岩石表面驱赶着，离开了蜿蜒曲折
的亚洲海岸，躲入这些港湾之中。结果，居民成了最初赚钱的人与富有
的商人……

塔西佗（Tacitus),《编年史》(Annals)[1]

墨伽拉，一座位于希腊本土的中型滨海城镇，乍看之下无法让人产生任
何的兴奋感。今天，当你行驶在从雅典通往斯巴达的高速公路上，你会发现
两旁巨大的拖拉机轮胎和废弃的排气管正向你致意。墨伽拉被铁道分成两半，
铁道上还停着一辆五十年前留下的车身锈蚀的褐色蒸汽火车头。看到这座小
镇，人们脑子里首先浮现的形容词是狭小、平凡与封闭。墨伽拉是一座保守
的农业城镇，在上校政权时期*，一些镇民开着拖拉机到雅典参加反军事独裁的
抗争运动，结果在坦克的阻挡下铩羽而归。保守派的时事评论家伊索克拉底
（Isocrates）曾在公元前 4 世纪语带贬义地说道，在这里，农民种的可是石头。

---

* 上校政权时期（regime of the Colonels）：希腊在 1967 年建立的右翼军人政权，由"上校团"发起
并执政，故称"上校政权"，1974 年之后被希腊第三共和国取代。——译注

此地其实不只有采石业，还出产羊毛、马匹与盐。盐是古代炼金术士使用的矿物之一，由于具有保存食物的性质，它能给挨饿的人提供生存下去的机会。妥善保存他们的盐是当务之急，墨伽拉的城墙最终也一直从城镇连到了海港。或许这正是来自海洋的礼物，持续不断地馈赠世人，鼓励了此地的古希腊人将眼光望向海洋，将他们的想象力往东延伸，直至地平线外。

有一种说法认为是墨伽拉的希腊人"发现"了拜占庭。希腊人说，是太阳神阿波罗（Apollo）通过德尔斐神谕（The Oracle of Delphi）指引他们前往这个地方*。为了获得阿波罗的祝福，墨伽拉的领袖确实在一路挺进内陆。但也有人怀疑，这些开拓者早就制订了扩张的计划。这片肥沃的土地位于马尔马拉海的边缘，很可能不是处女地（墨伽拉人开拓的或许是先前已经存在的色雷斯人的贸易站，当地出土的陶罐与权杖头可以证明这点）；而在这个优越的战略要地生活，使墨伽拉人萌生了扬帆启航的愿景：他们期望乘风破浪向东方挺进。我们可以联想到这样的图景：一群满怀希望、孤注一掷的探险者离开墨伽拉，朝旭日东升之处进发。他们看着沿途的海岸地貌从黄色的石灰岩变成白色大理石和黑色火山岩，这些景象看起来十分熟悉，令人感到安慰。然而当航船从欧洲进入亚洲时，景色随之一变。

这片被称为拜占庭的土地与海岸，吸引力不言自明。此地不仅适合贸易，还有天险可守。这片由马尔马拉海、博斯普鲁斯海峡与金角湾河口三面拱卫的楔形土地构成了一个天然的关卡。罗马历史学家塔西佗后来评论道，此地渔获甚丰，不仅能自给自足，还能贩卖获利。金枪鱼与海豚从黑海游向较温暖的马尔马拉海，然后分散游入金角湾的几处天然港湾。金角湾的名字据说是这么来的：每年都有闪亮的鱼群和一些海洋哺乳动物向南迁移，金角湾则是可以捕捉这些鱼群与动物的地方。伊斯坦布尔的渔民提到，在20世纪60年代出现大规模的污染之前，金角湾的水面总是浮着一层钻石般耀眼的鱼鳞。这里现在还有海豚，清晨和傍晚最容易见到它们。但海豚的数量正在不断减少，已不复过去成群出现的景象。古人的记载提到在金角湾有鲭鱼、剑鱼[2]、海龟与僧海豹。[3]

---

* 希腊神话认为阿波罗能够化身为海豚，吸引旅行者前去朝拜，德尔斐之名源于海豚。本篇篇首引用叶芝的诗作，也用到了这一典故。——译注

早期拜占庭钱币上的装饰图案是一只从牛的头顶腾空而起的海豚。[4] 希腊寓言说阿伽门农（Agamemnon）承诺给予阿喀琉斯（Achilles）在博斯普鲁斯海峡捕鱼的权利，希望借此平息阿喀琉斯的怒气，使他加入攻打特洛伊城的行列。由此不难发现：此地的渔获是值得争夺的战利品，天上和水下的神灵莫不小心护卫着。丰饶的地质资源为古拜占庭人提供了一个富足的未来。[5]

于是希腊人（几乎可以确定，他们在相当长的时间内一点一点地扩大了既有的色雷斯贸易据点）来到了他们称为拜占庭的地方。无论是用流血还是和平的手段，他们努力经营，使拜占庭成为世上数一数二的大城。

希腊人抵达的时刻，正是人类故事迈入非凡篇章之时。在公元前 7 世纪到公元前 5 世纪的欧亚大陆，一种新现象——市民城市——正缓慢成形。这是一片非同寻常的土地，普通人在经济活动上表现得更加主动。不用靠出身、国王的封赐或高级神职人员的祝福，商贩与贸易者可以仰赖聪明才智、机会与技术获得成功。冶铁技术的进步促成了精良工具的产生，带来了富饶的收成，获得温饱的人类进而有更多的时间进行思考。同一时间，更好的船只与更先进的武器也应运而生。由于城市之间的军备竞赛，各地冲突不断。从许多方面来看，城市的确容易引起纷争，历经数千年的亲族关系与生活方式将在这里受到挑战。为了运送全副武装的军队前往各地而铺设的道路，也让观念紧随军队之后得到传播。拜占庭的建立使城市居民有机会做更多的事、拥有更多的东西。正如苏格拉底、孔子与佛陀等思想家所证实的，城市居民更迫切地认识到他们需要更好地理解这个世界，发挥潜力让自己过上更好的生活。这正是城市成为人类未来的时刻。

拜占庭拥有优越的战略位置，不仅获益于东西方的文化、思想与经济成果，也受到东西方交流的激励。拜占庭良好的地理位置，是它走向繁荣成功的立足点。

墨伽拉人讲的希腊语，是带喉音的多利亚（Doric）方言，相比更具实验精神的雅典人，墨伽拉人的文化更接近他们在伯罗奔尼撒半岛的近邻斯巴达人。墨伽拉人建立的拜占庭反映了他们对世界的认知。他们在色雷斯海岬上兴建希腊浴场、体育馆、柱廊（列柱上搭盖了屋顶）与供水系统。他们在曾经环绕市中心的吕科斯河（Lykos）献上神圣的祭品。奥斯曼监狱（现已改建成一栋豪华饭店）因为《午夜快车》（*Midnight Express*）这部电影恶名昭彰。人们从监狱底下挖掘出了一枚佛里吉亚斗篷别针（这些具有异国风情的安纳托利亚中部的饰品肯定极受欢迎）和几只希腊风格的碗。这些碗装饰精美，用来混合酒液与倒油。

墨伽拉人把他们略带多利亚风格的生活态度带到了拜占庭。他们喜爱军乐，每年会在固定的日子举行宗教庆典，如雅辛托斯节（Hyacinthia）与卡尼亚节（Carneia）。在希腊本土奥林匹亚一处隐秘的遗址，一段公元前 6 世纪来自拜占庭的献辞最近刚被辨识出来。上头使用的字母"β"（beta）与"ε"（epsilon）确实是典型的墨伽拉字母。[6] 早期的拜占庭是以希腊文化为主体的城市文明，大约有两万名市民，城市周围环绕着"野蛮人"。虽然丧葬习俗显示希腊人与当地的色雷斯人关系相当和睦，但希腊人在讲述自己的故事时，常常刻意凸显自身的希腊特质，以此向已知的世界证明拜占斯并非只是粗鄙的边境城镇。我们可以想象这样的景象：夜里，殖民者们被陌生的声音包围，于是他们用令他们感到自豪的伟大母邦的故事相互鼓励。他们提醒自己，那位（据说）在奥林匹克运动会上首次裸体跑完赛程的奥西普斯（Orsippos），那位希腊版的罗宾汉，杀死富人的牛以期得到穷人支持的墨伽拉人塞阿戈奈斯（Theagenes），他们都是自己的同胞。（当故事讲到塞阿戈奈斯当上墨伽拉僭主时，或许更让众人为之一振。）这群殖民者知道，若想主宰这片开拓地，就必须克服环境。在斯巴达式的乐观和唯我独尊的优越感之下，当地居民很快就被他们的新希腊统治者称为"prounikoi"，也就是负重者。[7]

我们可以想象这群大无畏的多利亚希腊人站在拜占庭卫城上，俯瞰其他希腊殖民者焦急地从他们脚下经过，沿着博斯普鲁斯海峡而上，航向黑海。他们一边看着，一边容许自己享受这平静而满足的时刻——他们知道自己已经成功占有了这座视野极佳的城市。从公元前 7 世纪到公元前 6 世纪，希腊在此地的影响力不断加深。小亚细亚沿岸出现了许多临时的希腊聚落，这些聚落的屋舍一开始用泥土搭建，之后又改为石砌。墨伽拉人的拜占庭殖民地在经济上具有独特地位，因为这里控扼着欧亚大陆之间的海峡。公元前 6 世纪，在日后伊斯坦布尔坐落的这片土地上居住的人们不可能（时至今日也是如此）察觉不到他人的希望与恐惧、计划与欲望。

　　然而，仅仅几代的时间后，这个令人向往的地方就成了众人垂涎的对象。在谨慎、乐观而煞费苦心地将拜占庭打造成一座光芒四射的希腊城市后，希腊人的劲敌波斯（Persia）怀抱着狂热野心朝拜占庭袭来。公元前 546 年左右，波斯人强行渡过博斯普鲁斯海峡，控制了拜占庭，并且以达斯库里乌姆（Dascylium，此遗迹目前正在挖掘中）为首府，扶植当地的希腊僭主统治拜占庭。对于刚在公元前 550 年左右成立的波斯阿契美尼德王朝（Achaemenid）来说，这些僭主犹如帝国派驻当地的官员。拜占庭人似乎不喜欢东方的统治——他们不愿理会他们的亚洲主人。但波斯人卷土重来，皇帝大流士（Dareios）亲率大军，他的儿子薛西斯（Xerxes）紧跟着冲锋陷阵。在他们统辖的广大领土上，有 5000 万的人力做后盾。根据希罗多德的记载，就是波斯将军美伽巴佐斯把迦克墩称为"盲者之城"。在身为神王的皇帝的命令下，美伽巴佐斯率领（据说）为数 8 万的大军，"开始攻打那些不愿屈服于波斯的城市"。[8] 拜占庭的居民运气不佳，因为拜占庭就在波斯人的名单上。

第四章　波斯火

约公元前 513 年—公元前 411 年

芒德罗克列斯（Mandrocles）在鱼群众多的博斯普鲁斯海峡搭建浮桥，他向赫拉献上供品，纪念自己的工程。除了为自己赢得桂冠，让萨摩斯人扬眉吐气，芒德罗克列斯也实现了大流士国王的心愿。

希罗多德，《历史》[1]

伊斯坦布尔像一颗钻石，镶在两颗"蓝宝石"之间，其中一颗蓝宝石就是博斯普鲁斯海峡。博斯普鲁斯海峡不仅是一道难以克服的心理疆界，也是难以捉摸的有形疆界。咸水与淡水在此混合，形成旋涡和逆流。在绸缎般光滑的水面上，粼粼波光掩盖了汹涌的暗潮。潮水在黑海与马尔马拉海之间长约 35 公里的水道流动时，会转换九次方向。此地最近新发现了一条水下河流，位处海峡的海床上，它的存在解释了水道变化多端的天性。[2] 海水与沉积物经由隐蔽在海床上的、通过黑海洪流产生的巨大水道流进黑海，与表层水流的流向完全相反，进而形成乱流，在此地形成"双层海"。许多人淹死或者在海雾的遮蔽下撞击礁石而亡。但对波斯伟大的"王中之王"大流士大帝来说，这一切都算不了什么。当你以大流士的视角，从他位于苏萨（Susa）、巴比伦（Babylon）、孟菲斯（Memphis）与波斯波利斯（Persepolis）的权力中心看世界时，希腊的迦克墩腹地其实相当平坦；蜿蜒曲折的河水流过平原，周围和缓起伏的山丘现已种满橄榄树。这个通往欧洲的门户吸引众人前来一探究竟，真正被探索者视为阻碍的是高加索山区或环绕希腊伯罗奔尼撒的群山。达达尼尔与博斯普鲁斯汹涌变化的海浪只是溪流而已，紧邻海岸的岛屿——萨摩斯岛（Samos）、莱斯沃斯岛（Lesbos）、希俄斯岛（Chios）则是通往新大陆的垫脚石，眼前广大的大陆是待人摘取的成熟果实。

大流士站在亚洲遥望欧洲的青翠山林。对这位要开凿运河连通红海与地中海、建立统一货币、鼓励人们在已知的世界中进行贸易的男人来说，跨越两块大陆之间窄小潮湿的缝隙想必是件轻而易举的事。在后人眼中，这项行动充满了传奇色彩。但在当时，对这位世上最有权势的统治者而言，这只是行有余力的举措。因此，对伊斯坦布尔的文字记载肇始于一座桥梁。大流士搭建的约 1600 米的巨大浮桥只是他诸多宏伟大胆计划的其中一项，希罗多德对这座桥的描述使拜占庭载入了史册，而搭建这座桥的动机则令西方感到困惑不解。

当时，已叛变的巴比伦王尼布甲尼撒三世（Nebuchadnezzar III）得知这个消息十分高兴。盘踞黑海北岸、控制今日伊斯坦布尔以西的欧洲领土的斯基泰人（Scythians）得知消息之后也起兵响应。大流士决心将斯基泰人赶回他们的家乡色雷斯与巴尔干，于是他坐镇希腊人的黑海神庙——民众在此供奉宙斯，以求在海上顺风航行——并且于公元前 513 年左右命令来自萨摩斯岛的工程师芒德罗克列斯以船只搭建浮桥，从亚洲横跨博斯普鲁斯海峡直抵对岸的欧洲。大流士有征服已知世界的能力，却不打算在这个过程中"弄湿自己的双脚"。

我们不清楚这个时期的拜占庭是波斯帝国不愿屈从的臣民，还是恭顺的盟友。现在看来，波斯人当初似乎在克鲁索波利斯设立了征税兼勒索的关卡——当船只被博斯普鲁斯海峡变化无常的水流推向海岬时，便会遭受波斯人的横征暴敛。[3] 往后的两千五百年里，针对过往船只榨取现金，成了控制海峡与城市之人钟情的消遣活动。波斯人不希望有人破坏这桩有利可图的生意，而拜占庭的居民发现自己站错了边；他们进而成了波斯人的泄愤对象。

在这个文明的边缘地带，依然有许多人不愿意成为这个波斯人不断扩张、说着亚兰语的多民族帝国中的一分子。当大流士的前任君主居鲁士大帝（Cyrus the Great）首次与斯基泰人交战时，被斯基泰女王杀害，斩下了头颅，被装在盛满血的皮囊里带往各处。女王说，既然对权力的渴望激励了居鲁士，就把他的头泡在血里让他喝个够。[4] 公元前 5 世纪初，叛乱的火种沿小亚细亚沿岸与近海的岛屿逐一被点燃。大流士以穷凶极恶的战火予以回应：城市被夷平，成年男子遭到杀害或沦为奴隶，男孩惨受阉割，女孩则充入大流士的后宫。公元前494年到公元前493年，叛乱完全平定，拜占庭与迦克墩被付之一炬。拜占庭人与迦克墩人要是望向博斯普鲁斯海峡对岸，就会看到天空蹿起的黑色烟尘，那是他们同胞遭受不幸的信号。希罗多德告诉我们，拜占庭居民——其中有些是为自由而战的斗士——逃往黑海南岸的沙地避难。但他们之后又回到故地，最后还为波斯舰队建造战舰。

在欧亚之间的水域航行，我们可以感受到东方专制君主与西方世界之间的嫌隙其实是很个人的。是的，波斯想取得土地、掳掠人口，但成功的殖民关乎质量而非数量。从这时起，欧亚的权力竞逐者都希望让拜占庭附近这片天赐的、拥有葱郁草木与易守难攻的高丘、极具战略地位的海岸地带心悦诚服。[5]

公元前491年，大流士要求整个希腊臣服于他，还坚持爱琴海地区700多个顽强的希腊城邦必须献上表达诚意的象征性礼品，也就是土与水。叛乱也许平定了，但胜利不会如此轻易地到来。波斯的策略没有考虑到希腊人特有的族群意识：他们拥有着同样的议会传统，由共同的语言与信仰所形成的身份认同纽带，感受着由神话维系的彼此联合的力量。族群意识让希腊城邦拥有惊人的抵抗能力。对波斯人来说，在随后的公元前490年马拉松战役（Battle of Marathon）所遭受的挫败，只是一个令人不快的意外。

但是，当大流士于公元前486年去世时，他的野心并未伴随他的死亡消逝。大流士的儿子与继承人薛西斯不愿让夺来的领土（如拜占庭）重回希腊之手。公元前480年陆上的温泉关战役（Battle of Thermopylae）与海上的亚德米西林战役（Battle of Artemisium）——波斯帝国与希腊世界的各个城邦激烈交战——是一连串入侵行动的开端。地米斯托克利（Themistocles）是雅典民主制度的拥趸，由他负责统率海上的希腊人。波斯这边派出的杰出海军统帅是一个女人，这在有记录的历史中大概是空前绝后，她是哈利卡那苏斯（Halicarnassus，今日的博德鲁姆［Bodrum］）的女王阿尔泰米西娅（Artemisia）。"历史之父"希罗多德自己就是哈利卡那苏斯人，这场冲突发生时他正值幼年，他告诉我们，阿尔泰米西娅为自己的高贵出身、五艘船舰以及"男人的意志"感到自豪。在海上战场约15万名参战人员当中，阿尔泰米西娅是唯一的女性。波斯借此传达了一个重要讯息：希腊人缺乏男子气概，万能的薛西斯只要派一名女子就能对付他们。亚德米西林战役被认为并未分出真正的胜负，而波斯获得了温泉关战役的胜利。大约十个星期后，薛西斯的军队烧毁了雅典卫城的古老神庙，杀光了守卫神庙的祭司。背对熊熊火光，波斯皇帝看着他的意志以令人畏惧方式实现。大火过后残留的手工制品现全收藏在雅典的新卫城博物馆中。我检视过这些物品，触摸过这些受创的古代雕像，它们是这场突击的受害者。雕像的外表如水泡般鼓胀隆起，我们依然可以从它们破损的外表感受到波斯大火的余温。后来，薛西斯高坐在山岭上观看萨拉米斯（Salamis）海战，深信此役必将一举歼灭希腊联军。[6] 拜占庭在当时很可能只是领土扩及整个大陆的波斯帝国治下的众多聚落之一。

然而，就像公元前 490 年的马拉松战役一样，萨拉米斯战役对波斯人来说是一场灾难。希腊人以智取胜，引诱波斯船舰驶向猛烈的侧风。一片混乱中，阿尔泰米娅冲撞了己方的波斯船舰，脸上却毫无羞愧之意，薛西斯痛骂道："我的男人变成了女人，而我的女人变成了男人。"当波斯军队战败撤回中东时，这名好斗的女王受命保护薛西斯战败的儿子们安全返回小亚细亚。而在普拉提亚（Plataea）再获败绩后，波斯将把注意力投向东方。

对拜占庭来说，接下来出现了一个耐人寻味的转折。拜占庭不仅在波斯与希腊的权力斗争中沦为政治棋子，在希腊人之间也扮演了相同的角色。

保萨尼阿斯（Pausanias）是深受赞扬的斯巴达领袖。他曾率领希腊联军在普拉提亚打了胜仗，又是英勇的斯巴达国王列奥尼达（Leonidas）的侄子（列奥尼达在温泉关抵抗波斯入侵欧洲时战死）。保萨尼阿斯似乎被拜占庭深深吸引，彼时，拜占庭已是一个充满自信的小聚落，它的战略优势和对于刚成立的希腊联盟的用途是显而易见的。此外还有一些工作要做：在历经了爱奥尼亚（Ionian）的叛乱后，（根据希罗多德的说法）一些富丽堂皇的多利亚建筑被腓尼基人焚毁。因此拜占庭有待合适的人选重新加以规划。回到斯巴达后，保萨尼阿斯担任了死去的列奥尼达的年轻儿子的摄政王。[7] 从许多方面来看，保萨尼阿斯堪称希腊人的典范。在普拉提亚得胜后，他下令斯巴达的奴隶准备简单的食物，与战败的波斯指挥官营帐里准备好的凯旋盛宴、杯盘狼藉的景象大异其趣。他率领大约 10 万名士兵出征，却只折损 91 人。为了表彰保萨尼阿斯在此役立下的大功，他获得与波斯交战取得的战利品的十分之一，其中包括嫔妃和金盘。

保萨尼阿斯奉命担任希腊联盟的海军统帅，前去击溃波斯位于拜占庭的驻军并且监视东方的动态。他从小港口赫尔米欧尼（Hermione，今日这个港口依然是小渡轮与当地水上出租车中途停留的地方）出发，解放了塞浦路斯与拜占庭。但之后他变得独断专行，迫不及待地想成为拜占庭的独裁官。史家修昔底德（Thucydides）说道："与其说他是军事将领，保萨尼阿斯所为更像是一名僭主。"拜占庭似乎迷惑了保萨尼阿斯的心智，历史潮流继而也发生了转变。

保萨尼阿斯出生于以拒绝享乐知名的斯巴达。对他来说，拜占庭像是一片专属的小乐园。他很可能兴建了拜占庭最初的城墙，以期保护这片青翠、令人精神振奋的乐土——这真是一项毫不掩饰动机的举措，[8] 特别是在斯巴达人轻视城墙的情况下；他们曾经夸耀说："我们的年轻人就是我们的城墙，年轻人的枪尖就是我们的城垛。"[9] 公元前 478 年，雅典的城邦组成了自己的防卫同盟。同年，保萨尼阿斯攻下拜占庭——这位僭主对这座城市显然怀抱着宏远的计划。从各方面看，保萨尼阿斯似乎对自己的胜利感到沾沾自喜。他请人撰写诗歌与碑文，甚至在希腊盟邦纪念击败波斯而在德尔斐建立的蛇柱（Serpent Column）底座上刻了自己的名字，而且只刻了自己的名字。这根带有超现实色彩的雄伟蛇柱——为了供奉神明阿波罗建立的黄金三足鼎，底下以蛇形的青铜柱支撑，柱高 18 英尺（约 5.5 米），柱子上是几条纠缠在一起的蛇——这已经不只是单纯的宗教祭品，而是一座战争纪念碑。31 个联合起来抵抗波斯人的希腊城邦，它们的名字刻在缠绕的蛇身上。不安的官员察觉到保萨尼阿斯的妄自尊大，于是迅速抹掉了这个斯巴达人明目张胆自我吹捧的文字。

八百年后，蛇柱迁移到拜占庭竞技场。人们会不由自主地相信，保萨尼阿斯要是知道这座色彩褪尽的纪念碑坐落在蓝色清真寺旁，是现代伊斯坦布尔公共空间中极少数残存的古典时代遗物时，应该会暗自窃喜。时至今日，蛇柱也成为外地游客与本地青年喜爱的午间休憩场所。这座引人注目的纪念碑曾出现在希罗多德的作品中，而它残存的部分矗立在（根据公元 4 世纪历史学家优西比乌［Eusebius］的说法）当初君士坦丁皇帝安放它的位置。最初以蛇身支撑

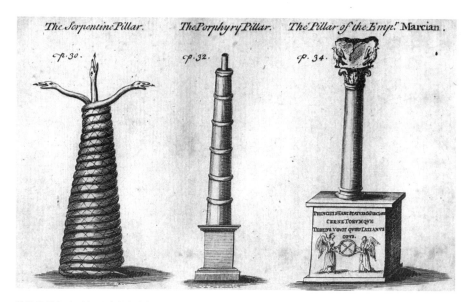

蛇柱依然相当不起眼地矗立在伊斯坦布尔的古竞技场中，许多造访伊斯坦布尔的游客都会来此凭吊，例如上面的图片就出自 1752 年出版的《已故的查尔斯·汤普森先生游记：法国、意大利与土耳其的欧洲部分、圣地、阿拉伯与埃及，以及世界各地见闻录》(The Travels of the late Charles Thompson, Esq. Containing his observations on France, Italy, Turkey in Europe, the Holy Land, Arabia and Egypt, and many other parts of the world)。

的黄金三足鼎在公元 350 年被熔毁，只有一个蛇头保留了下来，现收藏在伊斯坦布尔考古博物馆内。即便出自无心之举，在它历史的内心深处，伊斯坦布尔这座城市仍然尊敬着这位曾经热爱它的斯巴达人。

然而保萨尼阿斯的光辉岁月却很短暂。他独断专行，使用各种阴谋诡计，更糟糕的是，他一方面统领驻扎在拜占庭的希腊舰队，另一方面却勾结波斯人，有传言表示他穿波斯人的服饰，宠幸波斯女子，还打着迎娶薛西斯女儿这门皇室婚姻的主意。[10] 公元前 477 年左右，保萨尼阿斯收到来自斯巴达的一条召他回去、略显尴尬的命令，这是对他的黄牌警告，之后他便火速返回了斯巴达。

即使拜占庭名义上接受雅典的保护，雅典也不吝于展示自己海上霸权的力量，但保萨尼阿斯仍不为所动。现在的他显然已成为不折不扣的僭主。客蒙

（Kimon）率领雅典海军出港，反对保萨尼阿斯的错误行径。公元前 470 年左右，这名私掠的将军终于被强行召回斯巴达。保萨尼阿斯对拜占庭的热爱使原本受人崇拜的他反而陷入了窘迫的境地。他一返回斯巴达，就在众人逼迫下躲进斯巴达的卫城，并且被关在雅典神庙的高墙下，直到饿死为止。怕他腐烂的尸体玷污了圣殿，保萨尼阿斯最后还是被拖了出来。

　　保萨尼阿斯的结局也许很不光彩，但他为他移居的城市留下了两件礼物，而这两件礼物也成为拜占庭的象征。一个是保护城市的围墙，另一个是亘古不变的真理：无论是拜占庭、君士坦丁堡还是伊斯坦布尔，它们都是让人扬名立万的地方，也是让人身败名裂的地方，这里可以实现人的梦想，但也会让人噩梦成真。

　　保萨尼阿斯的过分自信实际上使雅典颇有可乘之机。雅典人为了确保自身的领导地位，暗示斯巴达人连自己的统师都无法管好，更别提有能力担任全希腊联盟的领袖。要维护东地中海的和平，需要兴建造价昂贵的战船。雅典过去兴建的新型三列桨座战船——德尔斐神谕指示新民主城邦要“相信木墙”——就像爱琴海上的杀人鲸：美丽、致命而昂贵，雅典因此要求受保护的城邦缴纳贡金。三列桨座战船在船速 8 节（每小时 14.8 公里）的情况下（新的研究显示，这种战船的速度甚至可能达到 12 节［每小时 22 公里］），只需 6 秒就能航行船身本身的距离。这种战船引以为傲的部分是船首的阿特利特式（Athlit-style）破城槌[11]，此外，船舱也挤满了由自由人组成的桨手。这些战船不仅操作灵活，杀伤力也大。东地中海的城邦与殖民地必须签署“民主方案”以协助维护这些超级战舰。我们可以看到拜占庭连同其他数百个城邦的名字被刻在三人高的石碑上，这尊石碑至今仍屹立在雅典的碑铭博物馆中。雅典收取的贡金一年总共是 400—600 塔兰同（talents），拜占庭一年上缴 15 塔兰同，就比例来说是很大一笔数字，这笔钱主要来自对经过拜占庭的船只征收的通行费和鲔鱼渔获的庞大税捐。

　　此后，由于保萨尼阿斯在拜占庭的不当行为使雅典有充分理由实施强硬的地区控制，雅典进而开启了黄金时代。

保萨尼阿斯蒙受的耻辱与斯巴达的颜面尽失让所有人记忆犹新，也让雅典人从中获利。雅典人在基克拉泽斯群岛（Cyclades）中央、终年吹着狂风的神圣岛屿提洛（Delos）召开会议，在希腊城邦推举下，雅典成为反波斯攻守同盟的盟主——我们现在称这个同盟为提洛同盟（Delian League）——10名雅典公民被任命为"希腊司库"（hellenotamiai）。

拜占庭在将近三十五年的时间内持续上缴贡金给雅典的希腊司库，贡金中除了拜占庭的黄金，还有来自该区的其他贵金属、现金与珠宝。公元前454年，位于提洛岛的提洛同盟总部突然停止运作。奴隶放下他们的凿子，希腊金库迁往雅典。很快，贡金将存放在乍看之下不像圣殿而像帝国库房的地方，也就是雅典卫城的新帕特农神庙。雅典现在成了宣扬"民主"观念的帝国势力——人民的力量，或者说对人民的控制成了雅典的护身符。在这五十年间，雅典巧妙地运用武力将民主"出口"到地中海各地。雅典成了"智慧的市政厅"，这是它给予这个世界的礼物。然而除此之外，雅典侵略性的帝国策略也造成了约5万名东地中海难民流离失所。

公元前440年，随着萨摩斯岛起事，拜占庭居民——可能受到黑海周边地区政治转向的激励（伊斯坦布尔总是关注着四邻的动静）——也跟着一起叛乱。拜占庭的自由只持续了一年，此时的雅典人仍积极进取，毫不退让。哲学家苏格拉底很可能是当时雅典重装步兵的一员，他们跨海镇压那些对有"紫罗兰花冠"[12]之称、"油腔滑调"[13]的雅典政治持反对态度的民众。公元前411年，这一次轮到斯巴达人挑起事端（彼时斯巴达是雅典的大敌，双方掀起了伯罗奔尼撒战争），拜占庭抓住这个机会再度叛乱。公元前410年，斯巴达海军统帅敏达罗斯（Mindaros）在波斯人的协助下从雅典手中取得了拜占庭，拜占庭居民或许还记得自己的祖先是多利亚人，他们欢迎斯巴达将军克里巧斯（Clearchos）的到来，表示拜占庭从此重回母城的怀抱。

整整一个世纪，拜占庭夹在波斯与希腊的权力对抗之间，沦为交易的筹码。由于拜占庭在博斯普鲁斯海峡有着举足轻重的战略地位，牵一发动全身，它又成了雅典与斯巴达野心棋局上的一枚卒子。[14]因此，拜占庭在伯罗奔尼撒绝望而惨烈的最后一幕中，占有关键的位置。拜占庭将确保自己的历史地位，继续成为凭恃强大军力控制广大领土的野心者觊觎的目标。

第五章　围城

约公元前 450 年—公元前 400 年

> 其他的地区美丽辽阔，其中不乏人居的村落；因为这片土地出产大麦、小麦、各种豆类、小米与芝麻、充足的无花果，还有丰富的葡萄可以酿造优良的甜葡萄酒，事实上，这里除了橄榄，什么都能出产。
>
> 色诺芬（Xenophon），《长征记》（*Anabasis*）[1]

> 雅典人围攻拜占庭；他们先用栅栏将城市团团围住，然后从远处投射或从近处攻击城墙。雅典人发现他们使用武力毫无进展，于是转而劝说一些拜占庭人背叛……
>
> 色诺芬，《希腊史》（*Hellenica*）[2]

两千四百年前，拜占庭遭受着两位敌人持续不断的侵扰。一个是围城，另一个是来自西方，却想在东方扬名立万的男人。

公元前 5 世纪，拜占庭成为各方垂涎的目标。由于拜占庭深具价值、吸引力与用处，古代一些出类拔萃的人物总是把这里当成大显身手的舞台，例如身兼统帅与作家身份的色诺芬，还有卡里亚（Carian）副总督摩索拉斯（Mausolos），陵寝一词即得名于他（摩索拉斯的陵寝是古代世界奇迹之一），以及极端、拥有卓越的才能、不甘久居人下的雅典叛将亚西比德（Alcibiades）。[3]

亚西比德出身贵族，由斯巴达奶妈带大，他的恶名传遍了古典世界。亚西比德与哲学家苏格拉底有袍泽之谊，他自称是苏格拉底的情人，但他在各方面都与这位雅典思想家大相径庭。亚西比德不负责任、纵情声色、毫无节制、行事高调、放荡不羁、声名狼藉，被古代作家形容为"广受民众喜爱的雅典僭主"。[4] 阿里斯托芬（Aristophanes）曾经写道，雅典民众"渴望他，痛恨他，却又希望他回来"。[5] 他令人气恼又难以抗拒，人们无法忽视他的存在——他穿着紫色斗篷，大摇大摆走在雅典街上，完全不管这种不民主的姿态引起的非议，他拒绝吹奏欧洛斯（aulos，有点类似今日的双簧管），因为那样他就必须皱起嘴唇，这会让他失去吸引力。他早上起床第一件事就是喝酒，根据喜剧诗人欧波利斯（Eupolis）的说法，亚西比德还掀起了晚餐时朝壶里撒尿的风潮。公元前 415 年，他率领雅典军队在西西里打了一场战役，损失惨重。由于雅典街头赫尔墨斯（Hermes）神像的头部神秘地遭人破坏，不在雅典的他因此被指控犯下亵渎神明的罪行。此后，亚西比德投靠雅典的劲敌斯巴达，与对方交好，甚至让斯巴达王后怀了身孕。之后，他转而逃往东方，最后抵达小亚细亚，成为波斯总督提萨斐尼（Tissaphernes）的双重间谍。亚西比德惹人注目、口齿不清，对于自己喜爱的事物极为坚持，他把拜占庭及其邻近地区视为自己的活动范围。他似乎在此如鱼得水，不久便频繁穿梭于欧亚之间的水域。

到了公元前 5 世纪末，雅典渐渐感到力不从心。与斯巴达二十年的恶战让雅典民穷财尽，乐观的情绪也消磨一空。因为肆虐的瘟疫，雅典损失了三分之一的人口，现在不仅国土日蹙，盟友也纷纷叛离。交战双方对待战俘的方式已不再顾及以往希腊人的荣誉规章——虽然同是希腊人，沦为囚犯后不免遭到烙印、挨饿，甚至被石头击打致死。东方一些有权势的商贩发现希腊人因为内争陷入虚耗，于是再度将他们的注意力转向西方。萨拉米斯战败之后过了两代，波斯人卷土重来。亚西比德拥有马基雅维利式的政治手腕，总会为自己留下后路。他运用间谍、外交人员与使者的关系网络将地中海世界连接起来，甚至建议雅典放弃民主实验，与波斯结盟共同对抗斯巴达。雅典不采纳这项大胆的谏言，反而仓皇失措地发动了令人厌恶的意识形态内战，雅典人投票废除了民主制度，还在斯巴达夺取拜占庭这类重要城市时眼睁睁地看着亚西比德——昔日雅典的杰出人物——把停靠在萨摩斯岛的船舰收编为他私人的海军。[6] 一阵炙热的强风吹过东地中海——众人感到前途未卜。

色诺芬生动地描述了博斯普鲁斯海峡上的阴谋诡计，双方为了争抢战利品，在陆地与海洋上争斗不休。他的作品读来令人感到兴奋，仿佛身历其境。我们看到波斯将领骑着战马跃入海浪之中，海水深达马颈，令马儿惊恐不已；我们也看到像亚西比德这类纵横捭阖的人物在海上来回穿梭，在这里协商谈判，在那里恐吓威胁。这些古代人为什么如此充满活力地以拜占庭为中心东奔西跑，这点倒是不难理解。无论在马尔马拉海、博斯普鲁斯海峡还是金角湾，任何一艘船只都可以以拜占庭为据点，怀抱着目标去乘风破浪，在深蓝的海水中溅起白色的浪花。对于充满信心、活力四射的水兵来说，拜占庭这块土地像是一处广大的、能让他们飞黄腾达的冒险之地。

从这点来看，亚西比德可以说已经"成了米底人"（Medised）——他投靠了波斯人阵营。波斯人与雅典人和斯巴达人一样，都深深为亚西比德的魅力折服。波斯人封他为大臣，还以他的名字为美丽的花园命名。然而这名身材魁梧、引人注目的男子的朋友与亲人毕竟还在雅典，他也想恢复自己在雅典的名声。现在，他对于欧亚间这块波涛汹涌的水域已相当熟悉。亚西比德反复无常，公元前 410 年，他率领雅典舰队在马尔马拉海的亚洲一侧打赢了基齐库斯战役（Battle of Cyzicus，附带一提，古代一直流传一种说法，认为伊阿宋的阿尔戈号的石锚就陈列在基齐库斯），并且协助在海峡的中间点，也就是靠近拜占庭以及今日称为"少女塔"（Leander's Tower）的地方设立（或者说恢复）海关——向所有经过的货船收取占货物价值 10% 的税金。[7] 管理海关的地点设在雅典已经收复的克鲁索波利斯，[8] 税金的征收可说是滴水不漏。亚西比德开始把大批财富运回母邦，[9] 很快，他又会有向母邦奉献更多战利品的机会。

情势一目了然，除非雅典从斯巴达手中夺回"盲者之城"迦克墩和拜占庭，否则经由黑海运补谷物的生命线很可能会被切断。控制海峡，控制运送谷物的船只使其能顺利抵达东地中海及其边缘的各个城市，是帝国赖以维持的手段。雅典首先派军队围困迦克墩。亚西比德一开始未现身，但在中途参战，他支持和他一起率军的将领斯拉苏卢斯（Thrasyllos），之后又离开前往赫勒斯滂，在当地征用物资，结交具有战略地位的朋友，而他的独断专行惹出了不少麻烦。在返回雅典控制的克鲁索波利斯之后，亚西比德重整旗鼓，他运用自己绝佳的魅力说服一些城市倒戈，如马尔马拉海沿岸的塞里姆布里亚，并且加入雅典战友的行列决心收复拜占庭。

　　拜占庭已被斯巴达正规军占领，现交由斯巴达混合部队控制，包括曾在军队服役而后获得自由的斯巴达前奴隶，还有一些尚未取得斯巴达市民身份的人，墨伽拉人、维奥蒂亚人与拜占庭人——这些人都听命于精神有些不稳定的斯巴达人克里巧斯的指挥。克里巧斯被派驻拜占庭已有两年，专为防止雅典反攻而进行准备。公元前408年年底，冬季气候十分恶劣，亚西比德率领5000人左右的军队围剿拜占庭。与几个月前在迦克墩周围修筑的工事类似，他在拜占庭外围立起一道攻城围墙，将狙击手部署在战略位置上，攻城梯准备就绪；此外他还针对港口中的伯罗奔尼撒船只进行骚扰。此时克里巧斯不在城内，他已搭船离开拜占庭前往波斯请求增援。城内与克里巧斯意见不同的派系利用这个机会试图与亚西比德这名大名鼎鼎的勇士订立城下之盟。围城期间，城内早已酝酿了一股愤愤不平的情绪：强硬的克里巧斯总是把最好的粮食分配给伯罗奔尼撒同乡战士，等到最好的粮食分完了，就把较多的粮食分给自己人。斯巴达在拜占庭的驻军衣食无缺，但当地人却挨饿受冻。亚西比德不知通过什么渠道得知了城内的状况，总在关键时刻获得贵人相助的他马上嗅到了获胜的良机。

　　紧接着，说法出现了分歧。色诺芬简要地告诉我们，亚西比德用甜言蜜语哄骗城内守军，城内的间谍在夜里打开城门，让昔日的敌人进城。西西里的狄奥多罗斯（Diodoros Siculus）讲的故事则较为复杂，他提到雅典舰队先佯装撤退，然后又攻击拜占庭港口掩护陆上内应发动叛变。当拜占庭驻军发现上了当时，城内亲雅典的人士已经开门让亚西比德及其部队进城——这名足智多谋的雅典将领早已答应宽待不抵抗之人。

　　无论哪种说法为真，亚西比德确实运用计谋而非野蛮的武力攻下了这座数世纪以来曾经阻挡许多来犯敌人的城市。这名深受人们喜爱的特立独行之人凭借一己的魅力收服了这个地区最具战略价值的据点，为他的征服战绩再添一笔。

　　波斯在这个地区仍有可观的影响力，而亚西比德向世人显示了他的智谋足以操纵这股力量。亚西比德表明，雅典人是因为他才获得胜利。雅典需要像他这样的传奇英雄，才能控制这个博斯普鲁斯海峡上的要塞。征服过程中，亚西比德顺便袭取了克鲁索波利斯作为征税点，借由向来往于马尔马拉海与黑海之间的船只征收通行费而获取稳定收入。回到雅典，剧作家欧里庇得斯谨记亚西比德是返乡英雄，给予了斯巴达人沉重的打击。[10]

无论亚西比德是否真能独揽所有的功勋，光是收复拜占庭与迦克墩，使谷物能顺利送到比雷埃夫斯（Piraeus），进入雅典人的肚子，就足以让这名浪荡子将功折罪获准返乡。当亚西比德近乡情怯地接近比雷埃夫斯港时，这个坏小子获得了热烈欢迎，民众依然视他为英雄。我们得知，当亚西比德在集会场里的五百人会议上发表演说，然后又到普尼克斯（Pnyx）参加公民大会时，雅典群众开始喊叫，为他的归来欢呼。公民大会随即通过，亚西比德可以取回被没收的财产，而注明他罪状的石碑也应倒置丢入海中。[11]

然而，不出四个月，亚西比德又回到了东方。雅典母城无意停战；陷入虚耗的伯罗奔尼撒战争已近尾声。雅典的巨大雕像，包括帕特农神庙里的雅典娜神像的闪亮饰物已经全熔成了钱币。公元前405年，在埃戈斯波塔米（Aegospotami）——位于离拜占庭约241公里的海岸边，离日后的战场加里波利只有大概9.7公里——爆发战役，获胜的斯巴达海军将领吕山德（Lysander）与他的士兵终于掌握了海战的诀窍。此时的亚西比德已俨然成为色雷斯的割据势力。他急忙针对雅典海军将领忽略的地方提出忠告；他说，在地貌单调且毫无隐蔽的地方，任由雅典三列桨座战船暴露在外简直荒谬透顶。雅典人不理会这位非正统英雄忧心忡忡的谏言，反而一意寻找补给品。此时斯巴达人发动攻击，俘虏了所有船只，只有两艘船幸免于难。所有在船上的雅典公民——可能多达3000人——排成一列，当场遭到处决。[12]

克里巧斯——据说他是个嗜血成性的威权主义者——再度成为拜占庭的僭主。拜占庭居民，包括在战争中失败的雅典人，显然希望由斯巴达重新控制拜占庭——或许他们顺带想起了建城祖先墨伽拉人的多利亚渊源。结果，许多拜占庭贵族被冷酷无情的克里巧斯处死。少数可能被证明为亲雅典的人士趁夜逃走，最后返回雅典。[13]

与此同时，在拜占庭的对岸，被雅典人在伯罗奔尼撒战争期间作为基地的克鲁索波利斯经历了最后一场旋风般的行动。斯巴达、雅典及其盟邦伤亡惨重，许多希腊人不愿继续厮杀下去，于是转而向波斯人效劳，成为他们的佣兵。[14] 在这支拥有一万人的杂牌军当中，有一个苏格拉底的追随者，他就是将领兼历史学家色诺芬。

公元前 399 年，苏格拉底因为危害国家的罪名在雅典服下毒堇汁而死。同年，远征的一万人历经艰苦回到克鲁索波利斯，还贩售起了他们的"战利品"（在安纳托利亚制作的带有铭刻的大型贵金属容器，此外还有牲口与奴隶）。原本协定的计划是让这群疲惫不堪的战士搭船横渡博斯普鲁斯海峡到拜占庭，再经由安全的路线返乡。色诺芬与他的佣兵袍泽满怀感激地踏上欧洲大陆，他们闻着故土的气味，并且急切地聚集在拜占庭斯拉基恩门（Gate of Thrakion）前的开阔土地上。然而，拜占庭当局并未给予他们马匹需要的饮水、包扎伤口需要的纱布、返乡需要的旅费，反而轻慢地清点人数，然后强迫他们解散。你可以想象这群军人的埋怨声，之后埋怨升级为愤愤不平。一怒之下，这支军队将目标转向拜占庭，驱逐了该城的高级指挥官。在这场令人倦怠的战事中，有人提出了更为大胆的建议：色诺芬应该挺身而出，担任拜占庭的僭主——他可以根据他敬爱的哲学家苏格拉底立下的原则，在此地建立符合道德的新文明，并且创建如色诺芬自己在作品中描述的苏格拉底式的王制。但色诺芬跟苏格拉底一样，早已习惯拉科尼亚式的（即斯巴达式的，源自斯巴达的拉科尼亚[Laconic]）地方观念。色诺芬指出，拜占庭是斯巴达控制领域里一个由斯巴达人统治的多利亚式城市。如果佣兵接管此地，那么几个星期内，这里将成为愤怒与攻击的焦点。色诺芬说服了士兵不要发动全面性的攻击。

色诺芬原本计划搭船返回吉雄（Gytheion）。在几世纪前的英雄时代，据说帕里斯（Paris）与他诱拐的海伦就是从这个斯巴达小港口私奔的。色诺芬再度受骗，最后接受斯巴达的雇佣，参与了波斯与斯巴达在小亚细亚的博弈。

混乱的政权递嬗、仓促发起的自决行动与摇摆不定的忠诚，这一切都显示这个时期的拜占庭（以及它的卫星城市迦克墩与克鲁索波利斯）只享有集结待命区和中途休息点的地位。它们是战略要地，但缺乏自己的战略家；它们的地缘政治价值太高，导致自身的利益受损，成为外人觊觎的主要目标。在这段历史时期，拜占庭接二连三地遭受围困，而且不断受到外人的无理干预。

这个时期内容最包罗万象的工程学作品是公元前 280 年出生的费隆（Philo Mechanicus）所著的《力学总览》（Mechanike Syntaxis）。费隆是拜占庭人，而这或许不是出于偶然。这本书绝大部分内容都在说明围城的最佳应对方式、攻城器具的设计、港口建筑与投射武器的建造，还介绍了能反复发射的弩。有趣的是，费隆提出的应对围城的两项建议是确保有充足的医生处理不可避免的创伤，以及拥有足够多能破译密码的人将信息传递出城外。拜占庭在地理条件上占有优势，但有时这个恩赐对当地居民来说却是一种诅咒。

在东方约 9656 公里的地方，一处新考古遗址透露了拜占庭此后的前途，又或者说是它的救赎。

2002 年，在中国洛阳市王城广场挖掘出了一个不寻常的墓葬坑。24 匹马被殉葬在周王的豪华战车前面，时间大致与亚西比德围困拜占庭同时。这些殉葬的马经由大草原输入中国，称为"天马"，据说是龙与母马生下的后代，流着汗血。东方对这种天马的渴望，刺激了贸易链。这条贸易链沿着我们今日说的丝绸之路从中国西安一路延伸到罗马帝国边境，拜占庭是它在西方的一个节点。洛阳墓葬坑如鬼魅般预示了被围的拜占庭的未来景象。在渴望得到远方象征身份的商品的刺激下，国际贸易将形塑拜占庭的性格、名望与地位，使其成为联结遥远东方与蛮荒西方的城市。拜占庭会成为一座值得奋战与保卫的城市，而不只是地理位置优越的战利品。由于拜占庭位于两个大陆的边缘，情感上，人们希望住在这里；经济上，这里也有巨大的潜力等待被发掘。

但拜占庭首先要为自己赢得名声，成为一座精神、享乐与罪恶共存的城市。

第六章　葡萄酒与女巫

约公元前 400 年—公元前 200 年

　　拜占庭让所有来做生意的人成了醉汉。我们整夜为拜占庭畅饮，说真的，那瓶酒还真烈。今天早上起来，宿醉让我头痛欲裂。

米南德（Menander），公元前 4 世纪 [1]

　　成串的葡萄，充满狄俄尼索斯（Dionysus）的汁液，你真的在阿佛洛狄忒（Aphrodite）金色房间的遮盖下安歇。你的母亲葡萄树不再伸出可爱的细枝环绕着你，也不再长出美好的嫩叶遮住你的头。

莫埃若（Moero，拜占庭女诗人），《诅咒》（Arai），公元前 3 世纪 [2]

　　这是单纯的嫉妒，还是夸大的旅人故事？是否真能那么容易地取得三大洲的水果？贸易城镇是否真的那么危险，一旦去了外国，就会一辈子流落异乡？不管基于什么理由，各式各样的记载都提到拜占庭人酷爱杯中物。历史学家希俄斯的塞奥彭普斯（Theopompus），人称“热爱真理之人”，[3] 在公元前 4 世纪下半叶写道：

　　这座城市坐落在商贾往来的地点，全城百姓几乎全以市场买卖为生或靠海生存；对于男女私通以及酒馆豪饮，他们早就习以为常。说到迦克墩人，在还没跟拜占庭人共组政府之前，他们一直致力于追求更好的生活；但在共组政府之后，一尝到拜占庭民主自由的滋味，便完全陷入腐化奢靡，他们的日常生活也从滴酒不沾与极度节制沦为酗酒无度、挥金如土。[4]

拜占庭的酒鬼显然非常多，毕竟这座城市位于大陆边缘。至少从公元前6000年起，这里就开始酿造葡萄酒。

在亚美尼亚的埃里温考古研究所（Archaeological Institute in Yerevan），背面的房间存放的牛奶箱与塑料袋堆积如山。里头的考古物品多到放不下，只能堆到外头的走廊与楼梯上。这些物品确实算得上是珍宝：绘有生动图案、编织精致且色彩鲜艳的席子和草裙；巨大的、储存食物用的深色壶罐；世上最古老的皮鞋——这些都是在亚美尼亚南部的阿雷尼洞窟（Areni Cave）发现的，年代可以追溯到公元前4100年左右。2007年，在同一地点，撬开存有羊粪的土层后，人们挖掘到了世上最古老的酿酒厂。阿尔帕河（Arpa）流经亚美尼亚与阿塞拜疆，湍急的河水拱卫着这个满是霉味的阴暗洞穴。洞里发现了巨大的发酵桶与葡萄酒压榨机，还有赤陶酒杯与遗骨。从消耗的酒量——按每个桶可以装满53升左右的葡萄酒计算——或许可以认定这里举行过众人集体为死者送行的仪式。有些版本的狄俄尼索斯故事——拜占庭对狄俄尼索斯极为崇拜——提到酒神要不是来自近东，就是来自色雷斯。希伯来《圣经》描述挪亚方舟后来停放在阿勒山（Mount Ararat，公元14世纪时，马可·波罗曾表示这就是南高加索的阿勒山，他的说法不久就广为流传），挪亚下山开垦土地种植葡萄，而且在喝下葡萄酒后"便醉了"。

在伊斯坦布尔发现的新考古证据支持了这种文学上的夸张表达：此地确实进出口并消费大量的葡萄酒。2004年之后，在伊斯坦布尔市中心的锡尔凯吉（Sirkeci）挖掘地点发现了萨索斯岛（Thassos，一座以蜂蜜葡萄酒闻名的希腊岛屿）的双耳瓶把手断片——上面有标示瓶子主人的记号——跳舞的萨堤尔（satyr），他弓着背，仰着头。此外还出土了一些栩栩如生的残片：破碎的壶身上有狂野女性的蓬乱卷发垂落着；还有一只乌黑有光泽的灯，它为雅典人照亮了道路，这些人全在克鲁索波利斯如海盗般征税的军事海关做事——这类陶器长得就像会出现在故乡雅典集会场的陶器。此外还有一些来自希俄斯岛、锡诺普（Sinope）、克尼多斯（Knidos）、罗得岛和北非的双耳瓶，用来温热葡萄酒以驱散海岸巡守者的寒意。这些瓶子在地底下长眠了两千四百年，现在终于重见天日。

有些人喝酒的时候，另一些人却被迫工作——公元前5世纪到公元前4世纪在博斯普鲁斯海峡沿岸生活的男女遗骨显示当时的预期寿命是 30 岁到 40 岁，这说明这些人日子过得相当艰苦。同样在 2004 年出土的波塞冬神庙遗址显示，当时的人祈求海神保护已知世界的葡萄酒贸易，并且保佑那些守卫葡萄酒进口港的人。

尽管古代的文字历史总是将拜占庭描述成各方竞逐的军事与经济目标，但考古学提醒我们，当拜占庭未遭到围困、攻击或成为当时强权间的贸易焦点时，这座城市的日常理所当然围绕着生活打转。在现代伊斯坦布尔艾米诺努区（Eminönü）居尔哈尼公园（Gülhane Park）散步，你将游走于古拜占庭人的鬼魂之间。游客在此漫步，家人在此嬉戏，恋人在此接吻，最初的东地中海居民在此生活，并在此埋葬死者。通过一直留存至今的墓碑，他们被人所铭记。因此我们可以遇见拜占庭早期的街头艺人、天文学家、水手与医生。我们听说——这消息来自公元前 4 世纪的作者，可能是亚里士多德——拜占庭的"做出惊人之举的人"（变戏法的、音乐家、算命师、卖符咒的小贩）会被课以重税 [5]，他们肯定是巡回各地的卖艺人，在这座港口游乐城市，他们的生意非常兴隆。

墓碑上也刻着男女祭司的姓名。对拜占庭普通民众来说，除了上述娱乐外，能深刻抚慰精神的就是惯常的宗教经验。在一天的时间内，人们最多可以跑八个神龛或神庙，向神明祷告，献上简单的供品，虔诚地使海神、天神与地神各居其位。古希腊人没有单独的宗教语汇。神、女神、半神与神灵遍布各处，附着于万物之中。拜占庭是个"获得赐福"与种族混杂的地方，人们相信，与其他城市相比，神明更愿意选择此地作为他们在世间的居所。

拜占庭带有希腊色彩，但城市的东方属性并不为多利亚风格所泯灭，不难看出，这是一座位于亚洲边缘的城市。可以预料的是，这里的人除了兴建神庙与神龛来敬拜希腊神祇——阿佛洛狄忒与狄俄尼索斯（这两位神祇拥有许多信徒）、阿波罗、赫拉、雅典娜、阿尔忒弥斯与瑞亚（Rhea），还会举办斯巴达式的节庆，如雅辛托斯节与卡尼亚节。此外他们也尊崇宙克西帕斯（Zeuxippos）与女神本迪斯（Bendis）。公元前 4 世纪中叶之后，埃及神祇塞拉比斯（Serapis）与伊希斯（Isis），以及神秘的自然女神库柏勒（Kybele）也成为民众膜拜的对象。库柏勒的身旁通常围绕着大型猫科动物，她的祖先可以追溯到在土耳其南部加泰土丘出土的距今约九千年的女神原型，一个象征丰收的小塑像。库柏勒是个奇怪而无情的女神，她所在的洞穴入口位于安纳托利亚中部，在岩石上开凿出来，在当时的人看来仿佛通往另一个次元。今日看来，他们依然带有强烈的异世风格。跌跌撞撞走过满地的冰霜，躲过戴着防狼项圈、虎视眈眈的牧羊犬，勇敢的访客依然能感觉自己置身于那位点石成金的弥达斯*所建立的王国里。这些隐秘的洞口是在凿穿坚硬岩石后形成的。据说库柏勒就是通过这些入口控制着介于生与死之间的通道。三千年来，这些位于悬崖壁上的洞穴茫然凝视着这个世界，直至今日。

　　与库柏勒力量有关的说法流传了开来。希腊人有时称库柏勒为 Meter Oreia（山母神）或 Kubileya（弗里吉亚文中"山"的希腊文拼法）。[6] 在拜占庭，库柏勒被信众尊奉为瑞亚——伟大的自然之母。库柏勒将主掌雅典集会场的新圣殿，然后，根据奥维德（Ovid）的说法，库柏勒从小亚细亚伊达山（Ida）山脚下的培希努（Pessinus）出发，经过爱琴海的特内多兹岛（Tenedos）前往罗马，协助罗马人抵抗汉尼拔与迦太基。[7] 每年库柏勒的黑石雕像会被从帕拉蒂尼山（Palatine）送到阿尔莫河（Almo，台伯河［Tiber］的支流）洗浴。陶罗波里乌姆（Taurobolium）是库柏勒在罗马的一座神殿，为上方的女神献祭公牛时，这里的罗马祭司会站在公牛喷出的大量血水下方。这个神龛现在位于圣彼得广场（St. Peter's Square），隐没在基督教建筑的底下。对库柏勒的崇拜甚至在罗马拜占庭帝国基督教化之后保存了下来，每年都有大规模的游行队伍通过市中心来尊崇她。所以我们应该能够理解，拜占庭居民对库柏勒的崇拜，与他们对其他神祇的崇拜一样，热情、虔诚、坚定不移。

　　殖民者认识到了这条水路的重要性，于是在可以俯瞰博斯普鲁斯海峡的地点兴建圣殿，旋即又于黑海入口处设立收费关卡。这座关卡因为博斯普鲁斯海峡亚洲沿岸的宗教胜地而更显重要，这个宗教胜地被称为托海隆神庙，是一个重要的圣地和避难所，如今这座神庙已隐没在尤洛斯特佩西（Yoros Tepesi，一块小陆岬，是进出黑海的狭窄通道）的拜占庭堡垒下方。在博斯普鲁斯海

---

*　弥达斯（Midas）：希腊神话中的人物，酒神曾送给弥达斯点石成金的本领，但很快他发现所有被他接触的食物都变成了黄金，连他的小女儿也因为他的拥抱成了黄金雕像。于是，他终于在河中洗手，洗去了这项本领。——编注

峡对岸，早期开拓者兴建了另一座神庙，其重要性比不上托海隆。这座"欧
洲"或"拜占庭"神庙是神祇塞拉比斯或在他之前的女神库柏勒在人世的居
所。据说托海隆神庙是伊阿宋在前往黑海探险前所建；另一个可能是由弗里
克索斯（Phrixos）兴建。弗里克索斯是维奥蒂亚国王之子，是他将金羊毛交
给了美狄亚的父亲埃厄忒斯（Aeetes）国王。历史上的知名人物在此献上供
品，大流士国王在进攻斯基泰人之前曾坐镇此地"眺望本都"。下方的深水港
（今称马卡尔湾［Macar Bay］，古称弗里克索斯港）有天然泉水，使此地成为
来往旅人休憩的重要场所。商人若想在 9 月底后经由弗里克索斯港航向爱琴
海，借贷利率就会升高。因为接下来这段时间有海盗肆虐，天气也会变得特别
恶劣。[8]

　　拜占庭的历书也告诉我们拜占庭旁边这条水路的力量。6 月被称为博斯
波里欧斯（Bosporios），拜占庭人会在这个时候举办博斯波里亚节（Bosporia）
庆典。一段耐人寻味的铭文告诉我们，这场仲夏节庆有许多竞技比赛，其中一
种是年轻男子赤裸着举着火炬赛跑。[9]而其他月份暗示了这座城市的富足本性。
2 月属于狄俄尼索斯；9 月属于马拉波里欧斯（Malaphorios，抬苹果者）。从市
中心与大伊斯坦布尔地区，以及博斯普鲁斯海峡沿岸到金角湾一带挖掘出来的
宗教工艺品、残缺的供品碎片、铭文和神龛可以看出这座新兴的城市在不断扩
展的世界里所具有的价值。当时的人相信这一价值乃是神所赐予的。

　　面对周围地缘政治势力的威胁（拜占庭有一段时间沦为摩索拉斯国王的
玩物，摩索拉斯控制了安纳托利亚西部绝大部分的海岸地带——在卡里亚统
治者陵墓挖掘到的石刻战马，马脖血脉偾张，充满力量，充分显示了统治者
的野心），公元前 4 世纪，拜占庭开始信仰一种特殊的超自然力量，女巫赫卡
忒（Hecate）。赫卡忒几乎可以确定源自近东，或许来自卡里亚。这个强大、
备受尊敬、如神一般的女巫被认为是阈限空间＊的守护者，或许这是为什么信
众会以世间的大门与路口的守护者狗来作为对她献祭的供品。狗不仅被献祭

＊　阈限（liminal）：拉丁文为 limen，意为"门槛"，指中间性或边缘性，最早由法国人类学家范·盖
　　内普（Van Genep）和英国文化人类学家维克多·特纳（Victor Turner）提出，指介于分离和聚合的
　　中间地带，代表过渡性、不确定性。——编注

给赫卡忒，还被供奉在她的神庙。赫卡忒的小庙遍布在拜占庭周边接近城门的位置，庙里总充斥着嘈杂的狗吠声。为了感谢赫卡忒对城市与居民的照顾，拜占庭人为她立了一座能俯瞰博斯普鲁斯海峡的神像，称为拉姆帕德波罗斯（Lampadephoros，执火炬者）。赫卡忒也出现在拜占庭的钱币上，有些出人意料的是，至今赫卡忒的鬼魂依然"游荡"在伊斯坦布尔——在血红的土耳其国旗上装饰着赫卡忒风格的星星与月亮。在动乱时期，到处都是赫卡忒的象征——它们垂挂在公共建筑物、桥梁、官署以及地铁站。

约公元前1世纪至公元1世纪的拜占庭钱币。女神赫卡忒被视为该城的保护者，其象征为一星一月，这个设计正好呼应了现在的土耳其国旗。

公元前4世纪，人们相信赫卡忒会现出她的真身，协助拜占庭抵抗新的敌人——马其顿人。[10]

你经常需要那些曾被你拒之门外的人。马其顿的腓力二世（Philip of Macedon）曾经是拜占庭的盟友，他有着出众的军事才能，急欲扩张领土。公元前356年，腓力二世征服色雷斯，建立了腓立比（Philippi）。腓立比这座城市日后将成为屋大维（Octavian）、安东尼（Antony）、卡西乌斯（Cassius）与布鲁图斯（Brutus）之间决定胜负的战役发生地。圣保罗（St. Paul）首次在欧洲建立的聚落也位于此地。腓立二世统一了位于今日希腊北部的王国。他手握大权，四处搜罗奇珍异宝（在他的坟墓发现装在皮囊里的美杜莎［Medusa］的头、镀金的皮甲、优美的银制酒瓶、精致的黄金头带，上面的橡树叶与橡果在微风吹拂下还能微微颤动。另外还有盔甲，上面装饰着不祥的特洛伊围城的图案）；腓立二世的崛起，清楚表明了他是一个不可小觑的人物。

公元前340年，腓力二世进军拜占庭。他派出新成立的机械攻城部队，使用残忍但极其有效的新型攻城机械，包括扭力投石机，一种以工程原理将扭转的力量转换成弹射的火力的机器，来征服这座蒙昧无知的城市。

腓力二世攻击并围困拜占庭将近一年。实际上，这是一场失败的军事行动：我们知道吠叫的狗泄露了马其顿人准备攻城的行踪。（提供这个说法的人坚称，城墙的守护神赫卡忒派出狗儿，并且施展魔力点亮火炬，照亮整个夜空，使整座城市的危险无所遁形）[11] 但很有可能腓力二世心里也明白，自己不可能攻下这座控制海峡且极具经济重要性的希腊中转站。腓力二世攻打拜占庭只是为了挑衅，借此引诱雅典加入战局。[12] 雅典担心从多瑙河盆地、克里米亚东部与亚速海海岸经由黑海，沿博斯普鲁斯海峡而下的重要粮食供应线会遭到截断，因此决定派兵支援拜占庭。雅典的忧虑并非空穴来风。公元前 340 年年底，腓力二世在庇佑来往船只的托海隆神庙附近捕获了雅典粮船，总计有 230 艘雅典及其盟邦的船只。这项亵渎神明之举被指责是马其顿国王最"无法无天"的行径。[13] 腓力二世凿沉了 180 艘雅典船只，卖掉了船上的货物，还回收木头制造攻城器械。他只将属于罗得岛、希俄斯岛和拜占庭的船只物归原主。

　　在这里我们再次发现，拜占庭发生的事件成了偶然的历史动因。在腓力二世离开国内前往博斯普鲁斯海峡期间，他的儿子，年仅 16 岁的亚历山大，已经当上摄政王并很快变得忙碌起来：除了要处理和色雷斯马埃蒂（Maedi）聚落的战事，亚历山大还打算建立亚历山德鲁波利斯（Alexandropoulis）。虽然人们认为拜占庭的练兵场（Strategion）也是亚历山大建造的（当然这是以讹传讹），但所有现存的史料显示，其实这位卓越的历史书写者前往亚洲时横渡的地点并非博斯普鲁斯海峡，而是赫勒斯滂。就某个意义来说，这名精力旺盛的年轻人希望找到新的战斗场地，他不想追随父亲的脚步。在亚历山大的闪电战中，拜占庭并未扮演任何角色。亚历山大留下舰队防守赫勒斯滂，但舰队没有取得任何胜利，于是他命令舰队溯博斯普鲁斯海峡而上，进入内陆，前往多瑙河流域。亚历山大在世的时候，音乐家与智者斯特拉托尼科斯（Stratonicos）曾轻蔑地形容拜占庭是"希腊的腋肢窝"。[14]

　　亚历山大接着向巴比伦发起进攻——美索不达米亚才是真正的财富聚集地。当巴比伦臣服于这名征服者时，银铸的祭坛已堆满乳香与香水。他们将狮子与豹放在笼中献上作为礼物，街道上撒满了花朵。在埃及北部，亚历山大下令兴建以他的名字命名的城市——亚历山大港。亚历山大港将以拥有世上最大的图书馆闻名于世，日后则将臣服于信仰基督教的君士坦丁堡。

　　亚历山大也许绕过了拜占庭，但他却给这座城市带来了一份礼物。我们记忆中的亚历山大大帝，他留下的丰功伟业依然留存在以他的爱将塞琉古

（Seleucus）命名的广袤塞琉古帝国（Seleucid Empire）。在全盛时期，这个帝国的领土涵盖了近东、中东和印度次大陆的北部。西方文明进而来到东方：阿富汗北部的石头刻上了德尔斐的箴言，印度次大陆的阿育王发布的敕令同时写有两种文字——孔雀王朝文字与希腊文，《迦尔加集》（*Garga Samhita*，一本占星学作品，现在仅存少许篇章）虽然认为希腊人是蛮族，但还是心不甘情不愿地向希腊人的占星学技术献上赞语，连健驮逻（Gandhara）地区佛像也从希腊式的五官特征中透露出了那著名的微笑。从许多方面来看，亚历山大的希腊化政策造成的后坐力，确实成为拜占庭发展的养分——使希腊的影响力扩散至小亚细亚和高加索以外，进入印度次大陆与中东。亚历山大确保了希腊人及其城市不会成为东方人眼中的异国事物。他也许忽视了拜占庭，却催化了拜占庭与远东的联结。

　　然而，最讽刺的莫过于亚历山大对拜占庭的轻蔑态度。几个世纪后，身为异教徒的亚历山大将化身成为这座城市的基督教救主。金口若望（John Chrysostom）是拜占庭主教，不过当他担任主教时，拜占庭已称为君士坦丁堡。金口若望提到过圆形黄金浮雕上的亚历山大头像，一些买得起这种浮雕的拜占庭民众会将它佩戴在身上当护身符。在 9 世纪之前的某个时期，拜占庭出现了《但以理启示录》（*Apocalypse of Pseudo-Daniel*）这部伪经，书中提到神秘的"伟大腓力"，将亚历山大与拜占庭联系在一起：

> 　　他将死而复活，在"七丘之城"（君士坦丁堡）集合他的军队，发动前所未有的大战，"七丘之城"的市街将血流成河……四天使将他带到圣索菲亚大教堂，为他加冕为王……他从天使手中接过宝球，他将把以实玛利人（Ishmaelites）、埃塞俄比亚人（Ethiopians）、法兰克人（Franks）、鞑靼人（Tartars）和其他所有民族踩在脚下……然后他的四个儿子将统治天下，一个在罗马，一个在亚历山大港，一个在"七丘之城"，还有一个在帖撒罗尼迦（Thessalonika）。[15]

　　尽管未来的这些异象洋溢着凯旋得胜的气息，但在希腊化时代，实际的历史却是拜占庭城墙被逐步拆光。公元前 334 年，亚历山大起兵攻打大流士三世，拜占庭从波斯的束缚中得到"解脱"，但此后拜占庭便不断遭受高卢人、哥特人与波斯人的骚扰。为了缴纳高卢人要挟的贡金，拜占庭决定提高博斯普鲁斯海峡船只的通行费用，却因此遭到了来自罗得岛的攻击。拜占庭努力维持收支平衡，它铸造自己的钱币、控制位于小亚细亚沿岸的其他城市，例如今日的亚洛瓦（Yalova，以拥有疗效显著的温泉闻名），并且把博斯普鲁斯海峡经营成国际自由贸易区。托勒密王朝继承了亚历山大大帝的部分领土，开始给予拜占庭经济支持，它在亚历山大港发号施令，努力保证通过海峡供应没药、鹰嘴豆与咸鱼[16]。由于各方的迫切需求，拜占庭得以维持繁荣。即便如此，往后五个世代左右的时间里，我们听到的拜占庭总是与其他人的野心联系在一起。之后，这座希腊城市便臣属于史上最伟大的历史创造者之下。虽然拜占庭确实自豪地宣称自己是新罗马——与前辈一样，拜占庭也建立在七座山丘之上——但拜占庭一开始的命运却是罗马 —— 一个新兴而充满自信的地中海强权——理念下的卑微玩物。

　　然而，正是罗马的冲劲与精神赋予了拜占庭崭新的未来。公元前2世纪，出现了第一条横贯巴尔干半岛的铺面公路，同时也是一条高速公路，称为埃格那提亚大道（Via Egnatia），道路的起点是靠近亚得里亚海的杜拉奇乌姆（Dyrrachium，今日的都拉斯［Durrës］，阿尔巴尼亚第二大城）。经过了两千多年，这条路依然是从罗马通往今日我们称为"伊斯坦布尔"这座城市的主要干道。最初是在公元前146年左右，马其顿省总督格内乌斯·埃格那提乌斯（Gnaeus Egnatius）为了镇压新省份可能出现的动乱而筹设这条大道，这项穿越中欧的重要基础工程，除了成为控制地方的工具，也将为拜占斯建立的、前后拥有三个名称的这座城市——拜占庭、君士坦丁堡与伊斯坦布尔——带来转变。这条道路连接了爱奥尼亚海与博斯普鲁斯海峡，它是扭转这座滨海城市命运的救星。拜占庭不再只是个中转站。由于罗马的才智与意志，以及罗马偏爱的工程计划（埃格那提亚大道），拜占庭成了一个充满活力的联结点。

第七章　条条大路来自罗马：埃格那提亚大道

约公元前 146 年以降

我们的军事道路行经马其顿直达赫勒斯滂……

西塞罗（Cicero），《论执政官掌管的行省》（*De Provinciis Consularibus*）[1]

　　希腊北部一间静谧的储藏室里有一张桌子，夏天会摆满樱桃，还有一个陈旧的火炉，冬季会冒着热气。除了桌子与火炉，这里还有一件惊人而难以理解的东西。它是一块古老、昂贵，并且精心雕刻着故事的石板，形状、大小都像一块墓碑，这块石板不仅见证着世上第一起被记录的交通事故，也纪念着一头成为人类最好朋友的猪。

　　这座石碑原本竖立在埃格那提亚大道旁，之后成为罗马埃德萨（Edessa）堡垒城墙的一部分，它的碑文诉说着一段悲喜剧。有一头猪被驱赶着沿埃格那提亚大道前进，在后头驱赶它的是名叫寇伊罗斯（Choiros）的男子，他打算把这头猪送去作为宗教庆典的祭品。此外，石碑上还描绘着一辆巨大的马车：四匹马戏剧性地扬起前蹄，它们似乎撞上了那头猪，因为猪被踩在马蹄下，俯卧在地。可以清楚地看到，一个穿着带兜帽斗篷的男子，大概是猪的主人，坐在马车上，面容哀戚。文字叙述被刻在石画周围："我靠着四足安然走过这么些路……但轮子的冲撞使我失去了光明……我躺在这里，再也不亏欠死神什么。"[2]

　　无论这是一篇罗马讽刺文章、一则昂贵的笑话（寇伊罗斯这个名字在希腊语里指猪，从这个故事的语境来看也有猪脸的意思），还是对一只原本该成为供品的动物表达的诚挚悼念——公元 2 世纪下半叶，这头猪在意大利与伊斯坦布尔之间的道路上遭遇悲惨的结局——这座石碑都可算是一张来自古代世界的明信片,它生动描绘了当时最重要的交通动脉,而这条超级公路将改变伊斯坦布尔的命运。[3]

埃格那提亚大道由罗马工程师负责修筑,他们搭乘平底船从布林迪西(Brindisi)前往杜拉奇乌姆完成这项任务,完工后的埃格那提亚大道使拜占庭从不起眼的中途休息站一跃成为旅人趋之若鹜的目的地。"应许之城"现在有了确立其地位的机会。这条大道所经之处原本是一条小径——大道的西段起初称为坎达维亚道路(Candavia Road),沿阿尔巴尼亚的什昆宾河(Shkumbin)修筑而成。一名冒充亚里士多德之名的作者提供了更进一步的线索:"在这条路的中段,每到举办市集的时候,人们可以向黑海商人购买莱斯沃斯岛(Lesbian)、希俄斯岛与萨索斯岛的商品,还可以从亚得里亚海的商人那里买到科孚岛(Corfu)的克基拉双耳瓶。"[4]腓力与亚历山大大帝位于马其顿佩拉(Pella)的宫殿就在埃格那提亚大道前身的旁边;希腊化时代的遗骨与高耸的圆形坟冢则在这条道路的两侧——这些私人虔诚膜拜的标志成了民众争睹的事物。亚历山大大帝踏上征途时,想必曾经过这些死者的庙宇。

这些众人渴望之路,是介于两个重要地点之间最短,也是最便捷的道路,它们是如此的顽强。事实上,如果我们行经巴尔干的高速公路或乡镇道路,其中一些公路至今仍称为埃格那提亚大道,例如在希腊称为"Egnatia Odos",在阿尔巴尼亚称为"Rruga Egnatia",我们就如同直接跟随着古典时代祖先的脚步前进。在罗马时代,使用埃格那提亚大道及其相关设施的人的资格有一定的限制。理论上,只有持有官方通行证或特许状的人才能使用道路设施。帝国传递的公文书、外交官、战利品与士兵在大道上来回往返;当地人尽管迟疑,最后还是会冒险走大道旁的骡子小径。虽然这条大道从各方面——政治、宗教与社会层面——形塑了全球文化,但最初它只是为了把人运过去,把钱运回来。埃格那提亚大道加强了军事控制、推进了税金(portorium)征收,这类针对船运、贸易与渔业收入课征的赋税,证明了拜占庭因为这些产业蒙福,也因此招来祸端。[5]

埃格那提亚大道最初终止于马里查河(Maritsa,又称埃布洛斯河[Evros])

这条自然疆界上，也就是靠近今日希腊与土耳其边界的地方。但它最终还是从杜拉奇乌姆开始，经今日的阿尔巴尼亚、马其顿与希腊北部抵达拜占庭。埃格那提亚大道与亚壁大道（Via Appia）——亚壁大道连接罗马与布林迪西（只要越过亚得里亚海就能抵达杜拉奇乌姆）——的相连使"永恒之城"可及的范围进一步往东延伸，经由从拜占庭连通东方丝绸之路的彭提卡斯大道（Via Ponticas），最后抵达小亚美尼亚的尼科波利斯（Nicopolis，又名普尔克［Purk］）。埃格那提亚大道燃起了罗马人建立"无边帝国"的欲望。

这条罗马大道一直在不断演化。它能适应环境——路的宽度在最偏远的地区只有 4 米，但到了城市则扩展成 20 米。路缘的巨大石块可以防止马车滑出路面，中央的石砌分隔线使道路能双向行驶。在山区，碎石可以充当更实用的路面铺材；为了防水，有些路段则会填入夯实的黏土。经过精心地修建，就算是无人问津或几乎无人行驶的路段，至今依然可以使用。我最近经过这条路是在 2015 年，看到许多叙利亚难民在不经意间步古罗马人的后尘，沿着埃格那提亚大道朝西方走去。许多酒店雨后春笋般出现在道旁，提供热水、外币、护照，连招牌也用英文与阿拉伯文书写。

埃格那提亚大道建成后，依照古罗马人的行事风格，人们制定了严格的规定，一丝不苟地贯彻：每 48 公里到 64 公里左右就设一家客栈，每 1000 步立一座里程碑（至今依然可见——最近就有一座里程碑在阿尔巴尼亚某条河的河床上被发现），每 11 公里到 22 公里设立招牌、营地、蓄养牲畜或提供补给的小站（1 罗马里大约是 1.5 公里）。无论是来自不列颠尼亚（Britannia）、高卢、西班牙、伊利里亚（Illyria）还是色雷斯的旅人，一眼就能看出这是罗马建设的工程。

直到罗马帝国早期，古代世界的文献都清晰表明道路是危险之地。想想在路上曾发生过什么坏事吧：俄狄浦斯（Oedipus）杀了自己的父亲，忒修斯（Theseus）与连环杀人魔普洛克路斯忒斯（Procrustes）交手，后者将旅人引诱到屋内，将他们绑在床上，矮个子的就将他们拉到与床等长，高个子的就砍掉他们的脚，直到他们与床等长，之后再杀了他们。事实上，埃格那提亚大道上的确横行着克拉瓦莱兹（Cravarites）这类恶名昭彰的拦路匪。不过，从许多方面来说，不管是心理层面还是地理层面，这条跨国道路的完成，确实起到联结人群的作用。就某种意义而言，埃格那提亚大道标志着近代生活方式的开端。沿着这条大道来到拜占庭城墙下，穿过城门，进入古代城市的中心，此时的拜占斯之城不仅能从三面海洋进出世界，而且也与世上最大的干道连成一气。

在罗马人心中，东方一直是个危险的地方，但也是富饶的地方。罗马第一任皇帝奥古斯都曾说过一句著名的话，他最初看到的罗马是砖造的，但他留给世人的罗马却是大理石砌成的——用大理石砌罗马城所用的金钱肯定出自某个地方。罗马史料不止一次形容印度是个堆金积玉的国度。老普林尼（Pliny the Elder）曾抱怨说，罗马人喜好异国的丝绸、香水与珍珠，结果耗尽了罗马的财富。"最低估算，每年印度、赛里斯（Seres）和阿拉伯半岛要从我国带走一亿枚赛斯特斯（Sesterce）银币，这是我们的奢侈品和妇女花费的总和。"[6] 埃格那提亚大道与附属道路系统的修筑使罗马进一步东扩，占领埃及令这股诱惑愈发强烈。罗马对东方表现得极为痴迷；在击败马其顿之后，埃格那提乌斯开始修筑埃格那提亚大道，而拜占庭也在公元前 129 年与罗马签署停战协议，此后拜占庭便成为罗马人前往亚洲长途旅行前的交通要冲与起点。

往后三个世代的时间里，拜占庭担负起了后勤补给的角色，支持罗马军队与东方的对手如本都国王、投毒者米特里达梯六世（Mithridates VI）进行的一次次灾难性的战役；公元前 74 年到 73 年，拜占庭人亲眼看见迦克墩的三万罗马军队遭到屠杀。克鲁索波利斯改名为斯库塔里（Scutari，人们记得的是这个地区的现代名称"于斯屈达尔"），这个名称可能源自屯驻此地的罗马军人手中所持的皮盾（scuta），在兴建伊斯坦布尔新地铁系统时曾挖出一些皮盾的残片。大权在握的罗马执政官庞培（Pompey）大张旗鼓地"向海盗宣战"，引发了诸多讨论——有人指出，庞培发起了一场公关战，其手法类似我们今日用于"反恐战争"的手法[7]——公元前 67 年之后，这场战争使庞培与其他权力竞逐者将目光聚焦在东方的商业潜力上。公元前 47 年，在安纳托利亚与米特里达梯之子的战争给了恺撒（Caesar）灵感，促使他在寄给罗马朋友的信中写下了"我来，我见，我征服"的名句。与此同时，罗马文献提到的拜占庭却像善良可欺的原告；罗马史家塔西佗的《编年史》见证了这点：

拜占庭人获准进入元老院旁听，抗议他们的沉重负担……他们提及自己在不同时期向苏拉（Sulla，将军与政治家）、卢库鲁斯（Lucullus，罗马执政官，曾击败米特里达梯并围攻基齐库斯）和庞培提供的协助；然后又提到了他们近年来为罗马皇帝提供的勤务——之所以必须负担这些勤务，可能是因为拜占庭刚好在大军进行水陆转运的位置；在后勤运输上也位居要冲。[8]

小普林尼——老普林尼的外甥与帝国总督——也在写给图拉真皇帝的信中恳请减轻拜占庭"异常沉重的开支"。[9]

回到公元前 42 年，未来将成为罗马领导人的安东尼与屋大维锲而不舍地追捕刺杀恺撒的凶手，布鲁图斯已经稳固了马其顿与卡西乌斯（卡西乌斯以叙利亚为根据地）。他们的对抗使内战不断升温，战场也沿着埃格那提亚大道扩展，两军最后在腓立比进行决战。有 19 支军团参与这场战役，双方都以"解放者"自居，抒情诗人贺拉斯（Horace）当时是失败阵营里的一名军官。这是一场控制东西道路系统及其周边金银矿场的战争，也是一场争夺共和国与罗马理念的战争。获胜并掌握帝国权力的人，在腓立比城外埃格那提亚大道上兴建了巨大的凯旋门——如今只剩一堆被弃置在玉米田里的黑色乱石。当地农夫经常在这片推动着古罗马与新罗马历史向前演进的平原战场上发现箭头、断剑和砸烂的盔甲。当维吉尔（Virgil）在《农事诗》（Georgics）中以激动人心的笔调描写腓立比时，他显然已不只是个诗人，而是个先知：

> 平原……在我军鲜血的浇灌下
> 比过去肥沃了一倍。
> 毫无疑问，终有那么一天
> 当农夫在这片土地上
> 用他的弯犁努力耕作时，
> 他会发现爬满斑驳锈块的标枪
> 或用重锄劈中空荡的头盔
> 他会大惊失色

自己掘开的竟是埋葬许多人骨的坟冢。[10]

商人与外交人员在前往拜占庭的路上，可以在埃格那提亚大道上每隔一段距离设立的休息站停留，这些休息站都设有浴场可以让旅人洗去疲劳。一个明显但却遭到忽略的例证就是阿尔巴尼亚的阿德昆图姆（Ad Quintum），这座浴场静静坐落在交通动脉旁，在这条动脉的下方覆盖着昔日的罗马大道。浴场墙壁依然泛着淡淡的罗马红，四周则被荨麻、山羊粪、黑压压的蚊子以及吠叫的狗团团围住。在倾颓的遗址对面是 20 世纪 70 年代兴建的大型钢铁厂，与这座排放毒物的工厂相比，荒废的浴场完全不引人注目，但它却是罗马理念从"永恒之城"一路延伸到拜占斯之城的明证。

公元 73 年，罗马皇帝韦斯巴芗（Vespasian）正式将拜占庭并为罗马帝国的一省，并在拜占庭的古卫城设立了铸币厂。[11]公元 117 年之后，哈德良（Hadrian）的工程师也着手兴建输水道[12]，引贝尔格莱德森林（Belgrade Forest）的泉水供给拜占庭的下城区，热爱希腊文化的哈德良在公元 123 年可能造访过拜占庭，拜占庭因此掀起一阵文化复兴热潮[13]。拜占庭的城墙得到了维护与修缮。历史学家卡西乌斯·狄奥（Cassius Dio）提到这些城墙在轰隆声中耸立："……我也看见城墙耸立，我甚至听见它们'说话'……声音从一座塔楼传到另一座塔楼，直到传遍所有七座塔楼……每一座塔楼都能听见前一座塔楼的声音，然后发出回声，声音于是不断地传播下去。这就是拜占庭的城墙。"[14]

现在，在希腊人建立拜占庭八百年后，这座城市终于和其他的罗马城市一样，开始去听、去尝、去闻。拜占庭也成为了比它庞大的事物的一部分，成为罗马理念的一分子。然而到了公元 193 年，拜占庭在一场政治权力斗争中加入错误的一方，亲身感受了蒙冤的皇帝的炽烈怒火。

佩斯切尼乌斯·奈哲尔（Pescennius Niger）是个行动派，他因为获得前任皇帝马可·奥勒留（Marcus Aurelius）与康茂德（Commodus）的青睐，在公元 193 年到 194 年担任罗马皇帝，但他在位的时间只有一年零一个月。奈哲尔了解拜占庭深具战略价值而且物资充裕——如希罗狄安（Herodian）《罗马帝国史》（History of the Roman Empire）所言，拜占庭"人口众多，财富充盈"[15]（鱼群一致游往拜占庭岸边，却不游向"盲者之城"迦克墩）——于是选择拜占斯之城作为发号施令的中心，因为此地"以磨石砌成又高又厚的城墙……石块之间极为密合……整面墙看起来就像一块完整的巨石"。[16]奈哲尔在拜占庭宣称自己才是真正的罗马皇帝，并且指控罗马的塞普蒂米乌斯·塞维鲁（Septimius Severus，见彩图2）是冒牌货。

塞维鲁遭受对手羞辱谩骂之后，随即出兵讨伐。奈哲尔知道自己的兵力与谋略都不如塞维鲁，于是逃往邻近的尼西亚（Nicaea），但塞维鲁依然将拜占庭团团围住。往后便是长达三年的残酷围城。狄奥生动描述了诡计多端的拜占庭居民如何捕捉敌船（他们派人潜水割断敌方的船锚，套上铁链，然后从城墙内拉拽铁链）并且将船拉进城里夺取补给品，他们用妇女的头发编成绳索，用建筑剧场用的石块、青铜人像攻击敌人。[17]极少数人利用恶劣的天气与暴风雨铤而走险逃出城外，因为他们料想敌人不会冒着生命危险来追捕他们。困在城内的人只能把皮革泡软作为食物止饥，最后甚至沦落到了人吃人的境地。拜占庭的处境已非绝望所能形容。

奈哲尔在亚洲四处逃窜，后援断绝，塞维鲁切断了他的求生通道，这名篡位者已经走投无路。终于，奈哲尔被捕，并且在安条克（Antioch）被斩首示众。他腐烂的头颅被送到拜占庭城下，以说服城内守军开城投降。但拜占庭人拒绝投降，塞维鲁于是下令，除了拆毁城墙，也要将城内这群骄傲不忠之人杀个精光，傲慢是不可饶恕的。一些居民把家中的栅栏、木板与屋椽拆卸下来制成小船试图逃出城外。许多人遭遇船难，浮肿流血的尸体被冲上岸。拜占庭城内，"悲鸣哀号声不绝于耳"。塞维鲁把所有的士兵与长官处死，拜占庭成了一座空城。"拆毁拜占庭的剧院与浴场，事实上，就是毁掉这座城市的一切装饰。现在，拜占庭已形同一座村落，而这座村落将改由佩林提恩斯（Perinthians，拜占庭的邻近城市）管辖。"[18]奈哲尔的头颅像被猎捕的鸟兽尸体一样，原本被插在枪尖上展示，后来则被送往罗马。

拜占庭的历史原本可能就此终结，但获胜的塞维鲁与儿子卡拉卡拉（Caracalla）也被这个地方所吸引——与之前的亚西比德以及保萨尼阿斯一样。他决定重建拜占庭，而且建造得更大更好，城墙也被重新修建。修建计划涵盖了金角湾的两座港口（19世纪时完全淤积），而城墙则围住两座山丘（事实上，拜占庭也获得了与罗马一样的恩赐，城内有七座山丘）。宙克西帕斯浴场完成

后对外开放，供民众使用。练兵场——在今日的锡尔凯吉车站下方——和国家
监狱也陆续完成，[19] 练兵可以直达拜占庭港口——拜占庭成为一座可以通过
水陆两条路线投放军事力量的城市。两座山丘之间的柱廊大道——塞维鲁门廊
（Portico of Severus）——将埃格那提亚大道延伸到城内，构成拜占庭的梅塞大
道（Mese）这条游行路线以及今日沿途有店铺、路上有有轨电车通过的狄凡
尤鲁街（Divanyolu）的基础。皇帝为了尊显自己的儿子，曾一度将拜占庭改
名为奥古斯塔·安托尼那（Augusta Antonina）*。

塞维鲁也奠定了举行双轮马车竞赛的竞技场和兼具动物园与猎杀动物功能
的百兽场的基础，后来百兽场成为公开惩罚与处决的场所，一直到基督教时代
为止。[20] 观赏野生动物表演的圆形竞技场—— 一种交互式的动物公园，当时
最令人向往的几座城市都有这种设施——与新剧场也兴建完成。[21] 所以，当我
们想到古罗马时代的拜占庭时，我们想象的城市景观，应该充满了大型猫科动
物此起彼伏的吼叫声、随意乱啄的鸵鸟以及大象沮丧的叫声（最近在耶尼卡皮
挖掘到所有这些动物的骨骸）——这些动物被进口都是用来满足现场观看生死
搏斗这种可怕而时髦的罗马娱乐风尚。[22]

塞维鲁不仅美化了拜占庭，也提升了它的重要性。在拜占庭的市中心，皇
帝立起一座显眼的纪念碑，称为里程起点碑（Milion），罗马帝国境内一切距离
的测量都以这座碑为基准来测量。里程起点碑是所有罗马大道里程碑的起点。

尽管这座里程起点碑承载了一个虚构出来的重要观念——它称这座城市
（而非博斯普鲁斯海峡周边的其他城市）是欧洲与亚洲的地理中心，因此以这
座城市作为基准点，可以逐里地测量帝国各地的距离——但时至今日，这座
纪念碑已变得毫不起眼。它原本拥有石砌华盖，上面装饰有最优美的塑像，现
在却成为现代城市中心一根外表坑坑洼洼、看不出形状与质地，甚至有些粗劣
的石柱。里程起点碑的遗址刚好位于环绕古竞技场，即今日的苏丹艾哈迈德广
场（Sultanahmet Meydanı）的有轨电车路线交叉口与圣索菲亚大教堂前方。只
有少数游客驻足观看这座古迹，受伤的小猫把环绕遗址的栅栏当作藏身之处，

---

* 卡拉卡拉是绰号，他的原名是卢基乌斯·塞普提米乌斯·巴西亚努斯（Lucius Septimius
Bassianus），登基之后的名字则是马可·奥勒留·塞维鲁·安托尼努斯·奥古斯都（Marcus Aurelius
Severus Antoninus Augustus）。

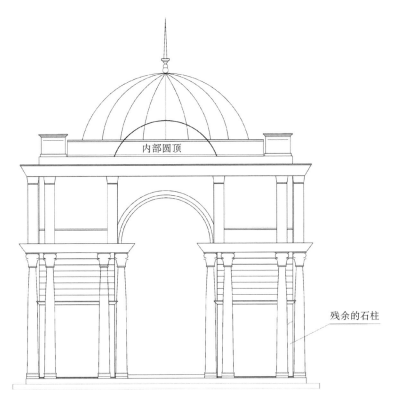

内部圆顶

残余的石柱

塞维鲁在拜占庭竖立的里程起点碑修复图，这座纪念碑是测量罗马帝国境内所有地理距离的基准点。

石柱的底部丢满了零食的包装纸和烟蒂。这座残余的石柱虽然遭到冷落，它的象征意义却不容抹杀。随着时代变迁，里程起点碑逐渐被视为文明起源的中心点：非蛮族世界认知空间的起始点。它不仅标示了距离，也标示了拜占庭真正成为东方与西方公认的地理与文化参考点的时刻。

　　塞维鲁皇帝继续征服美索不达米亚，并建设了自己的家乡，也就是位于今天利比亚的大莱普提斯（Lepcis Magna），在当地重建了广场与港口（狮子从这里运往罗马与拜占庭，然后在斗兽场与竞技场被活活折磨而死）。塞维鲁这么做是为了向世人证明权力轴心已经转移，并且让大莱普提斯这座北非城市能永远与强大的皇帝并驾齐驱。在大莱普提斯沙地进行的考古挖掘显示，这里有一系列精美的罗马时代镶嵌艺术画，上面有勇士用猎犬追捕动物，有精疲力竭的角斗士踩着对手的尸体，摆出趾高气扬的样子。如果我们想在脑海中重演公元2世纪拜占庭的场景，大莱普提斯现存的证据将是一项有用的指引。2011年，利比亚爆发战乱之初，卡扎菲上校（Colonel Gaddafi）把塞维鲁宫殿遗址改成了军械库，把坦克与军火都存放在这些古老的石头当中。这座城市是该地区受强烈个性驱使的古代历史的缩影。从塞维鲁的一生，从拜占庭里程起点碑的兴建，我们可以看出这个地缘政治体的原动力依旧来自东方。[23]

公元212年，塞维鲁的儿子卡拉卡拉宣布，凡是自由民都能拥有罗马公民身份——从叙利亚到斯肯索普（Scunthorpe），超过3000万名男女，包括拜占庭居民，从这个时候开始都相信自己与罗马休戚与共。然而卡拉卡拉的改革即将面临一段艰难的时期。不出两个世代的时间，公元257年，从黑海一路迁徙下来的哥特人前来攻打拜占庭。由于无法攻破拜占庭新筑成的塞维鲁城墙，他们转而袭击迦克墩，险些得手。带着攻下拜占庭的强烈欲望，哥特大军在十年后卷土重来，却被当时的皇帝克劳狄二世（Claudius II）屠杀了五万人，只好就此放弃，后来皇帝克劳狄也因此赢得名声，人称"打败哥特人的克劳狄"（Claudius Gothicus）。

在都市记忆（或许该说都市传说）中，今日伊斯坦布尔有一座建筑物不断提醒人们克劳狄立下的战功，它就是哥特人纪念柱（Column of the Goths）。这个独特的古罗马遗迹无人闻问地矗立在居尔哈尼公园一条人迹罕至的小径末端，此地过去曾是伊斯坦布尔动物园的所在地，离古代的动物展示馆很近。[24]在托普卡珀皇宫后方可以看到这根纪念柱的踪影。这根高18.5米的纪念柱——尼基弗鲁斯·格瑞戈拉斯（Nikephoros Gregoras）告诉我们，柱顶原本立着传说中的城市创立者拜占斯的雕像——向世界宣告，拜占庭这样的"罗马"城市不可能被蛮族攻破。拜占庭的地理学家狄俄尼修斯（Dionysios）表示，这根纪念柱其实坐落在供奉雅典娜（Athena Ekbasios）的古老神庙上方。[25]在拜占庭与博斯普鲁斯海峡周边地区，有许多缅怀早期来此探险的希腊人（有真实的也有传说的）的圣殿与地名，这个古老神庙只是其中之一。我们几乎可以确定，哥特人纪念柱所在的位置就是铁器时代希腊人在这个他们称为拜占庭的城市里最初建立据点、从事交易的地方。今日，许多游客对哥特人纪念柱视若无睹，他们似乎对身后的托普卡珀皇宫更有兴趣。即便有一辆红色菲亚特（Fiat，由土耳其的车厂托法斯［Tofaş］制造）在纪念柱脚下一停数年，还是无法为它多吸引一点目光。

与此同时，拜占庭东南方的芝诺比亚女王（Queen Zenobia）在根据地巴尔米拉（Palmyra）——丝绸之路上的一处绿洲——让罗马统治者吃足了苦头。到了公元271年，除了安纳托利亚，芝诺比亚已经控制了绝大部分之前属于罗马的东方领土。公元271年到272年的冬季，罗马皇帝奥勒良（Aurelian）在拜占庭集结大军，打算收复帝国领土。罗马人心里很清楚，他们必须慎防大叙利亚的势力。公元260年，罗马皇帝瓦勒良（Valerian）曾被波斯人俘虏，他被迫弯腰充当波斯统治者上马的脚踏板。之后他被剥皮填料（见彩图8），作为向之后的罗马使节发出的警告："他的皮从肉上剥下来，染上朱红色，摆在蛮族神祇的庙宇中，以此纪念这个如此非凡的胜利，我们的使臣每次前往，都能目睹这个景象。"[26]

充满自信的芝诺比亚要求安条克铸币厂在货币上铸造她的肖像时，必须让她表现出雍容华贵的罗马女皇模样——她称自己为赛普蒂米亚·芝诺比亚·奥古斯塔（Septimia Zenobia Augusta）——并且要搭配与她的地位相符的流行罗马发型。大约在公元272年4月，奥勒良从拜占庭搭船前往小亚细亚，击败了这位桀骜不驯的女王，并且将其双手反绑，沿埃格那提亚大道押送回罗马。古代史料的记载出现了一些矛盾，有些史料提到芝诺比亚因为兵败染上疾病，还没离开亚洲就病死，因此渡过海峡运回欧洲的是她的尸体；有些史料则说她行经拜占庭，然后以屈辱的囚犯身份走过了埃格那提亚大道。[27]

即便在当时，巴尔米拉也被公认是极美丽的地方——植物考古学现在已经证实，这座沙漠城市有220种植物生长——且未受到战乱之灾。芝诺比亚的城市一直存续至今，直到本书完成这一年，才有部分城市被"伊斯兰国"士兵破坏。

环伺拜占庭的哥特人与几个快速蹿起的君主的败退也许只是暂时的，但在城市四周却酝酿着动荡与不安。如果罗马要控制中东的民众，就需要一个位处东方的根据地。为了将罗马的力量延伸出去，公元293年，四帝共治制度（Tetrarchy）应运而生。戴克里先（Diocletian）定都尼科米底亚（Nicomedia），

埃格那提亚大道

马克西米安（Maximian）定都米兰，两人为正皇帝（奥古斯都）；伽列里乌斯（Galerius）定都希尔米乌姆*，君士坦提乌斯·克洛鲁斯（Constantius Chlorus）定都特里尔（Trier），两人为副皇帝（恺撒），君士坦提乌斯统治高卢、不列颠尼亚和莱茵河地区。

新的政治结构和管理层级或许可以支撑罗马的统治，但在四帝共治制之下，文化氛围却出现了不可逆的转变。在罗马这部国家机器铺设埃格那提亚大道的一百五十年后，往南约 1127 公里的伯利恒（Bethlehem），有个男孩出生了。他的哲学思想与立身处世的典范将决定埃格那提亚大道及其联结城市的命运——实际上是全世界的命运。古罗马建立运输系统，旨在加强军事控制，但这些道路也成为人们彼此联结的媒介，并且把对人性的新的思考传递到各地。

虽然考古挖掘的坚实证据使我们相信，主要是贸易与赤裸裸的野心促使我们去建造道路、聚落与系统，但有越来越多的历史学家与神经科学家认为，人类是在分享内心想法这种基础欲望的驱策下进行基础设施建设的。越过赫勒斯滂、博斯普鲁斯海峡与地中海，沿着埃格那提亚大道前进，人们将可传递最伟大的观念，一个日后将扩展成世界最强大宗教的观念，以及一个将决定拜占庭与基督教的未来、形态与功能的观念——这个观念就是人拥有克服死亡的力量。

---

* 希尔米乌姆（Sirmium）：今日的斯雷姆斯卡·米特罗维察（Sremska Mitrovica），阿米阿努斯·马尔切利努斯（Ammianus Marcellinus）说这座城市是"辉煌的诸城之母"。

第八章　内敌

约公元 41 年—311 年

小普林尼书呈图拉真皇帝：

我拷问两名被称为"执事"的女子，从她们口中只得出许多低俗迷信之语，于是我延后讯问，并且立刻向您请示，有许多人也受到危害，因此需要您立即裁示。很多人，不分男女老幼，因为遭受指控而有性命之忧；这个过程一时不会中止，因为这项迷信活动不仅传布到自由城镇，也蔓延至村落与乡野。但我仍认为可以遏止这些迷信行为，让一切恢复正常。不可否认，几乎荒废的庙宇又开始涌入大批信众；久遭埋没的神圣仪式又卷土重来，不久之前还乏人问津的祭祀牲礼再度繁荣兴盛。因此我们可以自信地认定，若能给予这些人悔改的机会，相信一定会有许多人愿意痛改前非。

《论基督徒》（*On Christians*），小普林尼（Pliny）写于比提尼亚省（Bithynia）[1]

腓立比在埃格那提亚大道上，位于罗马到拜占庭这段路的中点。在这里，塞尔维亚女孩在随风摇曳的白杨木下，在冰冷而神圣的安吉提斯河（Angitis）里受洗，与此同时，邻近教堂中一对希腊—腓立比双胞胎正在受洗。这些虔诚的家庭与其他数千人一样，每年都会来到僻远的希腊北部，因为到了公元50年左右，腓立比已成为《新约》宣称的最早改信基督教的聚落所在地。使徒保罗在大马士革皈依基督教之后，便沿着埃格那提亚大道旅行（这条大道至今依稀可见，它刚好从腓立比这座荒废的马其顿罗马城镇的美丽广场旁通过），他选择这条路来传布新的崇拜——对基督的崇拜。抵达腓立比之后（如果我们跟随路加在《使徒行传》里行走的路线），[2] 这位急切的旅人偶然间遇到一群妇人，当中有个做生意的名叫吕底亚（Lydia），她来自推雅推喇城（Thyateira）。当时有许多商人在"该区的主城"营生，吕底亚也是其中之一。根据记载，她敬拜的是犹太人的上帝——她虽然不是犹太人，却对犹太教抱着友善的态度。吕底亚可能是路加虚构的人物，但位于拜占庭南方的推雅推喇确实是以盛产紫色染布知名的城市；商人利用埃格那提亚大道拓展生意、视察供应链；彼时布料生意通常由妇女负责。所以，无论吕底亚是否真有其人，她的故事听起来倒有几分真实。在这个商旅来往频繁的小地方——从这里可以俯瞰屋大维与安东尼击败刺杀恺撒的凶手布鲁图斯与卡西乌斯的战场（但战场上只剩那座一度横跨埃格那提亚大道、现已倾颓荒废的凯旋门供人纪念凭吊共和国转变成帝国）——吕底亚聆听保罗关于社会正义、脱离罪恶和永生的教诲，很快的，"全家人"都改信了基督教。从此以后，吕底亚受洗的传统地点就成了朝圣地，而保罗在这里说的话（根据《新约》的说法），"当信主耶稣，你和你一家都必得救"，也成为全球熟悉的话语。通往伊斯坦布尔的道路因此在数百万人的内在生命中扮演着隐而不显的角色。[3]

　　使徒安得烈是一个很少有人注意的人物，《新约》说他与哥哥彼得都是渔夫，两人也都是施洗约翰的门徒。据说安得烈在接受教诲成为一个"得人"的渔夫后，便在公元 38 年建立了拜占庭主教区，后来扩大成君士坦丁堡普世牧首区。不过，基督教在拜占斯之城的历史起源其实相当卑微且特别。最初，伊斯坦布尔的基督徒在家里聚会；这种家庭教会通常由女性负责管理，这是早期基督崇拜的重要特征。聚会的规模很小，而且是秘密进行的。公元 1 世纪末，"福音书"开始诉诸文字，但由于大多数基督徒不会读写，所以一般由团体中一到两名受尊敬的成员朗读"福音书"内容。我们有理由相信，最早期的基督教文本读起来肯定像故事书。聚会的末尾，聚会者可能会一起聚餐表达感恩，然后悄悄离去。像拜占庭这样的贸易城市，一向有着不成文的规矩，要悉心款待远道而来的客人。这样的特质使拜占庭特别容易网罗各种观念，并且接受来访的教导者。拜占庭引以为豪的基督教特征——这个特征将会点燃全新的世界秩序——在公元 1 世纪到 2 世纪开始摇摇晃晃地成形。彼时的拜占庭散发的并非馨香或神圣葡萄酒的气息，而是刚烤好的面包与橄榄油灯的味道，夜里总是传来婴儿难以入眠的哭啼，野狗在厨房门外逡巡，希腊奴隶教导少数幸运的孩子最基础的字母。就在这个时期，岩石神龛中祭祀着库柏勒，城墙上供奉着赫卡忒，城市港口则崇拜狄俄尼索斯。

罗马帝国境内流行着各种宗教，到了公元 3 世纪，基督教也只不过是众多争取发展空间的宗派之一 —— 关于这点可以从马可·奥勒留皇帝收到的一封简明短信清楚看出。公元 176 年，一位名叫阿特那哥拉（Athenagoras）的基督徒写信向皇帝请愿，他以当时帝国境内同时存在许多古怪的信仰为根据，要求罗马人停止迫害基督徒。除了提到一些"小"信仰，例如特洛伊的海伦·阿德刺斯忒亚（Helen Adrasteia，又称无法逃避的海伦或毁灭者海伦）崇拜，阿特那哥拉又提出自己的观点，他说，我们基督徒只有最微小的请求，言下之意仿佛基督徒并无建立世界宗教或这类事物的想法。[4]

但是，随着基督徒数量在拜占庭这类城市稳定增加，罗马人的心里肯定会浮现疑问：在一个有许多信仰、许多神祇的世界里，他们该如何对待多元文化？

1996 年，在以色列本·古里安国际机场（Ben Gurion Airport）边缘，离特拉维夫（Tel Aviv）只有大约 15 千米的地方正在进行道路拓宽工程，当时偶然间发现了一幅年代可以上溯到公元 300 年左右的镶嵌画（这幅作品从出土后过了十三年都未公诸于世），刚好生动地说明了上述问题。[5]这件镶嵌艺术品长约 17 米，宽约 9 米，在卢德*地下仅 1.5 米左右的地方埋藏了一千八百年，要保存这个宏伟而吸引人的罗马时代晚期作品让人煞费苦心。[6]拥有高超技艺的古代工匠利用数万枚彩色方石镶嵌出海怪、跃出海面的鱼（鲷鱼、乌鱼、笛鲷）与来自三个大陆的野生动物（犀牛、长颈鹿、大象、海豚）。几乎可以确定这些工匠是搭船来这里工作，而且在不经意间留下了自己的痕迹。在这件作品的下方，一名穿着典型罗马凉鞋的工匠，在他描绘的设计草图旁留下了明显的足迹。有一只狗，也许是一只猫，帮倒忙似的直接穿过细致的草图，在镶嵌图案底下留下了一行爪痕。

---

* 卢德（Lod）：古称吕大（Lydda），同样以贩售紫色布料知名，吕底亚一定也知道这座城镇。

乍看之下这似乎是一幅崇尚自然的田园景观——跳跃的雄鹿与迷人的兔子——但其中却传达着黑暗的讯息。仔细再看第二眼，此时映入眼帘的却是鲜血。这幅田园诗般的镶嵌画充满了血腥气。怒目而视的鹿奋力摆脱母狮的利爪；恐惧的公牛吼叫着，垂涎的老虎正追着它；豹把瞪羚撕得皮开肉绽；猎犬俯卧着，伺机猎捕圆滚滚的兔子。镶嵌的血被完美表现出来，滴落后汇聚在地上。

那么，是谁出资绘制了这可怕的场景？画中有这么多异国动物，还有一艘商船，也许确实存在一个有趣的可能，那就是这幅作品的所有者是个筹办竞赛的人，他或许靠着满足晚期罗马时代的民众对城市（如拜占庭）角斗士竞技屠杀的贪婪胃口，赚进了大笔财富。古竞技场的骨骼证据告诉我们，确实有老虎、羚羊与犀牛为了这个目的被进口到拜占斯之城的杀戮场。

公元3世纪到4世纪——我们这幅镶嵌画完成的年代——吕大参与了这场世俗与宗教权力的争夺。这个地区一直是异教徒的发源地，从希腊人、罗马人到犹太人，以及刚开始出现的基督徒。[7] 从吕大出土的镶嵌画见证了基督徒遭受迫害的时代。拜占庭当地的圣徒莫基欧斯（Mocius），据说曾被扔到狮圈里，但狮子不吃他，后来在拜占庭被斩首。据估计，罗马历任皇帝在数年间屠杀的基督徒男女可能达到两万人，东部基督徒的死亡率特别高，基督教的发展虽然激进却深得人心，不断繁盛，之后却受到压制而局限在中东沿海的发源地。[8] 当政者对于基督教宣扬的节制、永生与社会正义感到不安。吕大的商人选用的内部装饰或许反映了那个时代残忍野蛮的特征。[9] 画作主人的这间屋子已经被封存，所有财宝与家居用品全搬走了。屋主显然在躲避某种事物，至于是什么事，我们不得而知。但可以确定的是，从巴尔干到巴库（Baku）的基督徒与犹太人都受到了迫害，拜占庭的基督徒与犹太人也无法幸免。[10]

第九章　迫害

约公元 240 年—304 年

> 野兽、野狗与野鸟吃剩的人类残肢散落一地，城市四处可见弃置的人类肠子和骨骸，阴森恐怖的景象莫过于此，就连先前憎恨我们的人也心惊胆战；不过他们不是为了这些人的不幸而难过，而是为了过程中显示出的暴力与人类本性而悲伤。
>
> 该撒利亚的优西比乌（Eusebius of Caesarea），
>
> 《巴勒斯坦殉教者列传》（*On the Martyrs of Palestine*）[1]

273 年左右，有个名叫吕西良的老人到了晚年才在尼科米底亚改信基督教，在当地遭到殴打、监禁与刑罚。根据圣人传作者的记载，吕西良后来被拖到拜占庭，但仍拒绝放弃信仰，因此在市中心被钉十字架，与他一起的其他四名男子也遭到斩首。一名少女看着他们凄惨地死去，上前为他们收尸，结果也遭到斩首。至今每到 6 月，东正教依然会尊崇这位圣吕西良（St. Lucillian）。

无论吕西良的故事是否属实，他都不是孤例。

303 年 9 月，圣尤菲米亚（St. Euphemia）—— 一名将在拜占庭基督教故事中扮演核心角色的女子——在拜占庭对岸的迦克墩遭到残忍杀害，据说这件事一直在博斯普鲁斯海峡两岸居民的心中萦绕。阿马西亚的阿斯特里欧斯（Asterios）生动描述了尤菲米亚的死状。某日，阿斯特里欧斯外出散步，想让自己的脑袋清醒一点，却在无意间"看见"一连串超写实的绘画，上面尽是令人毛骨悚然的尤菲米亚殉教图像——她"如珍珠般"的牙齿被使劲拔出，穿着宽松的灰色衣服，孤身一人遭到囚禁，并在极度痛苦下被活活烧死。（1939 年，在拜占庭古竞技场附近发现了描绘尤菲米亚死亡的湿壁画。在法院停车场旁依稀可见湿壁画所在教堂的遗迹。）其他故事则提到，尤菲米亚因为拒绝祭祀神明阿瑞斯（Ares）而被皇帝戴克里先下令绑在轮子上打断骨头，然后在拜占庭竞技场内让买票的观众看着熊攻击她直至死亡为止。还有一些叙述与绘画描述过这名年轻女性遭到斩首。

在迦克墩，人们为纪念圣尤菲米亚而兴建了一座教堂（451 年，极具影响力的第四次基督教大公会议*在这里举行）。权倾一时的波斯宦官安条克（Antiochos）的宫殿落成于 5 世纪，到了 7 世纪则被改建为祭祀殉教者尤菲米亚的圣祠。今日，当城市居民走过这处邻近古竞技场的遗迹时，很少有人驻足凭吊。拥有神奇力量的尤菲米亚圣物保存在银制的骨灰盒里，据说有时会渗出鲜血来。今天，尤菲米亚的圣物仍收藏在伊斯坦布尔芬内尔区（Fener）希腊正教牧首区的圣乔治教堂里，两千年来一直是这座城市的标志。

尼禄（Nero）时代对基督徒的搜捕虽然残酷，但尚属零星的做法——比历史记载要我们相信的要短暂而无系统。然而在 249 年到 250 年的德西乌斯（Decius）时代，搜捕开始走向正式化。257 年到 258 年的瓦勒良皇帝与之后的戴克里先和伽列里乌斯都将行动提升到新的层面。小亚细亚是这个新兴宗教团体的重要温床，因此这里遭受到的无情打击也更为强烈。据说，在向迪迪玛（Didyma）的阿波罗寻求神谕时，神明允准了对所谓的"世上的义人"采取行动。然而这个忠告的本意是要求行动不应流血，但马克西米努斯·代亚（Maximinus Daia，伽列里乌斯的外甥）却烧杀掳掠、拷问、流放而且有系统地迫害基督徒，在他的统治下，基督徒没有法律上的权利，也不许在帝国政府或民间社会取得任何正式职位。不难想见拜占庭基督徒出入塞维鲁城门与进出公共澡堂时都必须接受盘查；市场上的商品被喷洒上了献祭动物的血加以玷污，以此践踏基督徒的感受；而自愿迫害男女基督徒的人可以获得免税的优惠待遇。

戴克里先与其他三位共治皇帝稳定了罗马帝国的局势——波斯暂时铩羽

---

* 又称迦克墩会议，主要讨论了基督的神人二性，产生了著名的《迦克墩信经》，这是最后一届被普世基督教（天主教、东正教、信教）都承认的大公会议。——编注

而归，埃及与多瑙河流域获得平定，不列颠重新收归版图，现在罗马只需要解决零星的信仰问题。四位共治皇帝坚信"诸神的和平"（pax deorum），相信以传统方式处理传统事物可以确保帝国长治久安。这些人宛如帝王般穿着紫色与金色服饰；我们可以从阿尔巴尼亚发现的虔诚供品看出，独一真神的信仰传布极广，已经不再是小问题："献给我们的主上戴克里先与马克西米安，两位不可征服的奥古斯都，由诸神与诸神的创造者所生"。[2] 基督教的存在是一种威胁。教父们很可能过度渲染迫害的规模，但在拜占庭古代后期确实存在大量反基督徒的暴行，因此拜占庭叙事中出现的可怕内容亦非空穴来风。

尽管拜占庭当局竭力遏止基督教的传布，大迫害还是失败了。基督徒逐渐成为罗马世界的一部分。303 年，在尼科米底亚，帝国下令摧毁所有教堂与经文，或将它们移交给当局，禁止一切宗教聚会。[3] 但实际上，许多人认为忽视这些命令要比施行这些命令来得轻松省事；尽管如此，深夜里还是传来敲门声，男人和女人无故失踪，住所与聚会之处遭到焚烧。柏柏尔人、作家拉克坦提乌斯（Lactantius，他是基督徒，因此他的说法并非毫无偏见）描述道："天还蒙蒙亮……他们就强迫人们开门……然后是劫掠与惊慌失措的景象……禁卫军（担任皇帝护卫或秘密警察的军人）列队冲进屋来，他们手里拿着斧头和其他铁器……几个小时之内，他们就将高耸的住宅夷为平地。"[4]

303 年到 304 年，戴克里先以一种令人生畏的方式展示了异教权力的大肆胁迫，要求罗马帝国所有人民都必须遵守传统的宗教仪式。在此同时，他也将目光对准基督徒的法定权利。对于拜占庭以及欧亚非其他罗马帝国城市的居民来说，这条信息表达得非常清楚：你只有两条路可走，一是"加入我们"，二是"反对我们"。[5] 让帝国机器忧心忡忡的是，这个流行的新信仰在军营里有强大的号召力。罗马士兵是让罗马这幅镶嵌作品紧密凝聚的重要力量，然而却有越来越多的士兵改信基督教——他们每天都面临着可能的死亡，（基督教）死后生命的观念对他们产生了吸引力。[6]

罗马决定先朝基督徒开刀，让其他宗教有所收敛。[7] 据说，在戴克里先位于斯普利特（Split）的宫殿，一座"城中之城"里，有许多基督徒在具有拱顶的地窖中被处死。关于基督徒的图像上有绳子套住他们的脖子，另一端则绑着巨大的砝码，说明这是水刑的迫害方式。可以确定的是，在这座以石灰岩与埃及花岗岩砌成，占地九英亩、到处都是天然矿泉的宅邸里，戴克里先亲自下令处死了3000名到3500名基督徒。[8]

当时有一名年约30岁的年轻男子在戴克里先的宫中接受教育与训练，他肯定亲眼见到了基督徒受害的惨状。这名男子最终采取的做法，将改变欧亚非三洲的政治与精神面貌。这位拜占庭的新统治者将以烈火烧尽生命中的荆棘，他将重定路标，开出新路，全球的历史将从此转变——他将成为罗马理念下的非正统教主。在他努力开创新纪元的过程中，他身边最忠诚也最鼓舞人心的伙伴，就是这座继承他名字的君士坦丁堡。

第十章 温柔的人必承受地土

约公元 272 年—311 年

远在西边的不列颠，依照上天的意旨，是太阳下落之处。从这里开始，我击退并且驱散令人裹足不前的恐怖，以顺从的态度让人类重拾这个拥有最令人生畏之律法的宗教……我绝不会辜负我受的恩典，我相信这是最好的使命……事实上，我整个灵魂与我存活的每一刻吞吐的气息，以及心中的所思所想，我深信，都有赖最伟大的上帝。

莎草纸残篇，公元 4 世纪，现存于大英图书馆[1]

在对拜占庭改信基督教进行考察之前，我们必须先拜访这座总是下着蒙蒙细雨的山城约克（York）。

一位年轻军人很快将统治整个已知世界。235 年到 284 年这期间，罗马帝国陷入了混乱和动荡，不下 50 人被拥立为帝。拥立者与被拥立者短暂地享受荣华富贵，旋即却遭到罢黜夺位。唯有兼具力量、才智、机运与魅力的人才能赢取最后胜利。

这名私生子能迈过权力的门槛，完全是一连串奇异条件的组合结果。伦敦大英博物馆地下室深处收藏了一枚厚重的银币，这是由名叫卡劳修斯（Carausius）的军人铸造的。这枚闪闪发亮的圆盘年复一年地躺在小木盒里的天鹅绒布上，一旦拿在手上，则会让人产生触电般兴奋的体验。这枚银币是那场巨大的、因战争而造成的金属流通的一部分，是野心勃勃与好大喜功的年代的幸存品。

卡劳修斯原是舰队指挥官，负责巡弋不列颠尼亚海（Britannicus Oceanus，

阿拉斯（Arras）圆形黄金浮雕，为纪念君士坦提乌斯抵达不列颠而铸造。伦敦被描绘成一名跪下的妇人。

即今日的英吉利海峡）。后方的罗马人怀疑他私吞掳获的财宝，收受海盗的贿赂，任由他们继续劫掠，决定判他死刑。卡劳修斯于是自立为北高卢与全不列颠尼亚皇帝。他宣称自己想要的，不过是让不列颠尼亚不再被帝国忽视，而为了证明这点，他再次铸造银币——自从戴克里先让帝国货币严重贬值之后，就再也没有人铸造银币。他的行动隐含着一项大胆的讯息："忘了母城那群小气鬼吧。像我这样的英明领袖可是千载难逢。"新取得权力的卡劳修斯热切地表示，他是罗马真正的救世主。从大英博物馆仓库的木盒里取出的圆形浮雕与钱币，上面明明白白铸着："人们翘首以待的人降临了"，"不列颠的救世主"。在一枚圆形青铜浮雕上有个密码讯息："RSR"。最近有学者破解了这三个首字母缩略语——它们是维吉尔《牧歌集》（Eclogues）某句话里词语的首字母："REDEUNT SATURNIA REGNA（重返黄金时代）。"[2]

2010 年，金属探测员在弗罗姆（Frome）找到了一批钱币，总数有 53000 枚，其中 760 枚铸有卡劳修斯的人像。从这些钱币不难看出卡劳修斯背离常轨且极具野心的事业规模。

君士坦提乌斯原本是皇帝奥勒良的侍卫，后来在 293 年擢升为恺撒，他受命前去平定这场发生于帝国边境的乱事。隔着英吉利海峡，君士坦提乌斯不断地侵袭卡劳修斯。君士坦提乌斯在不列颠尼亚的任务，事实上是由卡劳修斯只能同享乐、不能共患难的财政大臣阿勒克图斯（Allectus）完成的，阿勒克图斯谋杀了他的主子然后又继续统治不列颠尼亚帝国三年。罗马军队分别在怀特岛（Isle of Wight）附近海域与英格兰南部的西尔切斯特（Silchester）击败阿勒克图斯的人马。征讨的工作一结束，君士坦提乌斯认为此时正是踏上不列颠的好时机。根据记载，当他率领入侵舰队溯泰晤士河而上时，获得了伦蒂尼恩（Londinium，伦敦的古名）市民的欢呼与献花——木已成舟，接受既有的结果或许才是符合现实的做法。现在，君士坦提乌斯也铸造了自己的圆形黄金浮雕，并且自封为"永恒光明的恢复者"。[3]

　　根据史料记载，在此三十年前，也就是 272 年左右，君士坦提乌斯与一名身份卑微的女子生下私生子弗拉维·瓦莱里乌斯·君士坦丁（Flavius Valerius Constantinus）。据《君士坦丁家系》（*Origo Constantini*）的作者所言，这名女子是客栈老板的女儿，身份极为低下。她的名字叫海伦娜（Helena），她生下的孩子就是日后的君士坦丁大帝。[4]

　　一名打扫马厩的希腊少女竟拥有如此非凡的影响力。安布罗斯主教（Bishop Ambrose）令人记忆犹新地总结了海伦娜的生平，说她"从粪堆一跃到了皇宫中"。一名路过的军人让她怀了身孕，而她在默西亚省（Moesia）的尼什（Naissus，位于今日的塞尔维亚）附近生下孩子，海伦娜麻雀变凤凰的故事也许有夸张的一面，但她的长子君士坦丁（以他父亲的名字命名）终其一生对母亲的景仰却是翔实有据。日后拜占庭人讲述这则故事时，掺杂了典型的异教和基督教的混合元素——君士坦丁那位不久即将当上皇帝的父亲想找个地方过夜，他住下的旅店正是海伦娜怀上君士坦丁的地方；阿波罗在梦中告诉君士坦提乌斯，与他同床的、他所喜爱的客栈老板的女儿肚中已有了他的儿子。这名军人于是留给她一袭紫袍和一条金项链；即使是私生子，他也不会随意忘却。海伦娜的历史故事几乎可以作为灰姑娘故事的蓝本——从出身卑微到闻名世界的童话故事。

　　君士坦提乌斯被擢升担任四帝中的恺撒时（305 年，君士坦提乌斯才成为西部帝国的奥古斯都），他私生的长子也被召唤到尼科米底亚接受与其身份相符的严格教育。[5]拉丁文是君士坦丁的母语，但这个年轻人也逐渐精通了希腊文、哲学，当然也包括战争的技艺。君士坦丁奉派到东方的戴克里先麾下服役，在巴勒斯坦与中东各地作战。从他受到的过度栽培可以得知，他必将拥有大好前程。但君士坦丁或许错就错在明显展露出自己在戴克里先的首都受过良好的早期教育，因为他的潜力引发了某些人的担忧。后世的编年史家语带庆幸地描述这名机智的年轻人如何在四帝之一的伽列里乌斯交付给他的致命任务中保住了一命。伽列里乌斯以牧民的身份力争上游；显然，他想清除君士坦丁这块绊脚石，好让自己指定的继承人（也是他的外甥）马克西米努斯·代亚接掌权力。

　　回到不列颠尼亚，君士坦丁的父亲君士坦提乌斯从 305 年就任帝国皇帝之后，他的施政受人尊崇，而且修缮了哈德良长城（至于更北方的安东尼长城［Antonine Wall］早在数十年前就已悄悄遭到拆除）。罗马人在这个时期面对喜欢生事的当地居民，即所谓的皮克特人（Picts），使用的策略不外乎挥舞长矛进行威吓，并且搭配巧妙的金钱笼络。2000 年以后，考古学家和金属探测员在昔日皮克特人的领地发现了大量罗马白银。其中绝大部分是碎银——银币切碎后作为交易之用——从数量就能看出当时罗马支付了数量庞大的银币来安抚这些当地居民。[6] 在平定皮克特人的回程途中，君士坦提乌斯决定在埃博拉库姆（Eboracum，今日的约克）要塞稍作停留，并且着手修建要塞的防御设施。今日，在约克大教堂的地窖里可以看见这座要塞的遗迹。此地的军事总部，连同倾倒的柱子、浴场的火炉与军营，都在考古学家的挖掘下重见天日。我们走入地下，来到曾一度阴冷潮湿的大教堂地窖，隐约可以看到罗马巴西利卡式建筑 * 的边缘与新显露的一部分罗马道路——异教建筑成了基督教高耸的纪念碑的地基。有一段要塞城墙仍骄傲地矗立在约克郡博物馆的花园里。

　　但君士坦提乌斯有所不知，当他授权埃博拉库姆的建筑计划时，也是为自己铺好了临终的卧榻。

　　君士坦丁一直想赶赴前线协助父亲对付难缠的北方人。后世编年史家在描述这段过程时加油添醋，他们提到这名年轻人如何从出身低贱的异教徒伽列里乌斯的陷害中逃出生天，尽管君士坦丁被派去与狮子搏斗，横渡多瑙河中央的沼泽，最后还是克服了逆境。之后，君士坦丁趁着深夜溜走，前往西北与父亲会合。实际的情形可能介于曲折离奇的剧情与平淡乏味的帝国政策之间。经过通往帝国边境的长途跋涉之后，君士坦丁终于抵达布洛涅（Boulogne），然后从这里渡海——他的父亲曾在此地击败叛乱的高卢人，今日这里仍是一日游的旅客酒足饭饱后返回英格兰的渡口。在肯特（Kent）登岸后，君士坦丁火速赶往北方的约克，但抵达时才知道父亲已经临终。据说，在 7 月 25 日君士坦提

---

*　巴西利卡（Basilica）：原意为"王者之厅"，是古罗马的一种公共建筑形式，其特点是平面呈长方形，外侧有一圈柱廊，主入口在长边，短边有耳室，采用条形拱券做屋顶。——编注

乌斯去世前一刻，他低声说道，由这名私生子担任他的继承人。[7]

君士坦丁不只是风尘仆仆的战士，也是受过良好教育的人物，他随即被非法地拥立为帝。他受命继承父亲的袍服，当他在埃博拉库姆的皇帝居所现身时，身上已披着皇帝紫袍。我们可以想象士兵震耳欲聋的欢呼，在寒冷帝国角落森然布列的军营里传来阵阵鼓声，欢迎这位从巴比伦到不列颠尼亚，横越大半个罗马帝国的领袖，因为他将成为他们的未来。人们以希腊文与拉丁文撰写颂词来迎接罗马漫长历史的新纪元："喔，不列颠，你何其幸运又何其幸福，能最先得见恺撒君士坦丁。"[8]

这个足智多谋、四方下巴的私生子军人成为了恺撒君士坦丁一世，不久后就被称为君士坦丁大帝。这项篡夺帝位的行为开启了长达数十年的内战。在北国暗淡的天光下，在今日开满了茶馆与鞋店的山丘上君士坦丁将做出一项决定，而这项决定将影响将近 260 万平方公里之内所有人的生活。

一开始，君士坦丁必须与另外六个人分享权力。308 年的会议决定由伽列里乌斯的儿时玩伴与军事伙伴李锡尼（Licinius）出任西帝国皇帝，而君士坦丁只能担任恺撒，也就是副皇帝。[9] 在统治的前十年，君士坦丁的活动范围位于西欧。起初，他的据点设在特里尔（位于今日德国）华丽的新皇宫，里头都是美丽的湿壁画与其他艺术作品——奢侈豪华的风格使这个时期有"珠光宝气"时代之称。[10] 这是他父亲的据点，这座两层楼的红砖巴西利卡式建筑至今仍屹立在土地肥沃的摩泽尔河（Mosel）谷地。经过 19 世纪拿破仑的肃清扫荡与城里对罗马时期建筑的重新修复，此地民众对于君士坦丁仍有着美好的记忆。出租车司机自豪地指着君士坦丁浴场的遗迹，而过了美丽的罗马桥就是君士坦丁酒店。尽管如此，特里尔作为位于莱茵河畔的边境城市，需要持续的稳定与巩固防务，不适合作为酝酿冒险活动的跳板。我们知道在这一时期，君士坦丁巡视过许多地方：他再次造访了约克与特里尔，并且前往科隆（Cologne）、博韦（Beauvais）、欧坦（Autun）、沙隆（Châlons）、维埃纳（Vienne）、阿尔勒（Arles）、阿奎维瓦（Aqua Viva）、希尔米欧（Sirmio，邻近布雷西亚［Brescia］）、米兰与罗马，借此了解治下的情况。

巡游各地的君士坦丁不愿画地自限，他不想把所有的时间全花在处理境内的乱事、连下数星期的大雨以及其他的僭号称帝者身上。310年，他对在高卢的马克西米安发动了攻击。根据一些说法，马克西米安想除掉君士坦提乌斯的"孽种"，但君士坦丁接到警告，得知他的阴谋，于是找了一名宦官当自己的替身。马克西米安不出预料地杀了宦官，自己也在君士坦丁的"鼓励"下自尽。为了巩固自己权力的合法性，君士坦丁将自己与战功彪炳、手段残忍的克劳狄二世联系起来，克劳狄曾向世人宣示拜占庭不属于蛮族而属于罗马。借由这种方式，副皇帝君士坦丁在这场罗马权力博弈中取得了先机。311年，伽列里乌斯去世，李锡尼与君士坦丁结盟对抗马克西米努斯与马克森提乌斯（Maxentius）联军。在此之前曾有人对君士坦丁说，他被拥立为恺撒，肖像送往罗马之后，马克森提乌斯（马克西米安之子）曾对着君士坦丁的肖像嘲弄一番，还说他是"妓女之子"。马克森提乌斯还下令拆毁罗马所有的君士坦丁塑像，冲突势不可免。君士坦丁率军南进，沿弗拉米尼亚大道（Via Flaminia）进军罗马。几年之后，这场四帝之间的斗争被赋予了宗教意义。无论这场内战有什么样的政治与个人动机，君士坦丁肯定知道这场关于领土和罗马理念的斗争将至死方休。[11]

第二部分

君士坦丁堡：上帝之城

公元 311 年—475 年

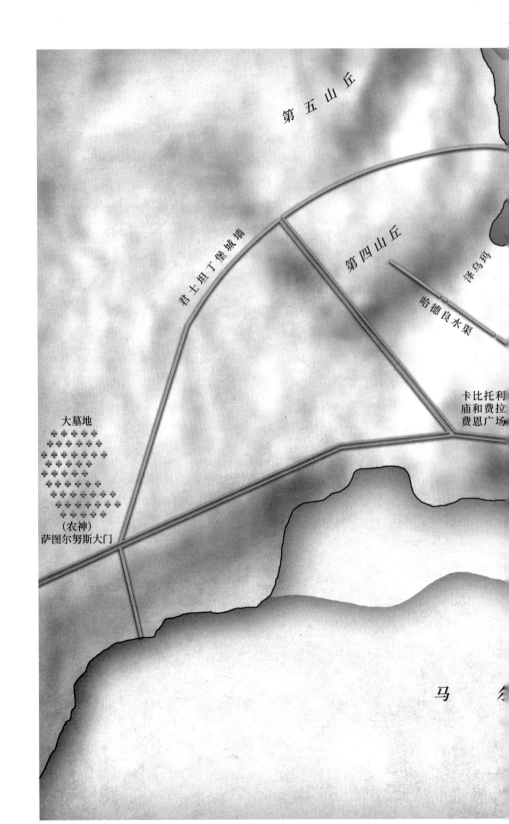

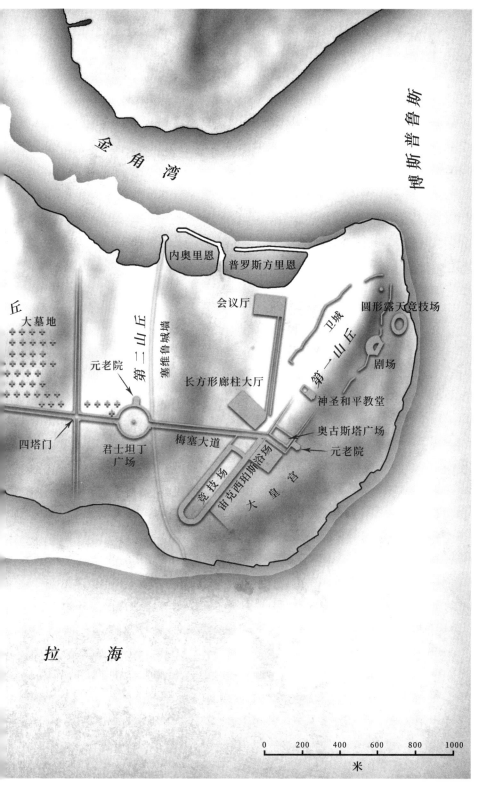

博斯普鲁斯

金角湾

丘

内奥里恩

普罗斯方里恩

会议厅

大墓地

卫城

圆形露天竞技场

元老院

第二山丘

塞维鲁城墙

第一山丘

剧场

长方形廊柱大厅

神圣和平教堂

四塔门

君士坦丁广场

梅塞大道

奥古斯塔广场

元老院

竞技场

宙克西帕斯浴场

大堡宫

拉 海

| 0 | 200 | 400 | 600 | 800 | 1000 |

米

君士坦丁大帝的君士坦丁堡，约公元 337 年

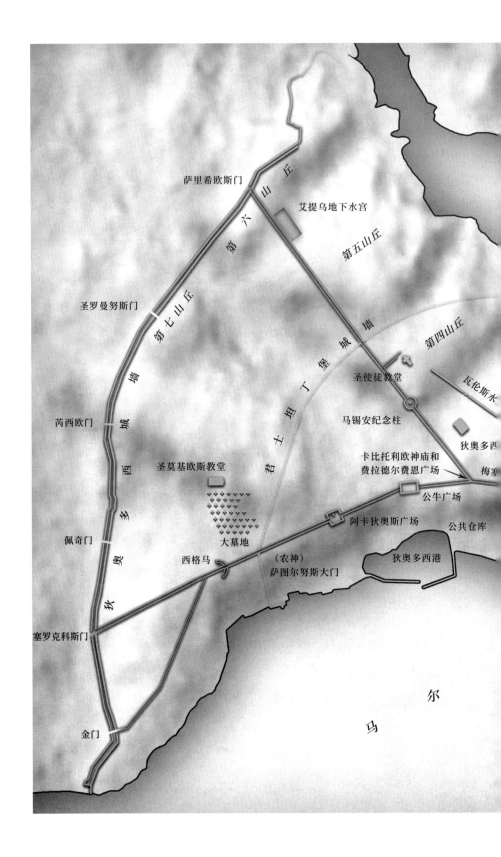

萨里希欧斯门

艾提乌地下水宫

第五山丘

第六山丘

圣罗曼努斯门

第七山丘

城墙

第四山丘

圣使徒教堂

瓦伦斯水

芮西欧门

城墙

君士坦丁堡城墙

马锡安纪念柱

狄奥多西

卡比托利欧神庙和
费拉德尔费恩广场

梅塞

圣莫基欧斯教堂

佩奇门

狄奥多西

大墓地

阿卡狄奥斯广场

公牛广场

公共仓库

西格马

(农神)
萨图尔努斯大门

狄奥多西港

塞罗克科斯门

金门

马

尔

博斯普鲁斯

希凯

角

湾

卡
教堂

内奥里恩 普罗斯方里恩

第二山丘

公共仓库

会议厅

第一山丘

圆形露天竞技场

多西广场 元老院

剧场

拉索斯宫 长方形廊柱大厅

神圣和平教堂

安提欧
修斯宫

圣索菲亚教堂

门

塞维鲁城墙

元老院

君士坦丁广场

竞技场

奥古斯塔广场

大皇宫

宙克西珀斯浴场

尤里安港

海

| 0 | 500 | 1000 | 1500 | 2000 |

米

狄奥多西二世的君士坦丁堡，约公元 450 年

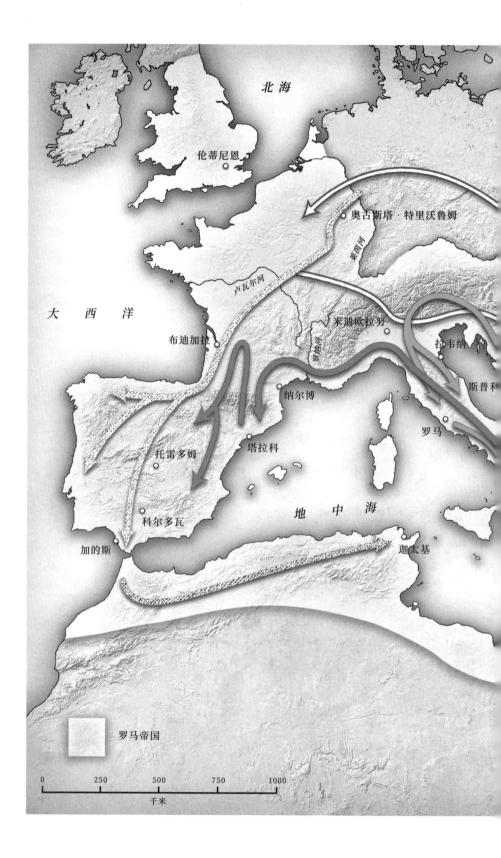

北海

大 西 洋

伦蒂尼恩

奥古斯塔·特里沃鲁姆

莱茵河

卢瓦尔河

米迪欧拉努

罗讷河

拉韦纳

布迪加拉

纳尔博

斯普利

托雷多姆

塔拉科

罗马

地 中 海

科尔多瓦

加的斯

迦太基

罗马帝国

| 0 | 250 | 500 | 750 | 1000 |

千米

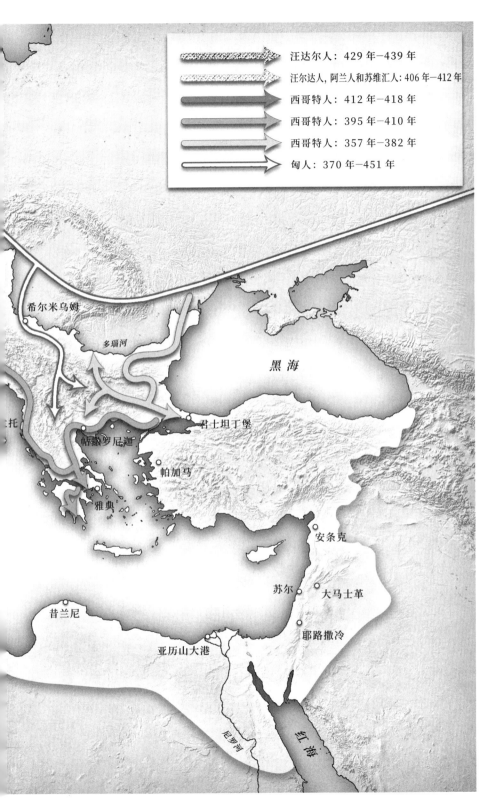

约公元 350 年—450 年的各路"蛮族"

第十一章　米尔维安大桥战役

公元 312 年

> 他说，大约在正午时分，太阳已经开始西沉，他亲眼看见在空中，就在太阳的上方，出现了象征胜利的光亮的十字架，上面刻着"以此克敌"的字样。看到这幅景象，他感到十分惊奇，所有跟随他出征的士兵也感到吃惊，他们亲眼看到了神迹。
>
> 优西比乌，《君士坦丁传》（*Life of Constantine*）[1]

在罗马北方的郊区外有一栋美丽而坚固的农舍，名叫马尔伯盖托宅（Villa Malborghetto），从外表看，这里并不像是一个改变局势的梦发生的地方。但考古挖掘却显示，此地无疑就是君士坦丁在对他的宿敌马克森提乌斯发动攻击前扎营的场所，一则后来的史料声称，在 312 年 10 月底，这位未来的拜占庭统治者曾在这里梦见自己被拣选为人类的拯救者。无论这场梦境是真实还是虚构，这个超自然时刻的重要意义再怎么强调也不为过。它为君士坦丁堡的建立提供了神话和精神层面的正当性。

秉持罗马理念而提出的四帝共治策略，逐渐沦为赤裸裸的权力斗争。君士坦丁在约克被拥立为帝之后，娶马克森提乌斯的妹妹法乌斯塔（Fausta）为妻，当时她只不过是个孩子。郎舅关系勉强维持了几年的和平；君士坦丁负责镇守边疆，马克森提乌斯则安稳地待在罗马。但两人的关系很快就破裂了，君士坦丁在都灵（Turin）与维罗纳（Verona）击败了马克森提乌斯的军队，然后朝着罗马进军。罗马城坚墙厚、粮草充足，君士坦丁的围攻徒劳无功。此时暴躁的马克森提乌斯做了令人难以理解的灾难性决定，他离开深沟高垒的罗马城，决心在邻近弗拉米尼亚大道与台伯河的原野上与君士坦丁决战。这是出于傲慢、迷信还是纯粹的愚蠢，我们不得而知。西比拉神谕（Sybilline oracle）宣称，在这一天，罗马的敌人将被击败。评论者无情地批评马克森提乌斯有勇无谋；事实上，他或许是出于绝望才这么做。最近考古学家已经在马克森提乌斯控制的领土挖掘出加高的城墙与尚未完成的壕沟；无论这是进行备战的暗示还是实际的防御工事，这都像是充分认识到对手实力的人会做的事，而这个人决意背水一战。[2]

这则故事还有另一个版本，当君士坦丁率军南下，准备迎接即将开启的战端时，奇迹降临在这位恺撒，也是未来皇帝的身上。他突然看见天空出现异象，一个光亮炫目、燃烧着烈焰的十字架在太阳上方颤动。我们得知接下来君士坦丁的军队立即更改旗号，他们接到命令要展示盾牌与旗帜上的新标志，一种"神圣的符号"。耐人寻味的是，或许基督教的解释轻松掩盖了异教的历史事实。在君士坦丁的支援部队（auxilia，原本由非罗马公民组成，到了君士坦丁时代则是由公民与"蛮族"混合编成）中，那些最勇猛的战士是日耳曼人；这个时期的罗马军队已经大量"蛮族化"，当然，在此之前的十年间君士坦丁一直在西方的"蛮族"地带作战。他率领的这些勇猛善战的部队中，有人的盾牌上印着神秘记号或双头蛇的图案，史料指出这种双头蛇看起来就像稍微歪斜的"X"。而这两种象征看起来非常类似基督教的凯乐符号（Chi Rho），——希腊文"基督"的前两个字母。把这些盾牌上的记号描述成基督符号，可以说是一项经过权宜的合并。

所以，君士坦丁见到的神圣异象难道完全是虚构的？从天体地质学的角度来看，君士坦丁看见的可能是阿尔卑斯山隘口上方太阳的光晕，或是撞击阿布鲁佐（Abruzzo）形成西伦特（Sirente）陨石坑的陨石？陨石撞击地面的强度相当于1000吨左右的力量，和一枚小型原子弹无异。伴随震波与蘑菇云，那将是令人印象深刻的景象——但当时马克森提乌斯也应该目击到这个现象，而我们却未曾听闻马克森提乌斯阵营提到这起惊天动地的事件。君士坦丁看到的异象会不会是罕见的行星排列成一直线的现象，也就是所谓的行星连珠？2014年，一项颇有说服力的研究显示，在意大利这个地区，10月底的夜空特别明亮。天鹅座扫过天鹰座上方，金星、木星、土星与火星排成一条直线。在

这是北欧部族——包括支援部队中的寇尔努提（Cornuti）——的盾牌使用的标志。君士坦丁可能将这些标志与凯乐符号做了结合。此外，据说上天传达给皇帝的信息是：In hoc signo vinces（凭借这个记号，你将克敌制胜）。

湿壁画与钱币上经常可以看见君士坦丁的凯乐符号与星辰同时出现。[3]

　　该撒利亚主教优西比乌生活在 265 年到 340 年左右，他描述君士坦丁在米尔维安大桥看见异象时，口吻与描述圣保罗皈依基督时用的词语极为类似。但事实上，君士坦丁看到的天空异象，难道一定是基督教的异象？为什么不会是异教的异象，亦即，太阳神阿波罗？君士坦丁看到这种气象学现象，当时心中直接联想到的难道不是无敌者索尔（Sol Invictus）——罗马神祇，不可征服的太阳神，在罗马军中尤其受欢迎——的战士，日后才改称是耶稣基督？

　　无论这个奇异的征兆是实际存在还是想象出来的，这则历史故事都充满了戏剧性。根据古代史料记载，马克森提乌斯的军队人数超过 18 万，虽然实际数目或许比较接近 3 万，但这仍旧是相当庞大的数字：帝国为了存续倾力一战。但马克森提乌斯犯了致命的错误，他渡过台伯河，为了不让对方围城，还拆毁了部分的米尔维安大桥。因此，当君士坦丁进攻时，马克森提乌斯的部队只能靠着搭建的木头浮桥渡河折回罗马，这使他们的后背完全暴露在敌军的攻击之下。从这个地点的早期照片可以看出，台伯河是一条平静的河川。但在秋末这一天，众多逃亡士兵溺毙于此，河面完全覆盖着呕吐物、屎尿与鲜血。君士坦丁看到眼前的景象，心知胜券在握，于是敦促部队向前，想一鼓作气，击溃他们的同胞，直到马克森提乌斯的士兵膝盖、腰部与脖子全没入河中为止。马克森提乌斯用船搭建的浮桥，因为禁不起挣扎逃生的士兵的重量而断裂。此前的九百年前，大流士与他的波斯大军以妙计搭建浮桥，在敌军猝不及防之下横渡博斯普鲁斯海峡。而台伯河浮桥的断裂却让君士坦丁一路顺利东进。

　　君士坦丁在米尔维安大桥上昭示自己的胜利，把溺毙的马克森提乌斯的人头砍下来，挂在钉尖上，然后一路挺进罗马城。[4] 不到二十四个月的时间，在君士坦丁获胜的地方就盖起了一座用以纪念的凯旋门。这座凯旋门是一栋四建筑物，原本横跨在弗拉米尼亚大道之上——以石料体现这名篡夺帝位的私生子成功获取大权——今日则支撑着外表朴素的马尔伯盖托农舍。引领君士坦丁一路率军取得胜利的罗马石板路，也在这座农舍中世纪的地板下方被挖掘出来。

　　数世纪以来，宁静的马尔伯盖托农舍一直是来往旅人的重要路标，一看到它，人们便知道自己已抵达古罗马城。但对君士坦丁来说，无论在情感、战略还是精神层面，米尔维安大桥战役都成了他远离罗马的起点。

第十二章　黄金之城

公元 311 年—324 年

> 民众齐声喊道："君士坦丁是不可战胜的！"
>
> 拉克坦提乌斯（lactantius），《论迫害者之死》（*De Mortibus Persecutorum*）[1]

> 皇帝（君士坦丁）总是致力推广信仰，在每个地方兴建宏伟的基督教教堂以崇拜上帝——特别是在一些大城市，如比提尼亚省的尼科米底亚、奥龙特斯河（Orontes）畔的安条克，以及拜占庭。皇帝大举扩建拜占庭，使这座城市的权力和影响力能与罗马分庭抗礼……
>
> 索宗曼（Sozomen），《教会史》（*Ecclesiastical History*）[2]

君士坦丁尚未控制罗马的全部领土，他还有其他的对手要对付。其中一位坐镇于帖撒罗尼迦（今日的塞萨洛尼基 [Thessaloniki] 或萨洛尼卡 [Salonica]），帖撒罗尼迦是埃格那提亚大道上的重要商业中心，位于今日的希腊北部。

311 年，伽列里乌斯皇帝正在与折磨人的死神搏斗，他当时可能罹患了坏疽或肠癌。不久人世的他发现自己进行的大规模宗教迫害毫无成效，徒留悲伤与痛苦，于是他同意让基督徒拥有信仰自由。伽列里乌斯死后，剩下了一座空荡荡的神庙（可能是他的陵寝）[3]，也就是位于帖撒罗尼迦的圆形建筑。这座美丽的建筑物，墙壁约 1.8 米厚，最初的设计跟罗马万神殿一样，在圆顶有个圆孔。数年后，建筑物改建为教堂，之后又改成清真寺，而现在再度人去楼空。建筑物紧挨着薰衣草灌木丛与伽列里乌斯皇宫遗址，来这里参观的多半是游客和当地的猫，东正教的僧侣会在庆典节日来此举行宗教仪式。如今这里已阒无人声，可当初兴建这座歌功颂德的建筑物时，帖撒罗尼迦其他地方却不断传来死亡与恐惧的声音。附近的圣迪米特里奥斯教堂供奉罗马军人迪米特里奥斯（Demetrios），迪米特里奥斯是第二代基督徒，在伽列里乌斯的命令下被长矛刺死而殉教。当时看来，基督教的灭亡似乎已是大势所趋。

然而令人惊讶的是，全国性的迫害与处决敕令颁布才过了十年，所有基督徒又获得了保护。313 年，君士坦丁与共治皇帝李锡尼（伽列里乌斯的老盟友）在伽列里乌斯敕令的基础上颁布了"宽容敕令"（Edict of Toleration）。在这道于米兰颁布的敕令中，君士坦丁似乎是发自真心地写下了这段话："任何人都不应该被剥夺信奉基督教或他认为最适合自己的宗教的机会。"[4]

君士坦丁在罗马一获得承认，便开始大肆破坏异教徒的墓地（包括马克森提乌斯精锐部队的安息之处），砍掉异教人像的头，用基督教英雄取而代之，其中有许多地方用的是君士坦丁本人与他母亲海伦娜的形象。[5] 虽然君士坦丁仍继续举办异教徒的竞技游戏，并在无敌者索尔的名义下禁止民众在星期日工作，但他同时也在大力推动教会崇拜，兴建了许多拥有中殿与通道的教堂。这些教堂以特里尔的巨大红砖长方形廊柱厅为蓝本，而特里尔正是君士坦丁初尝权力的地方。罗马最雄伟的教堂拉特朗（Lateran）与梵蒂冈（Vatican）就是君士坦丁兴建的。这些建筑采取了新形式，拥有更多的曲线与色彩。君士坦丁凯旋门完成于 315 年，利用从罗马城各地建筑废料库搜刮而来的古代建材拼凑而成，这座凯旋门至今仍耸立在罗马斗兽场（Colosseum）旁。君士坦丁的肖像以极大的尺寸制作而成，或许是为了配合独一真神的规格，因为如今皇帝自称是这位神的代表。

君士坦丁获胜后的几个月，罗马、奥斯提亚（Ostia）与提奇努姆（Ticinum，今日的帕维亚［Pavia］）的铸币厂全落到了他的手中。身为万民拥戴的西部帝国皇帝，君士坦丁开始铸造印有他肖像的钱币 [6]——不再是满脸胡子、野蛮粗鲁的军人相貌，而是胡须刮得干干净净、顶着鹰钩鼻的领袖模样，或许还带着些许奥古斯都或亚历山大的伟大气质。往后几年，这些钱币进一步阐释了君士坦丁的精神本质——张大的眼睛凝视上天，神秘而美丽的笑容缠绕在他的唇上，有时还有光环围绕着他。异教神庙的黄金被熔铸成新的上等钱币——苏勒德斯（solidus），这种钱币正式取代了罗马钱币奥雷乌斯（aureus），一直流通到 11 世纪（今日，苏勒德斯依然以不起眼的形式存在着，如法文的"sou"，指小额金钱，此外还有意大利文的"soldi"，以及"soldier"这个词——指服役取得薪饷之人）。[7]

在罗马，君士坦丁为忠贞而受尽委屈的母亲兴建雄伟的宫殿群。324 年，海伦娜获得了奥古斯塔（Augusta）的尊号，然而讽刺的是，就在三十年前，她的丈夫君士坦提乌斯"抛弃了她"，改娶了一个出身较高贵而且拥有更多人脉的女子狄奥多拉（Theodora，皇帝马克西米安的养女）为妻。如今，海伦娜成了最后的赢家。罗马新皇帝让母亲以代理人的身份留守"永恒之城"，他自己则继续率军前进。君士坦丁似乎从未将这座昔日的世界之都放在心上；对他而言，罗马是个战场。在击败马克森提乌斯六年后，君士坦丁形容罗马充斥着迷信，宗教仪式全是"马克森提乌斯暴政的余孽"，因此 10 月 28 日君士坦丁胜利这一天被定为举国欢庆的"驱逐暴君日"。一个一生大半时间都在巡视帝国边疆的年轻人，或许还记得东部的种种潜力。但首先君士坦丁必须铲除所有觊觎帝位的人。

313 年，君士坦丁把同父异母的妹妹君士坦提亚（Constantia）许配给米兰的李锡尼（他现在是东部皇帝），以巩固两人的权力共享。然而过了不到三年，这个脆弱的同盟关系开始趋于紧张。我们看到，君士坦丁开始逐步侵占李锡尼的东方新领地。到了 317 年，君士坦丁开始往拜占庭推进。局势日渐恶化，321 年，两人拒绝承认对方的执政官（皇帝任命的最高政治职位），此时君士坦丁似乎逐渐倾向于以基督教的方式来安排政务。到了 323 年 12 月 25 日，无敌者索尔的生日成了基督的生日。君士坦丁在追击哥特人（Goths）时明目张胆地入侵李锡尼的领地，惹恼了对方。之后的 324 年，就在帖撒罗尼迦（今日希腊的第二大城），伽列里乌斯痛苦的临终之地——他的墓穴空无一物，他兴建的凯旋门至今依然屹立，标志着旧罗马世界分裂的开端——君士坦丁准备向他的对手发动进攻。

君士坦丁与李锡尼在阿德里安堡（Adrianople）交战，阿德里安堡即今日土耳其西部边境城市埃迪尔内（Edirne），它的历史与伊斯坦布尔以及广大世界有很多关联，但这项重要性一直被忽略。渡过宽阔、汹涌的马里查河，越过今日吉卜赛人种满玫瑰与剑兰的平原，7月3日，两军合计超过10万人在此地激烈厮杀。君士坦丁虽然受伤，但数天后，他赢得了这场战役的胜利，并沿军事大道（Via Militaris）追击李锡尼。军事大道位于埃格那提亚大道北方，同样也通往拜占庭，两条大道之间有其他道路相连。往后三个月，君士坦丁把对手围困在拜占庭。他在帖撒罗尼迦的广阔海湾内部署舰队，让儿子克里斯普斯（Crispus）统军与李锡尼的海军交战，他自己的舰队沿达达尼尔海峡而上，直抵今日的加里波利。尽管数量不到对方的一半，但克里斯普斯的舰船短小轻便，在海峡中操控较为自如，因而赢得了决定性的胜利。李锡尼的舰队几乎全军覆没，只留下四艘船。过去的历史证明，围攻拜占庭往往要耗损大量的人力物力，于是聪明的酒馆侍女之子迫使李锡尼在博斯普鲁斯海峡对岸的克鲁索波利斯（即黄金之城）会战。[8]

与拜占庭一样，克鲁索波利斯也是现代伊斯坦布尔广大市区的一部分。先前我们提过，克鲁索波利斯在古代晚期称为斯库塔里，今日则称为于斯屈达尔。这处市区最近在兴建地铁系统时挖掘到遗址，而且一如预期挖出了古代的黄金。钻孔机、筛土器与集水坑泵在繁忙道路下方朝着于斯屈达尔广场推进，这里过去曾是布尔布尔（Bulbul）与卡维斯（Cavus）两条溪流的河道，可以挖掘出许多与往昔生活相关的故事。在经过48个月的挖掘之后，我们在一道整齐的灰色混凝土与涂漆下发现了大量古代遗物。

梳子、鞋子、凉鞋、酒杯，所有东西全埋在土中。令人意外的是，防波堤与港口、经过火烤与沥青处理的木结构出乎意料地依然完整无缺地保存在海峡边的黏土里。[9]此外也挖出了葬有80名男女的一所奇怪的墓穴。其中女性的手臂交叠在胸前，男性则交叠在腹部，平均死亡年龄在30岁到35岁之间。旁边的牡蛎壳穿了洞，可以用绳子串起来挂在脖子上作为装饰品；从牡蛎壳的数量来看，这些男女很可能是阿佛洛狄忒与阿耳忒弥斯（Artemis）的崇拜者。[10]这座港口是横贯安纳托利亚的骆驼商路终点，这里一如预期挖掘出了许多带有纪念意义的贸易物品：画着船只的壶罐、东方旅人的小雕像、库柏勒女神像，以及晚期用阿拉伯文描述此地某个商会的纪念章。[11]发出恶臭的水静静地冒着泡沫，宛若一眼活水，这些出土后存放于伊斯坦布尔考古博物馆的奇珍异宝开启了另一段奇异而崭新的生命。在奥斯曼时代，每年骆驼商队都会从克鲁索波利斯（即斯库塔里、于斯屈达尔）出发，前往麦加朝圣。

古代人总是通过故事来理解一个地方，他们理解克鲁索波利斯时也是如此（别忘了，君士坦丁对于古典时代的作品十分娴熟）。

古希腊神话里的克鲁索波利斯标志着结束与开始。"黄金之子"克律索斯（Chrysos）是阿伽门农与他在特洛伊得到的战利品克律塞伊斯（Chryseis）生下的儿子，他逃过愤怒的克吕泰涅斯特拉（Clytemnestra）的加害。克吕泰涅斯特拉是阿伽门农的第一任妻子，她与新丈夫埃癸斯托斯（Aigisthos）努力打听克律索斯命运多舛的同父异母姐妹伊菲革涅亚（Iphigenia）的下落，当时伊菲革涅亚在陶洛斯（Tauris，今日的克里米亚）的阿耳忒弥斯神庙担任女祭司。欧里庇得斯在他的剧作《伊菲革涅亚在陶洛人里》（*Iphigenia in Tauris*）中解释了伊菲革涅亚的目的。这是一个野蛮的故事：伊菲革涅亚差点成为父亲用来祭祀神明的供品，她在逃过一劫之后，随即被带到阿耳忒弥斯的神庙。此时的她从受害者摇身一变成了加害者，把踏上当地海岸的异邦人抓来献祭。（亚美尼亚的新发现显示，在公元前 1100 年左右的青铜器时代，当地确实有拿年轻女孩献祭的行为。其中一些女孩的遗骨在塞凡［Sevan］地区的神庙被发现；她们被斩首，手被捆绑，但没有挣扎的痕迹，显示是某种仪式行为。[12]）善良杰出的希腊人克律索斯想拯救伊菲革涅亚脱离这种野蛮祭祀。然而这名少年英雄染上热病，没有完成最后一段往北的旅程，未能履行手足的职责便抱病而终，死后葬在博斯普鲁斯海峡的岸上。克鲁索波利斯就建在克律索斯安息的地方。古希腊人选择相信这段故事是城市建立的起源，就是要提醒希腊人，野蛮人的奇风异俗以及未知的北方与东方所充斥的危险，同时也凸显了克鲁索波利斯的边疆性质。过去希腊人曾肆意破坏这座城市，但现在这里却成了他们安居乐业的地方。

此后，希腊人与罗马人都曾成功征服"蛮族"之地，轮番让克鲁索波利斯沦为战场。受过良好帝王教育的君士坦丁应该知道他选择的战场具有的神话意义。324 年，李锡尼藏匿于迦克墩，但得知君士坦丁率领大军搭乘特制小艇横渡博斯普鲁斯海峡之后，他别无选择，只能挺身面对宿敌。双方都夸耀自己获得神明襄助——李锡尼搬出罗马众神的肖像，君士坦丁则挥舞拉布兰旗（labarum），这面新军旗悬挂在十字架上，旗上夸示着难解而扭曲的十字图像，很可能是凯乐符号——因此当时的历史学家称这是一场宗教战争。战争经过只能用血流成河形容，是一场"克鲁索波利斯大屠杀"[13]，李锡尼的军队有 25000 人阵亡，其中绝大多数是哥特人组成的雇佣兵。9 月 18 日，每年这个时节，落日与初升的月亮同时出现在天空，奇异的黄光照耀着克鲁索波利斯。亚西比德曾在这里大发雷霆，色诺芬曾在这里仔细点算他的战利品，然后缓慢而费力地经由拜占庭折返欧洲，君士坦丁在这里成了罗马唯一的皇帝。

君士坦丁是个头脑清醒的人。他不仅具备眼界，还很有远见。现在，他该把新帝国的首都设在哪儿呢？克鲁索波利斯，他获胜的城市？迦克墩，"盲者之城"？不可能。尼科米底亚？在戴克里先的监督下，他曾在这里接受教育。罗马？特里尔？特洛伊？苏维托尼乌斯（Suetonius）告诉我们，恺撒曾考虑把罗马移往特洛伊或亚历山大，在这之后经过三个世纪，君士坦丁实际将前往一座古城——由于特洛伊英雄埃涅阿斯（Aeneas）创造了这座城市，所有罗马人都相信自己是这座城市的子孙。

皇帝刚刚凯旋，就到南部进行为期两天的朝圣之旅。他横渡普罗庞提斯，沿赫勒斯滂航行，来到希腊营地与大埃阿斯（Ajax）坟墓的所在地[14]，从这里有一条路可以通往特洛伊下方的平原。我们得知，君士坦丁"来到赫勒斯滂，在特洛伊山脚下的平原"——现在有许多来自安纳托利亚东部与伊拉克的流动工人在这里种植西红柿与棉花——"他计划在此兴建一座巨大而美丽的城市，并且在高地上兴建城门……让船员从海上就能看见这座城市。"[15]

君士坦丁不乏先例可以学习。古代世界其他伟大领袖也曾造访过特洛伊，如公元前 480 年的薛西斯与公元前 334 年的亚历山大大帝。亚历山大睡觉时，枕头底下塞着一把匕首与一部荷马的作品，并且自称是阿喀琉斯第二。对君士坦丁来说，这次巡游显然带有象征意义，它是一名非正统的统治者从古老传统获取力量的捷径。特洛伊毕竟是一座英雄之城，人们永远记得这座城市足足抵抗敌军十年，而后才因中了希腊诡计而陷落。不管怎么说，高贵的特洛伊人是罗马人的祖先，他们有尊严地守护自己的城池，他们的名声传遍四方、永流后世。

但之后的编年史家告诉我们，独一真神介入了："当他（君士坦丁）如火如荼地筹办建都事宜时，夜里上帝出现在他面前，命他另寻地点建立都城。在上帝的指引下，他离开比提尼亚的迦克墩，来到色雷斯的拜占庭……"[16] 神的干预颇有裨益，因为赫勒斯滂的贝西克湾水流变幻莫测，海水曾一度淹没内陆，使特洛伊成了临时的港口城市，这显示此地的海象确实险恶。5月到10月间，强大的水下逆流由马尔马拉海流向爱琴海，还有东北风迎面吹袭想进入海峡的船只。在此建都只会招来厄运，难以打造世界级的城市；因此，直到今日，这一带都不曾出现相当规模的城镇。

拜占庭就没有这样的问题。从拜占庭可以看见君士坦丁击败的、遭孤立的敌人，而被君士坦丁宣称为是自己祖先的克劳狄据说曾在拜占庭杀死五万名哥特人，就连君士坦丁自己也曾梦见过拜占庭。拜占庭不仅拥有辉煌的过去，也能提供崭新的开始。这座城市曾受到戴克里先的冷落，因为他倾向于以尼科米底亚作为都城，而我们找不到任何官方记录显示君士坦丁曾在攻击李锡尼之前造访过这座拜占斯之城。因此有两种可能：君士坦丁年轻时随戴克里先四处巡视时，可能曾经在此地驻足，对拜占庭的宫殿留下了深刻的印象；另一个可能是，君士坦丁虽然没到过拜占庭，却已经听闻拜占庭的名声。此外，在围困李锡尼那三个月期间，在城外攻打的君士坦丁也已经领教了拜占庭雄伟而牢固的高墙。

因此，拜占庭雀屏中选，成为君士坦丁新帝国发号施令的中心。俯瞰克鲁索波利斯这片屠杀之地，拜占庭这座城市不仅注定观看着它参与的战争，也因为周围的海峡、紧邻的大陆、四通八达的重要陆路与水路，成了"大剧院"的前排观众，不管是国际、国内、意识形态还是政治上的战争，都能尽收眼底。不过，在君士坦丁于地理位置优越的拜占庭营建新都之前，还必须流更多的血。

第十三章　以基督之血的名义

约公元 326 年—330 年

> 现在有谁会怀念农神（Saturn）的黄金时代？我们这个时代是钻石时代——尼禄那种钻石时代。
>
> 希多尼乌斯·阿波黎纳里斯（Sidonius Apollinaris），
>
> 约 471 年—487 年任高卢主教，
>
> 这首诗据说被秘密地贴在了宫门上 [1]

拜占庭已经是一块耀眼的古典画布；现在，新政权将为它着色。接下来上演的是一出小报风格的家庭剧。

也许流血献祭越来越不是人们属意的选项，但据说君士坦丁接下来却要让自己的家人流血。他听说妻子法乌斯塔与他第一任妻子生下的儿子克里斯普斯（有人说是法乌斯塔迷惑丈夫，来加害她的继子）有染，便毒死了自己的儿子。法乌斯塔宣称是克里斯普斯逼迫她就范，但两三个月后皇帝发现自己被愚弄，于是把妻子关在热腾腾的澡盆或浴室里，把她烧死、烫死，也有可能让她窒息而亡。

事情的真相究竟为何？一名年轻人与他火辣的继母发生危险的不伦关系？权力让君士坦丁失去理智？这是后世身为异教徒的作者对君士坦丁背弃旧神祇与古罗马传统所做的恶意中伤，还是单纯的神话（这起事件与传说中背德逾矩的希腊人菲德拉［Phaedra］与希波吕托斯［Hippolytus］的故事实在太类似）？或者是一场精心策划的冷酷计谋，君士坦丁蓄意铲除他的长子（私生子），好让其他三名合法继承人继承帝位？然而，他敬爱的母亲，家中的大家长海伦娜，曾一手将克里斯普斯带大，教养的工作也交给君士坦丁敬重的基督徒老师拉克坦提乌斯。何况君士坦丁自己也是私生子。在这种情况下，究竟是什么原因造成了如此可怕的流血事件？

就现存的证据来看，我们不可能知道这起事件的起因、动机或真相，因为——这可能是所有细节中最值得注意的——法乌斯塔与她的继子克里斯普斯完全从纪念碑以及所有一手史料中被抹杀。除了这段悲惨故事，当时没有任何相关的文字记录留存下来。

无论这起杀人事件的动机为何，君士坦丁随即开始追悔。正如公元前3世纪的阿育王（Emperor Ashoka）在发现自己屠杀的野心造成的伤害与痛苦后毅然皈依佛教，（多少有些激动的）历史学家佐西莫斯（Zosimus）告诉我们，君士坦丁显然急需一种信仰来洁净他的灵魂。在悲伤、悔恨或期望改过自新的心理的驱使下，这名军人的私生子决定采取行动。325年，君士坦丁明令禁止钉十字架与角斗士的竞技表演。杀死两个人所造成的恐惧促使他的母亲海伦娜前往耶路撒冷寻找具有强大力量的圣物，也推动君士坦丁建立了新都城君士坦丁堡。

事实也许相当平凡无奇。君士坦丁在杀害家人之前已经对基督教感兴趣。君士坦丁堡更不用说，它是帝国力量的象征——尽管背后伴随着低沉的宗教基调。随着军队膨胀到至少45万人，这位罗马理念与新信仰的新守护者已能高枕无忧。[2] 粉碎四帝共治的局面之后，时局已经非常清晰。君士坦丁以拜占庭（塞维鲁曾把这座城市标定为测量罗马帝国境内距离的基准点）为首都，他是唯一真神的仆人，也是一个统一的帝国的独一领袖，因此理所当然握有异教世界的一切权柄。他选择的城市，过去因为地理位置优越而受到古老众神的喜爱，如今也获得了独一真神的青睐。

表面上看来，这个决定的神学意涵似乎有些晦涩。罗马皇帝被视为神人，具有崇高地位，他为什么要让自己成为那位宽容的上帝和他那穷苦的、宣传和平却最终失败的儿子的追随者？为什么要改变帝国内的精神氛围，让原本具有神性的皇帝降格成为上帝的仆人？

我们必须考虑当时的时代氛围。君士坦丁继位时采取的宗教立场，在欧亚大陆形塑了一种朦胧的宗教样貌。从安纳托利亚干燥的平原朝伊朗望去，在亚美尼亚，305 年以降，历代国王都改信了基督教。岩石嶙峋的霍尔维拉普修道院（Khor Virap）笼罩在阿勒山庞大的山影下，据说基督徒启蒙者格列高利（Gregory the Illuminator）因为拒绝进行异教献祭而被国王梯里达底三世（Tiridates III）囚禁在蛇类出没的地牢里。我曾经潜入这个地底洞穴，进得越深，空气就越是湿热。洞里密不透风，唯一的声音来自殷勤招呼的苍蝇，它们快乐地生活在地底约 15 米深的地方。公元 5 世纪之后，乌黑的玄武岩壁被刻上十字架以纪念在此受苦的格列高利。据说格列高利竟在这座窒闷的恐怖坑洞里奇迹般地存活下来，此事激励了梯里达底的妹妹，眼见自己的兄长被恶魔纠缠的她进而寻求基督徒的帮助。梯里达底被治愈后，便在格列高利受辱监禁的地牢上方兴建了一座教堂。之后梯里达底与虔诚的信众一同前往罗马，故事提到他们传讲的基督话语中带着解放思想的真理，而受到他们启迪的正是君士坦丁。

同样地，在格鲁吉亚，阿拉格维河（Aragvi）与库拉河（Kura）在离今日第比利斯（Tbilisi）约半小时车程的提姆茨赫塔（Mtskheta）汇流，就在这壮观的汇流处上方有一座据说兴建于 4 世纪的教堂。[3] 今日，虔诚的信徒会在通往这座古代教堂沿途的树上绑彩带，以庆祝基督教信仰及其异教根源。337 年，君士坦丁开始定期前往高加索这个地区，协助传播他所支持的新帝国宗教。即使在雾气弥漫的不列颠，在位于肯特的勒林斯东（Lullingstone）罗马别墅这样的地方，民众也会用基督教的图像来装饰自家的住宅。在勒林斯东，我们看到人们张开双臂祷告，房间上方装饰着异教的女神宁芙，女神的乳头流淌着生命之水。主的降临不只是一种希冀；人们深信那是不久的未来将发生的事实。握有世俗权力的人聆听教士与改信基督教的人的话，唯恐自己在末世的风暴中找不到避风的港湾。基督教与其说是帝国的威胁，不如说越来越像一种用来统一与巩固帝国权力的手段。如果在上帝眼里每个人都是平等的，那么谁还需要民主或共和呢？

但是，君士坦丁虽然采纳了基督教的标志，身上却依然披着阿波罗的斗篷，于是安息日（Sabbath）成了星期日（Sun-day）。从钱币与刻印的文字可以看出，这位基督教皇帝直到死前依然尊崇着无敌者索尔。

　　君士坦丁基督教信仰的本质为何，历来有许多讨论；但除此之外，我们也应探讨他的心理动机。或许他改信基督教是出于真正的启示，他想把普世和平与罗马和平——世界有史以来经历过的最活跃的和平时期——这两个观念结合起来，而这样的想法确实让人跃跃欲试。或许君士坦丁觉得自己就像基督一样，是个击败死亡的神人。既然基督已经坐上王座，就不再需要库柏勒女神与她的狮群，也不需要她那扇神秘而隐蔽的、通往蛮荒的石门，这扇门通往一条介于生与死两个世界间的道路。而现在，每个基督徒都能开启通往来生的门，或许连君士坦丁也深信自己已拿到钥匙。无论他信仰的源头是什么，当他注视与他母亲同属底层的男男女女，与他们一起祷告，让祷告消除他们的恐惧，也给予他们希望时，这一切难道不是来自真正的感召与启示？但即使如此，君士坦丁仍未完全做到基督徒的宽恕，因为他对李锡尼毫不留情。325 年，这名昔日的恺撒，君士坦丁的妹夫，因涉嫌叛国被处死；一年后，李锡尼的儿子也遭受相同的命运。

　　因此，君士坦丁堡不仅建筑在梦想、信仰与希望之上，也建筑在野心与鲜血之上。

　　在此之前的基督徒认为世上存在着两个伟大君主——上帝／基督，还有恺撒／国王——而两者之间注定存在着冲突。君士坦丁现在有能力满足所有人的要求，而他需要一个与其能力相匹配的根据地。拜占庭将有所转变，以实现君士坦丁的雄心。他选择的城市现已散发着浓厚的罗马气息。即便塞维鲁与他的儿子卡拉卡拉未能完成他们的宏大计划，但竞技场与宙克西帕斯浴场，街道与公共空间的规划，以及位于古卫城南方由拱廊与柱廊围绕的大广场（又称四柱廊广场 [Tetrastoon]），这些都赋予拜占庭吸引人的潜力。

　　基督教编年史家提到，君士坦丁坚持以步行的方式绕行拜占庭，他手里拿着长枪，把拜占庭的领地划得更宽、更大，并继续扩大。"什么时候你才会停下来呢？"有人叫道。"直到我面前的上帝停下来！"君士坦丁回道。[4] 与此同时，也许是为了表示他对各种选择抱持开放的态度，他让一名异教僧侣在他身后用犁拉出一条土沟，以求得好运。几乎每个大城市与文明都会宣称自己是蒙神赐予的。由于伊斯坦布尔有着绝佳的地理位置，因此人们很难不相信这座城市受到上帝的眷顾。

夹在博斯普鲁斯与普罗庞提斯之间这块草木繁茂的海岬，在木匠锤子与石匠凿子的敲击下回荡着节奏十足的声响。君士坦丁在山丘通往海洋的这一面建起了新的宫殿，除了扩大竞技场的规模，他还引进了棋盘式的街道、圆形广场、元老院会议场、至少两间教堂、一间铸币厂、一系列供帝国各地高官显贵居住的美丽的私人宅邸、一座半异教的供奉卡比托利欧三神的神庙，以维持帝国崇拜——他用斑岩雕刻自己与父亲的塑像以表尊荣。君士坦丁从帝国各地进口异教雕像，包括来自德尔斐、有保萨尼阿斯在上头留名的纪功蛇柱。为保护这一切成果，他加固了城墙。圣约翰很可能把旧罗马形容成"巴比伦"，但这座新罗马却是以基督教都城的面貌出现在这世上。对上帝以及他在尘世的代理人来说，终于出现了一座近乎真实的人间天堂。这座被君士坦丁命名为君士坦丁堡的城市是上帝赐予的，或者如皇帝所言，是"奉上帝之命赐予他"的。[5]

第十四章 诸城之首

公元 324 年以降

他大举扩建城市，围上宏伟的高墙，兴建各式华丽建筑作为装饰，使这座城市足以与"诸城之首"罗马平分秋色，他把这座城市命名为君士坦丁堡，并且制定新法称它为新罗马或第二罗马；他把这条法律刻在公共广场上他的骑马塑像旁的石柱上。

君士坦丁堡的索克拉蒂斯（Socrates Scholasticus），

《教会史》（*Ecclesiastical History*）[1]

这座划时代的纪念碑在今天一点也不起眼。它曾是君士坦丁所立的斑岩纪念柱，过去有假借阿波罗形象的皇帝雕像矗立于顶端，向世人宣告他是这座上帝尘世住所的守卫者。纪念碑一度高达 49 米，现在仅剩 35 米左右；现在，它只能与引领游客前往伊斯坦布尔大巴扎（Grand Bazaar，指集市）的廉价手机行和俗气的灯笼店相互竞争、夺取游人的目光。

但在这里，就许多方面来说，我们可以理解君士坦丁把这座城市作为全球强权之都呈现给世人所怀抱的想法与伟大愿景。光是输入原料兴建这座自我表彰的纪念碑——如同一根指向天际的手指，成为新君士坦丁广场的焦点——本身就需要跨国运作。显眼的紫色石头来自埃及的斑岩采石场。埃及帝王谷的法老拉美西斯六世（Ramses VI）的陵寝中有一小块拜占庭涂鸦，它给了我们线索去追查君士坦丁究竟派谁前来寻得装饰新城市的原料。尼卡戈拉斯（Nicagoras），这个爱搞破坏的人在陵寝上潦草地写下对"最虔诚的君士坦丁皇帝"的谢意，感谢他资助这趟旅程，"准许我来此地办事"。君士坦丁派遣的这名容易激动的使者是厄琉息斯秘教（Eleusinian Mysteries）的火炬手。这项狂欢仪式源自厄琉息斯（Eleusis），时间可以上溯到青铜器时代，是彻头彻尾的异教崇拜。使者的任务是取得制作方尖碑（已经定制，但直到君士坦丁去世才运抵君士坦丁堡）与皇帝纪念柱的紫石。[2] 一旦高耸的石堆拔地而起（起初成功了，但我们知道到了 416 年，纪念柱的鼓形柱座必须用铁环箍住才能固定），顶端便会摆上一座古怪的塑像——一个拟人的形体，其身份却惹来了争议。

这座人像以青铜铸成，头上戴着具有七道光芒的王冠——据说每道光芒都含有一块将基督钉于十字架的钉子碎片——一只手拿着长矛，另一只手捧着一个球状物（君士坦丁堡的编年史家写道，这个球状物来自弗里吉亚的伊利乌姆 [Ilium]，然后加以重新塑造而成）。从落成的那一刻起，这座人像就引发了民众的议论与猜疑。君士坦丁在宣称自己是基督、希腊神祇阿波罗、特洛伊英雄与东方神明无敌者索尔的集合体吗？在他早期铸造的钱币上，皇帝形象也以类似的形式呈现，在他的四周散发着太阳的光芒，而帝国其他地方也立起了供奉"君士坦丁·奥古斯都，普照万物的日神"的神像。每年到了君士坦丁诞辰这一天，命运女神堤喀（Tyche）的形象（依照东方自然女神库柏勒的雕像重新塑造而成）会挂在镀金的赫利俄斯（Helios）战车上，从竞技场上呼啸而过。也许君士坦丁是基督教的君主，但他身上却穿着来自异教世界的衣物。

更让人感到好奇的是君士坦丁纪念柱的正下方所藏的东西。帕拉斯·雅典娜的木头神像，又称帕拉狄乌姆（Palladium），被埋在柱底，据说是特洛伊战争中保存下来的。古代诗人告诉我们，是埃涅阿斯偷偷将神像运出特洛伊。这座神像将罗马的力量和它的希腊根源以及来自东方的罗马人始祖（特洛伊人）的狡黠联结到了一起。君士坦丁不需要把新城市建在特洛伊，特洛伊自然会向他靠拢。据说，柱底也埋了挪亚建造方舟使用的扁斧，以及耶稣用来分配面包与鱼、喂饱五千人时使用的篮子。巧妙搜集具有象征意义的什物的举措，将希腊人与罗马人、东方与西方、一神教与多神教神祇的力量融合为一——人们把世上最伟大的故事放在同一根纪念柱上。

这位军人皇帝的计划规模之庞大一目了然，早在 324 年，也就是克鲁索波利斯战役那年就破土动工，六年后，官方才宣布君士坦丁堡正式建城与改名。

皇帝划定的城市面积将近 8 平方公里，城墙往西延伸超过 1.6 公里，他划定的新边界使君士坦丁堡足足有古典时代拜占庭的三倍大。君士坦丁最初的任务之一——他心里或许是以特洛伊作为模板——就是为这座雀屏中选的城市围上一道新城墙。[3] 这道显眼而曲折的城墙，每隔一段距离就有城门穿过，据说由数万名哥特战俘兴建而成，无论从陆上或海上都能看见这道屏障，从兴建完成之日便一直拱卫城市至今。追溯伊斯坦布尔史上历任皇帝兴建的城墙，就像在追溯一棵古橡树的年轮。君士坦丁使用的石块（堆栈成高约 53 米、厚度超过 4 米的城墙），最近才在耶尼卡皮的挖掘现场出土。耶尼卡皮也是挖掘到世界最古老木棺的地方，考古学家对此感到兴奋不已。站在这些巨大的石块旁，仿佛就可以闻到君士坦丁的野心。[4]

　　330 年，官方举办的城市落成仪式以不见血的献祭开场（新罗马不允许献祭时使用牲口），这场仪式足足持续了 40 个昼夜，从 4 月 2 日开始，到 5 月 11 日达到最高潮，仪式持续的天数与《圣经》相关。[5] 城市居民（许多人是新移民）得知一些罗马传统将被保持下去（例如免费发放面包，在君士坦丁堡还免费发放油与葡萄酒），都感到欣慰。君士坦丁纪念柱所在的广场将从头开始兴筑。广场呈圆形，周围环绕着两层楼高的半圆形柱廊，并且设立了几座凯旋门。广场北侧是元老院（风格像缩小的万神殿，前方是斑岩山形墙与四根柱子），南侧是仙女庙（Nymphaeum），有时会用来举办婚礼，东南侧则是总督府（Praetorium，东方总督监督下的法院）和监狱，这个都市计划既令人熟悉又具实验性。[6] 如人们期待的那样，这里也兴建了卡比托欧三神神庙（用来供奉罗马的"国家"神祇，朱庇特［Jupiter］、朱诺［Juno］与密涅瓦［Minerva］），此外还有君士坦丁用来供奉瑞亚—库柏勒与堤喀—福尔图娜（Fortuna）的神庙，但真正显眼的是城墙内的一座巨型陵寝——此类建筑只有奥古斯都曾经兴建过，而此时基督徒也想做类似的事情——以及在卫城这个重要位置兴建的两座教堂。因此我们可以想象 330 年君士坦丁堡以新兴超级强权之姿出现在已知世界面前时的场景。

　　直到 1453 年君士坦丁堡被"征服者"穆罕默德（Mehmet the Conqueror）大军攻陷之前，5 月 11 日一直是城市欢庆的节日。在这座即将成为拜占庭帝国首都的城市，皇帝骑马通过铺着丝质地毯的游行大街，沿梅塞大道（又称中央大街）前进，这一段是埃格那提亚大道的延伸，两旁有塞维鲁兴建的雄伟柱廊。宴席大摆，贫者富者都能前来享用——娱乐活动也在当时政权的可承受范围内尽可能地奢华。现在，5 月 11 日的庆典活动会通过在线的"七点计划"（seven-point plan，即国际拜占庭计划）加以宣传，全球都可以一起庆祝与拜占庭相关的一切事物，即使基督徒已不再是这座城市的主人。

虽然君士坦丁的城市落成仪式是在崭新的神圣和平教堂（Church of Peace），也就是伊莲娜教堂（Haghia Eirene）举行的（日后重建时它依然位于君士坦丁所建造的托普卡珀皇宫之内，离阿波罗与阿佛洛狄忒的两座异教神庙很近，可能一度成为了皇帝的家庭教堂）。庆祝奠基的游行行列拿着来自母邦罗马的礼物，在一路走向君士坦丁广场时，仍然会途经瑞亚与堤喀的异教神庙以及福尔图娜·雷度克斯（Fortuna Redux）神庙，这些神庙供奉的神祇会保佑民众阖家平安。[7] 庆典行列必经的梅塞大道，每隔一段距离就立起一座石砌与青铜制的巨大华盖——四柱建筑（称为四塔门［tetrapyla］），里面立着皇帝雕像，之后用于供奉基督教圣物。今日，走在狄凡尤鲁街（其路线就在昔日的梅塞大道上），到了与市场街乌尊恰尔西（Uzunçarşı）的交叉口，我们依然可以通过四周的宏伟建筑遥想过去——尽管一旁的串烧店、爱尔兰酒吧与贩卖钥匙圈的小贩让人有点扫兴。在君士坦丁时期，梅塞大道两旁种着花卉与作物。基督的第一座城市肯定布置得相当华丽。

在君士坦丁的指示下，拜占庭竞技场做了修整，将座位排成了阶梯状。由塞维鲁建立的、标记罗马帝国境内各个城市距离的里程起点碑，也被整修成了现代版本的奥古斯都金色里程碑（Milliarium Aureum）。在塞维鲁的异教里程起点碑的顶端，现在多了一组虔诚敬神的雕像：君士坦丁、他的母亲海伦娜与真十字架的碎片。这个碎片（后来）据说是海伦娜从耶路撒冷带回来的。现在的里程起点碑，明确地将君士坦丁堡安放在联结整个帝国乃至帝国以外地区的交通网络的心脏地带。穿过阿喀琉斯门廊（Portico of Achilles），可以看到壮丽的青铜宫门。四柱廊广场改名为奥古斯塔广场（Augusteion）以荣耀君士坦丁的母亲奥古斯塔·海伦娜。第二个海伦的银色雕像，俯瞰着第二个"特洛伊"的广场。在往后一千年间，许多人想攻取君士坦丁堡这座被城墙环绕的城市，但城里的居民——如果君士坦丁能执行他原先的计划，这些居民将住在"真正的"特洛伊——彼此诉说特洛伊战争的故事，制作或重新找回特洛伊战争英雄的雕像，并在图书馆与缮写室里保存各种版本的特洛伊传说。

新罗马与旧罗马一样，建立在七丘之上，也虚构了新神话来描述城市的古老过去。这座大都市的规模比拜占庭上一任"规划者"塞维鲁留下的城市大四到五倍，迁徙到此地、管理这座城市的人并非罗马的旧家族，而是新移民。这座新罗马带有一种天生的气量，一方面承接了旧罗马的力量，另一方面也追求令人兴奋的崭新观念，寻找着自己在这个世界的定位。

这在当时是一场宏大的实验。然而有些自相矛盾的是，就某方面来说，这场实验的内容了无新意。罗马皇帝经常以自己的名字建城，君士坦丁的行径并没有吸引到当时编年史家的注意。长久以来，人们认为城市、神龛和庙宇，是灵魂、仙女、神祇与女神实际的居所。基督也许是新的半神，但他受到的尊崇与敬拜依旧是传统那一套。然而我们也可以清楚看到，在摆脱已经存在至少上千年的希腊—色雷斯之名后，君士坦丁堡对自己产生了不同于以往的认识。因为在这里，不论男女，人们都相信，创造一切、全知与全能的独一真神将以君士坦丁堡为中心统治世界。

今后，罗马帝国以及帝国的代理人，关注的不再只是侵占疆土，他们也要用自己所接受的信仰去占领人们的心灵。

1 耶尼卡皮出土的新石器时代足迹

近年来在耶尼卡皮出土的新石器时代足迹。1000 个以上的史前人类脚印在伊斯坦布尔的中心地区和一度是沼泽的周边地区被发现。早在博斯普鲁斯海峡形成前，就有大量的人类社群在河流两岸生活。

2 塞普蒂米乌斯·塞维鲁的圆形肖像画

这是塞维鲁皇帝罕有的肖像画，绘在一块木板上。图中描绘了塞维鲁与妻子尤利亚·多姆娜（Julia Domna），以及他们的子女卡拉卡拉和盖妲（她的脸已被抹去）。塞维鲁与卡拉卡拉为拜占庭兴建了大量建筑，包括用来测量罗马帝国境内一切距离的里程起点碑。

3 德斯伯勒项链

这条项链是 7 世纪盎格鲁—撒克逊一位贵妇拥有的财物，与圣维塔大教堂镶嵌画中狄奥多拉皇后佩戴的首饰极其相似。

4 《斯基里策斯图文书》(*The Codex Matritensis of Skylitzes*)
中的君士坦丁堡渔民图

环绕伊斯坦布尔的水路渔业资源丰富。纵观这座城市的历史，居民时常提
到这笔丰厚的财产；他们迄今仍在加拉塔大桥（Galata Bridge）和博斯普
鲁斯海峡沿岸捕鱼。这幅君士坦丁堡渔民图出自 12 世纪在西西里岛制作
的《斯基里策斯图文书》。这本书涵盖了从 811 年到 1057 年期间拜占庭帝
国内发生的事。

5 六王图

8 世纪初期，倭马亚王朝安姆拉宫（Qasr Amra）内的伊斯兰壁画。六位
君王中有四位仍可辨识。其中有一名身份不明的拜占庭皇帝（最左边穿着
蓝色长袍者），他的脸部已被损毁。

6　被描绘成太阳神赫利俄斯的基督

这是圣彼得大教堂底下，尤利乌斯陵寝天花板圆顶上的早期基督教镶嵌画（3 世纪晚期）。君士坦丁皇帝似乎促使基督与"战无不胜的太阳神"合而为一。

7 普丁格地图

13 世纪前后的复本，原件由奥古斯都委托制作，约在公元 300 年到 500 年完成，描述罗马的道路系统，其中包括从阿尔巴尼亚边陲的亚得里亚海到拜占庭的埃格那提亚大道。君士坦丁堡则以阿佛洛狄忒的形象展现。

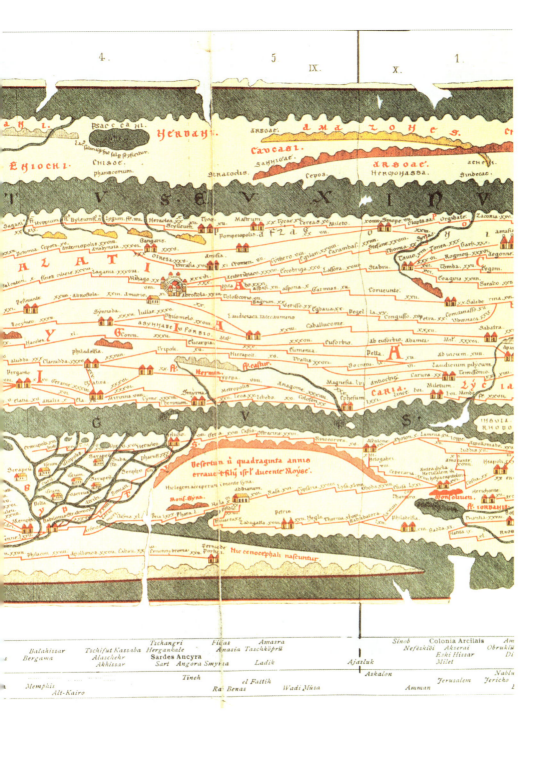

8　据说画着被剥皮的叛教者尤里安的装饰插图

出自于僧侣、诗人约翰·利德盖特（John Lydgate）的《王子的堕落》（*The Fall of Princes*）。作者可能混淆了尤里安和瓦勒良皇帝。尤里安生前并未受此折磨，瓦勒良皇帝确实遭逢了如此命运。此事提醒我们：研究中世纪的史料时要抽丝剥茧，解开纠缠的网。

9　以堤喀形象出现的君士坦丁堡

君士坦丁堡通常以女神阿佛洛狄忒的形象示人。1793年，在罗马的埃斯奎利诺山（Esquiline）出土了一批文物，制作时间约为380年。这批文物中，君士坦丁堡与晚期罗马帝国中其他几座大城（罗马、安条克和亚历山大）皆以堤喀的形象出现。堤喀是阿佛洛狄忒和宙斯的女儿，她的手中还握着象征丰饶富足的羊角。

10 大皇宫的镶嵌画

这些镶嵌画的细节描绘精美，自 1606
年起就埋在苏丹艾哈迈德清真寺底下，
直到 20 世纪 30 年代以及 50 年代才重
见天日。画里的小孩骑着骆驼（上），
君士坦丁堡则被描绘成受蛇攻击的老
鹰（下）。

11 君士坦丁堡犹太会堂内部插图

劳拉·拉兴顿依照某幅 1848 年的
版画所绘制的伊斯坦布尔犹太会堂。
犹太群体在此地发展兴旺，至少已
经有了 1600 年。

12 查士丁尼皇帝镶嵌肖像

圣维塔大教堂（Basilica of San Vitale）里皇帝查士丁尼的肖像画。这座教堂位于拉韦纳。教堂兴建时，拉韦纳仍在哥特人的统治下。这幅镶嵌肖像则完成于548 年；彼时，查士丁尼已收复了不少罗马失土。

第十五章　信仰、希望、慈悲与《尼西亚信经》

公元 324 年以降

他把过去曾迷信崇拜的主要对象全毁个精光。

> 该撒利亚的优西比乌，《教会史》，见《君士坦丁传》[1]

杜拉奇乌姆（今阿尔巴尼亚的滨海城市都拉斯）是埃格那提亚大道的起点，这里有一座荒废的圆形竞技场。在 20 世纪 60 年代与 80 年代，当这处遗址首度被挖掘出来时，有些屋主拒绝搬迁，到了 21 世纪，他们依然住在遗址上方，以这些令人印象深刻的古代遗迹为家。这些阿尔巴尼亚人在罗马石块上晾衣服、收看卫星电视。但是，这处遗迹存活和呼吸的方式不止一种，在古代晚期这里充斥着活人与动物献祭的血腥场景；到了君士坦丁时代，基督教的传布中止了这类竞技。"血腥的景象令人不快。"君士坦丁在 325 年的敕令中如此说道。而史料告诉我们，君士坦丁又开导波斯王沙普尔（King Shapur of Persia）："我排斥献祭流血的恐怖景象及其产生的难闻的恶臭。"[2]

一旦君士坦丁宣布帝国将宽容基督教，圆形竞技场里很快就盖起了教堂，这片昔日以屠杀基督徒为乐的土地成了寿终正寝的基督徒的长眠之所。今日，当地人甘冒大不韪在露天教堂废墟点燃蜡烛（在 20 世纪，阿尔巴尼亚的政治领袖恩维尔·霍查［Enver Hoxha］宣布基督教为非法，这道禁令直到 1991 年才废除），正如一千七百年前君士坦丁堡居民点亮以黏土捏制的小灯一样。这些小灯带有新的图案：不再是特洛伊海伦的斯巴达母亲勒达（Leda，她曾被化身天鹅的宙斯强奸），也不再是扇动翅膀、手持痛苦之箭的厄洛斯（Eros），而是鱼与十字架。在大伊斯坦布尔地区曾挖掘到数十个带有鱼与十字架图案的文物。从新的、带有基督教主题图案的灯的数量可以看出，基督教信仰已经在君士坦丁堡与邻近的迦克墩与克鲁索波利斯正常化发展。[3]

　　将近五年半的时间，君士坦丁一直以尼科米底亚为根据地，研拟策略、发号施令。今天这个地方（即今日的伊兹米特［Izmit］）已成为市容最丑陋的土耳其城市之一。在戴克里先昔日使用的宫殿里，君士坦丁曾接受教导成为一名好罗马人，迫害基督徒的旨意也是从这里发出的。如今在这座宫殿里，君士坦丁可以感觉到过去的鬼魅如影随形。于是，到了 325 年，君士坦丁在世间最美丽的一座城市里改变了整个世界。

　　尼西亚位于安纳托利亚，在君士坦丁堡南方约 161 公里处，是个能让人们同时感受到两个时代的地方。尼西亚即今日的伊兹尼克（Iznik），是奥斯曼伊斯坦布尔上等瓷砖的生产地，长久以来一直是个舒适、繁荣的湖滨城市。这座城市保留了城门；围绕城市的坚固石墙与罗马时代晚期的砖墙保护着城内居民。在这些城内居民中，历史学家卡西乌斯·狄奥曾提到布狄卡 * 有着“火红的头发”；希腊天文学家希帕克（Hipparchos）的地心说一直被人们接受，直到被哥白尼推翻为止。塞维鲁与奈哲尔也曾在尼西亚墙外交战。到了 1024 年，来自西方的法兰克人攻占了君士坦丁堡，君士坦丁堡官员与民众为逃避第四次十字军东征带来的战祸，纷纷涌入了尼西亚。

　　325 年，各地的基督徒热切地聚集在这座热闹的小城。他们有的来自北非炎热、多沙、烈日高照的聚落，有的来自潮湿的不列颠，有的来自中东，也有的来自南高加索。在亚美尼亚洞穴里受苦多时的格列高利的儿子也在其中。这些基督徒的目的地是这个湖里满是鹳鸟与鲑鱼的湖滨城市，盼望在此他们不安的灵魂能获得慰藉。至少有 250 名主教踏上了旅程，他们的主要目的，是针对某人提出的一个广为流传的神学观念进行辩论。一个名叫亚流（Arius）的柏柏尔裔利比亚人受到吸引前往众人趋之若鹜的知识温床亚历山大——亚历山大大帝于公元前 330 年建立的知识中心。在这里，他宣称圣子基督的神性要比

---

*　布狄卡（Boudicca）：英格兰东英吉利亚地区古代爱西尼部落的王后和女王，曾领导了不列颠诸部落反抗罗马帝国占领军统治的起义，是英国重要的文化标志。——编注

圣父上帝低一等。亚流与公开和他为敌的主教亚历山大（Patriarch Alexander of Alexandria）都受到了君士坦丁的召唤，前往尼西亚针对基督教教义进行讨论。

325 年在尼西亚召开的会议从 5 月 20 日持续到 6 月 19 日，刚好是安纳托利亚一年之中最美丽的时候。我们可以想象与会者充满活力、兴奋地表达各自神学思想。这些辩论伴随着能用来制作铁胆墨水的橡树在微风中发出的沙沙声，以及剧场里娱乐节目的欢笑声——今日，这座剧场已经荒废，徒留流浪狗和不怕狗群的考古学家。会议在皇帝奢华的湖滨夏宫召开。皇帝在会中扮演了积极的角色。这场辩论虽然具有神学性质，主题是上帝与基督是否属于同一本体（同体论［homoousios］），抑或分属不同本质。但这个关键问题不单由教士决定。对亚流教派的否定，将影响此后欧洲与近东文明的发展；世俗君主也在尼西亚会议上轻而易举地获取了宗教权力。听说在君士坦丁进入会场之前，所有人都噤声不语，当皇帝从他们当中走过时，每个人都起立致敬，"仿佛他是上帝的天使，他明亮的大衣如同太阳般散发着光芒"。[4] 在尼西亚，君士坦丁被赞扬是"教会以外的主教"。[5] 与会者的对话非常情绪化。传闻，米拉的尼古拉（Nicholas of Myra，这位圣尼古拉据说是圣诞老人的原型）曾一度朝亚流的脸上挥拳，而亚流的支持者，尼科米底亚的优西比乌（Eusebius of Nicomedia）则在尼古拉的长袍上尿尿作为报复。最后的投票结果对亚流不利，他因此遭到了流放，沿埃格那提亚大道前往伊利里亚（今日的阿尔巴尼亚），君士坦丁下令烧毁他的所有著作。

325 年尼西亚会议的决定带来了一些实质性的影响。它不仅解决上帝与其独生子的关系，也确立全基督教会的律法与复活节的日期（从此与犹太教的逾越节分离）。它还制定了教规，例如禁止自行阉割与放高利贷。往后数千年，君士坦丁的名字将受到数十亿名崇拜者的颂扬。

尼西亚辩论之后，皇宫里大摆宴席。现在留下来的房间只剩没入湖缘水面下的石块的阴影线。但对君士坦丁堡而言，君士坦丁在这里做出的一项让步并没有什么可以庆祝的理由。几乎就在会议结束后，皇帝同意罗马元老院的地位仍高于君士坦丁堡元老院。五百年后，这项决定为君士坦丁堡及其居民带来了许多不幸。

尼西亚的激烈辩论，预示了君士坦丁堡即将拥有的城市特征——喧闹的神学对话与异想天开的讲道。君士坦丁堡从此获得了某种虔诚的光辉。有人宣称君士坦丁堡将收集所有使徒的圣物；君士坦丁为圣使徒修建的新帝国陵墓就位于埋葬圣路加、圣提摩太与圣安得烈遗骸的地方。君士坦丁去世之后，他被赠予"同使徒"（isapostolos）的称号，意即与使徒同等。君士坦丁堡改头换面，成了一座充满各种宗教上的可能性的城市。古希腊与古罗马宗教一向对来生持有怀疑的态度，更别提天堂这类的说法了。而现在，对一般民众来说，来生与天堂却成了切实可行的选择。刚刚法典化的信仰，连同君士坦丁堡街道的外观，教堂、圣殿与圣物盒，这些都能让民众感受到天堂的存在。

在这个新兴的基督教世界生活是什么感觉呢？灯具已经印上了基督教形象，点燃的灯火照亮了与此前世界不同的精神世界。那么，城市景观是否也会发生相应的变化？君士坦丁堡当然对自己那全新的天际线感到骄傲。一座拜占庭教堂最近在市中心被挖掘出来。这可能是为了供奉圣母马利亚而修建的著名的帝国修道院。在君士坦丁堡，人们有意识地对"罗马和平"（pax Romana）进行阐述。"Pax"是拉丁文，字面上的意思是协定、约定；事实上，罗马帝国在提及"和平"时，意思更像是绥靖（pacification）。希腊文的和平是"eirene"（与战争相对的和平状态，之后在斯多葛学派［Stoics］的影响下，又蕴含了内在平静的意思），与中东的"shul""shalom""salaam"一样，都更有一种注重整体与灵活适应并存的特质。基督教的和平与其说是一种约定，不如说是一种渴望。在兴建伊莲娜教堂时，一种兼具精神性与公共性的关系也得以被表现出来。"罗马和平"实际促成了基督教的传布，而内在和平（eirene）这种崭新且激动人心的观念—— 一种平静，它不仅具备实际上的，而且具备哲学上的可能性——对其也产生了支持的效果。

在神圣和平教堂附近，古希腊卫城的上方，很快盖起了圣保罗孤儿院与联合医疗中心，之后又陆续设立了救济院与其他孤儿院。君士坦丁每日向城中的8万居民提供面包食用。950家作坊负责协助城市贫民的免费殡葬。随着君士坦丁堡逐渐扩大，各种专门化的医院，如临终安养、治疗传染病与照顾生产前后妇女的医院，在城内各处发展起来；看顾病人成了这座城市与其他城市的不同之处。曾为这片土地提供服务的奴隶数量开始逐渐减少；取而代之，更多的小农被束缚在土地上。这些人称为"隶农"，相当于西欧依附于土地的农奴。[6]君士坦丁的改革动机可能出于各种原因，或许是圣徒传作者在注解里将其美化了，但君士坦丁堡的成功据说是由于"建设者与居民的虔诚，以及他们对穷人的同情与慷慨。他们对基督教信仰怀抱的热忱甚至感动许多犹太人与绝大多数希腊人改信了基督教"。[7]异教评论者提到，人们为了得到救赎而做出荒诞不经的请求宽恕的行为——在君士坦丁堡，就连杀人犯下的罪行也能被洁净。当然，当时杀人最多的首推君士坦丁，但我们无须如此愤世嫉俗。皇帝本人在积极地行"善功"。亚里士多德说得好，善有善报。从某个断简残篇中可以读到，君士坦丁鼓励民众（包括女性）向他诉说苦情，而他的解决方式与耶稣传达的社会正义是一致的。[8]

卡拉卡拉在 212 年或许让所有民众拥有了公民权，但现在新罗马帝国居民需要的是更强烈的归属感。在基督教体系里，你的身份不再受限于"下层阶级"（humiliores）与"特权阶级"（honestiores）这类古老的区分。精神层面的事务不再由世袭的大祭司垄断，一群主教精英开始出现。有人估计，到了君士坦丁统治末期，帝国境内的基督徒已超过 600 万人，教士有数千人，这些教士不仅来自拥有政治地位的古老家族，也有新人。

君士坦丁废除了奥古斯都时代针对不孕育子女制定的严苛立法。毫无疑问，这样的条令在昔日的罗马帝国给许多妇女带去了痛苦。现在，女性不会因不孕而受罚，女性可以无子，可以保留童贞，可以没有性生活。君士坦丁肯定亲眼见识了（尤其是来自女性的）巨大能量的释放。女性被授予"女执事"（deaconess）这项圣职，起初是为其他成年女性涂膏与洗礼（由于洗礼必须脱光衣物进行，因此需要女性执事施礼），仪式最终在主教的祷告中结束。女执事被分派到圣索菲亚大教堂的一个特别部门，我们可以想象这些穿着礼拜袍服的"基督的新妇"（brides of Christ），在全由女性组成的唱诗班中高唱赞美诗的样子。390 年以前，任何年龄段的女性都可以从事执事的工作，在这之后，执事一职主要由 60 岁以上的女性担任（女执事遵循的规定要比男执事更加严格；如若违反，惩罚也更为严苛）。[9]在君士坦丁堡，已过更年期的妇女拥有神圣的地位。事实上，城中有个地区还被称为"女执事区"。[10]

在君士坦丁堡之外，君士坦丁为基督教取得了几处关键要地。在基督诞生地伯利恒，现在已有一座教堂；各各他（Golgotha）山丘上的哈德良异教神庙[11]则被拆除了。位于小亚细亚南部繁忙海岸的塔尔苏斯（Tarsus），这里的埃格艾神庙（Temple of Aegeae）遭到拆毁；黎巴嫩阿夫卡（Afqa）与巴勒贝克（Baalbek）的庙宇同样被破坏。今日，这片农业地区种植了大麻与鸦片，一旁的阴凉河谷则是寻找冰镇西瓜的好去处。[12]在叙利亚，宙斯·阿帕梅乌斯神庙（Zeus Apameus，位于阿帕梅亚［Apamea］）很快被夷为平地。[13]

耶路撒冷在公元70年被毁之后予以重建，并且改名为埃利亚·卡皮托利那（Aelia Capitolina）。当地的主教造访尼西亚时，曾协助君士坦丁制定在帝国各地兴建新建筑的计划。在耶路撒冷，"供奉阿佛洛狄忒这种不洁恶魔的圣殿和崇拜无生命偶像的黑暗神殿"都被铲除，并且标出了耶稣被钉十字架的确切位置。据说，在此兴建殉教者教堂——圣墓教堂（Church of the Holy Sepulchre）——的时候，君士坦丁对每个细节，乃至天花板的装饰都提供了意见。他还在安条克兴建了黄金八角教堂（Golden Octagon），乐观地祈愿人心和谐一致。在尼科米底亚，他也为他的救世主兴建了一座教堂，用来纪念自己战胜了对手与上帝的敌人。到君士坦丁去世时，他已经在罗马、奥斯提亚、阿尔巴诺（Albano）、那不勒斯、卡普阿（Capua）、耶路撒冷、伯利恒、希伯仑（Hebron）、尼科米底亚、安条克、赫利奥波里斯，当然还有君士坦丁堡兴建了教堂。基督教的观念与思想已经实在地构筑于社会之中。在帖撒罗尼迦，君士坦丁下令将伽列里乌斯用来炫耀的神庙陵墓改成教堂。

但在此时，帝国居民中的绝大多数仍信奉异教，这种对阿波罗形象做出巧妙改造的太阳神一神教是否真的能抚慰民心呢？古代神祇总是善于变化，这个新教会是否只是生造了另一种神人，只是这个神人形体更大、更闪闪发亮，甚至更让人惧怕？在雅典拜占庭博物馆后方的房间里，从拜占庭底比斯（Thebes）出土的镶嵌画在一寸寸复原之后，可以回答我们的疑问。这幅镶嵌画归改信基督教的富裕罗马贵族所有（到了4世纪末，基督教已不再是草根性的少数派运动），作品中带有丰富的混合内容。让人印象深刻的是作品中狩猎的场景——就和卢德镶嵌画*展示的生动画面一样。当这些镶嵌物缓慢地重组起来，我们可以清楚看到画里还有两名基督教修士。[14]那些用木头、黏土、河马牙齿与黄金雕刻的神祇、神灵与半神的神像，在被砸个粉碎之后依照不同目的重新加以塑造。照此，新的宗教也在新罗马的地景上逐渐成形。人类是内心渴望混乱与滋扰的物种。我们貌似受制于习惯，但也喜欢出乎意料的新奇事物。

　　因此我们要问，究竟是什么触发了这场遍及整个帝国的大转变？难道这一切完全出自君士坦丁之手，全权由这名冷静的谋略者策动？还是说，君士坦丁极为活跃的母亲的推波助澜，也是促成转变的原因之一？

---

*　见第 67 页。——编注

第十六章　海伦娜

公元 248 年—328 年

> 他从事公众事务之前，必先取得她的同意，尽管她自己的生活如同
> 妓女，淫乱的行径传遍了整个宫廷。
>
> 埃利乌斯·兰普利狄乌斯（Aelius Lampridius），
>
> 《埃拉伽巴路斯传》（*The Life of Elagabalus*）[1]

所有的政治都跟人有关，历史也是。耐人寻味的是，在偶然间，某个女性的喜好居然左右了数十亿人的生活。

我们必须记住，君士坦丁的母亲海伦娜在各方面如同基督传道的化身。海伦娜原是拜占庭东部比提尼亚省某家客栈老板的女儿，后来却为一名平步青云的军人生下儿子，而当这名地位仅次于罗马皇帝的军人君士坦提乌斯·克洛鲁斯被任命为恺撒之后，海伦娜遭到抛弃。基督传道时特别抬高穷人、不洁者与被抛弃者，海伦娜正是这些人的典型代表。她逃过 303 年到 311 年戴克里先和马克西米安的大迫害，还可能受某个躲过戴克里先铁腕政策的家族的影响而改变信仰。

日后有一部伪造的讽刺历史——《罗马帝王纪》（*Historia Augusta*），其中的《埃拉伽巴路斯传》（*The Life of Elagabalus*）描写了罗马皇帝埃拉伽巴路斯（于 218 年—222 年在位）的放荡生活，以此对君士坦丁极尽揶揄之能事，暗示他凡事仰仗母亲却一点也不害臊。之后流传的故事提到，这名年轻时曾从事贱业的女子听说儿子正考虑成为基督徒，大感惊恐，她坚持君士坦丁必须改信犹太教。315 年 8 月，在一场公开的信仰辩论大会上，据说拉比们在公牛耳边低

声呼唤"耶和华"之名，牛便死了，之后教宗西尔维斯特（Pope Sylvester）低声说"耶稣基督"，牛竟死而复活。海伦娜心服口服，她的儿子于是得以自由选择信仰。[2]

传统上认为，海伦娜的出生地是在德雷帕努姆（Drepanum），这座小镇位于马尔马拉海的亚洲岸边，离今日的亚洛瓦不远。德雷帕努姆现在是一座温泉小镇，伊斯坦布尔的有钱人喜欢利用周末来此休闲游憩，从拜占庭搭船可以轻松抵达。这里过去是拜占庭的前哨站，君士坦丁掌权之后，便将德雷帕努姆改名为海伦诺波利斯（Helenopolis），将其修葺得焕然一新。皇帝也以母亲的名字海伦娜为自己的女儿命名。然而除了那些刺耳的故事与以粗俗文笔描述的攀附权贵的个人传记外，在地中海东部，关于海伦娜生平的翔实记载可以说是付之阙如。[3]

根据记载，在君士坦丁堡，海伦娜授权在第七山丘兴建供奉圣卡尔波斯（St. Karpos）与圣帕皮洛斯（St. Papylos）的殉教者教堂和修道院。这两位在251年于塞若罗佛斯（Xerolophos）西南山脚下被德西乌斯皇帝杀害，今日的塞若罗佛斯已是人声鼎沸的市区，有少数逃过城市清洗计划的吉卜赛人聚居此地。要参观殉教者教堂的遗迹，必须先穿过洗车房与车库，这间供奉基督教殉教者的教堂似乎跟其他殉教者教堂一样，都刚好位于城墙以外的区域。

327年左右，海伦娜决定到耶路撒冷朝圣。这里开始出现了不同的故事版本：地中海东部、小亚细亚与中东，都宣称握有这次旅行的坚实证据。据说海伦娜在帕罗斯岛（Paros）兴建了百门教堂（Church of a Hundred Doors），这是一座具有独特氛围的建筑物。啜饮冰品的当地人依然认为，当第一百道门建好并开启之时，君士坦丁堡将会重回基督教的控制。在耶路撒冷，海伦娜监督兴建圣墓教堂，并且在耶稣的诞生地伯利恒兴建圣母马利亚教堂，此外又在橄榄山传说中基督升天的确切地点兴建另一座教堂。

海伦娜从中东带回了真十字架的木头碎片与将基督钉死在十字架的钉子。钉子钉入君士坦丁坐骑的马嚼上，如此如同基督一般的君士坦丁就能领导虔诚的臣民走向胜利。君士坦丁堡对于神圣的华而不实之物有一种急迫的需要，而那些散发灵性的物品，最终将改变这座城市的故事并使之受到关注。由于缺乏引人注目的宗教历史，君士坦丁堡必须制造属于自身的意义。于是，大量圣物

4 世纪的海伦娜青铜圆形浮雕。

开始涌入君士坦丁堡，如殉教者的指关节骨、圣人的头发、基督冠冕上的荆棘，以及 614 年出现的刺入基督肋旁的圣矛（这把圣矛抵达君士坦丁堡一个星期就送往圣索菲亚大教堂展示。男性市民在每星期二与星期三前往瞻仰，每星期四与星期五则留给女性市民）。传统上认为海伦娜在 4 世纪掀起的圣物收藏热潮，至今依然能在这座城市被感受到。在圣乔治教堂宁静而窗板紧闭的中殿南角，可以找到传说中耶稣接受鞭刑的那根柱子。

　　帝国作坊迅速出现在君士坦丁堡，人们大规模地制造收藏圣物用的圣物箱。圣物箱本身就是美丽的作品，但君士坦丁堡生产的圣物箱留存至今的少之又少。2006 年，一个形同大火柴盒的圣物箱被挖掘出来，其设计的用意是让人佩戴在身上作为吊饰。盒上有精雕细琢的大天使米迦勒与加百列像；不出意料，拜占庭喜爱的使徒圣安得烈也在上面，而赤足的耶稣有一只脚被捐献者抓住，他正向耶稣基督和圣母马利亚祷告，从这个捐献者无须的脸颊来看，我们几乎可以确定他是宦官。整个欧洲都将记得海伦娜的圣物收集工作。11 世纪与 12 世纪欧洲爆发虔信热潮期间，法兰克工匠制作了讲述海伦娜故事的圣物箱。他们用鲜艳的珐琅展现君士坦丁的母亲旅行到耶路撒冷、质问犹太人、抓着他们的脚送进火中逼问圣物的下落、以死人测试她在半信半疑下取得的真十字架圣物是否真的具有神圣力量。海伦娜推广圣物收集，君士坦丁堡的街头弥漫着令人作呕的浓郁甜香，是擦亮的珐琅与用骨胶镶嵌珠宝到圣物箱上所散发出的味道，以及切割磨光水晶发出的爆裂声，这样才能让人看见箱内的圣物。她让君士坦丁堡居民有机会从死者各部分的遗骸中发现美、受到鼓舞、感到惊叹。

海伦娜的王冠、华盖和珠宝饰品昭示了她的权力。在硬币上，她被形容是"国家的安全保障"（the security of the state）。硬币显示皇太后拿着一个象征知识与繁育能力的苹果。此外也有硬币显示皇太后膝上抱着一个孩子，夸示着身后的巨大光环，这不只让人想起经常被提及的强大的埃及女神伊希斯抱着她的儿子荷鲁斯（Horus），也生动模仿了安纳托利亚当地的太阳女神，她至高无上，拥有巨人的力量。米兰主教安布罗斯宣称，正如马利亚让夏娃得到救赎，海伦娜也为过去的罗马皇帝赎了罪。她不只是皇太后，也是君士坦丁的权力伙伴，包括世俗层面与神权层面。直到现在，每年到了 5 月 21 日庆典这天，这对母子依然受到民众的颂扬，海伦娜的头骨成为圣物，被供奉在特里尔大教堂的高墙之上。

在君士坦丁堡，举目所及都是君士坦丁母亲的身影，她被雕刻在象牙、斑岩与青铜上，永远流传后世。在硬币上，她化身"和平"，手里拿着橄榄枝与权杖。海伦娜的形象出现在城市各处，然而这不表示海伦娜的身份与影响力可以确保君士坦丁堡所有信奉基督教的妇女都能过上幸福的日子。城市妇女依然跟古典时代一样，只能取得一半的粮食配给。她们依然是夏娃的女儿。[4]

在中世纪的普丁格地图（Peutinger Map，见彩图 7）抄本上——这是一张道路地图，地图中央那条蜿蜒曲折的红线就是埃格那提亚大道，是在 500 年左右以奥古斯都时代地图为蓝本绘制的——罗马、安条克与君士坦丁堡都被标示出来，让人留心。地图上，在君士坦丁堡附近，有个穿着战服的女性指着一根柱子（或许是君士坦丁纪念柱）。君士坦丁建立君士坦丁堡之后的五十年间，官方并未将这座城市称为新罗马，但显然这个观念已经在街头与民众的想象中流传。5 世纪中叶的教会史家索克拉蒂斯曾提到，练兵场上的铭文把君士坦丁堡称为"第二罗马"；在 326 年之前，波菲里乌斯（Publilius Optatianus Porphyrius）的诗里也有相同的表述，而君士坦丁也曾大胆地宣称："奉上帝的

4 世纪的凹雕艺术，展示命运女神堤喀为君士坦丁加冕。在君士坦丁堡，堤喀的雕像通常以东方女神库柏勒的雕像为蓝本再加以重塑，而堤喀也用来代表君士坦丁堡。

旨意，我将永恒之名赐予这座城市。"不久，君士坦丁堡就被称为新耶路撒冷或第二耶路撒冷。[5] 蛇柱从令它自豪的位于德尔斐雄伟的阿波罗神庙前的位置，被带到这里装饰翁法洛斯（omphalos）——新的大地中心，宇宙的仪式都围绕着这个中心点进行。

君士坦丁每年都会大肆庆祝他的登基日（7月26日），除了大摆宴席与游行庆祝，还有野生动物秀与奠基仪式，他以奥古斯都、亚历山大与基督徒阿波罗自称。到了统治末期，回想当初7月的约克镇生活和将士们嘶哑的吼声，真有恍若隔世的感受。

如今，这位新罗马的皇帝只需要确保两件事，首先是让他开拓的基督教实验维持统一稳定的发展态势，其次是让华丽雄伟的新基督教首都屹立不摇。

第十七章　生与死

公元 336 年—337 年

> 然后，仿佛他们的目标可以获得有效的实现似的，他们准备在这块地基上建造一座令人真正感到恐惧的灵魂之墓，为他们所称的维纳斯这个不洁的神灵建造一座供奉无生命偶像的阴森的神龛，在渎神且应受诅咒的祭坛献上可憎的祭品。因为他们认为只有将这座神圣洞穴埋在这些发出恶臭的污物之下，他们的目的才能充分获得实现。
>
> 优西比乌，《君士坦丁传》[1]

　　在希腊北部的塞萨洛尼基，一个惊喜就隐藏在铝制路障与细铁丝围栏底下。在今天笔直穿过塞萨洛尼基市中心的埃格那提亚大道的下方，当工人施工兴建新的地铁系统时，他们不仅穿过了土层，也穿越了时间。行经呼啸而过的摩托车、拿冰激凌哄着学步小儿的母亲，以及前去抗议的学生，我们获邀钻进了防水布，小心翼翼走下一段木制台阶与摇摇晃晃的梯子，在现代道路下方约 9 米的地方发现了一条漫长宽阔、以大理石铺成的道路。在充满凉意的地底，这是一处引人注目的遗址。经过生锈的金属与混凝土堆，只见这条古代道路在地底延伸。石板上明显可见数百年前的双轮战车留下的轨辙；在道路铺面上有小孔，好让两旁的店家支撑遮阳篷；街道旁是成排的商家，在一家店铺外头（从此处遗留的东西，可以辨识出这是一家金匠店，而在此处上方约 6 米，21 世纪的今天也开了一家金匠店，两家店在完全相同的地点做生意）曾经有个孩子坐在这里，他的父母只顾着逛街，他或许生气了，在路面划出一格格的棋盘。

　　君士坦丁心里明白，如果他要维持自己的世俗地位，要传布新的宗教蓝图，那么所有的交通路线势必要保持畅通。因此，埃格那提亚大道及其分支路线都要大幅整修。全世界的观念与商品——无论圣俗——经由拜占庭连通全球的道路，在君士坦丁的都城进进出出，渐渐形塑了这座城市的特征。这条深埋在地底数世纪、以大理石铺成的精美公共道路，是罗马时代帖撒罗尼迦（即今天的塞萨洛尼基）的主要街道，它是君士坦丁野心的具体展现。

336 年，君士坦丁出人意料地下了一道旨意。他允许当初沿着埃格那提亚大道流亡的异端分子亚流返回君士坦丁堡。而就在君士坦丁堡的街上，这名教士一命呜呼，死状甚惨。君士坦丁堡的索克拉蒂斯生动描述了细节，他的说法出自与亚流同时的亚他那修（Athanasios）：

> 当亚流接近君士坦丁广场，也就是斑岩纪念柱竖立的地方，良心悔恨产生的恐惧感袭上他的心头，让他的肠子猛烈地松弛下去。于是亚流询问附近是否有方便的地方，有人告诉他就在君士坦丁广场的后头，他便赶紧跑到那儿。没过不久，他突然晕厥，肠子随着排泄物跑了出来，接着大量出血，然后连小肠也排出体外；不仅如此，脾脏与肝脏也夹杂着血水流出，因此他几乎是当场暴毙。就像我说的那样，我们仍能在君士坦丁堡见到这个灾难景象的发生地，就位于柱廊附近的某处废墟后头：经过的人用手指指着那个地方，那里永久保存着这场离奇死亡的纪念物。[2]

这段戏剧性的描述，很快就成为在城市流传的民间传说，然而里面的内容很可能经过渲染。就算上述的描写是精确的，也可能基于许多原因才造成这样的结果。亚流早年过着苦行生活，这很可能对他的身体造成了损害，不过也有人私底下说他是遭到毒杀。亚流事件使人对君士坦丁堡留下一种印象：这里是宗教争端的温床；而某种意义上说，这里也应该是正统宗教的堡垒。当亚流在君士坦丁堡街头腹泻而死时，君士坦丁正要开始施展抱负。然而不到一年的时间，皇帝也撒手人寰。

337 年，东方有另一名君主改信基督教（这回来自格鲁吉亚）；对继承了帕提亚（Parthian）与波斯帝国的领土，成为该地区超级强权的萨桑王朝（Sassanids）的沙普尔二世来说，此举已经逾越了他的底线。于是，沙普尔二世出兵攻打高加索地区。虽然萨桑王朝掀起的战事在拜占庭领土之外，但君士坦丁并不打算置身事外。他取消巡行多瑙河的计划，激励士卒，宣称他将把基督徒愤怒的火焰风暴吹向东方，而他本人将在约旦河受洗。为此，他制作了一个圣体龛的复制品。但死亡却在此时找上了他。

337 年 5 月 22 日，君士坦丁在他展开君士坦丁堡统治之旅的尼科米底亚去世。他在这里过世似乎是出于偶然。他原本在君士坦丁堡试图借由泡热水来医治身上的神秘病症，但效果不如预期，于是便动身前往亚洲尝试天然的温泉水疗。君士坦丁到了最后一刻才由尼科米底亚的优西比乌为他施洗，当时施洗的仪式还没有与婴儿联系在一起，主要是在临终时进行，因为垂死的人在步向来生之前几乎再无犯下罪行的可能。

君士坦丁去世的确定情况与具体地点成了一个谜团，成了一起众人急欲解决的历史公案。[3] 各方记载相互矛盾。有人说，君士坦丁是在尼科米底亚去世；有人说，他是在前往尼科米底亚途中，在"人民之屋"（villa publica，国有建筑物，字面上的意思是人民的房屋）去世。有些史料把他去世的地方称为"Achyrona"，这是"人民之屋"的另一种称呼吗？或者"Achyrona"其实指的是在旧谷仓原址兴建的房屋？如果实际是后者，那么在君士坦丁去世时，身旁也许有小麦的幼芽在春光里飞舞。编年史家有意模糊死亡的确切状况，是不是因为他们不愿承认君士坦丁大帝是在酒馆、驿站或农舍享乐时去世？不愿坦承他的洗礼不是在庄严仪式下进行，而是不得体地在匆忙之下完成？[4]

对于期望君士坦丁出兵协助的人来说，君士坦丁先是大张旗鼓，之后却猝然离世，留给他们的是一场灾难。此后的基督徒可能会面临可怕的报复。整个安纳托利亚与中东地区都谣传沙普尔"渴望流血"。君士坦丁对所有基督徒提供可见的协助，不仅限于罗马帝国境内，因此境外的基督徒同样遭受了大规模的迫害。[5] 君士坦丁堡正式成为基督的新世俗居所后过了七年，它的推动者便溘然离世。这场由第二罗马主导的基督教实验，一下子到了危急存亡的关头。

君士坦丁的棺木，用船只从尼科米底亚运回君士坦丁堡，他死后在罗马被尊奉为神。皇帝的遗体在黄金棺材里放了三个月，放置于皇帝生前在马尔马拉海岸边兴建的大皇宫（Great Palace）。遗体迟迟未下葬，原因可能是君士坦丁家族与大臣为继承权起了争端。这位开创新局面的皇帝兼大主教早在市中心的圣使徒教堂（Church of the Holy Apostles）为自己建好了神庙陵墓，一如位处罗马耶路撒冷中心的圣墓教堂。这是世界第一位基督教皇帝安息的地方。

今日，君士坦丁的遗体位于何处已成为谜团。1461年（伊斯兰历865年—866年），奥斯曼人拆除了圣使徒教堂。然而，当我端坐在长满野草的伊莲娜教堂（今日的神圣和平教堂）的废墟里时，可以看到一座宏伟的斑岩坟墓，上面刻有凯乐符号，还被凿了几个洞，显示这座墓的外层可能覆盖了某种东西。"覆以黄金"——据说君士坦丁的陵墓曾经如此处理。如果这真是失踪的君士坦丁安息地，学者认为上面的基督教符号不只是宣示对基督的信仰，也不只是确认君士坦丁以第十三使徒自称（君士坦丁兴建圣使徒教堂显然是为了收藏十二使徒的圣物），或许是宣称这名私生的军人皇帝认为自己就是基督的化身。

君士坦丁死后，令教会感到愤怒的是，这名基督教统治者仿佛被当成受使徒簇拥的基督，君士坦丁的儿子因此将君士坦丁的遗体移葬到邻近的陵墓。[6]但究竟是怎样的性格力量驱使君士坦丁一开始决定将自己葬在那里，也就是被宣称是上帝的世俗居所的心脏地带？只要凝视他那张眼神炽烈、如老鹰般锐利的面孔，谁还会感到奇怪呢？我们谈论罗马帝国的兴衰，但此处这个人物却早已拟定了让君士坦丁堡永远存续的大计。君士坦丁是个战士。他念兹在兹的是保护与保留他奋勇作战夺来的土地，并且要为他的帝国披上崭新的精神外衣。君士坦丁取得权力时，帝国有十分之一是基督徒，到他离世之时，根据我们最精确的估算，或许已经有一半的人口相信基督是他们的救世主。

330年，君士坦丁建立了君士坦丁堡，他以不流血的供物敬拜上帝，但他自己的斑岩纪念柱依然被虔诚的信众焚香祝祷、献上牲礼并且燃起熊熊的火焰。事实上，他创造的这座城市究竟是哪副面孔——属于异教还是基督教？因为即使君士坦丁看到了异象，即使他临终接受了洗礼，即使他有收藏圣物的癖好，即使他建立了基督教制度并且毁弃了供奉旧神祇的神殿，君士坦丁堡的许多民众依然选择去看，去喜爱环绕在他们四周的异教世界。

第十八章　异教徒与王位觊觎者

公元 361 年—363 年

　　说到君士坦丁，他无法在众神当中找到自己功业的榜样，因此，当他看见不远处的享乐女神，便朝她奔去。女神温柔地款待他，拥抱他，为他穿上七彩衣裳，将他打扮得英姿焕发，让他卸下心防，沉溺于欲望。在那里，他也发现了耶稣，耶稣与女神同居一处，只听见他对所有来访者大喊："无论是诱惑女子之人还是杀人凶手，无论是亵渎神明还是恶名昭彰，不用畏惧，尽管上前！我将用这水洗涤他，让他立即变洁净。虽然他一定会再犯下相同的罪愆，那就由他去吧，只是要让他的内心惶恐不安，捶胸顿首，知道悔改，然后我将再次洗净他的罪。"君士坦丁欣喜地来到耶稣面前，因为他已引领自己的儿子离开众神。

皇帝尤里安（Julian）论君士坦丁一世 [1]

　　君士坦丁去世之后，他的三个儿子——君士坦丁二世（Constantine Ⅱ）、君士坦提乌斯二世（Constantius Ⅱ）与君士坦斯一世（Constans Ⅰ）——成为共治皇帝，并且瓜分了帝国领土。[2] 君士坦斯一世是三兄弟中年纪最小的，继承领土时才 17 岁。这三个人都有吞并领土的野心，内战势不可免，皇族的不合随即引发一连串的处决与迫害。君士坦斯击败并且杀死君士坦丁二世，排行老二的君士坦提乌斯二世未加入战局，但 350 年君士坦斯去世之后，便由君士坦提乌斯二世统一全国。君士坦提乌斯二世定都君士坦丁堡，对他充满敌意的史书记载君士坦提乌斯二世把军事、政治与宗教大权全交给他宠信的宦官优西比乌处理。优西比乌因此权倾一时。过去君士坦丁曾下令罗马帝国境内禁止去势，即阉割（根据早期由图密善［Domitian］制定的法律）；但这道命令无法阻止新罗马疆界之外——尤其黑海的拉兹（Lazi）地区 [3] ——的阉伶源源不断涌入君士坦丁堡。接下来从本章介绍的君士坦丁堡早期历史将可清楚看出，这些被阉割的男人可以拥有多大的权势。事实上，我们将会发现，君士坦丁堡甚至将宦官的权力予以制度化。

尽管君士坦提乌斯二世施展各种阴谋诡计来争夺权力（或许是得到当时在世的老皇帝的支持），但最终获得胜利并且成为君士坦丁堡主人的却是君士坦丁的侄子（他同父异母兄弟的儿子）兼女婿，如今我们称呼这个人为叛教者尤里安（Julian the Apostate）。女婿变坏，是每个岳父最大的梦魇。

尤里安出生于君士坦丁堡，之后便辗转于君士坦丁堡、比提尼亚、卡帕多西亚与马尔马拉海南岸，摆荡于波涛汹涌的宫廷密谋与多变的政治联盟之中。由于尤里安与他的兄长是潜在的王位竞争者，有权拥立国王（kingmaker）的海伦娜洞悉儿子君士坦丁的心思，便将他们软禁起来。每年夏天，这名失宠的少年为了避开城市的酷热，选择远离君士坦丁堡到外祖母的庄园避暑。尤里安日后写道，在这里，"你可以站在牛尾菜、百里香与芬芳的青草上。你可以躺在上面，享受这片宁静，你可以读点书，然后把视线放在船只与大海上，欣赏怡人的风景"。[4] 他的文章显示出对周遭自然界的敏感（你可以说那是一种稚嫩天真）与喜爱："春天最初的踪迹在这里，树木开始萌芽，殷切期盼的燕子……提醒我们该到疆界的另一边。" [5]

如果我们知道尤里安一生遭受的创伤，就不难理解树木的萌芽为什么能抚慰他的心灵。在他近亲的九名男性子孙中，只有两名存活了下来，而他的母亲在他小时候就已离世。尽管尤里安躺在芬芳的山丘上寻求安宁，但很快，他就被拉进位于地平线之上的君士坦丁堡，卷入这座高墙城市的现实政治中。随着年纪渐长，帝国的情报员每时每刻都监视着他。

尤里安起初是基督徒，但异教哲学的力量显然让他的内心为之一振。在他的老师当中，有来自斯巴达的异教徒尼科克雷斯（Nicocles）、基督徒赫克波利欧斯（Hecebolios）和宦官马尔多尼欧斯（Mardonios）*。在古代晚期一次

---

* 彼时许多宦官都是饱学之士。马尔多尼欧斯原是尤里安母亲（埃及执政官的女儿）的家臣，女主人逝世后，他便一直跟随着少主人尤里安。——编注

类似"壮游之路"*的途中，尤里安来到了雅典。我们可以感觉到，这名充满活力的年轻人从学习中得到了慰藉。尤里安潜心研读柏拉图（Plato）的作品，他相信这些哲学研究的理念应该在政治生活与日常生活中彰显。毕达哥拉斯（Pythagoras）也启发了尤里安，他开始把世界设想成一个神秘而拥有美好数学意义的地方，一个可以通过逻辑与对善的追求而越来越好的地方。通神术或神智学†也支持并助长了尤里安在智识上的热情与因宗教而狂喜的激情。在燃烧的松木火炬、喧天的锣声与数千名信徒的歌声簇拥下，尤里安在雅典西南方约二十四公里的厄琉息斯圣地接受了厄琉息斯秘教。早在耶稣出生前五百年，来生的观念就已在此地流传。当了二十年的基督徒后，来自异教思想的深深吸引着尤里安，让他感到越来越难抗拒。

355 年，尤里安又被拉进污浊的尘世中，受命镇压国内乱事。在毫无选择的情形下，他接受任命，成为西部帝国的恺撒。这名在书堆里悠游自得的哲学家，在军中也展现出了过人的军事才能，将士们都乐于听从他的命令。身为尤里安麾下军人与珍贵的时代见证者，阿米阿努斯（对历史学家来说，他是个绝佳的盟友）记录了大量尤里安的事迹，描述他的生平与所处时代。阿米阿努斯坦白直率，观察敏锐，为我们提供了珍贵的记录，例如尤里安瞧不起睡床垫而不睡冰冷石板的士兵。我们也得知，在君士坦丁堡，君士坦提乌斯二世因为派军队镇压宗教异议人士而不得民心，在一日之内竟杀死了 3000 名基督徒。尤里安认为基督教不仅腐蚀了新罗马帝国的刀剑，也腐蚀了人民。统治高卢时，虽然他名义上是基督教帝国的统治者，却无视众人的反对，向战争女神贝娄娜（Bellona）献祭。

当君士坦提乌斯二世越过尤里安，命令尤里安的军队前往东方时，尤里安的士兵抗命不从。其中有一支精锐军团，行事恰如其名——"暴走营"‡——就

---

* 壮游（Grand Tour）：文艺复兴时期以后，欧洲贵族子弟开展的一种欧洲传统的旅行，壮游过程中可以欣赏古代和文艺复兴时期的文化遗产，也可以接触欧洲大陆的贵族和上流社会，一次壮游可能会持续几个月到几年，通常有博学的向导或导师陪伴。——编注

† 神智学（theosophy）：源于希腊文，由"神"（theos）与"智慧"（sophy）组合而成，是古希腊的一种哲学理论，阐释了超自然力量的运行之道，尤里安实行的是罗马帝国在皈依基督教之前的神智学，因为他的志向是在帝国内复兴古罗马传统。——编注

‡ "暴走营"（Petulantes）：由归化罗马帝国的日耳曼士兵组成，最早在君士坦丁大帝登基前驻守西部的时候组建，君士坦丁按照士兵的特点和习性来给他们命名，称这批日耳曼士兵为"易怒的、狂躁的、专横的（兵团）"。——编注

此公然为他们的哲学家国王加冕。于是在 360 年，在卢特提亚（Lutetia，今日的巴黎）营地，尤里安被士兵拥立为奥古斯都。[6] 这位学者军人马上与其他皇室成员陷入对立。君士坦提乌斯二世大为光火，他宣布这名可能信仰异教的王位觊觎者为人民公敌。第二年，尤里安并未寻求内战，但此时的他必须进行防守，以对抗他过去的内兄兼盟友。君士坦提乌斯二世急忙从东方回师讨伐尤里安，却在途中染上热病，他还没来得及回到首都君士坦丁堡便濒临死亡，廷臣只能在仓促中为临终的君士坦提乌斯二世施洗。

尤里安得知堂哥的死讯以及东方军队已向他投诚，马上领兵继续穿过中欧，沿着军事大道从萨里希欧斯门（Charisios Gate，一千年后，凯旋的奥斯曼征服者穆罕默德也骑马从这里进城）进入君士坦丁堡。尤里安获得民众欢迎，而身为君士坦丁堡之子，他的到来也显示他是该城的合法领袖。

> 当他（尤里安）即将进入拜占庭时，所有人都以赞美的歌声迎接他，欢呼他是他们的市民与养子，因为他在这座城市出生长大。另一方面，民众也向他行礼，仿佛他将为人类带来最大的恩赐。于是，他与他率领的大军主掌了这座城市。[7]

这些来自基层的宣言不仅宣告了尤里安本人的价值，还高声颂扬君士坦丁堡及其市民的价值。尤里安皇帝做的第一件事就是在圣使徒教堂为君士坦提乌斯二世举行基督教葬礼。人们认为尤里安之后又在罗马兴建了圣康斯坦萨教堂（Santa Costanza）作为他的妻子（君士坦提乌斯二世的妹妹）与他兄嫂的陵墓。[8] 现在，一个不同于过去的罗马统治者出现在世人面前。尤里安留了胡子，显示他是一名哲学家；基于相同的理由，他穿着简朴的衣物与粗劣的斗篷。[9]

掌权之后，尤里安明显变得信心满满。他恢复献祭，表示诸神"告诉"他，这是他该走的道路。基督崇拜——才刚开始发展的基督教——看来将在新时代里沦为昙花一现的事物。

君士坦丁堡宫廷遭到整肃，宦官、密探、理发师全遭解雇。这名异教皇帝有时坐在君士坦丁堡元老院议员当中，试图用做出的表率与他的意志力来迫使大家回复到理想而纯粹的共和体制。他扩建城市公共建筑物，兴建康托斯卡里恩港（Harbour of Kontoskalion），即今日的库姆卡皮（Kumkapı，至今伊斯坦布尔的渔民依然使用这个港湾），加速完成新图书馆的工程，发布敕令要一砖一瓦重建被君士坦丁的疯狂基督教实验破坏或摧毁的庙宇。尤里安写了一首赞美诗献给自然之母库柏勒，[10]他的"学校敕令"消解了基督教教士对教育的影响力，不再允许《伊利亚特》（Iliad）成为学校教材，他在362年发布的"宗教平等敕令"，使基督教回到其在罗马时代的地位——成为众多古怪的东方宗教之一。这位学者皇帝、哲学家国王似乎在一字不漏地遵行柏拉图《蒂迈欧篇》（Timaeus）的教诲（这让人不禁好奇，他是否相信消失的大陆亚特兰蒂斯），相信人是宙斯的血随机喷溅产生的，因此人类的种族也应当是多元的。

　　与此同时，在博斯普鲁斯海峡对岸，有更多清理工作需要完成。尤里安在迦克墩审判中整肃了宿敌的政权，尤其是一些难对付的对手，例如宦官优西比乌，他曾策划斩首尤里安的兄长加卢斯（Gallus）（在这个时期，宦官被形容"数量比春天时围绕在牛身旁的苍蝇还多，如同一大群雄蜂"），[11]这些敌人全被尤里安活活烧死。这些残忍行径被如此翔实地记录下来，与其说是尤里安超乎寻常的残暴，不如说显示了后世教会人员的愤慨之情。从尤里安的行动不难看出，他关注的重点在于削弱君士坦丁堡新兴基督教贵族的权力。[12]

　　尤里安聪明、勇敢而充满自信，但他在许多方面格格不入，因为基督教已不再是来自异国的、大胆的外来宗教，而是帝国的未来。现在，就连帝国的偏远地区也随基督教的旋律起舞。在今日的多塞特郡（Dorset）辛顿圣玛丽（Hinton St. Mary），当地4世纪时一名地主装潢他的镶嵌地板时，刻画了下巴光滑无须的耶稣图像，出现在凯乐符号前，旁边围绕着石榴树——但这也可能是君士坦丁的肖像。305年由圣安东尼（St. Anthony）在埃及开创的隐修革命在这一时期大受欢迎；人数不断增加的教士阶级四处宣扬神秘的化质说*，这种新的基督教仪式越来越深入人心。在位于里海与黑海之间的地峡，在高加索南

---

*　化质说（transubstantiation）：基督教圣餐礼的一种理论，该理论认为，圣餐仪式中所食用的饼和酒，经过神父的祝谢之后，就会以某种神秘的方式，化为耶稣的身体和血。这一理论是亚里士多德的思想（本质与偶性）和基督教思想结合的产物。——编注

阿尔达希尔二世（Ardashir II）的授权仪式。这位波斯国王接受了权力之环，脚踩叛教者尤里安——拜占庭最后一位异教徒皇帝。

部的平原与山区基督教的传播也大有进展。基督教传布时依然以宣扬社会正义与性别平等的宗教自居，因此极其忠诚的"基督新妇"一点也不想恢复过去那种经常带有轻视女性意涵的异教崇拜。基督信仰已经成为广泛存在的现实。

当然，历史是由许多令人困惑的巧合组合而成的，要是尤里安的寿命长到足以让他完成去基督教计划，他死后留下的可能是完全不同的世界。所有的异教信仰或多或少都可上溯到数千年前，在一些地区，有些异教（如伊朗的祆教，伊拉克的雅兹迪教［Ezidis］与曼达安教［Mandaeans］）依然不绝如缕地维系着古代传统，这些宗教有可能再次生根发展。[13]

然而这样的可能性并未实现。363年，尤里安再次进入君士坦丁堡后才过了五个月，他就在与君士坦丁堡的宿敌波斯人作战中伤重而死。我们得知皇帝临终前跟苏格拉底一样，鼓励身旁的人不要难过，并留下了一些积极而神秘的话语，说"他将与天空及星辰合而为一"。德尔斐神谕——它经常是如此——更简练地描述了当时的气氛："告诉国王，精美营造的大厅已经倒塌。太阳神不再驻于此地，先知的桂冠已落，吐语的泉水已绝，宣讲之水就此干涸。"[14] 史料告诉我们，异教德尔斐这最后的哀悼之语是一名君士坦丁堡人（尤里安的御医）听见的。几年后，德尔斐圣殿的神圣之名（hiera）被官方移除。它本是翁法洛斯的保护者，大地的中心，古墨伽拉人在此接受众神祝福到远地探险从而建立拜占庭，君士坦丁在此带走了缠绕的蛇柱。不到一个世代的时间德尔斐圣殿便遭关闭。

参谋约维安（Jovian）过去曾运送君士坦丁的遗体来到君士坦丁堡大港，他在这里结识了引领送葬行列前往圣使徒教堂的尤里安。尤里安去世之后，约维安被拥立为帝。他随即恢复基督教的国教地位。然而当他返回首都时，却在安卡拉（Ankara）东方约 161 公里的地方去世，死因是窒息。

几名潜在的继承者争吵不休，这些人的对立很可能让君士坦丁堡及其领土再度分裂，沦为群雄割据的状态。此刻的帝国茫然失措，不知道眼前的路该怎么走。最后，约维安的副手瓦伦提尼安（Valentinian）掌控了权力，并且任命他的弟弟瓦伦斯（Valens）为东部的共治皇帝。几乎就在瓦伦斯出征的同时，君士坦丁堡内发生了政变，起事者是尤里安的表兄普罗科皮乌斯（Procopius）。

在今日的伊斯坦布尔，有少数狗儿逃过狂犬病的侵袭，在古代遗址内搜寻散落的残余食物，跟着它们，我们见识到了瓦伦斯的愤怒所造成的影响。瓦伦斯差点在迦克墩附近被擒，之后他设计抓捕了普罗科皮乌斯，然后将这名觊觎王位者的头送给在特里尔的兄长瓦伦提尼安。据说迦克墩城墙因此被拆除，砖石全用来建造高耸的高架渠。高架渠拱洞至今仍顽强耸立在伊斯坦布尔的一条主要干道上，无视来往车辆排放的废气。这个高架渠网络是古代最庞大的水道系统的一环，它迂回穿过色雷斯乡野，全长足足有 592 公里，将水从贝尔格莱德森林运送到大皇宫与宙克西帕斯浴场。君士坦丁堡提供免费的饮水是一项壮举。学者们曾在夏日追索高架渠的踪迹，想找出君士坦丁堡生命血脉的源头，他们追寻的"鬼魂"在色雷斯地貌上依然可见，和缓地在山腰间蜿蜒行进。不久，君士坦丁堡建立了值得夸耀的供水网以供应城市用水——光是君士坦丁堡本身拥有的三座主要水库就能集水 5 亿升。

尽管王位更迭，君士坦丁堡依然蓄积了向前的动力，成为气象一新的基督教—希腊—罗马城市。到了 4 世纪末，将近有 2000 名元老院成员居住此地。君士坦丁大帝营建的大皇宫仍在缓慢而持续地增建，壮观的高架渠自豪地跨越第三与第四山丘。作为一个能够自给自足的城市，君士坦丁堡现在有了某种民众做主的骄傲。然而，可怕的对手随后出现，阿米阿努斯告诉我们，这些人"宛如破槛而出的猛兽……"他们为城市带来"抢掠、杀人、屠戮与大火，恶臭与混乱"。[15]

君士坦丁堡即将与哥特人交手。

第十九章　哥特人的入侵

公元 376 年—378 年

> 在今日的城邦之内，
>
> 没有一个比他更高贵、更英勇的战士。
>
> 他这次奉着元老院的召唤，
>
> 从征讨野蛮的哥特人的辛苦战役中回国……
>
> 莎士比亚,《泰特斯·安德洛尼克斯》(*Titus Andronicus*) [1]

　　4 世纪的最后二十五年，人们见证了一场哥特人引发的危机，一股瓦解世界的力量从东方的阿富汗逐渐扩散到多瑙河的西缘，直接给君士坦丁堡带来了冲击。这一连串事件几乎可以确定是由一场影响深远的环境变化引发：北海地区发生了疟疾，大草原出现了新植物，冰河气候则在朝中国推进。[2] 中国商人也留下详细的记录*，其中写到了饥荒与死亡，更为关键的，这些信札提到了一股末日力量的兴起——这些人被称作匈尼特人（Xwn）。波斯也感受到压力，于是在里海与黑海之间筑了一道长约 161 公里的保护墙。上面驻守了三万人，其中有一些是罗马人，这道墙区隔了"文明的北方与混乱的南方"。[3] 波斯与新罗马这两个长年对抗的敌人被迫结为盟友；沙阿（Shah，波斯王的名号）甚至受邀担任拜占庭皇帝儿子的监护人。[4]

　　376 年之后，一些传闻开始四处散布，说是有一群难民与流离失所的族

---

* 指 1907 年英国考古学家斯坦因在敦煌西北汉代烽隧发现的八封用粟特文书写在纸上的信件，统称为粟特文古信札（Sogdian Ancient Letters）。——编注

裔聚集在莱茵河"对岸的蛮族之地"，他们遭嗜血的匈人（Huns）逼迫而往南方与西方迁徙。我们得知"这群蛮族国度的战士打起仗来就像埃特纳火山（Mount Etna）喷发的岩浆一样猛烈"。[5] 就某些方面来说，匈人简直是古代晚期的斯巴达人。他们训练年轻战士忍受艰难困苦，有些焦虑的目击者把他们描述成野狼、邪恶的温床，甚至说他们不是人。各种关于这些凶残之人的谣言甚嚣尘上，冷静清醒的史家则有系统地驳斥这些传言。但最近的头骨分析显示，年轻匈人的头的确被带子紧紧绑着，把他们的头骨收束成奇怪的圆锥体。[6] 只要到中亚大草原一游，你便可以了解这些未开化、不屈不挠的匈人的驱力究竟来自何方。你必须拥有一定程度的野心才能在一望无际的地平线与辽阔的苍穹下生活。毕竟这片大草原迟早都将孕育出更多君士坦丁堡的大敌——阿瓦尔人（Avars）、突厥人（Turks）、蒙古人（Mongols），全是令人畏惧的对手。

因此，公元376年，在多瑙河流域的山丘下所上演的这一出史诗剧中，哥特人拼命逃离这些可怕的军队，妇女哭泣，又累又怕的孩子紧抓着母亲的裙角，他们为躲避袭击来到多瑙河这条分隔旧罗马与新罗马的大河边缘。

多瑙河，这条欧洲第二大河 [7] 与欧洲唯一东流的大河，联结了人类历史中一连串的事件。长久以来，河川一直形塑着人类经验。许多都市圈因河川而形成；河川输送军队、财货，传播宗教、划时代的观念以及文明的养料。这些缎带般的"液态历史"构成了地理与文化疆界，也藏匿着（事实上至今依然藏匿着）一些人类有史以来最精美的工艺品。只要想想在泰晤士河的巴特西桥（Battersea Bridge）挖掘到的镶珠宝的巴特西盾（Battersea Shield），以及在莱茵河畔泥沼里挖掘到的一整艘罗马平底船，里头存有完整的船长厨房、寝室与橱柜，橱柜里的东西也原封不动地保留了下来。这些珍宝有时会意外流失，但通常它们会保存下来成为献给伟大河神的供品。河流存留历史的同时也创造了历史，而多瑙河见证与创造的历史比绝大多数河流更丰富。

哈德良长城（Hadrian's Wall）在不列颠尼亚省的边缘画下象征性的界线，它也许给当地人带来了某种安全感。但多瑙河的日耳曼长城（Limes Germanicus）却是一道罗马对外扩张势力受挫后所设下的实在的东北疆界。穿过现代的德国（巴伐利亚）、奥地利、斯洛伐克、匈牙利、克罗地亚、保加利亚、塞尔维亚与罗马尼亚，罗马要塞的遗迹依然久存于多瑙河畔，全长约2012公里：桥头堡位于布达佩斯的停车场旁，瞭望台位处奥地利森林，雷根斯堡（Regensburg）的街道系统继承了军团要塞的格局；帕绍（Passau）的新罗马博物馆就盖在挖掘到的罗马军营遗址上方。[8]

在保加利亚东北方靠近锡利斯特拉（Silistra）的多瑙河泥沼里，人们找到了人道主义灾难的证据，君士坦丁堡的民众应该也曾感受到这件事带来的冲击。376 年，许多人在此遭到屠杀。武器、钱币、珍爱的手镯全在惊慌逃命中掉落在河滨的泥沼中。在匈人的冲击下侥幸残存的是曾经与罗马人结盟，而且大部分改信了基督教的哥特人与西哥特人。东部皇帝瓦伦斯最后下令准许这群骄傲的难民渡河。他们游泳、搭木筏、结成人链，尽一切可能进入已经维持数百年和平的罗马境内寻求庇护。

掌权者很快就让这些哥特人成为与帝国休戚相关的一分子。因为，尽管这些人在粗枝大叶的分类下被认定为"蛮族"（古代与现代作者都是如此），但实际上他们是有组织、有文化的民族。哥特人与西哥特人无疑已经建立起了成熟的社会。在西班牙南部（或许应该称为安达卢西亚［Andalusia］，这是入侵此地的穆斯林为东日耳曼部族汪达尔人［Vandals］取的阿拉伯名字，汪达尔人在君士坦丁堡的故事中也扮演了一定的角色），我们从汪达尔人与西哥特人的坟墓中找到了许多精致的"蛮族打造"的黄金首饰；而里米尼（Rimini）市中心的费拉里广场（Piazza Ferrari）的新发现同样有助于我们了解哥特人的生活。这块遗址是 1989 年翻新市政花园的时候发现的，它一直保存在这片充满菩提花香的土地下。穿着白净衬衫、高声谈论着足球比分的当地人多年来只是和善地走过，完全未曾留意此地。移除了地方议会摆置的多年生植物、公园板凳与折叠式婴儿车之后，这个如今被命名为"医生之家"（Doctor's House）的考古遗址终于重见天日。进入其中，人们第一眼就会被多彩镶嵌在地板上那美丽与繁复的图案所吸引，接下来，他们会看到许多的骨头——人类骸骨被细心排列着，有些仅仅用瓦片盖住。这里的镶嵌艺术不是拜占庭式、希腊式或罗马式，而是哥特式，它们覆盖在 2 世纪之后的晚期罗马建筑物上，根据另外挖掘出来的可怕的器械判断，过去这里可能住着一名外科医生。这些骸骨可能是一群信仰基督教的男女——这个时期，许多哥特人是亚流派基督徒，依照基督教习俗，他们都埋在了屋内。为了埋葬这些骸骨，镶嵌地板被凿开敲碎，地板上人体般大小的破洞使我们得以一窥拜占庭世界真实的面孔；破洞边缘留下各种力量啮咬的痕迹，至于骸骨则被遗留摆放在以古罗马"鬼魂"为地基的宅邸地板上。

另一件扭转我们对哥特人看法的物品，静静保存在瑞典的乌普萨拉大学（Uppsala University）的图书馆。它就是白银抄本（Codex Argenteus）*，古典时代晚期最灿烂的遗物，美得令人屏息，提醒着我们要带着彼时的眼光看待古典时代晚期。白银抄本以金银墨水在紫色羊皮纸上誊写，几乎可以确定是 6 世纪初在拉韦纳（Ravenna）完成，是献给东哥特国王狄奥多里克大王（Theodoric the Great）的作品，这是现存最早的以哥特文写成的《圣经》抄本。[9] 这部哥特文《圣经》在 4 世纪时由主教乌斐拉（Bishop Ulfilas）翻译完成，乌斐拉是亚流派基督徒，他主动向哥特人传福音。白银抄本顺利地传遍欧洲各地，逃过围城、炮击与水灾，最后来到乌普萨拉大学；从 1669 年起，乌普萨拉大学就成了它的家。哥特人与东哥特人——其中有些人会说希腊语与拉丁语——发现改信亚流派有一个额外的好处，就是可以让他们在迁徙到未知之地时依然能维持自身的团结，并且使他们有别于西方的罗马人与信仰东正教的拜占庭人†。显然，团结给了他们力量。

然而，罗马人依然将哥特人视为化外之民，百般予以嘲弄。跨越多瑙河的 15 万名哥特男女老幼原本期待能受到欢迎，或至少能获得宽松而合宜的对待，所以他们转而攻打帝国。哥特人往东前进，在阿德里安堡（今日希腊与土耳其边境附近的埃迪尔内）遭遇瓦伦斯的军队。瓦伦斯在库鲁切斯梅（Kuruçeşme）湖边的大皇宫——2011 年，这座皇宫从有毒的泥沼中被挖掘出来，在历经一千七百年后首度重见天日——停留了数日，然后便离开君士坦丁堡，与集结的 15000 名哥特大军会战。8 月的黄昏，灿烂的太阳落下，泛红的月亮升起，整片大地都散着热气。今天，从高耸的土耳其公共廉租房俯瞰这片

---

* "白银抄本"是用哥特文书写的《新约圣经》残卷，目前仅有完整的"四福音"存世。它使用紫色皮纸，配以银色墨水写就的经文（每段第一句话则用金色），乍看之下，满目银光，故称"白银抄本"。——译注

† 亚流派曾经一度是拜占庭帝国的主流宗教思想，但由于饱受攻击，于 4 世纪彻底失势，被判为异端，遭到驱逐，这样一来，帝国东部的主流信仰逐渐变成了亚他那修派，西部则是奥古斯丁派，东正教和天主教的思想底蕴都在抗击亚流派的过程中逐渐奠定。——编注

古战场，我们可以联想到当时哥特人展现的愤慨，以及他们造成的混乱与杀戮。公元378年，有三分之二的罗马军队覆没，皇帝瓦伦斯的尸体花费了数日才找到，当天阵亡的罗马人超过两万。帝国宫廷演说家忒米斯提欧斯（Themistius）说道，只是一个夏日午后，"整支军队就像影子一样消失无踪"。[10]

狄奥多西（Theodosios），一名曾遭放逐、出身军事家族的西班牙将领，被瓦伦提尼安的儿子格拉提安（Gratian）召回协助处理这次危机。哥特军队朝君士坦丁堡前进，但被帝国雇用的阿拉伯人击退。狄奥多西此时已成为事实上的共治皇帝，他追击哥特人，然后与他们签订协约。君士坦丁堡古竞技场矗立着最初由君士坦丁定制的埃及方尖碑，这座在紧急要求下完成的石碑底座上，我们可以看见拜伏在新罗马皇帝脚下，遭到威吓不断讨饶的哥特人。艺术不完全模仿人生，但艺术会告诉世人，理想人生的自然秩序应该是什么样子。

狄奥多西曾渡海前往帝国边境，也曾目睹基督徒在萌芽的基督教实验中未能团结一致的后果，因此他决心重整帝国松散的边防，终结未能处理好的信仰问题。公元392年之后，狄奥多西成为坐镇君士坦丁堡的唯一皇帝。他的信念与宗教热忱使君士坦丁堡成为世上最伟大的城市之一，但也破坏了成千上万人的生活。

第二十章　狄奥多西：和平鸽还是铁拳

公元 379 年—395 年

> 整座城市都是这样，广场、市场、十字路口与小巷到处都是。买卖旧衣的小贩、钱币兑换商、卖食物的人全在辩论。若你找人换零钱，对方会跟你讨论圣子是受生于神的（Begotten）还是非受生（Unbegotten）的；如果你问面包卖多少钱，对方会回答你圣父高于圣子，圣子低于圣父；如果你问洗澡水好了吗，伙计会说圣子是出自无有的。
>
> 尼撒的格列高利（Gregory of Nyssa，来自卡帕多西亚）
>
> 公元 381 年的首次君士坦丁堡大公会议与会者 [1]

在我成为历史学家之前，我只有一个模糊的概念，即我每周日在教堂念诵的信经是某个西班牙军人在今天的伊斯坦布尔修订的。[2] 走在今日的伊斯坦布尔，仍随处可见狄奥多西一世的踪影。君士坦丁所奠下的基础虽然予人十分深刻的印象，但它只是一场好戏的开端。忒米斯提欧斯是狄奥多西一世的宫廷演说家（因此我们应该留意作者的说辞可能有溢美之嫌），他描述说，在狄奥多西治下，"城市的美不像过去零散点缀，而像一件从头到尾华丽编织的袍服，覆盖了整个地区"。[3] 狄奥多西广场是君士坦丁堡最大的广场，它建筑在公牛广场（Forum Tauri）之上；原本位于此地的凯旋门，其残余的遗迹仍静静坐落在奥尔杜大道（Ordu Avenue）的有轨电车旁边。君士坦丁高耸的方尖碑曾停放在港口无人问津，后来被竖立在竞技场，（人们相信）上面刻着关于君士坦丁堡的预言。

方尖碑的新底座，显示出了狄奥多西宫廷的权势与这座碑所属时代的工程技术:"一根四个面的柱子,倒卧时就已让地面承受不小的重量,唯有狄奥多西皇帝敢于将它竖起;普罗克洛斯(Proclos)受命执行这项指示,这根巨柱在三十二天后竖立起来。"事实上,这座方尖碑在从埃及运往君士坦丁堡途中断裂,运抵竞技场时只剩原尺寸的三分之二。这座方尖碑来自卡纳克(Karnak),最初竖立在当地是为了在欢庆气氛中敬献给"禧年之主"(Lord of Jubilees,也就是埃及的神祇贝努鸟[Bennu],代表太阳、创造与重生),以彰显宗教与军事力量。君士坦丁堡的皇帝们也许无法解读碑上的象形文字,但如果他们了解这些符号的含义,他们一定会喜欢这块碑文。它赞颂了神圣与世俗力量的联合,及其为青铜器时代的法老图特摩斯三世(Tuthmosis III)所带来的胜利,他"奴役万国……往南北扩展疆土……越过纳哈里那大圈(Great Circle of Naharina,即幼发拉底河)英勇获胜……将敌人杀得片甲不留……"。[4]

　　然后,人们可以看到雄伟的金门,这座凯旋门横跨在埃格那提亚大道上,只有遇到重大庆典,像是皇帝搭乘黄金马车进城,或是皇帝打了胜仗凯旋归国时,金门才会开启。金门上装饰着金象拖行的战车,优美的雕像与十二面浮雕展示着希腊神话场景。闪亮的金门居高临下俯瞰濒临马尔马拉海的色雷斯平原,数百年来,来到此地的旅人一见金门,就知道自己投入了文明的怀抱,也踏进了上帝的家门。金门兴建的年代大约是在386年(是狄奥多西一世还是二世兴建的金门,至今仍有争议),有人宣称金门的宽度足以让一艘船经过。这座展现了高超技艺的美好建筑,至今仍骄傲地挺立着,即便它已有点倾颓。当初兴建壮观的金门,是为了转移民众的注意力,好让他们不去惦记阿德里安堡战役之耻。金门上书"狄奥多西在暴君败亡后装饰此门,他建造这座金门,迎回了黄金时代",而且雕刻着胜利女神与君士坦丁堡的堤喀为皇帝加冕的景象。在我写作之时,金门附近的土地全被政府分配给民众作为菜园,入口被塑料箱、野草与成堆粪肥堵住,只有一道生锈的斜梯通往一扇平凡无奇的门。

　　狄奥多西也在君士坦丁堡兴建了谷仓,用来储存珍贵的埃及谷物,使其保持干燥。此外,他也开发了水道系统,确保城市的饮用水。忒米斯提欧斯表示,这些水道的长度是1000斯塔德(stades),也就是185公里。现代的历史学家认为这个数字有夸大之嫌,但测量后他们发现这个数字竟被低估了——已经发现的流入君士坦丁堡的水道足足有225公里。[5]此外,狄奥多西的港口,或者说几座港口，码头长度达到了 4 公里，延伸到今日伊斯坦布尔的凯末尔大道（Gazi Mustafa Kemal Paşa Caddesi）与兰加大道（Küçük Langa Caddesi）之间，[6] 见证了这一时期君士坦丁堡的决心。其中一座港口，原来被叫作厄勒特里欧斯（Eleutherios，以君士坦丁手下一名官员的名字命名，这个名字有"自由"的意思），它确保了君士坦丁堡能在全球贸易舞台上大展风采。

令人振奋的是，2004 年，狄奥多西的"大工程"在微光中重见天日。"自由港"重获自由。这项考古奇迹是在开挖博斯普鲁斯海峡的大型海底隧道时发现的，地点在耶尼卡皮南区，位于街道下方约 12 米深处，在平凡无奇的店铺后方出现了巨大的狄奥多西港。遗址在距今日海岸线约 274 米的陆地上，昔日的港口在吕科斯河数世代的淤积下已经无法使用，它就是数世纪以来支持着君士坦丁堡活力与拜占庭理念的重要场所。从淤泥底下，第一艘船现身，然后又一艘现身，迄今为止接连 37 艘船从卡布奇诺般的褐色淤泥中现身。船只裂缝里有旋涡状的海贝、骨头、泥沙与陶器碎片。许多船只几乎仍保持完整，桨帆船的设计也是迄今未见的。最新分析显示，用来建造这项庞大工程的木材全部来自进口。这些木材，包括栗木、柏木与红白橡木，足以用来建造东地中海最繁忙的港口。[7] 港口完工时，防水用的树汁与沥青的浓烈气味充斥着君士坦丁堡的街道与住宅。

下降到海平面以下约 12 米处"拜访"这些鬼船：木头被小心翼翼地用海绵擦拭，然后轻柔地从中世纪君士坦丁堡居民眼中的海床中抬起，这必定是难得一见的。这里的遗迹不只是木制骨架，它象征着古典时代晚期与中世纪早期的有血有肉的实际生活。船腹里依然堆放着樱桃瓶、双耳细颈瓶、精美的玻璃器皿，瓶身几乎看不到任何缺口；就连船上的缆绳也完好如初。其中一艘代号 YK12 的船中，船长的个人物品完整保留了下来——他的餐具与定制的火盆。当穿着荧光外套的工人推着独轮车来回穿梭时，码头木桩就像牙齿一样从土里冒出头来，船只则像巨型的翻花绳游戏；寒鸦飞下来在挖掘地点啄食，就像几百年前它们在这个仍在运作的港口捡拾食物残屑一样。这里也发现了数百匹马的遗骸（拜占庭人吃马，由于他们偏爱一种残酷的马嚼子，因此缩短了马的寿命，绝大多数的马都在 10 岁左右被宰杀）。港口的挖掘地点也出现了熊、驴子与鸵鸟的遗骸（显然是被屠宰的）。甚至有一条狗，它的断腿被宠爱它的主人

狄奥多西港的挖掘始于 2004 年。到了 2016 年，已经挖掘出 37 艘船。从 4 世纪至今，经过这么多年岁，不仅船只本身，连船上的货物都保存得极为完整。

细心地接了回去。洒水器不断运作让这些木头保持潮湿。牛奶箱堆得像山一样高，总数接近 9 万个，塞满到目前为止出土的物品。这些珍贵遗物原本堆放在挖掘地点，上面盖了一层防水布，现在全排列在伊斯坦布尔各处的仓库。

这个挖掘地点显示中世纪初期的伊斯坦布尔是三块大陆之间的枢纽：欧洲、亚洲与非洲。2004 年发现港口遗址之后，机械开挖的工作随即停止，拿着鹤嘴锄与铲子的当地工人成群结队前来解救港口与遗物，就像一千六百年前的工人一样。

狄奥多西一世实现了君士坦丁堡作为全球经济要角的潜力，而他的决定也影响了今日世界数十亿人的精神生活。皇帝进入君士坦丁堡后才过一年，381 年的大公会议修订了 325 年在尼西亚皇宫制定的《尼西亚信经》。[8] 这是个政治性的时刻，因为信念成了教条——信仰的硬性要求。从 381 年春天到 7 月，第一次君士坦丁堡大公会议在拜占庭古卫城上的伊莲娜教堂（神圣和平教堂）召开。虽然这场会议事后被视为是一次普世基督教会议，但当时的与会者只自称是“各省份主教在君士坦丁堡的神圣聚集”。他们的目的很明确，就是促成一个正统教义，让整个帝国团结起来。狄奥多西似乎回归了他的故乡西班牙的宗教思想源头，主张圣父、圣子与圣灵具有相同的力量与权威，以及拥有完整神性的基督是不可置疑、不可争辩也不可挑战的（一旦你成为上帝在人世的代理人，那么这会是相当便利的说法）。无论是出于感情还是政治因素，这个新正统可以视为一种区隔“他们”和“我们”的手段，将广大新罗马的虔诚居民与除此以外帝国所有的蛮族区别开来。尽管如此，在神圣和平教堂里召开的会议一点也不平和。我们得知“各方与会者声嘶力竭，像一群专注着一件东西的寒鸦，他们是一群兴风作浪的青年，是过去从未见过的一帮恶棍，他们像难以抵挡的旋风刮起了沙尘，即使是令人畏惧的权威与年高德劭的统治者也会认为这些人不可理喻，他们是一窝到处嗡鸣的失控黄蜂，猛地扑上你的脸”。[9]

于是，在这场大公会议里，在这间如今已作为音乐厅的教堂里，至今仍被世界各地的基督教教堂背诵的《尼西亚—君士坦丁堡信经》（Nicene-Constantinopolitan Creed，简称《尼西亚信经》）诞生了。

此外，在这场大公会议上，君士坦丁堡首次被官方文件称为新罗马。[10] 但狄奥多西也注意到，一些最深入人心的希腊罗马传统显然违反了法律。381 年，伟大女神（希腊人的库柏勒，罗马人的伟大母亲［Magna Mater］）的神明地位遭到废除：对她的崇拜遭到禁止，庙宇也被关闭。不仅如此，391 年到 392 年颁布的狄奥多西敕令宣布异教崇拜是邪恶的，焚香祝祷是违法行为，无论私下还是公开献祭都将被判刑。393 年，奥林匹亚的异教仪式也被禁止（不过目前正在进行的考古分析显示这里的奥林匹克运动会仍在继续举办）；狄奥多西解散了罗马的维斯塔贞女*而且公开将罗马的宗教节日改为工作日。亚历山大庞大的塞拉比斯神庙与德尔斐的阿波罗神庙都被夷为平地。这些彻底的改变，背后的动机也许是真正的虔信，也许是为了夸耀自己的权力，也许是统治的压力带来的结果——哥特人已逐渐成为君士坦丁堡的边患。

面对哥特人的威胁，狄奥多西一世采取的做法是任命哥特人担任某些地区的重要帝国官员。在一些战略要地，例如帖撒罗尼迦，他让哥特人在此驻扎。但这里出了问题。帖撒罗尼迦是一座很容易撩起群众热情的城市。古典时代晚期，就像古罗马一样，战车与战车手在这里仍很受欢迎。帖撒罗尼迦也以拥有国内规模数一数二的竞技场自豪。390 年，一名受欢迎的战车手遭到逮捕，民众于是群起暴动，杀死了哥特驻军指挥官布塞里克（Butheric），他的遗体遭到残酷对待，还被拖行游街。狄奥多西在盛怒之下极为残忍地镇压了这场民众暴乱。有些史料提到，在帖撒罗尼迦皇宫（今日仍可看到这座皇宫的遗迹）附近，一日之内杀死了 7000 人，民众"像小麦一样被砍倒"。现在，信众的嘴上开始诵念《尼西亚信经》的新内容："他将在荣耀中再度降临，审判活人和死人。"我们应该停下来思考片刻，想一想许多世纪以来的人们（或许还包括帖撒罗尼迦——俗称"Symvasilevousa"，即与君士坦丁堡共治的都城——竞技场上死去的信众）是抱着什么样的热情、希望与绝望诵念这句话。

帖撒罗尼迦的杀戮之地，如今在高瞻远瞩的市长的规划下，已经摆脱都市萧条与腐败，摇身一变成了怡人的海滨步道。孩子们追逐嬉戏，大人们玩掷球，一面手绘的大型政治旗帜在场地飘扬，上面写着"OXI"（不）——断然拒绝欧盟希望希腊推行紧缩政策的要求。

---

* 维斯塔贞女（Vestal Virgins）：古罗马炉灶和家庭的保护神维斯塔的女祭司。——编注

狄奥多西以武力压制民众抗争之后，米兰主教安布罗斯——他曾为圣奥古斯丁施洗，因此在中世纪历史占有一席之地——革除了这位东罗马皇帝的教籍。由于狄奥多西手上沾满鲜血，安布罗斯认为，除非皇帝进行数个月的忏悔圣事，否则拒绝恢复他的教籍。我们没有明确的证据，能证明这个匆促的记录、这个强硬的立场的真伪性，也不知道深夜里皇帝在君士坦丁堡皇宫如何为自己的灵魂悔罪，但有一点应该不是巧合，那就是帝国很快就立法规定，皇帝的敕令公布后要经三十天才生效施行。狄奥多西在圣诞节与安布罗斯见面后过了几个星期便发布了新的法律。在帖撒罗尼迦屠杀后，皇帝所经历的这段灵魂内省的历程，恐怕刺激他在 392 年通过了严厉的反异教敕令。由此，古典时代晚期与中世纪初期人们的生活将发生翻天覆地的改变。

狄奥多西的虔信所产生的直接与累积效果，对许多人来说是可怕的。亚流派被"粗暴地"逐出教会。每天都有人将日常的仪式妖魔化。"在树上悬挂神圣的带子（细长布料），用草根土堆起祭坛"，[11] 这些行径突然间都成了问题。对异教活动施加的惩罚，包括没收财产，甚至处死，并非在一夜之间生效（事实上，接下来的几任皇帝，如阿卡狄奥斯 [Arkadios]，还曾颁布敕令，指出改革对民众生活的影响只是隔靴搔痒），而且通常只是口头指责或道德建议而非严刑峻法，但却冲击了非洲、亚洲与欧洲大部分地区的文明生态。[12] 现在，基督教成为以君士坦丁堡为中心的新罗马帝国的国教。

狄奥多西一世厘清了君士坦丁堡具体事务的先后次序，也为广大世界树立了精神正统，而他也是最后一任同时统治东方与西方的罗马皇帝。狄奥多西最后待在米兰，于公元 395 年 1 月 17 日死于可怕的水肿，但他的遗体却运往君士坦丁堡安葬，同年 11 月 9 日举行了盛大隆重的哀悼仪式。新罗马胜过了旧罗马，成为了狄奥多西的长眠之地：罗马也许是安葬彼得与保罗的地方，但君士坦丁堡却被称为能够维系基督王国长治久安之处。身为皇帝，你还能希望自己葬在哪里？

第二十一章　天国之战与人间之战：加萨与亚历山大

公元 395 年—415 年

在行圣餐礼时，一名年约 7 岁的孩子与他的母亲站在一起，他突然高声说道："你们要烧掉里面的神庙，因为里头发生过许多恐怖的事，特别是用人献祭。你们要依照这个方法去烧：准备沥青、硫黄与猪油，将这三种液体混合之后涂在黄铜门上，然后放火，如此才能烧掉整座神庙……"

马可执事（Mark the Deacon），

《加萨主教波斐利传》（*Life of Porphyry, Bishop of Gaza*）[1]

在雅典伊利索斯河（Ilissos）——1956 年后便隐没在柏油路面下——河岸上，苏格拉底曾一面悬荡他的足尖，一面搅乱雅典青年的思绪。一枚落在此处的金币诉说着许多陈年往事，[2] 这枚金币是阿卡狄奥斯皇帝在君士坦丁堡铸造的。铸造金币那年，罗马帝国被狄奥多西的儿子一分为二，年约 12 岁的阿卡狄奥斯定都君士坦丁堡，统治东罗马帝国，年约 8 岁的霍诺留（Honorius）统治西罗马帝国。在钱币正面，阿卡狄奥斯手持军旗，展现出罗马胜利者的姿态；在钱币背面，长着翅膀的胜利女神脚下踩着一名俘虏。[3] 这种象征混合了希腊与罗马风格，但它标志着世界一分为二的时刻；东方开始变得东方，西方开始变得西方。雅典市中心拜占庭博物馆收藏的这枚金币连同其他物品，在 1923 年进行的希腊—土耳其人口互换＊之后，也作为"难民遗物"进行移交。

＊ 130 万名希腊基督徒被迫离开小亚细亚，50 万名马其顿土耳其人与穆斯林必须放弃他们位于希腊本土的家园。——编注

这些流离失所的人，绝大多数能带走的只有自己身上穿的衣服以及手中提的行李箱。人们走在埃格那提亚大道上，各自朝着东西两个方向前进。这是公然的意识形态与种族区分，而这类描述东西方之间不可见的界线的话语，早在古典时代就已萌芽，至今我们仍收割着它带来的苦果。因此，这枚钱币连同与它一起移交的物品的起源并不能确定，但环绕这些物品形成的广泛叙事却极为丰富。

半身像形式的青铜秤砣，年代约在公元400年到450年之间。描绘的人物可能是君士坦丁堡某位举足轻重的皇后，也许是欧多克西亚。

阿卡狄奥斯对父亲狄奥多西言听计从；他主掌君士坦丁堡那会儿，正值异教徒与基督徒力量抵触冲撞的时刻。

事实上，狄奥多西敕令对控制当时流行的异教想象效力微乎其微。献祭、焚香、在树上悬挂供品（时至今日依旧存在于东正教世界）等风俗再度遭到禁止。在君士坦丁堡的宫廷，抱怨声四起。作为原则，作为权威而非宗教狂热的象征，宗教改革势在必行。在君士坦丁堡城内大规模拆除建筑物的行径可能会引发民愤，而既有的教堂兴建计划已经清除了一些异教圣殿。404年，一群好战的基督教暴民拆毁元老院，引起众人的恐惧与反感；但异教建筑的破坏工作在地方省份仍在持续进行。

从巴勒斯坦加萨的玛尼翁神庙（Temple of Marneion）的故事中，我们能感受到东正教基督徒的义愤。[4] 当地只有一间教堂，主持者是波斐利主教——我们得知他很不受欢迎，有一天他进城必经的那条路被人用荆棘丛阻挡，逼得他爬上城市平坦的屋顶逃离愤怒异教群众的威胁。加萨长久以来一直抗拒基督教观念；在戴克里先时代，一些基督徒在这里壮烈殉教。即使在基督教成为国教后，主教的活动范围仍局限于城墙外。

宙斯·玛尔纳（Zeus Marna）是史前时代丰收之神大衮（Dagon）的希腊风

格的化身，加萨有一间哈德良皇帝建造的神庙来供奉这个神明。波斐利主教曾专程前往君士坦丁堡，希望获得准许关闭加萨所有的神庙。他的请求正契合某人的心意，那就是阿卡狄奥斯的妻子，有学识、精力旺盛且美艳动人的欧多克西亚（Eudoxia）。此刻，我们遇见了君士坦丁堡历史上最顽强的象征之一，这位强大而有影响力的皇后。欧多克西亚大权在握。她委托工匠制作了一尊用来荣耀自己的银制雕像，雕像的基座于 1847 年在市中心挖掘时被发现。[5]

我们得知，在近侍宦官阿曼提欧斯（Amantios）的鼓动下，欧多克西亚皇后同意了波斐利的请求：拿加萨开刀，杀鸡儆猴。但加萨的异教徒一直不屈服，所以只得采取特别措施。402 年，皇后直接命令军队包围玛尼翁神庙，士兵们都配备了摧毁神庙的新武器。保卫神庙的人在外围堆起堡垒，准备坚守。基督教军队花了十天时间先破坏城中其他神庙，最后再回来对付玛尼翁。崇拜者与异教教士依然被围困在里面。皇后的部队混合了原油、硫黄与猪油，涂抹在神庙的青铜大门上。[6] 然后有人将燃烧的火炬往门上一扔。

青铜熔化的温度是摄氏 950 度，而燃烧的火堆平均只能达到 427 度左右。从表面上看，中世纪初期对 402 年这起事件所做的生动描述（指本章开头马可执事的作品）很有可能沦为带有末世论色彩的、煽情的神话虚构。因此，在一群化学家的陪同下，我尝试在威尔士废弃的采石场重现整个场景。[7] 我们在很短的时间内把沥青混合物涂抹在石头框住的青铜门上，然后点燃混合物，金属门开始褪色变形。燃烧的温度非常惊人，猪油燃烧的时间长而缓慢——四小时后，火场中心的温度达到摄氏 980 度。402 年的那一天，巴勒斯坦的天空肯定被火焰照得通红，空气在高温中闪烁晃动，街上弥漫着刺鼻的黑烟。困在里面的人——他们很可能直到最后一刻仍在向他们的异教神明祈求——如果没被闷死，就应该被活活烧死了。

407 年，在神庙遗址上重新盖起教堂，这间献给皇后的教堂利用大火后残余的石块建造而成；巴勒斯坦现在有了一座新教堂，名叫欧多克西亚娜教堂（Eudoxiana）。在城镇里，异教圣殿的纯净大理石块原本如此精美而神圣，不允许任何人在上面走动；现在却成了普通的铺路石，亵渎不敬莫过于此。

或许加萨大屠杀是为了报复一个世纪前向基督徒发起的轻率的残杀。这些迫害的恐怖故事广泛流传，大人甚至会用它们吓唬不听话的小孩。如佩普图瓦（Perpetua）的故事，她在 202 年到 203 年在竞技场上殉教以取悦过生日的非洲总督希拉里阿努斯（Hilarianus）。陪同她一起殉教的还有菲莉绮塔丝（Felicitas），当时她才刚生产，胸前还分泌着给孩子喝的乳汁。[8]

我们不禁要问，在新罗马帝国里，基督徒是否还存有慈悲？无论一个人的信仰为何，或是否存在信仰，我们都应该想象这些可怕的场景，并为那些人流泪。

有些与直觉相违背的是，4 世纪 90 年代对异教神龛与机构的第一波攻击产生的难民，通常会逃往君士坦丁堡。其中两名出逃的异教徒——他们似乎在母邦获得了热烈欢迎——是来自已经臣服君士坦丁堡的亚历山大城的赫拉狄欧斯（Helladios）与阿莫尼欧斯（Ammonios）。他们后来成了索克拉蒂斯的老师，而索克拉蒂斯详细记录了基督教历史上最可憎的谋杀。赫拉狄欧斯与阿莫尼欧斯这样的人可以在君士坦丁堡生存，说明有些异教徒是受到包容的，但挺身对抗新基督教潮流的人确实面临真实的危险。

虽然在今天的亚历山大，棋盘式的街道上仍保留着古代街道的痕迹，但要寻找古代城市本身，我们还是要走到地下，前往闷热封闭的、由坟墓、住房与仓库构成的迷宫——进入 "死者之城"。在这里，长着狗头的石雕罗马士兵保护着坟墓，希腊的柱顶过梁上方是埃及式的图案。在街道底下某处，亚历山大大帝无疑就葬在某个结合了希腊、马其顿与埃及元素的坟墓里。罗马人战胜克丽奥佩托拉（Cleopatra，于公元前 30 年死于亚历山大）之后，控制了这座享乐与学问之城，坚韧的罗马之线从此织入了这块鲜艳的文化织锦之中。[9]

在亚历山大，文字与学问的传播比谷物或黄金的流通更快。它是一个拥有许多观念与神祇的地方；在这里，知识确实就是力量。民众缴交港口税时使用的不是钱币，而是莎草纸书本。此地兴建了囊括世上所有观念的大型图书馆，藏书至少有 50 万册，全都予以仔细编目。在亚历山大，埃拉托斯特尼（Eratosthenes）测量地球圆周，误差不到 64 公里；盖伦（Galen）探索人脑的潜力；阿里斯塔克斯（Aristarchos）提出地球绕日而非太阳绕地的学说。[10] 这座城市的伟大来自开放的心灵，这里有丰富的文化交流：最初是亚历山大大帝拥抱埃及神祇；之后是托勒密支持将希伯来文《圣经》翻译成希腊文；[11] 然后是《训诲录》(*Didascalia*) 的创作，试图协调理性与启示，主张哲学和神学不仅相容而且互惠——这些成就足以作为一种宽容多元、丰富多彩的政治实体的典范。

从亚历山大港出口的埃及谷物，由（今日伊斯坦布尔港口淤泥中挖出的）船只运送到君士坦丁堡的谷仓、磨坊与面包店，使新罗马的市民得以存活。富人定制家具时，家具上会装饰幸运女神堤喀的形象，当时的四大城市，君士坦丁堡、罗马、亚历山大与安条克被想象成女神，它们全都化身为典型的女子相貌。其中一件特别华丽的装饰，制作年代大约在330年到370年之间，在罗马陷落后被掩埋，上面的亚历山大与君士坦丁堡被"打扮"成孪生姊妹的模样，两人戴着羽饰头盔，君士坦丁堡手持丰裕之角与一个用来洒神圣奠酒的碟子。君士坦丁堡与亚历山大的关系紧密而不可或缺，这两座城市被视为近亲。然而，来自帝国首都君士坦丁堡的祸害也将途经马尔马拉海与地中海被送回亚历山大，并一手摧毁亚历山大的梦想。

3世纪与4世纪之交，一名女性在亚历山大做出了划时代的贡献，她就是数学家、天文学家与哲学家希帕提娅（Hypatia）。位于现代城市市中心的亚历山大教室遗址，目前正在科姆·埃尔·狄卡（Komm El Dikka）进行挖掘。挖掘地点四周围绕着不起眼的公寓大楼与常绿的雪松，但挖掘成果相当可观。就在古代道路（亚历山大的主要街道约30米宽而且有人工照明）旁边，目前为止已经挖掘出20间教室。教室有三排石板凳，一次可容纳30位左右的学生。教授坐在看起来像王位的石椅上，最前方有个小讲台，我们认为当时的学生必须站在讲台上向大家发表自己的看法。教室上方有遮盖埃及烈日的顶篷。即便狗儿在扬尘中闲晃，野草蔓生了整间教室，科姆·埃尔·狄卡的气氛依旧令人感到兴奋、亲近，充满思想、实践与哲学的可能。

希帕提娅显然是个能令学生感到振奋的老师。她重新设计了星盘，还与父亲一起提出了新的数学公式。我们可以从学生写给她的书信中感受到她的影响力。其中一个名叫辛奈西斯（Cynesius）的学生爱上了希帕提娅并向她求婚，但希帕提娅却把生理期用的布垫丢到他身上，声明他们最好还是专注于心灵而非肉体。

当时，基督教信仰只是亚历山大城众多思潮中的一种，称这座城市广纳众说完全行得通。亚历山大的基督教思想家甚至认为有些异教观念具备宗教正当性——"只要这些科学观念是正当的，那么它就带有虔信的性质。"但到了389 年，君士坦丁堡采取较强硬的宗教路线之后，亚历山大的塞拉比斯大神庙被毁，亚历山大内部也开始出现冲突。令人敬畏的新基督教领袖们相互争斗，而希帕提娅便在这种情况下卷入了这场世俗与宗教的权力斗争。区利罗（Cyril）主教注意到希帕提娅并且认为她使用科学仪器进行黑占卜——也就是预言未来。希帕提娅的实验被诬指为巫术。改变中的世界，连同憎恨与谣言的丑恶毒箭向她袭来，受人欢迎、敬重，同时多才多艺的希帕提娅根本没法招架住。

我们可以沿着亚历山大北部一条平凡无奇的偏僻街道追溯希帕提娅的命运。在 21 世纪的地表下，埋着恺撒勒乌姆（Caesareum）的遗迹——这是克丽奥佩托拉设计的具有纪念意义的爱之陵墓，用来哀悼她死去的情人恺撒大帝。这座陵墓装饰有古埃及方尖碑，这些方尖碑之后流落到纽约中央公园与伦敦堤岸，现在称为克丽奥佩托拉之针。奥古斯都从克丽奥佩托拉手中夺得亚历山大（而且造成埃及艳后与苦恋她的罗马将军安东尼双双自杀）后，便将这里改造成进行帝国祭典的地方。412 年以后，恺撒勒乌姆成为区利罗主教的基督教总部。

希帕提娅陷入亚历山大各大交战的宗教团体的火网中。这些备受挫折的男人十分愤怒，他们急着找替罪羊。415 年春，[12] 希帕提娅——区利罗对她颇有怨言——被人从马车上拖下来。这名女哲学家在被扒光衣服后，拖到了恺撒勒乌姆边上。暴民群情激愤，他们手边能拿到什么是什么——例如陶片（ostraka），我们得知这些陶片可能来自建筑工地的破碎屋瓦。接下来发生的事难以用文字形容。哲学家被活活剥皮，奄奄一息的她遭到焚烧，尸体被肢解后游街示众。[13]

在城市的另一边，图书馆被抢掠一空。公元前 416 年，图书馆已被恺撒的军队放火烧过一次，现在还要被忠于新罗马宗教教义的人再烧一次。希帕提娅个人的悲剧也是亚历山大这座城的悲剧。走在街上，目睹恐惧与人心的封闭，周遭的一切尽皆毁灭，异教诗人帕拉达斯（Palladas）情不自禁地写下了家乡的惨状：

是不是我们希腊人其实已经死了

只是看起来还活着——我们处于堕落的状态

想象梦境就是人生?

或者我们其实还活着而人生已经走到尽头? [14]

历经三百五十年的流浪、抗争、逃避威胁与死亡,基督徒不再是受迫害的少数,而是加诸迫害的多数。拜占庭帝国各地开设了庞大的中心机构,分送面包给贫苦无依之人。有太多理由让人"加入我们",而非"加入他们"。

同时代关于希帕提娅生平的记载来自索克拉蒂斯,这位编年史家出生于君士坦丁堡(别忘了,他曾受教于两名异教徒,而这两名异教徒逃过了 389 年到 391 年在亚历山大发生的迫害事件,在这起事件中,塞拉比斯神庙及其图书馆遭到焚毁),他在描述希帕提娅死亡的最后留下这么一句话:"没有任何事比纵容屠杀更违背基督教精神……" [15]

第二十二章 异教空气中的基督教尘埃：新罗马

公元 381—465 年

你们应该放弃你们幼稚的庆典，

你们可笑的仪式，你们

配不上这伟大帝国的神龛。

喔，高贵的罗马人啊，用喷溅的血块

洗涤你们的大理石雕像——

让这些雕像，让伟大匠人

的作品，在洁净中屹立；

让它们成为我们故土城市

最美丽的饰物——愿

堕落的目的不会玷污这些艺术品，愿

这些作品不会被邪恶所役使。

普鲁登修斯（Prudentius）上书罗马元老院，5 世纪 [1]

不信上帝之人可能会被烧死，但君士坦丁堡整片地景依旧顽强地维持着异教风貌——或至少顽强地维持古典的外观。[2] 如果一个古罗马人或古希腊人在中世纪初走在基督教君士坦丁堡的大街上，他并不会感到格格不入。

我们需要暂停片刻，记住一件事：对古代与中世纪的人来说，雕像可以将各式各样的特质与权力具象化。雕像被认为是心理与生理的合体，是兼具理性与非理性的化身。这些雕像被粉刷，用柔软的乳液冲洗，穿上衣物，戴上花环，淋上玫瑰油增添香气。雕像的金属发丝如此精细，只要一阵微风就能让它竖起。当你经过雕像，从他那岩石水晶眼珠迸发出来的光芒将一路尾随你。注视着这些美丽身躯和细致脸庞，中世纪初期君士坦丁堡的男男女女总会臆想，雕塑中是否藏着一颗灵魂。[3]

曾在拜占斯之城生活过一段时间的以弗所的约翰（John of Ephesus）大声抱怨君士坦丁堡民众把城里阿佛洛狄忒的形象当成是基督的化身。甚至到了1204年，当拉丁十字军袭击君士坦丁堡时，城市居民拆毁了元老院外君士坦丁广场上那座约9米高的雅典娜神像，因为他们认为这座神像在主动欢迎讨厌的十字军的到来。[4]而在精美的普丁格地图上*，可以看到君士坦丁堡是如何被描绘的。这座城市成了欲望女神阿佛洛狄忒的模样，古代人认为这名女神掌管了爱欲（eros）与战争（eris）。

君士坦丁之后的罗马皇帝致力于收藏与展示从古老神祇得到启发而制作的雕像——无论是仿制还是原创作品。阿佛洛狄忒、阿耳忒弥斯、维吉尔、罗慕路斯与雷穆斯（Romulus and Remus）、"玫瑰色手臂的"特洛伊的海伦（受到特洛伊战争故事的吸引，君士坦丁堡有多达29组描绘特洛伊失守的作品）、巨大的赫马佛洛狄忒斯（Hermaphrodite）、恺撒、各个哲学家或古典时代英雄的雕像都能在城里找到。有些雕像是大理石做的，但绝大多数由青铜或镀银的青铜制成。当时的人表示，拜占庭从帝国各地搜罗，"把拜占庭以外的城市搜刮一空"，这些闪闪发亮的雕像让城市变得既美好又伟大。君士坦丁（有人认为是他的儿子君士坦提乌斯二世）倾全力取得图特摩斯三世的赤色花岗岩方尖碑（在运到君士坦丁堡之前已经存在了一千八百年），之后由狄奥多西一世竖立起来。这些计划使君士坦丁堡拥有帝都的气势，使君士坦丁堡居民以身为这座城市的市民为荣。然而这一切并非毫无代价：居民必须缴税以维系繁重的后勤，从欧亚城市强取豪夺来的东西成了进贡君士坦丁堡的"礼物"（获取雕像的传统最早是从军事掠夺开始的），城中的犯罪者在一种极端的"社区服务"的名义下为君士坦丁堡修筑雕像。[5]

这项庞大的"建筑抢救计划"使君士坦丁堡拥有许多重要的作品，包括菲狄亚斯（Phidias）接受委托为奥林匹亚神庙设计的象牙宙斯雕像；普拉克西特

---

*　见第117页。——编注

列斯（Praxiteles）创作的克尼多斯的阿佛洛狄忒；罗得岛林多斯（Lindos）出产的充满异国风情的绿石；以及萨摩斯岛富丽堂皇的赫拉雕像——这些都由大内侍（与宦官）劳索斯（Lausos）收藏。可惜的是，这三件艺术作品，连同收藏12万册图书的巴西利卡图书馆，都在475年横扫君士坦丁堡的一场大火中付之一炬。

收藏异教珍品不仅基于业余的喜好，也不只为了荣耀自己，而是基于一种信仰，认为这些物品蕴含着真实且可转移的力量。从君士坦丁开始，之后的罗马皇帝纷纷收藏这些珍品，一方面是为了装饰首都，另一方面则是为了将帝国境内所有献祭与膜拜仪式从异教神庙中移除。我们得知大皇宫图书馆收藏了不寻常的荷马作品版本："在皇宫众多的珍品中，有一条龙肠（或许是蟒蛇的肠子），长约37米，上面用金字写着荷马的《伊利亚特》与《奥德赛》。"[6]

拜占庭帝国境内流传着关于这些让人着魔般想据为己有的雕像的精彩故事，这些故事中，雕像面朝名人倒下，叫人心生惶恐，而后被粗暴地掩埋，以消除它们邪恶的欲望与设计。波斐利主教——他支持在加萨进行宗教纵火——在一群手持十字架的暴民协助下破坏了一座阿佛洛狄忒神像。皇帝利奥六世的弟弟性无能，他赶到竞技场为雕像穿上衣服并且在雕像前面焚香，希望敬神的举动能治好他的隐疾。

基督教圣像所拥有的不可思议的力量，显然是异教观念自然发展的结果。早期有许多雕像额头上画着的十字符号不只用来洁净它们，也为了让雕像拥有更强的力量。一个世代之前，由于狄奥多西敕令的影响，大量古典时代石材散置于荒废不用的神龛与圣殿里。收集这些石材或多或少证明基督教政府拥有凌驾异教的权力。但实际上要就地摧毁偶像崇拜是否真有那么轻而易举？就物质与情感上来说，其实很难做到。因此拜占庭官员采取保存、据为己有与改变用途的做法：埃及伊希斯像被收集进来；[7] 利比亚的宙斯阿蒙（Zeus Ammon）的神殿被改成圣母马利亚教堂（Mary Theotokos）；马蹄奔腾的青铜马拉战车是希俄斯岛岛民技艺高超的冶金作品（1204年第四次十字军东征之后，马头最终还是无法摆脱被切除的命运，被随意当成战利品运往威尼斯圣马可图书馆，今日这个作品仍被放置在圣马可大教堂的楼上），它在狄奥多西二世时代被引进并且展示于君士坦丁堡竞技场。宙克西帕斯浴场像是一座充满蒸汽的艺术画廊，而竞技场则成了露天博物馆。

收藏异教掠夺物的风潮刺激了立法，而其内容与现代的文物保存法规颇为相像：383 年，美索不达米亚奥斯若恩（Osrhoene）一间神庙被命令要保持开放的状态，让庙里的古物"能作为艺术品为人欣赏，而不是被当成神祇加以供奉"；[8] 399 年由阿卡狄奥斯皇帝颁布的法令宣布，"任何试图破坏这类物品的人无权仰赖任何权威为自己脱罪，若事出意外，他应该提供与之相关的解答敕令与法律作为辩护。他应上缴书状，交由我们的共同智慧来裁决"。[9] 这里，我们看到拜占庭的帝国行政机器有如联合国教育、科学及文化组织。

这当中免不了出现破坏与暴力——新皈依的基督徒借由破坏偶像来证明自己的虔诚，许多异教徒发现要躲过刀剑最便利的办法就是改变信仰。在科孚岛的帕莱欧波利斯（Palaeopolis），有一间教堂硬生生地盖在异教神庙的遗址上，改良的考古方法[10] 显示当地人像鬣狗一样野蛮入侵，就近拿走手边的异教建筑材料，当作灰泥使用。[11] 但这应该是例外而非常态。一般来说，神庙，特别是在城墙外的神庙，都会原封不动地保留下来充当公共建筑物或美丽的私人住宅。最近在约旦乌姆·埃尔—拉萨斯（Um er-Rasas）的圣司提反教堂挖掘到的镶嵌艺术显示，最晚到 8 世纪下半叶，有些异教神庙仍作为某些基督教城市的象征，例如宙斯希普西斯托斯（Zeus Hypsistos）神庙代表尼亚波利斯（Neapolis），潘（Pan）神庙代表埃及的某个地点。

除了实际存在的古典遗迹，君士坦丁堡街区文化也深受古典的、新异教的惯常做法影响。[12] 君士坦丁堡居民，不论贫富，支持而且相信美其名为"奇迹册子"的东西。这种现象相当普遍，而且直到奥斯曼人于 1453 年征服此城时都是如此。君士坦丁堡的男女深信各种占卜预言，内容从商业探险、狩猎、开战，到决定孩子断奶的适当日期与开始学习指南的时间不等。地震指南、月相指南与打雷指南作为预测未来的工具在彼时相当普遍。[13] 玄学士、巫师、炼金术士、卜梦师、解读雕像声音之人、鸟卜师、风水占卜师、魔鬼学家、经外书学者——现代评论者应该可以被容许这么说，拜占庭是暗黑艺术的温床。

然而，虽然从事这些技艺的人数量很多而且毫不隐讳，但拜占庭人自己恐怕也会惊讶于这些人的技艺居然如此多样。这些人当中有许多以"哲学家"自居。他们喜爱心灵探索时纯粹智性的快乐，也喜爱"哲学"解释与预言世界奥秘的力量。有人相信水星＊在天空居于支配地位时，催生了这些反复无常的预言者、献祭者、鸟卜师、卜梦师、医师、文法学者、律师、修辞学者、军事工程师。[14] 星辰、植物、矿物、人类——人们认为它们任何的活动都会影响其他事物的活动，牵一发而动全身。

　　一股世界性的能量驱使这些基督教玄学哲学家进行各种探索，例如《圣经》中的亚伯拉罕是不是占星师就曾引发激烈的争论。12 世纪以后编纂的文集，主要都是关于巫术、"伪经"、宝石雕刻术、圣雅各与圣巴西勒的祈祷书、炼金术的书籍，以及手相、探地术与占卜指南，其中许多都有鲜艳生动的插图。这些书籍中可以看出人们跃跃欲试的念头，相信一切混乱古怪背后的真相必定存在于世间的某一角落。帝国赞助的占星师来自帝国不断扩展的疆土，如底比斯、弗里吉亚吕科斯河河岸、亚历山大。他们的观念跳脱了地理位置上的边缘性，反倒十分契合（位处中心的）拜占庭人的日常经验。底比斯的赫派斯提翁（Hephaistion of Thebes）制作的占星学手册通行了几个世纪；马克西穆斯·拜占提乌斯（Maximus Byzantius）对于普世相似性提出具其影响力的观念，他认为世间万物，无论有无生命，都被灌注了神圣的火花，使万物与太阳直接产生了神奇的关联。这种说法解释了一些例子，例如城市雕像呈现神迹奇事的特质。

　　天文学家也受到了君士坦丁堡的重用——通常这些观星者都被归类为"数学家"。伊斯坦布尔上方的星辰，现在已蒙上了一层污染物，但还是特别明亮；六星等†以上的亮度使它们灿烂夺目。不过这里有模棱两可的地方：众人观察的天体究竟是上帝的作品还是撒旦的作品？占星师继而轮番遭受帝国宫廷的放逐与接纳。可以理解，教会教父对这些拥有数千年传统的术士表示担忧。他们警告说："不要理会占星师或鸟卜师，也不要相信其他迷信；甚至不要听从希腊人虚构出来的神谕或宿命论，不要聆听歌唱般的预言与通灵师最不合常理的说辞。"[15] 事实上，人们对这些术士隐约表现出一种分裂的态度。马克西穆斯·拜

＊　水星在占星学中被认为支配着人的理性和语言表达能力，受其强烈影响的人会呈现出这些特质。——编注

†　星等（magnitude）：指星体在天空中的相对亮度，在地球上看起来越明亮的星体，其星等数值越低。——编注

占提乌斯在数十年的时间内广受欢迎，却在 371 年突然遭到处死；他的书籍被焚，他所拥有的技艺也被宣告为巫术。

但在君士坦丁堡，许多人希望找到一个焦点，作为他们杂糅基督教与异教的热情的目标。5 世纪时，有些极端的基督徒——新崇拜仪式的追随者——提供了令人兴奋的新选择，他们回到基督教位于沙漠的发源地。这些人的活动场所环境严苛，是充斥着沙子与岩石的不毛之地。事实上，他们的名字源自"eremos"，即希腊文的沙漠。在君士坦丁堡，无论是精神还是物质上，隐士成了新的固定特色。一些苦行者贡献了更为激进的东西，希望可以取代那些状似恶灵附身的大理石、石英与金箔：成为会呼吸的雕像。

第二十三章　天上的雕像：苦行者

约公元 420 年—495 年

> 著名的西蒙，世上的伟大奇迹……我担心这段叙事会被后人当成神
> 话，以为全非事实。因为这件事超越了人性……
>
> 狄奥多勒（Theodoret），《叙利亚修士史》（*History of the Monks of Syria*）[1]

君士坦丁堡亲眼见识了古代艺术在民间广为流传的力量——现在，这个力量不仅蕴藏在大理石与青铜中，也以终将一死的肉身的形式得以展现。

高柱修士（Stylites）是坐落于柱顶的古典人体艺术作品，试图超越其他那些毫无生命的异教雕像如水晶般残酷的眼光，竭尽全力赞颂唯一真神。圣西蒙（St. Symeon, 389 年—459 年）是这类人体艺术的创始者，他的石柱在今日的阿勒颇（Aleppo）附近，柱高 40 腕尺（约 18 米）。我们得知，西蒙在柱顶的石箱里待了将近三十年，虔诚的信徒与当地人会带着牲口绕柱祈求赐福与丰收。圣西蒙会选择这样的敬神形式，可能受当地在柱头竖立阳具象征物的传统启发，也可能受 2 世纪琉善（Lucian）《关于叙利亚女神》（*De Dea Syria*）[2] 描述伟大母亲库柏勒的仪式影响，或者只是单纯模仿雕像，认为这是击败存在许久的异教青铜像与石像的最佳方法。经过数世纪，圣西蒙石柱被信众不断地削减，现在就像一颗大雪球，一个顽强的时光旅人。就在我写作此书时，这块位于阿勒颇西北约 26 公里"西蒙要塞"的石头，尽管在 2016 年 5 月遭受迫击炮攻击，却依然在当前的叙利亚危机中残存下来。长久以来人们一直相信西蒙石柱被某种不可思议的力量保护着。

许多人对西蒙的虔诚感到诧异，其中有个年近四旬的男子名叫但以理。显

一名高柱修士的浮雕，可能是
5 世纪或 6 世纪来自叙利亚的
大西蒙或小西蒙。梯子上的修
士拿着香炉朝柱顶走去。

然，他被眼前这种激烈的基督教苦行形式吸引。苦行（ascetic）这个词源自希腊文"askesis"，也就是锻炼的意思。而在我们意料之中的是，苦行者也被称为"athletes"（参加运动竞赛之人），他们通过表现最顽强的肉体活力，承受最大的肉体压力，来争取"athlon"，也就是不朽之神的奖赏。从许多方面来说，基督教当然是一种来世宗教——无国可依的基督徒就像在地狱的边境（limbo），等待耶稣再临。如今罗马皇帝既然已经取得能够容纳这个概念的疆土，基督就不再被描绘为卑微的"革命者"，而是戴着冠冕的全能者（Pantokrator），是万物的统治者。此时凡人需要一个中介，一个也许可以仿效耶稣以血肉之躯遭受惩罚的方式来惩罚自身肉体的人，一个介于天堂与尘世之间的人。

但以理选择将这种耳目一新的宗教表演艺术带到基督教城市君士坦丁堡。他的选择十分关键。他的传记告诉我们，但以理原本决定要在安条克过苦行的生活，但途中遇见一名衣衫褴褛的男子，男子奉劝他去君士坦丁堡，"你将看见第二耶路撒冷，也就是君士坦丁堡；你会喜爱那里的殉教者的圣殿与祈祷大殿"。[3] 无论这是彼时传教者的真实感受，还是现世历史学家想传达给世界的理念，君士坦丁堡作为一种非常神圣的离心力量——在这里可以找到一切与一神论有关的事物——这个观念已成功推广了出去。但以理成年后绝大部分的时间都在修道院度过，其中有九年住在废弃但据说有邪灵盘踞的异教神庙里。这名在 460 年被唤作圣但以理的男子爬上位于君士坦丁堡北方约 6.4 公里处的一根石柱，这个地方现在称为库鲁切斯梅，就在阿纳普鲁斯（Anaplous，今日的阿尔纳武特柯伊［Arnavutköy］）与博斯普鲁斯海峡欧洲侧海岸的奥尔塔科伊（Ortaköy）之间。[4]

根据 5 世纪某个门徒撰写的有关但以理的详细生平，我们得知但以理成了君士坦丁堡的图腾；他俯瞰博斯普鲁斯海峡，尽管受到"娼妓与游走四方的异端"引诱，[5] 但还是顾及城市居民在精神与物质层面的需求。君士坦丁堡居民在经历一连串打击之后——例如 475 年的大火（这场火烧毁了大图书馆与劳索斯的珍宝，包括一些头等重要的艺术品）*与 476 年罗马的沦陷——急欲寻求心灵的抚慰，于是但以理担负起了传达神谕的角色。他的意见渐受到重视，但以理曾向当地的权贵捐客、来访的贵族甚至皇族提出忠告，从如何抵抗日耳曼大军入侵到处理可能是宗教异议者的邻居，他针对各项事务给出谏言。当宗教正统遭受威胁时，但以理会爬下石柱与主教和皇帝辩论。石柱的底部盖了一间修道院，用来保存圣西蒙的遗骨。

我们得知，但以理在柱上待了三十三年之后，脚长满了疮，当他在柱顶时，色雷斯的风猛烈吹袭着他，他希望“获得恩宠，神圣地结束自己的生命”，就在死前，他劝告追随者“一定要谦卑、服从与好客，绝不能背弃你的圣母，你的教会，要远离异端……语毕，教友们听到但以理转述圣父的祈祷与道别，所有人都忍不住号啕大哭，他们哀哭的声音之大，听起来就像打雷一样”。[6]但以理在柱顶的石箱死去，你可以说他是在苦行中离世。他的遗体迅速被移走，以免信徒分食他的肉或把他当成圣物，遗体被固定在木板上供人瞻仰；有人亲眼看到在他的遗体上方的天空出现了三个十字，十字外环绕着白鸽。

现在，历史学家与神经科学家协同合作，希望可以破解天空中出现的异象。哈佛大学的学者就开展了一项有极大吸引力的研究；他们发现，如果信仰够虔诚，我们就能看到自己想看的东西。[7]宗教的介入可以活化大脑系统中超越个体经验的部分。在我们耻笑君士坦丁堡居民是容易受骗的黑暗时代的歇斯底里症患者之前，我们应该想到今日依然有人对于天上出现的异象深信不疑。最近我在印度调研，一名看上去非常清醒的前政府官员认真告诉我，当他母亲死后，许多人看见她在一片火云中冉冉升天。这名只喝水牛奶的妇女从此被奉为神明，成为焦特布尔（Jodhpur）市郊一间香火颇旺的小庙女神——她所受到的崇拜跟青铜器时代以来接受供奉的女神没什么两样。这里的信众在召集下拿着海螺壳祷告而且高举双手摆出“orans”的姿势†赞颂女神。

但以理的生平故事是一个帮助我们理解这个时代的有益缩影——民众虔

---

* 见第 151 页。——编注

† 从中世纪拉丁语“ōrāns”衍生而来的语汇，特指代祈祷者举起双臂，手肘略靠身体，双手往外伸出，手心朝上的动作。——编注

信的表达方式不断改变。我们知道格拉尼欧斯（Gelanios）——但以理选择在他的土地上进行"宗教马拉松"的活动时——原本不希望高柱修士把柱子立在这里，在此地，"一只飞走的白鸽又飞回此地筑巢"。[8]这是"成名前"的时刻：一个住在大君士坦丁堡地区的平凡民众，对于荒野苦行者突发奇想来到这里立起一根恼人的柱子，没理由表示有兴趣。我们应该花点时间想想这群寻常的伊斯坦布尔民众，他们已经当了数千年的异教徒，而当自己生活的土地成了一座新时代的"宗教主题公园"，他们没理由感到高兴。

第二十四章　性与城市：宦官

约公元 350 年以降

> 太监也不要说，我是枯树。因为耶和华如此说："那些谨守我的安息日，拣选我所喜悦的事，持守我约的太监，我必使他们在我殿中，在我墙内有记念，有名号，比有儿女的更美。我必赐他们永远的名，不能剪除。"
>
> 《以赛亚书》56: 3–5

> 你赢得欢心，不只因为容貌的美丽，也因为灵魂的良善，因为你拥有一切足以与你的名字相称的特质，在寝宫中，你总能让皇帝入睡，在他耳边播下一切温柔的话语。
>
> 列恩提欧斯·斯科拉斯提科斯（Leontios Scholastikos）隽语集，赞扬卡里尼科斯（Kallinikos，这个名字有美丽与胜利的意思）[1]

> 因为有生来是阉人，也有被人阉的，并有为天国的缘故自阉的。这话谁能领受就可以领受。
>
> 《马太福音》19: 12

到了 4 世纪，强大的"第三性"成为了君士坦丁堡的关键特征。理论上来说，希腊人与罗马人都瞧不起阉人，但"历史之父"希罗多德却告诉我们，科林斯人曾于公元前 580 年派遣阉人出使波斯。当男人与男孩被捕沦为战俘时，他们会被仪式性地予以阉割——希罗多德提到，在小亚细亚沿岸岛屿发生暴动之后，被薛西斯俘虏的男孩全部遭受了如此命运。被去势的男子有违罗马普遍推崇的男子气概与美德观念。尽管如此，对东方女神库柏勒与她被阉割的儿子兼情人和信仰者阿提斯（Attis）的崇拜仪式却在罗马城大受欢迎，从而引发了忧虑。库柏勒（大家应该记得，她是拜占庭人偏爱的神明）的信众在宗教狂热中割下自己的生殖器，然后梳妆打扮以荣耀他们的女神。戴克里先皇帝在东方的尼科米底亚定都，他似乎已经开始懂得欣赏阉人的价值。伽列里乌斯皇帝俘获波斯皇帝的后宫，捉住他的阉人，由此开启罗马晚期宫廷的宦官热潮。亚美尼亚、高加索地区与波斯的阉人奴隶被引进以满足基督教皇帝与贵族妇女的喜好。君士坦丁的儿子们设立了内侍（cubicularius）一职——此外还有所谓的大内侍（praepositus sacri cubiculi）——这是一个有着独特特权的职位，唯有被阉割的男人才能担任。这些负责神圣寝宫的人员，他们的地位、影响与权力扩展得极为迅速。

除了执行正式职务——侍卫队长、私库保管人、皇室司账、司衾、秘书与大内侍——之外，根据一些诽谤中伤者暗地里的说法，宦官还要满足皇宫贵族的性愉悦。高级宦官成了备受信任的军事家，他们会被派去平乱、解决宗教争端。阿曼提欧斯是欧多克西亚的宦官，他代表加萨主教提出摧毁玛尼翁神庙的请求；为查士丁尼一世执剑的纳尔塞斯（Narses），总是亮晃晃地在战场上紧随着皇帝。神圣的西蒙（Symeon the Sanctified）获准登上阿索斯山——这名宦官日后将在帖撒罗尼迦兴建一座宦官修道院。有相当数量的牧首——以君士坦丁堡为根据地的正教会领袖——是阉人。这种“第三性”的存在，让原本男女的二元区分变得复杂，而且可以说让城市女性拥有非典型程度的权力，这个传统一直延续了一千五百年，直到公元1453年奥斯曼人征服这座城市之后也依然如此。

虽然中世纪史料总是委婉地将宦官翻译成卑贱的独身者（有的时候，这个词确实只在这样的语境中使用），但我们还是听闻亚述贵族、阿拉伯战俘、叙利亚游牧民族、黑海农民以及在君士坦丁堡或帝国境内工作的意大利人全部遭到了阉割。外交官琉德普兰德（Liudprand）还将四名阉人进献给拜占庭宫廷，而在9世纪，一个名叫达妮利丝（Danelis）的伯罗奔尼撒贵妇送了巴西尔一世（Basil I）100名阉人。6世纪时，埃伊纳岛的医生保罗（Paul of Aegina）描述过借由挤压与切除进行阉割的方式，而查士丁尼的法律曾提到90名被阉割的男孩只有 3 名存活下来成为宦官，这些说法让我们得以了解阉割的制度与规模。人们一般认为最好在青春期之前进行阉割，君士坦丁堡的宦官起初由异族构成，这些人把异国经验的价值以及广泛的人脉关系带到首都的心脏地带，宦官在首都的存在也越来越普遍。而结果有些讽刺，"土生土长"的宦官人数反而相应地增加；这些人来自君士坦丁堡及其邻近地区。从某种程度来说，这些不具异国魅力、有点褊狭的中性男人，最终丧失了他们的政治影响力。[2]

宦官也许是奴隶——人们认为终极的帝国统治者需要阉人担任终极的奴隶——但在君士坦丁堡，许多宦官却获得了非比寻常的成功。宦官劳索斯——他的雄伟宫殿最近才在巴布伊阿里街（Bab-1 Ali Street）被发现[3]——在古代收藏了数量数一数二的古代艺术品：克尼多斯的阿佛洛狄忒、奥林匹亚的宙斯、奇异的林多斯之石与萨摩斯岛大神庙的赫拉。这些作品是充满异国风情的高级"俘囚"，当它们在城市居民面前展示时，人们无不为其举重若轻的影响，为异教的放荡淫乱感到诧异。这些作品出现在君士坦丁堡，充分说明了是君士坦丁堡的高层人士掌控了古典异教世界，而非古典异教世界掌控了君士坦丁堡高层。这些收藏不仅具有强烈的政治意涵，也表现出优雅、无所不包的品位。当时的人不仅认为宦官慷慨、博学且睿智，也觉得他们是美丽的人物，他们漂亮的外表映射了灵魂的美好；诗人科里普斯（Corippus）颂扬为查士丁尼皇帝执剑的纳尔塞斯："他全身金光闪闪，但服装与外表却谦和节制，他的正直令人喜悦，美德令人尊崇，他无论日夜都精神抖擞、小心谨慎地看顾世界的统治者，并且散发着耀眼的光彩：如同晨星，在晴朗的天空闪烁，他散发出的金色光芒掩盖了银色的众星，清晰的光辉宣示白昼的到来。"[4]

宦官也被描绘成天使，是掌握天堂与尘世之间崇高"热线"的人间使者，站在两个世界之间是他们的任务。我们听闻宦官信差出现在彼时流行的圣人故事里，例如施舍者约翰（John the Almsgiver），他是亚历山大牧首，皇帝召唤他到君士坦丁堡：

> 上帝召唤的圣人，用他清醒的双眼看着，只见一名宦官穿着一身闪耀的衣裳，右手拿着黄金权杖，站在他的身旁说道："过来，容我直言，万王之王要见你！"

事不宜迟，他（施舍者约翰）立即差人找来贵族尼克塔斯（Nicetas），泪流满面地对他说："您，我的主子，要我去见我们在尘世的王，但天国的王早您一步召唤卑微的我到他面前。"于是他向尼可塔斯陈述异象以及方才见到的宦官，或者应该说是天使。[5]

民众对君士坦丁堡这群阉人的态度相当矛盾。早期有些基督徒——例如教会教父俄利根（Origen），他把自己阉割了作为信仰的标记——受到广泛流传的《塞克斯图斯格言》（*Sentences of Sextus*）激励："凡是无法引领你走向自制的身体部位都应该去除；宁可去除一些身体部位让自己过着节制的生活，也不要保留这些部位让自己招致毁灭。"[6]《格言》又说："你可以看到，人为了保住身体其他部分的健康而切割与去除某些部分。这么做可以换得节制，不是挺好的吗？"然而，即使是俄利根也对这个过程，也就是他阉割自己的行动有所责难，他似乎是在自己年轻力壮时做了这件事。宦官经常遭人诽谤，被贴上狡诈或淫荡的标签。欧赫里德（埃格那提亚大道上的一个驿站，位于前南斯拉夫马其顿共和国）大主教写了一篇极好的文章《为宦官辩护》（"In Defence of Eunuchs"），努力维护宦官的名声。这是基于某种认知立场写的，因为大主教不仅有许多朋友是宦官，就连他的兄弟也是宦官。

基督徒的纯洁、事业的进展、沦为囚徒、想成为女性、想成为"他者"——这一切都能解释成为宦官带来的心理安适。而这个状况是否也暗示着他们身处于紧张而不稳定的时代，毁灭与生存往往就在一线之间？[7]

宦官出现在君士坦丁堡，使许多西方的历史学家与编年史家鄙视拜占庭人，不管他们身处同一时代还是不同时代。然而就许多方面来看，君士坦丁堡之所以能永续长存，仰赖的就是这群长袖善舞、具有国际视野、不受王朝野心左右的宦官。事实上，就在君士坦丁堡最需要帮助的时刻，一名宦官的协助决定了这座城市的命运："他在宫中治国理政，就像一条大蛇，蛇身缠绕每个官职，扼杀一切……"[8]

第二十五章　旧罗马被劫掠：哥特人的入侵，第二部分

约公元 395 年—410 年

我们是仅供爱的教士使用的工具，

当这本书如是完成，

就算贪婪的

汪达尔人与哥特人再度侵袭我们，

学问也将无恙；在这个我们拥有的世界

学校可以学习科学、行星的音乐、天使的诗文。

约翰·多恩（John Donne），

《告别，关于这本书》（*A Valediction of the Book*）

过去从来没有这么多的告密者，而这些人总是百般奉承宫廷宦官……皇帝愚蠢昏悖，他的妻子极其刚愎自用，即使就女性来说也是如此，她对于控制她与她的宫女的那群无所不贪的宦官深信不疑。她让每个人度日如年，生不如死。

佐西莫斯（Zosimus），《罗马新史》（*New History*）[1]

现在，城内这些异邦人当中有一位即将脱颖而出，他是个巧舌如簧，并且拥有战略眼光的宦官，他的历史地位将影响以拜占庭为中心的历史叙事。他所扮演的角色起到了关键作用，因为 410 年罗马遭到攻陷是世界史上少数广为人知的史事，在聪明之士的眼中，此时真正该夺取的不是旧罗马，而是新罗马君士坦丁堡。我们可以这么说，罗马军队离开不列颠乃是君士坦丁堡

兴衰变迁的副产品。

宦官欧特罗庇厄斯（Eutropios）曾经服侍狄奥多西一世，395 年皇帝去世之后，他立即说服皇帝的年轻儿子阿卡狄奥斯舍弃颇具影响力的大臣鲁菲诺斯（Rufinus）的女儿，改娶默默无闻的美女埃利亚·欧多克西亚为妻。鲁菲诺斯不久遭到刺杀（有人认为刺客获得欧特罗庇厄斯的协助），但四年后欧特罗庇厄斯也遭到处决，这可能是他一手造就的欧多克西亚皇后下的命令。

这个时候，君士坦丁堡与旧罗马的行政部门需要的是强有力的领导而非内部倾轧。此时，不列颠的军队叛变，马格努斯·马克西穆斯（Magnus Maximus）起而争取独立。面对新罗马与旧罗马，哥特人与汪达尔人总是叛服不定。无法忘记的是哥特人军队在狄奥多西的命令下于帖撒罗尼迦屠杀了 7000 人 *。罗马与汪达尔的混血儿斯提里科（Stilicho，他获得狄奥多西的拔擢，而且娶狄奥多西的侄女为妻）当上摄政并且掌握了西罗马帝国的权力；在东方，狄奥多西年轻的儿子阿卡狄奥斯在鲁菲诺斯协助下进行统治。西哥特人的第一位国王亚拉里克（Alaric）曾在罗马阵营中哥特人盖纳斯（Gainas）麾下学习作战技能，最初他率领哥特人的辅助部队在斯提里科指挥下为狄奥多西效力；很快，他就成了斯提里科的主要对手。395 年，亚拉里克明显感觉自己遭帝国冷落，于是破坏与罗马的盟约，劫掠色雷斯。这位西哥特人的领袖接着决定朝君士坦丁堡进军。

与此同时，君士坦丁堡的鲁菲诺斯眼见亚拉里克的势力逐渐扩大，于是与他秘密协议。他授予亚拉里克罗马将军的地位并且赏赐黄金、粮食给他的部属。亚拉里克绕过这座基督教首都，他的探子早已清楚回报，必须有特制的武器才能攻破这座深沟高垒的城市，没有这些武器发动攻击只会徒劳无功。397 年，欧特罗庇厄斯与亚拉里克达成的协议在君士坦丁堡大受赞扬。虽然斯提里科位于米兰的公关机器轻蔑地说，"这一次他（亚拉里克）以朋友的身份前来……在那些妻子被他强暴、孩子们被杀害的案件中做出判决……"。[2] 但在君士坦丁堡，哥特人的朋友、宦官欧特罗庇厄斯在街头接受民众欢呼并且沉醉于欢迎自己的游行之中。在此同时，西哥特人调转方向一路席卷马其顿与色萨

---

* 见第 140 页。——编注

利（Thessaly），还与之前的薛西斯一样来到温泉关。但希腊守军并未如斯巴达国王列奥尼达（雄心万丈的保萨尼阿斯的叔父，保萨尼阿斯兴建了拜占庭最早的城墙）一样死守关口，反而开门降敌。亚拉里克势不可当；科林斯与斯巴达很快陷落。斯提里科感到愤怒—— 一个散布"病菌"的民族居然直接来到了他的地盘。他的当务之急是围堵威胁他的敌人，并且主张自己才是罗马真正的保护者，不仅西罗马，东罗马也是。[3]

于是斯提里科在 399 年派军前往君士坦丁堡——理论上是为了加强该城的守备。斯提里科的军队与欧特罗庇厄斯的军队会合，野心勃勃的机会主义者盖纳斯也在后者之中。一个世纪后，负责管理帝国国库的多神教历史学家佐西莫斯讲述了这则故事："当盖纳斯与手下俯下身，接受来自皇帝的隆重欢迎之时，盖纳斯放出了信号，士兵们随即就把鲁菲诺斯包围了，并用剑击向他。其中一人砍下了他的右手，另一人砍下了左手，与此同时还有一个人在砍下他的脑袋后唱着胜利的欢歌离去了。"[4]

盖纳斯刺杀鲁菲诺斯之后，便在君士坦丁堡设立军人政府，并且以拜占庭将军的身份掌握城市权力数月。盖纳斯信仰亚流派，而且是哥特人，这两种身份向来不受君士坦丁堡居民欢迎。400 年年底，盖纳斯罢黜了所有反哥特人的官员，这使得他施政困难且不得民心。于是在欧多克西亚的鼓动下，君士坦丁堡居民（此时君士坦丁堡人口大约有 40 万人）群起反抗，杀死驻扎在城里的哥特辅助部队，死者达 7000 人。这件事有着深远的影响。在君士坦丁堡历史中，我们屡次见到城市居民团结一致采取行动，这让人想起象征罗马文化的首字母略缩语"SPQR"（元老院与罗马人民）原本的意涵。新罗马的人民经常让上帝的新基督教帝国感到芒刺在背——街头的男男女女怀抱着共和倾向，相信自己的声音足够有分量。

在此之前三年，欧特罗庇厄斯在君士坦丁堡元老院宣布斯提里科是公敌，这让他得以祭出一切正当的惩罚手段，例如将非洲运往西方的粮食改成运到君士坦丁堡。为了反制，斯提里科提出 330 年的先例，当时君士坦丁承认罗马元老院的位阶高于君士坦丁堡元老院。然而盖纳斯在被赶出君士坦丁堡之前先流放了欧特罗庇厄斯，而后又将他处决。现在，逃亡的盖纳斯躲过赫勒斯滂的罗马舰队，最终逃往北方——在那里，君士坦丁堡另一个盟友匈人国王乌尔丁（Uldin）将他斩首，他的头颅成了一件阴森的礼物，被送回君士坦丁堡。

欧特罗庇厄斯曾将位于今日阿尔巴尼亚的土地授予哥特人亚拉里克。401 年之后，亚拉里克试图扩充土地，抢夺罗马的领土。斯提里科此时正在处理各地的动乱。不列颠部分军队被撤回协防罗马，剩下的不列颠守军对军力不足感到愤愤不平，他们自行推举领袖君士坦丁三世。在他的监督下，部队完全撤离不列颠。与此同时，传言斯提里科打算争夺拜占庭帝位，他的士兵在惊恐之余群起叛变。在 408 年密谋处死斯提里科的是另一名宦官——斯提里科的党羽奥林匹欧斯（Olympius）——或许是因为斯提里科未能依照计划（这点令人不解）前往东方控制君士坦丁堡而令他心怀不满。

在随后的混乱中，蛮族联盟（foederati，他们并非罗马公民，但向帝国提供军事服役以换取帝国给予利益）——其中许多是哥特人——的妻儿子女遭到屠杀；亚拉里克的军队人数也因为这群心怀仇恨、丧亲、背负背叛之痛且遭到遗弃的蛮族（人数或许有 3 万人）加入而更加壮大。怀恨在心的哥特人现在有了足够的力量攻击罗马。

哥特人生性残暴、忘恩负义、狡诈无信，但罗马的掌权者并没有看到哥特人的武力与才智足以成就罗马的未来，只把他们当成罗马的死对头（nemesis）。或者应该说，罗马人忽视了"nemesis"一词的古老用法——它在史前、印欧语系的字根"nem"，指的是公平分配，有给就有取，不失公允地分派资源。旧罗马人被这头某方面来说是自己招惹来的怪物弄得遍体鳞伤。亚拉里克在城外扎营，他打算用威胁的手段让罗马交出大笔金钱；罗马元老院想答应他的要求，但为时已晚。城内许多民众挨不住饥饿，开始吃起人肉，毕竟这已经是亚拉里克发起的第三次围城。410 年 8 月 24 日，有人开门让哥特人进城："谁能描述当晚的恐惧和所有那些屠杀？要多少眼泪才能宣泄这般苦难？一座古城，多年来一直是'诸城之首'，现在却成了废墟，街道上到处都是成堆的尸体，静止不动，一片死寂……死者达数万之众。"[5]虽说讲故事的方式无疑会将 410 年的事件予以渲染夸大，但城里的男女确实遭到强奸、斧斫、戳刺，被活活饿死。[6]人们嗅到死亡的气息已近在眼前，于是发疯似的将数世纪以来历代王朝的财宝埋藏起来。然而到破城这一天，所有积聚的财宝还是被挖了出来。在邻近城市纳尔尼（Narni）——410 年，这里依然信奉异教——一些居民仍深信他们进行的血祭使他们免于遭受亚拉里克的攻击。显而易见的是，许多旧罗马领土上的居民罕能感受到新罗马宗教实验的力量——但罗慕路斯与雷穆斯的罗马遭到劫掠就许多方面而言却是基督教罗马内部各种权谋斗争带来的。

　　罗马遭到劫掠，维持罗马"和平运转"的机器——军队、税吏、对理念的忠诚——崩溃之后，西罗马帝国随之解体。住在罗马人轻蔑地称为"蛮族之地"（Barbaricum）的那群人，现在反而占尽优势，成了最后的赢家。旧罗马的工业机制分崩离析，远地的贸易模式中断；留在极地冰盖的证据显示，污染程度退回了拜占庭建城时期，帝国各地冶炼金属的工厂完全停摆。但旧罗马的不幸却为它的继子君士坦丁堡带来新的可能。我们必须牢记，君士坦丁堡在西罗马帝国遭受打击的时期看到的并非外来文明的冲突，而是权力的更迭。此外，其他的重要玩家也影响了君士坦丁堡接下来一百五十年间的历史走向。他们同样也是亚流派，同样有时也是罗马的玩家，同样也是在逃离匈奴人。下面，请汪达尔人登台亮相。

第二十六章　汪达尔人、智慧与匈人阿提拉

约公元 429 年—476 年

　　她（索菲亚）拿来一件以珍贵紫布缝制的柩衣，在金线与光彩夺目的珠宝交织下，勾勒出查士丁尼毕生功业的图像。其中一面，技术高超的艺术家用利针织出一排排弯下脖子的蛮族士兵，国王与臣服的百姓依序引颈就戮。他让金黄色从其他颜色中凸显出来，好让每个注视它的人都以为自己看见了真实的形体。脸是金色的，血是紫色的。他描绘的查士丁尼以胜利者之姿矗立在群臣之中，脚下踩着汪达尔国王黄铜色的脖子，而欢欣鼓舞的利比亚结实累累，月桂树枝叶繁盛。

　　科里普斯，《赞扬小查士丁尼》(*In Laudem Iustini Augusti Minoris*)，6 世纪 [1]

　　当时的人说，汪达尔人有 8 万之众。就这么一次，他们也许没有说错。汪达尔人这支四处漫游的民族，在跨越喀尔巴阡山脉之后，他们不安分的眼神望向了一块"珍宝"。就许多方面来说，旧罗马完全算不上是珍宝。当帝国的面包篮诱惑汪达尔人时，谁还会理会这座谋生不易且充满陈旧、愚蠢建筑物的城市？于是汪达尔人在 429 年整装上船，掳获罗马的德罗蒙战舰与小艇，越过直布罗陀海峡直接前往盛产谷物的北非肥沃大地，这片土地有部分掌握在君士坦丁堡之手。[2]

　　汪达尔人充满信心，而他们从神那里获得的鼓舞更是巨大。汪达尔人因袭传统，崇拜卡斯托耳与波鲁克斯（Castor and Pollux）*，认为他们会跟他们的妹

---

* 斯巴达王后丽达所生的一对孪生兄弟，哥哥波鲁克斯的父亲是宙斯，拥有永恒的生命，弟弟卡斯托耳的父亲是斯巴达国王廷达柔斯，为凡人。兄弟二人曾随伊阿宋寻找金羊毛，还从忒修斯手中救出了妹妹海伦。——编注

妹，特洛伊的海伦一起以圣艾尔摩之火（St. Elmo's fire）[*]的形式现身，保护在开放海域航行的水手。汪达尔人虽然还是忠于他们的异教守护神，但近来也改信了亚流派基督教。或许汪达尔人的异教—基督教双重信仰，以及他们确信自己信奉的是异端世界里"正确"的基督教形式，给了他们需要的心理推力。无论如何，在攻击北非时，汪达尔人总是携家带眷，形同一场大迁徙。他们无意走回头路。[3]

　　汪达尔人与哥特人一样，都在匈人的逼迫下离开故土。406 年，汪达尔人开始迁徙（409 年之后到达安达卢西亚），接着他们把目光转向利比亚海的对岸。汪达尔人抵达非洲大陆之后，引发了一连串的骨牌效应。《上帝之城》（The City of God）的作者圣奥古斯丁——这位教父宣扬的原罪观念深入人心，使原罪成了基督教教义的预设立场——在汪达尔人即将围困他的故乡希波（Hippo，位于今日的阿尔及利亚）之前，于 430 年去世。其他僧侣为了躲避攻击逃往别处，连带将奥古斯丁的激进观念（人类的骄傲是终极的罪）带进西方的心脏地带。攻下希波之后，435 年，汪达尔人在努米底亚（Numidia）安顿下来，439 年，他们洗劫了迦太基（Carthage）。在海上，罗马的船只遭到劫持，被点火，当成燃烧的攻城槌反过来攻击罗马人。汪达尔人仿佛成了海上的杜鹃鸟，要袭击哪个国家就使用哪个国家的船只——在拜占庭地区使用德罗蒙战舰，在日耳曼地区使用维京人的诺尔船。罗马竭力在多瑙河部署守军，对抗汪达尔人势不可当的攻势；但他们却给匈人阿提拉提供了可乘之机，他把罗马广大的领土化为焦土。当匈人入侵北方时，汪达尔人正在大口享用非洲的果实。

　　途经伦敦西部的贝斯沃特（Bayswater），你可能会听到有人虔诚祷告的声音。银行家、银行清洁工、烤肉串店主与他们的学生顾客匆匆经过，把每日从这座正教会主教座堂里隐约传出的三一圣颂[†]抛到了脑后。447 年，人们曾向上帝诵念这段经文，祈求文明获得救赎："圣哉上帝，圣哉大能者，圣哉

---

[*]　航海时被海员观察到的自然现象，经常发生于雷雨中，在如船只桅杆顶端之类的尖状物上，产生如火焰般的蓝白色闪光。卡斯托耳与波鲁克斯兄弟曾多次出海远征，他们负责在航船的两根桅杆上瞭望，守护整艘船的队友，因而被认为是船员的守护者。——编注

[†]　三一圣颂（Trisagion）：三唱"圣哉上帝"的赞美诗。——编注

永生者，怜悯我们。"

据说，6 万名匈人成了西罗马皇帝的雇佣兵，前去攻打君士坦丁堡及皇帝狄奥多西二世。匈人知道世人惧怕他们，所以从 5 世纪 30 年代中期开始，他们向君士坦丁堡索取越来越多的保护费。446 年，匈人要求君士坦丁堡缴交更多贡金，还让他们交出那些逃离部族，即定居于君士坦丁堡的"蛮族"（事实上这些人来这里是为了寻求庇护）。匈人遭到拒绝，于是他们的态度急转直下。同年稍晚，匈人攻破罗马的拉提阿里亚要塞（Ratiaria，多瑙河防卫舰队的总部），拜占庭陆军则在克里米亚半岛的克森尼索（Chersonesus）被击溃。匈人兵锋距离君士坦丁堡不到 32 公里，胜券在握的领导人——我们知道他是匈人阿提拉，决意要攻取这座城市。447 年，阿提拉控制了从黑海到达达尼尔海峡的巴尔干地区，但不知何故，君士坦丁堡居然奇迹似的未被攻陷。

然而，在 447 年，从地底下传来神明不悦的征兆。

我们得知，当臣民孤注一掷高声诵念祷文时，皇帝狄奥多西二世打赤足走在路上，脚淌鲜血，身上只穿了件白色的长袍；时值 1 月底，他在冰冷的大理石板上走了 11 公里路。一场地震将君士坦丁堡城墙上那 186 座塔楼震垮了 57 座；长约 5.6 公里的城墙也整个坍塌。城里的居民知道，狄奥多西精心建造的石灰岩与红砖城墙——准确地说，是一道内墙、一道外墙（两道墙上各有 90 多座塔楼）以及一条宽约 18 米的干壕沟——是他们抵御外敌的唯一保障。从开罗到卡纳封（Caernarfon）都在模仿君士坦丁堡的防御工事，只是规模相形逊色。不仅奴隶，就连彼此较劲派系的民众（特别是城里竞争异常激烈的两支赛车队伍，蓝党与绿党）也投入修补城墙的工作。这不仅是派系之间的竞赛，也是与时间的竞赛，所有人都努力想把城墙恢复原状。他们知道，自己与亲人的性命完全仰赖此事的成功。我们得知整座君士坦丁堡城墙在六十天内修筑完成。负责这项工程的东方大区总督君士坦提努斯（Flavius Constantinus）与众人一起挥汗修筑，他的功劳被充满荣耀地刻写在石板上，这块石板至今仍留存在最初安放的地方，也就是梅夫雷维哈尼门（Mevlevihane Gate）旁边。"奉狄奥多西之命，君士坦提努斯成功在两个月内盖好坚固的城墙。即使是帕拉斯（异教女神雅典娜）也无法在这么短的时间内建好如此稳固的堡垒。"

447 年初春——每年这个时候，白雪就像烟雾一样笼罩整座城市——多亏众人拼命重建城墙，当阿提拉朝狄奥多西的城市进发，并且逼近阿提拉斯（Athyras，现在的大切克梅杰［Büyükçekmece］）时，他决定把注意力转移到罗马领土的日落边缘之地，朝远西前进，直抵法国的奥尔良，君士坦丁堡因此幸运地逃过一劫。卡里尼库斯（Callinicus）曾亲身经历匈人在巴尔干地区烧杀掳掠的过程，他在《圣希帕提乌斯传》（Life of St. Hyptius）里记录道：

> 色雷斯的匈人蛮族变得如此强大，一百座以上的城市被他们攻陷，君士坦丁堡几乎处于危险之中，绝大多数人逃出城外……匈人杀人如麻、血流成河，死者不可胜计。是的，他们把教堂与修道院占为己有，杀害大批僧侣与未婚少女。[4]

狄奥多西用来保护城市的城墙——庇护着将七丘全涵盖在内的城区——至今依旧迎接着前来参观伊斯坦布尔历史市中心的游客。

但旧罗马就没有这种好运。455 年，汪达尔人破坏罗马周围供应市民饮水的输水道之后便蜂拥入城，将城里所剩的洗劫一空。

汪达尔人的语言唯一残存的是一段拉丁文隽语里的笑话以及一小段简短提及特定的亚流派思想体系的文字。[5] [6] 然而我们在北非新"汪达尔王国"确实有明确的考古发现。一家橄榄油压榨工厂就设于利比亚大莱普提斯体育馆的哈德良浴场；[7] 迦太基附近泽乌基塔纳（Zeugitana）的乌提纳（Uthina）浴场有陶窑；我们在其他地方发现了金属与玻璃制品，以及焚烧拆毁的罗马雕像作燃料之用的石灰窑。这当中有一些有趣的历史连续性：压榨橄榄油的地点依旧在教堂旁边，跟过去在异教神庙旁边一样。那些以拉丁文热情撰写的诗歌与颂词里，一些句子描写了汪达尔王国的灿烂文化。

但汪达尔人也留下了相较之下看上去颇为阴森的遗迹。1999 年，在罗马特雷维喷泉（Trevi Fountain）附近的一处建筑工地发现了一间房子，或许还发现了居民的遗骸，这间屋子在汪达尔人洗劫罗马城时被整个烧毁。在同时期的君士坦丁堡与提供君士坦丁堡饮水的各处水道，汪达尔人也有与他们的恶行相称的恶名。时至今日，我们仍用"vandal"一词形容大肆破坏与污损的人。

　　君士坦丁堡——与旧罗马一样分成 14 个区——是个越来越诱惑人的珍贵之物。于 4 世纪完成并且在 447 年到 450 年左右增订更新的《君士坦丁堡城志》（*Notitia Urbis Constantinopolitanae*）曾如此描述君士坦丁堡的财富：20 间国有面包房；120 间私人面包店；8 间公立浴场与 153 间私立浴场；52 条柱廊大道与 322 条街道——此外还详列了其他事物。与此前更为久远的亚历山大和帕加马（Pergamon）一样，君士坦丁堡逐渐成为众人眼中世上最大的知识宝库，因为这座城市收集、保存、发扬了来自欧亚非三大陆的观念。

　　有时做点假设性的想象也很有用。想象整个西方文明的电脑系统编码，所有影片的拷贝以及莎士比亚、《圣经》与《古兰经》的所有复本全都加密存到一台平板电脑上。如果这台平板遗失、遭窃或发生故障，那么我们对这些事物的内容、字词与观念的认知、使用与理解都将永远消失——这些事物或许只会残留在极少数人的记忆里，而他们的工作就是设法让这些观念流传下去。这项小小的思想实验可以帮助我们理解手抄本所具有的图腾力量。

　　这是君士坦丁堡的手抄本对过去、现代与未来负起的重大责任。全球的文化遗产——哲学、戏剧与史诗——许多之所以能留存下来，主要是因为它们被保存在君士坦丁堡的图书馆与缮写室里。正如亚历山大与帕加马也聚集了大型的图书馆，君士坦丁堡深知有形的知识积累就像天然磁石，吸引着尊重、才智与纯粹的敬畏。这些藏书包含了帝国的可能与现实，并且具有近乎不可思议的地位。书写下来的文字在这一时代是极具力量、极其珍贵的；文献则被认为是具有精神意义的事物。回顾历史可以看到，以色列人受命携带他们的神圣书卷前往战场，埃及书吏被免除兵役与繁重的劳动工作（"当个书吏吧！它可以让你免于劳苦，无须担负各种工作。它可以让你免于荷锄挑担，无须费力划桨，远离一切艰难困顿"）；[8] 根据希伯来传统，被控通奸的妇女要喝下"苦水"，包括下了诅咒的墨水，也就是溶有写好的字的脏水。[9] 在犹太教传统中，上帝是文字，而从柏拉图对话录中我们听闻一种能增强心智的药物："'喔，国王，这项发明，'塞乌斯（Theuth）说道，'将使埃及人变得更智慧，而且能改善他们的记忆；因为这是我发现的记忆与智慧的万灵丹……'"[10]

　　君士坦丁堡的管理者为了激励并确保文字流通，在城内广设缮写室。其中的圣约翰修道院（St. John Monastery，见彩图 13），又称斯图狄奥斯圣约翰修道院（St. John of Stoudios），在 453 年或 462 年设立于今伊斯坦布尔的萨玛提亚区（Samatya），这间修道院现已沦为可悲的废墟；这里原本是丰富心灵的避风港，如今只剩常春藤、塑料袋与猫粪装点着外观。据说人们目前正准备推动几项有争议性的计划，把这堆倾颓的砖石改建成可供使用的清真寺。此地在鼎盛时期曾有 1000 名修士拿着笔不断在羊皮纸上刻划抄写，并为手稿的内容而争辩。他们编制目录、保存书本、提供注释并进行检查，较为坚固的羊皮册页取代了卷轴，使工作变得简洁方便。书评首次出现，就是在君士坦丁堡。随着图书馆出借图书的制度开始略具雏形，学者们得以接触各类书籍；此外，君士坦丁堡内有大量的图书馆。出于君士坦丁堡对书籍的妥善保存，我们得以拥有最古老的《伊利亚特》抄本、埃斯库罗斯（Aeschylus）的戏剧《阿伽门农》与《厄梅尼德斯》（Eumenides），以及索福克勒斯（Sophocles）与品达的作品。页边空白处有引人注目的批注，用来改正与增益文本：如一名拜占庭学者所言，"从本文摘出对读者有用……而不只是对学者有用的句子"。[11] 这些批注后来成了了解当时人们生活状况的指南。

　　在君士坦丁堡，如果父母负担得起，孩子就可以接受初等或中等教育。授课地点有的在城内专为授课兴建的教室，也有的在修道院和教堂的庭院。城内森林繁茂，关于在圣使徒教堂那片青草地上课的田园牧歌式的描写存留了下来。女孩可以接受教育，但必须在安全的家中进行。没有什么固定的学期制度，在君士坦丁堡，占卜依然有着举足轻重的地位。我们可以勾勒出这么一幅图像，夜里父母在城里的街道逶巡，焦虑地看着天上的星辰，想知道是否已到了自家的孩子亚历山德罗斯或爱恩尼斯上学的良辰吉时。有时候，教会或国家会补助因为家长拖欠学费而白干了活的老师。老师偶尔会接受实物（例如面粉）取代学费，或者收取相当于一莫迪乌斯（modius）小麦的现金。孩子在蜡上写字，在木板的干燥泥巴上刻写功课。来自世界各地的资源唾手可得，君士坦丁堡居民有机会在莎草纸上写字，接着是羊皮纸，然后——在接触了中国首先发明而后由阿拉伯人加以增益的最新科技之后——是早期的纸张。但书本仍然非常昂贵，因此一般来说，文字内容通常通过默记来学习。君士坦丁堡街头处处可以听见孩子们高声背诵剧作、诗文与祈祷文的声音。荷马的《伊利亚特》与《奥德赛》被列为初等与中等教育的基本教材。对于居住在小亚细亚岸边，抬头就能看见大海的孩子来说，特洛伊的故事当然不是传说，而是当地的历史。[12]

要维持文字与观念的图腾意义与有形价值，需要周详的行动。君士坦丁堡有系统地引入杰出的思想家与早慧的天才，在万丈雄心与远见卓识的驱使下，于 425 年 2 月 27 日这天设立了一所高等教育学校。狄奥多西二世——后人给他取了"书法家狄奥多西"（Theodosios the Calligrapher）的绰号，因为他非常热爱抄本——依据雅典、亚历山大、安条克等地（包括被地震震毁的贝鲁特法律学校）的民间高等教育传统，设立了一所教育机构，称为君士坦丁堡大学。[13]狄奥多西二世在君士坦丁堡大皇宫里出生，他一出生便是"皇室贵胄"（这位皇室继承人实际上出生于一间装饰着斑岩大理石与紫色丝绸窗帘的房间），从他即位的第一年起，他就显露出对养育自己的这座城市的热情。他把对学问的热爱带进帝国权力核心。他任命 31 人担任君士坦丁堡大学的教授，给予每个人税收优惠，要他们负责教育年轻人，并且使这些年轻人尽一切可能来协助管理庞杂的拜占庭国家官僚组织。有人宣称君士坦丁堡大学是欧洲第一所公立高等教育机构。在这所大学里，拉丁文有 13 个教席，希腊文则有 15 个教席，此外还开设有法学、哲学、医学、算术、几何学、天文学、音乐、修辞学等课程。[14] 回想 19 世纪，我们让英国儿童学习古典课程，训练他们，好让他们能"管理帝国"。同样的做法，君士坦丁堡比我们早了近一千五百年。[15]

在君士坦丁堡街头，民众热切追求宗教辩论的可能，并且由狄奥多西主持会议，处理难缠的宗教纠纷。有个委员会负责收集君士坦丁一世以来在拜占庭境内颁布的立法与敕令，然后于 438 年将这些法令汇编成《狄奥多西法典》（Codex Theodosianus）。用来收藏法典的这些内部相连的拱形房间依然存于今日伊斯坦布尔古竞技场的下方。过去曾经弥漫着动物皮与墨水味道的房间，如今空无一物，潮湿的内部空间成了蜘蛛与老鼠的巢穴。

450 年，狄奥多西骑马走在城市最重要的天然水道吕科斯河的岸边时发生意外去世，汪达尔人的野心因此进一步扩张。

468 年，君士坦丁堡的巴西利斯库斯（Basiliskos）受命统率罗马大军前去将汪达尔人逐出北非。但汪达尔人使用致命的火船，在今日突尼斯的波恩角（Cape Bon）附近击沉半数的罗马舰队，造成两万名士兵死亡或失踪。这是古代晚期最大的一场军事行动，结果以巴西利斯库斯惨败收场。巴西利斯库斯逃回君士坦丁堡，躲藏在圣索菲亚大教堂，试图东山再起。他遭受侮辱，随后又被流放；但他拒绝放弃，并且最终返回君士坦丁堡掌权 24 个月（就在他掌权期间，灾难性的大火烧毁了大皇宫与图书馆），可是之后再度被他的对手芝诺（Zeno）流放。芝诺想彻底铲除这名篡位者。巴西利斯库斯乞求不要让他流血，于是与妻儿被遗弃在卡帕多西亚——在君士坦丁堡东方约 800 公里的地方，巴西利斯库斯过去曾想控制此地——一个干涸的水槽内，在烈日暴晒下活活渴死。

就在 476 年这一年，西罗马的末代皇帝罗慕路斯·奥古斯都路斯（Romulus Augustulus）被斯基里人（Scirian）奥多亚克（Odoacer）推翻，象征罗马帝国的徽章在保护下火速送往君士坦丁堡。历经八百年的成功与繁荣，旧罗马终于咽下最后一口气。或许蛮族不是造成维吉尔、尼禄与卡拉卡拉的罗马衰亡的唯一因素，与它基因完全不同的子嗣君士坦丁堡的活力，对它造成的冲击与心理威胁也是原因之一。

第三部分

新罗马

公元 476 年—565 年

布雷彻尼圣母教堂

圣彼得和圣马可教堂

神圣浴场

圣科斯玛和圣达米安教堂

韦里纳的圣索罗斯教堂

查士丁尼桥

萨里希欧斯门

第六山丘

艾提乌地下水宫

第五山丘

阿斯帕地下水宫

圣罗曼努斯门

第七山丘

第四山丘

城墙

君士坦丁堡城墙

圣使徒教堂

圣波利尤克托斯教堂

马锡安纪念柱

瓦伦斯

芮西欧门

圣

莫基欧斯地下水宫

狄奥多西浴场

万应圣

圣莫基欧斯教堂

卡比托利欧神庙和费拉德尔费恩广场

狄

奥

多

西

公牛广场

佩奇门

阿卡狄奥斯广场

阿曼

阿努

城

墙

公共仓库

大墓地

西格马

（农神）萨图尔努斯大门

狄奥多西港

塞罗克斯门

斯图狄奥斯的圣约翰修道院

金门

马

尔

希凯

博斯普鲁斯

角 湾

帕拉马的
圣伊莲娜教堂

内奥里恩 普罗斯方里恩

多米努斯柱廊

公共仓库

第二山丘

第一山丘

会议厅

圆形露天竞技场

长方形廊柱大厅

圣母教堂

剧场

广场

元老院

安提欧
修斯宫

神圣和平教堂

参孙收容所

圣索菲亚教堂

乌斯浴场

圣阿纳斯塔西亚
教堂

君士坦丁广场

元老院

奥古斯塔广场

查士丁尼纪念柱

宙克西珀斯浴场

尤里安港

大皇宫

霍米斯达斯宫

圣塞尔盖和
圣巴克斯教堂

圣彼得和圣保
罗教堂

海

| 0 | 500 | 1000 | 1500 | 2000 |

米

黄金时代的君士坦丁堡，约公元 565 年

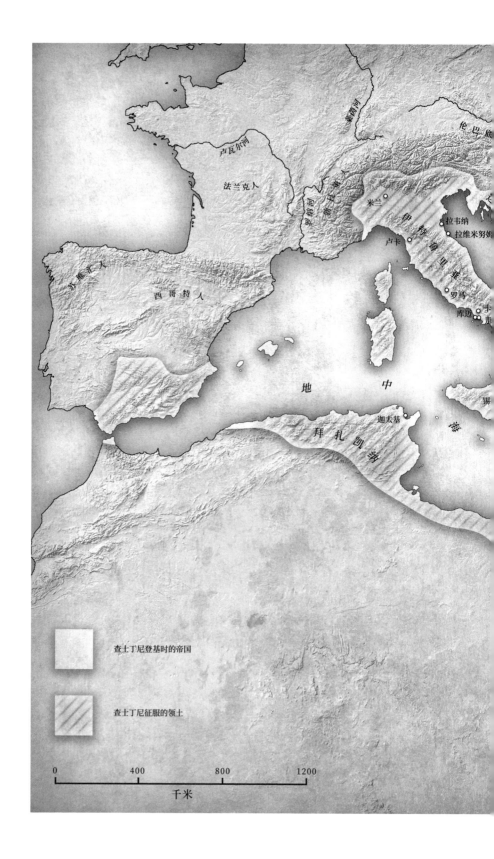

伦巴底

卢瓦尔河

莱茵河

法兰克人

罗讷河

勃艮第人

米兰

伊　斯特里亚

拉韦纳

拉维米努姆

卢卡

苏维汇人

西哥特人

罗马

库迈

丰加

地　　中

迦太基

拜　扎　凯　纳

海

锡

查士丁尼登基时的帝国

查士丁尼征服的领土

| 0 | 400 | 800 | 1200 |

千米

拜占庭帝国的最大疆域

第二十七章　圣母之城

公元 431 年以降

> 圣母马利亚，全宇宙的神圣光彩，不灭的明灯，贞节的冠冕，权杖，以有限孕育无限，圣母与童贞女。
>
> 亚历山大的圣区利罗（St. Cyril of Alexandria），以弗所公会议上的训示 [1]

> 亚细亚的众教会问你们安。亚居拉和百基拉并在他们家里的教会，因主多多地问你们安。
>
> 《哥林多前书》（I *Corinthians*）16: 19

在这个火柴盒般大小的圣物箱上——大约制作于一千年前的君士坦丁堡，但直到 2006 年才被历史学家发现——除了 16 名男子与 1 名宦官外，还有位散发着亮蓝色珐琅光环的女性。男性向基督祷告，女性优雅地站立着，张开双臂，也向她，向圣母马利亚祷告。

5 世纪的君士坦丁堡流传着一则奇妙的故事，其中提到了一个名叫玛特罗娜（Matrona）的女性。我们得知玛特罗娜身陷一段不幸福的婚姻。她抗拒肉体与精神的各种诱惑，却对君士坦丁堡表现出热烈的欲望——472 年，乔装成阉人的她来到这座城市，并找到了一所女修道院，她与她的姐妹获准在院内穿上男性修士的袍服。[2] 玛特罗娜可能真有其人，也可能只是虚构的人物，然而她在书中的存在明确告诉我们，君士坦丁堡在古代晚期人们心中有着极高的声望。我们也听说，在玛特罗娜之前数十年，有个名叫梅拉妮雅（Melania）的苦行者成了圣洁的"摆渡人"——她跋涉 1600 多公里，将圣物运往君士坦丁堡，途中经过拜占庭的领土，渐渐地，这片由君士坦丁堡治理的领土开始以真正的圣地自居。

在梅拉妮雅的宝物箱里，我们可能会找到圣徒斗篷的边角、抹大拉的马利亚的眼泪、殉教者的大腿骨，或许还有几滴基督的宝血。4世纪以来，收集圣物与寻找圣物的行动助长了东地中海与中东地区的朝圣现象：男性、女性乃至于阉人都加入这个行列。民众络绎于途，在耶稣扬名的城市与以尘世王国中心自居的首都之间走出一条大道，从而巩固了耶路撒冷与君士坦丁堡之间的联系。

在君士坦丁堡的精神风貌中，女性并未隐形，恰恰相反，她们的角色相当显眼。325年尼西亚会议与381年伊莲娜教堂举行的第一次君士坦丁堡大公会议后，[3] 在两个拜占庭港口——迦克墩与沿着亚洲海岸再深入一点的以弗所——又开启了新的宗教辩论，这些辩论将再次决定一般人生活的样貌，其影响不囿于当时，也及于现在。5世纪最受关注的宗教议题是耶稣的本质——他是神性多一点，还是人性多一点，抑或是两者相等？这些讨论是明确的、热烈的、充满分歧的，试图将无法说清的事物说清楚。[4] 到最后，这些讨论自然而然地围绕着一个问题打转，也就是耶稣母亲的本质。经过激烈的争辩——导致君士坦丁堡牧首聂斯托利（Nestorios）被逐出首都，亚历山大的区利罗（他曾在415年煽动民众对希帕提娅的仇恨*）获得胜利——论述逐渐收束成为教义。431年与449年在以弗所，以及451年在迦克墩，人们宣布童贞女马利亚不只是基督的母亲，因基督同时具备神性和人性，她也是圣母（Theotokos），生神者。

在基督教世界，不可能有任何女性享有比她更崇高的地位。拿撒勒的马利亚在《新约》中只被提到16次（在《古兰经》中是32次），但不久之后她的形象将遍及四处，圣像、圣物箱与湿壁画中都能看见她的身影，君士坦丁堡与君士坦丁堡即将控制的广大领土都能听见赞扬她名号的颂歌。

对这座汇聚四方人士的古老贸易城市而言，出现一个强有力且近乎神圣的女性形象并不是什么新鲜事。以埃及传统里的伊希斯来说，这位女神坐在王座上，她的儿子荷鲁斯则坐在她的膝盖上。伊希斯与马利亚的形象显然是相互映

---

* 见第146—147页。——编注

安纳托利亚的太阳女神吊饰，制作于约公元前 1400 年到公元前 1200 年。

衬的。在安纳托利亚，还有更多这类例子。每当我们欣赏东正教教堂的圣像或天主教教堂的马利亚雕像时，或许我们应该想象自己身处哈图沙（Hattusa）上方狂风吹袭的山丘上。哈图沙是古代赫梯文明的首都，位于今日的伊斯坦布尔往东约 14 小时车程的地方。青铜器时代以来，安纳托利亚一直有祭祀太阳女神，也就是万物创造者的传统。从四千年前的考古发现可以看出，史前女神像头部后方有光芒四射的太阳，膝上则抱着一个孩子。把早期青铜器时代安纳托利亚的雕像与马利亚及耶稣的雕像放在一起，两者的形象惊人地相似（见彩图 15）。从各方面都能看出，马利亚来自东方。

马利亚被官方推崇为神之母之后，拜占庭帝国各地便开始兴建崇拜圣母马利亚的教堂。君士坦丁堡的冶铜区对马利亚尤其虔诚，敬拜马利亚的圣殿位于布雷彻尼之泉上方。这座圣殿最初由皇帝利奥三世于 473 年兴建，原本供奉着利奥三世带到君士坦丁堡的圣袍与圣母的头巾；这座教堂后来向外界夸耀还拥有马利亚的腰带，而这条腰带应该是 6 世纪时查士丁尼一世带回的（这座小礼拜堂于 1434 年毁于一场大火，据说是某个贵族小孩为猎捕鸽子而意外引发的）。[5] 马利亚也被供奉在生命之泉（Zoodochos Pege）的童贞女神龛里——与布雷彻尼之泉一样，这里至今依旧是穆斯林祭祀的地方。埃及西奈半岛的西奈山也供奉圣母马利亚；在雅典，卫城上的帕特农神庙也改为了马利亚教堂。刻在帕特农柱子上的两名拜占庭主教的名字狄奥多西与马里诺斯（Marinos）至今仍清楚可见。在耶路撒冷，这里的阳光比伊斯坦布尔更为炫目刺眼，此处兴建的新马利亚大教堂与所罗门圣殿相比不仅毫不逊色，甚至犹有过之。拜占庭皇帝查士丁二世（Justin II）确定了马利亚的降生节与圣母安息日。有一幅圣母像，一般相信这是 "acheiropoietos"，也就是非人手所造的像，事实上是圣路加绘制的马利亚肖像，这幅圣母像被引进到君士坦丁堡，并且被人们一遍又一遍地复制。模糊的观念逐渐演化成狂热的崇拜。

对于君士坦丁堡居民来说，马利亚的力量全然是真实的。问 5 世纪到 15 世纪的君士坦丁堡居民是否相信马利亚的力量，就跟问维京人是否相信大海的力量一样。当然，马利亚的守护力量至今仍能得到全体希腊人的承认。主场在比雷埃夫斯的 "示道之母"*足球俱乐部（Hodegetria football club）以圣母马利亚命名，这个俱乐部的左派创办人之所以能在 1967 年到 1974 年的希腊军政府时期（Colonels' Junta）存活下来，据说是他向童贞女马利亚祷告的结果。当蝗灾袭击锡夫诺斯岛（Siphnos）时，居民使用各种农药并且尝试用打谷的方式，但就是无法赶走蝗虫。然而（岛民激动地说道），他们从克鲁索匹基教堂（Church of Chrysopigi）——即金泉教堂——请出了圣母马利亚圣像到各地农田巡回，第二天早晨，空中出现一片 "乌云"，原来是大批蝗虫飞离了田地。每年 8 月 15 日是圣母安息日，民众在这一天颂扬圣母马利亚的力量——大家围绕圣母像歌唱，或用船载着圣母像驶过科孚岛沙滩外的小港口，或者成群到蒂诺斯岛（Tinos）朝圣。信众为了乞求圣母帮助自己的亲人，不惜跪行亲吻马利亚圣像的脸庞。马利亚圣像在帕罗斯岛一间特别的教堂加工制作，据说这间教堂由君士坦丁大帝的母亲海伦娜兴建，此后当地的酒类消耗量一直非常惊人；在希俄斯岛的帕那吉亚·埃里提亚尼教堂（Panagia Erithiani），全岛欢天喜地地施放自制的缤纷焰火。一份东方文献提道："马利亚给予人类甜美的果实，取代夏娃从树上摘取的苦涩果子。看呀，全世界享用着马利亚的果子。童贞的葡萄树结出的葡萄酿成的甜酒，给予哀悼者慰藉。"[6]

与此同时，女性在君士坦丁堡扮演着支持和管理家庭教会的角色，可以证明这种现象的最早的例子是《新约》中百基拉（Priscilla）的故事，这一角色仍持续由女性扮演。当纳西昂的圣格列高利（Gregory of Nazianzus）——未来的君士坦丁堡大主教（他的遗骨直到 2004 年才从罗马运回伊斯坦布尔，距 1204 年十字军东征期间遭拉丁人掠夺已过了八百年）——来到君士坦丁堡时，

---

*　示道之母（Hodegetria）：圣母的圣像画，她将孩子耶稣抱在身边，以右手指示他是人类救赎的源泉。——编注

圣索菲亚大教堂内，金口圣若望的拜占庭镶嵌画。

他的教堂其实就是他的亲戚狄奥多西亚（Theodosia）的别墅。基督教在罗马发展的最初一百五十年间，城里大约半数的教堂都是女性建立的，而这项传统也在新罗马蓬勃延续了下来。

虽然以上这些事实并不能说明女性在拜占庭的日常生活居于主导地位，但马利亚是上帝之母的神学主张，伴随大街小巷上与此相关的文化景观与态度，似乎对城里某些女性（特别是出身高贵的女性）产生了一些影响。这或许不是偶然，对女性力量的推崇可能正是那些高层女性一手推动的。[7]这种现象日后愈发多见；拜占庭的皇后、皇后的女性廷臣与商人的妻子在某些意想不到的情况下显示出了她们的权力、影响力与地位。[8]在君士坦丁堡，一场"完美风暴"*在东方异教环境下成形：女性神祇拥有实际的重要性，这种重要性结合了罗马法对女性权利抱持的态度，以及女性在东正教基督神学中的崇高模范——神性的孕育者童贞女马利亚。4世纪的圣耶福列木（Ephrem the Syrian）说道："人之美与值得拥有的荣耀因夏娃而熄灭，因马利亚而重现光彩。"[9]

但我们不能罔顾历史，对女性存有偏见仍是不争的事实。君士坦丁堡的宠儿金口若望大主教曾经这么看待君士坦丁堡抛头露面的妇女：宁可全身沾满秽物，也不愿看到女人在戏院里寻欢作乐。金口若望在安条克由异教母亲抚养长大，但他却是君士坦丁大帝的第一代基督徒，而且成为最具影响力的教父之一。金口若望信奉一种简单而返璞归真的基督教：

---

* 完美风暴（perfect storm）：一系列机缘巧合组合而成的小概率事件。——编注

不要在覆盖了丝绸的神庙里敬拜基督，这么做等于任由他暴露在屋外，使他衣不蔽体，忍受饥寒之苦。基督说："这是我的身体。"同时也说，"因为我饿了，你们不给我吃"。"凡为我名接待这小孩子的，就是接待我"……当你的弟兄因饥饿垂死时，行圣餐礼的桌上摆满黄金的圣餐杯又有什么益处呢？[10]

金口圣若望之所以被称为"金口"，是因为他高超的传道演说总能深入人心。当欧多克西亚皇后的银雕像被竖立起来时，他当着君士坦丁堡居民的面严词抨击这座雕像的异教风格，他说，这让他想起莎乐美（Salome）为了得到施洗约翰（John the Baptist）的头而表演的狂野舞蹈。*当整个古典世界大部分地区仍只给予女性一半的粮食配给，不许她们伸展自己的身体，在许多状况下也不许她们表现自己的心智时，君士坦丁堡的女性要获得真正的公正与平等，机会简直微乎其微；夏娃的原罪如癌症阴影般挥之不去，而在 4 世纪中叶，讲道坛上高声疾呼着这样的看法："除了是友谊的敌人、不可逃避的惩罚、必要之恶——一种天然诱惑、诱惑人的灾难、家中的危险、可憎的危害、用美丽色彩涂饰的邪恶事物——女性还能是什么？"[11]金口若望极受欢迎，当他先是被流放到卡帕多西亚，而后又被流放到黑海的高加索山边缘时，君士坦丁堡的居民竟然群起暴动。他们因为失去了一名睿智的教士而在皇宫青铜大门外怒吼，然后在城里纵火，烧毁了圣索菲亚大教堂与元老院。就在君士坦丁堡将马利亚提升到上帝之母的地位时，西方圣奥古斯丁的原罪观念却被曲解成肉欲及其后果乃是女性的缺陷，使女性在往后数世纪遭受痛苦与磨难。

大约在这个时期，我们开始听闻一个在不经意间提出的词，"monachos"（僧侣）——一个从犹太教（艾赛尼派［Essene］）和从丝路传来的佛教传统受到启发而产生的观念。清一色由男性组成的修道院不断发展，基督教世界也开始出现所谓的"自修堂综合征"。拥有读写能力的男性教士现在可以决定什么

---

* 莎乐美：罗马皇帝尼禄安插的小亚美尼亚国王阿里斯托布卢斯的妻子，希律王的女儿。据说施洗约翰拒绝了莎乐美的爱，使莎乐美为希律王演出了七层纱舞之后向父王要了约翰的头。——编注

是符合《圣经》的正典，什么不是正典，而且逐渐地——可能是在不知不觉中带入自己的偏见——将女性从经文、其他宗教文献与宗教经验中抹杀。虽然有一名女性（马利亚）的神学地位获得了提升，教会里却越来越难见女性执事的身影，反倒是男性主教不断攻城略地，扩张自己的权力。[12]

在第三次公会议（Third Ecumenical Council）中，一名主教对君士坦丁堡完美的马利亚圣像做了一番形容，或许我们可以从他的描述中读出理想的君士坦丁堡女性应具备的特质：

> 童贞女马利亚不注视不适切的事物，不擦脂抹粉玷污天生的美貌，不用腓尼基人的虚假颜色遮掩双颊，不添加额外的装饰来凸显高贵的额头，不佩戴宝石项链让自己的颈项闪闪发亮，不用金链缠绕自己的手足……她全身散发着圣灵的芳香，就像穿上华服般蒙受神圣的恩宠，将上帝的思想谨守在自己灵魂里，拥有上帝，如同花环戴在自己的心上，她的双眼闪耀着圣洁的光……她唇上的蜡湿润欲滴，步行的姿态曼妙，她的举止言谈更是美丽，可以说全身上下无一处不散发着美善。[13]

因此，把君士坦丁堡想象成某种原始的女权主义的乐园完全是愚蠢的。但是，身为一名生活在这座城市的女性基督徒，你并非活在过去。你就是过去——只不过是活在当下。

在伊斯坦布尔以西约 64 公里的地方，有一座无人问津的纪念碑。奥古斯都确立帝国版图之后的五百年间，罗马一直固守着多瑙河这条易守难攻的天然疆界；但在 493 年，拜占庭皇帝阿纳斯塔修斯（Anastasios）或许是为了向古希腊人看齐，开始建造君士坦丁堡的"长城"（Long Walls），这是一道从马尔马拉海延伸至黑海的巨大防御工事。这些杂草蔓生的倾颓城墙至今仍耸立在城市外围，形成一条长约 64 公里的外环。君士坦丁堡越来越像一座史诗中的城市，被铭记在古老的诗歌与《圣经》里——如特洛伊、杰里科（Jericho）、巴比伦，这些城市都有巨大的防御工事，它们的故事和名声变成了传奇，由城市书吏勤勉地保留了下来。[14]

　　接下来在君士坦丁堡我们将遇见两名最耀眼也最富戏剧性的人物，他们将根据自己手头上的社会、神学与政治底牌，做出对自己最有利的选择，同时也让自己居住的城市从中受益。其中一位由农民摇身一变成了皇帝；另一位则是他的妻子，从妓女扶摇直上成为皇后的她，身上同时结合了天使与荡妇的特质。

第二十八章 黄金时代

公元 482 年—565 年

> 我的思想就会回到我们种族的伟大荣耀。
>
> 回到我们拜占庭传统的光辉。
>
> 卡瓦菲斯（C. P. Cavafy），《在教堂里》（'In Church'）[1]

482 年，未来的拜占庭皇帝查士丁尼一世生于伊利里亚陶雷修姆（Tauresium）[2]一处山峦起伏的地方，陶雷修姆如今安静坐落在某个国家北部——有人称它是前南斯拉夫马其顿共和国（FYROM），有人则直接称它为马其顿（Macedonia）。[3]今日这里的民众仍带着钩刀与长柄镰刀，悠闲漫步在道路上。陶雷修姆遗址的四周是一片乡村荒野景象。但在一千五百年前，这里却以盛产凶猛的战士闻名。查士丁是查士丁尼的舅舅，他曾买了一名女奴，然后娶她为妻。他认为继续养猪没有出息，于是离开家乡，逃避肆虐的蛮族，遵循内心的召唤来到首都君士坦丁堡。他在这里扬名立万，在军中不断晋升，当上将军，而后又成为禁卫军（comes excubitorum，字面上的意思是指看守的哨兵）长官。不久，他把外甥查士丁尼叫到自己身旁，希望这个不修边幅的年轻人在首都有更好的发展。君士坦丁堡提供的军事与心智训练物有所值。查士丁尼的运气不在战场上。在距离查士丁尼出生地不远的 21 世纪首都城市斯科普里（Skopje），这位农民出身的罗马皇帝受到尊崇，人们最近为纪念他立起了塑像，高约 5 米，查士丁尼安坐在宝座之上。这尊白色大理石雕像耗资 100 万欧元以上。与特蕾莎修女（Mother Teresa）及亚历山大大帝一样，查士丁尼也跻身这个地区最伟大的成功人物之列。

查士丁尼在君士坦丁堡的神学院学习神学与法律，很快获得了护卫皇帝的精英部队、也就是禁卫军的支持。年轻的查士丁尼可能就是在君士坦丁堡结识了另一名伊利里亚人，一个名叫贝利萨留（Belisarios）的好斗战士。在贝利萨留的协助下，查士丁尼让君士坦丁堡的领土增加了45%，使这个被他选中的城市成为已知世界最伟大的帝国的中心。在意大利东北部城市拉韦纳的著名镶嵌画中，站在查士丁尼右侧的人应该就是贝利萨留——540年，这两个人再次征服了拉韦纳。[4] 查士丁尼、他未来的妻子狄奥多拉与贝利萨留不仅具有才能，也掌握了时机，他们对当时乃至我们这个时代有着真实而持续的影响力。

机会已经到来。阿纳斯塔修斯皇帝去世，年近七旬的舅舅查士丁不识字，被拥立为帝。这名前养猪人已经将自己的姓氏赐给他那精力充沛且机灵能干的外甥，显然是要让他的后辈有一个学习行使权力的机会。事实上，从520年开始，两人就共同治国理政；史料里隐约可以看出查士丁在人生最后几年已经老耄，无法管理国事，查士丁尼虽然不是皇帝，实质上却已掌控君士坦丁堡与整个帝国的实权。

527年4月1日，这名伊利里亚军人被正式指定为查士丁的继任者。当查士丁尼被拥立为帝时，他穿过君士坦丁堡的金门，沿着梅塞大道这条游行路线前进，大道两侧最初是宽阔的菜园（城市居民的生活物资），此时已改建成覆盖遮阳篷的走道与雕像群（今日依然可见遮阳篷与贩售着各式商品的商店，从苹果茶到镶着碎钻的手枪，应有尽有）。群众向君士坦丁堡新统治者齐声欢呼，声音几乎要把大道两旁的大理石柱廊与成排雕像震倒。而在城市中，有一个人肯定以极其愉快的心情聆听着这场喧闹。三年前，一名不寻常的奇女子搬进查士丁尼的宫殿与他共枕，而在查士丁尼继任皇位的三天后，他与他的新任妻子，他的歌舞女郎新娘狄奥多拉，一同被加冕为皇帝与皇后。

到了21世纪，狄奥多拉皇后再度引起人们的兴趣，并享受迟来的应得声名。今天，狄奥多拉被希腊东正教会奉为圣徒；尽管如此，这位君士坦丁堡史上的重要人物并未受到世人普遍的爱戴，"这个堕落的女人（狄奥多拉）是另一个对蛇言听计从的夏娃。她是地狱的居民，恶魔的情妇。她受到撒旦恶灵的蛊惑与魔鬼愤怒的教唆，恶毒地倾覆殉教者以鲜血救赎换来的和平"，巴罗尼乌斯枢机主教（Cardinal Baronius）写道。[5] 关于狄奥多拉的生平，我们拥有的

狄奥多拉皇后（中间）仅存的肖像出现在拉韦纳圣维塔教堂（Basilica San Vitale）的镶嵌画中，大约完成于 548 年。

最详尽史料其实是一本内容淫荡、充满恶毒诽谤的作品，这部《秘史》（Secret History）由普罗科匹厄斯（Procopius）撰写，他是记载查士丁尼与狄奥多拉统治时期史事的重要历史学家（他对这对皇室夫妻以及他们的功业一方面推崇，另一方面也不乏责难之词）。普罗科匹厄斯的描述充斥着文学与修辞比喻，其真实性因此大打折扣——尽管如此，许多细节依然反映了时代的真实情况，而且可作为这名君士坦丁堡女子波澜壮阔的一生的背景故事。[6]

今日，希腊宗主教富有同情心地谈论狄奥多拉皇后，说她是东正教历史上最具影响力的人物之一，而且在君士坦丁堡度过"充满磨难的童年"。事实上，年轻的狄奥多拉虽然遭到社会的蔑视——她身处最低阶层——却又拥有极佳的机运。狄奥多拉的母亲被描述为一名"歌舞女郎"（娼妓的委婉说法），她的父亲则是个驯熊师。这对街头艺人夫妻似乎加入了竞技场其中一个赛车（chariot racing）派系，绿党。她的父亲一死，全家人无法再获得绿党的庇护，狄奥多拉与两个姐妹被母亲戴上花环，穿过市中心的小巷暗弄，献给与绿党敌对的蓝党。没有蓝党的应允，这个小家庭不可能在君士坦丁堡的街头生存。

这些赛车派系对于拜占庭的稳定有着举足轻重的作用，这点再怎么强调也不为过。我们应该还记得，绿党与蓝党曾经竞相重建因地震损毁的狄奥多西城墙。竞技场刚好正对着权力中心——我们可以想象一下夹在唐宁街十号与白金汉宫之间的温布利球场（Wembley stadium）。敌对的派系（绿党、蓝党、红党与白党）相当于不同的部族与党派，他们聚集在竞技场，为登基的新统治者呐喊助威，或者游行到城外迎接作战归来的皇帝。拜占庭历任皇帝精心营建了连接宫殿与竞技场南侧的封闭步道。步道通往有防护措施的展望平台，也就是"kathisma"，新罗马的皇帝和家人以及最亲近的谋士可以在这个华丽阳台上倾听民众的怨言，或者俯视群众，让群众感到敬畏。当面包或饮水的供应不足，或者出现不公不义之事时，各派系会直接到竞技场抒发他们的怨言。竞技、表演与填饱肚子是让民众团结一致的黏合剂——普罗大众具备原始的、群众性的力量，他们的好恶足以决定皇帝的废立。

狄奥多拉小时候与父母和姐妹一同出场，他们的演出是整套娱乐节目的一环，狄奥多拉在竞技场当中或周围表演杂耍或色情舞蹈——这些表演、杂技与廉价戏剧全是赛车竞技的余兴节目。当时的历史学家提到，狄奥多拉最受欢迎的节目是勒达（特洛伊的海伦的母亲）与天鹅（宙斯的化身）的故事。希腊神话提到，宙斯为勒达王后着迷，他在尤罗塔斯河（Eurotas）岸边偷看她洗澡，然后化身天鹅奸淫了这名斯巴达王后。饰演勒达的狄奥多拉会一路撒谷物，最后谷物会散落在自己身上（有些人说是撒到她的体内），让"天鹅"（在君士坦丁堡其实指的就是鹅）迫不及待地啄食。皇后的诽谤者幸灾乐祸地回忆人们要求狄奥多拉表演肛交，不管她是作为主动的还是被动的。从孩提直到青少年时期，狄奥多拉一直被视为操贱业的女子，实际上，她正处于君士坦丁堡急速发展的有趣时期，身处与之相关的人间百态的核心位置。

狄奥多拉显然是个极有魅力之人。她的出生地不是在塞普路斯就是在叙利亚，青少年时期，她已生下一个女孩，还有多次堕胎的经历。狄奥多拉曾是某个叙利亚官员——利比亚五城总督（Libya Pentapolis）——的伴侣，并且随他离开君士坦丁堡前往北非。狄奥多拉在当地忍受了四年的虐待，最终被这名拜占庭官员抛弃，丢了生活来源，这大抵是 6 世纪最悲惨的遭遇。从当时一些教父的声明中可以看出，这样的人应该被基督教世界驱逐。狄奥多拉为了返回母城，一路卖淫为生。唯一对这名 20 岁女子伸出援手的是一群亚历山大的基督徒，他们无心的善举，开创了整个时代。

狄奥多拉成长于一座急速变迁的城市。回想一下，就在半个世纪前，先后在以弗所与迦克墩举行的公会议上，一件引人注目的事发生在另一名年轻女子身上。基督教世界的主教们接受召唤来到人声鼎沸的港口贸易城市以弗所（值得一提的是，这座城市原本是供奉主掌生育的童贞女神阿耳忒弥斯的圣地）。他们走在希腊人铺设、旧罗马人重建的宽阔大理石街道上，每晚与以弗所当地的富商把酒言欢，这些富商的家中积满了至今仍在不断流通的奢侈品——成簇的黄金耳环、耀眼的大理石壁砖、精致的湿壁画。历经激烈的宗教辩论后，人们终于在这座宗教气息浓厚的城市达成一项决定：马利亚，拿撒勒一名弱不禁风的女子，她不仅是基督的母亲，也是上帝的母亲。不管在精神上、心理上、社会上还是文化上，这都是个非比寻常的转变。君士坦丁堡欣然接受马利亚地位的提升。

狄奥多拉可能在故乡目睹了新传统的诞生；无论在动荡时期还是凯旋时刻，民众都会拿着马利亚圣像绕行君士坦丁堡，相信这么做可以投射出一种基督教的力场，保护城市的围墙与居民。镶嵌画装设在木板上，每一块木板都需要四名男性扛起。无论是这类早期的印象——男人们肩扛着崇高耀眼的黄金女性，挥汗如雨，一路摇晃穿过君士坦丁堡上下起伏的街道——还是基督以贴近人心的言辞接纳孱弱堕落的女性，或是潜心神学的异乡人在她需要帮助的时候伸出援手，这些似乎都让狄奥多拉产生坚不可摧的基督教信仰。

然而这无法阻止狄奥多拉为了探听秘密而与男人共眠。查士丁尼持续扩大他的权力基础，据说他在帝国各地布下眼线。狄奥多拉在安条克偶然结识一个名叫玛瑟多妮亚的女密探，[7] 从这时起，她开始从事最具"生产力"的枕边细语工作。狄奥多拉接着动身回到故乡君士坦丁堡，几乎可以确定，她以陪睡的方式一路打通到最高层，还赢得了"最敏锐的情报贩子"的名声，成功引起查士丁尼的注意。我们只能想象狄奥多拉这个欢场女子是如何出名的，无论她用了什么方法，肯定令人印象深刻。

524 年左右，这名来自伊利里亚、圆胖脸、受民众爱戴、干练而权势日隆的男子修改了律法，好让自己迎娶狄奥多拉为妻。526 年，查士丁尼被指定为查士丁的继承人，于是这名娼妓顺理成章当上了皇后。

查士丁尼描述狄奥多拉是"我们最可敬的伙伴，是上帝所赐"[8]（上述描述最终引发了普罗科匹厄斯与叙利亚以弗所的约翰对这场婚姻的微词）。我们听说，"两人结婚之后，彼此从未单独做过决定"[9]，我们还得知，"皇帝对她情有独钟"[10]。在典型的皇室婚礼中，官员在管弦乐队陪同下走过君士坦丁堡大皇宫的走廊。端着喷了香水的手巾，他们为未来的皇后梳妆打扮，并且献上石榴与镶珠宝的斑岩石。元老院议员从左右两边簇拥着新娘，将她送进皇帝怀里。查士丁尼把狄奥多拉写进属于他们共同的都市传说，赞颂皇后不仅让皇室健康，子孙众多，也让君士坦丁堡与帝国繁荣兴盛。这不只是社会地位的提升；借由这场婚姻，狄奥多拉从单纯的凡人成为近乎崇高的人物。

查士丁尼在十九长椅大厅的宴会厅（Triclinium of the Nineteen Couches）[11]，即罗马式的就职厅继任皇位。[12] 三天后的复活节，由于狄奥多拉也被指定为查士丁尼的继承者，因此两人就在充满宗教象征的仪式中登基，[13] 宗主教也出席了典礼。典礼上的致词无可置疑地彰显了这一时刻的重大意义："上帝降下旨意，选择你来维护与提升这个世界；这是上帝的旨意，让你跻身帝王之列。全能的上帝赐福予你，以他的手亲自为你加冕。"[14] 狄奥多拉，出身贫民窟的孩子，现在成了奥古斯塔，帝国与基督教世界的统治者。

因缘际会，这对农民与娼妓夫妻走上了飞黄腾达之路。在埃及，他们的名字刻在西奈山教堂的横梁上，查士丁尼盖了一座横跨金角湾的桥梁，连接希凯（Sykai, 今日的加拉塔）与君士坦丁堡，[15] 并且在特内多兹岛广设粮仓（史诗作品曾经提到，特洛伊战争期间，希腊军队藏身于此，诱骗特洛伊人将木马搬进特洛伊城）。从埃及载运粮食的船只需要顺风推送就能穿过赫勒斯滂抵达君士坦丁堡。如果粮船行程耽搁滞留在地中海，那么船只会在特内多兹岛卸货，然后返回埃及重新载运粮食：这么做要耗费大量的劳力，却能确保无风时城市居民不至于挨饿。街道下方发展出一座"镜中之城";7000 名奴隶在地下挖掘水槽,包括教堂地下水宫(Basilica Cistern)——一座用柱子和雕塑(窃取自原本暴露在日光下的纪念碑)作为支撑的、颠倒过来的大教堂——光是这座水宫就能蓄水 8300 万升,确保城市免受缺水之苦,正如城市不再需要担心缺粮一样。

查士丁尼与狄奥多拉幸运地凭借自己的能力登上高位,他们为此感到欣喜,并且像暴发户一样热情投入其中。廷臣——就连来访的外国使臣也一样——不能再像过去只行屈膝礼,觐见皇帝时,他们必须五体投地,在皇帝与皇后面前,必须磕头行礼。元老院议员获准拥有以嘴唇拂拭皇帝双足的特权。

狄奥多拉时常横渡博斯普鲁斯海峡或马尔马拉海前往亚洲。这名年轻女子曾一度逃离欧洲,遭受虐待、遗弃,还当过妓女。529 年,她以帝国领导人的身份,率领 4000 名随员回到皮提恩(Pythion,今日的亚洛瓦,拜占庭早期的殖民地,凯末尔时期又重新兴起到此地泡温泉的热潮);接着她前往绿意盎然的山城普鲁萨(Prousa,今日的布尔萨〔Bursa〕),她名下那座色彩鲜艳的浴场至今仍在使用。有点讽刺的是,布尔萨的狄奥多拉浴场现在只向男性开放使用;女性只能在进入日后由奥斯曼增建的华丽澡堂洗土耳其浴之前,匆匆看一眼这座皇后的 6 世纪浴场(狄奥多拉时常造访此地的浴场,实际上是为了缓和癌症症状,而她最后因为癌症只活了 48 岁)。[16] 尽管如此,我们可以充满惊叹地想象这名目光炯炯有神的帝国新贵沐浴在此地灼热的天然矿泉里,四周围绕着侍卫与侍女,想着自己虽然过去遭遇各种逆境,最后还是获得胜利,不禁陶醉其中,沾沾自喜。

查士丁尼对狄奥多拉的敬重一直坚定不移,这是她享有的最大成功。他们在宗教信仰上其实上存在分歧:狄奥多拉是热情的基督一性论者(有时称为合性论者),她相信耶稣基督具备完整的神性,或者说相信神人两性合一——她或许接受了当时亚历山大与安条克的救赎派基督徒的说法。狄奥多拉的想法与451 年迦克墩公会议的一些主张相左,反观查士丁尼则是肯定迦克墩的教义。虽然其他地区强烈感受到拜占庭与叙利亚正教在迦克墩公会议上出现的分歧,但在可以俯瞰海洋的君士坦丁堡大皇宫,皇帝与皇后似乎能和睦相处,并且积极享受着两人激发出来的火花。[17]

查士丁尼和狄奥多拉都非常严肃地扮演上帝在尘世的代表的角色。451 年，在迦克墩——古老的"盲者之城"，离君士坦丁堡市中心只有短程的乘船距离——召开的公会议最后定立了《迦克墩信经》(Chalcedonian Definition)，这部信经至今仍为绝大多数天主教、新教、希腊正教、俄罗斯正教世界所接受，但信经导致的基督教内的分歧也持续至今。迦克墩公会议宣称基督拥有两种性质，神性与人性，但两种性质本质相同。叙利亚、亚美尼亚使徒、科普特、埃塞俄比亚、厄立特里亚与印度正教会一致反对这部信经，而且至今仍抱持反对态度。与今日的我们一样，查士丁尼与狄奥多拉都察觉到，要在神学辩论中胜出，维持热度极其重要。据说狄奥多拉非常"狂热"，而查士丁尼也"热烈"发布与争议相关的信息。查士丁尼在君士坦丁堡召集主教，试图逼迫他们撤回他认为与正教不合的思想。查士丁尼是最早以手持十字架形象出现在铸币上的罗马皇帝之一，而他也派遣许多主教向也门、叙利亚、阿拉伯半岛的加萨尼阿拉伯人 (Ghassanid Arabs)、卡里亚、弗里吉亚、吕底亚与下努比亚 (Lower Nubia) 传教。[18] 狄奥多拉也派出自己的传教团。丈夫与妻子竞相以自己认为正确的方式拯救灵魂——举例来说，狄奥多拉的传教士火速前去劝说诺巴泰 (Nabatai) 国王希尔科 (Silko) 以及他的大臣改信。[19] 在君士坦丁堡，一些戏院遭到关闭，城内男女因此少了聚会相处的机会，此举引发的不快很快就让查士丁尼与狄奥多拉尝到苦头。

美丽的小教堂圣瑟吉欧斯与圣巴科斯 (Church of Sts. Sergios and Bacchos)，又称小圣索菲亚教堂 (Little Haghia Sophia)，它位于竞技场南方，供奉两名叙利亚圣徒英雄，531 年之后，这座教堂扩建成为修道院与一性论信徒的避难所。[20] 这里不仅敬拜基督，也敬拜狄奥多拉——在这座现已成为清真寺的建筑物里，就在宣礼员与他的虔诚信众头顶的柱顶过梁上，依然可见清晰的题字。这位受恳求的圣瑟吉欧斯"时时刻刻护卫宵旰勤劳的君主，并且给予上帝加冕的狄奥多拉力量，她拥有虔诚的心灵，她不辞劳苦全心帮助困苦之人"。皇后也获得其他被迫害者的赞扬：以弗所的约翰提到"基督所爱的狄奥多拉，她或许是上帝任命的皇后，襄助被迫害者对抗时代的残酷……给予他们饮食与自由"。[21]

查士丁尼显然不会对狄奥多拉的行为多加干涉，狄奥多拉也就更加肆无忌惮。皇宫成了一性论的温床。狄奥多拉在自己的皇宫保护一名顽强不屈的希腊宗主教长达二十年。查士丁尼的寝宫位于大皇宫旁的霍米斯达斯宫（Palace of Hormisdas），他在这里庇护了 500 名教士与僧侣。有些描述提到国事厅用帷幔、编席与板条隔成小间，并且欢迎君士坦丁堡以及"叙利亚与亚美尼亚、卡帕多西亚与奇里乞亚（Cilicia）、伊苏利亚（Isauria）与里卡欧尼亚（Lycaonia）、亚洲与亚历山大"的苦行者与宗教人士前来。寻求宗教仪式的妇女与孩子人数众多，皇宫的地板因此一度塌陷。[22]

查士丁尼与狄奥多拉掌权的时代，君士坦丁堡收容大量难民也成了这个时期的一项特征。挣扎求生、无家可归、无国可依的旅人，他们来自东方与西方，逃离波斯与"蛮族"的骚乱。许多人在匈人与哥特人驱逐下离开多瑙河与哥特人的占领的省份，抵达君士坦丁堡；残暴的汪达尔人割下这些受害者的舌头。皇帝与皇后为这些难民兴建收容所。君士坦丁堡逐渐因为收容难民而闻名于世，这个名声一直持续至今。539 年新设"调查官"（quaestor）一职，负责调查进入君士坦丁堡的外国人的家世背景、身份与目的。这项难民服务显然比 2015 年我撰写本章时伊斯坦布尔施行的难民服务更有成效，从酒店窗户望出去，我能看到叙利亚难民无精打采地躺在内城道路与干道交叉口边上，活像死尸一样。

狄奥多拉为女性同胞做出的贡献尤多。此后，丈夫必须两次取得妻子的同意才能借贷。家人必须将丈夫的遗产返还寡妇。犯下强奸罪的男性更容易被起诉，量刑也更加严厉。禁止以食物与衣物引诱 10 岁以下的女孩进行性交易。就连这些措施，狄奥多拉似乎也得到了查士丁尼的协助。皇帝满怀热忱地引用圣保罗的话："侍奉神，不分男的或女的，不分自由的或为奴的。"[23] 皇帝又说："'先前的法律'没有考虑到女性的柔弱，也没有考虑到丈夫享用她们的肉体、财产与整个人生……她们侍奉丈夫，直面分娩的危险，还得生儿育女，丈夫对这一切竟毫无体恤……"[24] 狄奥多拉将亚洲岸边一座宫殿改装成修道院——今日这座修道院的所在地是一间军事学校（2016 年土耳其政变失败后，这所学校已经关闭）——用来收容那些不再卖淫的妇女，并且在院内兴建美丽的建筑物，让收容者感到"慰藉"，狄奥多拉将这些建筑物命名为悔罪院（Metanoia）。[25]

即使这样，普罗科匹厄斯依然反过来利用这项事业指责狄奥多拉：

> 但狄奥多拉也执意惩罚那些在肉体上犯罪的人。以妓女为例，超过500名妇女在市场以三奥波勒斯*的代价卖淫，赚的钱只够她们糊口。狄奥多拉将她们聚集起来送到对岸，监禁在所谓的悔罪院里，企图让她们改过自新。有些人在夜里从高处一跃而下，让自己从令人厌恶的改造中解脱。[26]

狄奥多拉与查士丁尼（显然两人是一起联手）推动的社会改革与正义计划想必令人振奋，而且充满了欲求（erotic，依古希腊文的字义）、野心、干劲与价值。[27] 一则提到狄奥多拉的短评认为她将严肃的议题变成"舞台上惹人发笑的谈资"，[28] 以此暗示狄奥多拉根本配不上出现在她面前的机会：你可以把色情的舞者带离竞技场，但你无法去掉女孩身上的色情特质。不过对我来说，这位皇室新贵似乎陶醉于各种可能性。狄奥多拉与查士丁尼的关系将是极具肉欲与精神性的伙伴关系，这个伙伴关系，无论带来的结果是好是坏，都将对君士坦丁堡这座城市带来切实的影响。

---

* 　奥波勒斯（obols）：古代希腊的银币。——编注

第二十九章　地震与大火

公元 532 年

　　民众的声音毫无价值，无须倾听。相信他们的诉求，释放有罪的人，惩罚无辜的人，完全是大错特错。

戴克里先的命令，收录于尼卡暴动*发生前三年公布的《查士丁尼法典》[1]

　　一切都夷为平地，到处弥漫着尘土、烟雾与恶臭，难以居住，看到这幅景象的人，莫不心生悲惨恐惧。

吕底亚的约翰，

于《论罗马官制》（*On Offices*）中描述尼卡暴动后君士坦丁堡的景象 [2]

　　伊斯坦布尔的设计使得暴动的发生极为容易。罗马广场与广阔的公共空间方便民众集会游行；如果当局打算镇压，中世纪街道系统也能让抗议者迅速撤离。2013 年，我在伊斯坦布尔市中心的盖齐公园（Gezi Park）和塔克西姆广场亲眼看到了抗议运动，民众确实可以迅速四散逃离。抗议者蜂拥而入——运气好的人可以在镇暴水枪与催泪瓦斯到达时一下子隐身到后巷里。倾覆的车辆触目惊心，明确表达对这个"颠倒混乱的世界"的抗议。夜间的冲突过后，每日清晨，顽固的抗议群众与适时出现的吸毒者围绕着翻覆烧毁的残骸；而在残骸上方，有人在破碎的商店窗户上涂鸦："拜占庭—君士坦丁堡—伊斯坦布尔——是我们的！"政府发动镇压，2013 年的破坏与掠夺留下的不只是呛鼻

---

* 　532 年在君士坦丁堡发生的市民暴动，因暴动中市民高呼"尼卡"（胜利）的口号而得名。——编注

的烧焦味，还有悬而未决的社会秩序与言论自由问题。2013 年的盖齐公园呼应了一千五百年前另一起划时代的事件。到了 21 世纪，即使是一场驱散一切的大雷雨也能唤起人们对过去事件的记忆，这是这座城市历史上最具冲击力的一场民众示威抗议——532 年的尼卡大暴动。[3]

君士坦丁堡竞技场的人们总是热情洋溢、兴致高昂。表面上，尼卡暴动是赛车派系引发的抗议，特别是蓝党与绿党，他们聚集在竞技场上，狂热地维持他们在阶级、地位和财富上的纽带关系，如同居住在城市的原始部落一样。这些人穿上浮夸的波浪彩袖，标记自己的身份，代表了新 "SPQR"（元老院与罗马人民）里的 P——人民。这些竞赛队伍经常发生纷争（6 世纪初，绿党在君士坦丁堡的剧场杀死了 3000 名蓝党人士）；[4] 只有在极罕见的状况下，他们才会团结一心。在竞技场弯曲的一端，穿过一扇爬满藤蔓的铁门，行经湿淋淋的阶梯与鬼魅般的鸽子，脚下踩着嘎吱作响的碎石，我们来到一处令人亢奋的地方，重要的赛车手聚集在这里商讨战术，让自己的赛车队伍能进入作战状态。[5] 不满与信念促使人们结党成派：例如对吉莫（deme，城市的基本单位）的忠诚，政治上的挫败，神学上的焦虑，以及商业网络的连接。

尼卡暴动——那天原本是君士坦丁堡成为新罗马的庆典日——的爆发点似乎与税收以及不受欢迎的法律改革有关。查士丁尼承继前代，继续与东方的波斯人进行虚耗国库的战争；为了支付军费，税赋也随之提高。起初虽然在贝利萨留的指挥下获得胜利，接踵而至的却是代价高昂、颜面尽失的败绩。从高加索到多瑙河，军民人心浮动；东方与西方边疆骚乱的消息很快就传回君士坦丁堡，小规模的骚乱接连爆发。七人被处死刑，其中两人在行刑时居然因为绞刑架断裂奇迹般地逃过死劫。两人在群众簇拥下离开刑场，然后被同情他们的僧侣救下—— 一名忠于绿党，而另一名忠于蓝党——这两个心怀不满的抗议者进而被困在了君士坦丁堡佩特里恩区（Petrion，又称普拉泰亚 [Plateia]）[6] 的圣罗伦提乌斯教堂（Church of St. Laurentius）里。

君士坦丁堡的赛车派系一向水火不容；不可思议的是，他们此时却联合起来，大声呼求基督徒的怜悯。蓝党与绿党不约而同再度涌入竞技场——这里是皇帝与他的臣民聚集的空间，聚会通常是由其中一方召集——他们高呼新口号："仁慈的绿党与蓝党万岁！" 查士丁尼没有现身。尽管伊斯坦布尔的 1 月寒冷刺骨，民众的热情却丝毫不减。大暴乱就此引爆。

从在竞技场观赏赛车、领取面包的平民百姓，到高层的元老院议员，所有人都卷入这场暴乱中。我们必须思索，这场暴动究竟是纯粹的民众勇气的展现，还是心怀不轨的元老院议员趁机煽风点火引发民众暴动——也就是说，这不是一场革命，而是一场带有投机性质的政变。君士坦丁堡的领袖都是一些拥有头衔的人物，这些头衔包括"非常有名的人"（clarissimus）、"值得赞扬的人"（spectabilis）、"杰出的人"（illustris）、"荣耀的人"（gloriosus）乃至"最荣耀的人"（gloriosissimus）。君士坦丁堡的领导家族，在他们最初以"新人"之姿由君士坦丁带到这座城市后，便一路飞黄腾达登上社会阶梯的顶端。而查士丁尼，别忘了，他可是不折不扣农家出身的人物。我们知道，在元老院里，许多人憎恨他的平民背景，以及他对低贱街头舞女的迷恋。讽刺的是，暴动发生时，向他"大开炮火"的几个贵族居然躲进他的宫殿避难——其中或许还包括描述此一事件最重要的史料来源的作者，普罗科匹厄斯。

暴动者包围总督府并且放火焚烧，差点就让里面的囚犯成功逃狱。查士丁尼尝试以怀柔取代胁迫，决定网开一面，让比赛在1月14日星期三早上继续进行。暴动者没那么容易收买，他们非但没有用愉悦的心情点亮竞技场，反而一把火烧了它。贝利萨留奉命围堵不满群众，而查士丁尼——人们怀疑他可能感到绝望——则做出了一些让步。查士丁尼底下不得民心的官员都遭到了免职，例如特里波尼安（Tribonian），他负责《查士丁尼法典》的编纂工作，还有尤德蒙（Eudaemon），他逮捕了抗争的元凶以及狡猾的教士卡帕多西亚的约翰 [7]，这几个不受欢迎的人最终都被绞死，尸体被风干。

1月16日星期五，当大火一路烧到旧圣索菲亚大教堂时，皇帝知道场面已经失控，于是把等同于突击队员的哥特人部队调来君士坦丁堡，用来压制暴力。当晚，查士丁尼将两名城中的贵族希帕提欧斯（Hypatios）与庞培逐出宫外。这两个人随即前去煽动群众，而且提供可行的方案，让自己成为夺取权力的人选。这项逐出宫外的行动是个古怪的决定，历史学家找不到满意的答案来解释这项举措。查士丁尼是否纯粹基于憎恨而做了这个决定？他希望这两个上流社会的年轻人被五马分尸，还是只是被愤怒与报复心冲昏了头？或者，他仔细盘算了两种彼此矛盾的想法，然后丢出引人注目的焦点，试图引诱抗争者聚焦到某个地方，再一口气屠杀？

　　无论查士丁尼的动机为何，隔天早晨他的态度似乎已经软化。皇帝再度现身竞技场，面对窃窃私语的群众发表演说，并把手放在"福音书"上发誓，这回他会倾听民众的需求，并且赦免暴动者。这是仁慈的话语，但民众完全不当一回事。

　　绿党与蓝党共同宣称希帕提欧斯——皇帝阿纳斯塔修斯一世的外甥——是帝国宝座真正的继承人。1 月 18 日，希帕提欧斯在华丽的阳台戴上黄金项链，群众欢呼他为皇帝，随后发生了各种混乱的状况。查士丁尼把阳台通往宫殿的通道封住，然后从人群面前消失。

　　此时君士坦丁堡大部分地区都已陷入火海，暴动者紧急召开会议讨论是否要直接攻打皇宫。查士丁尼准备携带财物逃走——就像 2013 年盖齐公园失火，土耳其总理埃尔多安按原定计划访问摩洛哥等北非国家一样。或许，如同埃尔多安，离开现场可能正合查士丁尼的心意，因为离暴力发生的地点越远，就越能宣称这起事件的元凶另有其人。逃亡路线很容易安排，穿过布科里恩宫（Palace of Bucoleon）的出海口门，沿着通往马尔马拉海草木丛生的斜坡往下走，隐约可见出海口门的过梁，这条路向来只有位阶最高的廷臣才能通行。备好的船只在一旁等待。根据传记作家普罗科匹厄斯的记载，此时狄奥多拉走了出来，她不仅显露出过人的决心，也展现出广博的古代修辞学知识：

> 　　我认为在这个关键时刻，即使逃走能获得安全，这个决定也将是大错特错。正如人出生免不了一死，曾身为皇帝，最后要亡命天涯，这是不可忍受的。我希望自己永远不会脱下这一身紫袍，我希望自己活着的每一日，遇见我的人都能叫我皇后。皇帝，如果你想保住性命，那不成问题。我们有钱，海洋与船只都已齐备。但想想你获救后可能发生的事，到那个时候，恐怕你无法如愿用安全换取死亡。古代有句格言深得我心，皇室身份是葬礼上最好的裹尸布。[8]

　　我一边俯瞰考古挖掘现场，一边朗诵这段非凡的演说，眼前的考古遗址刚好位于苏丹艾哈迈德四季酒店后方，挖掘过程费力而缓慢，但逐渐显露出查士丁尼与狄奥多拉大皇宫的样貌。我们很难不被这段浮夸而又大胆的话语打动，去感受那份在紧急状况下产生的热情；但普罗科匹厄斯毫不犹豫地为历史保存了这场演说，用意是侮辱狄奥多拉。充满活力、丝毫不具女性特质，出身寒微的狄奥多拉，就像暴动本身一样——普罗科匹厄斯巧妙地做了比喻——违背了自然秩序。一个有教养的希腊罗马妇女绝不会在公众场合发言，如果有任何男性听信她的说辞，灾难就会降临到他们身上。狄奥多拉在演说中引用雅典作者伊索克拉底的话，而普罗科匹厄斯把关键词重新翻译为"皇室身份"，但原文对于受过良好教育的君士坦丁堡人来说并不陌生，它指的不是国王，而是僭主。在皇帝兼暴君查士丁尼的命令下，这场暴动在混乱中收场，而经由后见之明的描述，这一切都归咎于狄奥多拉。[9]

接续而来的是浴血战。查士丁尼显然被他好斗的街头战士妻子说服，他派兵围住已经烧成焦炭的竞技场——群众仍聚集在里面号召政变——然后下令部队进攻。绝大多数抗议者手无寸铁。帝国军队在贝利萨留统率的哥特士兵与阿提拉的孙子蒙多斯（Moundos）统率的匈人士兵协助下，一天之内杀死了3万到5万人。1月19日星期一，骚乱开始后的第十天，希帕提欧斯与庞培被捆住手脚丢入马尔马拉海。18名参与起事的贵族领袖遭到流放，财产充公。城里有传言说，许多被屠杀的抗议者被埋在竞技场底下的大坑里。[10]据说君士坦丁堡至少有十分之一的人口遭到杀害。

> 他在罗马帝国的每一座城市建立安全与秩序，他向每一座城市发布神圣的敕令，凡是暴动者或杀人者，无论属于哪个派系，都将受到惩罚；未来，没有人敢引发任何混乱，因为查士丁尼让所有省份都感到畏惧。[11]

查士丁尼在登基之初就明确表示他将进行铁腕统治。尼卡暴动或许是因为民众积怨已深而爆发。虔诚的查士丁尼与狄奥多拉很高兴看到剧场关闭，娱乐与社交转移到了街头。之后，很快有人受托创作了宣传诗"康塔基亚"*赞扬皇帝，并且指出暴动是上帝对拜占庭人的警告，拜占庭人的罪导致了

---

* 康塔基亚（kontakia）：产生于拜占庭，东正教及西方天主教的一种赞美诗。——编注

这场动乱。这首诗有个令人不安的标题:《地震与大火》。它标志着一种礼拜形式的产生，而这种礼拜形式至今仍是东正教的特征。

尼卡暴动之后，君士坦丁堡的外观有了变化，不仅地表，地下也是如此。狂热的暴民在冲动下首先想到的就是破坏与纵火。旧城区绝大部分都付之一炬，但破坏也带来了机遇。清理出来的城市空间使查士丁尼得以扮演救世主和虔诚的城市规划者。暴动结束后不到四十天，查士丁尼已开始重建君士坦丁堡，让它恢复昔日的辉煌。

第三十章　凤凰之城

公元 532 年

所罗门，我已经超越你了！

《圣索菲亚大教堂叙事》（*Narrative of Haghia Sophia*）[*]

于是大教堂成为壮丽的奇观，美得让人觉得不可思议，观者莫不感到敬畏吃惊，就连耳闻的人也感到难以置信……这难以名状的美，为大教堂带来欢腾的气象。

普罗科匹厄斯，《建筑》（*De Aedificiis*）第 27 节

据说天使曾在一旁守护圣索菲亚大教堂的重建，而大教堂也因为查士丁尼在建筑内部使用挪亚方舟的木材而蒙福。圣索菲亚大教堂起初由君士坦丁大帝在古希腊卫城上方建成，经狄奥多西重建，之后遭到焚毁；查士丁尼先是重建一次，然后又在暴动的破坏后再度重建。这座"圣智教堂"（Church of Holy Wisdom）标志性的圆顶离地面约 55 米，仿佛有条金链从天而降将它悬挂起来。往后超过千年的时间里，圣索菲亚大教堂一直是世上最大的宗教建筑物。它坐落在那里，宛如从冰河时期生存至今的巨型动物。亲眼看见建造的人与日后造访的人都清楚地表示，这座建筑物不仅是精湛工艺的结晶，也表现了人们内心的虔信与坚决的意志。

---

[*] 这段文字据称出自查士丁尼，但实际上部分出自围绕圣索菲亚大教堂这座建筑物产生的神话，时间大约在 9 世纪之后。

　　暴动才过去四十天，重建工作就宣告开始，并在六年内竣工。建筑师特拉勒斯的安特米欧斯（Anthemios of Tralles）与米利都的伊西多洛斯（Isidorus of Miletus，曾经担任雅典柏拉图学院院长）监督设计与建造。他们使用罗得岛的砖，因为那里的砖色特别淡。日后有一种说法提到，教堂的每一块砖都印制了《诗篇》第46篇第5节的一句话：“神在其中，城必不动摇”。绘画、柱子、楣梁与天花板都涂了一层银。阳光照在教堂光滑的大理石上，反射出刺眼的光芒。今日所谓中世纪的阴暗是不实的说法，阳光下，圣索菲亚大教堂闪耀的光辉宛若一场灯光秀。建设者从已知世界的各个地方进口青铜、黄金与“大理石草地”[1]、巴尔干半岛海摩斯（Haemos）的绿石，此外还有拉科尼亚的绿石、艾西亚峰（Iasian Peaks）的血纹石、吕底亚的黄金番红花石与提尔紫石（Tyrian purple）。汇集的各种珍奇之物，都是为了荣耀造物主上帝的工作：用以弗所阿尔忒弥斯神庙的柱子装饰内部，教堂内的门全来自帕加马的宙斯神庙。

　　圣索菲亚大教堂也许是一座具有异教风格的建筑，但从世界各地搜集来的奇珍异宝完全是为了荣耀上帝，尤其是荣耀上帝与男人和女人的关系。教堂内柱尖顶饰刻着查士丁尼与狄奥多拉名字的首字母，两个字母交缠在一起。在这里，希腊、罗马的壮观与雄伟，结合了雅典剧作家如欧里庇得斯曾经想象的每一处东方的浮夸装饰（他嘲笑特洛伊的海伦被帕里斯以及他的“东方黄金屋”引诱到安纳托利亚）。希腊、罗马对东方的幻想，在说希腊语的罗马人手中具体成形。

　　在普罗科匹厄斯眼中，圣索菲亚大教堂令人生畏：

　　　　大教堂直冲天际，居高临下，睥睨一切，俯瞰整座城市。它为城市增色，虽属城市的一部分，却因自身的美而散发光彩，虽属城市的一部分，却主宰整座城市。大教堂耸立在城市之上，如同瞭望台，将整座城市尽收眼底。它小心翼翼地让宽度与长度维持适当比例，没有人能唐突地说它过长或过宽。这难以名状的美，为大教堂带来欢腾的气象。它自豪地彰显自身的巨大与比例的和谐，既不流于浮夸，也不过于窘迫，它比我们习以为常的建筑更加雄伟，又比大而无当的建筑显得高贵，在灿烂的日光下，大理石闪耀着金色的光辉。[2]

这幅 19 世纪晚期的法国木刻画，想象了 1453 年奥斯曼人征服前圣索菲亚大教堂的外观。

　　时至今日，即使在人潮拥挤、霓虹灯闪烁的伊斯坦布尔，未点灯的圣索菲亚大教堂仍让人不寒而栗。黄昏时分的大教堂有股黑洞般的吸引力，与中世纪的磷光完全相反，当时一千盏点亮的油灯指引着来自博斯普鲁斯海峡与马尔马拉海的水手与船只。我们只顾着欣赏这座非凡建筑物的外观，却忽略了它的故事在宗教与心理层面所蕴含的强大力量。

　　在中世纪，人们相信所有的创造物（雕像、神殿、建筑物）与一种推动一切的力量息息相关，这股力量提供了慰藉，人们相信它从抽象和具体两个层面阐述了何而为人。这座"教堂之母"是为了供奉索菲亚（即神圣智慧）而兴建的。在希腊文里，"sophia"指一种实用技术。荷马史诗里的人物如果能驯马或造船，就会被形容是"sophos"，也就是智者。这层含义一直持续到古代晚期，并且化身成为智慧女神。智慧女神不仅容许以神秘而明显诉诸感官的方式来欣赏这个世界及其奥妙之处；她也鼓励人们迎向前去，投入实践、参与其中。这是街头智慧，也是女性智慧，而不只是书房里的男性智慧。在希伯来《圣经》、希腊《新约·圣经》以及无数流行的宗教作品中，索菲亚是短暂飞逝的。智慧女神更常出现在"经外书"（Apocrypha）中——人们通常认为这些宗教作品含有不适切的真理，因此被排除在正典之外。在许多基督徒心目中，索菲亚是一种崇高力量，是索菲亚降生了耶稣。

　　索菲亚虽然最终未能留在正典中，但却是古代与中世纪广泛流传的民间观念。我们使用的词"智慧"与"索菲亚"在史前拥有共同的含义，其原始印欧语的字根意味着对世界有着清楚澄澈的认识。索菲亚教堂也敬拜逻各斯（Logos，对应英文为 Word），指明显而又深奥的上帝智慧。因此，这座伟大的建筑物不只由砖块与灰泥砌成，还蕴含了观念——男性与女性智慧的永恒力量，以及通过心灵和神秘事物与世界进行沟通的可能。这是一座位于市中心的建筑物所做的非凡宣言，它以世界的中心自居。[3]

　　在希伯来《圣经》中，索菲亚等同于"Hokhma"，《箴言》第八章如此描述，"智慧比珍珠更美，一切可喜爱的都不足与比较……我乃聪明……从亘古，从太初，未有世界以前，我已被立……因为寻得我的，就寻得生命"。圣索菲亚大教堂不只是抚慰神明的供品，它本身就是答案。

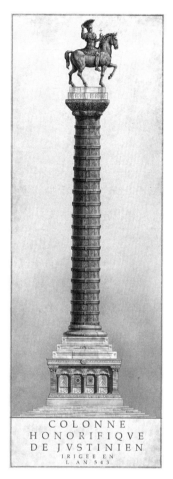

安东尼·赫尔伯特（Antoine Helbert）绘制的查士丁尼纪念柱的现代复原图。据说原本的纪念柱高 70 米，在海上就能看见。

　　新圣索菲亚大教堂是查士丁尼与狄奥多拉冠冕上的荣光，但城市其他地方也让人感到兴奋。暴动酿成灾害之后，查士丁尼必须证明谁才是主事者。皇帝要把自己的城市支撑起来；他在宫殿里加盖谷仓、面包坊与水槽，未来就算出现暴动，至少不至于造成饥荒（查士丁尼的地下水宫直到 16 世纪才被人发现，来此造访的人注意到当地人在家中凿井，居然可以从井里捞起鲜鱼）。他整修宙克西帕斯浴场与大皇宫，翻新供水系统。[4] 新宫殿建在邻近狄奥多西城墙的布雷彻尼（Blachernae）。查士丁尼显然企图重振与复制古罗马的荣光，他很快就委托兴建一座明显带有罗马风格的纪念碑。从 543 年开始，一根巨大的圆柱——青铜打造的查士丁尼跨坐在马上，打扮成阿喀琉斯的样子，朝东凝望着波斯，高度与圣索菲亚大教堂的圆顶齐平——矗立在重建的奥古斯塔广场上（它的高度令君士坦丁纪念柱相形见绌）。查士丁尼纪念柱一直耸立着，至少到 1493 年，在奥斯曼人接管这座城市的初期依然幸存。君士坦丁堡的灾难反倒让查士丁尼因祸得福。

希罗多德见证了早期希腊文明的形成，如拜占庭，他把文明称为"to hellenikon"——希腊的事物。现在，君士坦丁堡可以让希罗多德的文明观更上一层楼，这是一座兼具希腊与近东基因的城市，经由罗马肌肉筋骨的强化，表面再覆上一层基督教的外衣。当狄奥多拉与查士丁尼在城市里一边行走一边思索，只见他们周遭的建筑一日比一日更加雄伟壮观，阅兵场、奥古斯塔广场、元老院、周边围绕着巨大柱廊的椭圆形君士坦丁广场、长约 427 米宽约 122 米的竞技场（如今每当有建筑工程时，就会发现竞技场的石造座位，举例来说，最近蓝色清真寺的花园要增设盥洗设施时，就发现了一些石造座位），这些建筑物与一旁的新教堂、新修道院、新庇护所、新供水设施形成鲜明的对比，狄奥多拉与查士丁尼应该会产生一种感受，罗马从未衰亡，它只是往东迁移了 1374 公里。现在，基督教的罗马在崇高的恺撒领导下重新回到基督的东方根源。

全盛时期的君士坦丁堡是一个以颜色为标识的世界：皇帝死后葬在紫色斑岩的坟墓；只有一些特定身份等级的人才能穿红靴子；总数 5000 人的禁卫军穿着白色。今日，俯瞰整个伊斯坦布尔，看到的是一片铅制屋顶，但在一千五百年前，所有的屋顶、城墙与城门全包覆着打磨光亮的青铜。整座城市是一顶镶满珠宝的王冠。这些可不只是诗意的夸饰，它们确实激励了忒米斯提欧斯，他写道："这座城市因黄金与斑岩闪闪发亮……如果君士坦丁看见他所建立的城市……他会觉得这座城市的美并非只流于表面，而是拥有货真价实的美。"[5]普罗科匹厄斯也叫道："确实如此，每座教堂——圣彼得与圣保罗教堂，圣瑟吉欧斯与圣巴科斯教堂——的石块发出的亮光都让太阳黯然失色，教堂到处装饰了黄金，供品更是摆得无处可放。"[6]君士坦丁堡的其他景致更是让普罗科匹厄斯文思泉涌：

　　当船只从普罗庞提斯往城市的东面航行时，在船的左方有一座公
共浴场。这里称为阿尔卡狄亚纳（Arcadianae），它是君士坦丁堡的装饰
品，与整座城市一样大……平静无波的海水缓缓在这片庭院旁流动着，
注入海中的溪水围绕着它，河水从本都流淌到此地，在此散步的人实际
上可以与航行于海上的人交谈……美丽的柱子与大理石覆盖了整片区
域，包括了铺着石板的道路与道路上的建筑。这里闪烁着夺目的白光，
照耀此地的阳光几乎毫无保留地被反射回去。[7]

　　遗憾而讽刺的是，查士丁尼与狄奥多拉发号施令的中心，大皇宫及其附属
的布科里恩宫（即牛狮宫，据传是为了"赢得异国人士与我国臣民的赞美"而
建[8]，让人回想起禁城的巅峰时期），[9] 现在只剩下围在铝制栏杆后的断垣残
壁。[10] 这处遗址是开发商在伊斯坦布尔苏丹艾哈迈德区动工时发现的，有关
这块黄金地段的使用至今仍有争议；人们希望把这块遍布文物的土地改为考古
公园。这里曾经存在着伟大的事物：入口处有一座高耸的门廊，称为查尔克门
（Chalke Gate），上面的黄金镶嵌作品显示查士丁尼征服了汪达尔人与哥特人，
狄奥多拉则站在她的爱人皇帝身旁。巨大的骑士像欢迎访客到来。穿过几道以
"象征帝国权力"的青铜包覆的铁门，可以看见会议厅（Consistorium）、德尔法
克斯（Delphax，也就是十九张长椅法院［Tribunal of the Nineteen Couches］）、玛
格瑙拉宫（觐见厅）与宴会厅（Triklinos）。皇宫的其他区域——许多私人与公
共的房间，彼此以柱廊相通——顺着地势往下直达海滨。今日，简朴的民宅占
用了皇宫面海的城墙，残余的石柱上依稀可见查士丁尼的皇室花押字*。来自叙
利亚、伊拉克与阿富汗的难民在皇宫破败的城墙阴影下搭设帐篷。他们在小火
盆上煮晚餐，他们是这个地区许多帝国强权——罗马人、波斯人、拜占庭人、
奥斯曼人与欧洲人——盛衰起伏下的受害者。
　　虽然部分海墙一直保存到 21 世纪，但真正的重头戏，查士丁尼与狄奥多
拉时代绝大多数的珍宝数世纪以来仍藏在地底下。竞技场德尔斐蛇柱断落的蛇

---

* 一种装饰图案，指重叠、结合两个或两个以上字母而形成的符号，它通常取个人或机构的首字母，
　拼制成易于辨认的代号或标识。——编注

嘴，欧多克西亚镀银雕像的基座——这些似乎是过去挖掘工作所能获得的最好成果。在这之后又出现了一份来自过去的厚礼。在今日阿拉斯塔市集（Arasta Bazaar）下方、在那些定价虚高的平织地毯与丝织睡袍后头，挖掘出一连串精美的镶嵌画（见彩图 10），这些发现始于 20 世纪 30 年代，之后又于 50 年代陆续挖出。所幸 1606 年艾哈迈德一世（Ahmed I）野心勃勃地在上头兴建了蓝色清真寺，这些制作精美的作品才得以保存在大皇宫的地板上。在这些优雅、充满活力的艺术作品上，我们可以看到英雄手持长矛刺杀大猫、母亲哺育子女、孩子骑在骆驼上、滚铁环、老鹰与蛇搏斗（象征君士坦丁堡击败围城者）、穿着鲜明的蓝色与绿色服装的战车赛车手。眼前这些精巧的镶嵌画，生动展现了彼时彼地帝国权力的野心，仿佛大声宣告着这世上没有帝国权力做不到的事，同时，也对帝国成果感到心满意足。

希腊人热衷于理论，因此能欣然接受各种实验。暴动之后，查士丁尼与狄奥多拉受到鼓舞，要使技术手段臣服于上帝旨意。君士坦丁堡统治的各个地方都在推动充满野心的计划，其中最大的计划莫过于圣索菲亚大教堂，它是基督教世界的奇观，而且至今依然是人类经验中的奇迹。

第三十一章　奇观，奇观

公元 521 年—650 年左右

> 坐在戏院尽情观赏裸女……市集里的裸女你不想看，却迫不及待赶到戏院去看。如果脱衣舞娘是荡妇，那还有什么差别？……其实，在我们脸上抹烂泥，也好过观看这类景象。
>
> 金口圣若望，《第八讲道词》（*8th Homily*）[1]

当然，我们不应该把这座城市描绘成充斥着高雅艺术的地方。伊斯坦布尔得天独厚，拥有戏剧化的风景和地貌；回望历史，伊斯坦布尔居民似乎也在其影响下创造出了足以与迷人景色匹敌的戏码。

西班牙、法国、葡萄牙与拉丁美洲部分地区流行的血腥斗牛，这与持续在信奉基督教的君士坦丁堡上演的异国猛兽争斗相比，只是小巫见大巫。在这座既传布和平共存又传布报应惩罚的城市，罪犯会被施以兽刑（ad bestias）——被野兽吞食，以飨围观的群众。安纳托利亚的阿弗罗狄西亚（Aphrodisias）圆形竞技场遗迹显示当时如何保护观众：用柱子、绳子与网（有点像板球比赛时使用的防护网）防止野兽扑向观众。当用船运送大型猫科动物与鬣狗变得太昂贵时——或许只是因为太无趣——人们开始饲养牛与熊，提供给当地追求致命娱乐的场合。到了 7 世纪，这种特殊的处刑方式似乎在君士坦丁堡绝迹；圆形竞技场，也就是塞维鲁重建的猎杀场，成了人对人公开处刑的地方。竞技场本是皇帝会见群众的公共空间，伴随使用途径的残酷变化，它竟成了处决帝国领袖的绝佳场所。[2]

为了避免自己沦为处刑的对象，君士坦丁堡历任皇帝都会确保人民对自己

双联画让我们见识到了君士坦丁堡表演文化的精彩细节。画中的女性乐手在此提供娱乐。这件美丽的象牙双联画经过精心制作，用来纪念公元 517 年的执政官竞技比赛。这些城市表演者的形象甚至会出现在骨梳上。

的忠诚。我们知道，查士丁尼在一路晋升的过程中，曾于 521 年主办过奢华的执政官竞技比赛，当时他还只是君士坦丁堡的执政官，但显然很清楚自己的目的为何。君士坦丁堡的生活经验中充满了争吵，同时又强调团体性。居民继承了希腊人对宗教庆典的狂热与罗马人对大型表演的爱好，这一切全在这座拥有东方布景的城市上演。不仅如此，君士坦丁堡对竞争的力量有着根本的信仰——希腊文的竞争是"agon"，从中衍生出我们使用的词汇"agony"（苦恼）——而且在竞争中添入强大的公众表演元素。有趣的是，"agon"最早出现在荷马的《伊利亚特》中，指集会的地方，而集会本身很快就成了一种竞争行为。君士坦丁堡的古代根源意味着它是一座为了进行斗争而搭建的舞台：广场、赛道、圆形竞技场与游行大街都是在生活、竞争与赢得胜利上展现尚武精神的完美场域。

到了 4 世纪，身体非凡技能的展现，主要在剧场的特技表演，而非古代城市体育场里那些传统的拳击、摔跤、赛跑、跳远、掷铁饼和掷标枪上——就像太阳马戏团（Cirque du Soleil）取代了奥林匹克运动会一样。走过君士坦丁堡市中心，查士丁尼将接触到城市最具影响力的活动之一——现场的戏剧表演。数世纪以来，罗马人一直将希腊的剧场观念——一个共享的空间，人们可以在此讨论人是什么，检视乃至补救人类自己造成的伤害——扭曲成在政治上装腔作势与哗众取宠的竞技场。在君士坦丁堡，哑剧与默剧的目的是为了激发情感与欲望。戏剧成了竞技比赛之间串场的奇观或粗鄙演出——我们可以想象青春期的狄奥多拉也曾参与这样的表演。蓝党、绿党、红党与黄党就像支持赛车队伍一样热情赞助这些戏剧竞赛。

与赛车手一样，演员也分属不同的队伍，他们的肖像悬挂在城市各个角落。在君士坦丁堡上演的各种表演恶名昭彰，有人提到《忒提斯默剧》（'Mimes of Thetis'）里半裸女演员是在模仿海洋女神宁芙（Nymph）的生活方式，这类描述也许不尽真实，但在 499 年到 500 年的布里泰节庆中，确实有许多观众因为蓝党与绿党的争斗而跌入城市中淹了水的戏院里淹死。[3] 这些粗鄙而充满活力的表演成为城市的象征：当君士坦丁堡的竞技场出现在基辅的主教座堂时，小丑跟战车一并被画了上去。

在君士坦丁堡，舞台上进行的活动显然广受重视，因为这些活动是城市领导人与民众之间直接沟通的渠道。别忘了，正是君士坦丁堡的各项娱乐产生的归属感撩起了民众的激情，而这股激情几乎在尼卡暴动期间将整座城市夷为平地。在帝国其他地方上演着各种"杀人戏剧"（snuff dramas）——这类表演会把定罪的罪犯带上舞台，让他们在精心安排的神话情节中遭到处决。

金口圣若望于 399 年夏完成了《反对竞技与戏剧》（*Against the Games and Theatres*），他忧心君士坦丁堡街上到处可见的女性身影，苦恼于看到那些来自帝国各地的游客被诱惑到这个大城市，道德崩坏，因为君士坦丁堡的居民宁可不去教堂也要支持大型表演。加萨主教与两位苦修者加萨的巴尔萨努皮欧斯（Barsanuphios）以及加萨的约翰之间有大量的书信往来，在最后一封信中，苦修者提出忠告，说剧场是"魔鬼的作坊"。[4] 瑟鲁格的雅各（Jacob of Serugh，另一名主教）恶狠狠地说道："在烂泥里打滚，怎能不搞得一身臭？"[5] 金口圣若望的说法更是鞭辟入里："一旦你的脑袋里都是这样的景象，这样的伴奏音乐，你会一直想着这些东西，就算到了梦里也一样……为什么众人齐聚在一起时，愿意允许这类事物存在，而当我们独处时，却又认为这类事物是可耻的？"其他人则表现出较为冷淡的轻蔑态度；技艺高超的异教修辞学家里巴尼欧斯（Libanios）是金口圣若望的老师，他知道君士坦丁堡的大多数居民不是旧贵族，而是"新人"，他哀叹这座城市的观众只是一些军人，"根本不懂修辞学"。

基督教经常被怪罪是君士坦丁堡剧场与大型表演衰亡的主因，但我怀疑在新罗马，剧场的衰亡不只是基督教教义问题，也是财政问题。慈善事业开始以不同的形式在君士坦丁堡及帝国各地出现——捐钱给穷人或盖教堂，赈济与修建医院——投入竞技的经费越来越少。因此君士坦丁堡剧场的衰微，可以解释成是流行趋势的衰弱，而非道德层面的原因。

最后，在基督教因焦虑而采取行动以及伊斯兰教入侵的内外夹击下，到7世纪末，君士坦丁堡公共剧场的辉煌时代终于步入尾声。最近发现的铭文显示，新总督就任时，要听到"上场"的口令——一种舞台指令——才能走到台前接受群众欢呼。拜占庭人的生活本身也成了一种剧场体验，[6]但拜占庭事务强调悲剧性与过分戏剧化的本质将在日后成为招致批评的一个原因。

然而可以确定的是，尽管（或者正因为）查士丁尼与狄奥多拉的出身是靠耕种为生的农夫与舞女，但他们不愿仅提供拜占庭基督教世界的民众面包与马戏表演。他们的改革计划不仅是一场秀，还有实质性的司法意义。

第三十二章　法律与秩序

公元 529 年 4 月 7 日以降

> 你们可以不再从古老和不真实的来源中去学习初步的法律知识，而可以在皇帝智慧的光辉指引下学习……你们是这样的光荣，这样的幸运，以至于你们所学到的法律知识，从头至尾，都是你们皇帝亲口传授的。
>
> 查士丁尼，《法学总论》（*Institutes*）[1]

在欧洲，我们每天的生活直接由查士丁尼（或许还有狄奥多拉）庞大的能量形塑而成。登基不到半年，查士丁尼站在元老院，宣布他将开展一项关于伦理、思想、政治、经济与文化的重大任务，将过去四百年来构成罗马法律实践的所有敕令、法律、书信与法律案例进行收集、统一、整理，并且编纂成法典。这项计划原本可能因为尼卡暴动而中断，却在热情推动下延续超过四十年。[2] 对于中世纪初期的基督徒来说，法律是块混乱而吵闹的领域：地方法、犹太法、罗马法、基督的教诲，都在争取获得倾听的机会。在查士丁尼的命令下，汇集于君士坦丁堡的资料，之后又以耶稣基督之名送回到基督教世界与帝国各地，这些资料确实指明了一条前行的道路。君士坦丁堡的巨大法律创新依然是今日欧洲法律的基础。无罪推定原则*的神圣地位正是查士丁尼的《法典》（*Codex*）确立的。我们今日所谓的《民法大全》（*Corpus Juris Civilis*）——亦

---

*　一个人在法院上应该先被假定为无罪，除非被证实及判决有罪。在许多国家的刑事诉讼中，无罪推定原则是所有被告都享有的法定权利，在这个原则下，提起公诉的检察官应负起举证责任，应负责收集足够的可靠证据，以证明被告在事实上的确有罪。——编注

即查士丁尼的整个法律计划——不仅改革了西方法学，也让西方法学获得了崇高的地位。我们当中的有些人可以说就是查士丁尼的子嗣。[3]

查士丁尼宏伟的法律计划迅速吸引了臣民的注意，无论是精英还是底层民众。这是个明智的做法，不仅显示他是公正的统治者，也证明他掌握了实权。不过，从这个庞大过程产生的法律细节可以看出，查士丁尼的立法实践不完全只是算计。从各方面来看，他编纂的《法典》确实是以社会正义为核心。《法典》开头的前三句把法律之下的生活定义为诚实无欺，不伤害任何人，给予每个人应得之物。这就是查士丁尼，他以新所罗门自居。虽然《法典》的编纂工作重视实用性，而且大量心力都花费在编订目录与撰写历史上，但这部法典（除了一些明显的例外），无论在社会或思想层面，都明显带有进步性。

绝大多数古代文明相信，正义属于神明掌管的范围——尽管正义经常通过神明的代表，像是国王、贵族或祭司阶级施予给民众。希腊文的正义，"dike"，源于巴比伦文，意思是手指（在我们的语言中留有这个字根的痕迹，如 index finger［食指］、decimal system［十进位系统］与 judge［法官］，希腊语写作 iudex［法官］；法官能指引我们望向 ius［法律或神圣誓词］，是为社会指出正确行为方式的人）。正义原本指服从神明的指示而彰显的制度。之后，古希腊文化发展出正义的观念；在民主雅典，"dike"逐渐被描述成某种卓越非凡的、所有人都具有的特质；当时存在着一种观念，认为每个人都具有相同的能力，可以做到公正。而《查士丁尼法典》鼓励了这样的天性。

于是，在君士坦丁堡的法院或总督府，就在梅塞大道旁——今日，它们的遗迹位于市政廉价铺路石下方，老妇人在这里贩卖喂鸽子的饲料，还有城市里仅存的几位代写书信的人为伊斯坦布尔的文盲撰写信件——在查士丁尼的监督下，我们法律制度的起源在此制定。

狄奥多拉似乎辅佐查士丁尼完成了这项任务。我们从详细的记录得知，狄奥多拉曾参与到一些改革中去，例如采取措施杜绝地方首长的恶行。[4] 我们发现当皇帝不知该用什么措辞表达某项律法时，他会寻求妻子的意见：法条在节庆日由主教在教堂里宣读，"让所有民众视首长为父母官，而非窃贼与密谋夺取民众财产之人"。当时的人特别强调这段话的讽刺之处：查士丁尼与狄奥多拉向来有着任意夺人财产的恶名，这段话等于在说他们夫妻俩从事的行为是非法的。[5] 例如一名高级廷臣就因为"侮辱与毁谤"皇后遭到流放，财产也被充公。在《法典》的编纂过程中，狄奥多拉主动参与立法，确保女性拥有财产权以及与孩子见面的权利，宣布杀婴、卖淫中介为非法，向城内无家可归的妇女提供安全的处所以及提高强奸罪的量刑。我们不禁猜想，狄奥多拉自身的创伤记忆或许有助于一些深具同理心的条款的量制，例如新律 134 条第 9 项规定，审判中的女性不能关在牢里，而应与其他女性一起安置在女修道院中（狄奥多拉死后，查士丁尼于 556 年 5 月通过该项法规）。

　　我们必须暂时打住，先讨论这项计划对君士坦丁堡本身产生了什么影响。信使与搜罗资料之人被派往遍布于约 260 平方公里上的巴西利卡式建筑、教堂、议事厅与民宅收集文件——有些是官方文件，但通常是记载特殊法律观念的珍贵孤本。查士丁尼称这群热心的公职人员为"新查士丁尼人"（New Justinians）——一批能协助他重新校准文明的新鲜血液。新查士丁尼人从罗马帝国各地偏远城镇赶回君士坦丁堡；急迫之余，他们肯定怀抱着崇高的愿景；重新制定法律，这不仅是皇帝的成就与帝国的功业，更是上帝的安排。新法典将以耶稣基督之名制定并施行，它将是保护上帝子民安全最佳、也是最敬虔的方式。

　　或许你已经预料到，法学理论的广泛运用以及迅速付诸实践，为教会与国家紧密结合提供了大好良机。查士丁尼的《法典》在教堂展示、宣读。他把我们今日仍感到熟悉的象征行为编入《法典》，那就是在进行法律诉讼前必须把手放在《圣经》上诵读基督教誓词。[6] 随着"福音书"在元老院里传布，政治统治与正统信仰明确地交织在了一起。

　　起初，法典编纂与整个帝国的法律改革交由十人委员会以闭门会议的方式进行；到了第二阶段，则由一个来自安纳托利亚南部名叫特里波尼安的强而有力的人物负责润饰细节——除了改善《法典》，也确保法学裁决与帝国的计划相符。特里波尼安是查士丁尼的宠臣，是平步青云渴望掌握权力与影响力的新贵阶级。他的团队分驻在大皇宫各个厅室，查士丁尼每两个月召开一次会议，并在会中亲自下旨处理一切争议；此外，他也会定期听取工作团队的进度报告。这位"从不睡觉"的皇帝似乎对这项计划有着强烈的个人兴趣。过去与其说是真相的储藏库，不如说是用来塑造新型帝国的原料来源。为了适应新罗马的需求与欲望，在必要的情况下，法律也应该做出调整。

直到 6 世纪中期为止，拉丁文一直是拜占庭宫廷的官方语言。[7] 文法学者普里西安（Priscian）在君士坦丁堡讲授拉丁文，与查士丁尼皇帝编纂《法典》一样，他也将拉丁文的使用传布到帝国各个角落。查士丁尼也收集了以拉丁文撰写的罗马法，然后于 535 年将这些"新律"撰写成希腊文送往到帝国各地。因此，在君士坦丁堡，拉丁文如同果园里的香气——怡人，耐人寻味，令人难忘，有时妙不可言，总是有着深厚根源，但却是生活中额外的调剂品，并非必不可少的愉悦。君士坦丁堡也许住着罗马人，但这些罗马人却说希腊语，现在，这些住在西方的人士逐渐被称为"Latini"，也就是拉丁人。

于是民众前往东方的第二罗马，在君士坦丁堡整理完成的法律制度下寻求正义，或者有时候君士坦丁堡也会来到他们面前。

在位于美狄亚家乡的拉基卡（Lakica，即古代的科尔喀斯与今日的格鲁吉亚）进行了一场谋杀案审判，这场审判被生动地记录了下来，如同公众宣传手册，使人了解新法典实际运作的样貌。一名来自君士坦丁堡，工作繁重的律师阿伽提阿斯（Agathias）在他的作品《历史》（*Histories*）中写下这段描述（他对于自己没有足够时间成为一名真正的学者表示歉意，因为他在君士坦丁堡要处理的案件实在太多了）。我们知道这部编年史具有公关性质，因为这场审判被吹捧成"高加索山脚下……一个配得上帝国罗马与民主雅典的……范例"。阿伽提阿斯还写了一本操作手册：许多细节必须准确，否则他的工作从一开始就会失败。因此，以下或许应该被称为君士坦丁堡运作的司法体系的理想样貌，而非对其实际运作情况的真实描述。

阿伽提阿斯讲述一长列的队伍突然造访科尔喀斯：速记员、执鞭的庭吏、来自君士坦丁堡的官员，以及同样来自首都、身穿法袍的法官。拷问官也抵达此地，他们随身带着拷问台、颈镣与钳子（直到 866 年为止，罗马法一直允许拷问制度的存在）。[8] 审判在众目睽睽下进行，科尔喀斯当地民众显然听不懂法庭上在说什么，但他们依然不愿离去，兴致勃勃地聆听，嘴里复述法庭上说的话，还模仿律师的手势动作。被判有罪之后，定罪的杀人犯骑在骡子上游街，然后被斩首示众。[9] 查士丁尼的法律改革为君士坦丁堡奠定了基调——在这座城市里，每个人都能得到正义，特别是神的正义。但魔鬼藏在细节中*，查士丁尼的法律改革也产生了受害者。《查士丁尼法典》有改革的部分，也有未改革的部分，它否认异教徒、同性恋者、异端与犹太人担任帝国官职与继承财产的权利。就本质上来说，君士坦丁堡长久以来一直是座兼容并蓄的城市。现在，君士坦丁堡大街小巷的民众中，许多人一夜之间无法获得法律给予的正义，他们必须花费数世纪的时间才能洗刷烙在身上的被迫害者印记。

---

*　The Devil is in the detail，西方谚语，指问题常常在细节中。——编注

第三十三章　犹太人的城市

古代以降

> 皇帝陛下也时时调查、检视已编纂的部分，若有任何疑问或有任何悬而未决之处，则求助圣灵，然后修改法典使其臻于适当。
>
> 查士丁尼，《学说汇编》（*Justinian's Digest*）[1]

若你的胆子够大，敢从现代伊斯坦布尔大巴扎的通衢大道拐进小巷，探索至今仍与大道相连的中世纪巷弄，你将行经在罗马式柱子底下营业的靛青染坊，从它排出的积水上跋涉而过。黑市的换汇商人在这里闲晃。有一个地区依旧支持着铜器工人，数世纪如一日。想在这里找到工匠，你必须顺着他们干活时发出的当啷声前去，沿着弯曲污秽的后巷楼梯攀爬而上，或穿过破旧露天的门廊。伊斯坦布尔新贵——往上流动的金融家与五星级酒店——的配套设施（巨大的铜制壁炉、雕像与按摩床）都是在这里以手工打造而成的，正如一千六百年前的工人为大皇宫制造铜制奇观一样。此区名为查尔寇普拉提亚（Chalkoprateia），这里有一座犹太会堂（见彩图 11），是狄奥多西一世允许设立的，因为许多炼铜工人是犹太人。但之后犹太会堂被愤怒的基督徒焚毁，官方资料显示，美丽的皇后欧多克西亚的女儿普尔喀丽亚（Pulcheria）在犹太会堂的遗址上建立了圣母马利亚教堂（之后改成了清真寺）。伊斯坦布尔的这处小角落提醒我们，曾经有一段时间，犹太人生活在君士坦丁堡，然而他们的存在饱受威胁。很快，砖石与灰泥不再是犹太人最该忧虑的事；君士坦丁堡草拟的新基督教法典将决定欧洲与近东犹太人的脆弱的未来。

直到 425 年，君士坦丁堡一直常驻着一名犹太长老。[2] "Synagogue"（犹太会堂），意思是"聚会的场所"，当然，这是希腊的语汇。犹太人的祈祷堂（也称为 proseuchai）遍布整个希腊化世界，其中历史最悠久的祈祷堂位于神圣且终年遭强风吹袭的提洛岛，这座岛是基克拉泽斯群岛的一部分，雅典人担任提洛同盟盟主时，最初就是在这座岛上发号施令，不断介入古拜占庭的事务。犹太人经常充当雇佣兵；他们愉快地使用希腊回纹 *，与希腊人一起生活、工作了好几个世纪。在希腊化的城市亚历山大，希伯来《圣经》被人们热忱地翻译成希腊文。但君士坦丁堡被刻意规划成基督教权力的全新起点。君士坦丁大帝希望解决犹太人问题。基督是犹太人，但犹太人却叫嚣着要惩罚他，让他流血。"犹太人是我们的敌人，我们不应该与他们为伍，我们要小心谨慎，避免与他们的邪恶行径有任何接触。"[3] 据说这位君士坦丁堡的建立者曾如此厉声谴责。于是，金口圣若望站在安条克的讲道坛上（据说"基督徒"一词首创于此），说自己从《约翰福音》第 8 章第 44 节得到了启示，在主题为"反犹太人"的简明扼要的讲道中，他警醒信众提防犹太人的残忍本质。这位深具说服力的导师——受教于异教徒里巴尼欧斯——他的话语至今仍出现在基督教的祈祷书里。[4]

　　某位历史学家把犹太人与基督徒之间的矛盾形容成"一场家庭纠纷；当然，这么说并不能防止两者的争端演变成致命的杀戮；反之，这种说法几乎确认了杀戮出现的必然性"。[5] 而从金口圣若望煽动人心的话语也可看出，在基督教最初发展的三百年间，犹太人与基督徒的关系相互交织、难分难解。在一个以多神教为主流的世界，身为信奉一神教的少数派，犹太人与基督徒必须紧密结合，讨论《圣经》、分享零星而隐秘的献祭。我们必须思考这些新基督徒的文化背景。希腊人与犹太人热衷仪式的力量，并会献上整只动物作为燔祭——用希腊文来说，就是"holocaust"。当供奉古老神祇的神庙最终关闭，近来才刚改信基督教的居民对于血腥的犹太献祭又会做何看法？觉得令人作呕、愤恨，还是受到了诱惑？

　　接着到了 532 年，第二阶段的拜占庭大清洗。《查士丁尼法典》规定犹太

---

* 希腊回纹：一种回形纹饰，是古希腊艺术中常见的设计纹理。之后称为 Meander，以安纳托利亚著名的蜿蜒河川命名。——编注

教不再是合法宗教（religio licita）。535 年，皇帝颁布第二道敕令，所有犹太会堂将改为教堂。到了 7 世纪，皇帝希拉克略（Herakleios）试图禁止犹太人平日里的宗教仪式，连诵念"shema"（"听啊，以色列"，这是早晚祈祷时必念的经文）都不被允许。希拉克略还鼓励大范围的强制改信。[6] 但在君士坦丁堡，清洗犹太教在实际操作上还会有一个问题：这座城市拥有繁荣的犹太社群，犹太人从事皮革与丝绸贸易，还担任换汇商人的工作。直到第二次世界大战乃至大战后，犹太人一直在从事这类生意。而在战时，伊斯坦布尔更是接纳欧洲各地的数十万名犹太人进城避难。

犹太人在拜占庭境内遭遇的试炼，深刻呈现在一封工整的短信中；这封信在近期得到了完整的分析。信里使用的是希伯来文，写信时间可以追溯到 961 年，这封信让我们对拜占庭与它的犹太人群体间变化多端的关系有了全新的认识。[7] 一位名叫莫舍·阿古拉（Moshe Agura）的男子小心翼翼地在一小张羊皮纸上写信，然后寄给他的姐夫，书信的遣词造句直率而优美。莫舍与家人失去联系，忧愁不已。彼时，罗得岛与克里特岛被拜占庭人从阿拉伯穆斯林手中夺走，而这对犹太人家庭来说并不是什么好事。据这封信的作者所言，克里特岛实际发生了"天翻地覆"的变化。拜占庭皇帝罗曼努斯·利卡潘努斯（Romanos Lekapenos）原是亚美尼亚农民，他以惩罚性的立法对付帝国境内的犹太人群体。

莫舍的信饱含感情、不失感染力。这名与家人分离的犹太人表示，他想知道家人是否安好，以及若他们还活着，自己和家人在穆斯林占领下的开罗是否还能安好。他渴望得到家人的消息。信中他一面高声求救，一面也暗示一个崩溃却又充满各种可能的世界。这份私人文件在不经意间留存了下来；跟当时许多书信一样，它显示出 9、10 世纪在阿拉伯人统治地区，许多犹太人享有更多思想、法律、商业、文字乃至纺织贸易方面的自由；而它还罕见地表达了个人对少数族群以及整个时代的看法。

莫舍写这封信之后不到一百年，皇帝君士坦丁九世莫诺马科斯（Constantine IX Monomachos）在君士坦丁堡通过金玺诏书，或者说帝国敕令发布了声明，并于 1049 年 7 月施行：

伟大的国王与上帝拒绝了旧以色列，选择了新以色列，他喜爱这座城市甚于其他城市，他称这座城市为选民，是他珍视的遗产。从这方面来看，他让犹太人听命于基督徒，并借由这样的安排，让虔诚与善意的种族统治不虔诚与忘恩负义的种族。[8]

所以，在君士坦丁堡，犹太人生活在矛盾中。一方面，拜占庭皇帝越来越仰赖《旧约》中的比喻，他们形容自己是教士般的国王，君士坦丁堡是新锡安，拜占庭基督徒是真正的"选民"，真正的犹太人却毫无法律地位；另一方面，拜占庭皇帝一贯反对使用希伯来《圣经》，偶尔还会强制犹太人改信。日常生活中的偏见都被记录在册。犹太男人的胡子可能被人点火焚烧，暴民聚在犹太人家门前击鼓高歌。还有报告指出，基督徒把污水倾倒在犹太人的家庭作坊前面。君士坦丁堡是结合闪米特神秘主义与古典影响力的先驱。君士坦丁堡的民众既宽容，又带有偏见。

在查士丁尼的监督下，君士坦丁堡的这场盛大法学博弈还有其他输家。这个时期的异教徒与同性恋遭受更无情的压迫。528 年到 546 年，查士丁尼的密探在帝国宫廷与各省大肆搜索隐匿的异教徒，但君士坦丁堡与其过去古典时代的爱恨关系仍将继续下去。

第三十四章　古典的城市

公元 529 年以降

　　神明如我，也要学着跟时代共处。

帕拉达斯（Palladas），4 世纪 [1]

　　6 世纪，针对古典异教世界的研究在君士坦丁堡的疆域内繁荣发展，但也受到了致命打击。529 年左右，雅典的异教哲学学院关闭；长久以来这都是一个划时代的时刻，西方社会的基调自此象征性地确立了下来。然而，从现实的层面讲，这起事件的影响或许极为有限。约翰·马拉拉斯（John Malalas）的编年史是描述此事的唯一史料，从他的作品中我们可以感受到那个时代令人毛骨悚然的气氛："皇帝（查士丁尼）发布命令，文书传至雅典，禁止教授哲学与诠释天文学，不许任何城市以掷骰子的方式进行抽签；因为在拜占庭曾查获有掷骰者沉溺于可怕的渎神行为。他们的手被砍断，然后在骆驼上游街示众。" [2] "可怕的渎神行为"几乎可以确定指的是占卜。这种骰子通常有十二个面 [3]，用来预测未来；有人怀疑这些人的手之所以被砍断，是因为君士坦丁堡官员听到的预言没有完全迎合彼时的政局。

　　许多人认为雅典哲学学院——异教反对派潜在的温床——遭到查封是针对首都内部的颠覆活动所做的反应，但其他史料却完全没有提及这次行动。4 世纪晚期，雅典人普鲁塔克（Plutarch）正式建立这座学院——其实是恢复了原本由柏拉图成立的学院——目的是为了教授异教哲学。学院的势力时起时落，当君士坦丁堡的基督徒变得更具影响力，而上层异教贵族的支持逐渐瓦解时，学院明显开始挣扎求生。

　　在 529 年与 534 年之间公布施行的《查士丁尼法典》[4] 的普遍原则是严厉扼止成为非基督徒的可能。法典规定异教徒必须受洗，不能传布异教，也不能担任公职；异教徒子女必须接受基督教信仰；如果受洗只是敷衍了事，那么新改信者将遭受惩戒或罚款；拒不听命的异教徒，财产将没收充公。于是，异教徒开始了流亡生涯。我们知道查士丁尼曾经眼睁睁地看着摩尼教徒在他的面前淹死或烧死。

　　就在雅典古老的亚略巴古（Areopagus rock）——这里坐落着前民主时期的元老议会，其历史始于青铜器时代，直到公元前 5 世纪为止——下方，出土的证据揭示了这些敕令带来的严酷现实。游客对这些遗址视若无睹，偶尔还有乌龟从上面爬过。好几栋美丽的屋子无人居住，异教雕像藏在邻近的井里，寄托着无从实现的希望（但并没有人收集这些珍宝），房屋内部经过大规模的翻修，地板上镶嵌画上的异教形象被十字架取代。想想这幅景象——曾经受人敬重的人拥有的珍贵房产，在改建后成了基督徒喜爱的住处。[5]

　　雅典柏拉图学院的故事是这个时代的标志性事件。

　　我们不能忘记一件事，虽然我们把君士坦丁堡的居民说成是拜占庭人，但他们自称是 "Rhomaioi"——罗马人。尽管普尔喀丽亚皇后于 415 年颁布的法律规定异教徒不能担任军职或帝国官职（她似乎曾发愿要终身守贞，并且致力于她的弟弟狄奥多西的文化教育），但异教与基督教学者都能在君士坦丁堡宣扬自己的理念。拜占庭教育非常仰赖古典作品。荷马的作品以及他的特洛伊战争故事在君士坦丁堡尤其受欢迎。这点并不令人惊讶，因为这座城市就是以成功抵御一连串围攻闻名于世：公元前 478 年的斯巴达人，公元前 408 年的亚西比德，515 年来自君士坦丁堡的叛乱团体，559 年的寇特里古尔匈人（Kotrigur Huns），此外还有其他人即将前来，他们将带来更严峻的考验。

　　所以，明显地，即使查士丁尼在 529 年查封了柏拉图学院，古典文化依旧无所不在。在君士坦丁堡，人类心灵的各种本性通过他们的行为（举例来说，最晚到了 11 世纪，仍有约翰·莫洛普斯［John Mauropous］公开为柏拉图与普鲁塔克的灵魂祷告）与城市各处的艺术品呈现出来。古代世界的传统是君士坦丁堡激进新实验的基调——从未居于主导地位，却持续地存在着，拒绝让基督徒遗忘自己的根。奇迹创造者与占卜师看顾着城市居民，在巨大的风向标下检视风向；风向标设在旧公牛广场附近四塔门上金字塔的顶端，顶部有一座女性塑像和热闹的古典图像，还饰有大批古典人物组成的欢庆景象。5世纪基督教作者诺努斯（Nonnus）写下《狄俄尼索斯史诗》（*Dionysiaka*），赞颂神祇狄俄尼索斯征服印度；在拜占庭修道院周围的考古挖掘遗址发现的陶片——陶器破片以及便于划去课程内容的书写材料——上面写满了希腊作者米南德的格言，米南德曾生动描述拜占庭的嗜酒文化。骑马的亚马孙人在拜占庭的银盘上奔驰；在9世纪的"福音书"上（包括很可能是6世纪流传下来的"福音书"的原本），"对无辜者的屠杀"（Massacre of the Innocents）的画面描绘形式令人想起众多版本的特洛伊战争故事中描述的赫克托耳（Hector）之子阿斯提安那克斯（Astyanax）遭到杀害的场景。11世纪，一名廷臣惊异于斯科勒雷娜（Skleraina）——皇帝君士坦丁九世的情妇——的美貌，他引用《伊利亚特》第三卷的句子："一名男子为这样的女子而战……并不是件羞耻的事。"同样在11世纪，宙斯被描绘成拜占庭皇帝的样子（他们显然不属于同一个时代），从大腿拉出胎儿狄俄尼索斯；当然美丽的海伦与企图夺取她的特洛伊英雄的记忆也因为这些人物形象而变得鲜活起来。[6]

君士坦丁堡作家经常使用一种仿古的希腊文（遵循阿提卡希腊文的表达方式）。这座新城市的街道上突然开始居住着说起话来仿佛昔日雅典、西西里与奥林匹亚大演说家的人物。古代晚期，上层阶级关心的重点开始从语言文化转移到宗教仪式。人们相信可以从口语与书写文字中重新获得建立古代帝国的力量；例如，维吉尔就抱持这样的看法。[7]

好学深思的哲学家波爱修斯（Boethius, 约480年—524年）深受君士坦丁堡希腊化计划的吸引（他拟定了一个大计划，把亚里士多德与柏拉图的作品翻译成拉丁文）。为东哥特政权效命的他倾心于东方希腊文化，因此遭怀疑有煽动反政府的可能而下狱处死。波爱修斯表现出对君士坦丁堡及其文化的忠诚很可能让这位哲学家因此付出了生命的代价，但这份忠诚却为人类留下了一部美丽动人的作品。波爱修斯在被处决前匆促写下《哲学的慰藉》（*The Consolation of Philosophy*），他在书中表示囚禁无法束缚心灵。在此，索菲亚

（或智慧女神）提醒身陷囹圄的波爱修斯：“一个人能对另一个人施加权力的唯一方式，就是囚禁他的身体，其次是剥夺他的财产。你无法加诸任何事物在自由的心灵上，你也无法从心灵的内在平静中去除任何事物，这种平静来自心灵自身的安适，它稳固地建立在理性之上。”[8]

波爱修斯的作品被乔叟（Chaucer）翻译之后，于 1478 年在英国由威廉·卡克斯顿（William Caxton）出版；1593 年，英格兰女王伊丽莎白一世（Queen Elizabeth I）又重新翻译。这部作品让许多人得以思索为道德价值辩护的可贵，以及如何面对苦难与不义并恢复自己的声誉；因为声誉是一个人过早死亡时能留给后人的唯一事物。至于我，我漫步在斯图狄奥斯圣约翰修道院，茶贩来往穿梭，政党团体手持扩音器，怒吼声划破了这片宁静。这间修道院曾拯救过多少文字与观念？数世纪以来，它又启发并挽救多少人，使他们免于绝望？想到这里，我不禁感动莫名。我们该感谢中世纪的伊斯坦布尔，因为它选择保存世上一切的智慧。

然而，君士坦丁堡孜孜不倦地维护古希腊人与古罗马人作品的同时——更确切地说是古代东方的作品——自己也落入一种文化模式中。拜占庭也许拥有核心的历史重要性，但随着时光流逝，这座城市与它的居民——来自高加索、小亚细亚与中东，也来自色雷斯与欧洲——逐渐被推向文明故事的边缘，被归类为“异国的”“东方的”与“其他的”。

所以我们可以想象沉醉于理念、冒险与欲望的狄奥多拉与查士丁尼，两个人既是推行正义的伙伴，也是犯罪的党羽。皇帝为自己栽培的法学公职人员感到自豪——他称这些人为“新查士丁尼人”——这代充满热情的人可以将他的计划付诸实践。这两个统治者肯定凝视着这片笼罩在法律天空下、充满活力的一神论土地——一切都变得更大、更好、更鲜明、更闪亮，因为这是上帝自身计划的一部分。旧罗马的皇帝在最黑暗的时刻也许会坦承自己只是个人，但基督教的讯息清楚而令人感到安慰地表示，每个人都同时具有神性。当你碰巧也是世上最有权力的人时，这就会是一个方便的背景。

第三十五章　凡事都是虚空

约公元 515 年—565 年

　　这一年出现了最可怕的凶兆。太阳放射出来的光不再明亮……像极了日食的样子，因为太阳散发的光芒模糊不清。

　　　　　　普罗科匹厄斯，《战史》(*History of the Wars*) [1]

　　陆上与海上都发生了无数其他的灾难……海水也将死鱼冲上岸；许多岛屿遭海水吞没；还有，船只因为海水退去而搁浅……

　　　　　　埃瓦格里欧斯（Evagrius），《教会史》(*Ecclesiastical Hisotry*) [2]

　　无论查士丁尼如何热切地开展他的宗教计划，君士坦丁堡仍是上帝或诸神迁怒的对象——反常的自然活动、令人厌恶的入侵者、可怕的瘟疫。不过首先出现的是一场人类创造的风暴。

　　468 年，巴西利斯库斯被汪达尔人击败——君士坦丁堡的敌人用火船猛冲罗马舰队——受到这般侮辱，民众怨声载道；他们在君士坦丁堡街头低声谈论着 455 年罗马沦陷的羞耻，如今还是一样败给了汪达尔人的军队。515年，君士坦丁堡由查士丁的前任皇帝阿纳斯塔修斯统治，当时拜占庭的将领维塔里安叛变（Vitalian，他是半个哥特人，是异族通婚的产物），他的军队海陆并进威胁君士坦丁堡。历史学家马拉拉斯提到，最后君士坦丁堡是靠着内含硫黄的可燃性化学武器才击败维塔里安的人马；至于这种武器的制作方法，则是从雅典"偷师"的——这是现存最早的关于"希腊火"的记载（见彩图 14）。

　　带着对救世主的自信，查士丁尼皇帝认为自己是因为神的介入才得以从尼卡暴动中幸存；他相信以上帝之名收复罗马失地是自己的宿命。在展示自己坚定的决心，并从他在汪达尔人宫廷里培植的盟友那里获得了有用的情报后，皇帝指示他的老友贝利萨留采取行动。他必须让这些蛮族知道谁是老大，击溃汪达尔人建立的北非王国势在必行。533 年，在普罗科匹厄斯的见证下，贝利萨留扬帆离开君士坦丁堡，率领约 15000 名将士在今日的突尼斯登陆。不到四个星期的时间，拜占庭大军就攻占了迦太基。

　　在 534 年颁布的敕令中，查士丁尼形容汪达尔人是"身体与心灵的敌人"；而事实上，"收复"北非罗马故地不仅基于信仰与自尊，也出于商业利益。帝国的配给地必须加以保护，包括重回罗马手中的橄榄榨油坊、蜗牛养殖场与鱼酱工场。亚流派的教堂遭到查封，一些证据显示，这些教堂后来交给了《尼西亚信经》的追随者。在莱普提斯，美丽的宅邸整修如新，迦太基则兴建了加固的修道院；这两座城市的教堂都供奉着圣母马利亚。[3] 与汪达尔人作战阵亡的将士都被视作殉教者加以尊崇。汪达尔人遭到杀戮与驱逐，他们当中有些人被重新吸纳至君士坦丁堡这座拥挤的城市中，丧失了作为一个文化群体的认同。汪达尔人的败北巩固了查士丁尼的权力观。直到今日，新罗马的历史学家与神话制造者仍使现代世界将汪达尔人视为摧毁一切的"他者"。

　　君士坦丁堡流传着查士丁尼的将领贝利萨留的故事。他的妻子安东妮娜（Antonina）——与狄奥多拉一样，也曾是个街头舞者——据说如同当初的阿尔泰米西娅，与舰队一起离开了君士坦丁堡，还率领着步兵部队。同时，据说贝利萨留为了警醒那些喝得烂醉的"蛮族"，居然把一些人钉在尖桩上。[4] 和中世纪初的许多人一样，贝利萨留成了"家喻户晓"的角色。而伴随恶名而来的是历史真实性的问题。他是否真的与博斯普鲁斯海峡一头名叫波斐利的巨鲸搏斗？他是否真的沦为一名眼盲的乞丐，失去支持，人们都认不出他来，不再受到尊敬，摸索着走过君士坦丁堡的街头？当然不是——但他确实在观念上创造了一种新的叙事：罗马帝国将会维系下去，而且已经准备好再次统治这个世界。

　　534 年，贝利萨留让被俘的汪达尔人在君士坦丁堡游街——有意效仿古罗马的凯旋式*。然而普罗科匹厄斯告诉我们，这场凯旋式"不是古代的做法"，[5]因为两者之间有着细微的差异：贝利萨留不是从家里搭乘战车前往竞技场，而是步行，而且这场胜利是代表皇帝取得的。游行队伍的最前头是 455 年被汪达尔人劫掠、来自罗马的珍宝，包括公元 70 年提多（Titus）从耶路撒冷犹太人那里取得的七枝大烛台（menorah）。[6] 汪达尔国王格里梅尔（Gelimer）罩着紫衣，与家人一起成了阶下囚。我们得知他拖着脚步穿过嘲笑他的群众，看着竞技场上查士丁尼的皇室威仪，这名蛮族国王不断低声念着希伯来《圣经》的经文："虚空的虚空，凡事都是虚空"[7]。

这是另一名出身微贱的军人，在他的应召女郎兼告密者配偶安东妮娜喝彩下，在游行中走向竞技场，荣耀一名农民以及他的娼妇妻子，让他们享受最后一次罗马凯旋式的光彩。这个时刻将以镶嵌画的形式留在大皇宫入口上方作为纪念，当皇帝查士丁尼去世时，他将被裹在一件"讲故事的寿衣"里下葬：环绕着胜利的果实与神明的祝福，他以凯旋者的姿态脚踩着权倾一时的汪达尔国王的脖子。

贝利萨留并不打算结束战争。他继续率军前进，试图将东哥特人赶出意大利。535 年，他进攻罗马，此后罗马数次易手；西西里岛被攻陷，但要去除哥特人对大陆的控制还需要二十年鏖战。四年之间，罗马的主人历经四次更迭——546 年，被东哥特人攻占；547 年，被拜占庭人征服；550 年，哥特人再度得手；552 年，查士丁尼的亚美尼亚宦官将军纳尔塞斯再度攻下罗马。[8] 十二使徒圣殿（Basilica Santi Dodici Apostoli）可能就是为了庆祝罗马光复而兴建。[9]

每当捷报传来，君士坦丁堡大街小巷一片欢声笑语。坊间流传的拜占庭人阴险狡诈、迷信、耽于逸乐的形象其实是错误的。这个怠惰的谬论可以借由拜占庭必须维持的复杂的对外关系加以推翻——与拜占庭来往的王国位于今日的埃塞俄比亚、厄立特里亚、也门、高加索地区、柏柏尔人所在的核心地带，此外还有自多瑙河北岸崛起的斯拉夫人和北非的汪达尔人。6 世纪初，君士坦丁堡及其领土上的人必须制定战略来应付波斯人对亚美尼亚的入侵；在高加索地

---

* 古罗马授予取得重大军事成果的将领的庆祝仪式，对于统治罗马的贵族而言，凯旋仪式是至高无上的荣耀。——编注

区，执政官查士丁努力巩固拉奇卡（Lazica）与伊比利亚（Iberia）的效忠；基督教王国阿克苏姆（Axum，今日的埃塞俄比亚与厄立特里亚）也在拜占庭人协助对抗也门希米亚里特王国（Himyarite，信仰犹太一神教的王国）的迫害后宣布效忠。

这个层面的国际冲突错综复杂。以灰石筑成、雄伟但部分已经倾颓的罗马戈尼欧要塞（Gonio）位于今日的格鲁吉亚，情侣们亲昵地来此散步踏青，这里离土耳其边境与巴统的游憩港口不远。而在过去，这座要塞曾目睹锲而不舍的军事行动。查士丁尼与萨珊王朝波斯人交战，当时波斯控制大部分中东地区，领土一直延伸到里海。往后二十年间，萨珊王朝波斯人不断入侵亚美尼亚，骚扰高加索地区。在戈尼欧，巨大堡垒后方倚着树木繁茂的山岭，前方面朝黑海和一片引人跃跃欲试的广袤西方世界；我们不难理解查士丁尼何以如此坚持不让东方强权往西方发展。

狄奥多拉手中的权势显然让事情更加恶化。在对波斯官员发出一份专横的照会之后，波斯人对于一名女性拥有如此的自信感到惊恐，他们表示："任何一个名副其实的国家都不该由女性主政"，尤其因为"女性的欲望无法餍足……"请注意，这个说法出自普罗科匹厄斯。狄奥多拉的无礼可能让查士丁尼付出了昂贵的代价——532 年，他向萨珊帝国支付了 11000 磅黄金缔结"永久和平"。几年后，在安纳托利亚与伊朗和伊拉克交界的那片广阔的金黄色草原上，波斯国王撕毁了协议。战事一直持续到 562 年，罗马人决定每年支付贡金 3 万苏勒德斯作为贿赂确保和平，波斯人则放弃了夺来的土地。

与波斯缔结的"永久和平"换来的却是一片残破的高加索地区；在此之前的 6 世纪 40 年代，斯拉夫人跨越了多瑙河。君士坦丁堡向游牧的阿瓦尔人支付重金，确保他们能忠心对抗大张旗鼓的斯拉夫人、伦巴底人与格皮德人。[10]在没有常备军的状况下，要维持不断扩张的拜占庭帝国显然需要付出令人不安的代价。

接下来，君士坦丁堡必须面对的不只是人为灾难，还有自然灾害。

伊斯坦布尔位于一连串断层线上，由这些断层线构成的北安纳托利亚断层带十分活跃。从地质学的角度来看，地震与海啸在这座城市的历史中产生了重要影响。120 年至今，有 30 次海啸侵袭过地中海地区；三千年来，超过 90 次海啸袭击了土耳其沿岸。2008 年，一项针对狄奥多西港沉积物进行的研究显示，君士坦丁堡在其所谓的"黄金时代"曾经发生过一连串特别严重的海啸与地震（447 年 1 月，447 年 9 月，480 年 9 月，553 年 8 月）。接近 557 年年底及 558 年的两次大地震再次震垮了君士坦丁堡的城墙，寇特里古尔匈人得以在 559 年乘虚而入。冲击城市的海浪平均高度为 6 米；海水侵袭内陆的距离至少达 183 米。为了对民众的不幸表示同情，查士丁尼有 40 天的时间没有戴皇冠。[11]

回想尼卡暴动后查士丁尼委托诗人罗曼诺斯创作的宣传诗《地震与大火》，以证明城市的苦难是上帝降下的惩罚。我们不能忽视当时的人眼见的征兆，君士坦丁堡确实被一股不知从何而来的令人恐惧的力量撼动，这股拧扭的力量似乎来自地球的中心。

在耶尼卡皮的新挖掘处，人们从泥沼中发现了混乱的沉积层——不自然地混合了陶器、马与骆驼的骨头、贝壳、大理石块、树木、船只与货物残片——这一切反映了生命的恐惧，心灵与信仰的粉碎。[12] 在狄奥多西港发现的船只被某种坚硬的物体高速撞击，存留在淤泥和细沙下，几乎可以确定是可怕海啸的受害者。[13] 我们也从历史记录中听到了活生生的噩梦："大海变得异常汹涌，直接冲上岸，吞没原本是陆地的区域，摧毁好几栋房舍……"[14]

按照传统编年史，创造于公元前 5500 年左右的世界，在当时已接近末世。事实上，整个世界的确让人产生了翻天覆地的感觉。安条克地震据说夺走了近 30 万条性命，虽说这个数字几乎可以确定是过度夸大，[15] 但整个地区的确伤亡惨重。这些难以理解的恐怖天灾带来的文化冲击不可低估。今日的研究显示：超乎寻常的自然事件可以产生宗教，也可能改变宗教。[16] 在这个时期，我们发现女性在基督教里的地位逐渐降低，个中原因或许源于长久累积的末世焦虑、自然灾害的冲击、圣奥古斯丁原罪观念越来越流行或自修堂权力创造出的一套"官方的"、男性宰制的信仰叙事。似乎整个基督教世界都令上帝感到不悦。逐渐地，我们发现女性作为信仰调停者的力量越来越弱。

到了 6 世纪，出现了真正具有伤害性的全球现象——这是北半球过去两千年来遭遇的最严重打击。阿尔斯特（Ulster）与中国出现歉收，"干雾"（dry fog）逐渐影响整片中东地区，位于今日墨西哥的特奥蒂瓦坎（Teotihuacán）

据说逐渐衰微没落。产生这些骚动的原因仍有争议：喀拉喀托火山（Krakatoa）喷发、流星或彗星坠落地面都有可能。无论根本原因为何，环境变化似乎触发了新病原体的扩散——这个病原体通称为鼠疫。

鼠疫从亚洲经埃及港口传入，沿着既有的贸易路线加速扩散。[17] 542 年春，鼠疫传到君士坦丁堡，起初只持续了四个月（同一个世纪曾反复暴发疫情；最终且最严重的疫情出现在 687 年和 697 年）。城市疫情极为可怕，随之而来的则是饥荒。民众很自然地将这一切归因于上帝降灾。据我们所知，死亡人数实在太多，人们只好在今日称为加拉塔的地方挖个大坑将死去的人合葬；而这里现在是供孩子游玩的市立公园。尸体堆到船上，然后让船漂向外海。保守估计，这座城市有两成的人口死亡，而不是先前计算的、每十人中有一人丧生的比例。你必须停下来想想这一事实的恐怖之处。6 世纪 40 年代中期，君士坦丁堡每天有 900 人死亡，查士丁尼的左右手特里波尼安可能就是死于鼠疫。至于查士丁尼本人，虽然他的腹股沟明显肿大，但还是幸存了下来。[18] 此等挑战，想必可以将一个平庸之辈击垮；查士丁尼却没有倒下，他为君士坦丁堡的难题提出对策。在遭受地震与海啸的破坏后，查士丁尼下令在西部伊利里亚行省（今日的阿尔巴尼亚）的都拉斯，也就是埃格那提亚大道的起点重建都拉斯的城墙。他的希望象征——一棵生命树——至今仍辨识得出来，在它的下方孩子们抽着烟，吉卜赛人则贩售着荧光的内衣裤。

狄奥多拉会定期到普鲁萨进行水疗以求青春永驻，而她在 548 年过世时还很年轻。往后二十年，她的遗体安放在陵寝的斑岩石棺中，旁边是历代皇帝的陵寝，这些陵墓都在圣使徒教堂旁。往后十年，查士丁尼刻意让胜利游行路线改道行经此地，以便为他的皇后点亮蜡烛。565 年 11 月 14 日，经过三十八年的统治，查士丁尼撒手人寰，与他死去的"跳舞女郎"一起长眠地下。这两个人是彼此灵感的来源——改革、创新、兴建与殖民。普罗科匹厄斯不怀好意地形容狄奥多拉才是两个人中"穿裤子"的那个——查士丁尼犹豫不决的性格充分反映在他的《法典》中，它奇妙地混合了改革与未改革的内容。

描述这对帝后的史料虽然文字鲜明生动，内容却乏善可陈。令人困惑的是，普罗科匹厄斯究竟在非洲战役中看到了什么，使他对这两名伟大领袖产生如此强烈的恨意？难道他是宫廷里隐藏身份的异教徒，一名中世纪的告密者，对于以基督宝血之名进行杀戮感到惊恐，因此暗中保留不利君主的资料？无论他的动机为何，在他的《建筑》里，我们可以看到他对查士丁尼以及皇帝在君士坦丁堡各项建设的颂扬之词，而在《秘史》中，我们读到的却是对狄奥多拉与查士丁尼的诽谤之语。

狄奥多拉与查士丁尼，以及当他们走在君士坦丁堡——这座城市此时控制了超过 260 万平方公里的土地——大街上跟随在他们芬芳而闪耀的脚步后头的大臣们，他们展现出来的活力绚烂而永恒地保留在拉韦纳（多亏查士丁尼这座城市才得以被拜占庭收复）圣维塔教堂的镶嵌画上（见彩图 12）。狄奥多拉身后有个光环，她的斗篷上装饰着带着礼物的三智者，仿佛要将礼物献给圣母；查士丁尼则是第十三个使徒。就像生前统治着君士坦丁堡宫廷，两人死后也在天国统治着进行审判的法庭。狄奥多拉与查士丁尼知道"福音书"是真的，因为他们亲身经历过这一切：温柔的人必承受地土。

一如大海为查士丁尼的城市带来麻烦，它也带来了机遇。到了 500 年，拜占庭海军已成为世上最强大的海上力量。船只是这片滨海文明中不可或缺的东西。随着对地区核心港口的控制——对这座"举世倾羡之城"是如此，对于它的对手而言也是如此——变得像一张越来越紧绷的网，连同这张网捕捞到的海上贸易，以及当时的权力掮客试图在最具经济与政治价值的联结点（无论是亚历山大、塞杰斯塔［Segesta］、大莱普提斯、勒班陀［Lepanto］还是加里波利）取得上风，拜占庭—君士坦丁堡—伊斯坦布尔的关键地位毋庸置疑。

君士坦丁堡的居民也清楚地认识到，环绕城市的"水的花环"有多珍贵。查士丁尼甚至立法禁止破坏海景的行径：距海岸 30 米的范围内不许兴建任何建筑物。无可避免地，还是有一些厚颜无耻之徒通过搭盖雨篷，偷偷延伸建筑物："在这座皇城里，最怡人的事物莫过于海景……凡是破坏海景之人必须拆除自己兴建的建筑物，此外还要罚款 10 磅黄金。"[19] 与此同时，坐拥海景的人则为自己的好运狂欢。为宗教保持缄默的保罗（Paul the Silentiary）是一名诗人，他写过一首抒情诗："三面望去，我看见阳光从四面八方照耀着怡人的辽阔海面。当满天橙黄的黎明围绕着我，她是如此愉快而不愿继续沉落。"[20] 阿伽提阿斯写道："'众神认为美德需靠辛劳才能获致'，阿斯克拉（Ascra）的诗人如此说道，这句话就像预言般说中了这栋房子。在爬了这么一大段阶梯后，我的双脚疲惫不堪，我的头发早已汗湿；但是从这个顶端，我看到了美丽的海景。确实！或许一个好房间要比美德来得实在。"[21]

　　君士坦丁堡作为港口城市联结陆地与海洋，不仅在地质上，在文化上也经常受到撼动，它在构成上不是封闭的，而是开放的。在东方，出现了令人兴奋的事——这一段与丝相关的历史将定义君士坦丁堡的未来，这座城市的故事很快将融入丝的故事。

第四部分

举世倾羡之城

公元 565 年—1050 年

威尼斯

木材
盐

木材

罗马

木材

丝绸
酒

迦太基

水果　奴隶
粮食　油　酒

粮食

纸莎草纸

多瑙河

木材

家畜

金属器皿

帖撒罗尼迦

木材
粮食

粮食
油
酒

油
酒

底比斯

科林斯

酒
油

油
酒

地　中　海

0　　　　250　　　　500　　　　750　　　　1000

千米

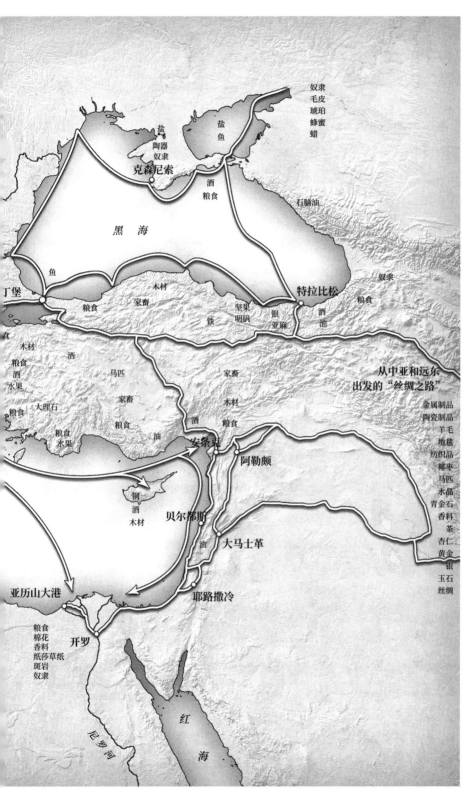

通往君士坦丁堡的贸易线路，约公元 7 至 11 世纪

威尼斯

罗马

帖撒罗尼迦

迦太基

	哈里发国胜利	拜占庭胜利	保加利亚胜利	萨珊王朝胜利
7 世纪				
8 世纪				
9 世纪				
10 世纪				
11 世纪				

哈里发国 717 年领地

哈里发国 1025 年征服的领地

拜占庭 717 年领地

拜占庭 1025 年征服的领地

保加利亚第一帝国，681 年

保加利亚第一帝国，1017 年（被拜占庭吞并前）

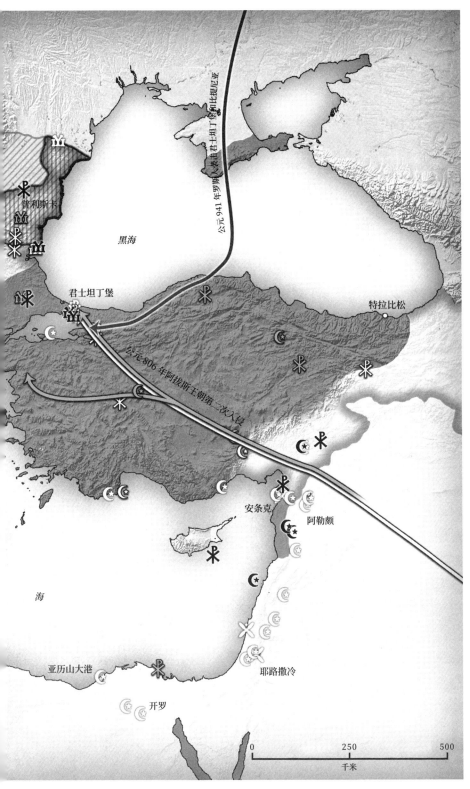

普利斯卡

黑海

君士坦丁堡

公元 941 年罗斯人袭击君士坦丁堡和比提尼亚

特拉比松

公元 806 年阿拔斯王朝第二次入侵

安条克

阿勒颇

亚历山大港

耶路撒冷

开罗

海

0　　　　250　　　　500
千米

与君士坦丁堡的冲突，约 7 世纪至 11 世纪

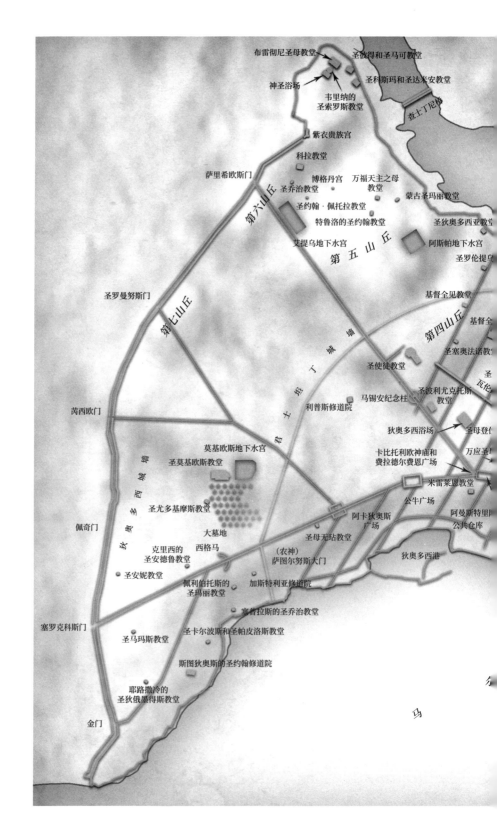

布雷彻尼圣母教堂
圣彼得和圣马可教堂
神圣浴场
圣科斯玛和圣达米安教堂
韦里纳的
圣索罗斯教堂
查士丁尼柱
紫衣贵族宫
科拉教堂
萨里希欧斯门
博格丹宫　万福天主之母
教堂
蒙古圣玛丽教堂
圣乔治教堂
圣约翰·佩托拉教堂
圣狄奥多西亚教堂
特鲁洛的圣约翰教堂
阿斯帕地下水宫
艾提乌地下水宫
圣罗伦提乌
第　六　山　丘
第　五　山　丘
基督全见教堂
圣罗曼努斯门
基督全
第七山丘
第四山丘
圣使徒教堂
圣塞奥法诺教
君　士　坦　丁　城　墙
圣波利尤克托斯
教堂
圣瓦伦
芮西欧门
利普斯修道院
马锡安纪念柱
狄奥多西浴场
圣母登�
狄奥多西城墙
莫基欧斯地下水宫
卡比托利欧神庙和
费拉德尔费恩广场
万应圣
圣莫基欧斯教堂
米雷莱恩教堂
圣尤多基摩斯教堂
公牛广场
阿曼斯特里
公共仓库
大墓地
阿卡狄奥斯
广场
西格马
圣母无玷教堂
佩奇门
克里西的
圣安德鲁教堂
(农神)
萨图尔努斯大门
狄奥多西港
圣安妮教堂
加斯特利亚修道院
佩利伯托斯的
圣玛丽教堂
塞普拉斯的圣乔治教堂
塞罗克科斯门
圣马玛斯教堂
圣卡尔波斯和圣帕皮洛斯教堂
斯图狄奥斯的圣约翰修道院
耶路撒冷的
圣狄俄墨得斯教堂
金门
马

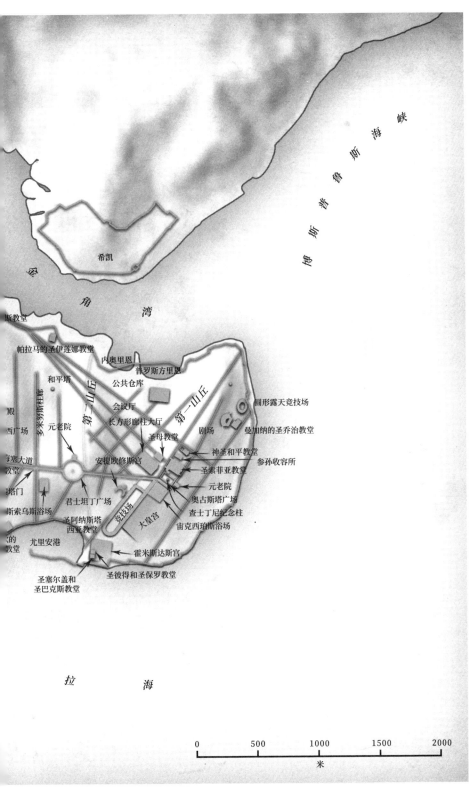

博 斯 普 鲁 斯 海 峡

金 角 湾

希凯

斯教堂

帕拉马的圣伊莲娜教堂

内奥里恩

普罗斯方里恩

和平塔

公共仓库

圆形露天竞技场

会议厅

剧场

曼加纳的圣乔治教堂

长方形廊柱大厅

多米努斯柱廊

元老院

圣母教堂

殿

西广场

安提欧修斯宫

神圣和平教堂

参孙收容所

海塞大道

圣索菲亚教堂

教堂

君士坦丁广场

竞技场

元老院

塔门

奥古斯塔广场

斯索乌斯浴场

圣阿纳斯塔

西亚教堂

大皇宫

查士丁尼纪念柱

的

教堂

尤里安港

宙克西珀斯浴场

霍米斯达斯宫

圣塞尔盖和

圣巴克斯教堂

圣彼得和圣保罗教堂

第二山丘

第一山丘

拉 海

| 0 | 500 | 1000 | 1500 | 2000 |

米

11 世纪的君士坦丁堡

第三十六章 蚕的旅程

约公元 552 年以降

> 符合你身份的丝绸必须盖上铅印以资标示，然后留下来列为你的财产；禁止输出到各国的，也就是只有我们罗马人可以使用的丝绸，必须拿走并原价返还……我们在财富与智慧上胜过其他国家，所以理所当然我们在服饰上也应该胜过他们。拥有独特美德的人，身上的衣服也应当独特。
>
> 克雷莫那主教留特普朗德（Bishop Liutprand of Cremona），
>
> 驻君士坦丁堡大使（描述拜占庭帝国的丝绸贸易）[1]

> 隋炀帝常将通拂菻（君士坦丁堡）……贞观十七年（643 年），拂菻王波多力（皇帝君士坦斯二世，641 年到 648 年）遣使献赤玻璃、绿金精等物。太宗降玺书答慰，赐以绫绮焉。自大食（阿拉伯人）强盛，渐陵诸国，乃遣大将军摩栧（穆阿维亚）伐其都城；因约为和好，请每岁输之金帛……其主遣吐火罗大首领献狮子、羚羊各二……
>
> 《旧唐书》，10 世纪中叶成书，描述 618 年到 906 年史事[2]

道路的存在不只为了运输货物、军队与迁徙者，也为了传布思想。552 年左右，两个有想法的人为了运送物品专门前往拜占庭帝国境内旅行。这则故事提到两名基督教僧侣——最有可能是来自东方教会的"聂斯托利派信徒"[3]——他们在中国旅行时曾看过丝绸的制作工艺（后来的版本中，二人成了从东方旅行到西方的佛教僧侣）。在此之前，丝绸生产一直被认为是源自印度的技艺。

中世纪历史学家兴奋地提到，这两名大胆的旅人利用他们在粟特（Sogdiana，今日的塔吉克斯坦与乌兹别克斯坦）熟识的人，将蚕蛾卵与幼虫藏在竹筒里偷渡出境——他们横渡里海，跨越高加索山区，经过黑海，然后进入君士坦丁堡。

在阿夫拉夏布（Afrasiyab，古撒马尔罕［Samarkand］）的彩绘墙上，7世纪的粟特商人带着几篮蚕茧，他们神情愉悦，没有说话，而是借助手势与各国商人交谈。但是同这幅彩绘相比，传说中为期两年的辛苦跋涉的事实有更多细节上的差异。丝绸的进口与制造出现在僧侣们的冒险之前：中国的史料提到查士丁尼时代之前的叙利亚盛产驴子、骡子、骆驼、麻类植物、谷物、桑树与桑蚕，史料说得很清楚，早在两名传说的聂斯托利派信徒抵达之前，拜占庭叙利亚已经开始生产丝绸。然而，无论丝绸是怎样来到了查士丁尼皇帝所说的"幸运之城"，它都将成为拜占庭故事和地位的同义词。

丝绸，尤其是紫色丝绸，长久以来是东地中海地区一种几近神秘的贵重布料。公元前4世纪，亚里士多德在他的《自然史》（*Natural History*）提到希腊的科斯岛生产真丝纤维，另外古典希腊文学描述的"阿摩吉那布"（Amorgian cloth）很可能就是丝绸。[4]我们几乎可以确定，青铜器时代的公主会直接在赤裸的胸部覆上由生丝织成的轻薄透明的朴素衣物，此外她们一定会裹上皇家紫或帝王紫（*porphyreos wanakteros*）的丝绸，这种丝绸生产于叙利亚与滨海聚落，例如距离今日克里特岛南方城镇马塔拉（Matala）约4公里的康莫斯（Kommos）。

丝与紫色染料的生产是一项伴随着恶臭的工作。要从掠食性的海螺（骨螺）提炼出紫色染料，就必须进行大规模养殖；生存压力使这些海中软体动物同类相食。然后，将海螺煮沸，通常是浸泡在尿液里，使其褪出紫色染料——估计光是为一件衣服的褶边染色就需要12000个海螺。抽丝时，蚕排出的粪便与从煮沸蚕茧抽取细丝都会产生令人难忍的恶臭。这些都是耗时耗力的产业。中世纪的君士坦丁堡肯定弥漫着这两种东西的气味。

查士丁尼皇帝热心培植制丝产业。君士坦丁堡城内城外遍植桑树供蚕食用。过去，从波斯进口的丝绸会先拆解开来，然后由城里的妇女与孩子重新编织。现在，君士坦丁堡拥有了生产工具。皇帝下令制作色彩鲜艳的美丽织物，如圣索菲亚大教堂的祭坛布，上面绣了他与狄奥多拉建立的医院与教堂的图像。在大教堂其他地方垂挂的丝质布幔上，可以看到查士丁尼与皇后站在基督与圣母马利亚身旁。普罗科匹厄斯明言，查士丁尼不仅对政治和艺术充满热情，还对货币充满兴趣："他认为，埃塞俄比亚人从印度买进丝绸，再卖给罗马人，因此获得大量金钱，要让罗马人获利只有一个办法，亦即，不再被迫付钱给敌人。"[5] 在尼卡暴动摧毁这座历史名城大部分地区之前，富有的君士坦丁堡家庭都在一个称为"灯屋"（House of Lamps）的市集购买紫色丝绸。在宙克西帕斯浴场附近有制造紫色染料的作坊。这里生产廉价的"帝王紫"，用茜草染色。10 世纪的史料描述这些出口的"高级货"是"伪紫色染料"。

制丝过程每个阶段都由拜占庭官方严密控制，君士坦丁堡的国家与地方作坊都大规模地生产丝绸。[6] 君士坦丁堡与帝国各地的制丝业进而开始蓬勃发展。制丝不仅需要密集的劳力，连土地也不可或缺（根据记载，光拜占庭雷吉欧[Reggio]一地就种了近 7000 棵桑树），桑叶必须根据蚕的生长阶段切成合适的大小。蚕无分日夜，每隔一段时间就必须喂食，温度保持恒定，湿度也必须控制。桑叶病害会摧毁整片桑树；因此，照顾桑树的人配备了专用的梯子、刀子与斧头进行处理。拜占庭各地都有由制丝工人组成的一整套生产线，脱胶、缫丝、编织与裁缝。帝国全境生产 12 种等级的丝，从粗丝到细如蛛丝的丝线。

最上等的丝绸仅供皇帝本人使用或充当外交礼品；大规模生产的织物供日常交易。6 世纪到 12 世纪，隐藏在洞穴或成堆财物中的丝绸被人发现，这种令感官极为愉悦，且如羽毛般轻盈的织物是困难时期的抵押品，经常被当成通货使用，不易损坏、轻柔而美好的拜占庭丝绸是各国倾羡的对象，也是国内流通的商品。

当拜占庭受伊斯兰军队进逼而丧失土地——那则携带丝绸的僧侣故事流传一百年后——丝的生产也扩展到了中东地区，伊斯兰教与基督教文化分享着彼此的美学与图案：大象、狮子与虚构动物（半狗半鸟），以及在丝绸上织的文字，如希腊文、拉丁文、阿拉伯文或库法体阿拉伯文（Kufic Arabic）。但是，即使地区性的生产在中东如火如荼进行，"拜占庭制"的丝绸依然是最抢手的。君士坦丁堡的制丝业因此更为发达。横跨欧亚大陆，要求"鲁米布"（Rumi，新罗马）的声音不绝于耳。在大马士革，据说一位名医炫耀自己拥有拜占庭丝绸与 300 匹金织锦，这些丝绸绝大多数是君士坦丁堡的犹太人生产的。这群说希腊语的犹太人日后被称为罗马尼欧特人（Romaniotes），以荣耀他们生活的

6 世纪仿制的拜占庭钱币，出土于中国新疆。

城市。到了 10 世纪，除了出口生丝，犹太工人可能参与了整个制丝流程。图德拉的本杰明（Benjamin of Tudela）详细描述了 12 世纪君士坦丁堡的犹太人群体："分别有 2000 名拉比派犹太人（Rabbanites）和 500 名卡拉派犹太人（Caraites，这群犹太人只承认书写的《塔纳赫》[Tanakh]），他们住在一个地方，但以墙隔开……许多犹太人是生产丝绸的工人，另一些则是商人；有些犹太人极为富有，但任何犹太人都不准骑马，除了所罗门·哈米茨里（Solomon Hamitsri），因为他是御医……"[7]

从 6 世纪晚期开始，君士坦丁堡无论何时都能听见生产丝的声音。无论是制丝还是穿上丝质衣物，从神龛到教堂，乃至死者身上的寿衣，到处都有丝绸的身影。

丝绸贸易告诉我们许多君士坦丁堡的国际经验，特别是她早期与中国的接触。在中国称为拂菻——希腊文 "eis ten polin"（指君士坦丁堡）的谐音——的君士坦丁堡显然是远东流传的各种故事的主角。这些故事当中，有的怪诞（提到在拜占庭，土地里长出羊羔，必须善加照顾才能有收获），有的精确（君士坦丁堡统治的各个城市都经过测量，城市间彼此相连的道路长度也是如此）。君士坦丁堡于是以真实和想象的双重样貌进入中国——举例来说，我们可以看看 10 世纪中叶在中国北方写下的这段文字，这是唐朝灭亡后编纂的文献，内容形同一部全球历史百科全书：

（君士坦丁堡）其殿以瑟瑟为柱，黄金为地，象牙为门扇，香木为栋梁。其俗无瓦，捣白石为末，罗之涂屋上，其坚密光润，还如玉石。至于盛暑之节，人厌嚣热，乃引水潜流，上遍于屋宇，机制巧密，人莫之知。观者惟闻屋上泉鸣，俄见四檐飞溜，悬波如瀑，激气成凉风，其巧妙如此（这是近东地区常见的装置）。[8]

还有一些个人的证据显示，雄心勃勃的中国人希望与他们所知的"幸运之城"有所联系。4世纪到8世纪，在中国显贵墓里发现了黄金打造的拜占庭苏勒德斯——由君士坦丁大帝首次铸造——的仿制品，文字记录的墓葬清单也清楚罗列了这些钱币。即使墓主无法获得真正的钱币，他生前仍强烈希望死后能拥有拜占庭钱币。[9]同样显露出对希腊文化喜爱的还有7世纪中叶的统治者李显，他的陪葬品中有一只上面画着特洛伊陷落故事的花瓶。工匠与技艺双向流通：在伊斯坦布尔，人们使用中国的大浅盘；盘子上颇有特色的蓝白图案让我们联想起中国，然而这种图案其实源自阿拉伯半岛南部，被中国工匠采用之后再次沿着丝路回传。

贸易显然是伟大的驱动者，众多途经丝绸之路的旅程是由布商发起的，特别是来自君士坦丁堡的基督徒。这是为什么"聂斯托利派"——东方教会——的僧侣在丝绸故事中如此显眼的原因。482年，合一敕令（Henotikon）确认451年迦克墩公会议对牧首聂斯托利及其"异端"观念的谴责，因为聂斯托利把基督的尘世本质（而非神圣本质）摆在了优先位置。君士坦丁堡的聂斯托利派因此先后离开城市迁往波斯（东方教会在巴格达建立了根据地），随后又前往印度与中国。[10]基督教群体原本沿着丝绸之路一路向东，行事相当低调；而拜占庭的势力却给予这些身处大草原与印度、缺乏经验的布道团一剂强心针。[11]例如位于中国西北部，新疆吐鲁番的高昌就有描绘聂斯托利派教徒的画像。小巧的湿壁画与东方基督教／叙利亚文本最早的手稿证据直到最近才被辨识出来，[12]现正由学者进行解读。所以，当我们想到中国北方这片遥远而低洼的地貌时，我们应该想象这里散布着新的事物：几块小小的基督教传布地。

基督教的传教布道可谓"轻装上阵"：没有神龛，没有非带不可的圣像，只有信息。已知的基督教改信者从也门分布到了斯里兰卡。635年，首次有官方记录"聂斯托利派"传教士前往远东；[13]我们手头有一件令人惊奇的证据：大秦景教流行中国碑（聂斯托利派石碑）。

大秦景教流行中国碑（聂斯托利派石碑）建于 781 年左右，竖立在中国西安附近。这幅版画是 1887 年一名英国来访者制作的。

大秦景教流行中国碑是一块高约 2.8 米的铭文石碑，现藏于西安碑林博物馆，在斑驳的光线下，每天早晨接受破晓时鸟鸣的礼赞。大秦景教流行中国碑于 781 年 1 月 7 日建于高原重叠之地，岩石立面仿佛从稻田中拔地而起。碑文描述一个半世纪以来基督教在中国传布的历史。[14] 我们阅读碑文，上面提到传教士阿罗本（Alopen）于 635 年从"罗马之地"来到中国，他带来了神圣经典与圣像；经典以叙利亚文写成，之后翻译成中文。而景教经典（Jesus Sutras）也在之后被发现。[15] 唐朝皇帝欢迎基督教，称其为"景教"，认为它是神秘、美好、平静的根源。710 年，君士坦丁堡派使者前来中国，使者带来《圣经》、圣像与其他"圣物"。洛阳是丝绸之路的起点*，今日洛阳老城区的市场小贩依旧在贩卖含在冒泡牡蛎里的珍珠，牡蛎旁还摆了特大号的毛笔（老年人会用这种毛笔蘸水在街上写字，算是一种艺术疗法），2006 年，另一块记载拜占庭基

---

* 丝绸之路的起点仍有争议，另一说是西安。——编注

督徒活动的石碑被发现。在远东，君士坦丁堡不仅是"土地会长出羊羔"的城市，还逐渐成为革命观念的保护者与先驱。

查士丁尼与狄奥多拉在 6 世纪下半叶留下的城市是一个活力满满的混合体，一片介于几个世界之间的土地：基督教与异教、保守与改革、东方与西方。565 年，查士丁尼身着军事风格的寿衣下葬，他将继续为上帝而战——他的葬礼风格显然不是整个故事的高潮所在，而是预示未来的开端。当观念与货物从君士坦丁堡源源不断地向外扩散时，其他的势力也在不断涌入。这一时期（450 年—600 年），大草原上的部族开始向中国施加压力，攻击北方边塞的守军。早期中国的资料对这些能征善战的游牧民族有过一些不安的描述；之后，突厥人（后来他们被这么称呼）成为焦点，他们得到了一个能够辨识的名号：位于贝加尔湖南方鄂尔浑河（Orkhon）边被叫作突厥的王国。最后，突厥掠夺者成为北方地区一股坐拥土地的军事势力；他们与中国人合作，加强对丝路沿线的控制并兴建聚落。突厥对中亚的冲击，以及中国人称为拂菻的这座城市的影响，是不可逆转的。

突厥人与君士坦丁堡的关系从一开始就凶险异常。往南迁徙的突厥人原初向查士丁尼的继任者查士丁二世提出结盟的要求；两方发动钳形攻势可以一举消灭波斯。可惜新罗马的努力失败了，这让突厥人陷入不利的境地。这个大错为君士坦丁堡树立新的敌人。突厥人的使臣将两只手塞进自己的嘴里，冷冷地评论："现在有十根指头在我的嘴里，就像你们罗马人有许多的舌头。"[16] 查士丁二世继续他的敌对外交政策。先前因为查士丁尼的进贡，阿瓦尔人与君士坦丁堡之间维持了很长一段时间的和平；但是，新皇帝却要他们打包走人。"你们再也不能从这个帝国带走任何东西。"据说新皇帝如此讥讽地说道。[17] 查士丁二世在做了刻薄的批评之后仍无法感到满足；他最后发了疯，坐在黄金车椅上在拜占庭皇宫里四处游走，经过谁就咬谁的手。查士丁尼的黄金时代——普世和平与繁荣的愿景——开始出现杂音。

不到一百年的时间，突厥人不仅出现在其他国家的史书里，他们也开始书写自己的历史，[18] 而君士坦丁堡作为基督教城市在往后这段时期将持续遭受攻击，"举世倾羡之城"再度成为争抢的对象。

第三十七章　君士坦丁堡

公元 602 年—628 年

> 喔，叙利亚，愿和平降临在你身上，多么好的一个国家，就这样奉送给敌人！
>
> 希拉克略皇帝，得知拜占庭在雅尔穆克（Yarmuk）
>
> 遭到击败的消息（636 年）[1]

闲逛时走进一间东正教教堂，如伦敦西北哈罗市（Harrow）遍布水蜡树的郊区的圣庞大良教堂（Church of St. Panteleimon），你经常可以听见有人在诵念祈求得到救赎的《圣母颂》（Akathistos）。

626 年，据说圣母马利亚再次前来解救她所钟爱的城市。今日，《圣母颂》仍被东正教会众诵念着——如同十四个世纪之前，在金角湾布雷彻尼的圣母马利亚神殿前的信徒做的一样——对君士坦丁堡能躲过萨珊波斯人、斯拉夫人与阿瓦尔人的攻击表示感谢。目击者宣称，圣母马利亚与基督在这座被圣泉保护的教堂里显灵——与教堂相邻的美丽宫殿有部分仍屹立着——击退了这些敌人。君士坦丁堡牧首瑟吉欧斯是皇帝希拉克略的亲戚。他在非洲打过仗，也曾被委任掌管君士坦丁堡。根据记载，瑟吉欧斯曾对围攻君士坦丁堡的敌军大吼："只要圣母马利亚一声令下，就能终结你们的冒犯与傲慢。因为她是让法老及其大军在红海覆灭的上帝之母，她将证明你们这群恶魔般的蛮族软弱且微不足道。"[2]

圣袍——圣母马利亚的长衫（Himation of the Virgin Mary）——缓慢绕行君士坦丁堡城墙。圣母与圣子的圣像钉在城门上，从这个街角到那个街角，就连在敌营里，也不断有人低声说，圣母马利亚，天堂的女王，她亲自现身，蒙着面纱，以猛烈神圣之力吹袭暴风雨，摧毁斯拉夫人的船只。在伊斯坦布尔水道上的暴风眼，能见度完全是零，声响震耳欲聋；不难想象，斯拉夫人看见自己同胞溺水时内心的恐惧；也不难理解，回到君士坦丁堡内，很快就有人写下诗歌，赞扬圣母马利亚是基督俗世居所的守护者。

但是，无论耶稣的母亲是否站在他们这边，查士丁尼傲人耀眼的统治霎时间成了一个遥远的梦境。

602 年冬，下级军官福卡斯（Phokas）向君士坦丁堡进军。他冲进城内，取得帝位，然后冷血地处死皇帝莫里斯（Maurice）（莫里斯本人也是在一连串混乱的帝位更迭之后当上皇帝）与他的几个儿子。直到尸体已经臭不可闻，几个受害者头颅才展示在城外的赫布多蒙（Hebdomon），一个邻近滨海宫殿的阅兵场，距离君士坦丁堡里程起点碑 7 罗马里。赫布多蒙如今成为位于巴克尔柯伊（Bakırköy）的高级住宅区，优雅的屋主们可能不乐于见到他们的房子建立在如此阴森的地基上。610 年，福卡斯自己也被涌入的希拉克略叛军所杀。[3]被砍头与阉割后，福卡斯四分五裂的尸体在君士坦丁堡游街示众。

602 年冬天，一场惩罚斯拉夫人的战役加剧了城内的混乱状况。斯拉夫人是"新民族"，也是拜占庭的新敌人。他们令人忧心，是一个难以捉摸的威胁；当时的历史学家形容他们拥有"沼泽与森林"，而非城市。[4]这是个未知部落可能突然从陌生土地的沼气中出现的时代。我们必须理解这种现象对当时的人造成了多大的心理挑战。除此之外，在上个世纪（20 世纪），气候变迁也影响了整个地区；因此我们更容易理解君士坦丁堡周边的广大世界不仅充满不确定性、无人定居，还是潜伏着险恶威胁的"流泪谷"。没有什么是理所当然的。

希拉克略在充满不利的情势下掌权成为皇帝。君士坦丁堡目击福卡斯惨死的同年，波斯人夺取了大马士革与恺撒里亚（Caesarea）；然后传来了令人不安的消息。614 年，基督徒战俘与真十字架圣物被从耶路撒冷带往波斯首都泰西封（Ctesiphon）。第二年，波斯人劫掠君士坦丁堡对岸，617 年，波斯人横行于巴勒斯坦；同年，据说阿瓦尔人带走了君士坦丁堡色雷斯郊区超过 25 万名奴隶。而在 619 年，君士坦丁堡（实际上是整个帝国）的粮仓埃及也陷落了。这是君士坦丁堡成为新罗马以后近三百年来首次停止在街上发放免费面包。希拉克略考虑把首都从君士坦丁堡迁往迦太基。这座"上帝之城"的坚硬外壳现在看来已是薄纸一张了。

起初，希拉克略试图与波斯人协商，为了寻求和平，他派遣使臣去见波斯领导人库思老（Khusraw）。拜占庭使臣先是获准说话，接着便遭到砍头。我们得知当使臣的命运传回君士坦丁堡时，恐惧在大街小巷蔓延。但希拉克略并未因此而胆怯：为了筹措对抗波斯人的资金，他提高征税、把官员薪水减半，甚至熔掉了圣索菲亚大教堂的吊灯。他重铸钱币，把上面的图案铸成阶梯上的十字架——类似各各他山上的耶稣受难像。与南方的入侵者作战不只是政治事务，也是宗教事务。

事实上，当波斯人来到君士坦丁堡视线内的迦克墩以支援他们的新盟友阿瓦尔人南下时，皇帝刚好在别处作战，此时恐怕只有神迹才能让君士坦丁堡脱离险境。我们可以像君士坦丁堡的百姓一样相信，其实是圣母马利亚以及为了安全而从迦克墩移来君士坦丁堡的圣尤菲米亚与圣西奥多（St. Theodore，客栈妓女与竞技场杂耍艺人的儿子，君士坦丁堡的另一位"新人"）遗骨的神力保护了城市。然而，最后却是一连串尘世之事让君士坦丁堡免于毁灭。阿瓦尔人发生内讧，牧草地无法喂饱马匹。另外，波斯人得知当他们的焦点转向西方时，东方的突厥人趁机入侵高加索地区。[5]

希拉克略可能受到了刺激：在君士坦丁堡最需要他的时候，他却未能亲自坐镇，保护这座"襁褓中的城市"。他认定这场军事行动必须靠勇气才能取胜。于是希拉克略发动攻击，他与突厥可汗会面，提议将自己的女儿许配给他并且献上从君士坦丁堡带来的最奢华的礼物："他脱掉头上的皇冠，把它戴在可汗的头上，在结束丰盛的宴席后，他呈献桌上所有器皿、以珍珠装饰的皇家袍服与耳环。他也亲自为可汗的贵族亲随戴上类似的耳环。"[6] 627 年到 628 年，希拉克略击溃波斯文明在尼尼微（今日伊拉克的摩苏尔［Mosul］）的残余势力，库思老被杀。希拉克略知道自己占了上风，他盗用了波斯"万王之王"的头衔，并迅速协商制定了有利的条款：归还拜占庭领土与从耶路撒冷抢掠来的（据说曾获得犹太人的协助，后来犹太人因为这个推测的通谋关系而遭到惩罚）真十字架重要碎片（当初由海伦娜取得）。圣物在君士坦丁堡凯旋式后重返圣墓教堂。

但希拉克略选了一个复杂的盟友。一百五十年前，中国的长城被建造得更高、更长、更坚固以抵御突厥人的侵袭。这一事实本应该让博斯普鲁斯海峡边缘的"上帝之城"感到忧虑。突厥人在一声不响地壮大。培育着印度与中国将领喜爱的马匹，突厥人不会甘于平凡，因为丝绸之路的贸易线路不仅毗连他们的领土，而且联结西方的君士坦丁堡与东方的西安，横跨约 6437 公里，邻接的各个国家说着 20 余种语言。这些事实一方面说明人类是渴望交流与传播的物种，另一方面也驱使突厥这个重视贸易与战斗的民族走向舞台中央。君士坦丁堡奖掖远东与基督教西部地区的贸易，但这么做也培植了可能具有掠夺性的敌人，一个终将让基督教城市噩梦成真的大敌。

　　查士丁尼的统治是成功的，但他统治的这段时间也被赋予负面的意涵——人们认为这段时期是"末日"，因此充满着末世的急迫感。希拉克略击败阿瓦尔人，为他赢得史诗的赞扬，不仅宣称他是罗马皇帝（imperator），还说他是圣经里的君王（basileus）——现在他也加入《旧约》一长串的帝王名单中，他的希腊头衔将持续到君士坦丁堡沦陷为止。虽然这个时期的图像、象征与圣像学越来越自信满满地呈现出基督教的样貌——641 年后，加冕仪式都在圣索菲亚大教堂举行，圣索菲亚大教堂执事皮西迪亚的乔治（George of Pisidia）不仅把希拉克略比拟成挪亚与摩西，还形容他是赫拉克勒斯与珀尔修斯（Perseus），关于异教的暗示说明在这座城市仍充满古典时代的色彩。在君士坦丁堡发号施令的人，他们的心灵、心智与血液中都有着希腊罗马文化。波斯人与拜占庭人的争斗，"古代最后一场大战"，让双方筋疲力尽。但此时还没到君士坦丁堡暴露侧翼的时候。希拉克略与"幸运之城"的居民即将面对一股新力量的纠缠，一个有信仰的民族，他们相信自己才是唯一真神纯粹、纯净与首要的代表人。

　　《古兰经》某个篇章（sura）——大约编纂于 628 年，[7] 也就是《古兰经》编纂完成之前——以阿拉伯人认可的观点提到拜占庭被异教萨珊帝国击败。"罗马人已败北于最低的陆地，他们既败之后，将获胜利，于数年之间。以前和以后，凡事归真主主持。在那日，信道的人将要欢喜。"[8]

　　一神教信徒暂时团结起来。[9] 但"暂时"在这里是个口号：因为在一个信仰竞争、充满机会与变化的世界里，这个地区已经产生了一个新的挑战者。君士坦丁堡（阿拉伯文是"al-Qustantiniyya"）将成为人们所说的"卡在安拉喉咙里的骨头"。[10]

第三十八章 卡在安拉喉咙里的骨头

公元 622 年（伊斯兰历元年）

在为了神而对抗君士坦丁堡的斗争中，三分之一的穆斯林允许自己战败，安拉不会原谅这些人；三分之一将会战死，使他们成为令人惊叹的殉教者；剩余的三分之一将会取得胜利。

穆罕默德的传统圣训，记录于先知死后约一百五十年[1]

先知穆罕默德首次出现在历史舞台上时，只是被简单地提了一嘴；在君士坦丁堡统治者的眼里，他就是个小角色。我们得知，在 582 年左右，一名年约十一二岁的男孩旅行经过伯斯尔（Bosr，今日叙利亚南部的布斯拉［Bosra］）。这里有一间主教座堂、一个生机勃勃的贸易群落和一个一性论的僧侣巴希拉（Bahira），巴希拉察觉这个孤儿有些特殊之处；据说男孩走到哪里，上头都有一块云笼罩，使他免受暴晒。僧侣看见男孩的背部，发现某些预言的标记。于是他警告男孩，要当心犹太人或拜占庭（不同版本的故事有不同的说法）。

穆罕默德的这类故事在君士坦丁堡流传可能还要过上一段时间。不过在此之前，贝都因（Bedouin）的商旅人已经对北方这座摇曳闪烁的城市有了一些成见。他们的诗人描写朝见拜占庭皇帝的过程，拜占庭的工艺品已经出现在前伊斯兰时代骆驼商队的旅舍。据说一位名叫阿迪·伊本·札伊德（'Adi b. Zayd）的诗人曾到访君士坦丁堡，并在宫廷受到热烈款待。阿迪动身离开时，皇帝指示沿线驿站官员为他提供马匹与一切协助，让阿迪见识帝国之庞大与富强。另一名更有声望、地位更崇高的贝都因诗人伊姆鲁·盖斯（Imru 'al-Qais）前往君士坦丁堡寻求协助，希望重建他失去的王国。查士丁尼皇帝对这名访客的苦况不是不感到同情，但我们没有听到他的要求得到了任何回应，因为伊姆鲁·盖斯"540 年左右在返回阿拉伯的路上去世"。[2]

虽然在好几年的时间里，先知穆罕默德并未成为拜占庭统治者眼中的重要人物，但君士坦丁堡肯定存在于穆罕默德的心中。鲁姆（Rum，阿拉伯语对东罗马人或东罗马帝国的称呼）、拜占庭帝国和东罗马人在圣训里出现 28 次，君士坦丁堡则出现了 12 次。[3]

622 年是世界发生巨变的一年。希拉克略皇帝为了后来进行决定性的中东战役而征税，现在，他从君士坦丁堡皇宫出发，举行宗教仪式，确保神明一路上护佑大军平安。之后的记载对出征式（profectio bellica）做了描述，皇帝在战争之前，会到圣索菲亚大教堂与君士坦丁堡各处神龛祈求神明保佑。[4]这名来自迦太基的勇敢战士扭转了君士坦丁堡的命运。几任精神错乱的君主与小规模的内战使君士坦丁堡的力量与地位趋于瓦解；城中居民看见入侵的波斯军队逼近博斯普鲁斯海峡对岸的迦克墩，阿瓦尔人离城墙也近在咫尺。但希拉克略并未屈服；相反地，他把君士坦丁堡的战斗带往东方。

在此同时，那位热切的商人，先知穆罕默德，此时已是一名中年人。他离开麦加，前往一个名叫耶斯里卜（Yathrib）的城镇建立新生活，这座城镇今天称为麦地那。

关于穆罕默德早年的故事很多，事实却少之又少。穆罕默德大概在 570 年左右出生于以贸易为生的哈希姆家族（Banu Hashim），这个家族是古莱什部族（Quraysh tribe）的一支，曾经有过兴盛的时光。穆罕默德 6 岁成了孤儿，25 岁左右娶哈蒂嘉（Khadija），一位成功的女商人为妻。他在叙利亚各地旅行——在那里受到基督教与犹太教观念的影响。[5] 然后，我们得知，52 岁左右的穆罕默德穿越沙漠，开启了一场漫长而重要的旅途。

1453 年后，伊斯坦布尔以这场旅行——今日称为希吉拉（Hijrah）——作为历法的起点，并且沿用了近五百年，因为对穆斯林来说，622 年是时间的开始。

最近，借助地理信息系统和摄影对长约 338 公里的希吉拉路线的研究——我们知道参与这场跋涉的除了穆罕默德本人与他的同伴艾布·伯克尔（Abu Bakr），还有大约 70 名追随者——显示这里的地貌有多么严酷、多么美丽动人。9 月，这群流亡者离开麦加，途经索尔（Thawr）奇异险峻的灰色岩石、达吉南（Dajnan）的大片熔岩、库达伊德（Qudayd）谷地的荆棘丛、里克夫（Liqf）的水道以及哈拉伊克（al-Khala'iq）周围会让人扭伤脚踝的岩石。夜晚，骆驼与沙漠狐狸无声无息地经过这里。行经此地的人形容这片土地是"两个世界之间一道非常薄的墙"。[6] 旅程中，他们似乎越来越感到踏实。这是一场不折不扣的真实历险；穆罕默德逃离麦加这个对他的激进一神思想大表不满的地方，他一路上必须不断为自己的主张辩护。

　　抵达耶斯里卜后，我们听说他们用三根树干撑起屋顶，搭建了一座简易的清真寺，寺里放了一块石头指示向穆罕默德家乡祈祷的方向。伊斯兰史料描述先知站在树干上向当地人讲道。对这一时期的传统住房进行翻修后，房间里弥漫着干棕榈叶的芬芳气息；光线穿过叶子的缝隙照进屋内，宛如树液般洒遍房间。对于这群情愿选择流亡的人来说，生活中方方面面都带着神圣的色彩。在中世纪社会，神明的无所不在被视为理所当然。伊斯兰教及其信众的优势在于，他们在这种信念上增添了新的元素。他们讨论真主时强调真主的独一性（twahid）。624 年，新穆斯林在拜德尔之役（Battle of Badr）击败古莱什族。628 年，再一次的天启告诉穆斯林应该面对麦加而非耶路撒冷祷告。血统的纽带关系与民间的陈规旧习被一扫而空，取而代之的是至高无上的真主律法。这是新兴的超级部族根据穆罕默德所言制定的。

　　抵达耶斯里卜——耶斯里卜后来称为麦地那，也就是"城市"的意思——预示着伊斯兰教将成为以国家为基础的政治与军事力量。这座"城市"的重新定位最终将会引起其他"城市"，也就是位于麦地那北方约 2092 公里的君士坦丁堡的注意。少数几座城市——雅典、亚历山大、麦地那、君士坦丁堡、罗马——在人们的想象中是如此巨大，以至于它们已不需要原有的名称：用"城市"称呼它们就已足够。

　　这片苍凉而美丽的土地见证了伊斯兰教的诞生，也印证了它的持久性。冰冷的沙、扭曲的玻璃原料，诱发出关于世界的各种可能性的伟大观念。而在告别演说中，先知穆罕默德明确地赋予这个说法以神圣意义："我受命与所有人奋战，直到他们说，'除了安拉，世界没有其他真神。'"这场更像是带有帝国主义倾向的战斗谈话，其发展的正当性由另一位 7 世纪的穆斯林领袖予以支持：

"我们不践踏他人，但他人却将我们践踏在脚下。于是真主从我们当中派出一名先知……他向我们承诺，我们应该征服与击败这些国家。"[7]

622 年的中东，民族构成十分多样：游牧的阿拉伯部族、大量的犹太人、格鲁吉亚人、亚美尼亚人、说拉丁语的欧洲人和操一口希腊语的城市人。信奉一性论的社群与东正教基督徒混居；大多数人效忠拜占庭帝国，少数人则不是。宗教竞赛的赌金也在不断提高。我们先前提过，在君士坦丁堡，希拉克略击败萨珊波斯人之后被称为 "basileus"，即神授权的君王。但与此同时，麦地那也传出阿拉伯人终于有了自己的真主先知的消息，与拜占庭人一样，阿拉伯人与神有了亲密的联系，阿拉伯人的先知听到真主以阿拉伯人的语言向阿拉伯人说话。

穆罕默德的追随者开始对自身产生强烈的认同，但处于艰困局面的拜占庭人却认为这些新来者无足轻重，不值得费神。"皇帝连士兵的薪饷都快付不出来了……怎么还会理'你们这些'狗东西"，据说这是阿拉伯人得到的回应。一名同样抱持轻蔑态度的罗马使节遭到杀害然后被缝进骆驼肚子里。[8] 拜占庭人应该要记取这个教训才是；令人震惊地，十四年后的雅尔穆克，拜占庭人在他们最初认为不过只是小麻烦的这群人身上蒙受了令人感到耻辱的失败。

在雅尔穆克战役中，沙暴呼啸，传说中纪律严整的罗马军团土崩瓦解。

拜占庭人与阿拉伯部族早在 629 年就已经在穆塔（Mu'ta）发生冲突，但理论上双方并无进犯彼此的理由。希拉克略的防线从加沙（Ghazzah，现在称为 Gaza）延伸到死海南端，而穆斯林阿拉伯人活动的区域则在更南边。但希拉克略击败萨珊人使阿拉伯留下权力真空，战败军队的武器被拿去交易与重新使用，雇佣兵则一下子被最近的负责招募的军官买走。

雅尔穆克战场就位于古代城市苏尔（Tyre）与赛达（Sidon）的内陆地区。今天，这个战场与联合国控制的位于叙利亚与以色列占领的戈兰高地之间的停火线交错。穆斯林士兵大约有 25000 人，拜占庭人数较多，但存在一些问题。在拜占庭军中，负责领军的是皇帝希拉克略的弟弟、魅力超凡的特欧多洛斯（Theodore），希腊与亚美尼亚的领袖则为了战略而争执；所有人似乎都低估了他们的对手。坦白说，如果拜占庭人知道这场战争最后以失败收场，他们就不会轻易发起战事。关键在于，在六天鏖战期间，伊斯兰军队似乎更为勇猛。拜占庭人向来有威胁恐吓的恶名——他们会砍下敌人的头与手然后公之于众，或者在市镇广场折磨俘虏。但是由麦加的奥马尔·伊本·哈塔卜（'Umar ibn al-Khattab）以及哈立德·伊本·瓦利德（Khalid ibn al-Walid，生于麦加，死于霍姆斯［Homs］）率领的全新军队似乎极为渴望胜利。据说这些穆斯林能在正午烈日下不喝水进行战斗，而双方历史学家都记载作战区里的阿拉伯女性极为凶悍残暴。在雅尔穆克作战第六天结束时，大量拜占庭军队遭到歼灭或逃走。后方君士坦丁堡的希拉克略很快就得到前方惨败的消息。[9]

对严酷沙尘云的描述，成了这场羞耻败仗的神秘借口。但真相更为清楚。从现在起，君士坦丁堡将不再是猎人，而是猎物。这场双方首次交手的大战役与故事中所写的拜占庭首次遭遇神奇少年穆罕默德形成强烈的对比。在飞沙走石的雅尔穆克平原上，君士坦丁堡的未来正被改写。加萨尼统治者贾巴拉（Jabala）从今日伊斯兰教控制的领土逃回拜占庭土地，用阿拉伯文写下挥之不去的伤感：

> 喔，要是我的母亲没生下儿子就好了
> 也希望我的名字别在历史中出现。
> 我是多么渴望昔日祖先的土地，
> 大马士革，我的族人的故乡。

630 年，希拉克略宣布所有犹太人必须改信基督教——这或许是针对穆斯林军队正深入波斯而且在同年取得麦加的消息而做出的回应。波斯人也改信了伊斯兰教；凡是成为穆斯林的人都获得承诺，可以分得一定份额的战利品。638 年，在哈里发奥马尔指挥下，阿拉伯人在犹太人军队的协助下攻占耶路撒冷（有一个微小的可能，穆罕默德曾活到那个时候，亲自率军进城）[10]，犹太人指引路径而且协助平定圣殿山；有人说，为了感谢犹太人，阿拉伯人给予他们空间兴建新的犹太会堂而且允许他们在加利利定居。[11] 在君士坦丁堡历任皇帝眼中，犹太人显然选错了朋友。[12]640 年，穆斯林阿拉伯人占领恺撒里亚；642 年，亚历山大陷落；645 年，亚美尼亚正式被纳入阿拉伯人的控制；罗得岛、科斯岛、塞浦路斯与克里特岛全都屈服于阿拉伯。655 年，阿拉伯人也在"船桅之战"中展现他们的海上实力，拜占庭皇帝君士坦斯最后蜷缩在小船的甲板上，拼命逃离。674 年，当阿拉伯舰队驻扎在基齐库斯时（公元前 410年，亚西比德曾在此地赢得胜利，并因此收复拜占庭），希腊人以致命武器轰击他们，我们称为希腊火，在当时称为海火、黏火或罗马火。[13] 这种化学武器的热度与气味臭名昭彰，它的效果就像凝固汽油弹一样，而最近的实验显示希腊火会产生一种令人不安的刺耳响声——蒸汽与火焰发出的嘶嘶声，木头裂开时产生的噼啪声。使用这种武器时，整个水面会着火，火势随之蔓延。从 661年到 750 年，穆斯林海军对君士坦丁堡发动五次大规模攻击，但都以失败告终，城市受到"震慑"，东方与西方很快出现了纪念这些战役的诗歌。希腊散文与诗呈现出暗紫色*的一面，这点可以从特奥多雷·格拉玛蒂库斯（Theodore Grammaticus）在 674 年穆斯林海军铩羽而归后写的诗文看出：

> 看啊，因为你就是如此，万有的上帝，你拯救你的城市，使其免于污秽与最邪恶的阿拉伯人如海浪般的冲击，你偷走了对他们的恐惧与战栗，以及他们卷土重来的阴影……
>
> 喔，该死的东西，你们闪闪发亮的成排箭矢在哪里？弓弦的美丽和声又在何方？你们的剑矛光芒何在？你们的胸甲与头盔、弯刀与黑暗的盾牌呢？[14]

然而，从 622 年"时间的起点"（根据伊斯兰的纪年系统，这是元年）开始不到五十年，拜占庭已经丧失了三分之二的领土。七年的时间内，重要城市如大马士革（635 年）、安条克（637 年）、埃德萨（640 年）与耶路撒冷相继脱离君士坦丁堡的控制。不到一个世纪，穆斯林军队不仅抵达法国南部，也侵袭阿富汗，占领中亚，攻下印度河流域的大片土地（相当于今日的巴基斯坦），甚至来到当时中华帝国的西部边缘。穆斯林的领袖称为哈里发，意即穆罕默

---

* 紫色在拜占庭是权力和地位的象征，专属于贵族和神职人员，可参考本书第三十六章关于紫色丝绸制作流程的描述。——编注

德的继承者，真主的代理人。波斯人直到 16 世纪才重新成为不可忽视的力量，对君士坦丁堡居民来说尤其如此。并且，他们的谷物也不再来自埃及，一直要到奥斯曼人建立联结——以伊斯兰城市科斯坦丁尼耶（Kostantiniyye）为大本营——于 1517 年再度取得埃及之后才恢复。

这个时代的穷途末路也表现在希拉克略的孙子君士坦斯二世在统治最不利的时期（663 年）试图将首都迁往西西里岛的锡拉库萨，不过君士坦丁堡大多数居民并未随他前往。[15]

这个时期，穆斯林、基督徒与犹太人之间究竟可以互相理解与共情到什么程度，一直多有争议。有些犹太文献赞扬穆斯林的进步，认为这些新一神论者让他们从罗马暴政下解脱；其他犹太人形容穆罕默德是假先知，"因为先知不会持剑作为武器"。[16] 在伊斯兰占领的地区，教堂仍持续兴建，679 年，埃德萨教堂因地震损毁，穆斯林还协助重建。[17] 就连在耶路撒冷，目前的挖掘显示直到 10 世纪为止，圣墓教堂还曾进行大规模的扩建，包括在早期伊斯兰时代还在圣墓教堂旁边新盖了一间教堂。西奈山上与附近的基督教家庭与僧侣都受到一份和约的保护，据说这份和约有先知穆罕默德于希吉拉二年亲手盖上的印记——1517 年，奥斯曼人控制埃及之后，这份神圣文件最终来到了君士坦丁堡。然而，亚伯拉罕、基督与马利亚之间长期的团结关系终究会在追逐新土地与竞相成为上帝新宠的严酷现实政治下消磨殆尽。君士坦丁堡将成为历任穆斯林统治者垂涎的对象，他们想享有这座完美城市与完美造物。在中东与波斯的民间故事集《一千零一夜》中，阿拉伯军队乘船前往君士坦丁堡，却在围城时遭遇挫败。吉哈德，意指"在上帝的道路上奋斗"，这种手段将前伊斯兰时代的战争或掠夺赋予精神层面上的意义，现在则成为攻取君士坦丁堡这座国际大都会的神圣命令，君士坦丁堡被许多人形容为比罗马更加伟大，是"诸城之首"。伊斯兰教一开始也许只是沙上的一行蹄印——安拉的话语在沙漠温暖的风中不断诉说——但它逐渐渴望控制一座被水围绕着的希腊罗马城市："你将解放君士坦丁堡，解放它的埃米尔有福了，解放它的军队有福了。"[18]

第三十九章　晚上是僧侣，白天是狮子

约公元 692 年（伊斯兰历 72 年—73 年）

> 待在那里（君士坦丁堡），直到你征服它或我将你召回为止。
>
> 苏莱曼，倭马亚王朝哈里发，717 年下令围攻君士坦丁堡并且写信给他的
> 弟弟玛斯拉玛（Maslama，指挥这次攻击的将领）[1]

> 晚上是僧侣，白天是狮子。
>
> 一名基督教苦行者刺探穆斯林营地的叙述，
> 收录于阿兹迪（al-Azdi）《叙利亚征服史》（*Tarikh Futuh al-Sham*）[2]

在东方，现在谁拥有连接上帝的热线？君士坦丁堡的领导人与不断扩张穆斯林领土的领导人开始进行宣传战与信仰战。"万物非主，唯有真主；穆罕默德，是主使者"，这是 692 年哈里发阿卜杜勒—马利克（Abd al-Malik）钱币上的宣言；过去几年，学者甚至主张有些钱币上铸有穆罕默德本人的肖像。[3] 拜占庭皇帝查士丁尼二世也以同样的方法来回应——他的钱币一面是基督，另一面是他自己，也就是"上帝仆人"的肖像。君士坦丁大帝似乎不介意以人类形象作为基督的肖像（在此之前耶稣总是被描绘成羔羊），而君士坦丁堡长久以来一直沉浸于自身的宗教艺术之中。平面的圣像与镶嵌画被视为是神与人的中介，因此这类形象不会被判定为亵渎神明。东正教相信透过这些精心准备的视觉辅助工具，神与人可以相遇合一。圣索菲亚大教堂的圆顶被当成天顶，正是这种宗教艺术引领信众的眼睛仰望上帝。

但早期伊斯兰教的纯粹性（抨击那些以人类形象代表神圣事物的做法）

显然有一种令人不安的吸引力。692 年，在君士坦丁堡皇宫召开的五六会议
（Quinisext Council）中，顽固的异教仪式再度被宣告非法：街上的化装舞会、
野生动物秀、竞技场中的神职人员、女性在公开场合跳舞、男女变装打扮、向
狄俄尼索斯祈祷与跳篝火。[4] 拜占庭需要检点自己的行为。

　　与此同时，流散在外的穆斯林——当然他们来自受古典势力支配的世
界——也吸取了拜占庭的精华。大马士革星期五清真寺（705 年到 715 年，由倭
马亚穆斯林统治者从圣约翰教堂改建而成）的镶嵌画上，可以看到在入口处垂
挂着珍珠，这种艺术表现的不只是前伊斯兰的阿拉伯诗歌主题，也表现了拜占
庭风格。[5] 清真寺由拜占庭工匠装饰，使用的是查士丁尼二世送来的黄金镶嵌
物；有人表示，大马士革的格局为它赢来了"小君士坦丁堡"之名。倭马亚人
把这座叙利亚城市建设成他们想要取得（717 年到 718 年围攻君士坦丁堡失败后，
他们的渴望遭受挫折）的那座北方城市的样子。[6] 所谓的蓝色《古兰经》，是以
金色与银色的库法体阿拉伯文在浸泡于靛青染料的羊皮纸上书写而成，这种做
法部分是从拜占庭获得灵感，拜占庭的帝国官员与牧首区神职人员会在染成紫
色的对开纸上书写。[7] 有人认为阿拔斯（Abbasid）胡玛伊玛（al-Humayma）行
宫的象牙家具装饰镶板让人想起拜占庭"格拉多"（Grado）椅子的镶板，这种
椅子可能来自君士坦丁堡。[8] 象牙雕刻当然是基督教城市热情追求的技艺。[9]
米南德的格言位于破碎的陶片上，被人小心翼翼地刻画，由阿拉伯文写成（虽
然这段话其实出自荷马）。君士坦丁堡对学问的热忱进一步被南方的学者激
发——这些学者获得 8 世纪中叶阿拔斯哈里发的奖掖，他们在尝试将《古兰
经》翻译成希腊文之前的一个世纪就已经翻译了大量作品。拜占庭工匠被找来
装饰耶路撒冷的圆顶清真寺（Dome of the Rock）。[10] 因此，现在不只是"城
市"，连新伊斯兰世界里，这些新获得激励的城市也吸引人们投入大量精力。[11]
　　接下来要问的是，从信仰、文化、神恩与火力来看，谁将领导谁？

　　由于丧失了埃及，西西里岛与北非成了君士坦丁堡唯一的粮食来源，维
持这些正当供应链，不仅危险，价格也十分昂贵。一千五百年前人们感受到
的全球主义挑战与今日我们感受到的一样强烈。越来越多基督教城市遭到攻
陷。与此同时，在今日的意大利，伦巴底的入侵逐渐把拜占庭势力压缩到只

剩下一条狭窄的连通罗马与拉韦纳的权力走廊。

起初，那些生活在前拜占庭土地而现在接受新穆斯林主人统治的居民发现一切似乎照旧，葡萄树还是出现在香炉与家具装饰上；在埃及，裸露胸部的亚马孙人依然在那用来当隔间帘幕的华丽织物上跳跃着。但从实际的角度来看，君士坦丁堡现在必须把注意力转向北方。从 7 世纪开始，我们发现君士坦丁堡致力于派遣传教士，想让过去的敌人斯拉夫人改信基督教。

聚焦于东方使西方门户洞开。作为中央集权的结果，我们可以看到君士坦丁堡逐渐向内退缩。结果，宫廷内不同派系之间的对立、反差越来越激烈，如同一个色调反差巨大的调色板——在这座"举世倾羡之城"，阴谋与权力的竞逐让人眼花缭乱。但之后，一切突然被叫停。732 年，穆斯林在普瓦捷（Poitiers）附近被查理·马特（Charles Martel）击败，就像他们 717 年到 718 年在君士坦丁堡城墙外因疾病与缺粮而死伤惨重一样。此后直到 14 世纪，君士坦丁堡再也没有受过穆斯林围攻。[12] 随着穆斯林对安达鲁斯（al-Andalus，也被人们称为穆斯林伊比利亚）的控制以及以巴格达（到了 10 世纪，它将成为世界第一大城）为中心的阿拔斯哈里发国不断巩固加强，伊斯兰教的重心逐渐转向发展而非殖民。但征服君士坦丁堡的野心依然在穆斯林内心翻搅着。现在这座城市被人以末日、末世的角度形容成四座"地狱之城"之一，出现在伊斯兰教的歌曲、绘画与布道中。

考古学的发现提醒我们君士坦丁堡在这个时期的焦虑程度。在写作本书期间，现代伊斯坦布尔正进行抢救性考古学挖掘；研究人员从泥中拉扯出一条盘绕的巨大海链，延伸约 800 米，每节链环大约有一名男子手臂粗细。这个拦阻设施几乎可以确定是皇帝利奥三世在 730 年左右装设的（原初的设计是漂浮的木头栅栏），这个孤注一掷的防御工事从金角湾西岸延伸到加拉塔的巨塔（Megalos Pyrgos）。[13] 在北岸，铁链端点处，下陷的地基仍隐约可见。金角湾铁链阻挡了许多攻击者（不过基辅罗斯[Kievan Rus]于 10 世纪绕过铁链，威尼斯也在 1204 年以撞锤破坏了铁链），但这巨大的链条感觉像在示弱，而非力量的展现。

可以理解的是，在这个时期，我们发现君士坦丁堡仍记得自己原本是罗马的子嗣，因此君士坦丁堡认为，下定决心向远西寻求支持与援助，应该是明智之举。

13　君士坦丁堡的哲学学校，《斯基里策斯图文书》

斯图迪奥斯的圣约翰修道院大约建立于 462 年，学生们在院中进行哲学辩论，并将文本保存在缮写室。这幅《斯基里策斯图文书》中的插图展示了君士坦丁堡的哲学学校。

14　希腊火，《斯基里策斯图文书》

拜占庭人用秘密武器希腊火（又称海火、黏火和罗马火）摧毁阿拉伯舰队。希腊火最早的使用记录是在 515 年。

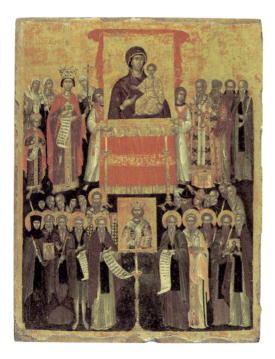

15 纪念君士坦丁堡圣像破坏运动结束
的圣像画

这幅来自克里特岛的圣像画是为了纪念
843 年拜占庭圣像破坏运动的终结，大约
在 1500 年绘制完成。圣母马利亚的巨幅
圣像定期会在君士坦丁堡的城中游行。此
圣像画的构图与赫梯太阳女神及其幼子有
相似性。

16 基督普世君王的黄金饰屏（局部）

描绘基督普世君王的黄金饰屏，目前保存
在威尼斯圣马可大教堂。976 年到 1345 年
间，这幅圣坛背壁的装饰画在君士坦丁堡
和威尼斯制作，历时四个世纪，是残存下
来的拜占庭搪瓷工艺中最精美的样本之一。

17 乔瓦尼·贝利尼的肖像画
    《抄写者坐像》

这幅肖像画有可能依据了征服者穆罕默
德年轻时的形象，大约绘制于 1479 年到
1481 年。

18 让·夏提耶（Jean Chartier）
    作品中君士坦丁堡围城的插图

1453 年，奥斯曼军队围攻君士坦丁堡。

19 马特拉克奇·纳莱赫的伊斯坦布尔微型画

微型画的作者是马特拉克奇·纳莱赫（Matrakci Nasuh），这位波斯尼亚的博学之士从鲁米利亚（Rumelia）被带到伊斯坦布尔。这幅画描绘了伊斯坦布尔的城市规划和周遭繁忙的水路。纳莱赫之后在恩德伦耶尼切里学校任教。

20 查理曼的裹尸布

查理曼大帝用君士坦丁堡制作的绣金线紫染布入殓。他在 800 年加冕为神圣罗马帝国的皇帝，在 814 年驾崩。

21 德意志地区报纸描绘的阿里帕夏

1571 年，德意志地区一家不知名的报纸
描绘了阿里帕夏。阿里帕夏在勒班陀战
役中率领土耳其舰队作战，结果他在奥
斯曼的军舰上被俘，被当场斩首示众。

22 奥斯曼大军围攻维也纳

1529 年，奥斯曼大军围攻维也纳，这幅
图出自在伊斯坦布尔制作完成的《功业
书》(*Hünername*)，完整书稿逾 500 页，
致力于记载奥斯曼帝国的军事活动。

23　为苏丹皇太后摆设的筵席，奥斯曼水彩画

17世纪奥斯曼的水彩画，描绘了苏丹皇太后大摆筵席的场面。法国驻君士坦丁堡大使馆的吉哈丹夫人（Madame Girardin）也出席了此会。图画左侧还站着一个黑人宦官。

24 糕点师傅行会与清道夫的游
行，出自《维赫比庆典书》

上：清道夫游行，注意右侧是保萨
尼阿斯的蛇柱，它依旧是一大亮点。

下：糕点糖果同业公会的游行，摆
出了一整座用糖果制成的花园。这
场遍行伊斯坦布尔大街小巷的活
动，是1720年艾哈迈德三世诸子
行割礼庆祝活动的一环。

第四十章　拜占庭与不列颠尼亚

公元 5、6 与 7 世纪

> 亚瑟王说，他会率领舰队前往君士坦丁堡。他会带领一千艘船的骑士与三千艘船的步卒，直到任何要塞、乡镇、城市或城堡，无论它们的城墙多么高耸坚固，都无法抵挡他们的攻击为止。
>
> 克雷蒂安·德·特鲁亚（Chrétien de Troyes），
>
> 《克里杰斯》（*Cligès*），约公元 1176 年 [1]

廷塔杰尔岬（Tintagel）位于康沃尔（Cornwall）蛮荒多风的北岸。在最怡人的时节，此地常令人流连忘返。但在 1983 年，一场灌木丛大火让过去从未被人注意到的东西重见天日，这里发现了时间可以追溯到 5、6 世纪的厚重的石砌住房与仓库。这些发现的规模与起源令人屏息。这处遗址只挖掘了百分之十，但光是这百分之十就已多过西欧任何地方挖掘到的拜占庭陶片数量。有些陶片上印有十字架，因此与相信自己是基督教世界核心的君士坦丁堡产生了模糊的联系。这是远离家乡的纪念物储藏地。

这些陶器现在尘封在特鲁罗（Truro）皇家康沃尔博物馆维多利亚时代静谧的库房里。这些仔细上釉、旅行了大老远的泥釉陶一出现，邻近崎岖的康沃尔北部海岸马上就浮现出异国的光彩。当拜占庭进入黄金时代，此地的天然港湾与滨海悬崖肯定目睹了熙熙攘攘的景象——远渡重洋而来的水手叫卖着奢侈品与原料（香料与焚香、香油、精致餐具），当地人则津津有味地聆听旅人讲述商人与水手的异国见闻，谈起各地的野兽、皮肤黝黑的少女与基督的士兵。

廷塔杰尔的隐藏宝藏提供了坚实的证据，显示拜占庭商人从地中海东部经过北非来到西欧，直接与当地建立联系。廷塔杰尔的双耳瓶与在地中海遭遇船难的拜占庭船只载运的双耳瓶一模一样，显然是东方的产物，生产地点可能在叙利亚、安纳托利亚西部或君士坦丁堡。这段环绕世界的贸易之旅，返航的航程十分凶险，因此有必要在康沃尔稍做停留。哪个部族的国王曾经控制这个贸易要冲——突出的海角仅靠狭窄的岩石陆桥与陆地相连，这是位于大海边缘一座由上帝创造的城堡——一直是这个时代的讨论主题。所有这些条件孕育了强大而受众人拥戴的战士国王的传说，在国王装饰华丽的宫廷里，到处都是怪兽、魔法与异国土地的故事。廷塔杰尔石砌仓库完成后不久，亚瑟王的传说就开始流传。与君士坦丁堡的贸易很可能促成或滋长了这段不列颠基督教国王与东方异国产生联结的故事。

这里的考古挖掘发现一块罗马时代晚期刻有文字的石头。这一发现对历史学家而言毫无帮助，对导游来说却极为诱人。这块石头被当成窨井盖重新利用，上头刻写的或许是"黑暗时代"一名桀骜不驯的小伙子与他同伴的名字。其中一名涂鸦者叫阿尔图钮（Artugno），这个名字在拉丁化后就是亚瑟。当然，他不是国王，但"这里"确实有个亚瑟。

为什么东方商人要从炎热的地中海航行6400多公里来到弥漫着咸味的康沃尔？在这里，关键的线索似乎是锡。关于这个时期康沃尔的锡贸易，我们现存唯一的文字证据来自亚历山大的施舍者圣约翰的生平故事。我们之前曾经提过圣约翰；他就是那个梦见天使以宦官形象出现的牧师与主教。[2]圣约翰是个意志坚定、声音洪亮的人物，6世纪时他在北非建立了救济院（国家福利制度的前身，包括提供食宿给独力生育的妇女）：圣约翰的虔诚给予我们黄金般珍贵的历史资料。我们知道有天夜里，圣母造访他的梦境。他受到启发，想让这个世界变得更好，而他随后的善行包括向某个穷人提供船只，让他前往英国。穷人返航时，船上载的锡在圣徒手中奇迹般地变成了银。这则广泛流传的故事，本是为了道德教化，却意外告诉了我们那段历史。

这些制作精美的陶器运往西方，可能是为了换取康沃尔的锡（炼制青铜的重要原料）并将其运往东方；但在这个时期，从安纳托利亚中部的卡帕多西亚也可以获取少量的锡。拜占庭似乎只是想维持与不列颠西部的沟通渠道。普罗科匹厄斯的作品提到，查士丁尼与不列颠人建立外交关系（给予"不列颠尼亚"蛮族补助金）——由于特内多兹岛上的粮仓，他才得以维持国际粮食贸易——此外还有证据显示，君士坦丁堡对西方宗教人士与民政官员的委派有一定的发言权。[3] 普罗科匹厄斯也提到，贝利萨留提议把不列颠"交给"哥特人（这或许只是一句嘲讽，因为哥特人先前也曾提议要把西西里岛交给君士坦丁堡）。廷塔杰尔源源不断挖掘出来的证据似乎也说明，在不列颠人心目中，君士坦丁堡有如一道模糊的人影，他们是罗马富有的子嗣，而粗心大意的母亲，罗马，已经遗忘了不列颠尼亚。同样地，遥远的不列颠尼亚也在君士坦丁堡居民的记忆中也留下了印记。[4]

君士坦丁堡日常生活的痕迹也能在不列颠其他地方找到——如果我们能开启一趟短暂的旅程，到不列颠东岸一探究竟。

从北海沿东安吉利亚（East Anglia）德本河（Deben）划船逆流而上，朝萨顿胡（Sutton Hoo）前进时，人们会惊讶地发现这条河水势极为汹涌。6、7世纪，君士坦丁堡及其领土的商人与使节从近东前来时，会选择这条路线与不列颠东部的守门人接触。君士坦丁堡居民中也许流传着不列颠尼亚蛮族的故事；来自"幸运之城"的访客看到这里的一切，想必会既开心又惊讶。蓝道申（Rendlesham）附近机器轰鸣、盛产黄金的盎格鲁—撒克逊遗址（直到 2008 年才被发现，至今仍在评估鉴定）曾住着伟大国王与廷臣。这里现已出土大量证据，证明此地居民是用君士坦丁堡铸造的铜币（这里也有以拜占庭度量衡作为标准来衡量铜币重量的工具）与拜占庭直接贸易。[5] 从钱币散布的方式来看，这里不太可能是储藏异国财宝的地方——这些钱币应该是来访的拜占庭人平日使用或不小心遗失的，它们也许被人充分使用过，也许交给了当地国王看守保管。[6] 要前往蓝道申，来访者必须在盎格鲁—撒克逊的"死者之乡"附近上岸，也就是萨顿胡。

萨顿胡的墓冢明显高过地面。墓冢的空间足以容纳墓葬船只，船只以人力从河中拉上岸（或许由奴隶与自由的贵族合力进行，以示对死者的尊敬），然后埋葬，船上装着财宝与国王的遗体。这座大墓地向经过的人宣示，葬在这个墓里的盎格鲁—撒克逊权贵以及葬在他四周的随从，他们的权力即便在死后也不会有丝毫减损。而对我们来说重要的是，萨顿胡（这个名字让人想起盎格鲁—撒克逊的"一长条的山岭")[7]是这位无名的国王选择埋葬的地方，在墓地的四周围绕着带有东方基督教特色的优秀作品。

　　萨顿胡被发现的过程处处惊险。盗墓者已经对其中一座墓穴下手（称为二号墓），然后他们又盗掘一号墓，只差几英尺墓中的宝物就会被他们掠夺一空。船只残余的美丽轮廓依然指引着访客找到位于船腹的宝藏，它们包括十个拜占庭银碗，上面装饰着十字与玫瑰图案。从这里隐约可以看出，选择玫瑰图案是因为这种植物图案同时出现在基督教与异教的生命树上：[8]盎格鲁—撒克逊诸王与大臣似乎致力于让所有神明，无论新旧，都能各安其位；文学作品显示：萨顿胡有位国王曾将异教与基督教祭坛并列。这里还出土了一个巨大的银盘（盘子的大小具有重要意义），形状有点像现代的蛋糕盘，上面有拜占庭皇帝阿纳斯塔修斯一世的印记，他在位的时间是 491 年到 518 年。盘子的圆形图案上刻画着两个外貌略显模糊的人物，这两个人物都采取坐姿，很可能代表罗马和君士坦丁堡。此外还有一些小碗、一个银制长柄勺和几只汤匙——其中一个清楚刻着保罗，其他人可能是扫罗（Saul）*。这里甚至有科普特人的青铜碗，很可能是在君士坦丁堡的中央作坊制造的，此外还有叙利亚织物碎片，也有超过四千颗来自印度次大陆的石榴石。

　　附近的另一个墓穴（三号墓）遭遇未遂的掠夺，所幸考古学家抢救出了一些已经碎裂的胜利女神石灰岩饰板残片，上面的图案可能是有翼的胜利女神或天使，这块饰板同样来自君士坦丁堡。此外还有刻着基督教凯乐符号的骨灰盒，以及一个东方青铜碗的碗盖。[9]

　　君士坦丁堡不只在萨顿胡与廷塔杰尔具有分身般的存在感，当时在不列颠的其他地方，上层妇女佩戴的短串珠看起来就像拉韦纳镶嵌画上狄奥多拉皇后脖子上的那条项链（见彩图 3）。戒指与胸针——不论男女都会佩戴——显然也追随着君士坦丁堡上流社会的风尚。[10]拜占庭的盘子与服饰成为当时基督教世界身份地位的象征。在法国的谢勒（Chelles）修道院有一件等身长的衬衫，它是法兰克王后圣巴提尔狄丝（St. Bathildis）穿的"衬衣"，是模仿拜占庭的款式制作的。圣巴提尔狄丝自己也是个传奇人物，出身盎格鲁—撒克逊

---

*　扫罗：基督教《圣经》故事人物，以色列第一个国王。——编注

贵族，被卖为奴，最后成为克洛维二世（Clovis II）的妻子与诸王的母亲。1999年，诺里奇（Norwich）一名金属探测员发现了一个美丽的金印，一面刻着"BALDEHILDIS"这个名字，另一面上则有一名赤裸男子与一名头发浓密的女子在巨大的十字架下热情拥抱的图像。理想状态下，圣物会包裹着丝绸，从俯瞰博斯普鲁斯海峡的"上帝的尘世居所"运送到欧洲北部各地——别忘了，开风气之先的是拜占庭的高层人物海伦娜与君士坦丁。君士坦丁堡的外交礼物，例如像珠宝般光鲜亮丽的丝绸，被送到因缺少技术和市场，而没有机会获得这类轻薄透明的上等物品的地区。[11] [12]

这固然是一种炫耀，但或许也是君士坦丁堡小心翼翼与整个西方，特别是与不列颠尼亚维持文化、贸易与外交关系的一种表现。[13] 有一些报告对一些教士大为赞赏，如 693 年到 706 年担任罗切斯特（Rochester）主教的托比亚斯（Tobias），"他说希腊文就跟说自己的母语一样流利"。本笃主教（Benedict Bishop），在芒克威尔矛斯（Monkwearmouth）与贾罗（Jarrow）设立修道院，他从旅行中带回了拜占庭制的丝质斗篷，用这件斗篷在不列颠换了一块土地。[14] 这个时期是否带有一种东方宗主权的政治意义，我们不得而知，但可以确定的是，这些现象确实带有某种文化意涵。

儿童的教科书告诉我们，圣奥古斯丁（基督教罗马力量的代表）于597 年从罗马来到不列颠，让盎格鲁—撒克逊人改信基督教。但奥古斯丁是大教宗格列高利派来的，而格列高利最初曾出使过君士坦丁堡。在这个时期，教皇等同于牧首，是牧首在罗马领地的世俗代表。罗马铸造的钱币上依然有拜占庭皇帝的肖像。梵蒂冈图书馆收藏的一批羊皮卷纸近期被翻译了出来，上头清楚显示了其中的尊卑次序。[15] 另外还有其他策略性的政治与宗教任命；668 年，西利西亚塔尔苏斯的西奥多——曾就读于君士坦丁堡大学——被教宗任命为坎特伯雷大主教。当时的人们认为不列颠终于重回"人类居住的世界"——这是一块边缘之地、"野蛮的省份"（ferox provincia）[16]，但在现实与情感上却乐于能成为庞大帝国的一部分。

直到 664 年，旧罗马在惠特比宗教会议（Synod of Whitby）获得胜利后（会议决定根据罗马历来计算复活节日期，以及僧侣必须剃度）不列颠的基督教看起来、感觉起来、听起来才不那么有东正教的东方色彩，而逐渐形成一贯的拉丁与西方化；东方基督教势力的衰颓，将持续形塑中世纪与近代世界的历史。整个西欧世界到处可见拜占庭人的影响，而我们的最后一站来到了英格兰的极北端。

从威尔河（Wear）沿着陡峭的小径往上攀登，来到了德勒姆大教堂（Durham Cathedral），你仍能感觉到这里有机会更接近上帝——在英格兰东北部变化多端的天空下，随时可以感受到西方上帝的存在。德勒姆大教堂的柱子是出了名的淘气，堆砌的大麦花纹与格子状图案形成一种时髦的中世纪趣味。但大教堂内圣卡斯伯特（St. Cuthbert）神龛附近地面阴暗石头上的记号，让人感受到一股让人不安的异国气息。这是因为数世纪以来，在此处的中央墓地，埋葬着一段拜占庭的历史。

圣卡斯伯特于 687 年去世，但在 10 世纪时，他被当成拜占庭显贵重新安葬。几乎可以确定他的坟墓于 945 年新添了用来包裹他遗体的紫色丝绸，他的墓地被打开，来访的爱德蒙国王（King Edmund，威塞克斯［Wessex］的国王，被尊为全英格兰的国王）在已经包裹亚麻布的圣卡斯伯特遗体上覆盖了两件"希腊袍服"。这是昭告世人的伟大荣耀。拜占庭的织物显然带有图腾般的作用——精巧的刺绣手艺令人屏息。作品的优雅让人想起拜占庭富人的审美趣味。然而，卡斯伯特寿衣上的图案显然是异教的：其中一部分装饰纹章代表着丰饶多产的自然女神。这块"大地与海洋"为主题的丝绸品质堪称上乘——丝绸上残存的大块镶片仍收藏在大教堂图书馆的储藏室里。[17]

然而，尽管拜占庭的形象出现在这个已知世界的边缘地区，在君士坦丁堡内部，一股极有害的自我怀疑正悄然蔓延。这座城市将经历一场信心与信仰的危机。

第四十一章　圣像与圣像破坏运动

公元 726 年

> 没有具体的形象，我们无法思考……通过有形的样貌，我们才能达致灵性的沉思。因此，基督同时具有灵魂与肉体，因为人也是由两者塑造而成。

> 大马士革的圣约翰，约 720 年 [1]

> 救赎不在于对形体的信仰，而在于从形体解脱。
> 鲍里斯·帕斯捷尔纳克（Boris Pasternak），《日瓦戈医生》（*Doctor Zhivago*）
>
> [2]

在地底下攀爬像是不合常理的经验。但在距离希腊锡拉岛不远处的卡梅尼岛（Palea Kameni），带有黑曜岩的火山喷出物与含有硫黄的温泉却给了我这样的机会。在这座风景奇特的火山岛上，唯一的居民是个腼腆的渔夫，他和不断朝人吠叫的狗一起住在装饰时髦的组合式房屋内。兴致勃勃的中国、日本与欧洲游客在旅游旺季来此留下他们的痕迹——用海底火山泥舀起的生硫黄在深灰色岩石上涂抹留下数百个手印。

但是，当 726 年锡拉岛火山在此爆发，创造出这座含硫黄的小岛时，大规模地质事件引发的长期影响反而将减少人们从事艺术创作的机会：因为锡拉岛的火山爆发引发了一场破坏圣像的危机。

就在火山爆发的八年前，圣母马利亚的圣像（据说根据圣路加自己所画的肖像描绘而成）环行君士坦丁堡城墙，协助击退在城外抢掠的阿拉伯军队。人们相信圣像有一种崇高的力场可以保护城内的民众。726 年 7 月 15 日的火山爆发，是自公元前 1615 年左右青铜器时代地质事件以来，基克拉泽斯群岛火山最大规模的一次爆发。在此之后，皇帝利奥三世提出新的宗教与政治政策，其中包括禁止使用圣像。这项政策经常被历史学家描述成非理性的、典型的"黑暗时代"反应；在此我们必须稍作停顿，思考锡拉岛火山爆发所带来的恐惧。火山灰云可能遮蔽日光长达数星期，雷暴划破天际，厚约 2.4 米的巨大浮岩起起伏伏漂过地中海，沿达达尼尔海峡而上。海水像沸腾了一样；726 年火山爆发引发的地震强度是 4.1 级；沉淀物体积达到 1.27 亿立方米。东地中海世界实则发生了天翻地覆的变化。

这类事件毋庸置疑就是神怒，因此不可等闲视之。神为何如此不悦？拜占庭人心里一定有这样的疑问。观察逃过一劫的穆斯林阿拉伯人，他们信仰同样的上帝与先知，但从未膜拜人像，君士坦丁堡的居民自然开始认为，或许偶像崇拜无法让他们获得救赎，反而是他们遭受诅咒的原因。

因此，在 730 年左右 [3]，利奥三世拆毁了查尔克门上方的巨大圣母马利亚像。一场动乱随之爆发，禁卫军指挥官死亡，企图保护圣像的女子狄奥多西亚也遭到杀害；她的遗骨依然受到君士坦丁堡居民的怀念，并且被供奉在今日位于第四与第五山丘之间的玫瑰清真寺（Gül Camii）里。玫瑰清真寺原本是供奉狄奥多西亚遗骨的教堂，在 1453 年君士坦丁堡被奥斯曼人攻陷之前，她的圣物上仍"放着玫瑰花环"，而末代拜占庭皇帝也会来这里祷告。火山爆发后的一百多年间，君士坦丁堡一直在破坏圣像与崇拜圣像的统治者之间摆荡。据说利奥移走了奇迹般保存下来的圣尤菲米亚遗体，并且以干枯的骨头取代尸体——证明圣物没有崇高的力量。教宗格列高利三世（Pope Gregory III）对此做出了激烈的回应，他谴责圣像破坏运动与推动这项运动的君士坦丁堡：这些基督徒亲戚与我们渐行渐远。不同的领导人破坏圣像的程度不一，但君士坦丁五世在 754 年之后悍然采取强硬措施——处决、拷打或放逐拒绝放弃圣像或这类手艺的僧侣与教士。在遥远的卡帕多西亚，许多带有鲜艳彩绘的岩石教堂就是这批人被放逐后遗留的作品。伊莲娜教堂半圆形后殿仅剩的一个黑色十字架是圣像破坏运动非常稀罕——尽管造型十分朴素——的幸存物。

圣像破坏运动在君士坦丁堡的影响力不可小觑，因为古代的民众会在家里供奉圣像，君士坦丁堡市中心的公共空间也装饰着巨大的海伦娜、基督、圣母马利亚、上帝及众圣徒的圣像。只要负担得起，人人都能拥有圣像；敬奉圣像就是一般人与神建立紧密联系的方式。一些故事提到，有些家庭急急忙忙将圣像藏在畜栏与水沟里，有些圣像则被涂白作为掩饰。在20世纪30年代的苏联，东正教圣像不仅被人从教堂抬出，还要摆在行刑队前面。圣像本身要遭受处决。这些诡谲的野蛮景象经过拍摄后广泛流传；就某方面来说，它解释了何以今日在前苏联国家会出现重新拥抱东正教会的热潮。所以我们必须想象，当这些原本被认为具有超自然力量的圣像被污损得面目全非或遭到破坏与否定时，君士坦丁堡居民会感到多么失落与恐惧。

在君士坦丁堡，圣像破坏运动之前的圣像几乎无一幸免。直到1969年，才在城内卡朗德哈清真寺（Kalenderhane）的砖石土墙后头，发现了一幅描绘在圣殿献上圣子基督（The Presentation of the Christ Child in the Temple）的镶嵌艺术品。然而，在今日的伊斯坦布尔，无论是穆斯林还是基督徒，家家户户都供奉着圣像；许多人还记得自己的祖母捡取一小片圣像表面的涂料来帮助治疗心理或身体的疾病。但在一千三百年前，人们与上帝的直接联系硬生生被切断了。

然后，到了780年，伊莲娜女皇（Empress Eirene）—— 一名来自雅典的年轻女子—— 一丧夫就反转国家政策，不过她还要等到七年后才能正式施行新的措施。787年9月24日召开的尼西亚公会议中，圣像敬奉再次获得立法正式承认，会中引用的证据是圣像在圣徒面前显现了"奇迹"。圣像敬奉获得恢复，而绘制圣像的人也得以重拾画笔。[4]尼西亚的圣索菲亚教堂是最后一次尼西亚公会议的开会地点，原初由查士丁尼一世兴建，作为君士坦丁堡圣索菲亚大教堂的"姐妹教堂"。今天，尼西亚的圣索菲亚教堂隐藏在一家卖西瓜与橄榄油的商店后面，邻近一处神圣泉水，因而显得有些潮湿。自从改建成清真寺后，这座建筑物的维护就不尽理想：这里早期的耶稣湿壁画因为受潮开始起泡，正面临毁坏的危险。

在君士坦丁堡，设备被人从储藏室里搬了出来，制作圣像的作坊再度忙碌起来。人们计划以菩提树、白杨树、接骨木、白桦树、扁柏、雪松与松树这些木材制作背板，[5]熬煮动物的骨头与毛皮来制胶（夏天时，恶臭令人难以忍受）。使用朱砂、孔雀石、铜绿来调制颜料。一旦绘制完成，画家们会在最奢华的圣像周围镶上宝石、珍珠与红宝石。这些圣像画家是当时的"当代"艺术家，他们也成了历史的插画家。

圣像敬奉恢复后过了十年，伊莲娜巩固了她的政治权力。797 年 8 月 15 日——圣母升天节（the Assumption of the Virgin Mary），当然，这一天是个好日子——她将自己的儿子囚禁在大皇宫里。当天稍晚，她的卫兵弄瞎了她儿子的双眼，然后用船将这名伤残的年轻人送往马尔马拉海上的王子群岛（Princes' Islands），之后他便在此过世。对于一个名字意指"和平"的女人来说，这实在是极为残忍的行为——特别是弄瞎亲生骨肉的地方就是她生产的卧房。即便在那个看惯流血杀戮的时代，评论者还是万分震惊："连续十七天，太阳黯淡无光，船只偏离了航线，所有的人坦承说，因为皇帝被弄瞎了眼，所以阳光不再照耀。而权力也落到皇帝的母亲伊莲娜手中。"[6]

像王子群岛这样一个海景明媚、阳光普照的地方——从伊斯坦布尔的渡轮望去，就像几头正在晒太阳的水獭——背后却有着非常阴暗的历史。王子们在这里被弄瞎、拷打与囚禁。今日，搭船前往群岛是一趟令人兴奋的旅程，但在几百年前，却更像是痛苦的煎熬。这些囚犯——如果他们的眼睛仍完好如初——将眼睁睁看着他们失去的城市逐渐消失在远方。

圣像破坏运动于 815 年到 842 年之间再起，820 年圣诞节，破坏圣像的皇帝利奥五世被砍下的头颅与四分五裂的身躯被他的遗孀狄奥多西亚带来王子群岛安葬。[7]皇帝在自己的礼拜堂里被乔装成唱诗班歌手的刺客砍下脑袋；凶手是阿摩利恩的米海尔（Michael the Amorian）的盟友，就在利奥遇刺的前一天，米海尔被利奥囚禁在皇宫里。当米海尔被拥立为下一任的合法皇帝时，他的双手还上着手铐——必须召来铁匠才能将手铐切断。[8]

在君士坦丁堡，皇帝利奥五世死于非命不到二十二年，圣像又在另一位丧夫的狄奥多拉皇后的支持下死灰复燃。这回圣像终于稳住阵脚。843 年 3 月 11 日，这是历史性的时刻，狄奥多拉在圣索菲亚大教堂举行盛大的庆祝弥撒。867 年的复活节，圣母与圣子的镶嵌艺术在圣索菲亚大教堂揭幕，作品呈现出的自信令人吃惊；这件作品在伊斯坦布尔，至今仍让参观者感到惊异。

其实用不着检视君士坦丁堡的伟大历史遗迹，我们便能发现圣像力量的痕迹。线索在这座城市的后街——从君士坦丁堡少数几个有记载的女诗人的笔下，我们得以管窥在这座渐渐被称作"诸城之首"的城市里，东正教基督徒女性的各种体验：

> 一名修女，一名修士，是一把灵魂的里拉*
> 是一件弹奏出和谐乐音的乐器……
> 这样的乐器总是欢腾
> 与鼓舞节庆。
> 一名修女或一名修士是一本课本，
> 彰显典型，也宣示教诲；
> 修士的人生是一盏明灯，指引众人。[9]

> 我痛恨遵循一切规矩的人
> 我痛恨做事只为获得认同的人
> 我痛恨应该直言却缄默不语。[10]

圣像破坏运动对一般人生活的冲击，可以从一个名叫卡西亚（Kassia）的君士坦丁堡居民身上看出。卡西亚又叫 Kassiane、Eikasia 或 Ikasia，今日卡西亚已被奉为圣徒。810 年左右，卡西亚生于君士坦丁堡的贵族家庭，她是个多产的诗人与赞美诗作家。她的《卡西亚赞美诗》至今仍在圣周二这天在许多教堂里咏唱，许多性工作者也会在这天前往聆听与祷告。这并非出于偶然，因为卡西亚的赞美诗同情"堕落的妇女"，也关切一般妇女的处境。她的诗文美丽抒情——"夜晚狂乱无度……充斥着罪恶欲望……别舍弃我……你的怜悯是无穷尽的……"——道尽生活中与罪恶打交道的难题。

貌美的卡西亚对中世纪女性性欲的议题颇有自己的见解。据说她年轻时曾拒绝皇帝狄奥斐卢斯（Theophilos）的追求：在一场高度戏剧化的仪式中，未

---

* 里拉：一种弦乐器。——编注

来的新娘排成一列供皇帝选择（这些女子可能是因为美貌也可能是因为富有而得以参加选拔），皇帝想把"金苹果"交给卡西亚，但卡西亚没有接受。在古典记忆中，金苹果有特殊的意涵。希腊神话提到，不和女神厄里斯（Eris）在忒提斯（Thetis）和珀琉斯（Peleus）的婚礼上扔下一颗刻有"献给最美者"的金苹果，巧妙地引发一连串纷争。帕里斯最后把苹果献给阿佛洛狄忒，而阿佛洛狄忒则给了他特洛伊的海伦作为回礼。狄奥斐卢斯毫不隐讳地与卡西亚调情。"许多龌龊的事都是因为女人而起。"据说皇帝一边说一边用挑逗的眼神看着她。"但美好的事物也来自女人"，卡西亚反驳说。她指的是圣母马利亚所具备的救赎他人的可能性，但也让人觉得她像是在说自己。[11]

卡西亚幼时并不是个安分的孩子。有关她的生平描述提道：她小时候拒绝放弃圣像崇拜，还偷溜出去照顾被囚禁的僧侣，并因此遭到鞭打。在这个时期，其他人会遭受更严厉的责罚：继续彩绘圣像的僧侣，双手会被砍断，让他们不能再画下去；有些僧侣的额头则被烙印或刺青。

再次出现在史料中时，卡西亚在知名的文化中心斯图狄奥斯圣约翰修道院附近建立了一所女修道院。圣约翰修道院是孕育中世纪创造力的地方，但当 2016 年我撰写这本书的时候，此地已变成萨玛提亚区的一处废墟。四周被住宅包围，仅靠铁丝网与外头隔绝，里头到处是垃圾。过去修士的寝室与作坊爬满了藤蔓。身为女修道院院长，卡西亚主管该区男性也在从事的文化工艺。卡西亚大量创作，她写了 49 首著名的赞美诗和 261 首非礼拜性质的诗文，她早年接受的荷马作品、诗、哲学、《圣经》教育在字里行间展现，有些作品甚至让人联想到佛教经典。鉴于君士坦丁堡的档案馆与图书馆收藏的丰富文献，以及当时的人认为上流社会女性可以接受教育，有人主张拜占庭女性的识字率高于同时代的西方女性。

关于圣像破坏运动，尽管证据多半出自后世崇拜圣像的作者之手，不过我们依旧要问，为什么妇女们如此奋不顾身地为保存这些圣像而战？有人认为，圣像为女性提供了一个培养灵性的隐秘场合；因为在那个时代，女性抛头露面上教堂是不被允许的。即便女性无法亲自登上舞台中心，她们依旧可以通过绘画的形式做到这点。而当圣像被摧毁（以圣母马利亚的圣像居多），城中其他

"真实存在"的女性是否会在潜意识里觉得自己也遭受了攻击？君士坦丁堡一反常态地炫耀巨型皇后像；她们可能独自耸立，也可能与丈夫并立。或许，圣像破坏运动的下一步就会踏入实际与精神层面的厌女情结中。

圣像破坏运动的危机也许在 843 年获得解决，但对于君士坦丁堡居民来说，他们很快就要面临其他规模不下于这场危机的外部威胁。其中之一是新兴的神圣罗马帝国皇帝利用拜占庭圣像破坏运动期间的内部混乱崛起；另一个则是乘着北风前来冲击君士坦丁堡城墙的大敌——维京人。维京人往南侵袭的事迹被刻在石头上以资纪念，这块位于瑞典玛丽弗雷德（Mariefred）的卢恩石刻（runestone），上面如龙蛇般扭曲缠绕的符号令人感到不安：

> 他们勇敢出航；
> 到远方寻找黄金，
> 喂食老鹰
> 前往东方，
> 然后死于南方
> 撒拉森人之地

　　　　　　　　　　　　　　格利普霍姆（Gripsholm）卢恩石刻（约 1050 年）

第四十二章　亦敌亦友的维京人，俄罗斯的诞生

公元 860 年—1040 年

让我们骑上海王的坐骑！

让我们停止犁田！

让我们用湿透的船首向君士坦丁堡推进！

让我们领取君王的薪酬！

让我们在武器的撞击声中前进！

让我们染红狼的齿龈！

让我们为强大的国王创造荣耀！

罗根瓦尔·卡里·寇尔森伯爵（Rǫgnvaldr jarl Kali Kolsson），

《劳萨维苏尔》（*Lausavísur*）[1]

迎着卷起波浪的冷风

驶离陆地的快船疾驰而过，

黑色的桅桁来回摆动，

挂着盾牌的舷缘往下陷落。

国王朝着船头扫视前方

君士坦丁堡闪耀着夺目的金属光彩

经过高塔与屋顶，鲜艳的船帆

快速掠过城镇与林木苍翠的山谷。

斯诺里·斯图尔鲁森（Snorri Sturluson），

《无情者哈拉尔传奇》（*The Saga of Harald Hardrade*）[2]

2010 年与 2011 年，在圣索菲亚大教堂南侧与西侧的走廊发现了几乎难以觉察到的重要涂鸦痕迹：四艘以刀尖或斗篷别针在大理石表面刻划出来的迷你维京船。当我们的眼睛逐渐适应这幅精细的作品，可以分辨出哪些是大理石的纹路、磨损与裂缝时，这四艘船的形状旋即变得清晰起来——可以看到桨帆船、船尾与船头上咆哮的龙。这幅简略的图画传达了一则隐秘的信息。我们必须要问，它们在那里做什么，又是谁刻划了它们。[3]

约克谷地（Vale of York）的埋藏物提供了线索。920 年左右，有一批物品在匆忙中埋在了今日英格兰北部哈罗盖特（Harrogate）附近的地底下，2017 年，这些物品被锲而不舍的金属探测员（当地的商人以及他的儿子）挖掘出来——这批埋藏物满满都是银币与来自撒马尔罕、爱尔兰、阿富汗与乌兹别克斯坦的珍贵神圣器物。不管从什么角度看，它们都是珍宝。这批埋藏物隐藏在外表寻常的铅盒里，银币和神圣器物本身则存放于华丽镀金的容器中，容器表面勾勒着金色线条与葡萄树叶，此外还绘有母狮、雄鹿与马。[4] 能将这个冰冷、沉重的金壶拿在手中，可是一大特权。这个标示着设计者姓名的金壶原初用来保存圣餐（面饼，用来代表基督的身体），结果却成了维京人攻击的目标。这件美丽且受过损伤的小东西可能是从惨遭杀害的教士手中抢夺而来，也可能展现了当时中世纪世界常见的以逼迫对方进贡来换取强制和平的手段，暗示一个沾染着维京长船外交色彩的时代。[5]

就在这些宝藏被埋入英格兰寒冷地底的六十年前，君士坦丁堡受到维京人的觊觎。维京人为君士坦丁堡取了一个简单明了的名字，"Miklagard"，也就是大城。860 年，当维京人出现在君士坦丁堡的视野内，散布于平静的海面时，学识渊博且曾周游各地的君士坦丁堡牧首佛提乌（Photios）形容他们的到来宛如"晴天霹雳"。斯堪的纳维亚人发动攻击，挥舞刀剑围绕城市横冲直撞；很快，他们发现城墙上有道缺口。我们得知城内随后发生了一场屠杀，供水系统堆满尸体，被鲜血染得殷红。人们忧心忡忡，因为这场恐怖的屠杀宛如《圣经》的惩罚预言成真——先知耶利米曾预言以色列人将遭受一场来自北方的侵袭："看哪，有一种民从北方而来，并有一大国被激动，从地极来到。他们拿弓和枪，性情残忍，不施怜悯；他们的声音像海浪訇訇。"[6] 据说，圣母马利亚再次显灵，以暴风雨击退了攻击者。而在七年后，君士坦丁堡这座城市将再次感谢被他们称为"罗斯人"的人，城中的居民从这些人手中逃出生天。

今日，在圣索菲亚大教堂里走马观花的游客应该暂停片刻，在巨大的圣母与圣子镶嵌画下，试着捕捉那段最早在 866 年或 867 年热切祈求被救赎、诵念祈祷文的余音，回想发生在 860 年的事件。罗斯人这个民族与拜占庭人的关系爱恨交织、耐人寻味；他们有时是敌人，有时却是盟友。传统上认为，罗斯人在古斯堪的纳维亚语中因为他们的一头红发而得名；但现在我们几乎可以确定，罗斯人这个名称意指划船的人。这些罗斯人是维京人，他们从今日我们称为俄罗斯的国家来到君士坦丁堡。我们在 9 世纪的历史记录中首次发现罗斯人的踪影。从那时起，君士坦丁堡的故事就与俄罗斯居民的故事无可避免地纠缠在了一起。

与君士坦丁堡相比，维京人以相当卑微的姿态登上了历史舞台。历史学家表示，839 年，拜占庭皇帝狄奥斐卢斯的使臣抵达虔诚者路易（Louis the Pious，神圣罗马帝国皇帝，查理曼［Charlemagne］之子与继承者）位于莱茵河畔英格尔海姆（Ingelheim）的宫廷，与使臣一道前来的是一群外表寒酸之徒。这群可怜人原本沿着第聂伯河（Dnieper）而下，最后抵达了君士坦丁堡，却没有能力返回故土。这是一幅令人同情的景象，这群无依无靠的难民因此获得无微不至的照顾。然而，虽然近年来对维京人的评价已逐渐洗刷他们昔日的恶名——历史学者大声疾呼这些人不是只会奸淫掳掠，相反地，他们也建立起以耕种为生，彼此相亲相爱的聚落团体；他们会创作诗歌、品尝美酒；他们在设得兰群岛（Shetlands）享受蒸汽浴，以精美的海象牙制作的棋具消遣娱乐；他们化了醒目的眼妆，为来自巴格达的大使举办晚宴——但我们现在也发觉，这些为维京人平反的说辞并非绝对正确。

维京人（Viking）的名字本身就是关键证据。[7] "Viking" 可能源自拉丁文 "vicus"，指贸易城镇；也有可能出自斯堪的纳维亚语中的 "vik"，意思是海湾或港湾，听起来似乎无害，但在古斯堪的纳维亚语中，"vikingr" 与 "viking" 两个词专门形容掠夺者与掠夺，特别指海盗——"vik" 是四处掠夺的维京船（就像杀人鲸一样）停靠的港湾。我们必须正视一个事实，维京人首度进入英格兰的历史记录，是因为他们在多塞特郡波特兰湾杀害了一名皇家官员。维京狂战士（Viking Beserrkers）的确以半裸之姿杀进战场，充分展现野兽般的力量。[8] 844 年，一位来自安达鲁斯的历史学家描述无情的 "majus"（不信教者）在西班牙南部发起了野蛮的维京式掠夺。骨骼证据清楚显示这些烧杀掳掠者主要是十几岁的青少年——"别开生面的间隔年"，一名专家生动地总结了这起事件。[9] 这些留着朋克发型的战士身上通常都会有刺青；许多人在自己的牙齿上画蓝色条纹或将其锉成老虎般的利齿。从所有证据看来，这是贪婪而又充满阳刚特质（无论就当代还是古希腊的意义来说，这些词都意味着尚武好战）的民族。他们献祭给神的年轻女孩，在死前先遭受维京贵族轮奸，这是难以想象的恐怖画面。2009 年，在韦茅斯（Weymouth）附近的集体墓穴中发现了 30 多具被砍头的维京人遗骸，显示当时民众曾向这些"海盗掠夺者"泄愤。

　　维京人不仅掠夺与放火，他们还进行奴役。奴隶贸易是维京人的主要财源。在一些城镇如诺夫哥罗德（Novgorod）发现的畜栏，原本以为是用来畜养动物，现在我们发现它们其实是用来拘禁奴隶的。[10] 在都柏林（Dublin）维京地层发现的颈链与脚镣以及在冰岛发现的女性基因组，主要来自俘虏的凯尔特人（Celts）——苏格兰与爱尔兰妇女被强拉到维京人的新聚落，充当"慰安"的战利品。在拜占庭帝国境内，奴隶的转移与交换成了平衡经济的关键要素。[11] 每当我们形容受到某人"奴役"时，我们依然会想起维京人的奴役；在古斯堪的纳维亚语中，*præll* 指的就是奴隶。

　　黑奴与白奴贸易同时在君士坦丁堡出现。突厥人因为他们的勇气备受青睐；努比亚人（Nubians）则因他们巨大的力气而吃香。拜占庭与伊斯兰帝国的奴隶需求远超过罗马帝国的奴隶需求。奴隶贸易是一项国际事业，参与者包括威尼斯人、维京人、犹太人、阿拉伯人[12]。奴隶（slave）一词是斯拉夫人（Slav）的变体——斯拉夫人曾受到维京人大肆掳掠沦为奴隶。在欧洲北部和斯堪的纳维亚还发现了大量的迪拉姆（dirhams），这种南方货币是用来赎回奴隶的。维京人对君士坦丁堡的态度，显示出他们对于夺取这座神圣、金顶、建筑高耸、戏剧化的国际大都会没什么兴趣；而彼时来到该城的访客屏息描述道：在玛格瑙拉宫（意指清新的微风）里，镀金的青铜树旁护卫着"吼叫"着、尾巴抽动的镀金狮子，以及天花板一般高的皇帝宝座。[13] 对维京人来说，君士坦丁堡不过是个成熟、等待采摘的果实。维京人着眼的不是政治利益，而是取得在拜占庭帝国以及巴格达日渐强大的阿拔斯哈里发国之间大量交易白银与人口的机会。

就某方面来说，维京人与君士坦丁堡居民有共通之处。与君士坦丁堡居民一样，维京人沉醉于航海、海洋与河川体验。[14] 维京人在 7 世纪之后才开始使用船帆。或许，一如古雅典三列桨座战船（建于公元前 5 世纪，是用来巩固民主实验的一环，由自由民划桨推动战船，这种战船协助攻占了拜占庭）上的桨手，其中内含的纯粹的肌肉力量，赋予这些斯堪的纳维亚探险者一种共享的、斗志高昂的使命感。1996 年到 1997 年，在距离哥本哈根仅约 32 公里的西兰岛（Zealand）上的考古发现使我们对身处维京船内部或遭维京船追逐的经验有了进一步的体认。一艘长约 36 米的皇家战船从此地的泥沙中被清理出来，它可能归克努特国王（King Cnut）所有，我们不难想见这艘船在海上航行的样子——80 个人划桨，深红带金的船帆在风中飘扬。[15]

我们可以试着想象身为维京掠夺者与探险者的经验。长达 4000 公里的旅行，从斯堪的纳维亚到里海，选择陆路或乘船，这些船的航行宛如鸟类飞行，途中可能有佩切涅格人（Pechenegs）威胁索取你的性命，你会为自己行经的每一座港口感到自豪，你带回异国的小玩意儿、高加索的煤、阿拉伯目光锐利的猛禽、君士坦丁堡的紫色染料，经营贸易路线使你家乡的村落和丝路以及丝路以外的地区产生联系，复杂周密的交换网络解释了青铜佛像何以在瑞典的赫尔戈（Helgö）出现，以及近期在美国缅因州出土的挪威的钱币。维京人联结了四个大陆。[16]

因此，海路是通往君士坦丁堡最便捷的路径，这个事实帮助我们理解为什么维京人经常造访此地——他们起初不受欢迎；但之后，耐人寻味的是，他们居然成为君士坦丁堡的政治与经济伙伴。

一个世纪前，1904 年到 1905 年间，奥斯贝尔格（Oseberg）的维京船挖掘遗址发现了残存的丝绸，人们推测它们可能是从不列颠群岛的教堂与修道院抢来的。然而如今看来，这些丝质纪念品却成为这些精力充沛的维京人恋物的证据。维京人似乎极其热衷丝绸——这种轻巧而能体现出不同阶级分化的织物，立即凸显了穿戴者的身份地位。维京人热爱船帆、缆索与辉煌华丽之物，他们从波斯与君士坦丁堡运回丝绸只是为了自己开心。1000 年左右的法律规定，在拜占庭境内购买的拜占庭丝绸，价值不许超过一匹马。尽管如此，平底维京船的船腹依旧满载餍足耳目之娱的黑市货物（事实上，这些并非最上等的拜占庭丝绸）定期往返于第聂伯河与伏尔加河上下游，为维京世界显贵采买奢侈之物。

在维京人的聚居地，例如基辅（9 世纪末，这里的码头盖满了商人居住的木屋），来自拜占庭的宝物最后都埋进了墓里——斧头、砍刀（scramasaxes，即单刃刀）、军刀与马具。维京人使用拜占庭意大利精雕细琢的象牙瓶，在他们的手臂上停着威风凛凛的阿拉伯钩喙猛禽。丝绸借由骆驼商队运至君士坦丁堡，琥珀则以船只运送。但维京人获取的不仅仅是君士坦丁堡的商品，他们也开始汲汲吸收君士坦丁堡的观念。出乎意料的，维京人开始希腊化。他们涉猎基督教，有些最终选择皈依。先前我们提到佛提乌曾经目睹维京人骚扰君士坦丁堡；但令人惊讶的是，此时他却派出"主教与神父带着防火的'福音书'"前去向维京人传教。无论维京人想要贸易还是掠夺，这都是一趟凶险万分的旅程；但它或许解释了众多维京人开始信仰君士坦丁堡宗教的原因——基督教提供与此世一样富足的来生。

此外，也许是拜占庭海军的招牌化学武器希腊火杀伤力极大，能在 20 分钟内将敌船烧个精光的传言让维京人心生忌惮，使他们转而效忠而非只是采取暴力攻击。毕竟维京人的文化完全仰赖木船的力量。而在这场剪刀石头布的游戏中，新罗马人得到了终极的武器。所以，两股力量开始协商。为了使这种反复无常的状态趋于平衡，彼时的权力竞逐者以个人身份出面担保，促成缔结"和平与友好条约"。缔约时间分别是 907 年、911 年与 944 年，缔结者分别为卡尔（Karl）、法鲁尔夫（Farulf）、费尔蒙德（Vermund）、罗拉夫（Hrollaf）与斯坦维特（Steinvith）。在保证行为良好，以及任何时间只能有 50 名维京人从君士坦丁堡特定的城门进出为条件，斯堪的纳维亚人起初获准在拜占庭首都享有免费食宿与不限次数进入浴场的权利——在他们曾经烧杀掳掠的地方，他们成了含早餐酒店的客人。

然而，在好不容易缔结的外交关系的短暂蜜月期过后，维京人故态复萌，或许他们骨子里还是喜欢传统的做法。941 年，他们沿着博斯普鲁斯海峡一路劫掠，焚烧教堂，将钉子钉入僧侣的头颅。结果不出意外，维京人被希腊火烧得丢盔弃甲，然后被黄金收买，并且驱船前来交易拜占庭的丝绸。

此外，维京人改信基督教的过程并非毫无阻碍。或许是因为接触了温和的信仰后感到困窘，隔年，942 年，维京领袖基辅的斯维亚托斯拉夫（Svyatoslav of Kiev）把自己打扮成大草原上的劫掠者——只戴一个耳环，把头发剃光，留下一绺头发；这名骑马的领袖又重新信仰异教，进行活人献祭。注意到他刚给予大草原上的哈扎尔人（Khazars）致命的一击，拜占庭人给他 1500 磅黄金，要他去征讨保加利亚人。盗猎者变成猎场看守人，然后又变回盗猎者，于是配备希腊火的拜占庭舰队溯多瑙河而上，击退斯维亚托斯拉夫的入侵军队。维京人的运气似乎用尽了。在侧翼遭到包抄的情况下，斯维亚托斯拉夫强迫妇女加入军队（这是拜占庭史料的说法——里面欣喜地描述，当他们脱下战场尸体的衣物时，发现有些人居然是女孩）。与拜占庭军队交战后不久，斯维亚托斯拉夫中了佩切涅格人的埋伏，他的头骨成了内缘镀金的酒杯。

在一场最终三兄弟中有两人死亡的王朝斗争中，斯维亚托斯拉夫的幼子弗拉基米尔（Vladimir）[17] 接掌了统治权。弗拉基米尔的统治将证明为君士坦丁堡与广大世界带来转变。弗拉基米尔从出生开始就是个虔诚的异教徒，他崇拜众神，以活人献祭。然而，或许在听了祖母奥丽加（Olga）的故事之后——她曾在君士坦丁堡受到款待，然后改信了基督教——弗拉基米尔开始犹豫究竟要信仰哪种宗教（他认为西欧基督徒太乏味，穆斯林太悲伤，而且如一名维京人所言，"罗斯人的生活少不了猪肉与喝酒的乐趣"）：988 年，拜占庭正教幸运获选为连接超自然世界最佳的中介。于是我们看到一个奇异的场景——弗拉基米尔与拜占庭皇帝巴西尔的妹妹安娜在最具基督教色彩的基督教典礼中完婚。基辅的民众经历了一场大规模的洗礼；在老基辅山，圣母马利亚教堂在拜占庭工匠手中兴建起来——形似君士坦丁堡大皇宫里的圣母马利亚教堂。1008 年，一名日耳曼传教士来到基辅，他相信罗斯人终将成为基督徒。

人们怀疑，弗拉基米尔或许受到了物质与精神奇迹的诱惑，才改信基督教。我们知道弗拉基米尔大公从基辅派遣使节前往君士坦丁堡，当这些使臣看见圣索菲亚大教堂时，震惊得说不出话来："我们不知道自己身在天堂还是人间。因为在这个世界上，从未有如此壮观美丽之物，我们实在不知道如何形容它。我们只知道上帝住在这个尘世居所，而这里的礼拜仪式远比其他国家来得庄严美好。因为它的美令人难以忘怀。"[18]

从这时起，维京人之地逐渐基督化。商人仔细地在桦树皮编制的板条筐里排列贸易商品，包括"来自希腊的金、银、酒与各种水果，来自匈牙利与波希米亚的银与马，以及来自罗斯的毛皮、蜡、蜂蜜与奴隶"。[19] 斯堪的纳维亚卢恩石刻上刻着纪念远征"希腊人"的事迹。拜占庭人在领教了维京人近战的英勇之后，现在他们已经准备好欢迎维京人以佣兵的身份进入君士坦丁堡。988 年到 989 年，弗拉基米尔派遣大约六千多名精锐部队——瓦兰吉卫队（Varangian Guard），这个名字源自斯堪的纳维亚语 var，宣誓效忠的意思——前来协助君士坦丁堡统治者平乱。一个带刺的南北同盟就此缔结。[20]

比雷埃夫斯狮，1687 年，威尼斯将领弗朗西斯科·莫罗希尼（Francesco Morosini）在比雷埃夫斯港掠夺了这尊石像。肩上的维京卢恩字母，可能是 11 世纪下半叶瓦兰吉卫队所刻。

维京人不仅在君士坦丁堡，还在君士坦丁堡的腹地留下了足迹：最近在阿拉伯半岛、波斯湾发现了维京人永久定居的据点；[21] 位于巴尔干半岛努法鲁（Nufãru）的拜占庭要塞发现了维京式木街与木造建筑；[22] 比雷埃夫斯石雕狮从 1 世纪起就屹立在雅典附近的比雷埃夫斯港，在它的肩上刻有卢恩字母（这座石狮在 17 世纪大土耳其战争中遭到掠夺，现立于威尼斯军械库外）；圣索菲亚大教堂的栏杆上也能找到另一处涂鸦，两名慢吞吞的维京人在这里刻上他们的名字。重要的是，在君士坦丁堡内，皇室家族雇用了一批新的精锐部队来保护他们的安全。我们很快就会遇见这些人，也就是瓦兰吉卫队，但首先我们应该描述这些被引进到城内的卫队给予人的印象，我们几乎可以确定就是他们在圣索菲亚大教堂墙上画了那些维京船。此外，我们还要想象当这些卫队大踏步地走在他们第二故乡时，他们看见了什么。例如波里·波拉森（Bolli Bollason），他在 1020 年左右来到君士坦丁堡，一方面为了得到财富，另一方面也为了丰富自己的心灵；"我一直想着有朝一日要到南方国度旅行，因为一个人如果从未旅行，往往会被认为无知……"[23]

第四十三章　城墙之内

约公元 1000 年—1100 年

> 君士坦丁堡是一座比传闻中更加繁华的城市。愿上帝大发慈悲慷
> 慨，屈尊让君士坦丁堡成为伊斯兰教的都城。

哈桑·阿里·哈拉维（Hasan Ali al-Harawi），12 世纪阿拉伯作家，

《朝圣地指引》（*Indications sur les Lieux de Pèlerinage*）[1]

> 印度人的作品被翻译（成阿拉伯文），希腊人的智慧被转译，波斯
> 人的文学传承（给我们）……踵事增华，有些作品变得更加美好。

贾希兹（al-Jahiz），《动物之书》（*Kitab al-Hayawan*）[2]

在雅典的心脏地带，游客在集会场所遗址与曾经审判过苏格拉底的法庭上头拨弄着希腊沙拉，考古学家则致力于挖掘一座辉煌的纪念性建筑，彩色柱廊（Painted Stoa）——立有列柱的通道，斯多葛派哲学因为这座建筑而得名。为了探及这座令人印象深刻的古典时代石灰岩建筑，考古学家必须从一家希腊酒馆的下方开始挖掘，穿过 19 世纪与近代初期的城市，来到奥斯曼占领时期地层的底下，然后移除蜂巢状的拜占庭房舍，这些房舍就盘踞在"光辉之地"，也就是希腊的上方。这里出现了一个与拜占庭有关的问题。18、19 世纪时，古典主义的浪漫气息横扫整个欧洲，为了能让古典时代的地基显露出来，位于地基上方的拜占庭遗迹经常遭到破坏或忽视。穆斯林占大多数的国家通常对于基督教过去的遗迹没什么兴趣。于是拜占庭在考古界也变得乏人问津。

在 8 月某个炎热的午后，我小心翼翼走过雅典集会场的挖掘地点，拜占庭

时代储存食物的大型壶罐沿着隐约可辨的门道与炉灶（这些遗迹都将谨慎地移走并保存）呈现在眼前，这让我想到，这些拜占庭时代来自君士坦丁堡民众的生活证据，多年来因为考古破坏而消失殆尽。在雅典——曾经是苏格拉底与柏拉图、色诺芬与亚西比德眼中"戴着紫色冠冕""井然有序"的大都会——发现的这些家庭与农村产业遗迹确实非常珍贵。[3] 直至 11 世纪，雅典都是拜占庭的落后地区，至 12 世纪开始，才再次成为拜占庭艺术的中心。

然而，尽管有来自考古学与历史偏见的挑战，我们依然可以从文本和一些零散而孤立的发现中着手拼凑出君士坦丁堡民众的日常生活景象。居民心满意足地描述他们的家乡遍布着橄榄树，四处攀爬着藤蔓，空气中弥漫着扁柏的气味，早晨城中的市场花园传来蜜蜂的嗡嗡声。君士坦丁堡肯定是个充满刺鼻气味的地方：雪松油、檀香木、肉豆蔻、亚麻籽、甘松香与烟熏鱼，这些都在露天市场贩售，城里还有多达 80 万人口的排泄物。此外，到了 11 世纪，君士坦丁堡还成了国际香水贸易中心。根据僧侣历史学家普塞洛斯（Psellos）的说法，就连佐伊女皇（Empress Zoe，于 1050 年去世）也欣然同意让人在宫中制作香水与药膏。在大皇宫的宫门之外，香水商人获准在通往皇城的道路两旁设摊，如此可以让皇宫周围的香气更加浓郁。

在阿拉伯造访者的描述中，君士坦丁堡的"奇观"有：椰枣、蜂蜜、从水槽周围塑像流出的薰衣草香水。肉干与腌渍火腿大受欢迎。这座水源充足的城市除了理应盛产的鲜鱼，也以制作用来取悦罗马人的鱼酱而臭名远扬，并且在 12 世纪首次引进了鱼子酱。船运记录显示这里有叙利亚的果干、埃及的亚麻布，以及蜂蜡、橄榄油、珠宝、书籍与兽皮，这些商品全部经由君士坦丁堡的港口进行贸易。在商路与军事活动允许的情况下，来自遥远东方的异国特产也出现在君士坦丁堡街头——柳橙、柠檬，最后还有茄子。城墙内外的麦田与果园所获的收成是君士坦丁堡的支柱产业——城市官员尽责地为城市居民储存足以维持一年生活的粮食和饮用水。

与小贩（通常是女性）的叫卖声呼应的是城内教堂与修道院礼拜仪式的诵经声。圣保罗要基督徒"祷告不辍"，而君士坦丁堡的修道院也努力遵守他的教诲。早期有个极端的例子：教堂设立了不眠僧侣处（Office of Sleepless Monks），每天 24 小时有三班唱诗班轮番歌唱 8 小时不间断。街上则有鲁特琴、笛子与打击乐器演奏。拜占庭的旋律罕能流传下来，但这不表示君士坦丁堡是一座没有歌曲的城市；相反地，歌曲与音乐是这座城市日常生活中理所当然的一环，君士坦丁堡的旋律总在居民的脑海萦绕。[4] 表面上看来，这座城市的声音充盈着灵性。阉伶的打扮与声音"宛如天使"。一位穆斯林战俘哈伦·伊本·叶海亚（Harun Ibn Yahya）描述了庆典时的戏剧演出，他对于街上大摆宴席时演奏的管风琴印象深刻。城市到处都是露天与加盖的水槽以确保用水充足无虞；水滴的渗透却给许多地下室带来了危害。今日，玫瑰金龟子依然跟过去一样飞行，它们特有的低沉嗡鸣与汽油绿的色彩让游客不得安宁。库尔德族难民哼唱着民谣，声音在荒废的斯图狄奥斯圣约翰修道院里回荡，一千年前，在相同的街道上，恐怕也能听见这样的歌声。

与宗教相关的小玩意儿的买卖也极为热络。就这点来说，君士坦丁堡与科尔多瓦（Córdoba）、大马士革与巴格达这几座城市有着共通的特质。[5] 朝圣者——基督徒与穆斯林都一样——实际上吃下了不少圣像上的灰尘与灰泥。他们可以在城中买到圣像，更理想的方式是去朝圣，直接获取神圣的黏土纪念品；人们认为这些黏土纪念品溶于水之后具有特殊疗效，可以驱除蛇类与其他致命的恼人之物。

作为一神教大国的引擎室，君士坦丁堡必须为居民的信仰源源不绝地提供燃料，而其采取的形式是圣物崇拜。例如在真十字架的碎片上镶嵌珍珠与宝石作装饰，并在背后刻上铭文，主张生命的能量源于十字架："过去，基督在十字架上粉碎了地狱之门／让死者获得新生／君王们为它装饰增色／却被鲁莽的蛮族砸个粉碎。"[6]

阉人带有近乎崇高的纯洁性质，当他们身着"雪白衣裳"时，经常被比拟成天使，配上容光焕发的面色，总是被委以看管圣物的任务（阉人在精神上的影响力只为拜占庭换来了缺乏男子气概的嘲弄——国家使用雇佣兵的行径也遭受了批评）。大皇宫中真十字架碎片的盖子是一个绝佳的例子，它是由一名叫巴西尔·利卡潘努斯（Basil Lekapenos，被放逐的篡位者罗曼诺斯·利卡潘努斯的私生子）的宦官在 950 年委托修建的，盖子上面的铭文表现了对基督的怜悯，"虽然他是上帝，却在人类的身体中受苦"。这群无所不在的阉人（中世纪拜占庭居民若知道在今日的伦敦、纽约或巴黎几乎看不到任何阉人一定会十分惊讶）把自己身体上的痛苦转化成炽烈的宗教同理心。[7]

宦官穿着雪白的丝制长袍，一般市民穿的则是亚麻布、毛毡、皮革、羊毛乃至棉布。在帝国宫廷里，18 个阶层分别穿着 18 种不同色彩图案的丝绸以资区别。直到 1453 年君士坦丁堡陷落为止，有些服装式样仍大体维持罗马时代的风格，没有太多改变。在帝国宫廷中，人们围上饰有珠宝的丝巾，紫色让人缅怀基督的死亡，黄色则是纪念他的复活。丝巾的设计完全是旧罗马风格。10世纪左右，有购买能力的女性似乎已经换下朴素的头巾，转而戴上相当时髦的帽子。士兵会穿上在城市作坊里煮沸制成的，用来护卫身体的毛毡。城市穷人则期盼能捡到一些破布——一些修道院，如埃佛格提斯（Evergetis），会定期分发不要的束腰外衣与鞋子。

依据法律规定，君士坦丁堡的宗教机构必须分发食物给穷人（为了避免女性诱惑里面的修道士，因此通常会禁止女性簇拥在门口领取食物）。在阿塔莱特斯（Attaleiates）的济贫院里，每天都有 6 名男子被带到食堂，他们在那里能吃到"一块面包……肉、鱼或奶酪，或者菜干和煮过的新鲜蔬菜"。[8] 有些人极为幸运，他们被带到可供 12 人用膳的皇帝专用餐厅用餐。在多达 228 人的宾客名单中，除了这些幸运的城市贫民（通常在不同的夜晚分批入宫），还有各国显贵、教士、阿拉伯战俘，甚至包括为帝国服役的蛮族部落居民，一同享受这场质量糟糕的"粗野晚宴"的款待。

几个世纪之后，1146 年，参加第二次十字军东征的历史学家德伊的奥多（Odo of Deuil）接受拜占庭皇帝向法国访客发起的邀请，在君士坦丁堡游历了一番。他看到的依旧是这座城市的富人奢靡的一面："君士坦丁堡的财富超越其他城市，它的邪恶也是。"[9]

到了 9、10 和 11 世纪，君士坦丁堡与穆斯林邻邦出现文化上的竞争。一名哈里发在写给拜占庭皇帝的信中表示，"我最卑微的臣民统治的最狭小的领土，上缴的贡金还胜过你整个帝国"。[10] 伊斯兰世界谣传君士坦丁堡的领袖以炼金术聚敛财富。地理学家伊本·法奇赫（Ibn al-Faqih）在他的《列国志》（Kitab al-Buldan）中煞有介事地描述君士坦丁堡的皇帝有好几包白色粉末，他们以巫术将这些粉末变成黄金。穆斯林与基督教领袖彼此紧盯着对方的科学与艺术成就。哈里发曾要求狄奥斐卢斯皇帝将数学家利奥派到他的宫廷；反过来，在狄奥斐卢斯的花园里也能见到阿拉伯特色。或许是受到巴格达"学问屋"（House of Learning）——事实上应该称为"和平屋"（Madinat al-Salam）——的激励，狄奥斐卢斯发起一项建筑与技艺计划。狄奥斐卢斯反对崇拜圣像，据说他位于亚洲海岸的布里亚斯宫（Bryas Palace）是仿造巴格达宫殿兴建而成，而他的机械装饰则是仿效由哈伦·拉希德（Harun al-Rashid）创造的奇物（拉希德曾经赠送查理曼大帝一个时钟——《一千零一夜》的各种奇妙故事就是以拉希德为中心而展开）。[11]

访客可能对君士坦丁堡帝国宫廷的浮夸进行了一些评论——皇帝坐在液压驱动的宝座上，上面装饰着吱吱作响的小鸟，这些是在如同军备竞赛的背景下竞相发明的产物。980 年，从安达鲁斯传来一个消息，倭马亚王朝哈里发阿卜杜·拉赫曼三世（Abd-ar-Rahman III al-Nasir）于 979 年在科尔多瓦近郊兴建了一座奢华的宫殿。扎赫拉宫（Medina Azahara，意思是华丽的宫殿）初落成时闪闪发亮，如今却只剩成堆焦黑的废墟。以非洲大理石修砌，装饰以金银瓦片，水银池子的粼粼波光令访客目眩，扎赫拉宫被形容为"黑人宦官怀中的小妾"。这里也有机械驱动的宝座与自动鸟。落成后经过三个世代，宫殿便在内战中摧毁，烈焰之下，屋顶龙骨所用的铅熔化滴落在美丽洁白的大理石上，将其污损成烟草般的褐色。

伊斯兰教的版图变得如此广大，国库收入也多得惊人。学者估计穆斯林大军征服得到的物质收益，依照现代的标准衡量，大约有数十亿美元。[12] 无怪乎向伊斯兰当地的统治者进献贡物与派出使者的国家远到韩国和印度。哈里发举行婚宴时，宾客与摆设都佩戴、装饰着珍珠与红宝石，装满金银的钱包成了送客时的赠礼。[13] 阿拉伯的迪拉姆银币流通到中东、北非与南欧，把各国势力与财富联结在一起。[14]

此时不只是穆斯林的内心萦绕着拜占庭，拜占庭人也梦想着巴格达。君士坦丁堡将发现自己面临身体与精神的双重挑战。

但君士坦丁堡的市集文化、多样复杂的本质、对于四面八方供应而来的物品的仰赖、对上帝赋予她的使命的坚定不移的信仰，这些特质结合在一起，催化出君士坦丁堡海纳百川的自信。10 世纪，在拜占庭皇帝君士坦丁七世委托编写的《论帝国行政》（*De Administrando Imperio*）中，"barbaroi"（蛮族）一词一次都没出现；而在皇帝为规范帝国礼仪撰写的手册《论礼仪》（*De Ceremoniis*）中，款待外国使节的最佳方式（以及从外国使节身上得到最佳的回报）得到了谨慎地规定。君士坦丁堡的男男女女从切身经验出发，认识到环绕在他们边境的广大穆斯林帝国境内的信仰；鲁莽发动侵略只会招致来自伊斯兰世界的反击。君士坦丁堡，上帝之城，是需要守护的城市，而非可以恣意挥霍的城市；她必须仰赖外交手腕与力量的展现，而非直接诉诸侵略。为了保护城中帝王，君士坦丁堡邀请曾经向城门发起攻击的人来到城中，这些人是维京人。

第四十四章　瓦兰吉卫队

约公元 1040 年—1341 年

于是英格兰人为自己丧失自由而大声呻吟，他们时刻图谋挣脱身上那具难以忍受且无法习惯的枷锁……其中一些人正值青春年华，他们旅行到遥远的国度，勇敢地向君士坦丁堡皇帝阿历克塞（Alexius）这名极具智慧而高贵的人物贡献一己之力……这是英格兰撒克逊人出逃到爱奥尼亚的理由；这群移民与他们的后裔忠诚服侍神圣帝国，而且在希腊人之中依然受到皇帝、贵族与民众的推崇。

奥尔德里克·维塔利斯（Orderic Vitalis），

《教会史》（*Ecclesiastical History*，12 世纪作品，

描述盎格鲁—撒克逊人从诺曼人占领的不列颠逃亡到君士坦丁堡）[1]

这些人来自大洋彼岸的野蛮之地，从一开始就忠于罗马人的皇帝；他们每个人手持盾牌，肩上扛着某种斧头。

小尼基弗鲁斯·布林尼乌斯（Nikephoros Bryennios the Younger），

《历史》（*History*，描述 1071 年的事件）[2]

年轻人推着满载二手床垫的木头推车经过，小孩整理着成堆的多余电视天线，就在德拉曼大街（Draman Caddesi）轮胎店后方，也就是在君士坦丁堡旧城更北处，隐藏着少许证据，显示中世纪世界最引人注目的现象。此处是圣尼古拉教堂（St. Nicholas' Church）的小礼拜堂遗址，圣尼古拉教堂原本叫作圣尼古拉与圣奥古斯丁教堂，现在称为博格丹宫（Boğdan Sarayı），离拜占庭的

萨里希欧斯门（也就是奥斯曼时代的埃迪尔内门 [Edirnekapı] ）与已经修复的科拉教堂（Church of Chora）很近。一般认为，圣尼古拉教堂是 11 世纪一名逃避诺曼人凌虐的英格兰人兴建的。19 世纪末，这座教堂中纪念"联盟，皇帝侍卫"的碑石被奥斯曼统治者当成建材重新利用。遗憾的是，当时英国大使努力抢救的少许残片在 1870 年毁于佩拉大火。唯一幸存的是一块缩写的碑文"INGVAR"——这六个字是为了纪念保护君士坦丁堡的外国人。"INGVAR"缅怀的人来自远西，他是一名"英格兰瓦兰吉"。[3]

对君士坦丁堡的统治者而言，以下这件事既让他们无比渴求，又让他们陷入两难，那就是找到一群符合要求且忠诚的勇士保护皇帝，君士坦丁堡专属的、类似旧罗马禁卫军的部队。起初他们选择突厥人与阿拉伯人，后来换成是亚美尼亚人；他们认为这些外国人并未卷入帝国的内部冲突，因此不会有二心。然而，当盟友变成敌人时，结果便适得其反。举例来说，993 年到 994 年，"伟大的罗马帝国派出大军征讨亚美尼亚。罗马人带来了刀剑与奴役，无情地攻击虔诚的基督徒，所到之处如同毒蛇般恣意杀戮，残暴的行径与异教徒如出一辙"。[4] 此时，亚美尼亚侍卫突然窝里反，在后方起兵，他们与当地人于君士坦丁堡巷战，甚至造成死亡事件。[5] 本国的安全问题变得越来越急迫。在西方，查理曼于 800 年让自己获得教宗利奥三世加冕，成为神圣罗马帝国皇帝，重振了文化、政治与军事。拜占庭四周环绕着强劲对手。在南方与东方，762 年之后，阿拔斯王朝从新都巴格达发号施令，巩固统治（据说巴格达的创建者接受了聂斯托利派僧侣的建言，将这座新城市根据欧几里得的描述兴建成完美的圆形）。虽然这个"世界中心"的竞争者实际上引来了君士坦丁堡的炮火——哈里发有自己的文明要建立——但伊斯兰文化日渐增长的信心最终见证了"诸城之首"的覆灭。彼时正是东西方的宗教与政治气候变天的时期。鉴于君士坦丁堡的地理位置，它被卷入这场跨大陆暴风眼或许势不可免。君士坦丁堡即将发现，自己要经常面对来自四面八方的权力更迭。

970 年，约翰一世·齐米斯基斯（John I Tzimisces）创建了长生军（Athanatoi），这是由上层拜占庭人组成的军队，用以呼应据说在一千五百年前护卫波斯皇帝薛西斯与大流士的万员长生军。在马上驰骋，以黄金作为装饰的长生军成功击败了罗斯人。但这些君士坦丁堡贵族彼此间既有恩怨待解决，又有既得利益要维护。因此，有些矛盾地，拜占庭皇帝先是选择维京罗斯人，接着选择逃出斯堪的纳维亚人掌握的人——英国贵族们——担任最核心且最具特权的私人护卫队。988 年，已经成为拜占庭盟友的基辅的弗拉基米尔用船运送6000 名维京人前往君士坦丁堡。瓦兰吉卫队在巴西尔二世统治末期成为皇帝的贴身侍卫，他们手持显眼的双刃斧，是君士坦丁堡街头引人注目的对象。加冕典礼上，这一卫队在皇帝身旁列队前进，用镶嵌了珠宝的鞭子为皇帝开道，还在皇帝上教堂时提供密不透风的保护；他们奋不顾身地守卫皇帝与他的领土，在中世纪民众心中留下深刻的印记。

一名瓦兰吉卫队成员于 1034 年左右，也就是在他 19 岁左右的时候，与500 名维京人同时期抵达君士坦丁堡，他的名字叫无情统治者哈拉尔（Harald Hardrada，更精确地说是 Harald Hardradi——即 Harold Hard-Ruler——不过他原来的名字叫 Haraldr Sigurdarson，日后他将成为挪威国王）。这个时期，在瓦兰吉卫队服役几乎被视为参与了某种成年礼——等同于过去 400 年来，年轻的维京人离开家乡跋山涉水，从事强奸与掠夺行为这类"侵略性的间隔年"*的进化版。哈拉尔对君士坦丁堡的第一印象，后来被他的宫廷诗人波尔维克·阿尔诺森（Bolverk Arnorsson）记录下来："划着我们用铁壳包覆的船，船头猛击水面，艰苦地沿海岸线前进。大城，我们威名远播的君主率先看见它的金色山墙。海上的船只排好阵势，冲向这座城墙高耸的城市。"[6]

哈拉尔晋升为"白袍剑士"（spatharokandidatos），成为皇宫的贵族成员，他胸前垂挂的独特金链是身份的象征。担任拜占庭帝国贵族九年期间，立下显赫功绩的哈拉尔宛若今天的詹姆斯·邦德（James Bond）。据说哈拉尔在爱琴海与海盗作战，而且攻下摩尔人（Moors）80 座城市。在服役超过十年之后，哈拉尔失宠，但他努力赢回过去的地位（哈拉尔弄瞎一名被关押的皇帝——他的宫廷诗人特纠朵夫［Thjodolf］告诉我们，这名"狼栅的破坏者挖掉伟大国王的双眼"）。哈拉尔与一条大蛇一起被囚禁在君士坦丁堡的地牢里，为了获得自由，他大胆地采取行动，爬上横跨金角湾的铁链，先是抓住船尾，让船头翘起，然后命令他的手下跑向船头。我们知道哈拉尔回到罗斯基勒（Roskilde）

---

* 见第 283 页。——编注

（近期出土美丽维京船的港湾）；1043 年，在银白色的阳光下，雅罗斯拉夫（Yaroslav）之子弗拉基米尔陈兵博斯普鲁斯海峡，哈拉尔很可能利用自己对君士坦丁堡内部的了解，鼓动同胞维京人对君士坦丁堡发起最终的劫掠，他眼见弗拉基米尔的舰队被希腊火摧毁。[7] 在这场灾难性的远征之后，哈拉尔着手策划下一场冒险——攻占英格兰。

这又是另一个假定推测。如果前瓦兰吉卫兵哈拉尔没有在 1066 年的斯坦福桥战役（Battle of Stamford Bridge）因咽喉中箭而死，成功统治了不列颠尼亚，而是让随后在黑斯廷斯战役中双目中箭而死的哈罗德·戈德温森（Harold Godwinson）在 1066 年的这场战役中获胜，结果将会如何？ 如果是哈拉尔而非他的远亲威廉征服了不列颠，现在我们将会活在一个迥异的世界。拜占庭将不再是异国的、充满误解的"他者"，而是某种文化上的神仙教母，英格兰新统治者的训练场。

然而来的是威廉而非哈拉尔。不久，君士坦丁堡竞技场附近的瓦兰吉军营又招募一批新兵。不愿意或无法接受诺曼人统治的离开家园的贵族与年轻人扬帆航向东方，一路烧杀抢掠。在巴利阿里群岛（Balearics）、摩洛哥和撒丁岛上都留下了他们大肆劫掠的痕迹。这群好战的投机分子大约在 1075 年（或许早在 1040 年）受某个消息的吸引来到君士坦丁堡，他们听说"异教徒"正在攻打"大城"君士坦丁堡。奥尔德里克·维塔利斯是英格兰的历史学家也是本笃派僧侣，他详述了这则故事："这些英格兰流亡者受到希腊人的热情欢迎，然后被派去与诺曼人交战，诺曼人太强大，光凭希腊人无法击退他们。"[8]

今日，我们对这些人的印象是隐秘、拥有特权、孤立的，是完美特工的形象，远离故土、与亲友断绝联系、习惯向最高统治者宣誓效忠的勇士。在盎格鲁—撒克逊，这些人被称为"hearthwerod"，也就是国王的贴身侍卫；在君士坦丁堡，这些人是瓦兰吉人——他们宣誓（现在他们是高级佣兵）保卫朋友，杀死敌人。

显然，这种局势并非全无挑战。约翰·斯基里策斯（John Skylitzes）精彩的历史作品中有一幅饶有趣味的插图，显示 1034 年一名来自安纳托利亚的拜占庭妇人遭受瓦兰吉卫兵的恶劣骚扰。她眉头深锁，将长矛直接刺向士兵，在这则中世纪连环图片的下一幅画面中，为了表达歉意，瓦兰吉人卑躬屈膝地把

拜占庭妇女以长矛刺向瓦兰吉卫兵。

那名凶嫌的衣物交给妇人。这支私人军队可能违背了命令——1041 年，瓦兰吉人曾经起兵反叛米海尔五世·卡拉法提斯（Michael V Kalaphates）。或许就是瓦兰吉人在 11 世纪时于比雷埃夫斯石狮上潦草刻下了卢恩字母。[9] 但整体而言，瓦兰吉卫队是受人景仰的，瓦兰吉老兵也获得极高的敬重。我们知道皇帝阿历克塞一世（Alexios I）为他的英格兰勇士建了一座名叫希维托特（Civitot）的小镇，[10] 不过他很快就将他们召回君士坦丁堡"保卫他的主宫殿与皇家财宝"。[11]

　　我们也得知瓦兰吉人获准在今日的克里米亚取得土地，他们在当地建立了新英格兰（nova anglia）；根据一名方济各会传教士的记录，这个地区在 13 世纪被称为撒克逊之地（terra Saxorum）。往后一百多年，加泰罗尼亚航海家描述亚速海周边的瓦兰吉聚居点，名称让人想起当地居民与西方的渊源——瓦兰吉多（Varangido）、苏萨科（Susaco，即撒克逊或萨塞克斯［Sussex］）与伦迪纳（Londina）。[12]

　　这样的安排的确促进了君士坦丁堡与英格兰人之间的关系，而双方的关系至少可以追溯到早期与萨顿胡和廷塔杰尔通商的时刻。马姆斯伯里的威廉（William of Malmesbury）在《盎格鲁诸王事迹》（De Gesta Regum Anglorum）中提到，阿历克塞一世"尊敬英格兰人的忠贞……并且将这份敬意传承给他的儿子"；1176 年，君士坦丁堡派遣使节前去拜会亨利二世，提出约翰王子与拜占庭皇帝曼努埃尔（Emperor Manuel）之女联姻以缔结同盟的要求（亨利送了猎犬给皇帝作为回礼）——并且提议两位继承人应该住在君士坦丁堡。这个"特殊联姻"随后得到了回报：1204 年，在第四次十字军东征期间，正是英格兰士兵挺身而出，保护君士坦丁堡城墙不被法兰克基督徒攻破。君士坦丁堡的史料也许仍将英格兰人称为"蛮族"，但他们曾为君士坦丁堡而战。克拉里的罗贝尔（Robert de Clari）记录道，威尼斯人在围城时试图攀上城墙，"……英格兰人……拿着刀剑与斧头冲向他们，将他们一一斩首"。[13]

一段时间后，瓦兰吉人开始主要扮演仪式性角色。关于瓦兰吉人最后的记载出现在 1341 年，他们出现只不过五百年左右的时间，便在拜占庭危急存亡最需要协助的时候从历史上消失。

瓦兰吉人充满争议又别具吸引力，提醒我们君士坦丁堡文化拥有历久不衰的多样性。各种信仰、文化与种族都与君士坦丁堡息息相关；充满雄心壮志的人在此买卖、祈祷、从政，而保障这一切的是一个来往便利、四通八达的处所。但随着瓦兰吉人的衰微，拜占庭即将遭受危险异邦人与宿敌的试炼：垂涎贪婪的西方人。

第五部分

战争之城

公元 1050 年—1320 年

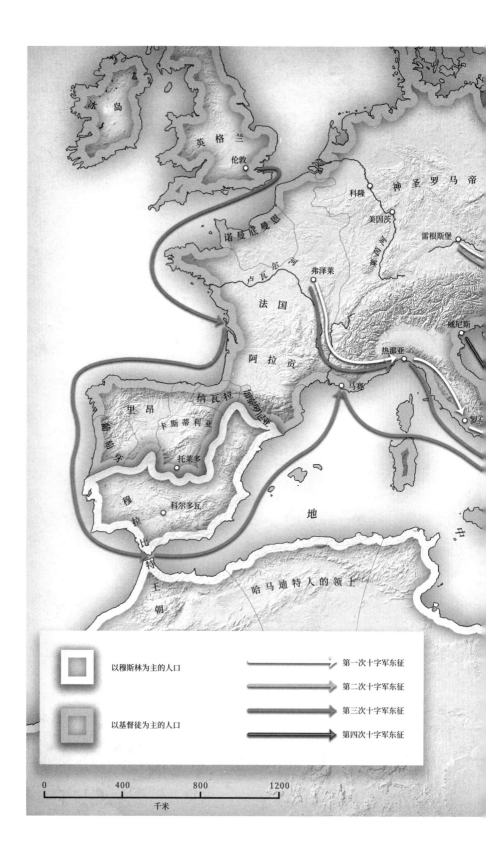

冰岛

英格兰

伦敦

诺曼底

神圣罗马帝

科隆

美因茨

雷根斯堡

弗泽莱

威尼斯

卢瓦尔河

法国

阿拉贡

热那亚

马赛

里昂

纳瓦拉

加泰罗尼亚

卡斯蒂利亚

葡萄牙

托莱多

罗马

穆拉比

科尔多瓦

特王朝

地

哈马迪特人的领土

以穆斯林为主的人口 ⟶ 第一次十字军东征

以基督徒为主的人口 ⟶ 第二次十字军东征

⟶ 第三次十字军东征

⟶ 第四次十字军东征

0　　400　　800　　1200

千米

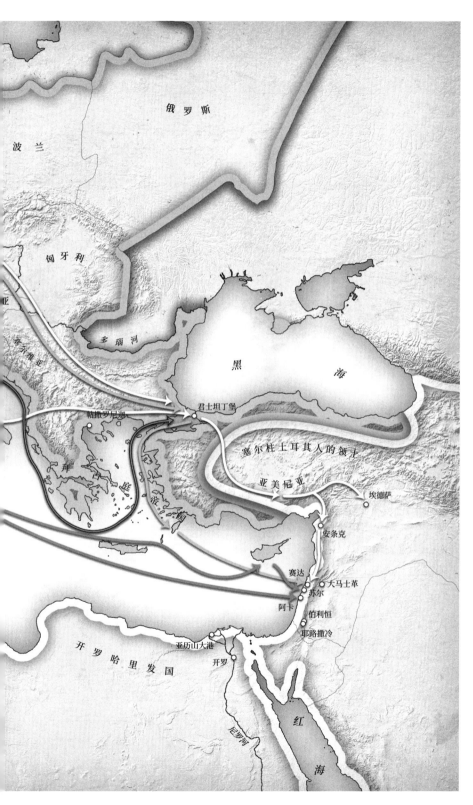

俄罗斯

波兰

匈牙利

多瑙河

黑 海

君士坦丁堡

帕撒罗尼迦

塞尔柱土耳其人的领土

拜 占 庭 帝 国

亚美尼亚

埃德萨

安条克

赛达

大马士革

苏尔

阿卡

伯利恒

耶路撒冷

亚历山大港

开罗 哈里发国

开罗

尼罗河

红 海

十字军东征

贝尔格莱德

塞尔迪卡

菲利普波利斯

拉古萨

希维泰特

杜拉奇恩　欧赫里德

巴里

那不勒斯　　　　卡斯托里亚　贝洛雅

塔兰托

莫西诺波利斯

帖撒罗尼迦　哈德良诺波利斯

君士坦丁堡

尼科米底

加里波利

阿拜多斯

帕加马

拉里萨

萨迪斯

底比斯

士麦那

科林斯　雅典

以弗所

克那

地

中

海

亚历山

博斯波罗斯

赫尔松

海

特拉比松

阿尼

巴克姆

优契塔

安卡拉

赛巴斯提亚

埃尔祖鲁姆

恺撒利亚

曼齐克特

克尼恩

梅利泰内

塔隆

科马纳

塔尔苏斯

埃德萨

安条克

阿勒颇

老底嘉

阿卡

的黎波里

大马士革

恺撒利亚

耶路撒冷

拜占庭帝国，1050 年

拜占庭帝国，约公元 1050 年

塞姆林

贝尔格莱德 塞尔文

波斯尼亚 维丁 保加利亚王国

塞尔维亚王国 锡利斯特拉

特里诺瓦

塞尔迪卡

拉古萨 斯科匹亚

希维泰特 杜拉奇恩 欧赫里德 菲利普波利斯 君士坦丁

巴里 哈迪良诺波利斯 拉丁帝国

那不勒斯 帖撒罗尼迦王国 拉迪斯托

塔兰托 伊庇鲁斯专制国 帕拉戈尼亚 帖撒罗尼迦 加里波利

普鲁

阿尔 拉里萨 士麦那 菲拉

特 雅典 老底

以弗所

美索尼 克罗尼

地

中

海

亚历

黑

海

博斯波罗斯

赫尔松

锡诺普

阿米苏斯

特拉比松

特 拉 比 松 帝 国

安卡拉

阿美西亚

塞巴斯提亚

蒙 古 领 土

西 利 西 亚

西斯

埃德萨

塔尔苏斯

安条克

阿勒颇

老底嘉

的黎波里

大马士革

耶路撒冷

拜占庭帝国，公元 1204 年

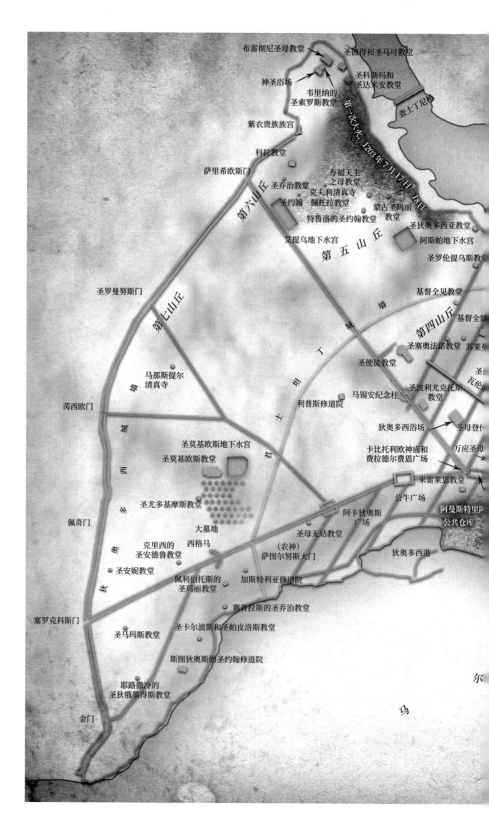

布雷彻尼圣母教堂
圣彼得和圣马可教堂
神圣浴场
圣科斯玛和
圣达米安教堂
韦里纳的
圣索罗斯教堂
第一次大火，1203 年 7 月 17 日—18 日
查士丁尼柱
紫衣贵族族宫
科拉教堂
萨里希欧斯门
第六山丘
圣乔治教堂
万福天主
之母教堂
圣约翰·佩托拉教堂
克夫利清真寺
特鲁洛的圣约翰教堂
蒙古圣玛丽
教堂
艾提乌地下水宫
圣狄奥多西亚教堂
第五山丘
阿斯帕地下水宫
圣罗伦提乌斯教堂
圣罗曼努斯门
基督全见教堂
第四山丘
基督全能
圣塞奥法诺教堂
苏莱
第七山丘
圣使徒教堂
圣
瓦伦
圣波利尤克托斯
教堂
马那斯提尔
清真寺
利普斯修道院
马锡安纪念柱
城
君
士
坦
丁
墙
茵西欧门
狄奥多西浴场
圣母登
万应圣母
卡比托利欧神庙和
费拉德尔费恩广场
圣莫基欧斯地下水宫
圣莫基欧斯教堂
城
西
多
奥
狄
米雷莱恩教堂
公牛广场
佩奇门
圣尤多基摩斯教堂
阿卡狄奥斯
广场
阿曼斯特里
公共仓库
大墓地
西格马
圣母无玷教堂
（农神）
萨图尔努斯大门
狄奥多西港
克里西的
圣安德鲁教堂
圣安妮教堂
佩利伯托斯的
圣玛丽教堂
加斯特利亚修道院
塞罗克斯门
塞神拉斯的圣乔治教堂
圣马玛斯教堂
圣卡尔波斯和圣帕皮洛斯教堂
斯图狄奥斯的圣约翰修道院
耶路撒冷的
圣狄俄墨得斯教堂
金门
尔
马

博斯普鲁斯海峡

金 角 湾

希凯

月12日—13日

和平塔

内奥里恩

普罗斯方里恩

公共仓库

会议厅

第一山丘

长方形廊柱大厅

圆形露天竞技场

圣母教堂

剧场

曼加纳的圣乔治教堂

殿

西广场

安提欧修斯宫

神圣和平教堂

参孙收容所

海塞大道

教堂

圣索菲亚教堂

君士坦丁广场

元老院

的教堂

竞技场

大皇宫

奥古斯塔广场

查士丁尼纪念柱

宙克西珀浴场

圣阿纳斯塔西亚教堂

尤里安港

霍米斯达斯宫

圣塞尔盖和圣巴克斯教堂

圣彼得和圣保罗教堂

拉 海

0   500   1000   1500   2000

米

十字军东征后的君士坦丁堡

第四十五章　大分裂？

公元 1054 年

> 宗教与民族间的敌意依然区隔着基督教世界两个最大的宗教组织；君士坦丁堡的分裂主义疏离了最有用的盟友，触怒了最危险的敌人，从而加快了东罗马帝国的衰亡。
>
> 爱德华·吉本（Edward Gibbon），《罗马帝国衰亡史》[1]

1054 年 7 月 16 日，时值酷暑，来自罗马的教宗使节团在枢机主教宏伯特（Cardinal Humbert）带领下，骑马进入君士坦丁堡。他们大步走进凉爽的圣索菲亚大教堂，把教宗将东正教牧首克鲁拉里奥斯（Keroularios）与其他拜占庭教士逐出教会的诏书丢在祭坛上，他们判定这些人冒犯了罗马教会。作为回报，克鲁拉里奥斯也立即将教宗使节团逐出教会。所谓的大分裂（Great Schism）于焉开始。这场僵局直到 1964 年，也就是九百一十年后，才获得化解。

这场双方均记录在册的神学政治危机，由不断升级的恶毒言语引发；或者更精确地说，惹出事端的人并未留意希腊哲学家柏拉图的警告，柏拉图曾提到书面文字的危险——缺少口头对话的书面文字就像孤儿一样："书面文字……当它被随意流传……不当对待或遭受不公正地谩骂时，总需要有个'父亲'来协助它；因为书面文字没有力量保护或协助自己。"[2] 愤怒的羊皮纸卷飞速地在新旧罗马之间来回传递，一封比一封更叫人恼火。

争端源起于一件事和一个观念。顽固的奥赫里德主教利奥（Bishop Leo of Ohrid，他的兄弟是阉人，而他对阉人总是过分恭维）曾经写信抨击拉丁人在圣餐礼中使用无酵饼，并且宣称自己教会的权威是普世的（ecumenical）。在希腊文里，"ecumenical"直译是指整个基督教世界，在这里指拜占庭的基督教世界。但易怒的罗马教宗却理解为拜占庭说他们拥有普世权力。如同一般的争吵，过程中，其余附带的牢骚纷纷被表达出来——例如东正教允许教士结婚，而且这两个竞争对手都认为对方有罪，都指控对方误解了《尼西亚信经》的真正意涵（拉丁礼教会［the Latin church］修正《尼西亚信经》，主张圣灵不仅来自圣父，也来自圣子——此即充满争议的和子说［filioque］）。

旧罗马才刚跌跌撞撞撑过一连串可怕的腐败事件，在一年之内选出三名教宗。他们采取的重整措施是提高标准、清除反常的事物。罗马城内充满追求正义的改革热情。君士坦丁堡碰巧在这个时候火上浇油。时间回到 325 年，君士坦丁大帝确实同意罗马元老院的地位高于君士坦丁堡元老院；但经过数世纪的演变，这层上下关系被渲染夸大。耶稣宣称彼得是他建造教会的磐石*，这句话遭人狡猾地与伪造文献结合在一起。其中一份对罗马极其有利的文献就是所谓的《君士坦丁献土》（Donation of Constantine），大约伪造于 8 世纪末或 9 世纪初。这份文献自称是 320 年左右的历史文件，忠实记录教宗西尔维斯特为君士坦丁大帝施洗，还治愈了他的麻风病。心怀感激之情的君士坦丁送了一份不寻常的大礼给罗马——广大领土的统治权，包括亚历山大、安条克、耶路撒冷与君士坦丁堡这几座城市（尽管当时君士坦丁堡尚未正式建立，伪造者在这里犯了低级错误）。君士坦丁从意大利本土前往拜占庭，这项行动本身据说就是对罗马教会至高权威的尊重与承认。[3] 这份有意被添油加醋的档案，加深了双方的嫌隙。

虽然数世纪以来这场事件被宣扬成"大分裂"、一个重大的划世代事件，但真相却平淡无奇。事实上，早在 864 年，也就是佛提乌担任牧首期间，两个罗马就已经将彼此逐出教会——当时，佛提乌除了要应对维京人的威胁，还曾派遣传教士让罗斯人改信基督教。尽管如此，双方仍以政治与军事盟友的身份保持往来、辩论，并相互支持。

---

* 这一表述出自"马太福音 16：18"，"我还告诉你，你是彼得，我要把我的教会建造在这磐石上"。彼得在亚兰文中有"磐石"的意思。——编注

从冰岛吹来的沁人心脾的凉风也许能让我们冷静下来，以免在冲动之下对世界史做出过于简单的划分。冰岛与挪威的基督徒显然觉得自己与君士坦丁堡紧密相连。拜占庭皇帝向冰岛的基督徒提供了另一种选择，使他们可以不用去理会毗邻的、以恐吓为能事的神圣罗马帝国。国王、贵族与朝圣者来到君士坦丁堡接受赐福与封赏。在一些文献中，拜占庭皇帝与耶稣基督被冠上同等的头衔，"stólkonungr"（宝座王）。反过来，"希腊人的国王吉尔亚拉克斯（Kirjalax）"（这里指拜占庭皇帝阿历克塞四世）曾在1203年向挪威、丹麦与瑞典国王要求军事援助。在这些描述中，我们只在偶然间听闻地区性的政治阻挠，并未发现教会的统一发生了什么不可逆的分裂。[4] "大分裂"一词只能满足我们对事物黑白分明的渴望，而历史，实际存在于暧昧的模糊地带。

新罗马与旧罗马的争端，与其说是一个神学问题，不如说是神学争论对彼时的政治忠诚所带来的冲击。1054年发生的事也许还不能被称作分裂，但确实产生了一道裂缝；两个罗马之间的关系有了被腐蚀的可能性。

11世纪拜占庭的历史学家米海尔·阿塔莱特斯（Michael Attaleiates）记录了夜空中出现的哈雷彗星：

> 第四个十五年期财政年度（the fourth indiction）的五月，日落之后，出现明亮、大如满月的彗星，给人留下了它正在喷散大量烟雾的印象。第二天，彗星蔓生出卷须状的东西，随着卷须变长，彗星日渐缩小。彗星的光芒朝着它前进的东方延伸，如此持续了40天。[5]

贝叶挂毯（Bayeux Tapestry）描绘的哈雷彗星也许逗得我们乐不可支*，但对生活在君士坦丁堡的人来说，1066年彗星的出现代表未来将有灾难发生。人们认为这些横越天际、熊熊燃烧的彗星会让皇帝染上致命的疾病，也会为民

---

* 贝叶挂毯中有一个场景讲述在黑斯廷斯战役之前哈雷彗星在天空中出现的情况，当时的人们认为彗星预示了战争的到来。——编注

众带来噩运。据说彗星预言了君士坦丁大帝的死亡以及他建立的城市将有血光之灾。[6] 这些迷信之辞确实值得恐惧。斯堪的纳维亚人又来到君士坦丁堡，但这一次不是以朋友的身份，而是敌人。如今，诺曼人把眼光对准新的目标：君士坦丁堡。

第四十六章　1071年、1081年的大小事

公元 1071 年—1081 年

　　当时，罗马的恶劣情况产生致命的祸患……不过有时却是命运之神招来了某些觊觎王位的异邦人——一个难以对抗的邪魔，一种无药可救的疾病。爱自吹自擂的罗贝尔就是这样的人物，渴求权力使得他恶名昭彰，他出生于诺曼底，却在各种邪恶的影响下长大成人。

安娜·科穆宁娜（Anna Komnene），《阿历克塞传》（*The Alexiad*）[1]

　　1081 年是繁忙世纪里繁忙的一年。新皇帝阿历克塞·科穆宁（Alexios Komnenos），许多人暗地里说他是篡位者，在突厥与拉丁佣兵协助下，率军折返攻陷君士坦丁堡。随之而来的抢掠、死亡与破坏使这名被拥立为阿历克塞一世的篡位者进行了为期四十天的赎罪苦修。24 岁的阿历克塞，科穆宁王朝的建立者，他的人生将为君士坦丁堡平添新的色彩。他身穿粗毛布衬衣，睡在石头地板上，就这样开始了他坚定不移的统治。在巴尔干地区，突厥部族的佩切涅格人在四处劫掠的同时，也开始定居下来；[2] 他们有时是拜占庭的盟友，有时又是敌人。在西方，罗马已决定将拜占庭宗教领袖逐出教会，他们采取与诺曼人（彼时在意大利南部出没）结盟的权宜之计。对君士坦丁堡居民来说，不幸的是，在这些好战的贵族中，有个名叫罗贝尔·吉斯卡尔（Robert Guiscard）的人物，他对"诸城之首"另有图谋。到了 1081 年，他的意图将昭然若揭。

　　当时的历史学家在描述罗贝尔·吉斯卡尔时往往充满偏见：

　　这位罗贝尔有着诺曼人的血统，出身卑微，个性专横跋扈，是不折

不扣的恶棍；他是勇敢的战士，善于以奸计夺取大人物的财富与权力；懂得以巧妙的手段达成自己的目标，能言善辩，让人哑口无言。他身躯庞大，即使是最孔武有力之人也相形见绌；他气色红润，有着金色的头发与宽阔的肩膀，目光炯炯宛如喷着火花……人们说，罗贝尔大吼一声可以吓退数万人。拥有过人的机运、天性与精神，不难想见此人绝不会甘于为奴，他不会屈从于世上的任何人。[3]

罗贝尔的女儿已经与拜占庭皇帝米海尔七世·杜卡斯（Michael VII Doukas）的儿子订婚（当米海尔遭到罢黜时，这门亲事旋即告吹），因此罗贝尔有正当的理由入侵亚得里亚海以东的大片土地。罗贝尔宣称他只是在占有自己理应取得的领土。从 1071 年起，他已拥有位于意大利东南部的巴里——他已攻下一座可以俯瞰港口、易守难攻的要塞，现在这里是收容国际移民与难民的地方——搭 9 小时的船横渡亚得里亚海之后，离众人引颈期盼的拜占庭就只有三天的路程。1081 年夏天，罗贝尔火速渡海抵达杜拉奇乌姆，这里原是古国伊利里亚的边境（今日则属阿尔巴尼亚的领土），罗贝尔知道埃格那提亚大道可以提供给他一条往东的便捷路径。对此，君士坦丁堡的新皇帝阿历克塞也心知肚明；他派遣 2 万大军，其中夹杂着维京人、盎格鲁—撒克逊人与突厥人，企图击退诺曼人。但罗贝尔带了 3 万人马，他决心取得胜利——君士坦丁堡是绝不能放过的战利品。

今日，诺曼人与拜占庭军队交战的遗址就在埃格那提亚大道外（这条古道现已埋在三车道的公路下方），一家三明治餐厅和排气管经销商的后方。

在两万多名拜占庭士兵中，许多佣兵曾经去过西部，其中有些与众不同的战士。除了"哨兵"（excubitores）和瓦兰吉卫队之外，大约有 500 名士兵隶属于一支叫作铁甲骑兵（Kataphraktoi）的精锐部队——骑士与马匹一律披戴包覆全脸的头盔、保护全身的锁子甲。当时的人提到这些士兵的纪律时都感到十分敬畏；他们作战时会排成紧密的楔形阵形。拜占庭皇帝尼克波洛斯二世·福卡斯（Nikephoros II Phokas）[4] 撰写的《战争解说与军队编组》（*Praecepta Militaria*）详细列举了这支部队的武器：锤矛（上面通常带有钉刺）、匕首、骑枪、剑与铁棍。铁甲骑兵又名"携炉者"（Clibinarii，得名于行军炉，因为部队的士兵与马匹完全包覆在铁甲中），一般认为这支部队源自波斯大军的精锐。铁甲骑兵威名远播，在萨顿胡的船葬遗址可以看到，盎格鲁—撒克逊国王戴的是铁甲骑兵风格的头盔。铁甲骑兵的甲胄显然是许多民间传说与童话故事里盔甲的原型。

穿戴锁子甲、手持钉头槌的铁甲骑兵，穿着珠宝装饰的束腰外衣、手持双刃斧的瓦兰吉卫队，这些人引发了人们的各种幻想。然而在伊利里亚的边境，这群精锐部队的结局却没有那么美好。瓦兰吉卫队冲锋陷阵，却遭到围困，然后被诺曼人赶进邻近的天使长米迦勒教堂。他们被罗贝尔的军队围在教堂里，大门被人从外头封住，整栋建筑物与里面的人都烧成了灰烬。

尽管在埃格那提亚大道获得骇人的胜利，罗贝尔却无法扩大战果；进攻之后紧接着就是反攻。终于，在布特林特湾（Bay of Butrint），拜占庭舰队让罗贝尔见识到它的海上力量，诺曼人不得不在 1084 年撤回意大利。理论上诺曼人发动大规模的攻势却被击退，在这场战役中吃了败仗，但他们率领西方军队长驱直入拜占庭领土的核心地带，逼近君士坦丁堡，让首都人心惶恐不安。罗贝尔的儿子博埃蒙（Bohemond）留在这个地区继续攻城略地，而罗贝尔也在《罗贝尔·吉斯卡尔事迹》（*Gesta Roberti Wiscardi*）中获得赞扬，成为吟游诗人故事里的英雄。

相反，拜占庭皇帝阿历克塞一世则在西方遭受唾骂。据说拜占庭是靠着阴谋诡计击败罗贝尔，阿历克塞承诺罗贝尔的妻子希克尔盖塔（Sichelgaita），若她能毒死她的英雄丈夫罗贝尔，便娶她为妻。这段故事还有后续——阿历克塞真的娶了希克尔盖塔为妻，但之后却将他的诺曼王后活活烧死。

实际上，阿历克塞以相当灵活的手腕处理了整个局势。他知道拜占庭的领土——其实也可以说是东正教的领土——正快速缩减，因此他设法巩固自己的统治地位，控制军队和行政系统；他运筹帷幄，展现令人信服的协商姿态。被派去与罗贝尔作战的军队的人员构成透露了许多信息。那些困在教堂里惨死的士兵包括了英格兰人与罗斯瓦兰吉人。在教堂外头听见里面的惨叫声的是两千多名突厥人，他们也以拜占庭佣兵的身份参战。虽然西方史料奚落阿历克塞一世选错了盟友，但君士坦丁堡却是不折不扣的多民族中心，也是充满活力、融合各种文化的世界。只要回顾君士坦丁堡一千六百年来的历史，其中不乏摇摆不定的忠诚和筹划的各种交易。与他们相比，突厥人（有些还改信基督教）算得上是可靠的盟友。

然而在遥远的东方，一场战争重新调整了种族与国际关系。新罗马的卢比孔河（Rubicon）已被渡越；君士坦丁堡对此却一无所知。

> 拜占庭皇帝立起了红色绸缎缝制的大帐篷以及形制类似的华盖与丝质锦缎制成的小帐篷。他坐在黄金宝座上；在他的上方是一个镶了无价珠宝的黄金十字架，在他的面前是一群诵念"福音书"的僧侣与教士。
>
> 侯赛尼（al-Husayni），写于 12 世纪末或 13 世纪，
> 《塞尔柱国史》（*Akhbār al-Dawla al-Saljūqiyya*）[5]

十年前，也就是 1071 年，当吉斯卡尔在西方大肆侵夺拜占庭位于意大利的领土时，令人担忧的消息传到可以俯瞰博斯普鲁斯海峡的罗曼努斯四世的私人寝宫里。安纳托利亚东部是一望无际的平原，位处边疆，但有历史悠久的古老道路相连，因此极适合展示军力。拜占庭的宿敌突厥人聚集于此，立即构成了一道威胁。如安娜·科穆宁娜（阿历克塞一世的女儿）描述的："罗马帝国的命运跌到了谷底。东方的军队遍布各地，因为突厥人已经扩展其领土，控制了尤克辛海（黑海）到赫勒斯滂、爱琴海到叙利亚海（地中海）之间的国家……"[6]

突厥人相信自己是挪亚的后裔，此时他们逐渐占据古乌拉尔图（Urartu）之地——阿勒山之名即出自乌拉尔图。前方是凡湖（Lake Van），后方则有阿勒山的山影庇荫；置身于装饰华丽、宛如伊甸园的帐篷，这些游牧战士仿佛返归了文明原始的根源。突厥奴隶士兵建立了新文化，例如伽色尼王朝（Ghaznavids），它统治着从伊朗东部到印度北部的领土。伽色尼王朝又被塞尔柱人（Seljuks）击败，塞尔柱人的名字，例如摩西、雅各等，显示当中有些人的祖先可能是基督徒或犹太人。一如往常，东部地区的人种组成十分多样化。

民众对于异国军队的日益进逼感到恐惧，他们焦急地向皇帝求援。于是，罗曼努斯从君士坦丁堡御驾亲征。备战期间，君士坦丁堡的统治者举行了圣餐礼，热情诵念祷文祈求胜利；士兵们则对着殉道的圣徒祷告，他们认为圣徒是特别灵验的守护者。[7] 开战前，如果军队仍遵守 10 世纪的皇帝尼克波洛斯二

世的忠告，他们会禁食三天外加告解，让自己做好准备，并在杀戮前洁净自己的身体和灵魂。[8]这幅景象让阿拉伯人感到印象深刻，他们在史料中记载：

> 拜占庭人集结的军队人数众多，之后鲜少有人能召来如此庞大的数目。60万名勇士——一支又一支全副武装的军队纷至沓来，"数量之多"只能用一望无尽来形容，而实际的人数也难以计算。他们准备了无数的牲口、武器、投石机以及各种攻城装备……看到敌军的人数、实力与装备如此强大，穆斯林感到胆战心惊。[9]

但是，拜占庭人非但没能在安纳托利亚东部平原恢复昔日的荣光，反倒在曼齐克特战役（Battle of Manzikert）遭突厥军奇袭，皇帝的坐骑也被砍死。罗曼努斯力战求生，他与敌军短兵相接，直到被生擒为止。满身污泥的他被带到塞尔柱领导人阿尔普·阿尔斯兰（Alp Arslan，意指"勇猛的狮子"）的帐中。突厥人起初无法相信这个人会是位于两片海洋边缘、人称鲁姆（意指拜占庭）的传奇城市的伟大统治者。[10]阿尔斯兰先用脚踩在这位皇帝的脖子上，然后才释放他，并且向君士坦丁堡传信——拜占庭人必须得好好应对才行。[11]

住在高加索山区、中东与小亚细亚这片广阔而地形多样的土地上的众多居民都对君士坦丁堡的苛捐杂税不满，他们旋即倒向伊斯兰教——穆斯林的神秘主义者向人们讲述圣徒、仪式与先知基督，这些某种程度上令人感到熟悉的事物。家家户户都顺从地将十字架换成新月。当突厥人采取不留活口的策略，一路推进时，抵抗往往是徒劳的。不到二十年的时间，突厥军队抵达了地中海，一百五十年内，西方史料将改称安纳托利亚为土耳其亚（Turchia）。[12]曼齐克特战役之后，君士坦丁堡再度收容困苦的难民。现在，新"蛮族"兵临城下——塞尔柱人在科尼亚（Konya）建立了"鲁姆苏丹国"（Sultanate of Rum）。

在今日土耳其与伊拉克的边界，塞尔柱人的野心充分显现在马尔丁（Mardin）。这座城镇俯瞰着广阔且极其美丽的平原。塞尔柱突厥人在曼齐克特获胜后，陆续控制了一些交通要冲。耸立在山脚下的城镇废墟之上的大清真寺（Ulu Camii），几乎可以确定兴建于11世纪。壮观的肋架圆顶仿佛诉说着对于其下方，那片充满碎石与沙土，被底格里斯河灌溉的土地的掌控。同时间在巴格达，人口已经超过 100 万，城中的"和平屋"致力于研究希腊、罗马、波斯与伊斯兰学者的作品，东方因此有了一座繁盛的文化中心。君士坦丁堡逐渐丧失了她在道义上的诉求：继续担任尘世与神圣智慧的守护者。

君士坦丁堡没有意识到的是，曼齐克特战役不仅是军事上的一个污点，日后还要落人口舌：拜占庭的败北成了突厥政权成功诞生的原因，也被西方当成采取专制手段的借口；他们认为基督教东方与君士坦丁堡已是自身难保，遑论保护上帝的王国。曼齐克特一役提醒我们：真正驱使人们行动的是故事而非体制；流言蜚语往往才是历史的实际推动者。

所以，在这个时期，大至地中海东部，小到拜占斯城本身，弥漫着一股紧张焦虑的情绪；期间出现了若干反对异端邪说的公审。例如，1082 年，普塞洛斯一位名叫伊塔洛斯（Italos）的柏拉图主义学生，因为相信灵魂轮回而被指控是异端分子。巴西尔，君士坦丁堡波格米勒派信徒（Bogomils，巴尔干地区的教派，可能承袭了拜占庭帝国东部边境摩尼教派或保罗教派［Paulicians］的观念）的领袖，1100 年被公开烧死在竞技场。[13] 从君士坦丁堡的帝国权力核心，当时他们运筹帷幄的所在地：位于第六山丘北坡的布雷彻尼宫（或新皇宫，从这栋建筑物主要宫室的名称可以看出拜占庭珍视的事物：大洋厅、多瑙河厅、约瑟夫厅）可以看出君士坦丁堡的掌权者在设法预防各种阴谋叛变。宫殿群唯一保留下来的部分是阿内玛斯监狱（Prison of Anemas），据说这里曾监禁政治犯。今天，当地人无视它的存在，在周围巷弄摆摊卖鱼和烤肉串，围绕中世纪的石块辟建停车场和临时车库。宗教性的狂热具有感染力。西方出现了一连串的末日游行队伍、自我鞭笞者、疯狂的舞者，这些朝圣者试图通过受苦来获得救赎。小亚细亚与中东的动荡让许多人无法平安地走访圣地。基于后见之明，此时的拜占庭并不适合与西方交战；只是阿历克塞再怎么精明，也无法利用后见之明行事。君士坦丁堡的城市与军事需要，将为世界史带来新的角色：十字军。

第四十七章 十字军之城

公元 1093 年—1203 年

> 啊，君士坦丁堡，多么高贵而美丽的城市！这里的修道院与宫殿如此众多，建筑技术如此高超！大道两旁的景象令人目不暇接，连街巷也有可观之处！要一一列举城里的财富恐怕会让人感到沉闷，这里有的是黄金、白银、各种华丽袍服以及圣物。商人熙来攘往地航行，为城里带来必需品。我推测，城里常驻的宦官约有两万人。
>
> 沙特尔的弗尔榭（Fulcher of Chartres），
>
> 《耶路撒冷远征史》（*A History of the Expedition to Jerusalem*）[1]

2016 年，在内蒙古地区与哈萨克斯坦交界的阿尔泰山地区、海拔约 2800 米的地方有一项重大发现。当地的牧人提醒考古学家，此地有一座年轻突厥女人的坟墓。她的脚伸出寿衣之外，脚上像是穿着一双皮革制的芭蕾舞鞋，她的陪葬品有一只精美的毛毡旅行袋、几个枕头、一个铁制水壶和少量的羊毛与骆驼毛织品，这些物品协助专家将墓地的年代界定在 6 世纪。这名女子并不富有，却与一匹马合葬；这很可能是她的马，被当作了祭品。这匹母马连同已经扭曲变形的金属马嚼子，以及尚可辨认的皮革马鞍提醒我们，突厥人是被迫不断迁徙的民族。

1090 年夏末，暑气尚未消散，一支临时拼凑的突厥骑兵队伍轰隆隆地穿越色雷斯，将君士坦丁堡的郊外掠夺一空。与此同时，突厥舰队在统帅查卡斯（Tzachas）的率领下从士麦那（Smyrna）出发，攻打拜占庭位于爱琴海沿岸的领土。"举世倾羡"的君士坦丁堡再度蒙受苦难。

阿历克塞需要援兵来抵御突厥人的顽强攻击，于是他给西方的教宗写了一封言辞恳切的书信。阿历克塞恳求"教宗阁下与基督的所有信徒能前来协助对抗异教徒，守护神圣教会。现在异教徒已经来到君士坦丁堡城下，几乎把这个地区的教会摧毁殆尽"。[2]

1095 年 11 月 27 日，教宗乌尔班二世（Pope Urban II）在法国中部克莱蒙（Clermont）田野上的冻土发表了演说：

> 一个异族，一个被上帝拒于门外的民族，他们入侵基督徒的土地，破坏一切，掠夺当地民众……不是我，而是上帝劝诫你们，身为基督的使者，你们要不断敦促各阶层的人，不管是骑士还是步卒，富人还是穷人，要赶紧将这个邪恶的种族从我们的土地上诛灭，要及时援助基督教居民……在基督为我们而死的城市里为基督而死，你们可以认定这是一件美好的事。

于是众人响应教宗的号召。十字军朝向汹涌澎湃、闪耀着金光的博斯普鲁斯海峡前进。但这只是中途站，他们最终的目的地耶路撒冷。除了士兵之外，平民百姓以及儿童也跟随十字军一同前往，还有手无寸铁的贫民。队伍规模庞大，步行前去朝圣。许多人"带着十字架"——他们将十字架画在、缝在或绑在左肩或胸前。在欧洲的郊外或城市巷弄，这些旅人肯定成了难得一见的景象。但他们并非阿历克塞期待的援军。两千多名训练有素的军事人员固然有所帮助，但三万名空有热情而毫无经验的乌合之众有什么作用？这实在令人意外。阿历克塞肯定与十字军领袖有着密切联系；他安排十字军朝圣者抵达的月份、横跨大陆的路线以及住宿的地点。1071 年后，小亚细亚的战乱使大批难民涌入君士坦丁堡，城中人满为患。阿历克塞，这位聪明的篡位者心里明白，就算拜占庭是任何西方城市的十倍大，也无法再接纳源源不断的新来者，即便这些人是因信仰和目的而团结一致。但阿历克塞别无选择，如同他的女儿安娜·科穆宁娜所言："此外，阿历克塞不能有丝毫松懈，因为他听到传闻，有无数法兰克人（西欧人）的军队即将到来。他担心这些民族的入侵，因为他见识过这些人凶狠残酷的攻击、反复无常的心性与凡事诉诸暴力的性格……"[3] 到了1097年，超过一万名十字军聚集在君士坦丁堡城墙外。这一回，阿历克塞确实招惹了麻烦。

君士坦丁堡早前见识过一支个人的十字军，他们的领袖被历史学家称为隐士彼得（Peter the Hermit）。安娜·科穆宁娜做了详细说明：

> 某个名叫彼得的高卢人，绰号是库库·彼得（Kuku Peter），他从家乡前往圣墓教堂朝圣。蒙受横行亚洲到处破坏的突厥人和撒拉森人所施加的种种恶行和凶险后，彼得怀着极为沉痛的心情返回家乡。他无法忍受自己的朝圣之旅就这样中断，因此想再次前往圣地……
>
> 彼得促成东征之后，便与八万名步兵与十万名骑士一道出发，率先横渡伦巴底海峡，穿越匈牙利领土，抵达"诸城之首"君士坦丁堡。从此事的结果来看，任何人都能推测，高卢人这个种族不仅非常热情，从另一个角度来说也非常鲁莽；他们在冲动之下，往往不受约束。我们的皇帝知道彼得过去曾经遭受突厥人的荼毒，于是力劝他留下来等待十字军其他成员抵达。[4]

彼得率领的穷苦民众并不是那么守规矩。先前许多人在途中死亡，现在他们在君士坦丁堡城外平坦的灌木丛扎营，这些幸存者的内心满是充满幻想的狂野计划，他们觉得自己应该获得英雄式的欢迎。阿历克塞眺望这片饥饿的人海，无意提供食物喂饱这额外的数万张嘴。他心生一计，将彼得的十字军成员运往安纳托利亚，许多人不久便遭到突厥人的屠杀。彼得返回君士坦丁堡求援，但阿历克塞不为所动。后来我们知道隐士彼得（他的实际出身史无明文）成了鼓动人心的力量，在十字军朝耶路撒冷南进时不断提振军队士气。有人认为十字军运动真正的激励者是彼得而非乌尔班二世；还有人认为玫瑰念珠是彼得引进到西方的。无论彼得真正的遗产是什么，他代表一种意识形态的干涉，而这个干涉对东方少有助益，不管是对基督徒、突厥人还是穆斯林，几乎都没有太大的作用。

表面上拉丁教会与东正教会合作的目的（此时完全看不出大分裂的迹象），除了优先考量收复耶路撒冷外，还是为了夺取拜占庭的土地，还给君士坦丁堡。

阿历克塞积极策动战事，这点不难理解；但他的盟友却拒绝合作。1097 年，法兰克军队用实力让塞尔柱突厥人放弃了尼西亚，但城墙高耸的安条克要难对付得多。起初，十字军提到他们发现的这块土地"物产丰饶"，但九个月过后，士兵们开始从马粪筛出未消化的种子食用。最后，终于攻下了城池，但吉斯卡尔的儿子波埃蒙——另一位在吟游诗人的歌曲中受到缅怀的冒险家——拒绝交出他们辛苦夺得的战利品。君士坦丁堡无计可施，她的领袖们都已经遭到背叛。直到 1268 年，安条克成了独立的公国。

在这里，我们不能低估千禧年焦虑产生的影响。许多人由衷相信末日即将来临。这一时间穆斯林的史料记载；对阿拉伯军队来说，十字军根本不足为道，只不过为当时司空见惯的两军交战——逊尼派与什叶派，贝都因人（或阿拉伯人）与塞尔柱突厥人——再添一笔罢了。巴格达的一则轶事正可反映穆斯林统治者对此表现出的冷漠。据说一名法官突然闯入哈里发的宫廷："你怎么敢高枕无忧地在遮荫下酣睡……像庭院花朵一样过着无所事事的生活，反观你在叙利亚的兄弟没有栖身之所，要么睡在骆驼鞍上，要么进了秃鹰的五脏！"[5] 当十字军持续南进，终于在 1099 年攻占耶路撒冷时，居然意外发生了大屠杀，这件事永远不会被世人所遗忘。据说攻下耶路撒冷可以免除所有的罪，十字军因此以极其凶残的方式攻打这座城市。

虽然穆斯林的反十字军热情要等到之后才会被缓慢点燃（12 世纪中叶明显加温），但与这些粗野、满脸胡茬、臭不可闻的十字军接触后，东方产生了各种民间故事，把西方人描述成淫荡好色、可以用来吓唬孩子的鬼怪。在《西拉特·札比尔》（Sirat al-Zabir）中，一名在君士坦丁堡街头被阿拉伯英雄追逐的葡萄牙坏蛋，躲进了到处是蛇、水银池子和具有魔力的机械装置的教堂里。[6] 基督教法官的举止据说像是一个拉皮条的；而孩子是妓女因淫乱所生的，会被献给教堂。西方人不爱干净也惹来了不少非议。当 1187 年萨拉丁（Saladin）再度取得耶路撒冷时，他用玫瑰水清洗了圆顶清真寺。

我们也许会感到困惑，当这一切发生时，君士坦丁堡与拜占庭周边领土的妇女都到哪儿去了。我们确实听说有些贵族妇女参与十字军的战事：阿基坦的埃莉诺（Eleanor of Aquitaine）到圣地旅行；贝弗利的玛格丽特（Margaret of

Beverley）据说用锅子当头盔，在耶路撒冷与敌军交战；夏贾尔·杜尔（Shajar al-Dur，原本是突厥或亚美尼亚奴隶）混乱之中在 1240 年短暂地当了几个月的埃及统治者。但一般而言，女性在十字军的叙事中付之阙如。不过皇帝阿历克塞的女儿安娜·科穆宁娜出人意料之外地成了当时数一数二的编年史家，她提供了精彩的第一手资料，却遭逢严重的贬低。[7] 安娜在君士坦丁堡的图书馆与皇宫的寝宫写下了大量作品，她提到自己很疲倦，往往写作到深夜蜡烛燃烧殆尽才休息；她的笔调充满情感，陪伴我们走过时而令人困惑的中世纪世界。

其他的记载提到，君士坦丁堡妇女从高处窗户挥舞手帕，对着下方君士坦丁堡城墙边的冲突鼓掌叫好，仿佛她们观看的是一场文明的骑士长枪比武。克拉里的罗贝尔描述了 1203 年到 1204 年第四次十字军东征期间，君士坦丁堡城墙前发生的这类景象：

> 宫里的贵妇与仕女让人搀扶着爬上窗户，城里其他妇人与少女也登上了城墙，她们看着这场在城墙前进行的战争，也观看敌军皇帝的长相。她们交头接耳地说，我们的将士就像天使一样，他们是如此美丽，因为他们穿着精美的盔甲，就连他们的战马也披上华丽的甲胄。[8]

但之后罗贝尔告诉我们，同样的，这批妇女有着透彻的洞察力，认同法兰克人的观点批判皇帝阿历克塞四世把军队撤回城墙后。整段叙述感觉带有一些虚构的成分。帝国宫廷的嫔妃与廷臣在军队交战时确实发挥了仪式性的功能，但十字军运动对妇女的长期影响其实极为沉闷无聊（有些妇女被迫延后婚礼）[9]，也更为残忍。

在一连串交战中，平民百姓遭遇的冷酷现实就跟从古至今历史记载的一样，妇女总是遭受强奸与其他性暴力。即使这类层出不穷的暴力避开了史册的记载，但禁止这类行为的立法本身正昭示了其存在的真相。早在 10 世纪时，"上帝的和平"（Pax Dei）运动——上帝的和平与停战，由教会倡议的行动，规定必须在固定时间与地点进行战争——表达出对战时强奸的不满；在第四次十字军东征中，基督徒施加给基督徒的性暴力受到了教宗依诺森（Pope Innocent）的谴责；[10] 理查二世（Richard II）与亨利五世（Henry V）都制定了禁止强奸的军事法规。但欧洲的"战争法则"（一种战斗惯例）却允许进攻方围城时进行强奸与拷打。强奸证明了对俘虏与领土的所有权，并确保让当地社群内部分崩离析、人心惶惶。从第一次到第四次十字军东征，无论是穆斯林还是基督徒都以妇女儿童作为攻击的目标。有些记载甚至会以男性的性侵行为来描述这一时期的军事入侵行动。强奸不是战争的副产品，而是有意使用的军事策略。对于在十字军东征时期生活在这个地区，尤其是不幸居住在被十字军攻陷的城镇里的绝大多数妇女（事实上也包括男性）来说，以上帝之名施加的暴力不是特例而是常态。

第四十八章　协商的僧侣与杀人的篡位者

公元 1106 年—1187 年

> 她（君士坦丁堡）从各个方面看都谈不上谨慎节制；因为，正如她的财富超越其他城市，她的邪恶也远逾这些城市。
>
> 德伊的奥多（Odo of Deuil），《论路易七世的东方之旅》
>
> （*De Profectione Ludovici VII in Orientem*）[1]

1106 年 4 月 5 日，一场大风暴摧毁了矗立于城中近八百年的君士坦丁雕像。许多人相信这是君士坦丁堡即将倾颓的征兆，但没有人能猜出致命的打击究竟来自何方。这座举世倾羡之城看似繁荣依旧：贸易热络，多余的钱财用于建造辉煌的建筑群，例如基督全能者修道院（monastery of Christ Pantokrator）。1118 年还兴建了附属于全能者教堂的疯人院与医院，医院设有女性专用病床，由女医生专门照顾女病人。修道院地板用大理石铺成，某个皇帝的儿子就葬在这里，覆盖坟墓的石板据说当初基督从十字架上卸下来后曾用来安放他的遗体。

皇帝们也搬进新的宫殿。他们大致遵循阿历克塞一世的做法，居住在第六山丘已经翻新的布雷彻尼皇宫。今天，这座皇宫的残破遗址依旧眺望着金角湾。之后，布雷彻尼皇宫被奥斯曼苏丹用来开设动物园、妓院、陶工作坊与济贫院；到了 12 世纪，皇宫重新装饰得富丽堂皇，来访的达官贵人，包括城内与日俱增的法兰克人（又称为拉丁人），会被领去参观它的镶嵌艺术、华丽的正殿与柱廊。[2] 城墙由持斧的瓦兰吉卫队、弓箭手严密把守，不可思议的是，连一般民众也来担任士兵，他们相信圣母马利亚会庇佑他们，拿着盘子与桶底充当盾牌。然而，就在 13 世纪即将来临之际，消息传到君士坦丁堡，指出拜占庭将再度失去西方的土地。在吉斯卡尔把拜占庭的人马锁入教堂然后放火夷为平地的一百年后，诺曼人再度回到埃格那提亚大道——但这次，他们不是以君士坦丁堡盟友的身份前来。

希腊北部有一座小镇卡瓦拉（Kavala），人们在当地的墓地发现了一座刻有文字的石碑，告诉我们这些新诺曼人不仅烧了拜占庭教堂，还烧毁了整座城市。这些石碑似乎是此地遭受灭顶之灾后仅存的考古证据。也难怪拜占庭史书把发起这场破坏性攻势的拉丁基督教军队称为"西方的野兽"。[3]

1185 年，西西里岛的诺曼人开始大肆攻击帖撒罗尼迦。他们的目标是控制埃格那提亚大道这条交通动脉。身陷战火的人当中就有来自君士坦丁堡的欧斯塔修斯（Eustathios）。

身为一名作家，荷马在君士坦丁堡的名气历久不衰。荷马所著、被当作教材、并在早期基督教教父的审查下侥幸留存的《伊利亚特》与《奥德赛》（实际上这两部作品作为针对基督教美德寓意的研究重新获得了关注），受这两部史诗启发的故事也在知识分子和普罗大众间流传。而荷马最忠实的拥护者之一，就是欧斯塔修斯。

欧斯塔修斯 1115 年生于君士坦丁堡，先后在圣尤菲米亚修道院和圣弗洛罗斯（St. Floros）修道院受训成为的僧侣；[4] 之后受雇于牧首的请愿部与金库，并担任圣索菲亚大教堂的助祭，再后成为了修辞学教授。君士坦丁堡注重学识与智慧，欧斯塔修斯的经历就是这一现象的缩影，他也写过关于《伊利亚特》与《奥德塞》的精彩评释。欧斯塔修斯使用的资料包括《苏达辞书》（Souda），这本编纂松散的百科全书有三万个条目，依字母顺序列出了古代世界的主要人物与叙事。《苏达辞书》内容包罗万象，包括荷马的小传记，对亚当外观的描述，特洛伊的海伦几个侍女的名字（其中一名侍女还编写了世界上第一本房中术手册）。中世纪文献形容欧斯塔修斯是"当代数一数二博学的人物"，[5] 而他的思想也独树一格；他谴责奴隶制度，警告穷兵黩武和在政治上营私谋利产生的后果。

但是一旦欧斯塔修斯成为帖撒罗尼迦大主教，负责主持圣迪米特里奥斯教堂，他就必须将所有君士坦丁堡的抽象教育付诸实践。圣迪米特里奥斯教堂建于旧罗马浴场遗址，据说伽列里乌斯下令在此用矛将基督徒迪米特里奥斯刺死，今日这里成了大学生聚众抗议和调情的地方。而当他被入侵的诺曼军队俘虏时，他发现自己又要担负起协商者的角色。这些"口齿不清，尖叫嘶吼"的新来者让他感到惊恐：对他而言，这些人是"恶魔"，他们"不知道什么叫善，因为他们的粗俗社会未曾给予他们任何美的经验"。[6]

在欧斯塔修斯的作品《论塞萨洛尼基的陷落》(*On the Capture of Thessaloniki*) 中，我们读到一段不寻常的目击者陈述；诺曼人朝君士坦丁堡进军时劣迹斑斑，他们强奸年轻女子，刺死医院病床上的病人：

> 我们被引领着走出屋外，穿过密密麻麻的刀剑，这些刀剑被高高举起，颤颤巍巍宛如结实累累的麦穗……匕首不断在两边挥舞着，看起来随时会刺入我们的要害，矛尖充满威胁地从四面八方指着我们的胸肋……唉，接下来更是邪恶！仿佛情况还不够恶劣似的，先前当我走过尸体时，这些尸体还流着温热的鲜血，现在，我骑在马背上被人引领着穿过堆积如山的尸堆。这些尸体绝大多数都扔在城墙边，尸体堆得很密，我的小马不是找不到踩踏的地方，就是让前后脚踩在两三具尸体上……[7]

1988 年，欧斯塔修斯被东正教封为圣徒——他是到目前为止唯一获得这项殊荣的荷马学者。

然而，欧斯塔修斯缺乏政治力量进行协商；滋养他的"母亲"令他感到失望。回到首都，君士坦丁堡推行的政策一如批评者所想。阿历克塞一世在无意间为城市播下动乱的种子。11 世纪末，皇帝推动经济复兴计划，计划的一部分是招揽西方商人在金角湾一带设立据点。威尼斯人曾经协助拜占庭对抗吉斯卡尔，他们在金角湾水道外，也就是君士坦丁堡核心地区（这片历史悠久的地区在阿拉伯与亚美尼亚文献中被称为斯坦布尔）的对岸，建立教堂、住宅与仓库。其他地方也有供比萨人与热那亚人居住的专区。阿历克塞认识到，如果君士坦丁堡想保护自己免受广大世界的侵扰，就必须接纳这个世界。他的策略奏效了，君士坦丁堡确实因此变得欣欣向荣。一名造访此地的犹太人在评论"熙来攘往汇聚此地的商人"时提到，"这些人来自世界各地，为了从事贸易通过陆路与海路来到这里……他们有的来自巴比伦与美索不达米亚，有的来自米底亚与波斯，有的来自埃及与巴勒斯坦，有的来自俄罗斯、匈牙利、帕奇那基亚（Patzinakia）、布迪亚（Budia）、伦巴底与西班牙……"[8] 居住在君士坦丁堡的诗人约翰·策策斯（John Tzetzes）表示："居住在君士坦丁堡的人，使用的不是同一种语言，也不是出自同一个种族，而是说着杂糅各种奇怪口音的话语。这里有克里特人与突厥人、阿兰人（Alans）、罗得岛人与希俄斯岛人，还有恶名昭彰的窃贼。"[9]

但阿历克塞之后，继任的全是些短视的统治者。威尼斯人取得丰厚的特权，尤其是控制了希腊南部拉科尼亚（Lakonia）有利可图的橄榄油出口，还被豁免了百分之十的贸易税。可以理解君士坦丁堡当地的居民对此愤愤不平。1149 年，威尼斯与拜占庭联军在科孚岛[10]与西西里的鲁杰罗二世（Roger II of Sicily）交战，当时威尼斯水兵曾嘲弄皇帝曼努埃尔一世穿的礼服，皇帝可能对此衔恨在心。1171 年，曼努埃尔一世派兵，在造成大量人命伤亡的情况下，逼迫威尼斯商人离开君士坦丁堡，没收他们的货物，并且要求拜占庭其他省份也这么做，威尼斯因此损失惨重。[11]

虽然此举在君士坦丁堡大受欢迎，但曼努埃尔一世并未在战略上充分利用当时弥漫的反拉丁情绪。让民众生气的是，他反而让自己的儿子，也就是日后的阿历克塞二世迎娶法国公主（阿格妮丝［Agnes］，后来称为安娜）。年仅 11 岁的阿历克塞于 1180 年继承帝位，由不受欢迎的母亲，也就是法兰克人与诺曼人混血的安条克的玛丽（Maria of Antioch）担任摄政。一向勇于发声的君士坦丁堡民众高喊回归"希腊精神"。有个名叫安德洛尼卡斯（Andronikos）的皇室远亲，虽然年事已高，但阅历丰富，他曾经勒索、贪污、逃狱、私奔，还筹划过宫中的阴谋诡计。安德洛尼卡斯在汹涌民众的簇拥下通过城门，并且被拥立为君士坦丁堡的新统治者。

君士坦丁堡民众被热情冲昏了头，他们冲进"拉丁区"焚烧掠夺。那年的五朔节，在现今渔夫大声叫卖渔货的地方发生了许多暴行；暴露的鱼鳃就像大片血红的海葵，昭示杀戮的惨烈。一间由圣约翰骑士团（Military Order of St. John，也称医院骑士团［Knights Hospitaller］）经营的医院遭遇袭击，妇女与儿童被杀害，连躺在床上的病人也难以幸免；据说来访的教宗使节的头颅被割下来，系在了狗尾巴上。皇宫里，摄政的玛丽被判处叛国罪，先是监禁在修道院，然后在夜里被淹死。安德洛尼卡斯自称共同摄政；他用弓弦勒死 14 岁的阿历克塞二世，男孩的尸体被丢进了博斯普鲁斯海峡。虽然比对方年长 15 岁，安德洛尼卡斯还是娶了阿历克塞 13 岁的新娘。

安德洛尼卡斯似乎陷入了疯狂的状态。为了证明自己与民众站在一起，他为自己绘制了巨大的肖像，他把自己画成一个手持长柄镰刀的农民形象，并且将肖像画在城中某座教堂侧面的墙上。镰刀是对他的敌人的警告——据说安德洛尼卡斯曾对他的儿子们说，他会杀死所有的巨人，只留下侏儒让他们统治。他言出必行；为了报复那些曾经试图阻止他掌权的人，安德洛尼卡斯在尼西亚的砖造城墙（这道墙至今仍屹立着）外将当地许多男女戳死在尖桩上。他发誓要"击倒自己的家人，就像狮子扑向巨大的猎物"。

然而，在安德洛尼卡斯展开恐怖统治不到三年的时间内就发生了反扑式的政变。1185 年，诺曼人在帖撒罗尼迦的暴行令君士坦丁堡居民大为惊恐，而他们又风闻诺曼军队正朝君士坦丁堡进击，于是居民们起而反抗暴君。安德洛尼卡斯想逃出城外，但他的船被东地中海捉摸不定的风吹回岸边。被捕之后，他瘫坐在骆驼上被送往竞技场处以私刑。他遭到肢解，肢体被倒挂在拜占庭富人费心收集的古代雕像上。最后有人把安德洛尼卡斯的残肢断臂卸下来，扔进邻近的修道院菜园。对科穆宁王朝而言，这可不是个光彩的结局。

从这时起，君士坦丁堡居民为自己赢得了新的称号。他们不再是中世纪编年史称颂的神圣"诸城之首"的居民，而是"背信弃义的希腊人""一窝毒蛇""内心歹毒之人"。[12]在经历短暂的全盛时期之后，拜占庭变得疲倦、退化、衰老、萎缩与孤立。

1187 年，耶路撒冷再度被萨拉丁占领，对基督教会来说，这是一场前所未有的灾难；西方想找个替罪羊，他们愤怒的眼神看向了君士坦丁堡。拜占庭人近年来与穆斯林势力交好，被西方视为一种背叛，并且他们认为这是造成耶路撒冷陷落的原因之一。与此同时，拜占庭失去了保加利亚与塞浦路斯（1191 年，塞浦路斯被英格兰十字军的狮心王理查 [Richard the Lionheart] 卖给了被罢黜的耶路撒冷国王 ）。

一个世纪以来，其他地方也发生了动乱，在安达鲁斯，熙德（El Cid）与他的穆斯林朋友建立了比基督教政府更有效可行的统治。11世纪下半叶，安达鲁斯的城堡成了攻击的焦点，基督徒节节败退。君士坦丁堡与突厥以及伊斯兰领袖一度建立的友好关系也开始崩解。无论在亚洲还是在欧洲，拜占庭人显然已无力组成联合阵线来对抗攻击者——无论这些攻击者是谁。

接下来是终极的侮辱：基督的尘世居所、建立基督教世界的帝国首都、基督教世界的中心，即将遭到来自基督教世界内部的攻击，攻击者是在政治与宗教上对西方效忠的基督教士兵。基督教世界即将目击一场卑鄙的内战，这场内战是由威尼斯这个崛起的强权促成的，而这场内战的中心就是伊斯坦布尔。

第四十九章　威尼斯的危险，骑士王国

公元 1204 年—1320 年

> 可恶的拉丁人……垂涎我们的财产，想毁灭我们的种族……我们之间存在着血海深仇，我们的观点完全不同，我们走的完全是相反的道路。
>
> <div align="right">尼克塔斯·科尼阿特斯（Niketas Choniates），《年代纪》（<i>Historia</i>）[1]</div>

> "他们凝视着雄伟的城墙、环绕整座城市的要塞巨塔、高耸入云的教堂，数量之多，除非亲眼所见才能相信；他们思忖这座世上无双的城市究竟有多广阔。虽然他们个个都是勇士，但看到眼前的景象不免为之胆寒。"
>
> 目击攻打君士坦丁堡的目击者，1204 年 [2]

鸟瞰的景象道尽了威尼斯的实况：一座奇怪的"两栖"城市，说不准它究竟在陆上还是海里时最快活。起初，痛苦将人们逼进了这片沼泽，就像古代与中世纪之交，当地的维内蒂人（Veneti）为了逃避哥特人、匈人与伦巴底人的迫害来到此地一样。但这片含盐分的藏身处也证明智人（Homo sapiens）的适应能力和想象才华。威尼斯不只是藏身处，也不是古怪的地方；它是一座熔炉，融合了世界级的美景和政治经济影响力。

从许多方面来看，威尼斯是狂野的集合；它野心勃勃的姿态足以与君士坦丁堡具战略价值的海峡和至高无上的地位一较长短。这两座城市总是不睦；双方紧张的关系或许源于君士坦丁堡总是令人厌恶地主张威尼斯是它建立的城市。证据保存在托尔切洛岛（Torcello）上业已废弃的圣母升天圣殿（Church of Santa Maria Assunta），经常有粉红色的光线透过这栋建筑。今日，只有十名意大利人与一名教士住在这座位于威尼斯潟湖北侧的多沼泽小岛上。10 世纪，托尔切洛岛处鼎盛期时，这里有一万名居民，比建城时间稍晚的威尼斯人口还多。

639 年，据说一名拉韦纳主教——君士坦丁堡的公仆——最早在托尔切洛岛盖了一座圣母马利亚教堂。从看似包覆着塑胶套的细铁丝网看过去，教堂地板有个昏暗的凹陷处，你会在那里发现当地"军事指挥官"（magister militum）的遗迹，一个名叫莫里斯的男子完成了这个作品。数世纪以来，此地一直在拜占庭的控制下。君士坦丁七世形容托尔切洛岛是一座"大贸易站"，这座潟湖最具价值的商品就是盐——古拜占庭的墨伽拉人想必已经熟谙这项贸易。就军事力量和二者之前的渊源来看，君士坦丁堡可以对威尼斯发号施令。君士坦丁堡长久以来一直是两座城市里较强的一方，并且可以正当地声称有古典根基。但君士坦丁堡很快就会感受到威尼斯憎恨与欲望的螫刺。

1204 年，十字军原本的目标是攻打埃及的穆斯林，而耶路撒冷是他们终极的战利品。由于指挥不善加上钱粮短缺，十字军最后在达尔马提亚（Dalmatian）岸边停了下来，他们在此地扎营，寻思一个攻打基督教城市扎拉（Zara）的好借口。

在此同时，阿历克塞·安格洛斯王子（Prince Alexios Angelos）需要一支军队；他是遭到罢黜、被刺瞎双眼的君士坦丁堡皇帝伊萨克二世（Isaac II）的儿子，伊萨克二世被软禁在濒临博斯普鲁斯海峡的宫殿里，但他仍时时提醒儿子保持警惕、留意复仇的良机。当阿历克塞听闻十字军陷入进退两难的局面时，旋即放出消息。如果这是一支正在寻找目标的十字军，那么阿历克塞可以提供的便是绝佳的目标。他承诺以 20 万银马克与君士坦丁堡向罗马臣服来换取帝位，并成功说服了十字军。探路的威尼斯人跟随舌灿莲花的叛国王子一路向东。他们遵守诺言，于 1203 年让阿历克塞在布雷彻尼宫称帝，然后在对岸的迦克墩与君士坦丁堡城墙外静待回音。但一年过去了，与之共谋的王子仍未履行承诺。

这些十字军——法兰克人、威尼斯人、来自低地国家（指荷兰、比利时、卢森堡三国）的人——离开家乡就是为了在异国土地上品尝鲜血、荣耀与黄金的滋味，但现在什么也没得到。即便不是为财富而来，至少也要寻求东征承诺的救赎。在君士坦丁堡城墙外熬过漫长的冬天，他们感到饥饿、寒冷与受挫，许多人纷纷脱离部队，急欲采取行动。1204 年 3 月底，教士与十字军领袖突然想起旧罗马与新罗马为了教义上的歧见争吵了一两百年。于是，他们找出了行动的理由。

有人说，拜占庭人无异于上帝的敌人。[3] 指控他们的正是配备最新式攻城武器的十字军。优秀的威尼斯船员把攻城梯架设在船桅上，然后将船直接开向海墙边。尽管拜占庭人尽了最大的努力，攻击者还是取得了立足点；在其他地方，工兵也开始展开攻势。君士坦丁堡民众突然发觉大事不妙，陷入惊恐，但逃亡为时已晚。法兰克人一连攻打四天，然后他们登上城墙，进城洗劫了五天。

当十字军破城而入时，或许是罪恶感使然，他们变得更加狂暴："太阳目睹了一切不该发生的事。"到处都是强奸、焚烧与屠杀。十字军知道君士坦丁堡热衷于收藏圣物，因此彻底查搜教堂、神庙、宫殿，以取得战利品。今日，伊斯坦布尔的上班族会在圣索菲亚大教堂与蓝色清真寺之间的休闲花园散步；而在当时，这里曾发生了一场大屠杀。历史通常是由胜利者书写的（而拜占庭人骇然得知，攻击他们的人居然没有读写能力），但在这里，我们拥有一名当地的目击者，他的家就在圣索菲亚大教堂附近，他详细告诉我们这些触目惊心的细节，显示那些时日有多恐怖。拉丁军队的教士直接前往基督全能者修道院掠夺收藏品，带走了财宝和圣物，包括荆棘冠冕上的荆棘与一般被人们相信是施洗约翰前臂的骨头。活人遭受的是更可怕的暴行："他们拆散母亲和子女，在神圣的小礼拜堂肆无忌惮地羞辱处女，完全无惧上帝的愤怒与人类的报复"，十字军以上帝之名，将所到之处的大半事物破坏无遗。[4]

1204 年，君士坦丁堡彻底遭到玷污。在各项战利品中，用来遮盖君士坦丁斑岩纪念柱接合处的青铜花环被拆卸下来熔掉；系着横跨金角湾的保护链的巨塔被推倒。这座基督教城市无论在物质还是道德层面都遭到了破坏。

最初见到军队集结时，他们充满希望地说，十字军是"一肩扛起基督十字架的人"。言下之意即城墙内外的人有同为基督徒的共识，能够相互理解。而这不过是一个空洞的希望。失明的威尼斯总督恩里科·丹多洛（Enrico Dandolo）前来聆听这场破坏与屠杀。根据日后威尼斯史料的说法，他是在1171 年曼努埃尔在君士坦丁堡发起的暴动中失明。他应该会听见娼妓坐在圣索菲亚大教堂的宝座上；驴子被牵进教堂，把大理石地板上堆积着的、黏附着血液、污物和血块的宝藏搬走，不时打着滑，令他们神圣的战利品发出锵当锵当的声响。

这位失明的威尼斯总督曾是君士坦丁堡的客人，他似乎代表了一种负面的形象，与君士坦丁堡喜爱的荷马构成鲜明对比——这名瞎子吟唱的是贪婪与诸城崩解的悲剧。古希腊的伦理注重宾主之间彼此尊重的友好关系，它提供了一种力量，将荷马史诗与东地中海社会连接起来，而丹多洛的行为却公然违反了古希腊的伦理。威尼斯总督熟知整个中世纪描述中的"诸城之首"，就是他告诉十字军攻击的确切位置，也就是防守最脆弱的海墙。丹多洛在一年后去世，但他的遗体又运回君士坦丁堡，葬在圣索菲亚大教堂内。今日，一座 19 世纪碑文标记出他埋葬的位置；这是个骇人听闻的讽刺，如此堕落者竟然是第一个葬在圣智教堂的人。

君士坦丁堡的文物被大卸八块运往各地。竞技场里，由狄奥多西二世（有人认为这是君士坦丁大帝从旧罗马运过来的）带到"幸运之城"的四匹由希俄斯岛制作的马被送往威尼斯。戴克里先委托以紫岩雕刻的四帝雕像也被带走了。我们现在可以在意大利圣马可广场（St. Mark's Square）的边缘看到这座雕像，你会发现其中一个皇帝缺了半条腿。好消息是，断肢的残片后来在伊斯坦布尔挖掘出土；这条残缺的腿目前自豪又略带悲凉地展示在伊斯坦布尔考古博物馆。[5] 还有少许物件仍留在君士坦丁堡——欧多克西亚的银雕像底座、来自德尔斐的破损蛇柱。但有好几吨的青铜雕像被砍倒、熔炼、重铸成钱币。全能者修道院成了二手艺术品与古物的交易中心。

荒废的景象向世人揭示一个关于过去的谎言。为了合理化这场攻击，西方十字军把君士坦丁堡当地的居民描述成纵情声色、亵渎神明之徒。凡是能够呈现真实与历史的宫殿、教堂、神庙与图书馆全部予以摧毁，宛如一幅可怕的地狱景象。书架上堆放着的记载古代与中世纪世界知识与观念的手抄本与羊皮纸卷，它们不是被掠夺一空，就是被付之一炬。世世代代居住在"两块蓝宝

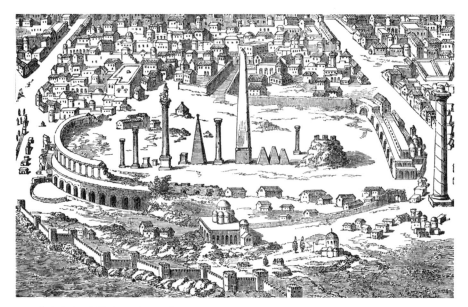

1600 年左右的一幅描绘君士坦丁堡竞技场与基督教纪念碑的版画的 18 世纪复制品，从中可以想象第四次十字军东征后破坏的景象。

石之间的钻石"上的男男女女，再也无法为自己辩解。白纸黑字的证据业已毁灭，现在可以抹杀君士坦丁堡精致的美好与渊博的学识，将它描述为纵欲腐化的土地。[6]

大屠杀后，极少数幸运儿逃到尼西亚、特拉比松（Trebizond）与希腊西部的伊庇鲁斯（Epirus）。有些人从金门逃生，最后忍辱偷生定居色雷斯。人们想让君士坦丁堡的美梦延续下去。尼西亚成了生机蓬勃的学术中心，位于黑海沿岸的特拉比松被形容为"黄金的特拉比松"，这座城市在塔玛尔女王（Queen Tamar）的协助下发展起来。塔玛尔女王在第比利斯（Tblisi）卫城娴熟地处理政务，被尊称为"神圣正直的塔玛尔国王"，格鲁吉亚的基督教女王。

拜占庭帝国分裂。欧洲各国趁机夺取新的领土，威尼斯取得从杜拉奇乌姆到勒班陀（纳夫帕克托斯［Naupactus］）的希腊西部之地；佛兰德的鲍德温（Baldwin of Flanders）家族（佛兰德的妹妹尤兰达［Yolanda］是十个孩子的母亲，她曾统治帝国两年）获得君士坦丁堡帝国的统治权；诸如此类的例子还有很多。[7] 所有掠取土地的行径都在《罗马帝国土地分割条约》（Partitio Terrarum Imperii Romaniae）中得到认可，这份条约与七百二十年后奥斯曼帝国崩溃后君士坦丁堡—伊斯坦布尔出现的分割相似：第一次世界大战结束，西方强权把伊斯坦布尔剩余的土地予以分割。

君士坦丁堡的前任皇帝阿历克塞五世，被另一名前任皇帝阿历克塞三世弄瞎了眼睛。阿历克塞五世先是被流放到色雷斯，然后被带回君士坦丁堡判处死刑，从狄奥多西纪念柱顶端扔下。在君士坦丁堡，新统治者占用了布科里恩宫，向他们所谓的新罗马帝国发号施令。他们还挪用了一些教堂，供罗马天主教会使用。举例来说，圣母登位教堂（Theotokos Kyriotissa）才落成十年——今日已成为卡朗德哈清真寺，并且依然屹立于瓦伦斯水道桥旁——就被改成多明我会修道院，里面画满了圣方济各（St. Francis）的湿壁画。还有一名派驻在圣索菲亚大教堂的牧首，帮一连串不适任的统治者完成加冕。除了财宝、住宅和书籍的损失，十字军放的大火也吞噬了城中绝大部分的商业设施。举例来说，制丝业从此一蹶不振，许多制丝工人逃往小亚细亚，他们的子孙后代日后在当地为奥斯曼人制丝。后世作者描述君士坦丁堡是被忽视与奴役的城市。

然而，拜占庭故土上的民众仍谈论并梦想着收复"幸运之城"。1261 年，得知威尼斯舰队在黑海操练，尼西亚的一名高级军事指挥官通过秘密地道潜入城中打开城门，并且以米海尔·帕里奥洛格斯（Michael Palaiologos）之名控制拉丁人占领的君士坦丁堡，这位米海尔·帕里奥格洛斯是幼主约翰四世·拉斯卡里斯（John IV Laskaris）的保护者。最后，在 1261 年 8 月 15 日的圣母升天节，帕里奥格洛斯高举着能创造奇迹的圣母马利亚圣像摹本（据说原本的圣像是使徒路加为圣母绘制的）步行穿过雄伟的金门，登位称帝。

所以，今日当我们认为希腊是拜占庭理念的一个奇特而带有老派传统的捍卫者时——从那些圣像与白色教堂可以看出——这都要归功于来自君士坦丁堡的坚定流亡者。从各方面来看，他们一直恪守着原来的样子。君士坦丁堡居民离散在外，许多人仍忠于君士坦丁堡的宗教、忠于它的名字以及它所孕育的文化。千年时光不可能在一夜之间摧毁动摇；因此，拜占庭得以继续活在君士坦丁堡曾经控制的土地上。从某些方面而言，归来的拜占庭人变得更拉丁化——

例如，他们削减了宦官的权力——坚毅刚强已进到君士坦丁堡的灵魂里。此后，我们发现被列举出来的罗马天主教的宗教谬误大为增加。君士坦丁堡居民不会忘记，他们的城市首次沦丧在外人之手时，这些敌军竟是以他们的神明之名与他们交战。基督教世界的统一似乎已成泡影。

然而灰烬中也能绽放出花朵。1211 年，威尼斯共和国取得原本属于拜占庭领土的克里特岛，此地成为圣像的制造地，负责满足拜占庭与威尼斯赞助人的需求。东方与西方影响的融合滋养了多明尼克·提托克波洛斯（Domenikos Theotokopoulos，又称埃尔·格列柯［El Greco］）这号人物——这名来自希腊的艺术家，有人认为他的表现主义和戏剧化的风格孕生了三个世纪后的现代艺术。收复君士坦丁堡后，一波稳健而充满活力的复兴热潮应运而生。科拉修道院（Chora Monastery）附属教堂里美丽的镶嵌画与湿壁画（这些幸存的作品，时间可以上溯至1315 年到1321 年左右）与万福天主之母教堂（Pammakaristos，今日的征服清真寺［Fethiye Camii］，1456 年到 1586 年间为希腊东正教牧首的住处），见证了这股可喜的能量。

如今，万福天主之母教堂的警卫看起来有些无精打采，当地的男孩们则在外头的广场上踢足球；但毋庸置疑，教堂内部陈设依旧给人一种强烈的感受。在这座未经装饰的砖造遗址中，访客的眼光总是被"全能者基督"（约 1310 年）的画像吸引，迷得几近屏息。科拉修道院的游客则目不转睛地盯着充满魅力的圣母马利亚的生平故事图鉴。[8]与此同时在威尼斯，从文献、艺术与观念的角度来看，东方正朝西方而来。意大利学者带回曾遭受毁坏但极少数仍幸存下来、收藏着大量文献的图书馆与缮写室的报告；他们渴望吸收这些知识。此外还有一些文献激发出人们的灵感。圣马可之狮（Lion of St. Mark）是两座城市文化混合的产物，它原本是个中空的青铜像，年代可以追溯到公元前 7 世纪，几乎可以确定来自安纳托利亚，被十字军从君士坦丁堡偷走之后，这座青铜像被加上了翅膀、一部"福音书"与延长的尾巴，从此成为基督教圣徒的象征。[9]在最尊贵的威尼斯共和国（La Serenissima）的广场上与后街里，站在贡多拉与意式冰激凌店旁，我们的视野其实应该转向伊斯坦布尔和更东边的地方。

但是，精细的湿壁画与镶嵌画是否真的是一种复兴的表现？抑或 14 世纪君士坦丁堡的艺术复兴不过是最后一口深深的喘息，或许是在即将死亡之前将城市的过去迅速重温一遍？因为君士坦丁堡不久就会发现，自己既无意愿也无能耐来捍卫自己。[10]

对于来自荷兰、英格兰中部与法国北部的十字军来说，当他们从陆路或海路横越拜占庭领土时，闪烁的海、炎热的风、从苍白岩石中隆起的金色石造城堡肯定让他们觉得像是某种宗教经验的显现。[11]

君士坦丁堡邀请拉丁人前来，雇用他们担任佣兵；现在却发现这些人不愿离开。拜占庭对佣兵的依赖长久以来一直是这个文明招致批评的原因。[12] 而这种非正统的军事政策可能是因为君士坦丁堡统治者相信他们主掌了上帝的计划。以君士坦丁堡为中心的拜占庭帝国，它的存在是为了巩固与捍卫，而不是为了发动攻击。对于以君士坦丁堡为首都的男男女女来说，他们扮演基督徒角色就是要维持和平，而不是实行旧罗马的"罗马和平"*，它通常是虚伪的，罗马作者塔西佗对此曾说过一句名言："罗马人把一切化为废墟，而他们称之为和平。"[13]

不同于穆斯林与拉丁人，拜占庭对于战争并不特别热衷；事实上，拜占庭作家只在提到古典时期收复德尔斐的战争时才使用了"圣战"一词。"我们必须一直维持和平。"拜占庭历史学家说道。另一方面，西方人并不会这般小心翼翼。

收复耶路撒冷也许是个宗教梦想，但君士坦丁堡提供的却远多于此，它是一座控制了广大土地与巨大财富的梦想之城。令拜占庭感到恐惧的是，医院骑士团察觉到君士坦丁堡的虚弱，于是接连开始侵占拜占庭的岛屿。罗得岛在 1306 年遭到围攻，两年后陷落。[14] 这座具有强烈哥特风格且被建设成堡垒要塞的旧城，在中世纪成为英格兰、法兰西、德意志、普罗旺斯（Provence）、意大利、阿拉贡（Aragon）与卡斯蒂利亚（Castile）医院骑士团显贵指挥君士坦丁堡与加里波利内部间谍工作的地方，而这一切只是开始。现在，罗得岛成

---

* 见第 110 页。——编注

为拉丁人面向西方、被海包围的骑士王国的一部分。

医院骑士团的城堡开始形成了一条跨越地中海的要塞链。在小岛哈尔基（Chalki），在塞浦路斯的科洛西（Kolossi），在博德鲁姆，[15] 如果攀越——这些地方的坡度近乎垂直（希腊人不顾生命与安全的蓬勃生气令人钦佩）——古代卫城遗址，仔细端详这幅缅怀圣尼古拉抵达哈尔基岛的湿壁画（有五百五十年历史，严重褪色）；如果朝着小亚细亚与四周辽阔的海洋远望，这片群岛的战略潜力便一目了然。行经的飞鸟，像鸬鹚、信天翁、地中海鸥、地中海鸬鹚、地中海海鸌与棕尾鹭[16] 会告诉君士坦丁堡的统治者，他们现在几乎已经被敌对的基督教军队包围。

在君士坦丁堡，威尼斯人与热那亚人发动代理人战争*，烧毁对手的仓库与住房。麻烦从四面八方袭来：来自东方的成吉思汗，[17] 来自帝国地中海边区的骑士团，现在又多了南方的骑士团。十字军影响最深远的遗产，从长期来说，是让阿拉伯近东团结起来对抗该区的基督教势力；从短期来说，则是让基督教世界的东部屏障暴露在有时是朋友但绝大多数时间是敌人的突厥人的野心之下。

当时的加泰罗尼亚佣兵拉蒙·蒙塔内尔（Ramon Muntaner）描述道：

> 事实上，突厥人已经征服了这么多的领土，他们的军队来到君士坦丁堡前方布阵；只有不到 3 公里宽的狭长海峡阻隔他们攻城。只见突厥人挥动刀剑，耀武扬威，把这一切看在眼里的皇帝深受威胁。不难想象当时皇帝内心受到的折磨，因为一旦突厥人拥有渡海的工具，就能攻下君士坦丁堡。[18]

---

* 代理人战争（Proxy War），两个敌对国家不直接参加的战争，而是利用第三者代替自己打仗。第三方可以是政府、非国家武装力量、雇佣兵。代理人战争的目的是打击对手，但又不会引起全面战争。——编注

第六部分

真主之城

公元 1320 年—1575 年

（伊斯兰历 720 年—983 年）

匈 牙 利 王 国

瓦 拉 几 亚

塞 尔 维 亚

波 斯 尼 亚

贝尔格莱德

索非亚

菲利普波利斯

拉古萨

杜拉奇恩

欧赫里德

埃迪尔内

帖撒罗尼迦

加里波利

巴里

塔兰托

卡斯托里亚

拉里萨

底比斯

士麦那

科林斯

雅典

以弗所

君士坦丁

斯

伊

布鲁

地

中

海

0　　　　200　　　　400

千米

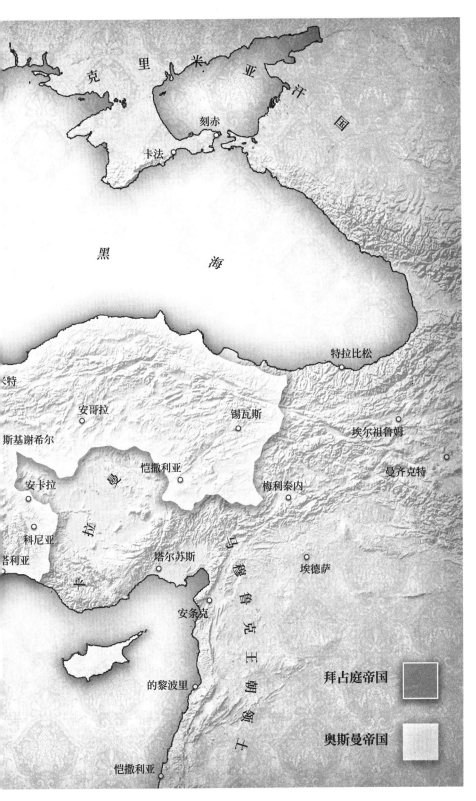

克里米亚汗国

刻赤

卡法

黑海

特拉比松

安哥拉

锡瓦斯

埃尔祖鲁姆

斯基谢希尔

曼齐克特

恺撒利亚

安卡拉

梅利泰内

鲁

科尼亚

马

塔尔苏斯

埃德萨

拉

塔利亚

安条克

穆

鲁

克

王

朝

领

土

的黎波里

恺撒利亚

拜占庭帝国

奥斯曼帝国

奥斯曼帝国和拜占庭帝国在东地中海的疆域，约公元 1451 年

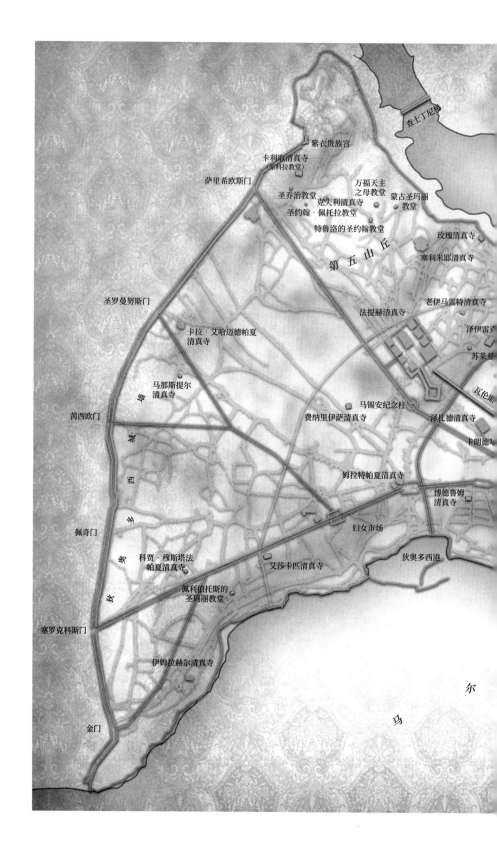

查士丁尼桥

紫衣贵族宫

卡利敦清真寺
(原科拉教堂)

萨里希欧斯门

圣乔治教堂　　　万福天主
　　　　　　　　之母教堂　蒙古圣玛丽
克芙利清真寺　　　　　　　教堂
圣约翰·佩托拉教堂

特鲁洛的圣约翰教堂　　　　玫瑰清真寺

第　五　山　丘　　　塞利米耶清真寺

圣罗曼努斯门

　　　　　　　　　　　　　老伊马雷特清真寺
卡拉·艾哈迈德帕夏
清真寺　　　　　　　法提赫清真寺
　　　　　　　　　　　　　　　　泽伊雷克

马那斯提尔　　　　　　　　　　　苏莱曼
清真寺

芮西欧门　　　　　西　城　墙　　　　　　　瓦伦斯

　　　　　　　　　　　马锡安纪念柱
费纳里伊萨清真寺　　　　　泽扎德清真寺

　　　　　狄　奥　多　　　　　　　　　　卡朗德

佩奇门　　　　　　　　姆拉特帕夏清真寺

　　　　　　　　　　　　　　　　　博德鲁姆
　　　　　　　　　　　　　　　　　清真寺

科贾·穆斯塔法　　　　　　　妇女市场
帕夏清真寺　　　艾莎卡匹清真寺　　狄奥多西港

佩利伯托斯的
圣玛丽教堂

塞罗克科斯门

伊姆拉赫尔清真寺　　　　　　　　　　　尔

　　　　　　　　　　　　　　　马
金门

加拉达宫

芬迪克里清真寺

奇力克·阿里帕夏
清真寺

阿扎帕卡比
清真寺

希凯

博斯普鲁斯海峡

金角湾

鲁斯坦帕夏清真寺

内奥里恩

新皇太后
清真寺

普罗斯方里恩

耶清真寺　和平塔

托普卡珀皇宫

第二山丘

巴耶济德
清真寺

神圣和平教堂

帝国清真寺
（原圣索菲亚教堂）

竞技场

许蕾姆苏丹浴场

苏丹艾哈迈德清真寺

尤里安港

霍米斯达斯宫

圣塞尔盖和
圣巴克斯教堂

圣彼得和圣保罗教堂

拉　　海

| 0 | 500 | 1000 | 1500 | 2000 |

米

16 世纪的伊斯坦布尔

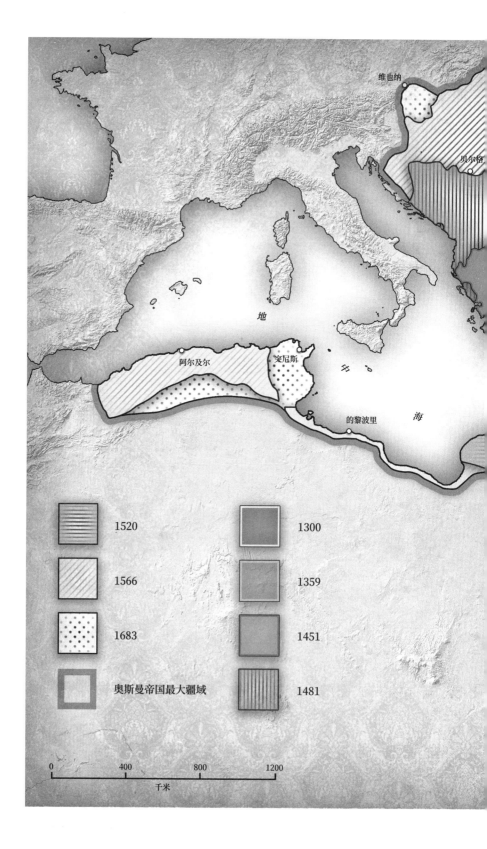

维也纳

贝尔格

地

中

海

阿尔及尔

突尼斯

的黎波里

	1520		1300
	1566		1359
	1683		1451
	奥斯曼帝国最大疆域		1481

0　　　400　　　800　　　1200

千米

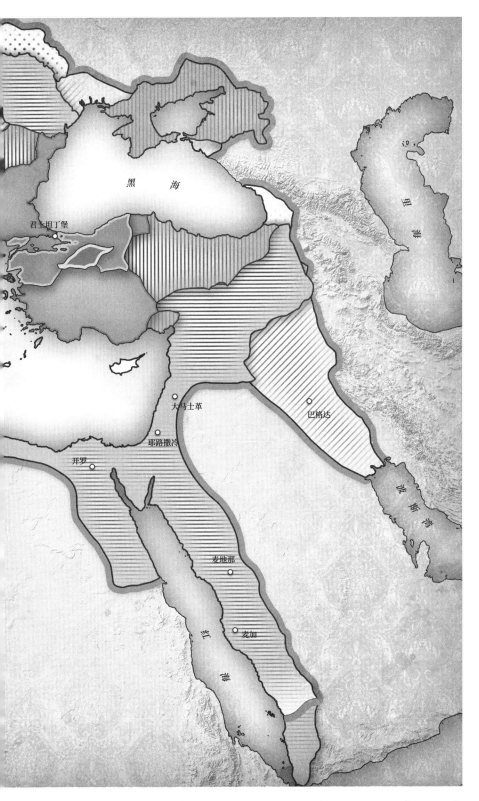

黑　海

里海

君士坦丁堡

大马士革

巴格达

耶路撒冷

开罗

波斯湾

麦地那

红海

麦加

奥斯曼帝国的扩张，公元 1300 年—1683 年

第五十章　伊尔迪里姆：雷霆

公元 1326 年—1453 年（伊斯兰历 727 年—857 年）

山谷里宏伟的城市闪着光，城市里有大大小小的圆顶、金字塔与方尖碑，还有宣礼塔与塔楼。

新月照耀着宣礼塔的尖顶，从宣礼塔走廊传来穆安津*呼唤信徒礼拜的声音。

这声音混合了一千只夜莺的甜美叫声和无数各色鹦鹉的鸣啭声。

各种鸣唱的鸟儿都在这里。

大树枝叶交错，包罗万象，形成充满生机的树冠，众多飞禽在其下鸣啭飞翔；树上的叶子每一片都长得像一把短弯刀。

突然间吹起一阵强风，把剑状叶片的叶尖转向世界各个城市，特别是君士坦丁堡。

这座城市位于两片海洋与两块大陆的交汇点，看起来就像一枚钻石镶嵌在两颗蓝宝石与两颗祖母绿之间，构成普世帝国戒指上最珍贵的宝石。

正当奥斯曼想着自己正将异象中的戒指戴在自己的手指上时，他醒了。

"奥斯曼之梦"，约 1280 年 [1]

---

* 穆安津（muezzin）：宣礼员，清真寺中召唤信徒做礼拜的人。——编注

在马尔马拉海对岸，狄奥多拉皇后曾经接受水疗的城市传出不祥的声音：数十万只上工的蚕儿埋头吃着，传出嘎吱嘎吱的声音。这些制丝作坊飘出的恶臭足以让访客退避到一公里外。你还会听到 1000 架织布机有节奏地碰撞歌唱，闻到刚织好的天鹅绒、丝绸与锦缎散发出温热的浓烈气味。这个养蚕地数世纪以来一直隶属于希腊城市普鲁萨，即将发生巨大的变化。

东方的土耳其人继续巩固他们获得的领土。1326 年，奥尔汗·加齐（Orhan Gazi）在君士坦丁堡东南方仅 160 公里的高丘插上旗帜，他将这座拜占庭城镇改名为布尔萨（Brusa）。

我们被告知这一切源于一场梦。某天晚上，奥尔汗的父亲，同时也是奥斯曼土耳其人的领袖奥斯曼（Osman，史料上也写作奥特曼［Otman］），[2] 梦见自己的肚脐长出一棵大树。这棵树在大地上四向生长，当一阵风吹动树上的剑状叶片时，叶子的尖端都指向了君士坦丁堡。[3] 在他看到异象的前一晚，奥斯曼接受了无可避免的悲伤事实：自己对埃斯基谢希尔（Eskişehir）城里那名美丽女孩的爱慕将永远无法得到回应。埃斯基谢希尔是一座奇异、超脱尘世且充满情欲的城市。青铜器时代以来，这里就是崇拜东方自然女神库柏勒的重镇。奥斯曼接受哀伤与悲痛是人生境遇使然；他获得了解脱，从而成就伟业——后来不光那个女孩成了他的妻子，连半个已知世界都被他收入囊中。奥斯曼的部族从此不停地迁徙。

奥斯曼人发迹于今日土耳其的西北部，原本只是源自阿尔泰山的众多半游牧突厥部族的一支。13 世纪，当君士坦丁堡被拉丁人占领时，蒙古军已于 1258 年攻陷巴格达，而塞尔柱鲁姆苏丹国正步入衰微——权力轴心正在转移。奥斯曼的追随者称为 "Ottomans" 或 "Osmanlılar"（土耳其语奥斯曼人的意思），他们已经准备好填补这个空隙。奥斯曼人以萨卡里亚河流域为根据地，从一座现已变得宁静而体面的小型都市瑟于特（Söğüt）开始巩固权力。萨卡里亚河的源头邻近有一座名叫黑堡（Black Castle）的城镇，2004 年之后改名为阿菲永卡拉希萨尔（Afyonkarahisar），也就是鸦片黑堡（Opium-Black Castle）。1265 年攻占瑟于特后，奥斯曼祖孙三代人以尼西亚附近的耶尼谢希尔（Yenişehir）为基地，先后攻取村庄、谷地与城镇。1326 年，在历经六至九年的围城后，奥斯曼人终于取得他们的第一座大城普鲁萨，这座城市将成为奥斯曼的第一个首都："他们把城池围得密不透风，异教徒连一根手指都伸不出去。"[4]

到今日的布尔萨旅行可以让人获得启发。虽然这座城市在 1923 年土耳其共和国成立后被积极开发成工业中心，郊区也盖满了汽车工厂，但早期的森林之美仍依稀可见。布尔萨南方有座亚洲奥林帕斯山（Asian Mount Olympus），爬到这座山的半山腰上，人们能感受到自然环境的巨大影响力。回到过去，这里或许是另一个暂时有利的地理位置，迁徙的游牧勇士在此处可能与山下平原的基督教军队交手。

奥斯曼人一直以来都是"乡村"（rus）定义成功，而非城市（urbs）。在布尔萨旧城，一些树木盘踞在科纳克式（könak）木造宅邸之间。在伊斯坦布尔，这类宅邸若是滨水，则被称为雅里斯式（yalıs）宅邸。在旧城区，居民仍然贩售与食用以山羊皮包裹的山羊奶酪，这是过游牧生活的人使用的保存方法。但布尔萨给人的感觉不像是辉煌一时的游牧民族营地。主要大街、公园与倾颓的拜占庭堡垒间，散布着一连串宏伟的早期奥斯曼人坟墓，包括奥斯曼一世在内，此地是伟大部族领袖最后的安眠之所。布尔萨还有一座美得不可方物的绿色清真寺（Green Mosque），是在奥尔汗抵达这座城市后的一百年内建成的。随着优美的伊斯兰建筑的建成，漂泊数千年的民族也决定落地生根。布尔萨令人惊叹的土耳其文艺复兴建筑物表现了奥斯曼人的雄心壮志。奥斯曼与他的儿女不仅想成为家族的领袖，也想成为他们统治的帝国的主人。不久，这个地区的权力竞逐者开始向奥斯曼人这些不速之客献上求和的礼物：牲口、金属和上等的布料。

奥斯曼人从新建的城堡眺望布尔萨平原，平原以外是马尔马拉海，而朝着被两片蓝色海洋包围的城市望去，往后一个多世纪，那里始终是他们无法企及的地方。但奥尔汗与他的人马很有耐心地眺望与等待，因为周围其他城市纷纷开始陷落：1331 年尼西亚、1337 年尼科米底亚、1341 年克鲁索波利斯——虽然离君士坦丁堡还有一段距离，但已足以让对方感受到奥斯曼人的威胁。在欧洲大陆，奥斯曼家族其他成员取得了巨大的成功。奥斯曼各路将领有时会独立行动，他们攻击了埃格那提亚大道沿线城市，很快将控制巴尔干大部分地区。

　　正当奥斯曼人接二连三尝到胜利的喜悦时，君士坦丁堡却受困于一连串的内部问题。1347 年，圣索菲亚大教堂圆顶的东半部塌陷，想必被视为上帝降怒的征兆。紧接着，热那亚人在 1348 年兴建了基督塔（Tower of Christ，今日的加拉达塔［Galata Tower］）；热那亚人在 1204 年威尼斯人失势流亡后成为新一批得宠的商人，这座基督塔象征着旧敌人带来的新威胁。来自克里米亚的热那亚商船将黑死病带入君士坦丁堡，不到一年的时间就导致城里三分之一的人口死亡。[5] 其他地方还有人宣称自己才是罗马人真正的皇帝：1346 年，塞尔维亚的斯特凡·乌罗什四世·杜尚（Stephen Uroš IV Dušan）率先称帝，之后半个世纪，他的继承者全都如法炮制。

　　君士坦丁堡—伊斯坦布尔的未来原本可能有所不同。有人试图调停，让奥斯曼与拜占庭结成同盟。1346 年，皇储约翰六世·坎塔库泽努斯（John VI Kantakouzenos）将女儿狄奥多拉嫁给奥斯曼领袖奥尔汗。希腊史料对此表达了惊恐，许多人认为这是一纸"令人憎恶的婚约"。[6] 如 15 世纪的杜卡斯（Doukas）所言，奥尔汗是一头"被夏天烈日暴晒的公牛，它张开大口狂饮洞里最冷冽的水，却无法餍足"。[7] 事实上，拜占庭人与土耳其人、阿拉伯人有着悠久的谈判协商历史，他们与穆斯林的接触，是西方史料认定他们不可信任的原因之一。而现在局势又变得更加严峻；在君士坦丁堡，争夺权力的人竞相争取盟友奥斯曼人的支持以增加自己的实力。奥斯曼人嗅出了这些人的恐惧，于是冷静地挑拨拜占庭人，使其陷于内争。1347 年，当约翰六世·坎塔库泽努斯加冕时，他头上戴的金色王冠镶的是彩色玻璃，真正的宝石全抵押给了威尼斯。[8] 而在 1326 年的布尔萨，奥斯曼人首次铸造钱币；同时间，在两个约翰对拜占庭的共治下（约翰五世未成年，因此有一段时间是由约翰六世辅佐），君士坦丁堡停止发行金币。长达千年的传统，伴随着被围困城市的旧铸币厂中一个签名的终止而消失了。1357 年左右，已经退位的约翰·坎塔库泽努斯写道，这座城市的帝国是它昔日自我的影子。这是一个疲软衰弱的文明，终究要有所割舍。

　　拜占庭所属的城市——沦陷，1361 年迪迪莫提宏（Didymoteichon）沦陷，1364 年普罗夫迪夫（Plovdiv）沦陷。在拜占庭对抗奥斯曼人的战役中，只有 1366 年收复加里波利之战取得了胜利，"穆斯林大口咽下所有基督教国家"。[9] 然而才过十年，加里波利又回到了奥斯曼人手里，以此感谢他们协助平定了君士坦丁堡内部政变。五百五十年后，在第一次世界大战期间，这座濒临达达尼尔海峡的城市——"Kallipolis"，意为美丽之城——将目击新的恐怖景象；穆斯林与基督徒军队将再度相遇，为荣誉和土地而战。1367 年，教廷使节团来到君士坦丁堡，但拜占庭人对于西方的强有力协助已不抱任何期待，因为教会的分裂已摆在眼前。随后，1369 年，拜占庭皇帝为了拯救自己的城市，一声不吭前往罗马改信了罗马天主教。

1371 年，奥斯曼的新统治者穆拉德一世攻下了阿德里安堡。从阿德里安堡可以眺望宽阔而笼罩着雾气的马里查河，这里现在已是希腊与土耳其的自然边界，周围环绕着平原，当初瓦伦斯就是在这里遭到哥特人屠杀。之后穆拉德把这座古城定为奥斯曼的新都，并且改名为埃迪尔内。[10] 一名勃艮第（Burgundian）的朝圣者布罗基耶（Bertrandon de la Broquière）在 1433 年初造访了君士坦丁堡与埃迪尔内。他谈到"诸城之首"的长枪比武和庆典活动（有西式的马上比武，以及当地风格的波斯马球），但在埃迪尔内，奥斯曼苏丹穆拉德二世（Murad II）的接待规模显然给他留下更深刻的印象，这里原本是用来防御拜占庭与君士坦丁堡敌人的堡垒，现在却成了一座迷人的伊斯兰新城。在这段瞬息万变的岁月里，许多基督徒加入了奥斯曼军队，希望能得到战利品和庇护。回想起来，这或许解释了为什么"奥斯曼之梦"的诗句中出现了希腊士兵。后来，其他人会发现这些基督徒在这件事上毫无选择。

现在我们才发现，当时这种文化、军事与宗教现象的发展将影响伊斯坦布尔居民和往后五百年中对抗奥斯曼力量者的生活经验。有人向奥尔汗提出谏言：

> 征服者对被征服者负有责任，他们是被征服者的合法统治者，可以合法统治他们的土地、财物、妻子与儿女。我们有权做我们对自己人所做的事；而我建议的处理方式不仅合法，而且仁慈。征召他们入伍当兵，这考虑了他们现世的以及永生的利益，因为他们不仅能接受教育，生活也能获得改善。[11]

新归入奥斯曼统治的基督徒子弟，凡是身强体壮，年龄在 6 岁到 14 岁之间的，都会被征召成为行政人员及奴隶兵。这个过程称为"德夫希尔梅"（devşirme，字面上的意思是"征集"），而募集来的士兵称为耶尼切里（Janissaries，这个词源自土耳其文 yeni çeri，意思是新兵），这个军事团体很快就成为穆斯林君士坦丁堡的代名词。耶尼切里是特级部队，有自己的专属营区，领取薪水与津贴，接受训练、教育，获得赞扬。很快，在东地中海和其他地区，加入耶尼切里不再是惩罚，而成为人们竞逐的目标。耶尼切里发展出紧密的文化，孕育出一种沿着道路发展起来的宗教——拜克塔什（Bektashi）神秘主义，它融合了基督教与安纳托利亚萨满教元素，为伊斯兰苏菲派德尔维希 *（Sufi Islamic Dervish）所信仰。旧埃格那提亚大道依然是连接欧亚的重要交通动脉，拜克塔什教团和托钵僧的集会场所开始沿着这条大道雨后春笋般地出现。

少数的托钵僧寺院留存至今，高高盘踞在马里查河上方，在它们的底下可见希腊与土耳其边界，此处的罗马神庙已另做他用。在海拔约为 150 米的地方，泉水神奇地从此处的大地涌出。数世纪以来，这里一直是拜克塔什的集会地，现在归还给基督徒，作为供奉圣乔治的小礼拜堂。日落时分，神庙的泉水在后方投射出舞动的光影，让人不禁想象耶尼切里与他们的客人欣赏一天即将结束时的景象（不同宗教信仰的人都可以进入这个聚会所），并且在这个土耳其、穆斯林、苏菲派、基督教与萨满教的信仰体系中进行敬拜活动。今天，在坚定信仰东正教的希腊，少数勇敢的人仍会攀爬至此地，在聚会所外的荆棘树上留下缎带与围巾作为供品，这是献给古老的神灵和真主的礼物，细碎的布条在发出嘈杂拍击声的巨大希腊蓝白国旗下舞动着。

包围君士坦丁堡的奥斯曼人已经拥有自己的常备军；随着布尔萨丝绸贸易的扩大，[12] 来自东方的丝织品通常用来交换欧洲的羊毛织品，这群意志坚定的土耳其人因此拥有建立帝国所需的经济与军事力量。

希腊北部扬尼察（Yiannitsa）的挖掘地点说明了为什么控制埃格那提亚大道如此关键。在如今的一家中国超市旁边，挖掘到了具备工业规模的

---

* 德尔维希，伊斯兰教苏菲派教团的高级成员，按苏菲派学说完成修炼功课，以乞讨为生，通常意译为托钵僧、苦行僧。——编注

制革场与照顾商队马匹与骆驼的马厩。1383 年，加齐·埃夫雷诺斯·贝伊（Gazi Evrenos Bey）建立了扬尼察，当时称为耶尼切－伊·瓦尔达（Yenice-i Vardar），意思是瓦尔达新城；这座城市成为横跨今日阿尔巴尼亚、马其顿与希腊北部地区城市链的一环。取得这条商路使奥斯曼对欧洲的侵略，从一种通过武力竞争抢夺土地的不和谐的"杂音"转变为一种持久的观念。埃夫雷诺斯·贝伊（很可能是改变信仰叛依拜占庭的人）在旧埃格那提亚大道沿线建立济贫供餐的设施，于 1417 年去世，死后葬在一座美丽的陵寝里，这座陵寝就位于他建立的奥斯曼新城的道路旁。从 15 世纪到 20 世纪初，这里一直是朝圣地；但在奥斯曼帝国沦亡后，此处便乏人问津。埃夫雷诺斯·贝伊的安息之地被当成农用仓库，但现在又被礼貌性地修复成一间小画廊。

1389 年，奥斯曼人在科索沃平原击败由塞尔维亚人、波斯尼亚人与科索沃人组成的基督教联盟。但在战争中，奥斯曼人的领袖穆拉德一世却遭刺伤身亡（有人说是一名塞尔维亚逃兵干的）。然后到了 1391 年，新苏丹巴耶济德一世（Bayezid I）开始收网。他拿下了尤洛斯城堡（Yoros Castle），这座要塞就在拜占庭昔日的守护神庙托海隆的遗址上。而在今日，坐在四周围起铁丝网并且有恶犬看守的军方瞭望台上，人们依然能感受到紧张的气氛。1394 年，君士坦丁堡设立土耳其区，区内由奥斯曼法官（kadı）行使司法权。君士坦丁堡实际上整整被围了七年，而且丧失了所有领土。1397 年，巴耶济德在博斯普鲁斯海峡沿岸更靠近君士坦丁堡的位置兴建安纳托利亚堡垒（Anadolu Hisarı），切断黑海对君士坦丁堡的补给。这座堡垒不久将成为奥斯曼监狱。

巴耶济德的进展如此快速，如此凶猛，以至于人们给他取了伊尔迪里姆（Yıldırım）这个绰号，意思是"雷霆"。1396 年，在多瑙河畔的尼科波利斯附近，一支派来与奥斯曼人交战却举棋不定的欧洲十字军遭到歼灭。基督徒拼了命想逃离屠杀，许多人挤上超载的船只，迟来的人绝望地用手攀着船沿，船上的人情急之下挥刀砍断这些人的手。君士坦丁堡皇帝曼努埃尔二世（他在身为皇位继承人时曾被迫到奥斯曼的军中参与作战）被降格为封臣；1400 年，他向英格兰国王亨利四世求援，是唯一造访英格兰的拜占庭皇帝。曼努埃尔在埃尔特姆宫（Eltham Palace）客房休息，外头的场地正为了欢迎他而举办长枪比武，曼努埃尔肯定暗自祷告过去拜占庭圆滑的外交手腕能让他获得一些实质性的援助。但有谁愿意冒险派兵援助一座遥远而只剩空壳的城市？更别说里面还有一群战栗发抖的恐慌贫民。1176年时，英格兰国王还急着要迎娶拜占庭公主，但之后局势却完全反转。

几十年来，让新罗马获得喘息的不是基督教的十字架，而是蒙古大军。1402年，帖木儿的蒙古军队在安卡拉附近与奥斯曼人交战。安卡拉机场附近乡间挖掘出土的新证据显示此役之惨烈。[13]奥斯曼领袖巴耶济德被俘，之后死于狱中，他是唯一遭受这种耻辱的奥斯曼领袖。在安纳托利亚，巴耶济德诸子自相残杀，随后，巴尔干半岛爆发了奥斯曼将领间的内讧。虽然表面上看来拜占庭获得短暂休养生息的机会，但在1444年，另一支十字军，有些人称为最后一支基督教的十字军，却在保加利亚黑海岸边的瓦尔纳（Varna）被击溃。

在此之前，1422年，奥斯曼领袖穆拉德二世再度攻打君士坦丁堡，以报复拜占庭人释放觊觎王位的"伪苏丹穆斯塔法"（False Mustafa），拜占庭统治者原本将他关在利姆诺斯岛（Lemnos）。君士坦丁堡内绝望而富裕的拜占庭人开始在自己的房舍中兴建用于防御的塔楼以求自保。今日位于岸线边缘的大理石塔（Mermer Kule）遗址很可能是旧城墙内房舍堡垒的破损残骸。[14]其他地方，例如原本属于拜占庭领土的匈牙利城镇与村落，后来成了"一片焦土，全都烧成黑炭"。[15]1430年，七年前曾落入威尼斯人之手的帖撒罗尼迦终于被奥斯曼人攻下。[16]1448年，俄罗斯人决定不再派僧侣到君士坦丁堡接受祝圣仪式。

奥斯曼人的气势正盛，难以抵挡，他们知道自己如果在这个时候止步，将错失大好良机。因此，当君士坦丁堡领袖坐守已然衰微且江河日下的权力宝座时，奥斯曼人却把眼光望向未来，望向西方，并且蓄积着力量。事实上，当时君士坦丁堡拥有的不过是残破城墙内十三座与废墟为邻、勉能维生的村落（1235年后，君士坦丁堡已经丧失所有领土，仅剩一座被削减了领土的孤城）。比萨、热那亚与巴黎正在崛起：所谓的法兰克人不再是1185年围困帖撒罗尼迦时欧斯塔修斯眼中那群流淌着口水、粗鄙无文的蛮族。西方正在产生观念与发明，抗衡千年来从东方大量涌入的事物。

传言说匈牙利有个名叫乌尔班（Urban）的工程师正在研制火药技术。希腊火长久以来一直是君士坦丁堡的防御利器，但现在这件化学武器的重要原料石脑油的供应线，也就是由高加索山区与中东进口的通道却遭到切断。1369年，拜占庭人曾使用加农炮对付奥斯曼人；但到了 15 世纪中叶，拜占庭人已无力负担火药与装填火药的炮铜。而对奥斯曼人来说，钱从来不是问题。

秃鹰已经开始盘旋。君士坦丁堡仿佛成了国际慈善商品拍卖会，吸引意大利人前去拜占庭带回手稿：一个名叫乔瓦尼·奥里斯帕（Giovanni Aurispa）的人，单趟旅行就收集了 248 本书。意大利现在到处是拥有学识、说希腊语的贫穷难民，他们可以把古典语言传授给渴望提升自我的意大利人。彼特拉克（Petrarch）为了翻译他拿到的《伊利亚特》复本，在朋友薄伽丘（Boccaccio）的协助下认识了一个名叫列恩提欧斯的说希腊语的人。彼特拉克兴奋地将荷马的作品拥入怀中，尽管他一个字也看不懂，但他仍因自己的计划而激动，感动之余，他还写了一封感谢信给荷马。[17] 威尼斯对希腊作品的爱好使它获得"新雅典"的称号。我们知道格弥斯托士·卜列东（George Gemistos，为了向雅典哲学家柏拉图致敬，他取了卜列东［Plethon］这个绰号）讲授的柏拉图课程打动了美第奇家族（Medici family）*，使他们在佛罗伦萨（Florence）赞助设立柏拉图学院。[18] 我们可以公允地说，意大利的文艺复兴有一大部分归功于君士坦丁堡的悲惨。[19]

君士坦丁堡的文物几乎被搬运一空，只坐待城陷的那天来临。

奥斯曼的梦境把神秘主义、性、宗教与地形学这些主题合而为一，而地势高耸的布尔萨似乎成了实现奥斯曼奇异田园之梦的适当地点。然而，梦境的最终实现将更为血腥。1452 年，新奥斯曼领导人穆罕默德二世在博斯普鲁斯海峡的欧洲海岸兴建博加兹凯森城堡（Boğazkesen Castle），今日称为如梅利堡垒（Rumeli Hisarı）。堡垒上装设了"像龙一样的加农炮"[20]，发射的炮弹会在水面上弹跳。穆罕默德二世的耶尼切里军队接到命令，可以利用那些不缴交关税的船只来练靶。如梅利堡垒与位于亚洲海岸的托海隆神庙以及穆罕默德二世的曾祖父兴建的安纳托利亚堡垒隔着海峡相望，它清楚显示：奥斯曼人已经展开行动入侵君士坦丁堡。

---

*　美第奇家族是佛罗伦萨 15 世纪至 18 世纪中期在欧洲拥有强大势力的名门望族，从事羊毛加工、金融等业务。——编注

第五十一章　那不是老年人的国度

公元 1453 年（伊斯兰历 856 年—857 年）

> 每个人听到君士坦丁堡即将遭受攻击，纷纷四处走避，只留下年幼无法走路的孩子与年迈直不起腰的老人。
>
> 　　杜卡斯（Doukas），《希腊史残篇》（*Fragmenta Historicorum Graecorum*）[1]

> 蜘蛛是恺撒宫里的窗帘扣。
> 猫头鹰夜里在阿夫拉夏布塔（Towers of Afrasiab）上呼鸣。
>
> 　　据说征服者穆罕默德走在君士坦丁堡荒废的拜占庭皇宫时，
> 　　念了这么一句诗 [2]

> 上帝鸣钟，大地鸣钟，天空回响。
>
> 　　东正教女性在节庆与葬礼时仍唱君士坦丁堡衰落的哀歌

伊斯坦布尔近年来在每年的 5 月 29 日，也就是奥斯曼于 1453 年征服君士坦丁堡的日子举办新节庆。[3] 城里到处都在提醒人们这一历史事件。奥斯曼的船（画在公交车两侧）从博斯普鲁斯海峡被拖上岸，翻越君士坦丁堡的山丘，让人想到苏丹穆罕默德二世的大胆构想，他征用绵延大约 5 公里的原木，以及热那亚人供应的橄榄油，使他的海军得以绕过金角湾用作暗桩的链条。参加国际象棋锦标赛的孩子们从各个地区搭乘公交前来古竞技场一同竞技，奥斯曼军乐队在城里巡回。当地居民聚集在一起，观赏重现奥斯曼大军攻破君士坦丁堡金角湾城墙的声光秀。这些居民主要来自比较穷困的地区，例如芬内尔区，这里一度是希腊人的聚居区。当伊斯兰旗在城垒上升起时，民众发出了高声而有礼貌的欢呼声。

伊斯坦布尔的征服庆典（Conquest Celebrations）是一种政治创造。几个世纪以来，对众多民族与许多文化来说，5月的这一天标志的不是胜利征服，而是"沦陷"。

穆罕默德兴建的如梅利堡垒带有未来主义风格，城墙厚度足以抵御加农炮的炮火，而兴建堡垒仅仅是开始。这名年轻的奥斯曼领袖计划缜密，他是第十三位攻打君士坦丁堡的穆斯林统治者，这场冒险只许成功，不能失败。当时的人表示，穆罕默德无论走路还是睡觉，脑子里都想着攻打君士坦丁堡的策略。目击者提到，穆罕默德的16万大军从帝国首都埃迪尔内出发，沿着军事大道前进，当时这名坐镇首都的奥斯曼统治者才12岁，从1444年到1446年，他已稳坐苏丹的宝座。军队行经单调的地貌，带着令人生畏的新武器，其中包括巨型加农炮，炮管长约8米，需要200名士兵进行操纵；这门大炮名叫"乌尔班"，以负责铸造的匈牙利工程师命名。据说这门大炮的炮声震耳欲聋，使用的炮弹重达0.6吨，射程将近1.6公里，至今耶迪库勒堡垒（Yedikule Fortress，意思是七座塔）的幕墙内仍看得到这些炮弹。耶迪库勒堡垒是一个类似吞噬细胞的建筑物，围绕着拜占庭的金门而建，奥斯曼人在占领君士坦丁堡的四年后建成这座堡垒。奥斯曼陆军的数量大概接近8万人，此外还有100艘奥斯曼战舰在汹涌的博斯普鲁斯海峡准备接应。君士坦丁堡的周围全竖起了穆罕默德的旗帜，在东地中海的微风吹拂下精神抖擞地飘扬着。到了4月5日，穆罕默德的大军已经将君士坦丁堡团团围住。

拜占庭的杰出技术全部失灵：横跨金角湾的铁链派不上用场，因为奥斯曼人砍伐森林，把橄榄油淋在原木上，然后拖着船越过陆地；城墙总共五层，曾经抵御过无数敌人，现在却遇到了对手——没有人能击败新一代高耸入云的攻城武器，而制作这些武器的费用都是贩丝所得；此外还有奥斯曼人的超级加农炮，他们一整个月持续用这种武器炮轰城墙。穆罕默德的工程师在加拉达与君士坦丁堡之间搭建浮桥；浮桥这种基础设施是君士坦丁堡的宿敌。令人毛骨悚然的恐吓、磨刀的霍霍声、停泊港内的拜占庭船只遭到击沉的刺耳响声、敌人整饬队伍准备攻击的呐喊声，这些肯定让受困城中无法逃亡的民众感到恐惧。

当时的一名历史学家写道，看到城外聚集大量敌军，君士坦丁堡居民"惊慌失措，六神无主"。[4]

　　叶芝是对的，他形容这座城市"不是老年人的国度"；穆罕默德，不久将成为"征服者穆罕默德"，验证了叶芝这句话。让我们想象一下穆罕默德的样貌，或许不应该是贝利尼（Bellini）那幅著名肖像画里的那位面如鹰隼、神情肃穆、全身裹着松鼠毛皮的男子（见彩图 17）；这幅肖像是贝利尼 1479 年造访这座城市时为他画的。相反，我们应该想象只有 21 岁的他站在君士坦丁堡城墙外引颈期待的模样。征服者穆罕默德担任奥斯曼苏丹已有十年，他决心一定要攻下这座"诸城之首"。伊斯坦布尔军事博物馆收藏的早期奥斯曼盔甲，显示战士们在围绕君士坦丁堡的色雷斯平原作战时，身上装备的精良程度：头盔重达 3.5 千克；护身的锁子甲有 30 米长。攻城持续了 51 天。尽管皇帝君士坦丁十一世做了孤注一掷的准备，储存粮食、修补城墙，但守城的人马只有 7000 人，也可能只有 5000 人。奥斯曼人传信给能俯瞰金角湾的君士坦丁堡皇宫，表示皇帝若能投降，则将免除一场破坏与屠杀，君士坦丁十一世可以继续以苏丹属臣的身份在别处生活。

　　君士坦丁堡城破前 48 小时，城中的圣物在示道之母*与布雷彻尼圣母的圣像后面到处巡行，尝试借助圣母的力量，保护这座显然曾受到她庇佑的城市。这场战斗孤注一掷。拜占庭总是仰赖雇佣兵，1453 年时，城市的守军主要也由雇佣兵组成，其中包括乔瓦尼·朱斯蒂尼亚尼·隆戈（Giovanni Giustiniani Longo）这样的人物，这名热那亚战士将 700 名赏金猎人带进城内。经过七星期的围城战，君士坦丁堡若想获救，的确需要奇迹。皇帝君士坦丁十一世赶往圣索菲亚大教堂，当时已经有许多人在里面。他静静俯卧在地，然后举行弥撒，感谢城内城外与他一同奋战的人。在此之前，他已经和颓圮的布雷彻尼宫里的全体人员道别，据说许多人"痛哭呻吟"。[5]

　　围城战最后一天，战斗在凌晨 2 点 30 分左右打响。发出呼号声的奥斯曼士兵敲着鼓、吹着风笛宣示开始进攻。城墙被打破，皇帝与他的手下砍倒了三百多名第一批穿墙而来的奥斯曼人。城外的加农炮继续发动进攻，由于

---

*　见第 185 页注释。——编注

炮管太热，只能隔 12 小时进行炮击。奥斯曼人穿过内墙，抵达一道未关闭的小后门，当星月旗在塔楼上随风飘扬时，城陷的消息逐渐传开。拜占庭人失去斗志，奥斯曼人则蜂拥进城。乔瓦尼·隆戈在战斗中负伤，三天后，他在土地肥沃、盛开着花朵的希俄斯岛一座大庄园去世，希俄斯岛已于 1355 年赐予热那亚人，冀望他们能够与拜占庭联手对抗土耳其人。我们得知皇帝君士坦丁曾经恳求乔瓦尼留下，但这名雇佣兵肯定知道胜利无望。

奥斯曼大军从逐渐扩大的城墙破口进城，接着便是奸淫掳掠，"战士们抱起年轻的美人"。[6] 整个事件过后，大约有 4000 人被杀，其余仍活着的则沦为奴隶。西方历史学家提到彼时血流成河；镶满珠宝的圣物箱被摔个粉碎，里头的圣物也被掠走；苏丹比尼禄与卡利古拉（Caligula）*更加残暴。就连日后的奥斯曼史料也证实，这次攻击成了贪婪的代名词。人们用"伊斯坦布尔的战利品"来形容发了一笔横财。[7] 君士坦丁堡的陷落在被写入历史的同时，也成了一则道德寓言。在君士坦丁堡，有一幅镶着珠宝、镀金，据说拥有神奇力量的圣母像，每当城市遭遇困境时，人们便会拿着圣母像绕行城墙寻求救助；彼时为了安全起见，圣母像被保存在科拉修道院；但她最终还是被砸个粉碎，那些崇高的装饰品全被拿去售卖。

穆罕默德进城时没有跟先前那些凯旋的拜占庭统治者一样穿过金门，而是穿过萨里希欧斯门，现在称为埃迪尔内门。金门，这座曾经镀金的大门，此时只是一座破旧的希腊罗马风格拱门，上面雕饰着希腊与罗马故事，而这些与城市的新统治者全然无关；它只有在抢修老建筑的时候还算有用。埃迪尔内数十年来一直是奥斯曼帝国的首都，也是穆罕默德的出生地，军事大道从这里直通新罗马的西北角。今日，埃迪尔内门这座城市门户被保留下来，金门却长满了杂草。

据说当征服者穆罕默德骑马穿过萨里希欧斯门时，他环顾四周一片被破坏的景象，不禁难过地哭泣道："看我们把这座城市掠夺破坏成什么样子！"[8] 但他随即擦干眼泪，准备开始工作。

---

* 罗马帝国第三任皇帝，也是帝国早期的典型暴君，他建立恐怖统治，神化王权，行事荒唐。——编注

　　大英图书馆不对外公开的库房里收藏着这样一份文件，使我们得以管窥在这个划时代的时刻之前的文书工作与规划。文件展开后，有一张桌子那么长，用乌黑的铁胆墨水以希腊文字誊写。日期标记是 1453 年 6 月 1 日，就在君士坦丁堡沦陷的三天后。这份特殊文件是穆罕默德给加拉达热那亚人的承诺，允许这个团结的移民社群继续留在原地，也就是在今日的卡拉科伊（Karaköy）从事贸易。整份文件只在边缘空白处有两处整齐添入的修正文字；从各方面来看，这都是一份干净的初稿。整个政权的转移显然事先经过仔细准备，每个细节都安排妥当。这份文件由该区的维齐尔，扎加诺斯帕夏（Zaganos Pasha）*签署，他在文件的顶端印了苏丹穆罕默德二世的花押。[9] 加拉达并未以武力夺取，但此时当地所有居民都必须臣服于苏丹。[10]

　　拜占庭末代皇帝君士坦丁十一世确切的命运如何，我们不得而知。有些资料表示，有人借由他穿的丝质长裤（上面还绣着一只鹰）而认出他来。他的尸体被砍下了头，还被拿去在君士坦丁堡游街示众。另外也有说法提到，天使带走了皇帝的尸体，将他变成大理石后埋在金门之下（这种说法呼应了过去的某个传说，君士坦丁大帝从他的长眠之地圣使徒教堂被带往一处洞穴，并在洞穴复活）。城里开始出现传言，说金门被奥斯曼人封住是为了不让复仇的皇帝死而复生。

　　君士坦丁十一世与君士坦丁堡的创建者君士坦丁一世同名，他不只是第十一位君士坦丁皇帝，也是君士坦丁堡最后一位基督教皇帝。一场经年累月、在文化上突破创新的大型都市试验终于结束。罗马的力量，无论旧罗马还是新罗马，一向来自于首都的安全。如果城市稳固，罗马就能长存。拜占庭文明最后的五十年，只剩下几个各行其是的城邦与一座潮湿脏乱、陷入黑暗的城镇，现在连仅存的这些也失去了。

　　在罗马，民众听说君士坦丁堡沦陷，莫不捶胸大哭，因为君士坦丁堡是罗马的子嗣。[11] 当时的人形容这是"有史以来最令人悲痛的灾难"[12]，是对特洛伊沦陷的报应。与此同时，在穆斯林土地上，人们进行祷告，并感谢先知穆罕默德另一项重要预言的实现。现在，在铸造钱币时，君士坦丁堡会被铸印

＊　帕夏是奥斯曼帝国高级文武官员的称号，置于姓名后。——编注

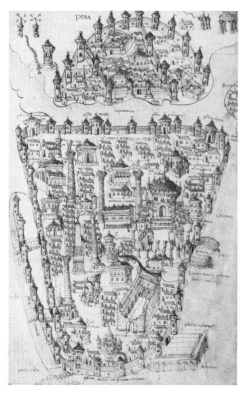

君士坦丁堡地图，出自《爱琴海诸岛之书》（*Liber Insularum Archipelagi*），约 1385 年到 1430 年。

成"Kostantiniye"（科斯坦丁尼耶，这个名字将出现在这座城市铸造的钱币上，直到 1760 年［伊斯兰历 1174 年］为止，之后苏丹将颁布法令，将钱币上的文字改成他喜爱的"Islam-bol"）。欧洲以戏剧的形式做出回应，游吟诗人（Troubadours，讽刺的是，这项职业是受到安达鲁斯伊斯兰加扎勒［ghazal］歌手的影响而产生的）写下哀悼与号召抵抗的歌曲。这些歌曲尤其受到金羊毛骑士团的喜爱，这个骑士团是受格鲁吉亚科尔喀斯王国与横渡博斯普鲁斯海峡、传说中的英雄伊阿宋的事迹启发而组成的。1454 年，勃艮第的好人菲利普（Philip the Good of Burgundy）筹划了一场政治假面剧，他摆设宴席，寻求支援并募集救济金来拯救拜占庭。伴随着印刷术的发明，出现了号召十字军夺回君士坦丁堡的传单，然而这些宗教和政治口号的呐喊终究是雷声大雨点小。[13] 人们虽然为君士坦丁堡的陨落捶胸顿足，但宝剑却迟迟不出鞘。

第五十二章　暮光之城

公元 1453 年—1461 年（伊斯兰历 856 年—866 年）

> 要是土耳其人坚持信仰基督与基督教世界，你将找不到比他们更强
> 壮、更勇猛、战技更好的士兵。
>
> 《法兰克人与其他前往耶路撒冷朝圣者事迹》
>
> （ *Gesta Francorum et Aliorum Hierosolimitanorum* ）[1]

　　早在巨大的加农炮乌尔班大展神威之前，奥斯曼的测量人员与文书人员就
已经开始忙碌，此事一点都不令人意外。别忘了，拜占庭皇帝与穆罕默德二世
多年来一直维持着密切的往来。"伪苏丹穆斯塔法"，穆罕默德的一个叔叔，曾
经沦为拜占庭与奥斯曼领袖之间的交易对象——拜占庭皇帝有偿担任看守"伪
苏丹穆斯塔法"的狱卒。拜占庭公主曾跟埃米尔的儿子联姻。有些基督徒感谢
奥斯曼军队提供的保护，使他们免受信仰天主教的西方人的侵扰。而在最后
五十多年，土耳其人在君士坦丁堡拥有了自己的居住区，[2] 还盖起了清真寺。
西方历史记录首次提到奥斯曼人时就已经指出他们与拜占庭统治者的联系。奥
斯曼赠送地方领袖礼物、上等的地毯以及出自季节性放牧牛群的凝脂奶油，对
当地人既进行征服又和平共处。1420 年，当奥斯曼人在拜占庭的博斯普鲁斯
海峡边安营扎寨时，穆罕默德一世与曼努埃尔二世彼此正互赠珍馐。[3] 君士坦
丁堡原本可能成为这两名基督徒和穆斯林统治者合作统治的城市。

　　君士坦丁堡沦陷后的十年间，城市的希望如同风中残烛，仅存于特拉比松
与米斯特拉斯（Mystras）的偏远城镇以及伯罗奔尼撒摩里亚（Morea）的零星
地区。基督教主教与行政官员在这破碎分散的基督教世界苟延残喘，勉强维系

拜占庭存在的事实。

米斯特拉斯位于泰格特斯山（Mount Taygetus）山麓，地势比斯巴达来得高，这里收容了学者与艺术家，反映了拜占庭母城在帕里奥洛格斯王朝时代最后的繁盛景象。拜占庭末代皇帝君士坦丁十一世于 1449 年在此地加冕，而不是在君士坦丁堡。今日的米斯特拉斯如同一座鬼镇，薄暮中隐约可见的湿壁画是这片废墟难得的幸存者。破晓时分的浓雾遮蔽了一切，冷空气从山上降下，棕榈树上的毛脚燕争论着一天的见闻。夜间，只有星光与萤火虫照着群山。米斯特拉斯依然是朝圣地，游客会到这座荒废的拜占庭市镇抛撒花瓣。

君士坦丁堡陷落后的十年间，米斯特拉斯在思想上还保有足以振奋人心的纯粹性。米斯特拉斯的学者持续影响意大利的文艺复兴，在佛罗伦萨，为了纪念米斯特拉斯最伟大的子嗣卜列东而设立了柏拉图学院。在米斯特拉斯，人们坐在荒废城墙上的桑树下，阳光与茉莉花香在脚下的尤罗塔斯平原相互交织。荷马曾经形容这片地区是"盛产美女的土地"，而此处伯罗奔尼撒的风景也美不胜收。但 1453 年后的米斯特拉斯却只是山麓上一座孤立的小镇，俯瞰着另一座巨大的城市废墟斯巴达，现在，就连这座小镇也将衰微。皇帝君士坦丁十一世的弟弟托马斯（Thomas）与迪米特里奥斯（Demetrios）是米斯特拉斯最后的专制君主，他们以附庸国统治者的身份从属于苏丹，之后遭到流放。1460 年，米斯特拉斯失陷。

位于本都的特拉比松保持着近似帝国的形式，凭借对过去帝国的记忆来维系这片土地。这里的人望向无法给人任何安慰的辽阔黑海时，一定经常谈起君士坦丁堡。1461 年，紧接在米斯特拉斯之后，特拉比松也失陷了。

在 1460 年左右托斯卡纳（Tuscany）某个上层阶级妇女用来收藏亚麻织物与女性宽松内衣的卡索尼柜（cassone）或嫁妆箱上（原本这类家具都装饰着荷马、维吉尔或奥维德英雄故事中的场景），我们发现了君士坦丁堡与作战的耶尼切里的图像。长期以来，人们认为这些装饰是在批判奥斯曼人，但事实上，这个最终落脚于佛罗伦萨斯特罗齐宫（Palazzo Strozzi）的柜子是由精明的佛罗伦萨顾客委托制作的，用来纪念奥斯曼的历史，以及意大利人与奥斯曼土耳其人之间紧密的贸易关系。面对东方的新势力，西方掌权者总是保持选择上的开放性。

随着东正教会的离散，身处小教堂中的新罗马人失去了首都和一个实体性的信仰中心。现在，他们转而把重心放在内在生命上，关注与圣徒之间的紧密关系。在教堂大厅与社区中心，在葬礼与节庆上，直至今日，人们仍在歌曲中哀悼君士坦丁堡的陷落，尤其是妇女们。

然而历史总是存在着某种连续性，没有真正的休止符（2011 年，在特拉比松周围的偏远村落，村民们以古希腊文的语法说着土耳其语，这绝妙地阐释了这一真理）。[4]1466 年，特拉比松主教给穆罕默德二世写了几封信，讨论伊斯兰教与基督教的类似之处。这些书信有些写于佩拉（今日的贝伊奥卢区 [Beyoğlu]），建议这两个宗教应该找到合作的方式，毕竟有传言说穆罕默德崇拜圣母马利亚的圣像。特拉比松主教乔治指出，"没有人怀疑你是罗马人的皇帝。无论是谁，只要他正当地掌控（或通过征服取得？）帝国的中心，他就是皇帝，而罗马帝国的中心是君士坦丁堡"。[5]这位主教在他的论文《论专制君主及其世界帝国的永恒荣耀》（*On the Eternal Glory of the Autocrat and his World Empire*）中奉承穆罕默德拥有"正义、智慧，通晓逍遥学派哲学且博学多闻"。这种妥协与合作是最佳策略的想法，其实不过是一厢情愿。这位主教提出了极好的普世性建议，但最终只停留在纸面上，从未付诸实行。

君士坦丁堡内部的两个教会组织依旧正常运作。牧首管辖区的大本营原本位于圣索菲亚大教堂，现在被穆罕默德迁往圣使徒教堂；1456 年，圣使徒教堂被拆毁后，又迁往万福天主之母教堂。征服者穆罕默德不希望自家门口出现一个统一的基督教世界，因此牧首一职便由真纳迪乌斯二世（Gennadios II）出任，这名学者型僧侣显然反对与拉丁基督教妥协或合作。据说穆罕默德曾经到万福天主之母教堂与这位由他任命的教士辩论和讨论基督教神学。1600 年左右，牧首管辖区移往靠近金角湾的芬内尔区圣乔治教堂，这座教堂今日依然坐落在高墙与铁丝网后头，由配备机关枪的卫兵严密看管。

来到较高处的山丘，人们可以发现一个来自拜占庭君士坦丁堡、适应能力出人意料的"旅人"——蒙古圣马利亚教堂（Church of St. Mary of the Mongols，供奉圣母）。这座教堂 1453 年后改称"流血教堂"（Kanlı Kilise），守护着传承下来的故事。蒙古圣马利亚教堂建立于 13 世纪 60 年代，也就是

牧首真纳迪乌斯二世从苏丹穆罕默德二世手中取得宣示宗教自由的帝国敕令与委任状。艾伊亚斯·叶德利伊亚斯牧首教堂（Patriarchate Church of Ayias Yedryias）的镶嵌画。

拜占庭人从拉丁人手中收复君士坦丁堡的时期。1282 年左右，皇帝米海尔八世的私生女，也就是嫁给蒙古大汗为妻的玛利亚·帕里奥洛吉娜（Maria Palaiologina）重建了这座教堂。据说蒙古圣马利亚教堂能以基督教建筑存在于奥斯曼的伊斯坦布尔，是因为这座教堂被赐予著名建筑师克里斯托多洛斯（Christodoulos）的母亲，以感谢这位建筑师为穆罕默德建造伟大的"胜利"

清真寺：法提赫清真寺。

今天，要找到蒙古圣马利亚教堂，你先得想办法穿越希腊老城区上方迷宫般的街道。教堂看起来似乎不对外开放，但住在隔壁的一名亚美尼亚基督徒会从高处的窗户把钥匙丢给想一窥究竟的访客。在凉爽宁静的教堂内部，远处右手边的角落有一条走道，那是一处逃生通道，住在教堂里的东正教教士依然会兴致勃勃地告诉你，这条路可以一路通往圣索菲亚大教堂。征服者穆罕默德的敕令（或至少是复本）保证了蒙古圣马利亚教堂的存续，它在黄昏的阳光下以胜利者的姿态展示在人们眼前。这是这座城市中唯一一座跨越拜占庭—奥斯曼分界线的拜占庭教堂。

现在，统治罗马帝国的皇帝是一名穆斯林。无论是罗马还是拜占庭皇帝都必须控制这座位于帝国心脏地带的城市，而这个现实使这座城市的居民得以拥有举足轻重的影响力。历史学家尼克塔斯·科尼阿特斯写道，这群"市集里的群众"，"他们对君王的漠不关心仿佛是与生俱来……"[6] 然而，尽管君士坦丁堡有着顽强的共和倾向，穆罕默德似乎还打着别的盘算。伊斯坦布尔将成为崭新辉煌的伊斯兰帝国的中心，这或许呼应了奥古斯都的伟大愿景，同时也是向来自大草原的奥斯曼土耳其人和首次走出中东的穆斯林表现出的活力致敬。站在缓慢燃烧着的废墟中，站在已经见证八千年历史的古代卫城上，空气中弥漫着刺鼻的烧焦味与死亡的气息，穆罕默德下令在旧狄奥多西广场（这个广场本身是建立在最初的君士坦丁公牛广场之上）建立新皇宫，他的心里很清楚：在被征服的君士坦丁堡，无论城里城外，他都有许多工作要做。

第五十三章　极乐的居所

公元 1453 年（伊斯兰历 857 年—858 年）以降

> 旧拜占庭海岬上的皇宫，应该要让世上所有宫殿失色，在外观、规模、建设成本与光彩上也应该比前代的皇宫更非凡。
>
> 克利托布洛斯（Kritoboulos），描述未来的托普卡珀皇宫 [1]

足足八百年的时间，这里是穆斯林大军梦寐以求之地，他们渴望以君士坦丁堡／伊斯坦布尔为家，对于其他曾遭遇排拒、被隔离在城墙之外的外来者而言也是如此。如今，在历经十二次远征失败后，[2] 终于获得的天时与良机让穆斯林大军入侵前曾编织过的美梦成真。

这座城市将成为新伊斯兰帝国的引擎，掌握在新穆斯林皇帝手中。征服之后，穆罕默德迅速调整了奥斯曼的赋税制度，他决意使攻占君士坦丁堡的行为不仅成为一次战略胜利，也能带来商业利益。博斯普鲁斯海峡"比尼罗河更伟大，比多瑙河更宏伟"，[3] 控制这道海峡意味着坐拥巨大的经济潜力。但在这座遭战火摧残的城市里，奥斯曼人的首要之务是让它变得纯粹，并将他们至高无上的统治权力融入整个环境。1453 年，在第三山丘，新奥斯曼皇宫在毗连狄奥多西广场的旧公牛广场落成，这座皇宫将成为 "Eski Saray"，也就是后来的旧皇宫。接着在 1457 年（伊斯兰历 861 年—862 年），一项重大的建筑工程在旧希腊卫城顶端动土：此即 "Saray-ı Cedid-i Amire"，新皇宫。一直要到 18 世纪，这座雄伟的建筑群才被称为托普卡珀皇宫。[4] 这座新皇宫将定义伊斯坦布尔。我们所称的托普卡珀是政治、社会中心，也充满着戏剧性的力量。它起初是行政中心，但被穆罕默德的孙子、立法者苏丹苏莱曼（Sultan Süleyman the

Lawgiver）改为居住的宫殿。西方作品热衷于强调苏丹被隔绝在托普卡珀的宫墙后面，过着不幸而悲惨的日子。然而事实上，新皇宫除了是戏剧性事件发生和暗地里阴谋诡计上演的舞台，同时也为统治提供了宗教上的正当性。

托普卡珀皇宫建筑群旨在能够凸显、支撑与培养一种崭新而坚定的伊斯兰存在之道。这里不只是国王居住的宫室，也是牢固的安拉居所，一座四角形的神圣堡垒。其传统可上溯至自青铜器时代，影响遍及从安纳托利亚平原到中亚地区，据说安拉的恩典降临于此。

托普卡珀由 10 米高墙围绕保护，墙头部署了卫兵。现今游客聚集的地方，原先被用来照料毛色光亮的马匹；而供游客选购小饰品的托普卡珀观光商店，过去曾是处决敌人的场所。细密的鹅卵石小径专为苏丹而铺设，只有他才能骑马进入内院。苏丹寝宫的周围住着佩戴短弯刀的哑巴与侏儒。许多游客都说宫中有一股令人不寒而栗的静默。宫殿所拥有的半萨满教特质（直到 18 世纪为止，宫里仍未使用任何镜子），让来访者心头一震。

这里虽然没有镜子，却有数不清的珠宝首饰。成桶的绿宝石、黄宝石与红宝石存放在托普卡珀的宝库里。整船的亚美尼亚工匠被运送至此地，在上等的金银上雕刻出佳作。托普卡珀的宝库中现已发现 84 种不同文化的手工艺品。早期的苏丹使用的棋具由水晶制成，装饰着红宝石与黄金。今日在托普卡珀博物馆展示着一只镶有绿宝石、红宝石、黄金、缟玛瑙与大理石的啤酒杯，重达 48 千克的纯金烛台上镶嵌了 666 颗钻石。此外还有盛装水果冰沙的水晶杯。奥斯曼人在大量陶器上镀金，以满足他们对金碧辉煌事物的喜爱。鸣禽在鸟舍里歌唱，创造出天堂般的景象。11000 名奴隶在托普卡珀的厨房工作，以喂饱6000 张嘴；17 世纪初，这些人每天要吃掉 200 头绵羊、100 头小山羊、40 头小牛、60 到 100 只鹅与 100 到 200 只鸡。[5] 并不是说我们迷恋这些奇妙的东方事物，看到这个地方却不感到惊叹，未免显得失礼。

托普卡珀皇宫的格局就像一座奥斯曼军营，其中还有相当于军事区的庭院。从塞利姆一世（Selim I，公元 1512 年）统治时期开始，整个帝国的政务就在这里处理。帝国议会（Divan-ı Hümâyûn）每星期有四天在正义广场（Divan Square）集会。大臣们沿着旧梅塞大道（今日称为狄凡尤鲁街）前来。西方史料称奥斯曼政府为"朴特"（Porte），也就是"门"（Gate）的意思，以要前往

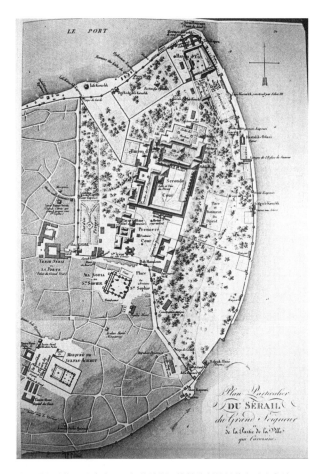

十八世纪晚期，由安东尼·伊格纳斯·梅林绘制的托普卡珀皇宫地图。

各政府大楼都要经过的门命名。奥斯曼政府由行政首长与各级官吏组成，这些人有组织、正式并且全副武装地护卫着苏丹的势力范围。"护照"（passport）一词首次出现是在 1540 年左右，一般认为是受进 / 出"高门"*的动作启发生成了这个词汇。最珍贵、防守最严密的事物位于离苏丹以大理石砌成的大帐最近的地方。国库在这里，苏丹的后宫也在这里。

　　统治伊斯坦布尔的苏丹们致力促进东方的文艺复兴经济，很快，他们不

---

* 　高门（Sublime Porte）：指苏丹的对外宫廷，由大维奇尔领导。——编注

再像过去那样佯装厌恶富丽堂皇的事物。1458 年（伊斯兰历 862 年到 863 年）之后，君士坦丁堡已经超越埃迪尔内成为人们心中属意的首都。托普卡珀皇宫一落成，当红的西方画家贝利尼便受邀前来为征服者穆罕默德二世作肖像画，使他抵达城市的样貌永远留存。这名文艺复兴时期的帝王在东西方具有无可置疑且令人敬畏的影响力。穆罕默德二世在托普卡珀皇宫遍设亭台楼阁，以彰显他的雄心壮志。拜占庭与意大利主题的建筑物虽然在 1891 年成为废墟，但是由被俘的卡拉曼（Karamanid）工匠兴建的瓷砖亭（Çinili Köşk）至今仍沉静自信地俯视着博斯普鲁斯海峡，提醒我们这里依然留存着中世纪土库曼人的中亚遗产。苏丹们会在散发玫瑰香气的玫瑰屋公园（今天的居尔哈尼公园）旁观赏马上掷标枪比赛，这项令人振奋的活动结合了马球与草原赛马这两项运动，使人回想起当年载着穆罕默德二世的奥斯曼人祖先千里跋涉的马匹的英姿。

　　穆罕默德二世将关于礼仪的书籍编纂成王朝法典，使其成为规范伊斯坦布尔苏丹行为举止的实用指南。领导人被刻意塑造成神秘人物，不再被鼓励参加宴会或接受公开朝谒，而是一个星期四次，在私人的会客厅接见使节。苏丹从行列亭（Kiosk of Processions）与行列宫（Court of Processions）上方的金顶门楼观看外面的世界。像之前的拜占庭皇帝一样，苏丹也被人瞥见到竞技场（此时已改名为马广场 [Atmeydanı]）参与活动。

　　私下接见时，苏丹面向典礼窗（通过窗户可以看见正在呈送上来的礼物或观看敌人遭到处决），通常缄默不语。使节觐见苏丹时，会被皇家侍卫左右"挟持"，双手紧贴在身体两侧；至于房间里的其他人，他们必须双臂交叉站立，眼睛注视地面。虽然苏丹苏莱曼一世（Sultan Süleyman I）尝试用一种救主般超脱尘世的魅力进行统治，但这座城市的新统治者却从未被视为拥有超自然的能力：他们也许经常以狂热的诗文来表现自己，但在王朝法典的规定下，他们也要严肃公正地扮演逊尼派伊斯兰教徒的角色。[6]

　　虽然理论上讲苏丹是一个遥不可及的人物，但实际上他每次审慎安排的露面都显得无比重要；根据奥斯曼继承法的复杂规定，苏丹在众人面前现身这件事有着至关重要的意义。1421 年，穆罕默德一世的遗体曾被抬出来（保持可以让人看见却无法看清的距离），在容易受骗的群众面前像傀儡般被任意摆布，好让大家相信他还活着，借此避免继承危机。在伊斯坦布尔，前去参加主麻礼

拜 *的列队游行演变成民众自发参与的戏剧性活动。苏丹穿着装饰有康乃馨图案的卡夫坦束腰长袍（kaftans），服饰上针织的花朵足足有 0.6 米宽。有时候，苏丹的马会被吊在半空中，一夜不给食物，好让苏丹与坐骑在行进时呈现出梦幻般的优雅。[7] 这些展示不仅带有巩固内政的目的，对于国际事务而言也有特殊的意涵。奥斯曼人早期的扩张并未展现出协同攻击之势，因此伊斯坦布尔的领导人只好以这座城市为舞台，向敌方战士证明自己的权力至高无上。

"朝觐哈里发"（1517 年后，奥斯曼苏丹被正式承认为哈里发）成为从西方前往麦加朝圣路线上的一项日程。旅人们会向哈里发请愿、诉苦。甚至还有一种延续到 20 世纪的传统：乔装打扮的苏丹夜里会在城内微服出巡。最迟在 19 世纪，苦恼的大使们还会发送公报，报告这种偷偷摸摸的行径；城里的居民则在私底下提心吊胆地议论苏丹这种令人不安的习惯。无论从政治还是个人的层面来说，苏丹的行径都令人深感威胁；他就像希腊神祇，可能变化成任何人的模样，随时出现在你身旁。

苏丹与廷臣经常造访城里众多的花园，要在这些地方发现苏丹的身影并不是什么难事。花园是穆斯林君士坦丁堡文化中的基本要素。君士坦丁堡一直保留着绿色空间；在一座容易遭受围困的城市里，这些绿地有着实际的必要性。而现在，这些都市之肺正呼吸着信仰的气息。御花园里有瞪羚四处漫游，其他地方则遍植果树。2004 年，在法提赫区的第五山丘上，停车场与运动设施取代了下沉花园（Çukurbostan）。下沉花园原本兴建在拜占庭阿斯帕地下水宫（Cistern of Aspar）之上；21 世纪初，这座公园依然盛产水果。16 世纪之后造访此地的西方人在报告中指出，这里有多达 1000 座花园，以及由 2 万名帝国园丁负责维护的 100 座御花园。许多人将会发现，乐园（paradise）一词最早来自古阿维斯陀语（Ancient Avestan），中间经由古波斯文的转译，意即"围着墙的圈地"或"被花园围绕的地方"。但对奥斯曼人而言，花园有着特殊意义。突厥部族离开不毛之地，深入西方寻找肥沃的土地。有句突厥谚语说，"盖房子的人必须在房前种一棵树"。因此，当奥斯曼人找到地方"落地生根"时，他们的确也种下了树木。君士坦丁堡到处都是樱桃树、杏树、梨树、

---

* 穆斯林在每周五参加的聚会礼拜日。——编注

李树、榅桲树、桃树与苹果树。即使是最穷困的人家，也会在屋外窗台上放上花箱或摆一盆香草。

奥斯曼人认为，花园是安拉所创造的统一宇宙的化身。与穆斯林安达鲁斯的较正式的花园不同（1333 年，格拉纳达［Granada］华丽的阿尔汉布拉宫［al-Hamra，红堡］遵循毕达哥拉斯和谐的几何学原理被改建成皇宫），在君士坦丁堡，园艺用来表现上帝的慷慨与上帝造物的多样性。所以蔬果、花卉、香草与树木全混杂在一起。传唱的加扎勒诗歌经常把上帝的创造形容成完美的花园；耳目所及俱是圆满而和谐的体验。诗歌里经常提到长颈鲁特琴弹奏心灵的语言，以及如天际般广阔的花园与流着奶与蜜的溪水。人们认为聆听这里演奏的乐曲是一种宗教体验，在伊斯坦布尔帝国核心地区以外的人经常听人提起来自城市花园的旋律片段，歌词描述乌黑的眼睛与天堂般的圆顶，乐音悠扬缭绕天空。

伊斯坦布尔的花园不只是赏心悦目的种植计划的产物，它也用来对外彰显正义的和谐与奥斯曼王朝的强大。城市花园被认为是帝国存在的象征，帝国存在即神圣秩序的展现。对君士坦丁堡的新穆斯林居民来说，花园兼具神圣与世俗的力量。

虽说这些花园表现了神圣事物，但它们也提供了鬼混胡闹的机会。穆罕默德二世为新皇宫设计花园时，尤其为了带来"美丽与愉悦，幸福与乐趣"。之后的故事提到，在托普卡珀皇宫，侏儒被扔进水池里以取悦君主。西方访客也提到，苏丹外出前往花园游憩时，会躺直了身子，像只鸬鹚一样享受日光浴。有一回，苏丹还怂恿后宫嫔妃脱光衣服走入水中，好让他表演英雄救美。经过一段时间，城里一些公共休憩的花园变得声名狼藉。在这里，社会道德规范变得相当宽松。饮酒作乐之余，人们还会找来跳舞女郎，寻求肉体而非精神上的刺激。

这些绿色的空间还可以充当狩猎场。由于伊斯坦布尔积极造林，城中的野生动物逐渐增多。狍子是固定的访客；角鸮、金黄鹂、金翅雀与夜莺都曾被记录并猎杀。海边的君士坦丁堡如今看来像是一片森林，零星散布着樵夫的木屋。圣索菲亚大教堂的圆顶与细长的宣礼塔从橡树、柏树与山毛榉树林顶端冒出头来，人们凭借这一标志才能认出这座世上数一数二的大城。就连如梅利与安纳托利亚堡垒周围也遍植果树，缓缓没入博斯普鲁斯海峡的斜坡宛如铺了一层绿毯，浓淡有致的植物群有如一幅镶嵌画。

奥斯曼人抵达后，城中频繁发生火灾。清理出来的区域使自然景观得以进驻，城市的新居民喜欢在城墙外大兴土木，因为这里逃生的机会较多。事实上，就在伦敦大火的前六年，伊斯坦布尔的火灾烧毁了 120 栋宅邸、40 座浴场、360 座清真寺、超过 100 所伊斯兰学校与不计其数的民房（根据当时的资料有 28 万间）、教堂与修道院。被烧死的城市居民据说多达 4 万人。帝国议会试图禁止木造房屋，但在森林遍布的色雷斯，这道敕令注定成为一纸空文。于是，对火灾的恐惧成了这座奥斯曼城市的一项文化特质。

直到 20 世纪下半叶，伊斯坦布尔对花卉力量的喜爱仍为人所津津乐道。到伊斯坦布尔拜访朋友，手上如果不带花是很奇怪的事。水仙与天竺葵，黄瓜、南瓜和西瓜，这些都是当地常种的植物。帝国宫廷里的居民经常在他们的头巾上戴花，就连最简陋的牛车也会挂上花环。因为圣训提到，先知穆罕默德曾说，"从我的讲道坛到我的坟墓，也包含在伊甸园内"，城墙内涌现出许多青绿的墓地，花园里堆起了坟冢。瑞士建筑师勒·柯布西耶（Le Corbusier）曾在 1911 年形容伊斯坦布尔的果园是"人间天堂"；而在第一次世界大战期间，西方士兵也提到土耳其军队会在他们的野营帐篷旁辟出一小块地放置盆栽。

君士坦丁堡有海水与山丘为其勾勒轮廓，又有尘世的花园为其遮荫。不难想象，这就是乌托邦的模样，也叫人信服眼前的一切乃至城市以外的世界都能为我们所有。君士坦丁堡是"受到万全保护的"（al-Mahmiyya 或 al-Mahrusa），它不受上帝降下的灾难侵袭，也免于苏丹的不义。[8] 无论城市统治者的信仰是什么，无论统治者是异教徒、基督徒还是穆斯林，伊斯坦布尔总是激励领导人相信自己拥有世俗的可能性与崇高的潜力。

第五十四章　天上一神，地上一国

公元 1453 年（伊斯兰历 856 年—857 年）以降

> 如今残忍暴虐的土耳其人已经攻下埃及与亚历山大，连同整个东罗马帝国也落入他们的手里……想必他们接下来贪图的绝不会仅限于西西里岛，而是全世界。
>
> 教宗利奥十世（Pope Leo X），引自 1517 年的书信 [1]

> 这个世界无法容忍天有二日。
>
> 伊拉斯谟（Erasmus），写给朋友的信 [2]

我们知道，当穆罕默德二世进入君士坦丁堡，并一路走向圣索菲亚大教堂时，他把先知穆罕默德的宝剑举在自己的前方，以安拉之名取得这座城市。穆罕默德二世骑着马，最先来到上帝圣智教堂，也就是圣索菲亚大教堂，今日官方的阿拉伯文译名是阿亚索菲亚清真寺（Ayasofya）。据说先知穆罕默德曾经使用过的礼拜毯被带进教堂，而征服这座城市的军队的首次主麻礼拜，便在缠绕着的查士丁尼与狄奥多拉姓名的花押首字母下举行。前往阿亚索菲亚清真寺与其他首要清真寺举行主麻礼拜，是这座穆斯林城市每周最盛大的活动，人们借此表现自己浅薄空洞的虔诚和宗教上的圣洁庄严，持续了五个世纪之久，直到 1935 年为止（颇有争议的是，它还有可能被恢复）。穆罕默德不仅以征服者的身份抵达君士坦丁堡，同时也是"为信仰而战之人的领袖"，"战士中的战士"。

此时出现了亟待解决的问题：如果君士坦丁堡的上帝有了新名字，那么君士坦丁堡该有什么样的转变？很快，奥斯曼人以"科斯坦丁尼耶"来称呼君士坦丁堡，并把它当成人来形容。而奥斯曼人很快就将君士坦丁堡视为理应为安拉所有的城市，只是至今才回到安拉的怀抱。[3]

彼时的西方作品也许在哀叹，失陷的君士坦丁堡"荒凉、垂死、衣不蔽体、一片死寂、不复以往的外观与美丽"；[4]但还有一些人专注描述穆罕默德二世旺盛的精力以及他对新都市计划的热忱，"他要建设这座城市，让民众在此安居乐业，使它恢复过去的繁华"。[5]不久，出生于布尔萨的官吏与历史学家、追随过穆罕默德围攻君士坦丁堡的奥斯曼人图尔松·贝伊（Tursun Bey）就宣称，伊斯坦布尔"繁荣、华丽并且井然有序"。

奥斯曼人的确大有进展。金角湾沿岸发现了先知亲密的伙伴阿布·艾郁普·安萨里（Abu Ayyub al-Ansari）的埋葬地，据说他是在669年首次围攻君士坦丁堡时战死，他的埋葬地也让这座城市有了新的朝圣地。1458年，一座以安萨里命名的清真寺就兴建在旧城墙外安萨里的墓地上，此即艾郁普苏丹清真寺（Eyüp Sultan Mosque）。这座清真寺位于拜占庭的科斯米迪恩（Kosmidion），这里也是1096年十字军获准扎营的地方，而在1203年到1204年，拜占庭人与法兰克人也曾在此争战。艾郁普苏丹清真寺成为历任苏丹举行登基仪式的地点。参加仪式时，苏丹们会在腰际佩戴传说中（但很可能是真的）奥尔汗·加齐的宝剑。割礼也在这里举行。一池天然泉水让这个地方变得更加神圣。人们声称，已故的艾郁普曾于622年追随先知穆罕默德前往麦地那，最后成为他的拥护者。此地原初与殉教的医生，也就是行奇迹的基督教圣人圣科斯玛与达米安（Sts. Cosmas and Damian）有所渊源，但现在艾郁普成了当地人尊崇的对象。搭乘平底船沿着金角湾航行，许多信徒在邻近的井边恢复精力，然后继续前往艾郁普的墓旁祷告；他们相信艾郁普埋葬在此地已有八百年之久。对许多人来说，艾郁普的圣地已经成为仅次于麦加与耶路撒冷的伊斯兰圣地。

君士坦丁堡（在阿拉伯文中，君士坦丁堡又称Qustantiniyya，或称Asitane，有入口、开端的意思）的这些新征服者也宣称，阿布·艾郁普·安萨里并不孤单，先知的70名同伴（一个幸运数字）也死于君士坦丁堡，而现在许多人把这座城市称为"Islam-bol"，意思是伊斯兰无所不在。[6]宣礼塔开始宣示安拉的胜利；人们用阿拉伯语设计了祈祷词，祈求城市的安全。街上的祷告据说可以上达"天庭"。日后造访的人提到，有 70 万名伊斯坦布尔民众，连同苏丹皇太后（Valide Sultan）下令释放的囚犯，所有人在同一时间向安拉祈求降雨、丰收、战争胜利或不受瘟疫侵扰。

君士坦丁堡的耶尼切里，这支量身定制的军队协助穆斯林控制了拜占庭，由他们的自信带来的宗教发展将对全球地缘政治带来永久性的影响。1481 年，巴耶济德二世继承了征服者穆罕默德的帝位。当耶尼切里奴兵发现他们的一名士兵遭受巴耶济德二世拷打时，他们便在皇宫四周作乱，要求苏丹退位；苏丹只好躲在设有栏杆的窗户后面惊恐地张望。与此同时，巴耶济德不得宠的幼子塞利姆仍愤愤不平地在黑海沿岸棘手的特拉布宗省（Trabzon，原名特拉比松）担任总督，但他一直对首都虎视眈眈。1509 年，一场毁灭性的地震动摇了民众对巴耶济德二世的信心，也破坏了首都的建筑物；许多人被倒塌的房屋压死。这起事件被称为"小审判日"。随后的耶尼切里叛变为塞利姆提供了一个机会；苏丹退位后，1512 年，塞利姆袭击首都，杀死了自己的兄弟与侄子，然后宣称伊斯坦布尔归他所有。

问题随即出现。在东方，波斯国王伊斯梅尔（Ismail）两年前征服了伊朗、阿塞拜疆、达吉斯坦（Dagestan）南部、美索不达米亚、亚美尼亚、中亚部分地区与安纳托利亚东部；格鲁吉亚的黑海沿岸地区也成了他的属国。这个对手的强大令人感到不安。塞利姆挟着攻占君士坦丁堡的威势，将火药与火炮带到伊斯梅尔门前。奥斯曼人数量居于劣势，但在地区军备竞赛中胜出，因而赢得了 1514 年的查尔迪兰战役（Battle of Chaldiran）。

埃及的马穆鲁克人（Mamluks）与奥斯曼人一样是逊尼派，但据说他们支持波斯的什叶派萨非王朝（Safavids）。塞利姆认为，征讨其他穆斯林同胞是顺理成章的事情。他出兵攻打北非与中东，甚至拿下了伊斯兰教的圣地麦加与麦地那。塞利姆一世率先采取的行动之一是公开索求克尔白（Ka'ba），这座矗立在麦加禁寺中心的神殿的钥匙，[7] 先知穆罕默德的弓、斗篷和他的许多剑全从开罗运往君士坦丁堡，至今信徒们仍在托普卡珀博物馆安静地排队瞻仰这些物品。苏丹享有许多荣衔，其中"两圣城之仆"（Khadim al-Haramayn）的名号具有个人层面和政治层面的重要性。往后四个世纪，伊斯坦布尔控制了前往

从伊斯坦布尔出发的苏雷商队，途经大马士革，
前往麦加，1895 年。

麦加朝觐的路线；无论从商业、精神、战略还是情感的层面看，伊斯坦布尔在中东的影响力显而易见。征服马穆鲁克埃及之后，伊斯兰教的穆夫提（mufti）成为谢赫伊斯兰（Shaikh al-Islam），也就是奥斯曼帝国的大穆夫提（Grand Mufti），担任这个职位的人要向苏丹提出宗教谏言，还要规划整个帝国的教育政策。结果，伊斯坦布尔的观念与态度影响了从高加索山区到克里米亚的普通民众的生活。由一个儿子自我证明的需求引发的这一连串事件，导致了划时代的巨变。从 1517 年 1 月 23 日起，奥斯曼的知识分子可以主张伊斯坦布尔是伊斯兰哈里发国的新欧洲据点，而伊斯兰哈里发国的苏丹是整个伊斯兰教的哈里发。

于是君士坦丁堡开始见证新的宗教传统。从现在起，每年都会有苏雷（Sürre）商队运送礼物前往麦加与麦地那；苏雷指的是苏丹的礼物。商队规模庞大、排场豪华；此时运送礼物的起点已不再是开罗，而是君士坦丁堡。白色骆驼被人们淋上香水、精心打扮。在苏丹后宫的花园里，一直被抽打、焦躁不安的驮兽（直到 20 世纪 50 年代，城里仍依稀可见这样的景象）背负起苏丹嫔妃亲手制作的礼物，搭上平底船横渡博斯普鲁斯海峡，一路有虔诚的咏唱和圣歌相伴。杂物中还有个人捐献的善款，放在皮制钱包里，盖了密封的章，章上印有"出入平安"。[8] 光是塞利姆在位期间，就有 20 万枚金币运往麦加与麦地那。苏雷商队途经于斯屈达尔（即中世纪的斯库塔里与古代的克鲁索波利斯）后继续他们的旅程，商队装饰着新铸的金币与珍珠，携带枝状吊灯、丝质毯子、皮草、手抄的《古兰经》复本前往伊斯兰教的发源地。

覆盖克尔白的布幔依旧跟塞利姆征服前一样，从埃及送来（1798 年以来，也就是拿破仑入侵之后，这些神圣的布幔改成在苏丹艾哈迈德清真寺［Sultan

Ahmed Mosque〕的庭院纺织，然后从伊斯坦布尔经由开罗运往麦加）。它们在使用一年后会被收集起来送回君士坦丁堡，作为苏丹家族棺木上的盖布。一部分布幔会被裁剪下来卖给信众，或赠予外交使节和得宠的政治人物。这些布幔等同于拜占庭的圣物，用来恭敬地包裹《古兰经》，或被悬挂在墙上、保存在珠宝盒里。尽管无法与新罗马时代发放面包与马戏表演的盛况相比，但运送苏雷途中的各项庆典活动也会发放面包、肉类、衣服与金钱。苏丹为了虔诚地庆祝苏雷一路向南的远行，会挑选时间出资在君士坦丁堡选 5000 名男童行割礼。

苏丹哈里发安坐在这个新建立的穆斯林权力中心。护符衣以纯金与纯银线绣出圆形天体、占星术符号、和出自《古兰经》的神奇正方形与线条，大力宣扬苏丹不可触知的本质。护符衣的尺寸精心量制，其挺括、光滑的棉布表面被擦得充满光泽（不仅材质看上去漂亮，还能充当强化盔甲），宛如一幅会移动的油画。来自印度的苏丹护符衣装饰有《古兰经》的全部经文。我们知道托普卡珀皇宫制作的护符衣需要三年才能完成。人们相信身穿护符衣可以使自己免于各种灾难，无论是自然的还是人为的。

塞利姆一世穿上明亮的服饰，眺望马尔马拉海与更远处他的庞大新帝国所及之地，他统治世界的野心毋庸置疑。1519 年，他亲笔写道：

> 要是让我碰巧遇见他，那么就让恐怖热病的汗水，
> 从每个敌人的每根头发滚落，沿着阿姆河（Amu）而下。
> 我在君权的棋盘上下着这盘帝国的棋，
> 与主教配对的是印度国王，在我威严大军的进攻下。
> 喔，塞利姆，世界的钱币都将印上你的名号，
> 与黄金一样，我要在爱神的坩埚中熔铸。[9]

1520 年，塞利姆的统治已到尾声，此时离他攻入君士坦丁堡建立欧洲最强韧的哈里发国仅仅过去了八年。此时的伊斯坦布尔规模至少是伦敦的两倍，而且控制了 1500 万人口，领土广达 4 亿公顷。[10] 到了 16 世纪中叶，将郁金香球茎带回低地国家的佛兰德（Flemish）驻伊斯坦布尔大使奥吉耶·季斯兰·德·布斯贝克（Ogier Ghiselin de Busbecq）宣称伊斯坦布尔注定成为世界的中心。

与传承希腊罗马遗产的拜占庭人不同，土耳其奥斯曼文化没有将"城邦"视为政治和情感的核心力量的基本观念。伊斯坦布尔本质上只是安拉可以渗透的另一个空间。对中世纪的穆斯林来说，在他们心中具有决定性差异的是城市（al-Madina）与沙漠（al-Badiya）的不同。[11] 长久以来，君士坦丁堡的地形地貌让人觉得这里就像一连串的扎营地；奥斯曼人的宗教信仰更加强化了这种倾向。在托钵僧聚会所或扎维耶（zaviye，小型伊斯兰修道院）这些举行仪式的地方，当地宗教与精神团体都有自己的精神领袖或族长（şeyh）；这些团体获准进行宗教交流，也允许就科学、音乐与文学进行讨论。

城市的活力来自地方社区（mahalle），每个社区都有自己的清真寺。社区之上则是由政府和国家控制的紧密体系，这个体系的顶端就是苏丹。维齐尔是苏丹的左右手，他们可以建立自己的清真寺，而君士坦丁堡一共分为十三区，除了其中一区，所有区域都以位于区内中心地带的清真寺命名。隐私，以及对私人空间的尊重是游牧民族文化的核心，在伊斯兰城市被时刻铭记；如今它们也成为城市建设时优先考量的对象。君士坦丁堡各地的民宅被改建成内含庭院和花园的样式，这样妇女无须蒙面就可以待在户外。

根据伊斯兰律法，妇女有权拥有动产与不动产。这些在家工作的女商人（一般认为穆斯林奥斯曼的女性不宜离家外出）通过代理人来管理租金收入、买卖收入、遗产，开发地产与投资。目前正在进行的研究显示，奥斯曼妇女，尤其是一般妇女的"能见度"比原先我们对伊斯坦布尔的刻板印象高出许多，她们会到喷水池旁取水、种植花草、沿街叫卖。当遇到奥斯曼舰队出海远征或适逢皇室婚礼与皇子诞生时，人们一般都会鼓励妇女与女孩上街庆祝。事实上，在公共场合露面的妇女实在太多，因此政府在1574年禁止妇女夹道欢迎抵达的伊朗使臣，以免招致不当的注意。[12]

希罗多德评论埃及妇女时曾说，西方男性观察者以为其他文化会让他们的女性经营事业，这个流传了数千年的说法，拿来描述奥斯曼文化，确实有几分真切。16世纪时，天主教教士所罗门·施韦格尔（Solomon Schweigger）为了翻译《古兰经》而游历安纳托利亚；他提道："土耳其人统治世界，他们的妻子统治他们。没有任何国家的女性能够享有如此高的地位。"[13] 奥斯曼伊斯坦布尔反映出伊斯兰教早期的状态，女性在宗教与社会上都有参与的空间，从耶路撒冷到开罗的清真寺，都可以看到女性在里头传道授业。

贸易也成了一桩宗教事务。工作前，商人先为苏丹、耶尼切里以及同行祈祷，白昼时还要在城市喷水池旁清洗自己的身体。在这座被征服的城市里，最有活力的区域之一是巴扎，由穆罕默德二世于 1456 年至 1461 年兴建，可以容纳近 4000 个摊位，规模超过了有顶集市（Bedestan，今日的旧巴扎）。有顶集市的租金用来维护阿亚索菲亚清真寺。规模较小的清真寺则有自己的有顶集市，租金收入用来支持清真寺本身的活动，建立济贫设施（imarets）与伊斯兰学校。从巴扎到埃迪尔内的整片地区成了商业中心。1517 年（伊斯兰历 922 年到 923 年）对开罗的征服意味着许多基于马穆鲁克的稳定政治统治而世居当地的工匠师傅大量涌入伊斯坦布尔，并且开始在城里买卖货物。阿亚索菲亚清真寺获得的资助包括 30 种啤酒的特许权。啤酒的名称"boza"（博萨），很快就被造访的英格兰水手拙劣地仿称为"booze"（酒）。

当君士坦丁堡逐渐成为伊斯兰君士坦丁堡时，伴随而来的一连串变化虽然是有机的，但其中也有一些刻意的破坏。圣使徒教堂原属于希腊正教牧首管辖区，依照君士坦丁的意旨而建，教堂内有他的坟墓，此外也安葬了数名日后继任的皇帝。但这座教堂在 1461 年到 1462 年被夷为平地，并且在原地兴建了法提赫清真寺（这座清真寺毁于 1766 年的一场地震）。其他地方的教堂也被改成清真寺，十分讽刺的是，伊莲娜教堂，也就是神圣和平教堂，居然成了托普卡珀皇宫的军械库。[14] 收藏在此处的武器最终成为了伊斯坦布尔军事博物馆的基础。大兴土木的过程中，许多拜占庭遗产遭到破坏；拜占庭石造建筑的遗迹只能在浴场、路旁的酒馆或客栈，以及奥斯曼城市的清真寺中寻找。一个来自法国南部城镇阿尔比（Albi）的访客皮埃尔·吉勒在 16 世纪撰写的报告中提到查士丁尼铜像被大卸八块，支离破碎的残骸——鼻子、手臂与马蹄上方凸起的球节——散置在地上等待熔化重铸成火炮。

然而奥斯曼征服后的君士坦丁堡没有同过去完全决裂。与中世纪及近代许多西方与东方史家描绘的不同，其中既没有嗜血的恶行，也没有旗帜飘扬的凯旋。基督徒依然获准参与游行与庆典，可以在主显节（Epiphany）时打捞投入金角湾的木制十字架（这项仪式延续至今），还可以在复活节时上街跳舞。有些拜占庭贵族被迫改信（而且以高级官员的身份继续留在城里），有些仍坚守着自己的信仰。征服后被奴役的希腊人移居金角湾沿岸，他们努力重建城市，然后赎回自由之身。穆罕默德二世在埃迪尔内解除了反对教会统一的僧侣真纳迪乌斯的奴隶身份，1454 年，真纳迪乌斯再度出任伊斯坦布尔牧首，保证了这个城市对基督教和希腊文化的热情，而这份热情一直延续到了 20 世纪。市中心许多雄伟的建筑物其实是自己慢慢倾颓的，至于已经成为占住者的拜占庭皇帝，他们所在的皇宫虽然失去了昔日的风华，却依然适合居住。因此，奥斯曼人取得的是一个战略位置、一种观念以及一个就外表来看，与以往相比只剩空壳的城市。[15]

　　穆斯林与基督徒的两种文化有太多共通点：他们的宗教先知，他们的神话故事，他们的上帝。穆罕默德二世在自己一长串的头衔中添入了"恺撒"（Kaysar），苏莱曼一世（在位期间为 1520 年到 1566 年，他坚持将君士坦丁堡改称为伊斯坦布尔）宣称自己是罗马帝国真正的继承人。而拜占庭的雄鹰却已经飞到了更远的地方。1492 年，莫斯科大公（Grand Prince of Muscovy）迎娶了拜占庭的女继承人，他开始在自己的宫廷摆设与军事装备上标记 1000 年以来在拜占斯城大量出现的双头鹰，以证明源自君士坦丁堡这个基督教帝国的权力，足以睥睨东方与西方。如今阿亚索菲亚清真寺顶端展示的是新月。以哈里发苏丹为首，法官（quadis）以阿拉伯语审判，确保信徒遵守《古兰经》的训令，"趋善避恶"。[16] 君士坦丁堡确实开启了新的篇章，成为一座与过去迥然不同的城市。

　　这场都市试验若想要成功，那么长期以劫掠为生、半游牧的奥斯曼人势必需要其他根底更深的人协助。奥斯曼人从新巩固的领土引进行政制度并引入人口——包括安纳托利亚、黑海沿岸的特拉比松（特拉布宗）与伯罗奔尼撒的摩里亚。他们尤其欢迎贵族、工匠与商人。有能力为自己赎身的犯人可以获得房子。所有重要清真寺的兴建足足延宕了十年，显示征服军首次抵达时既无人力，也缺乏规划城市的技术来打造他们心目中的城市。这座重塑的君士坦丁堡之所以能成功运转，都要归功于奥斯曼人务实的态度与对公共关系的注重。

第五十五章　文艺复兴之城

公元 1453 年（伊斯兰历 856 年—857 年）以降

> 每个角落都是乐园，每个花园都是伊甸园，
> 每座喷泉都是乐园之水，每条河都是流着蜜的河。
>
> 图尔松·贝伊（Tursun Bey），《历史》（*History*）[1]

在伊斯坦布尔考古博物馆不对外公开的房间里，存放着一批书信，原文是意大利语，但已翻译成土耳其语。遒劲的墨迹对伊斯坦布尔的造桥工程竞标案给出了回应。苏丹巴耶济德二世希望为金角湾两岸的居民、马匹、骆驼、水牛、驴子与骡子提供跨越峡湾的通道，还要让船运交通免受影响。为了获得佣金，许多人竞相争取标案，其中包括了列奥纳多·达·芬奇（Leonardo da Vinci）："我，您的仆人，听闻您想建造一座连通伊斯坦布尔与加拉达的桥梁，然而因为找不到专家，这个计划未能实现。我，您的仆人，知道（如何造这座桥）。我可以建造一座高耸的拱桥，高到没有人想要从上头越过去……我能以这种方式建造拱桥，即使是帆船也能从桥下穿过。"[2]

新研究解释了达·芬奇为什么对君士坦丁堡特别感兴趣。达·芬奇的参与一部分和他曾在威尼斯工作有关，而威尼斯数世纪以来与君士坦丁堡有着密不可分的关系。不过君士坦丁堡濒临博斯普鲁斯海峡的地理位置也让达·芬奇异常着迷。1506 年左右，达·芬奇将把这片海域涵盖到他的"盖亚假说"（Gaia Scheme）之中——一个预言海平面上升与随后全球环境破坏的理论。达·芬奇递交的这份单拱桥造型设计十分优雅，不过最后未被采纳。一张保存在巴黎法国国家图书馆的鸟瞰图显示渡口的两端如燕尾般岔开。为了向达·芬奇深具魅

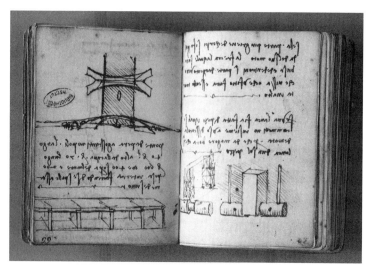

达·芬奇绘制的金角湾大桥草图，约 1502 年。

力的设计致敬，现代挪威艺术家韦比约恩·桑德（Vebjørn Sand）依照达·芬奇的黄金桥样式造了一座木桥，使得如今的奥斯陆（Oslo）拥有着一小块伊斯坦布尔的梦想。

　　有人猜想，如果达·芬奇得到标案，他应该会赞赏这座穆斯林城市对于供水系统的格外重视。由于伊斯兰教注重身体的洁净，因此确保水在城市各处流动成为首要之务。征服后造访这座城市的人提到城内喷泉之多以及供水系统（taksim）之发达；他们表示流水与绿地给人留下了乐园般的印象，到处都是桑树、无花果树与石榴树。斯蒂芬·格拉赫（Stephen Gerlach）1573 年到 1576 年间担任哈布斯堡王朝（Hapsburg）驻伊斯坦布尔大使馆的牧师，他在报告中提到伊斯坦布尔有着田园牧歌式的景致。直到 20 世纪下半叶，伊斯坦布尔整座城市依旧是一片绿意。[3]

　　消息很快传开了，说苏丹是热衷文艺复兴的君主，有着庞大的财富。艺术家菲拉雷特（Filarete，一册大部头专著的作者，关于想象中的理想文艺复兴城市斯福尔辛达［Sforzinda］）与米开罗佐（Michelozzo，美第奇家族钟情的建筑师）也建议为君士坦丁堡增添新的建筑。文艺复兴时期的大师阿尔布雷希特·丢勒（Albrecht Dürer）、吉贝尔蒂（Ghiberti）与哥白尼（Copernicus）

都急着想获得阿拉伯的科学知识。人文主义学者皮埃特罗·阿雷蒂诺（Pietro Aretino）也与苏莱曼大帝（Süleyman the Magnificent）交往，寻求他的资助。[4] 虽然据拉丁史料描述，多达 12 万册书籍与手稿在奥斯曼征服期间被毁，但前几任苏丹确实是知识与书面文字的提倡者。据说穆罕默德二世执政后，首先做的就是建立八所学校，开展初等和高等教育；我们知道他委托制作了装饰华丽的书籍，奢华地以丝线、皮革与镀金材料装帧，其中包括《伊利亚特》与亚历山大传奇故事的译本，他毅然决然地追求伊斯兰教义——寻求知识是安拉的意旨。穆罕默德二世的 40 种书籍样本很快就成为西欧的流行款式。

　　然而，这座文艺复兴城市有着略微不同的风情。在游牧与伊斯兰传统中，夜晚是沙漠生活的慰藉，为了缅怀过去的日子，伊斯兰君士坦丁堡多数大规模的文化活动都是入夜后才举办。由于条件优越的穆斯林可以迎娶好几个妻子，婚姻乃至于婚礼变得不受重视，皇室割礼的庆祝活动反而比拜占庭的传统节庆更为盛大。这些夜间活动成了缅怀传统的绝佳方式。一名法国旅人这样描述未来的穆罕默德三世（穆拉德三世之子）举行割礼后长达 52 天的庆祝活动："午夜的竞技活动伴随着焚烧精心制作的堡垒、畜栏、马、象和其他东西……"伊斯坦布尔居民喜爱火药，火药让奥斯曼人得以攻陷一座又一座的城市；而一些有创意的人士把烟火技术发挥到极致。表现教堂、独角兽与城镇的烟火在英格兰俘虏爱德华·韦布（Edward Webbe）的协助下被制造出来，而具纪念性质的纳希尔（nahils，一种用金属线、蜡、宝石、镜子与花制成的装饰树，象征丰收与生殖力）也被放在花车上巡游全城。伊斯坦布尔的烟火可以在陆上或水上施放。有些庆典让舞者与乐手在点了灯笼的木筏上表演，城市居民纷纷涌至水边争着观看演出，木筏紧挨在一起，船桨动弹不得，难免发生意外。

　　白天的活动场面同样令人印象深刻。前去参加主麻日礼拜的塞利姆二世，从头上的白色头巾到脚下的马镫，全都镶满了珠宝。渐渐地，苏丹所经之处都会铺上白沙。1582 年，穆拉德三世为儿子的割礼举办了长达两月的奢华庆祝活动，据说此举是为了跟凯瑟琳·德·美第奇（Catherine de' Medici）的成就一较高下。他孤注一掷，想借此塑造良好的国际关系。来自东方与西方的访客在旧拜占庭竞技场观赏各种奇观：奴隶们拖着利用"视觉陷阱"技巧（trompe l'oeil)*制成的花车，绘制着炸裂的山脉，戴着金锁链的精神病患者、囚犯被推出来展示，从闺房走出的女性递送着糖丝织成的各种动物。当王公贵族巡游城市时，他们的马蹄下铺着精美的地毯；地毯上的金银丝线闪闪发光。据说皇太子在前往易卜拉欣帕夏（Ibrahim Pasha）宅邸途中，他的坐骑在那些无价的织物上留下了无数蹄印，使"这些美丽的纺织品（Dibas）表面浮现了数百颗星辰与新月，仿佛天国也在夸赞它们"。

有些表演是如此宏伟壮观，以至于不少在场的希腊人与亚美尼亚人改信了伊斯兰教。举凡苏丹在伊斯坦布尔的活动（还包括皇室成员的诞生、去世、割礼以及奥斯曼舰队出海远征），都要施放炮火以示众人。当炮声齐鸣，据说在君士坦丁堡，"天国也变得目盲耳聋"。[5] 苏丹穆拉德三世下令，在他怀孕的嫔妃顺利产子之前，谁都不许施放炮火。

伊斯坦布尔文艺复兴时期的天际线上还有其他令人意想不到的地方。搭乘渡轮横越博斯普鲁斯海峡，向两边张望，你会发现两岸那些伊斯兰时期的建筑剪影有相当一部分是由女性出资完成的。16 世纪，伊斯坦布尔至少有三分之一的宗教建筑地基由女性兴建。依照惯例，奥斯曼上层阶级妇女在日出与日落之间是不许外出的，但她们却能保证自己享受到富有创造性的都市生活。

根据伊斯兰的律法，女性与男性一样有继承权。因此，兴建宗教与慈善建筑合情合理地成了表现虔诚的做法。瓦合甫†福利制度推动了伊斯坦布尔的建筑工程；这一制度让苏丹臣民从摇篮到坟墓都能受到保护。捐助者通常是新婚女性，记录在案的名字包括地位尊贵的人物与一般的平民百姓（我们从瓦合甫的记录得知，一名苏丹从慈善基金拨款设立一个全职职位，雇佣一名男子巡视城市，清理涂鸦与孩子们的乱涂乱画）。前拜占庭领土遍设医院，病人与医生可能是穆斯林（也可能不是），接受生理与心理疾病治疗的人还有音乐演奏可以听。有些医院也提供门诊、出诊服务。[6]

---

* 一种能使二维图画展现出极度真实的三维空间感的绘画技巧，在文艺复兴时期被画家广泛使用。——编注

† 瓦合甫（vakıf）：阿拉伯文是 waqf，伊斯兰教法律中的宗教捐献，通常指为穆斯林宗教或公益目的而捐献建筑或田地。——编注

在伊斯坦布尔，女性们的善举被具体落实并且常驻于此。苏莱曼的女儿米赫丽玛赫（Mihrimah）出资在埃迪尔内门附近的第六山丘顶端建立了美丽的清真寺。1580 年到 1589 年，建筑师希南（Sinan）于斯屈达尔为穆拉德三世的母亲，老苏丹皇太后（Nurbanu Atik Valide Sultan）努尔巴努兴建了雄伟的老皇太后清真寺（Atik Valide Mosque），[7] 让人引以为豪的是，这一建筑群涵盖了清真寺、修道院、医院、救济院、学校、公共浴场、商队旅舍与济贫供餐设施。为努尔巴努兴建的医院至今仍矗立在博斯普鲁斯海峡的岸边，以医学中心之姿继续运作，充斥着一种宁静安祥的氛围；怀孕的母猫时不时会去医院闲逛，人们会温柔地引导它出去，或干脆静静接纳它的存在。

1663 年，杜亨·哈提婕苏丹（Turhan Hatice Sultan）出资在贝西克塔什（Beşiktaş）兴建了一座喷泉，她宣布：

> 妃子萨菲耶（Safiye）的清真寺依然耸立在金角湾岸边。
> 哈提婕苏丹是守贞之主，是苏丹中的苏丹穆罕默德汗的母亲，
> 是至高无上者与国家的秩序，纯洁无瑕，
> 她让这座崇高的喷泉自由流动
> 以消解整个世界的干渴。

1665 年，杜亨·哈提婕接续萨菲耶苏丹的工作，清除昔日的犹太区以兴建新皇太后清真寺（Yeni Valide mosque），这是第一座由女性统筹修建的帝国清真寺。在清真寺的高墙上，她将君士坦丁堡的一举一动尽收眼底。

这座奥斯曼城市的规划有相当大的部分是在托普卡珀后宫中完成的。16 世纪中叶之后，苏丹的宠臣与不断增加的嫔妃都以托普卡珀后宫为活动中心。后宫（harem）的意思是圣所（sanctuary），它表现了传统与野心的结合。在传统土耳其社会，词根 "h-r-m" 指的是被设计出来与其他事物区隔的神圣空间，用来保护最高的统治者。起初，苏丹的女人会待在后宫完全出于偶然；只是因为她们与君主的关系比较亲近。在这个被制造出来的世界里，严格的等级区隔有其必要性。后宫中形形色色的女性称呼各异：Gedikli Kadın（拥有特权者或地位高的人）；Gözde（被注视者，所以是宠妃的意思）；Ikbal（初夜之

后仍受苏丹宠爱的人）；Haseki Sultan（特别受苏丹宠爱的人）。如果后宫女性生下苏丹的长子，那么她会成为"Birinci Kadın"，也就是所谓的"第一夫人"。如果儿子继承皇位，那么这名女性会成为"Valide Sultan"，也就是皇太后苏丹，享有崇高的地位。伊斯坦布尔苏丹行吻手礼的对象，只有皇太后一人。

　　后宫中一些不太得宠的奴隶可以在九年后得到释放——身获自由，多才多艺，加上曾与苏丹亲近——这些女性是婚嫁的首选。今日，沿着托普卡珀皇宫北侧行走，穿过有许多家庭、疲倦背包客和谈情说爱的情侣的公园，来到如山一般陡峭的后宫高墙，我们会想起里面保护的事物何等珍贵。

　　立法者苏莱曼的旧皇宫被烧毁后，他的宠妃许蕾姆（Hürrem）把居所迁移至旧拜占庭卫城顶端雄伟的新皇宫。此举显示许蕾姆与丈夫关系亲密，也展现了她的权力。我们知道这里刚粉刷过、散发柏木香气的房间"非常精美，还有祈祷厅、浴场、花园和其他舒适的设施"。[8] 1574 年（穆拉德三世继承帝位那年），苏丹把寝宫与他的私人居所迁入后宫。早餐之后，他会离开后宫与协助他处理国政的官员见面。现在后宫已自成一个小小世界，除了一般起居设施外，还设有觐见室与监狱。历任苏丹对女性与城市的喜爱也在诗歌中显露无遗，并流传后世。这一点可以从苏丹苏莱曼一世写给许蕾姆的加扎勒诗歌中看出：

> 我寂寞壁龛上的宝座，我的财富，我的爱，我的月光。
>
> 我最真挚的朋友，我的知己，我存在的理由，我的苏丹（苏丹的皇后不叫苏丹娜［Sultana］，这是西方人自行添加的说法，苏丹的皇后就叫苏丹），我唯一的爱
>
> 美人中的美人……
>
> 我的春天，我面露欢愉的爱，我的白昼，我的爱人，欢笑的叶子……
>
> 我的盆栽，我的宝贝，我的玫瑰，这世上唯一不会令我伤心的人……
>
> 我的伊斯坦布尔，我的卡拉曼（卡拉曼侯国的首都，位于托罗斯山脉［Taurus］以北），我的安纳托利亚土地
>
> 我的巴达赫尚（Badakhshan，位于丝绸之路上，出产青金石），我的巴格达，我的呼罗珊（Khorasan，"日出之地"，波斯的一省）
>
> 我那拥有美丽秀发的女人，我那轻挑柳眉、眼神慧黠的爱……

我会一直唱着赞美你的歌

我，对你朝思暮想的爱人，眼中噙满泪水的穆希比（Muhibbi，苏莱曼一世的笔名），我很幸福。[9]

所以，伊斯坦布尔帝国后宫那些地位崇高的女性拥有一定的影响力。起初，具有外交意义的婚姻结盟对奥斯曼人而言具有关键的政治意义，对其竞争对手、信仰伊斯兰教的大国，波斯的萨非王朝与印度的莫卧儿王朝（Mughals）而言也是这样。但随着时间流逝，奥斯曼人开始摒弃这种做法，倾向选择帝国内部活力满满的"基因池"[10]。通过后宫的女性，新王朝与新权力掮客得以诞生。因此，伊斯坦布尔不再需要通过异族联姻确保权力之间的交互；这座城市本身成为了聚集各色人才的中心。苏丹城中贫民区的奴隶现在成了君主的母亲和姐妹。这些奴隶，特别是苏丹的男侍与女伴，硬是被人为地拔擢成统治精英。而其中最具影响力的人物似乎也展现出与之相符的态度，表现得像是战略家和文化的提倡者。始终具有世界性的君士坦丁堡也逐渐成为一个多民族与各色男女寻求机会出人头地的地方。

第五十六章 生长着各种水果的花园

公元 330 年—约 1930 年

> 我住的地方像极了巴别塔：在佩拉，他们说土耳其语、希腊语、希伯来语、亚美尼亚语、阿拉伯语、波斯语、俄罗斯语、斯拉沃尼亚语（Slavonians）、瓦拉几亚语（Wallachian）、德语、荷兰语、法语、英语、意大利语、匈牙利语……（服务生）同时学习所有这些语言，但程度还没好到能够读写。
>
> 玛丽·沃特利·蒙塔古夫人（Lady Mary Wortley Montagu），
>
> 从君士坦丁堡写给朋友的书信，1717 年到 1718 年 [1]

> 港口已经淤塞，广阔的田野已经种下蔬菜，还立起一些棚架。树上垂挂着水果，而非法比奥斯（Fabios）说的船帆；浇灌菜园的水来自古代港口的喷泉，用之不竭。
>
> 皮埃尔·吉勒（Pierre Gilles），《伊斯坦布尔》（Istanbul）
>
> （描述许多非穆斯林聚集的弗兰加园［Vlanga Gardens］）[2]

往东横越欧洲，在埃格那提亚大道上，抵达伊斯坦布尔前的最后一站是大切克梅杰商队旅舍。经过建筑师希南大胆设计的桥梁，人们可以抵达这座长而低矮的建筑物，其大小与外观等同两座储存什一税所征农产品的谷仓，至今仍遮挡着壁龛里奥斯曼时期的蜡烛产生的煤油；旅社隔壁是伊斯兰学校和华丽的喷泉。今日，这栋旅舍摇身一变成为社区艺术活动中心，场地宽敞、雅致。在奥斯曼时期，诸如商队旅舍的公共设施一般由苏丹本人或当地显贵建立，地点通常分布在帝国道路网沿线，过去罗马人也曾在上述地点设立浴场与休息站。这些设施的功能如同昔日的阿德昆图姆浴场，允许旅人与商人免费寄宿。塞利姆一世立法规定每天早上要对商队旅舍的货物进行检查，到了17世纪，君士坦丁堡城内与周边地区有将近一千间休息站。每天晚上，在大切克梅杰这样豪华的旅舍里，旅人可以拿到用于照明的蜡、烛芯和一碗汤，每逢星期五，还有奢侈的洋葱煮肉与藏红花炖饭可以吃。

牲口（马、驴、骡、骆驼、水牛）与人一起睡在相同的封闭空间里；夜里会上锁，直到黎明才开启。人睡在凸起的石头长凳上——为了安全起见，不设窗户，因此每天清晨屋内肯定弥漫着浓郁的气味。西方作家经常批评这些旅舍的"污秽"与"恶臭"。庆幸的是，这些设立在路旁的中世纪旅馆（也称为"khans"）绝大多数都有盥洗设备。而在旅人眼中，这种旅舍的价值不只是安全与舒适，它还有交换情报的功能。从奥斯曼帝国各地的忙碌人群中，特别是伊斯坦布尔周边地区的熙来攘往中，可以听到最初的通用语，它以混杂的意大利语为基础，外加希腊语、土耳其语、阿拉伯语、西班牙语和法语的元素构成。商贾和旅人正是依靠这种"行路语言"相互沟通。到了深夜，人们经常分享消息与建议。无论你是来自伊利里亚还是巴比伦，总有互通有无的理由；旅舍便提供了一个沟通的场所。

君士坦丁堡的创建者曾经是一群住在城市里的军人；伊斯坦布尔的创建者则是游牧商人与战士。奥斯曼人了解道路的重要性，深谙保持沟通路线畅通与开放的绝对重要性。奥斯曼人的统治被形容为"速度政治"（dromocracy）——一个道路政权，以道路为基础的帝国。在这里，贸易、运兵和信息交互的速度乃是关键。但居住在萨拉基里奥"宫殿岬"（英文称为塞拉格里欧［Seraglio］）愈加华丽的宫室里的苏丹、维齐尔与帕夏，也需要让人进到城市里来，让这座国际大都市欣欣向荣。

于是，许多人应召前来。穆罕默德二世提供一些优惠条件，特别是免税，吸引人们重新到君士坦丁堡定居。有些难民是被迫遣返，但许多强宗大族显然在这里过得不错。奥斯曼人未曾犯下若干现代大国试图重构东地中海与中东的错误；他们知道，"清白"、从零开始的历史无疑是痴心妄想。他们在帝国进行新试验，并且将这场试验多种族、多信仰的本质视为既有的现实而非令人惊讶

叙利亚、希腊和奥斯曼妇女的对照图，1581 年。

之事，并依此明智地立法。穆罕默德二世大力推动古老的中东米利特（millet）制度，让伊斯坦布尔每个族群都能依据自己的宗教律法被审理和判决。阿拉伯文"millah"的意思是民族，19 世纪后，这个词转而用来指称在君士坦丁堡生活的各民族社群。在伊斯坦布尔，每个米利特都有自己详尽且具拘束力的章程；无论是鲁姆人（Rûm，希腊正教基督徒）、叙利亚东正教徒、亚美尼亚人还是犹太人，都能在奥斯曼伊斯坦布尔享有（至少一定程度上的）宗教多元性。不过也有一些限制：非穆斯林不能在清真寺附近做生意，他们的房子高度必须低于九迪拉（dhira'），大约 6.7 米，[3] 但他们的存在依然显眼。

君士坦丁堡长久以来一直流通着各种语言，但 1492 年，在君士坦丁堡以西将近 3862 公里的安达鲁斯发生的事件促使新一波的移民与难民涌向君士坦丁堡。早在 1470 年，苏丹已经同意从西班牙接纳一些犹太人加入他的帝国（虽然在征服君士坦丁堡期间，城内大部分犹太人被奴役或驱逐），但现在又出现了大量移民涌入。当西班牙君主费尔南多二世（Ferdinand II）与伊莎贝拉一世（Isabella I）取得安达鲁斯的格拉纳达时，穆斯林与犹太人遭到屠杀和驱逐。16 世纪初，许多人（或许有 3 万人），直接前往伊斯坦布尔。[4] 此时，超过 8070 户犹太人家庭住在这座曾经是君士坦丁大帝首都的城市。据说苏丹巴耶济德二世很清楚自己获得的良机："你们说费尔南多是睿智的统治者……（但）他却削弱了自己的国家而让我的国家变得富有！"[5]

结果，1492 年之后，伊斯坦布尔支持了欧洲最庞大也最繁荣的犹太人社群。阿拉伯人也来了，他们把加拉达曾短暂作为多明我会修道院的圣保罗教堂改成阿拉伯清真寺（Arap Camii）。圣保罗教堂的钟楼成了宣礼塔，而庭院中则兴建喷水池供信众洁净之用。今日时髦人士流连的工艺品商店和色彩柔和的住家，过去则是来自安达鲁斯的穆斯林难民的居住地；夜里他们在城中的新家唱着自己被逐出西班牙的悲歌。

千禧年的焦虑加速了人口涌入。许多在伊斯坦布尔制作的传统历书提到，创世的时间是公元前 5508 年，而世界将在创世的七千年后终结。基督徒开始到处宣教，攻击不同宗教信仰的少数族群。许多无家可归的人流离失所，最后都投奔了伊斯坦布尔。

许多制丝工人开始在弗兰加地区居住工作，这块被开拓出来的肥沃地带包括了过去繁忙的狄奥多西港。从 15 世纪开始，这座热闹的港口逐渐淤积。而被征服后，此地便成了非穆斯林聚居地。在这个遗址从事挖掘的工作人员相信，他们已经发现了制药作坊。这片土地富含矿物质，适合种植药草。但由于地势低洼，这里经常发出恶臭，且难以防守。犹太家庭则定居于锡尔凯吉，随着时间推移（通常是由于过分拥挤，犹太区常毁于火灾），犹太社区开始在金角湾两岸的巴拉特（Balat）与哈斯科伊（Hasköy）涌现。日耳曼人汉斯·登史瓦姆（Hans Dernschwam）表示，到了 16 世纪，伊斯坦布尔的犹太人密密麻麻就像"蚂蚁"一样，犹太人人口是基督徒的两倍，而且这里至少有 42 座犹太会堂。[6]

1600 年左右，保守估计伊斯坦布尔最多有 11000 名犹太居民和 11 座犹太会堂，塞法迪犹太人（Sephardi Jews）最终加入了说希腊语的犹太居民以及来自安达鲁斯的犹太人的行列。这些旅人辛苦跋涉，从新改信天主教的安达卢西亚来到此地，带来了焦虑、观念与科技——其中包括 1493 年伊斯坦布尔

得到的首台印刷机，而这已经是印刷机发明后五十多年的事。犹太印刷工人
自己携带印刷板与设备。伊斯坦布尔使用的铅字既不是阿拉伯文也不是奥斯
曼土耳其文（阿拉伯文字的印刷直到 1727 年才合法），[7] 所以犹太族群获得
了一个机会。有些犹太人也协助发展了君士坦丁堡城内的制丝业，这个跨越
国境的产业数世纪以来完全由犹太区主导。从这个地区的制丝业获利的不只
是拜占庭人。[8] [9] 美第奇家族在奥斯曼布尔萨设立代理人，以期取得最上等
的丝绸，[10] 在 19 世纪初的帖撒罗尼迦，来自黎凡特公司（Levant Company）、
享有市民权的英国商人巴塞洛缪·爱德华·阿博特（Bartholomew Edward
Abbott）在国际范围内交易来自君士坦丁堡的丝绸，当中许多仍是由犹太家庭
制作。[11]

令人难过且讽刺的是，虽然君士坦丁堡出口了大量丝绸，象征着数世纪以
来全球贸易的财富；但这些丝质珍品本身通常包裹在丝质寿衣里，一方面因为
潮湿而自然腐烂，另一方面又遭受罗斯人、拉丁十字军、入侵的奥斯曼人与其
他人的掠夺，使得君士坦丁堡城内完全没有任何历史例证留存。伊斯坦布尔在
1922 年以前制造的丝绸全部都被走私出境、掠夺、埋葬或焚毁。

伊斯坦布尔的犹太人在伊斯兰征服后也许得到苏丹巴耶济德的欢迎，但他
们也曾遭受和别处犹太社群一样波折的命运。随着穆斯林千禧年临近，服装限
制开始加诸犹太人（与基督徒）身上，同时他们也被禁止饮酒。当苏丹穆拉德
三世后宫中的关键人物萨菲耶计划兴建美丽的清真寺时，为了腾出空间，犹太
会堂与犹太人住宅全数遭到了专横拆除。这座清真寺至今仍眺望着博斯普鲁斯
海峡。1660 年的那场大火被归罪到犹太人头上，作为惩罚，许多犹太人被逐出
艾米诺努区。到了 17 世纪，亚美尼亚人主掌了波斯、土耳其与意大利之间的
丝绸贸易，并从中赚取暴利。1740 年另一场大火后，起初犹太人无须许可就
能在加拉达、奥塔科伊与于斯屈达尔建屋居住，但大规模的移民致使 1744 年
出台新的法令，限制犹太人建屋。[12]

尽管如此，不屈不挠的犹太家族仍跻身成为君士坦丁堡最强大的族群之
一。今日留存的有关君士坦丁堡街头日常生活的最佳描述，来自拉比多梅尼
科·希洛索里米塔诺（Rabbi Domenico Hierosolimitano）的作品，他是苏丹穆
拉德三世的御医（多梅尼科本人改信伊斯兰教，不过有许多苏丹雇用犹太医

生）。无论在城内还是在城外广阔的世界，保护奥斯曼领土内少数族群的利益，包括犹太人与基督徒的利益，是耶尼切里军团的职责之一。

在君士坦丁堡还有一个显眼的族群，他们完全落在法律管辖的范围之外，这些人就是罗姆人。吉卜赛人也是长期生活在君士坦丁堡的居民，或许是因为与新罗马有着悠久的渊源，才使得他们被称为罗姆人（Romani 或 Roma）。然而，在新奥斯曼统治者治下，罗姆人再度遭受了不公平对待。虽然强迫改信引发反感，但君士坦丁堡历史学家还是以认可的态度记载了数千名亚美尼亚吉卜赛人在托普卡珀皇宫集体改信伊斯兰教的盛况。为了逃离加兹尼的马哈茂德（Mahmud Ghazni）的入侵，来自印度北部拉贾斯坦（Rajasthan）的第一批移民于公元 1000 年到 1057 年左右抵达君士坦丁堡。这段漫长而艰辛的旅程必须往北穿过波斯与亚美尼亚（在吉卜赛语中有一些受亚美尼亚语影响的外来语）。吉卜赛人在南高加索地区短暂停留之后，又因为塞尔柱人的侵袭被迫离开亚美尼亚。他们最后终于抵达君士坦丁堡；但所有的罗姆吉卜赛人都必须缴纳一笔特别的赋税，并被当成了国家的奴隶。

11 世纪的史料是最早提到君士坦丁堡的罗姆人的。据说皇帝君士坦丁·莫诺玛科斯（Constantine Monomachos）需要人手，协助他将不断残食观赏用牲畜的凶猛野兽逐出公园，于是罗姆人被召唤前来。他们用"施了魔法"的肉击倒了这些野兽。事实上，在罗姆人聚居于城市的历史中，罗姆人，特别是女性，总被描述成占卜师与巫师；许多人会上门为伊斯坦布尔生病的民众缓解痛苦。由于这种做法相当盛行，因此到了 15 世纪，法令规定凡是让吉卜赛人进自己家门的君士坦丁堡居民在五年内不能领圣餐。

安德洛尼卡斯二世在位期间的一段生动描述提到拜占庭城里来了一群旅人，他们被称为埃及人，但几乎可以确定他们就是罗姆人。这些人会表演走绳索、马术特技与软骨功。作者透露，这些表演没有一件是"巫术"，靠的全是"灵活敏捷"。这个时期的阿拉伯史料有一段相似的描述，也给这些表演者贴上了"吉卜赛人"的标签。在君士坦丁堡，有记载提到罗姆人以驯熊与弄蛇为业。有趣的是，罗姆人还以制作筛子著称；至今伊斯坦布尔一些罗姆人家庭依然以制筛为生。[13]

罗姆人高度集中在靠近城墙的苏鲁库勒（Sulukule）区域生活，这种聚居的情况持续将近一千年。对罗姆人最早的官方记录是 1477 年的人口普查，他们会在婚礼前一天到穆斯林新娘家里的横那派对（henna party）上跳舞，这种习俗一直持续到 20 世纪初奥斯曼帝国灭亡。19 世纪 70 年代，布伦特夫人（Lady Blunt）形容这种歌舞派对"放浪形骸、伤风败俗"。[14] 20 世纪 80 年代晚期，人们依然在伊斯坦布尔罗姆人聚居区的小型"娱乐场所"通宵跳舞，派对吸引着土耳其各地的罗姆乐手前来（今日土耳其有大约 400 万名罗姆人，其人数在世界各国算是数一数二）。2008 年，当我造访苏鲁库勒时，当地正在实施一项迁移 5000 多名罗姆人的计划，并以奥斯曼风格别墅取代他们色彩艳丽的单层住宅，以供城市新一批向上流动的中产阶级居住。拆除工作于 2011 年展开；许多伊斯坦布尔罗姆人因此沦为乞丐流落街头。

若想了解曾经在伊斯坦布尔兴盛的罗姆人的营地，就应该走一趟埃迪尔内（这座城市原本叫阿德里安堡）。埃迪尔内被一些人称为"吉卜赛城"，这里的村落以泥土路连结成网状，吉卜赛家庭依然以务农、经商和演奏音乐为业。在这个罗姆人的聚居区，整个下午我都在聆听一个由兄弟、表亲与姻亲组成的乐团演奏，乐团的家庭首领名叫法里斯·祖尔纳奇（Faris Zurnacı），他向我保证，他的家人可以让我连跳三天舞不休息。鸡群用爪子刨着地，我们早上九点喝可口可乐，十点吃手工饼干并且谈论罗姆人从伊斯坦布尔悲惨流亡的经历。古老的奥斯曼米利特制度保护鲁姆人、犹太人、亚美尼亚人、亚述人，尽管他们是二等公民，但罗姆人从未获得这项好处；对他们的偏见依然占据上风。

过去，基督教君士坦丁堡一直有着鲜明的色彩编码；而现在，这道色谱在继续扩大。穆斯林穿着黄色拖鞋，缠着白色或绿色头巾；犹太人戴着黄色帽子，穿着蓝色拖鞋；希腊人穿着天蓝色的衣服；亚美尼亚人偏爱紫罗兰色拖鞋。穆斯林可以把他们的房子漆成红色，房子也可以盖得比基督徒的房子高。许多人依然沿用城市的旧名，如 Kostantiniyye、Islam-bol 或 Stimboli；但也有人使用新的名称，如犹太人称伊斯坦布尔为 Kushta，亚美尼亚人称 Bolis，斯拉夫人称 Tsargrad。

1481 年，征服者穆罕默德去世时，伊斯坦布尔人口大约为 10 万人。根据 1477 年的人口普查（不包括军户与皇宫居民），可以看出市中心住着 8951 名奥斯曼土耳其人、3151 名希腊人、1647 名犹太人和 1067 名其他的少数族裔；在加拉达，穆斯林有 535 户，希腊人 572 户，法兰克人 332 户，亚美尼亚人 62 户。每一次的征服都让城市总人口急速增加—— 一名被俘的西班牙医生记录了 16 世纪中叶他在伊斯坦布尔生活的三年期间，多达 29000 名奴隶被带到伊斯坦布尔，而帝国各地奥斯曼城市的总人口增加了八成。

如果五百年前从马尔马拉海沿着博斯普鲁斯海峡航行，你会看到两座分离的城市——位于金角湾西岸的穆斯林伊斯坦布尔，与位于金角湾东岸的异教徒区，也就是加乌尔（Gavur 或 Giaour，指非穆斯林）之地。伊斯坦布尔变得更加青葱翠绿时，加乌尔的住宅区则变得越来越拥挤，仓库与住房鳞次栉比。所以，正如伊斯坦布尔从一开始就是由几个被水路区隔的古代聚落，背对卫城集合而成；现在，这座城市开始再一次变得分裂，如同一滴落下的水银般四散开来。

拥有多信仰人口产生的一个意外的结果是在伊斯坦布尔有各色受欢迎的宗教节日。回顾伊斯坦布尔历史，来访的游客经常提到当地居民身着庆典服饰的景象，暗示这是一座好逸恶劳、追求享乐的城市。事实上，由于拥有信仰不同宗教的人口，伊斯坦布尔在许多方面表现得极其虔诚。

无论把伊斯坦布尔当成一连串的碎片还是一个整体，这座"诸城之首"再度不负其名。无论是难民还是投机分子，不论应邀还是被迫前来，也无论是走投无路或受到启发而抵达此地，成千上万的人开始如洪水般涌回伊斯坦布尔。粮食被优先运往这座城市，其他偏远的村落则被认为是可牺牲的。这不只是彼我之分的问题，这座城市是精英荟萃之地。

穆斯林移民重建的这座城市逐渐成为迅速发展的世界大都会。伊斯坦布尔认识到，想要继续生存，它必须主动地欢迎移民、难民与探险者的到来。

第五十七章　一枚钻石镶嵌在两颗蓝宝石之间

公元 1502 年—1565 年（伊斯兰历 907 年—973 年）

写下这几行文字的卑微作家曾亲眼看见十名精通几何学与建筑的法兰克异教徒。守门人让他们脱下鞋子换上拖鞋，并且引导他们进入清真寺，当清真寺展现在他们面前时，这些异教徒用手指捂住了嘴，而在他们看见宣礼塔时，也震惊地啃咬自己的手指；当他们看到圆顶时，这些异教徒把自己的帽子往空中一扔，喊着马利亚！马利亚！在看到支撑圆顶的四个拱形结构，圆顶上刻着日期希吉拉 944 年（公元 1537 年）时，他们找不到词语来表达内心的赞美，这十个人，每个人都用手指捂着嘴，花了整整一个小时惊奇地看着这些拱形结构……我询问翻译，这些人做何感想，其中一个有能力回答的人说道，任何地方都找不到这种内外皆美，且其内部与外观协调统一的建筑；在弗朗吉斯坦（Frangistan，西边的基督教世界），没有任何建筑物能与此相提并论。

爱维亚·瑟勒比（Evliya Çelebi），《旅行之书》（*Seyahatname*），

描述苏莱曼清真寺[1]

伊斯坦布尔由一连串分散的地区、隔绝的地带与相邻的岛屿组成，这都归功于切割和围绕着伊斯坦布尔，如同蓝宝石一般的水路。奥斯曼人原本居住在要连走十天才能横越的平原上，现在他们尝到了空气中的咸味，开始投身于航海事业。

奥斯曼人知道，没有海军他们不可能攻下君士坦丁堡，穆罕默德二世引进基督教造船工人协助保住该城，以防再被基督徒夺回。1502 年，巴耶济德二

世宣称他想拥有"与海蛇一样灵活的船舰"[2]，并立即从希俄斯岛找来造船工人与工匠，将他们隔离起来造船。与已经掌握绕行非洲航路技术的敌对帝国的竞争，促进了君士坦丁堡航海技术的发展。港口、码头、栈桥与港湾的规模加以扩充，数量也得到了增加。伊斯坦布尔的海军日渐壮大，高耸的船桅在勤务船水甲虫状的舷窗与渔船短弯刀状的船头衬托下，更显巍峨。1516年之后，奥斯曼海军基地从加里波利迁往加拉达，离今日博斯普鲁斯海峡上的停泊着度假游轮的码头不远。卡森柏沙（Kasımpaşa）造船厂的一间船库里可能建造完成了200艘战舰。切削木材和填隙后会使船身散发出浓郁的木质气味；出了船厂后，新船经过打磨、塑形以使其适于航海，这些香气也随之稀释消散。船舰出海巡逻，对付那些在地中海与黑海掠夺运粮船的海盗；但这些船舰也把麻烦带回了家。在16世纪，每二十年左右就会有瘟疫横扫伊斯坦布尔（每次侵袭会有多达两成的人口因此死亡）。造船厂与帝国兵工厂（Imperial Arsenal）附近的大型跳蚤市场让情势更加恶化；衣物与毛毯的重复使用，加上人员与货物不断地进出船只，使得病原体进入伊斯坦布尔街头与码头周边地区，增加了传染机会。

到了1565年，政府出资建造的划艇（peremes）定期往返于博斯普鲁斯海峡两岸。不久，城市的船工达到了16000人。航行于公海的奥斯曼船只数量，可以从近来水下考古所发现的伊斯坦布尔的船难残骸窥见一斑。2014年，在安塔利亚（Antalya）附近进行三个月的调查后，考古学家新发现了八艘奥斯曼船只残骸。1890年，奥斯曼巡防舰埃尔图鲁尔号（Ertuğrul）在离开日本串本港（Kushimoto）返回伊斯坦布尔途中遭遇暴风雨沉没。2004年，人们在这艘被泥沙覆盖的船只残骸上发现了长如前臂的船钉、玻璃香水瓶与烹调器具。在印度洋与经由红海、波斯湾和地中海的港口贸易中获得的收入使伊斯坦布尔得以进行宏伟的建筑计划。1592年到1774年，黑海的贸易往来完全由奥斯曼臣民独占。在马背上横扫平原进行掠夺已是遥远的记忆：土耳其人与他们的盟友已然成为海上的霸主。

除了迅速增多的商船、军舰与奥斯曼渡船，苏丹也会搭乘装饰华丽、精雕细琢的，类似威尼斯的贡多拉的小艇（kayıks）巡游伊斯坦布尔。苏丹的后宫也有自己的船只，妇女搭乘的船只装饰有水果与花卉。宫里的船只由专门的团队负责管理和驾驶，他们和苏丹的园丁共享同样的名字。这群人，也就是伯斯坦吉（Bostancı），其数量任何时期都维持在 5000 到 6000 人左右。伯斯坦吉负责巡逻博斯普鲁斯海峡和金角湾的港口与周边地区，夜里他们负责维护海上与河上的治安，白天则成了照顾玫瑰园的园丁。伯斯坦吉巴希（Bostancıbaşı）是有实权的官员。据说，经过挑选的哑巴伯斯坦吉巴希桨手会按指示发出含糊不清的吼叫声，以防苏丹与宾客在水道上的对话（无论谈的是趣事或公事）被偷听。

苏丹在水上巡行，提醒伊斯坦布尔民众谁才是真正的主事者；奥斯曼船只频繁地出现在外国水域，提醒世人苏丹的野心。16 世纪初，奥斯曼舰队司令，同时也是地图测绘师的哈吉·艾哈迈德·穆希丁·皮里（Hacı Ahmed Muhiddin Piri，又称皮里·雷斯［Piri Reis］）制作了一系列精美的地图，显示奥斯曼舰队现在有能力勘察、碰触与品尝他们的猎物。皮里·雷斯生于加里波利，一生纵横海上，起初是在安达鲁斯外海工作，从 1492 年起，投身奥斯曼海军。他参与了 1517 年奥斯曼征服埃及的那场战役，然后根据其他地图测绘师（包括哥伦布［Christopher Columbus］）的作品编纂了一系列世界地图，完成了作品《航海书》（Book of Navigatioon）。他的许多航海图图文并茂；现存有 5704 本复本散布世界各地，每隔一段时间就会发现更多的复本。全球强权莫不急着想使用皮里·雷斯具有开创性的精确地图，但奥斯曼朝廷总能先睹为快。立法者苏莱曼（西方称为苏莱曼大帝，从 1520 年开始担任苏丹）运用这项特权，侵袭了欧洲、亚洲与非洲的沿海地区。

值得注意的是，关于苏莱曼一世最早的描述出自威尼斯人巴托洛梅奥·孔塔里尼（Bartolomeo Contarini）之口。孔塔里尼说道："所有人都希望从他的统治中得到好处。"奥斯曼人不再是来自东方的土匪，而是文艺复兴时代欧洲结构中的一部分。苏莱曼是一个解放而非阻碍想象力的统治者。道路条件得到改善，城堡得到修复，贸易站也再度繁荣。

苏莱曼虽然风雅，却也充满欲望。他于 1521 年攻下贝尔格莱德，并在 1526 年的摩哈赤（Mohács）战役旗开得胜，推动了奥斯曼对匈牙利的征服；随后，他便与哈布斯堡王朝争夺中欧。1529 年，奥斯曼人在维也纳被击退。对西方人来说，奥斯曼人应该只是在等待时机卷土重来。他们的忧虑是对的。

伊斯坦布尔水道上的船只，出自 16 世纪晚期或 17 世纪早期的奥斯曼微型画。

早在 1492 年，穆斯林被逐出西班牙已在地中海地区掀起憎恨的浪潮。大胆的私掠船船长海雷丁帕夏（Hayreddin Pasha），在阿尔及利亚海岸挑战神圣罗马帝国皇帝查理五世（Charles V）率领的基督教陆军，而且招募了许多热情的穆斯林支持者为奥斯曼效力。根据历史记载，西方人为他取了绰号巴巴罗萨 ［Barbarossa］，但事实上有巴巴罗萨［也就是红胡子］的是他死去的兄长。

史料记载，巴巴罗萨以野生动物还有从伊斯坦布尔奴隶市场购得的两百名上等女奴换取奥斯曼舰队司令的职位。伊斯坦布尔确实喜爱这名为慷慨地为她增添荣光的男子。往后二十年，巴巴罗萨经常亲率两百艘战舰，从伊斯坦布尔造船厂出航，为苏丹攻占更多的土地，掳掠更多的奴隶。巴巴罗萨的干劲显然非同一般：他在古罗马港口奥斯提亚登岸，触动了城市的警钟，多风的安德罗斯岛（Andros）、塞里福斯岛（Serifos）与帕罗斯岛也遭他攻击。兰佩杜萨岛（Lampedusa）与蒙特克里斯托岛（Montecristo）被劫掠。伊奥斯岛（Ios，现在称为希腊的"派对岛"）以及伊斯基亚岛（Ischia）也无法抵抗。伊斯基亚岛是希腊人最早殖民的岛屿之一，时间甚至早于墨伽拉人出发前往拜占庭，正是理查德·伯顿（Richard Burton）与伊丽莎白·泰勒（Elizabeth Taylor）在电影《埃及艳后》中谈情说爱的迷人地点。巴巴罗萨有如撒网捕鱼般，将这些岛屿一网打尽。

苏莱曼则亲征罗得岛。今日，这座城堡的高墙看似无法攻破，但在 1522 年 12 月 20 日，也就是被围困 145 天之后，圣约翰骑士团终于投降，最后移居马耳他（Malta）与戈佐岛（Gozo）。在博德鲁姆（古代的哈利卡纳苏斯），骑士团弃守的城堡建筑在冒险的希腊人最初建立的多利亚式建筑的基础上，并拆除了卡里亚的摩索拉斯陵寝，被移交给了苏莱曼的军队。蜿蜒迂回，处处藏幽的博德鲁姆城堡遗迹迄今依然耸立着，见证着中世纪世界与奥斯曼人重新配置的中世纪权力平衡。

1537 年，立法者苏莱曼将舰队移往位于昔日伊利里亚（今日的阿尔巴尼亚）的海岸城市布特林特（Butrint），并构思了一个大胆的计划。他想在阿尔巴尼亚与科孚岛之间用船只搭一座浮桥，然后入侵西欧。布特林特遗址充满浓厚的历史气息，此处的湿地保护了古老文明的遗骸。除了奥斯曼时代，威尼斯、拜占庭与古典时代的石造建筑全淹没在水中，此外还有奥斯曼舰队使用过但已经报废的木造栈桥。[3] 所以，在萨朗德（Sarander）二手鞋店与四元素（Four Elements）夜店外头，从罗马埃格那提亚大道的起点都拉斯沿海岸走，人们有机会感受到新兴对外扩张的奥斯曼军队望向西方时的渴望与冲劲。[4]

然而，尽管苏莱曼引进了 30 门加农炮，包括世上最大的火炮，还是无法夺取科孚岛。许多农民遭到杀害或奴役，但威尼斯驻军的坚守使这座岛久攻不下，爱国的向导在科孚岛城堡坚固的防御工事前重述这段历史，而这座城堡至今仍凝望着四百年前由伊斯坦布尔的苏丹哈里发统治的奥斯曼阿尔巴尼亚。撤退的苏莱曼大军在愤怒之余，将布特林特及其周边地区付之一炬。

苏莱曼一世与他的海上左右手巴巴罗萨一起重绘地图。每年在博斯普鲁斯海峡沿岸都会举行巴巴罗萨为帝国赢得胜利的纪念活动，今日，在贝西克塔什，当水兵经过苏莱曼的建筑师希南为巴巴罗萨兴建的高耸圆顶陵寝时，依然会行礼致敬。1546 年，巴巴罗萨去世，他在伊斯坦布尔被尊称为"海上之王"。今日，在位于安纳托利亚海岸，离巴巴罗萨的出生地米蒂利尼（Mytilene）不远的库沙达瑟（Kuşadası），有一间被泛光灯照亮、如同堡垒的宅邸，现已改装成舞厅。这栋建筑物是巴巴罗萨的故居。在城镇后方有巴巴罗萨大街与巴巴罗萨酒馆，夜里歌剧风格的浅橘色灯光笼罩着他那防守森严的藏身之处，当地土耳其人谈论着他们的英雄是如何骁勇善战、活力四射。到了 17 世纪，对外扩张的英国人可能会用这句格言来安慰自己，"上帝给了基督徒海洋，给了穆斯林陆地"。但这越来越像怀旧的民间故事，而非铮铮事实。

与此同时，伊斯坦布尔的城市轮廓与声音景观也被重新塑造。希南（Sinan）是来自卡帕多西亚的工匠，他在耶尼切里中逐步晋升，并受训成为一名木匠，死后成为世界上最值得怀念与钦佩的都市建筑师。在他手中，伊斯坦布尔成了一块令人激动的建筑画布。浴场、清真寺、市集、学校与医院，这些全是五百年前由他设计的。此外，希南还为伊斯坦布尔兴建了120座建筑物，许多至今依然屹立不摇。希南实现了苏莱曼建设大都会的愿景，他是雕琢这座城市的宝石工匠。[5] 19世纪之后，希南受到热烈赞扬，被视作国家的瑰宝。但令土耳其爱国人士有些恼怒的是，希南几乎可以确定是希腊或亚美尼亚族裔。1935年，土耳其历史学会甚至召开会议，决定打开这名设计师的坟墓，实际测量他的头骨以证明他具有土耳其人的种族特征。[6]

政府开挖的坟墓位于伊斯坦布尔数一数二壮观的建筑物底下，这座建筑物就是苏莱曼清真寺。希南为苏丹苏莱曼一世修筑了这座安拉的居所。兴建时除了使用新采石场的大理石，也使用从帝国各地建筑物中抢救出来的大理石建材，以此作为宗教虔诚的明证。苏莱曼清真寺至今依然耸立在第三山丘上，傲视着伊斯坦布尔的天际线，它是文艺复兴时代的宝物。当时的作品形容希南的建筑物"熠熠生辉""令人欣喜""使人心醉神迷"。苏莱曼自己也表示，这个敬神之地使他成为所罗门第二。事实上，这座清真寺绝大部分是由西方的战俘兴建的，奥斯曼史料把这些"法兰克人"称为"所罗门的恶魔"。

苏莱曼清真寺不只是建筑的奇迹；2008年的研究显示，它还是一座"音箱"，人们在它里面赞美神。[7] 在苏莱曼清真寺聘请的人里，有82%的人，他们的职责是让寺内从黎明到黄昏歌声不辍。20名敬拜者每日诵念"万物非主，唯有真主；穆罕默德，是主使者"3500次，20人合计7万次，确保苏丹能经由他们的诵念获得庇佑。而这只是刚开始。其他人负责咏唱祈祷文与颂词。清真寺每个角落，在人们清醒的时间里，每分每秒都萦绕着乐声——声音隐约传进雅致的庭院，猫咪无动于衷地来回走动；城市的上班族祷告前会在这里净身。苏莱曼清真寺的声景想必既迷人又能激励人心。

希南的设计让声波得以巧妙地扩散和折射。邻接的半圆顶、小型的侧圆顶、窗户与钟乳石状石雕（装饰性的拱顶），这些都确保赞美诗与圣歌能均匀地在侧廊与中央空间回荡。从描述建造过程的文字中可以看出，希南特别烧制

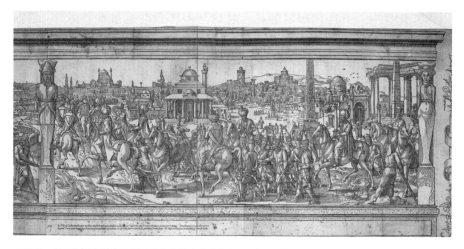

苏莱曼一世的队伍穿越竞技场（拜占庭战车竞赛场），出自中楣装饰"土耳其人风俗习尚"，1553 年。

了 255 个黏土壶，然后将这些壶置于清真寺的圆顶中。这些半球形的声学设备如今称为亥姆霍兹共振器（Helmholtz resonators），能吸收不协调的频率，并有助于将乐声和人声反射至清真寺。

　　希南接着设计了托普卡珀皇宫的厨房（原先的厨房在 1574 年被大火烧毁），这些厨房至今仍以高耸的烟囱昭示着自己的存在，远在博斯普鲁斯海峡对岸就能看见。当 19 世纪的西方批评家认为伊斯坦布尔落后迟缓时，总有人以希南为例，证明早期穆斯林建筑的灿烂辉煌。然而，虽然很有才华，但希南一直要到晚年才真正成为穆斯林；他的设计并未回顾原生的土耳其文化，而是朝前望向了早期的近代世界。

　　在埃迪尔内，希南设计了高 70 米的塞利米耶清真寺（Selimiye Mosque）。英国旅行家玛丽·沃特利·蒙塔古夫人描述这一壮观景象时表示，"我从未看过如此高贵的事物"。与 16 世纪一样，希南的塞利米耶清真寺至今依然被喧闹、忙碌的有顶市集围绕着，它的圆顶据说可以跟阿亚索菲亚清真寺一较高下。对许多以东方学专家的夸张口吻表达感觉的人来说，塞利米耶清真寺已成为通往东方的新门户。埃迪尔内的塞利米耶清真寺是苏莱曼下令兴建，却在他的继承者塞利姆二世手中完成。某种程度上，这座清真寺是伊斯坦布尔的新金门，向所有以举世倾羡之城为目的地的西方旅人展示自己的权力和意图。

苏莱曼在位的四十六年期间，这座城市的外观和给人的感受都发生了变化。这些改变的见证人，例如皮埃尔·吉勒，提到竞技场的座位大多遭到拆除，圆柱被用于别处，比如苏丹建盖的新医院。[8] 长久以来，巨大的城墙一直是君士坦丁堡的象征，栅栏（palisades）一词衍生出希腊文的城邦（polis）；现在奥斯曼人对这座城市的景观有了一种更具流动性的眼光、态度。这座城市千年来的敌人已住进城内，于是城墙本身变得不那么重要。对外交使节来说，金门原本是欢迎的象征，是通往基督之城的入口；现在他们发现这个入口已经扩建成耶迪库勒堡垒，成为他们的牢笼。直到 1895 年为止，耶迪库勒堡垒都被当成一座高级监狱。城市的去骨工厂与制胶工厂刚好位于堡垒外，关在堡垒里的人肯定得忍受恶臭。新兴居住地沿着博斯普鲁斯海峡与金角湾沿岸扩散，清真寺也沿着海岸兴建。逐渐地，直到 1922 年奥斯曼帝国崩溃为止，已婚的公主都会移往可以俯瞰伊斯坦布尔水道、华丽的滨海皇宫（sahil sarayları）居住。

因此，到了 16 世纪末，伊斯坦布尔已是人声鼎沸，充斥着各国语言。君士坦丁堡通过由东向西的贸易征税，虽然这终将鼓励西方为寻找更多财富与土地而进行海外扩张；但在短期内，作为全球市场的伊斯坦布尔迅速恢复了繁荣，帝国国库也为之充盈——这些金钱全部由税款包收入谨慎地进行报账，而这些税款包收人多半是旧拜占庭贵族的子孙。1529 年，苏莱曼也许被逐出维也纳，但到了 1541 年，奥斯曼人却成功攻下布达（Buda），隔年又取得佩斯（Pest）；他们蜂拥冲进希腊正教观念曾经成功传布的地方。奥斯曼帝国使用火药与炮弹这些崭新而卑鄙的武器的同时，他们的对手，例如马穆鲁克人，依旧骑在马上挥刀舞剑。很快，奥斯曼帝国从今日的摩洛哥扩张至乌克兰，从伊朗边境延伸到维也纳城门。

奥斯曼人抵达君士坦丁堡时，这座城市早已衰败残破，人口最多不过 6 万人，现在则成为超过 40 万人居住的大城市。伊斯坦布尔是当时欧洲与中东最伟大、最繁华的城市，确实可以被描述成奥斯曼梦中的钻石。

第五十八章　穆斯林的千禧年

公元 1570 年（伊斯兰历 977 年—978 年）

> 这份……恐惧深植人心，因为土耳其人中流传着一则预言，在穆罕默德诞生约一千年后，帝国将出现骚动。
>
> 马泰奥·扎内（Matteo Zane），威尼斯驻伊斯坦布尔使节 [1]

尽管立法者苏莱曼立下丰功伟业，但他的后事却处理得十分草率。数十年来，他马不停蹄地拓展伊斯坦布尔的版图。匈牙利南部的战事令他身心俱疲；1566 年，他的军队在西盖特堡战役（Battle of Szigetvár）险胜，但他却在捷报传来前去世。2015 年，考古学家宣布发现了苏莱曼的坟墓。在小苹果园旁边一块不起眼的农地上，发现了一处宽大泥泞的地窖，内部挤满了用于纪念的砖石。这座坟墓曾在 17 世纪遭到洗劫，但这里正是苏丹的心脏与器官被迅速埋葬的地方。为避免发生继承危机，苏莱曼的死讯没有对外公开。他的遗体被带回伊斯坦布尔。王位背后的各方权力必须小心翼翼，因为城里人心躁动。

第一个穆斯林千禧年即将来临，激起了各种末世论想象。

1492 年，离 1570 年到 1571 年这个幸运年份（穆罕默德出生后的一千个太阳年）还有七十多年，离 1591 年到 1592 年（穆罕默德希吉拉后的一千个太阴年）[2] 还有一百年，一个姓名未载于史册的人写信给重要的埃及宗教学者贾拉尔·丁·苏尤提（Jalal al-Din al-Suyuti），信中宣称世界将在穆斯林千禧年终结，因为先知穆罕默德的遗骨不可能在墓中保存千年。作为回应，苏尤提写下《这个世界将度过千年》（al-Kashf 'an mujawazat hadhihi al-umma al-alf）。书中指出真主已经给予穆斯林五百年的缓冲期，因为不是每个人都有机会悔改自己的罪愆。[3] 但伊斯坦布尔还是人心惶惶。

1571 年左右，伊斯坦布尔城中的焦虑情绪不断发酵。据说有人看见天空出现燃烧的十字架。拜克塔什教派的托钵僧显然成为耶尼切里经验的核心部分。越来越多伊斯坦布尔居民祈求神魔鬼怪的庇佑。关于伊斯坦布尔的各种假想广为流传，例如据说原本是死去的穆斯林的坟墓的铅顶仓库清真寺（Kurşunlu Mahzen Camii）或地下清真寺（Yeraltı Camii）意义重大，"提醒"伊斯坦布尔信徒，穆斯林的纪念性建筑物早在 7 世纪阿拉伯初次围攻君士坦丁堡时就已经存在。许多阿拉伯史料还追溯历史，并宣称早期围攻君士坦丁堡的行动获得了成功。

人们认为这些鲜为人知的清真寺与神庙拥有各种超自然的力量；在阿布·苏富扬（Abu Sufyan，最早围攻君士坦丁堡的将士之一，据说死后葬在伊斯坦布尔）坟前，男人祈求从异教徒手中获得拯救；至于来自希腊、奥斯曼与亚美尼亚的女性则是把手帕搁在坟前许愿自己能得到好姻缘。[4]

红苹果，这个被重重谜团包裹的预言与诅咒，在 1545 年首次被一个名叫巴托洛玛乌斯·乔吉夫（Bartholomaeus Georgievitz，他被奥斯曼人拘禁在伊斯坦布尔数年）的匈牙利战俘公之于世，而且据说就写在君士坦丁的墓上。这则预言提到，总有一天，基督徒会拿回"红苹果"；由此衍生出各种诠释，认为"红苹果"可能包括了君士坦丁堡、罗马、罗得岛、格拉纳达或整个世界：

> 我们的皇帝将会到来，他将取得异教徒的土地，他将拿走红苹果而且占有它：如果到了第七年，异教徒还不拔出刀剑，他会统治他们十二年，他将建筑房舍、种植葡萄园、为农园架设篱笆，然后生儿育女；在他占有红苹果的十二年后，异教徒的刀剑将会出鞘，土耳其人将会溃逃。[5]

我们应该记得，伊斯坦布尔长久以来不只是世界各大强国垂涎的城市，也是孕育称霸世界梦想的地方。而在 16 世纪，君士坦丁堡的男女低声说的红苹果其实就是伊斯坦布尔，而令人毛骨悚然的基督教军队很快就会回来惩罚他们。

正如人们认为查士丁尼的宝珠可以保护君士坦丁堡这座基督教城市的领土（查士丁尼的雕像在 14 世纪倒塌时，正值奥斯曼土耳其人围困君士坦丁堡之际，城内民众的恐慌可想而知），人们也认为恶魔般的红苹果可以在伊斯坦布尔周围形成一道力场。1571 年，根据一些人的估算，此时已进入千禧年的前几个月，奥斯曼人奔走相告，红苹果的诅咒即将实现。[6] 奥斯曼势不可当的推进即将遭受挫折。

奥斯曼人的恐惧将在一场海战中成真。西方作品依照惯例抓住这个机会，借此大肆宣传必胜信念及反东方的论调。我们看到切斯特顿（G. K. Chesterton）竭力描述着勒班陀大海战（Battle of Lepanto）时的场景：

> 日光之下白浪涛涛，
>
> 水流湍急，拜占庭苏丹微笑；
>
> 那张令世人畏惧的脸庞如喷泉般涌出笑声，
>
> 笑容搅动了黑暗的森林，及他黑暗的胡须，
>
> 笑容卷起血红的新月，月牙般的双唇。
>
> 世上最渊深的海洋也被他的船舰撼动。
>
> 英格兰女王木然望着镜子；
>
> 瓦卢瓦（Valois）的阴影在弥撒时打起了呵欠；
>
> 傍晚的岛屿上奇妙地传来微弱的西班牙炮声，
>
> 金角湾上的君王在阳光下笑着。[7]

伦敦泰晤士河汹涌的暗灰色河面，向我们提供了一块拼凑勒班陀战役的拼图，以及这场海战在地缘政治上的线索。特克家族（Turk family）是今日伦敦最成功的河运经营者之一。他们的造船事业可以上溯到 16 世纪；文献提到 1295 年有个名叫托马斯·特克（Thomas Turk）的人提供了一艘船，用以保家卫国。英格兰女王伊丽莎白一世一登基便采纳建议，投入大量经费组建皇家海军；伦敦现在可以对外夸耀它在伍利奇（Woolwich）与德特福德（Deptford）的造船厂，而英格兰也有了像样的新海军。在建造英格兰舰队的过程中，特克家族可能提供了技术和一些实用知识。这类专门化的造船技术很快就会在博斯普鲁斯海峡派上用场。

1577 年，伊斯坦布尔上空掠过大彗星，城里的天文学家使用象限仪测量彗星的轨迹。

　　1570 年，苏丹塞利姆二世入侵塞浦路斯。1571 年，岛上的基督教统治者在法马古斯塔（Famagusta）投降，在这起事件的刺激下，西方组成了神圣同盟（Holy League）。英格兰的缺席引人注目。1570 年，教宗庇护五世（Pope Pius V）的《逐出令》（*Regnans in Excelsis*）（将遵从伊丽莎白一世的人逐出教会）逼走了伊丽莎白一世，英格兰君主因而得以不受拘束地与奥斯曼人结盟对抗信奉天主教的欧洲。这也使英格兰人得以与奥斯曼人及其盟友贸易，将硝石与糖运进英格兰港口，至于布匹、铁与军火则通通外销出去。事实上，1596 年，伊丽莎白的军队还曾支援穆斯林攻击加的斯（Cadiz）——莎士比亚《威尼斯商人》（*The Merchant of Venice*）一开场曾提及此事。[8]

　　苏丹与他的手下知道，他们现在对抗的不再是团结的西方基督教世界。机会就在眼前，奥斯曼舰队从伊斯坦布尔码头启航，扬帆向西前进。

　　奥斯曼人不久就在希腊西岸的勒班陀（希腊文是 Naupactus）外海遭遇神圣同盟船舰。显然，苏丹只要在这场战争中获胜，欧洲既有的贸易模式就会彻底瓦解。双方在这场海战中投入巨大，包括国与国之间的联盟关系、商业利益与宗教信仰。圣母马利亚回到她所属的西方，神圣同盟的士兵不断低声诵念她的名号，她不再保护君士坦丁堡的城墙，而是在祈求与玫瑰经文的诵念下被请进了天主教欧洲的城堡与大教堂。战争期间，士兵手捻玫瑰念珠（这是阿拉伯的传统，可能是从东方经由君士坦丁堡传入），祈求圣母以他们为念。他们有充足的理由呼告求救。1571 年 10 月 7 日的勒班陀海战是最后一场完全使用桨帆船的大战：在两艘船之间放下木板，勇气十足或吓得全身僵硬的士兵要爬过木板或在木板上保持平衡与敌方作战。伤亡极为惨重，事实上，这是一场海上的步兵作战。对于许多参与勒班陀战役的人来说，溺死想必还算是幸运的。

正当双方激战之际，奥斯曼人在末世论心理预期影响下误判情势，把他们正在攻击的加莱赛战船（galleasses）看成商船，因而遭到敌方船舰的炮击。海上平静无波，欧洲加农炮因此能发挥最大的杀伤力。土耳其指挥官穆阿津札德·阿里帕夏（Müezzinzade Ali Pasha，见彩图 21）出任奥斯曼舰队总司令，他被委以保护"哈里发旗"的重任；这是一面绿色旗帜，上面以金线绣了28900 次真主安拉的名号。穆阿津札德被俘时，他的头被砍下来，头颅被插在枪尖上示众。这种残忍的行径重挫了奥斯曼人的士气。"哈里发旗"也落入基督徒的手里。由于奥斯曼人相信这是一场宗教战争，因此对他们而言至关重要的是，上帝"已经转向另一方"。奥斯曼战线崩溃，仅仅四小时后，由奥地利的唐胡安（Don John of Austria）率领的神圣同盟成功守住战果获得胜利。

西班牙诗人兼剧作家米格尔·德·塞万提斯（Miguel de Cervantes）曾经参加勒班陀海战，并在作战中失去了左手。他在日后写道，"那天，基督教世界是如此幸运，当时所有的国家都认清了自己犯的错误，那就是相信土耳其人在海上所向无敌"。[9] 在西方，人们大肆庆祝。有些战利品似乎证实了奥斯曼宫廷奢侈无度的刻板印象。当阿里帕夏的旗舰被俘时，上面发现了 15 万枚西昆（sequins）金币。[10] 据说威尼斯人把他们的戒指丢入海中，与交给他们 200艘奥斯曼船舰的大海"联姻"；而在伊斯坦布尔，苏丹一气之下把后宫的欧洲女子全部装进袋子里，丢入博斯普鲁斯海峡溺毙。

战后，伊斯坦布尔的气氛起初十分凝重。两万人被杀，包括技术纯熟的水手、造船工人、技师与医师。有些居民担心西方人打来，准备逃往小亚细亚。

据说苏丹在埃迪尔内接到战败的消息，一连三天无法入睡。但塞利姆二世的几名海军指挥官很快就着手在伊斯坦布尔的干船坞建造新舰队。[11] 之后，金角湾的帝国兵工厂也大举翻新。所以，当西方忙着花费笔墨为自己的凯旋大书特书时，奥斯曼人则是全力砍伐色雷斯森林；不是为了制造纸张，而是为了取得造船所需的木材。勒班陀战役八个月后，塞利姆二世也跟唐胡安一样，建造了150 艘桨帆船和 8 艘加莱赛战船。

这是一项浩大的工程，资金或许来自于征服塞浦路斯的战利品。1573 年3 月 7 日，威尼斯人与奥斯曼人签订和约，其中一项条件是威尼斯要支付奥斯曼人攻打塞浦路斯的战争军费：30 万达克特金币（ducats），分期三年偿还；威尼斯正式将塞浦路斯割让给奥斯曼人。伊斯坦布尔政府把一些犯下轻微罪行的罪犯与"不受欢迎的人物"送到岛上进行垦殖，同时也让他们开启新生活。

伊斯坦布尔的统治者并未自怨自艾，相反地，他们显然又重新获得实力。

在勒班陀战役发生的一个世代前，英格兰国王亨利八世已经开始热衷于奥斯曼风格的盛大庆典仪式与化装派对。他在风格独特的奥斯曼地毯上摆出各种姿态，供人绘制肖像。"土耳其工艺品"获得引进并被模仿：拥有独特的云状条纹、绘有乌沙克（Ushak）禽鸟与排列成万字形的树叶花样的地毯是极珍贵的纺织品，通常铺在桌上，因为实在太精致，让人舍不得踩在脚下。埃布鲁（Ebru）则是一种有着独特大理石纹路的奥斯曼纸，这种纸后来在威尼斯非常流行，而其使用的技术是在中亚发展成熟的；最早在 1575 年，埃布鲁已经在欧洲大受欢迎。当西方强权，例如英格兰，开始建立自己的帝国；当印度在欧洲大陆寒冷角落的商人与外交人员的交谈中变得日渐重要；当奥斯曼土耳其人证明他们并非百战百胜时，近东的异国情调似乎成了一种更为安全、任人操弄的玩具。而伊斯坦布尔则成了国家之间进行利弊互见的和解的绝佳地点。

第七部分

帝国之城

公元 1550 年—1800 年

（伊斯兰历 957 年—1215 年）

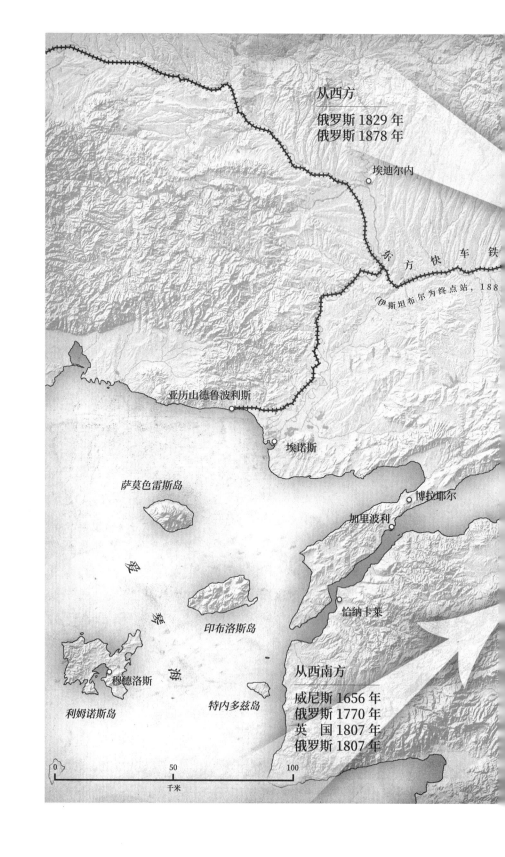

从西方

俄罗斯 1829 年
俄罗斯 1878 年

埃迪尔内

东 方 快 车 铁

伊斯坦布尔为终点站，188

亚历山德鲁波利斯

埃诺斯

萨莫色雷斯岛

博拉耶尔

加里波利

爱

恰纳卡莱

印布洛斯岛

琴

海

穆德洛斯

特内多兹岛

从西南方

威尼斯 1656 年
俄罗斯 1770 年
英　国 1807 年
俄罗斯 1807 年

利姆诺斯岛

0　　　　　　　50　　　　　　　100

千米

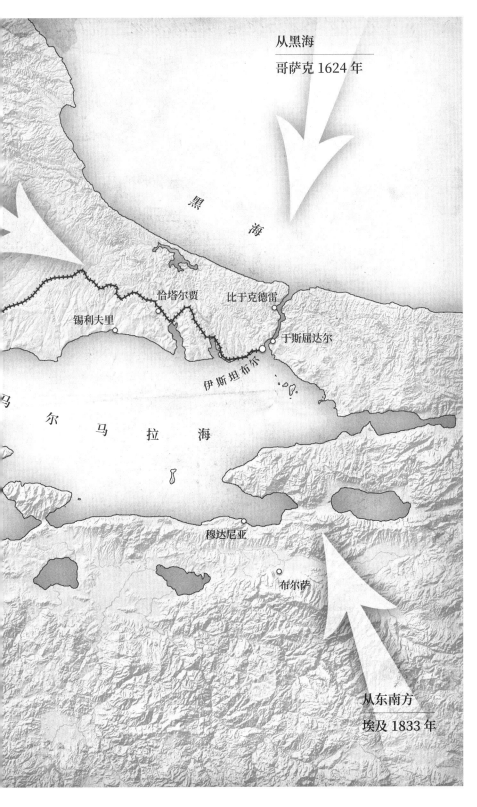

从黑海

哥萨克 1624 年

黑　海

恰塔尔贾　　比于克德雷

锡利夫里

于斯屈达尔

伊斯坦布尔

马　尔　马　拉　海

穆达尼亚

布尔萨

从东南方

埃及 1833 年

攻击和封锁，约 1624 年—1900 年

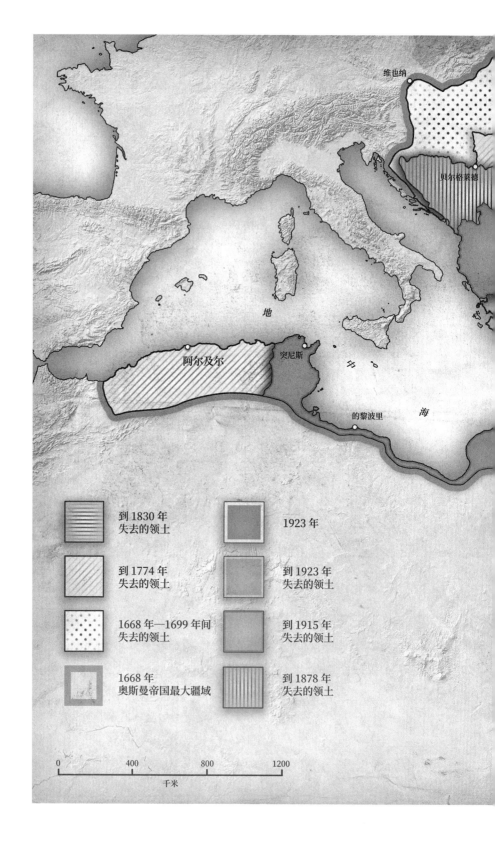

维也纳

贝尔格莱德

地

中

海

阿尔及尔

突尼斯

的黎波里

	到 1830 年 失去的领土		1923 年
	到 1774 年 失去的领土		到 1923 年 失去的领土
	1668 年—1699 年间 失去的领土		到 1915 年 失去的领土
	1668 年 奥斯曼帝国最大疆域		到 1878 年 失去的领土

0   400   800   1200

千米

黑　海

里　海

伊斯坦布尔

大马士革

巴格达

耶路撒冷

开罗

波斯湾

麦地那

麦加

红　海

奥斯曼帝国，公元 1566 年—1923 年

第五十九章　火药帝国与枪手：通事与宦官

公元 1556 年（伊斯兰历 963 年—964 年）以降

在音乐与群众的嘈杂声中，这位统治世界的沙阿

宛如太阳出巡伊斯坦布尔

他向所有民众展露玉颜

接受他们的祝福并向他们致意

格里伯鲁鲁·穆斯塔法·阿里（Gelibolulu Mustafa Ali），《城墙》（*Sûr*）[1]

斯坦布尔城，鲁姆苏丹的首都，以巨大辽阔闻名于世，但还不及这座城市的百分之一。

苏扬·拉伊（Sujan Rai），《历史摘要》（*Khulasat al-Tawarikh*）[2]

在恒河（Ganges）岸边，圣城瓦拉纳西（Varanasi）上方，有一座废弃宫殿。这座宫殿忧伤地向南凝望，它是阿克巴大帝（Akbar the Great）拥有的诸多夏宫之一。阿克巴大帝的夏宫就像砂岩与砖石砌成的项链，以安拉之名将苍翠的印度次大陆串在一起，这座废弃宫殿就是其中一环。阿克巴（1556 年到 1605 年在位）不仅跻身伟大的莫卧儿皇帝之列，也是其中最开明、最有抱负的世俗统治者。

今日，沿着大干道（Grand Trunk Road）一路前行，可以看见阿克巴每年前往阿杰梅尔（Ajmer）朝圣途中曾驻足的水井、湖泊与清真寺。然而阿克巴最大的宗教与领土野心还将继续向南方延伸。到了阿克巴统治末期，莫卧儿帝国的领土从西岸的古吉拉特（Gujarat）延伸至孟加拉湾（Bay of Bengal），从

拉合尔（Lahore）拓展到印度中部。莫卧儿皇帝每到生日这天都会称量自己的体重：天秤另一端与自己等重的金银珠宝，就是他们认为自己理当接受的礼物。[3]在印度北部，红宝石制成的石榴与单色玉石雕成的盘子装饰着莫卧儿皇帝的餐桌，其贵重程度一如奥斯曼苏丹的绒毯与上等丝绸刺绣。莫卧儿宫廷既富丽堂皇又充满了自信。

　　1517 年，奥斯曼人取得耶路撒冷、麦加与麦地那，这让莫卧儿感到芒刺在背。[4]莫卧儿与奥斯曼宫廷都是逊尼派，莫卧儿皇帝与奥斯曼苏丹来往密切，彼此交换书信与礼物，还派遣大使和间谍到对方的皇宫里。双方的文化共同分享中亚的传统（泰姬陵［Taj Mahal］受到撒马尔罕帖木儿陵寝的影响，帖木儿是突厥蒙古领袖，曾在 1402 年安卡拉战役俘虏奥斯曼领袖巴耶济德一世），而且都敬拜安拉。在莫卧儿王朝建立之前，奥斯曼探险家在印度次大陆颇受重视。突厥王朝以使用枪炮著称，并且最终控制了印度诸城：据说一个名叫拉贾布汗（Rajab Khan）的人在苏拉特（Surat）修筑突厥风格的城堡。还有人宣称，希南的门徒米马尔·优素福（Mimar Yusup）在阿格拉（Agra）与德里（Delhi）协助兴建了一些雄伟的莫卧儿建筑物。莫卧儿与奥斯曼两国宫廷唱着相同的歌曲，分享着大师的作品，如波斯诗人哈菲兹（Hafez Shirazi）与诗人兼音乐家阿里·希尔·纳沃伊（'Ali Sher Nava'i）的作品，后者使用的是现已灭绝的中亚语言察合台突厥语。[5]当时的旅行者表示，他们曾听闻似曾相识的诗句与旋律在托普卡珀皇宫大厅和莫卧儿阿富汗皇宫大厅回响。鉴于两大帝国兼容并包的倾向，这本该是一个携手合作、转移权力中心的时期；近东与东地中海很可能与印度次大陆合而为一。事实却不然，随着穆斯林千禧年临近，强大的伊斯兰统治者意欲在历史上留下自己的印记。莫卧儿皇帝与奥斯曼苏丹宛若两只外表俊美的纯种猫，互相兜圈子。

　　阿克巴想从苏丹手中夺取麦加的控制权。两人都信奉真主，从 1556 年到 1566 年，两人又同为统治者；但他们却称不上志同道合。当奥斯曼人从咸涩汹涌的博斯普鲁斯海峡前往麦加朝拜安拉时，阿克巴的商队则从沙漠出发。阿克巴的队伍一路驱赶猴群，苏莱曼的人马则忙着驱散椋鸟。从 1576 年到 1580 年，阿克巴的队伍在麦加停留了四年。据说，莫卧儿商队携带了 60 万枚金银卢比和 12000 件束腰长袍。商队后面跟着一群贫穷的穆斯林，他们与队伍保持了一定的距离；皇帝出钱让这些人参加长途朝圣。

莫卧儿贵族曾造访伊斯坦布尔。一名亲王住在于斯屈达尔，但他夸耀自己是奥斯曼著名的敌人帖木儿的子孙，因此玷污了自己的名声。不过双方的外交沟通颇为通畅：奥斯曼人会向德里的莫卧儿人请愿。双方也常分享华美的奇珍异宝。受精美的孔雀宝座（Peacock Throne）启发制作的家具从印度运至伊斯坦布尔；而纳迪尔沙（Nadir Shah，一名叛变的阿富汗裔伊朗人，曾短暂入侵印度）则从伊斯坦布尔那里收集了一把镶有绿宝石和红宝石的定制匕首。[6]

公开的友谊背后藏有政治因素。德里与伊斯坦布尔觉察到第三个"火药帝国"，也就是什叶派萨非王朝的野心。萨非王朝逐渐控制今日伊朗的大部分地区与高加索地带，它吸取了16世纪初被奥斯曼军队击溃的教训，在奥斯曼军火专家的协助下，装备了500门加农炮和12000名火枪兵。一百五十年来，伊斯坦布尔一直密切关注着萨非王朝的野心与忠诚；双方多次"上演"丢失与收复巴格达的攻防战。到了1639年，两国终于划定疆界，其中部分界线即今日伊朗西北部与土耳其东南部的疆界。伊斯坦布尔、萨非首都大不里士（Tabriz）和伊斯法罕（Isfahan），以及莫卧儿根据地阿格拉、德里和拉合尔，这些充满活力的城市相互竞争，互蒙其利。莫卧儿与萨非统治者重视华丽的视觉享受：如果今日阿克巴"大帝"看到雄伟的阿格拉堡垒四周成了垃圾堆，他的宫殿不是破败就是遭到废弃，萨非统治者绘满细密图画的柱廊也被铲平了，反倒是托普卡珀花园日日获得悉心修剪，他会做何感想？

从经济层面来看，印度在16、17世纪居于上风，但奥斯曼苏丹仍被尊奉为大哈里发。莫卧儿皇帝胡马雍（Humayun）在给伊斯坦布尔高门的信上写道："向崇高的陛下，集伟大与财富于一身的哈里发国尊贵的统治者，伊斯兰教的捍卫者与基石，献上诚挚的礼物。您的名字铭刻在伟大的印玺上，在您的带领下，哈里发国将臻于完美……"[7]

长达五百年的时间里，君士坦丁堡如同磁石般吸引基督徒前来。现在，科斯坦丁尼耶（Kostantiniyye）也对逊尼派穆斯林产生了同样的影响。

奥斯曼人结合了炫耀、外交与武力三种手段来巩固他们令人羡慕的精神地位。执行这项工作的核心人物是通事（dragoman）。"Dragoman"一词源自史前的赫梯语（Hittite）。通事需要同时担任译者、斡旋人和大使的角色；这一工作基本可以看作是东方的产物。但在德夫希尔梅制度（"征召"附属国的年轻人担任帝国军人与行政官员）的强力运作下，伊斯坦布尔绝大多数通事最初其实是来自西方的基督徒；他们来自伯明翰（Birmingham）、威尼斯与巴尔干半岛，也有的来自埃及与耶路撒冷。通事可以是政府官员，也可以是私掠船船员；他们通常抱着自利的心态，为自己，同时也为自己的国家办事，但他们也代表着一种以伊斯坦布尔为中心的国际影响力。改信伊斯兰教的阿里·乌弗基（Ali Ufki）原是波兰奴隶，于 17 世纪下半叶来到伊斯坦布尔，他将《日内瓦诗篇》（*Genevan Psalter*）与苏菲音乐结合，并引入宫中。约翰内斯·科尔莫丁（Johannes Kolmodin）是伊斯坦布尔最后一批通事，1917 年至 1931 年间居于伊斯坦布尔，但他来自乌普萨拉（Uppsala）—— 一座珍藏着最古老的哥特文《圣经》的瑞典小镇。

　　语言天赋是通事最重要的一个特质，他们绝大多数通晓多国语言，包括土耳其语、波斯语、德语、亚美尼亚语、荷兰语、意大利语、英语；他们的履历能让今天各国外交部的人事部门钦羡不已。他们的技能类似早期青铜器时代的贸易者与垦殖者所掌握的技能；在贸易者和垦殖者所在的博斯普鲁斯与达达尼尔海峡沿岸的沙滩港湾，他们最多可以听到八种语言。威尼斯人在伊斯坦布尔设立使馆（bailo），学徒通事在这里受训，时间可长达十五年。学徒们被称为"giovani di lingua"，意思是学习语言的青年。[8] 明显没有什么语言天赋的乔瓦尼·皮隆（Giovanni Piron），直到 75 岁，在使馆的人员名册上依然只是学徒。像皮隆这样的人不在少数。这些受训的通事只能跟其他男性一起生活居住。通事的职业生涯竞争激烈，敌友关系瞬息万变，彼此施惠与交换情报的情况也是司空见惯。有些人一开始是奴隶之身，例如贾科莫·诺瑞斯（Giacomo Nores），他于 1573 年塞浦路斯陷落时被俘，他的姑姑也在塞浦路斯被掳、改信了伊斯兰教，她的女儿们成为苏丹穆罕默德三世的妃子。这些伟大通事家族的子孙最终能同时为威尼斯人、法国人、英国人、荷兰人、哈布斯堡王朝与苏丹工作。在"主宰之城"（Reigning City，伊斯坦布尔逐渐被这么称呼），通事除了散布信息，也在制造着信息。

　　有关伊斯坦布尔通事的证据，正慢慢从图书馆的纸箱与欧亚各使馆的秘室里浮现。在 21 世纪，许多馆长在纸箱中发现了"旧土耳其文献"；在这些来自科斯坦丁尼耶的公文当中，很可能藏有宝贵的历史资料。[9] 从 16 世纪开始，科斯坦丁尼耶成了各国重要的派驻地点（威尼斯于 1454 年开设使馆，法国于 1535 年设立使馆，英国是 1583 年，荷兰是 1612 年，瑞典、波兰与俄罗斯则在 18 世纪跟进）。[10] 外国使馆原本以斯坦布尔为据点，但不久便集中到金角湾对岸，加拉达成了国家与个人寻求利益的地方。有许多希腊通事（通常称为法那尔人［Phanariots］，因为他们有许多人住在法那尔区［Phanar］）晋升高位，成为苏丹的大通事或舰队大通事，并且在 1716 年到 1821 年间成为摩尔达维亚（Moldavia）与瓦拉几亚（Wallachia）的亲王；摩尔达维亚与瓦拉几亚即今日的罗马尼亚。有些通事改信伊斯兰教；有些则是突然出现在伊斯坦布尔，例如一名来自乔利（Chorley），名叫芬奇（Finch）的英国人；这些人背后的故事与命运成了一个谜。许多通事与可疑的人物来往。我们从苏丹的官方通信得知，这些可疑人物被形容为"我们的无名仆人"，显然是指密探。在奥斯曼境外担任穆斯林间谍或以通事的身份担任双面间谍的一项风险是，一旦被人知道你受过割礼，你的身份无疑会暴露。在巴黎，阿拉伯人马哈穆特的文章表达了这种特殊的"阳具焦虑"。[11] 此外还有其他的危险：由于经常在伊斯坦布尔四处走动，许多通事感染了 1573 年爆发的瘟疫（各种病原体被带往新罗马，这座城市因此经常出现疫情），在威尼斯使馆的宿舍病逝。通事的生活既危险又刺激。

通事不是唯一平步青云的移民：从 16 世纪晚期开始，非洲黑人宦官（主要来自埃塞俄比亚与东非其他地方）逐渐在国内与国际事务上产生巨大的影响力。1595 年后，黑人宦官总管吉兹拉尔·阿加西（Kızlar Ağası）有权主掌麦地那、麦加与耶路撒冷的清真寺，管理这些礼拜场所取得的收益。所以，正如宦官曾是基督教君士坦丁堡街头的一道风景，现在他们在穆斯林的伊斯坦布尔也一样常见。到了 1640 年，也就是苏丹穆拉德四世统治末期，据说在帝国后宫共有 1000 名宦官。

在伊斯坦布尔，主掌后宫的宦官住在连栋的豪华住房中，青铜灯提供温暖的照明，对外则靠一条装饰了华丽瓷砖的窄巷出入。宦官经常以瓷砖上绘制的花朵命名，如风信子、水仙。门上镶着珠宝，在后宫镀金的入口上写着《古兰经》的一句话："你们不要进入先知的屋子，除非你们已被准许。"[12] 底层的宦官挤在楼上没有窗户的小隔间里。高层的宦官经常自行挑选继任者，并具备足够的实力和影响力，引导马穆鲁克组成的私人军队进城。

许多人快快抱怨，特别是伊斯坦布尔的通事与其他想要陈情的外国人，由于宦官与后宫女性和苏丹极为接近，总是拥有"最后的发言权"。苏丹皇太后最亲近的几个宫女是犹太人，所有传递给富有影响力的皇太后的消息都要经过她们这一关。16世纪末，代表英法出使的爱德华·巴顿（Edward Barton）抱怨自己的说服力竟敌不过一名女性，她就是该被诅咒的"中间人马利亚"（Mediatrix）。[13]

在近代初期的伊斯坦布尔，较为狡黠的国家官员处理国际事务时，多半会寻求宦官与后宫女性的协助，而他们的信息则主要是由通事们透露的。因此逐渐有传言说"土耳其"女性与她们去势的侍从能操控妖术。到了17世纪，伊斯坦布尔被形容成是一座"女苏丹当家"的城市。

第六十章　女苏丹当家

公元 1546 年—约 1650 年（伊斯兰历 952 年—约 1060 年）

> 你还年轻
>
> 易受诱惑，这些土耳其女子
>
> （就像英国獒犬，链子的拘束
>
> 使它们更加凶猛），自由受到限制，
>
> 一旦美丽事物引发的淫欲燃起她们的血气，
>
> 她们将做出连魔鬼也感到震撼的事
>
> 以满足她们肆无忌惮的目的。
>
> 菲利普·马辛杰（Philip Massinger），《变节者》（*The Renegado*, 1624 年）[1] [2]

往右转，经过牛津大学新学院（New College）的礼拜堂，走进冷飕飕的回廊，在及腰的高度有一块纪念罗伯特·达勒姆（Robert Dallam）的铭牌。1609 年，达勒姆在为新学院装设管风琴时去世，遗体被埋在石板之下。如果你知道达勒姆家族的历史，你就能理解这个工匠为什么会死在工作岗位上。

罗伯特的父亲托马斯是建造管风琴的大师，他的乐器在欧洲极受欢迎。1599 年，托马斯奉伊丽莎白一世（Elizabeth I）之命，将一架管风琴小心翼翼地装入赫克特号（Hector）帆船的船舱，送到苏丹穆罕默德三世手中。[3] 但在运输过程中遇到了可怕的障碍，由于伊斯坦布尔气候潮湿炎热，"所有的黏合处的胶都失效了"。这架（水力）管风琴事先已经造好，运至伊斯坦布尔后再在现场重新组装，可以用手或发条装置演奏。达勒姆跟随这件皇家礼物进入崭新而先进的托普卡珀宫，在那里监督乐器的装设工作。达勒姆目瞪口呆地写下了他在皇宫的见闻："然后他们对我说，如果你愿意留下，大苏丹会赏赐你两名妻子，可以从他的嫔妃中挑选，也可以从城里或乡村选择你喜欢的两名处女。"在《托马斯·达勒姆的日记》(*The Diary of Thomas Dallam*)的其他地方，我们听到达勒姆自己承认说，这些女子"确实很美……那景象的确让我心猿意马"。[4]

后宫的一切可能已经让达勒姆感到吃惊；然而其中一位被他视为异国的奇迹的女性，其实早与达勒姆的女王有过直接的接触。苏丹后宫的故事提醒我们，在叙述伊斯坦布尔历史时，我们应该保持极高的警惕：从一开始就要由内向外看，而非由外向内。

这个雕梁画栋、戒备森严的后宫由一名女性负责管理，她就是苏丹的母亲，苏丹皇太后努尔巴努。她从 1574 年开始主掌后宫，一直到 1583 年去世为止；是个具有非凡地位与影响力的女子。我们几乎可以确定努尔巴努最初的姓名为凯尔·卡尔塔努(Kale Kartanou)，是塞浦路斯的东正教基督徒。当时各国使节都说她有绝世的美貌与过人的才智，有关她的流言蜚语在坊间广为流传。在皇太后死后许多年间，一直有人宣称她的原名为西西莉亚·威尼亚－巴佛(Cecilia Venier-Baffo)，是帕罗斯岛领主尼科洛·威尼亚(Nicolò Venier)与威尼斯女贵族维奥兰特·巴佛(Violante Baffo)的私生女。产生这种混淆是可理解的，因为努尔巴努很有可能在 12 岁左右的时候遭苏丹的海军上将巴巴罗萨绑架，和其他年轻女性一起被献给了首都的塞利姆二世。[5] [6]

努尔巴努似乎曾陪同塞利姆与皇室成员东行到科尼亚，并在那里获得塞利姆的青睐。很快，她接连生下孩子；头胎是女儿，然后终于在 1546 年生下了儿子穆拉德三世。努尔巴努显然深得塞利姆的欢心；她被带回托普卡珀皇宫，成为苏丹的最宠爱的妃子(Haseki)。日复一日，她的人际圈逐渐扩大；因为她的女儿们可以在皇宫外自由活动，中间那些已婚妇女充当着她的"情报收集者、信差和政治策士"。[7]

比起当时在伊斯坦布尔明争暗斗的其他国家，如比萨与热那亚，努尔巴努毫不避讳地偏袒威尼斯的利益。甚至有传言说，热那亚人下达了毒杀努尔巴努的指令。国际社会试图巴结她的程度，可以从皇太后寄出的感谢函中窥见一斑：一大捆丝绸、21 件以双色锦缎制作的袍子、19 件以金丝织物制作的袍子、两条狗（它们因体型与毛长没能受到青睐）。[8] 她还与凯瑟琳·德·美第奇有书信往来。硬实力与软实力在这里同时发挥作用：凯瑟琳着迷于伊斯坦布尔礼品上的刺绣工艺，于是她引进了若干高级的土耳其女裁缝，对她法国宅邸的室内陈设进行装饰。凯瑟琳对艺术的慷慨资助，包括对东方艺术的支持，为她赢得了"新阿尔泰米西娅"的称号；这个称号来自安纳托利亚女王阿尔泰米西娅二世，她是阿尔泰米西娅一世的子孙，曾为了波斯人对抗拜占庭帝国的利益，在公元前 4 世纪为她的兄弟、同时也是她丈夫的摩索拉斯修建了卡里亚陵寝。

努尔巴努擅于利用自己手头的权力进行地产投资和建设、取悦安拉。在伊斯坦布尔某间华丽的清真寺里，她创办了历史上第一座由女性建立的图书馆；这座清真寺本身则被当时的人称作"光之山"。[9] 努尔巴努在于斯屈达尔上方另建了一座清真寺，也就是老皇太后清真寺。尽管进行工程建设是上层女性彰显身份地位的表现，但如此庞大的规模实属罕见。努尔巴努的作风带有些许狄奥多拉的色彩：在她兴办的建筑里，有为穷人与无家可归者提供食物的济贫设施，以及无论贫富旅客都可以落脚的客栈。

1574 年，苏丹塞利姆二世在后宫酒醉沐浴时去世，他的死并未限制努尔巴努的权力。她监督管理城内各处浴场的建设工程，包括老皇太后清真寺附近接邻的男女浴场。[10] 她兴建的位于大巴扎入口的浴场至今仍在使用。努尔巴努最后在耶尼卡皮区的一座私人宫殿里过世，离最近出土的伊斯坦布尔第一个史前居民考古遗址不远。苏丹皇太后临终时释放了 150 名女奴，给她们每人留下了 1000 枚金币。努尔巴努是典型的"接近权力即能获取权力"的例子。这名后宫女子深受器重，苏丹因此破格迎娶她。这位苏丹皇太后至今仍与配偶合葬在阿亚索菲亚清真寺南部花园中的塞利姆二世陵寝中。

努尔巴努死后，后宫女性并没有停止干预国际事务。父亲塞利姆二世宠爱努尔巴努，儿子穆拉德三世从父亲的行为中受到启发，给予宠妃萨菲耶（Safiye，这个名字有"纯洁"或"令人喜爱"的意思）崇高的地位，两人同住在马尼萨（Manisa），这座城市长久以来一直是奥斯曼储君接受培训的地方。萨菲耶 13 岁时从阿尔巴尼亚山村被卖到宫里当嫔妃，随即扶摇直上。传言（似乎相当可信），萨菲耶对于婆婆那些诱发儿子恋母情结的干预深表不满（举例来说，努尔巴努从奴隶市场购入最美丽与最诱人的女子塞满整个后宫，此举无疑是成功的，因为她的儿子成了 103 个子女的父亲），[11] 据说努尔巴努原因不明的猝死与她脱不了干系。与努尔巴努跟皇帝的关系一样，火热的性关系似乎演变成了战略性的政治关系。

约翰·桑德森（John Sanderson）是英格兰驻伊斯坦布尔大使馆秘书，他在传回的报告中提到，当萨菲耶走在宫殿中时，"望见远处的河上匆忙集结了一些船只"。她听说这是维齐尔急着外出找妓女，萨菲耶不悦地传话告知宦官巴萨（Bassa），她的儿子'出征在外'，把国家大事交给他，不是要他狎玩女人……"[12] 1596 年，当她的儿子穆罕默德三世领兵作战时，她把加拉达与斯坦布尔的犯人全部释放，只留下"恶名昭彰"的人。[13] 1597 年，萨菲耶把自己的钱捐出来，资助帝国军费，用来翻新大炮与购买驮兽。

萨菲耶与英格兰的伊丽莎白一世，一个是妃子，一个是女王，两人结成好友，彼此馈赠礼物。据说伊丽莎白把一只英格兰大黑猫送给了她的奥斯曼友人，这只猫就在后宫昂首阔步地走着，直到寿终正寝。这些礼品变得越发铺张招摇：伊丽莎白甚至送给萨菲耶一辆车顶镀金的美丽马车。

萨菲耶的恩惠与保护确实重要。收到以宝石装饰的伊丽莎白肖像之后，1593 年，萨菲耶下令写信给英格兰女王，向她表达安慰，并阴谋地表示："我会在统治亚历山大领土的苏丹陛下面前多多提及女王殿下的尊贵和美誉……我会努力达成您的目的。"[14] 萨菲耶的儿子穆罕默德三世加冕之后，她以他的名义写信给伊丽莎白，因为伊丽莎白曾请求释放在北非被捕沦为奴隶的英格兰人："已获来信……如若神允许，会依照您的话采取行动。"彼时，萨菲耶已成为苏丹皇太后，她在这封亲密友善的书信中，继续用母亲一般嘘寒问暖的口吻向伊丽莎白保证，她会为儿子忘记两个海权大国制定的条约细节而好好训斥他一顿。萨菲耶又说："愿您坚定友谊。若神保佑，愿（我们的友谊）长存。"[15] 萨菲耶随信寄上衣服、两条带有金线刺绣的浴巾、三条手帕与一顶冕状头饰。她们交换的不仅是珍珠，还有珍珠般宝贵的才智。拆开礼物时，镶着珍珠与红宝石的冕状头饰从这堆特殊的馈赠中不翼而飞，这让易怒的伊丽莎白极为气恼；外交人员仓促奔走，终于寻回了头饰，成功化解了可能爆发的国际危机。

最后还有一份珍贵的历史文件，揭露了两方出人意料的亲密关系和相互理解。萨菲耶通过她的犹太女仆埃斯佩兰萨·马尔奇（Esperanza Malchi，她最后失宠，而且被碎尸万段，尸块被插在刀尖上游街）向伊丽莎白索取一些化妆品：

> 由于陛下是女性……在您的王国可以找到罕见的用来保养脸部的各种蒸馏水以及保养双手的芳香精油。希望得到陛下恩赐，将这些物品经由我转呈给最尊贵的皇太后；因为这些是女性用品，皇太后希望由我代领，不愿假手他人。[16]

这两名女性相隔约 6500 公里的大海，她们的关系即奥斯曼文化与欧洲文化相互往来的缩影。别忘了，当奥斯曼处于黄金时代时，欧洲既是殖民地也是殖民者。

无论这些城市（如伊斯坦布尔与伦敦）的上流社会如何交好，东方的骚动还是在西方引发了负面评价。君士坦丁堡出现在莎士比亚的《亨利五世》（*Henry V*）和《雅典的泰门》（*Timon of Athens*）中，而奥斯曼人的存在则贯穿《奥赛罗》（*Othello*）全文。在通俗剧当中，土耳其人一而再再而三地出现：托马斯·基德（Thomas Kyd）的《索里曼与波希达的悲剧》（*The Tragedie of Solimon and Perseda*，基德或许是在 1588 年左右完成这部作品），富尔克·格雷维尔（Fulke Greville）的《穆斯塔法的悲剧》（*The Tragedy of Mustapha*, 1609 年），约翰·梅森（John Mason）的《土耳其人，一场高尚的悲剧》（*The Turke. A Worthie Tragedie*, 1610 年）与托马斯·戈夫（Thomas Goffe）的《愤怒或英勇的土耳其人，或阿穆拉特一世》（*The Raging or Couragious Turke, or Amurath the First*，1613 年到 1618 年左右，由牛津大学的学生演出）。威尼斯人奥塔维亚诺·波恩（Ottaviano Bon）曾经在伊斯坦布尔担任威尼斯利益的代表，写了一部类似民族志的作品《苏丹的后宫：奥斯曼宫廷生活的写照》（*The Sultan's Seraglio: An Intimate Portrait of Life at the Ottoman Court*），描述女性与苏丹行房前的准备仪式。此书在 1625 年出版，以飨热切的英格兰读者们。波恩的作品告诉我们："这些处女在进入后宫后只凭一项仪式就能马上变成土耳其人：举起食指，诵念'万物非主，唯有真主，穆罕默德，是主使者'"。[17]

奥斯曼军队对西地中海与欧洲的突袭以及北非到康沃尔的海盗活动（从1592年到1609年，每年有70至80艘基督徒船只被巴巴里［Babary］海盗劫掠）助长了"土耳其人"是西方世界淫荡妖魔的看法。在英格兰各地的布道坛上，教士热切祷告以抵抗"之前所提到的，野蛮、最为残酷的土耳其敌人的侵袭"，并"压制异教徒的愤怒与暴力，这些异教徒实施各种暴政与残虐行径，不仅要把真宗教连根拔起，还要将我们唯一的救主基督与一切基督教的名号与记忆抹去；如果他们攻下马耳他岛，基督教世界其余地区恐怕也将朝不保夕"。[18]

就连苏格兰国王詹姆斯六世（James VI）也在感动之下写诗赞颂神圣同盟在勒班陀的胜利。这场"英勇血腥的战役"，

> 发生于勒班陀湾
> 一方是受洗的种族，
> 另一方是接受割礼、头上缠着头巾的土耳其人。[19]

奇力克·阿里帕夏（Kılıç Ali Pasha）是勒班陀战役的指挥官，他成功夺得马耳他骑士团的旗帜返回科斯坦丁尼耶。奇力克实际上是来自巴里的意大利人。直到17世纪晚期，塞尔维亚—克罗地亚语都是奥斯曼宫廷使用的通用语之一。[20] 同样的，虽然有些英格兰人是不得已沦为战俘，还有些人却乐意被送往东方——然后就此长住下来。例如宦官哈珊·阿加（Hasan Ağa），原名叫萨姆森·洛里（Samson Rowlie），来自大雅茅斯（Great Yarmouth）；还有因吉利兹·穆斯塔法（Ingiliz Mustafa），他原本是来自因弗雷里（Inverary）的坎贝尔先生（Mr Campbell）。查理二世（Charles II）派汉密尔顿船长（Captain Hamilton）带回在北非外海被俘为奴的英格兰人时，这些人居然拒绝回国。他们是快乐的穆斯林皈依者，早已共享了"土耳其人的繁荣成功"。汉密尔顿自己的看法是，这些人因为正在接触的女人而改变了信仰的神的名字："这些女士个个美丽动人。"[21]

在英语世界里，"变成土耳其人"（to turn Turk）带有性的意涵。即便到了1910年，也就是托普卡珀帝国后宫被正式解散一年后，贝德克尔（Baedeker）

出版的伊斯坦布尔旅游指南提到帝国后宫时，插图仍是一片空白。长久以来，意大利文的"serrare"（锁住或封闭的意思）与土耳其—波斯文的"saray"（宫殿的意思）似乎一直被误解或混淆。在英格兰人与欧陆民众的心目中，大后宫是个难以磨灭、引起情欲、挑逗人心的禁忌。[22]

我们在这里见到的有关伊斯坦布尔的隐喻将会一直延续到 20 世纪，这个隐喻展现出来的特质的种子，早在古人从墨伽拉遥望东方时即已埋下；而那些来自希腊的人也记录下了拜占庭易于陶醉和重视感官愉悦的声名。无论奥斯曼帝国宫殿中居民实际的政治行动能力有多强大，西方国家仍选择夸大或追求奥斯曼宫廷难以餍足的胃口、激发情欲的允诺。

第六十一章　耶尼切里

约公元 1370 年—1826 年（约伊斯兰历 769 年—1242 年）

> 我们是神圣之光照耀的蝴蝶……我们的春天永无止尽。
>
> 切瓦德帕夏（Cevad Pasha）[1]

> 由少年与老人组成的混杂的群体，并未穿着像样的军服，除了头上那顶沾满油污的宽大毡帽……帽子非常笨拙，不时脱落。军官……戴着非常奇怪的头盔，看起来格外引人注目。头盔极高，顶重底轻，军官有时不得不用双手扶着以免头盔掉落……
>
> 罗伯特·沃尔什牧师（Rev. Robert Walsh），《一名驻君士坦丁堡牧师的描述》
> （*Narrative of a Residence at Constantinople*, 1828 年）[2]

> 他们有如王公显贵，治理君士坦丁堡时傲慢无礼、为所欲为；他们说着粗俗的语言，干着下流的行径；他们裹着宽大的头巾，穿着开敞的背心，粗大的腰带上插着各种兵器，连同沉甸甸的棍棒，令人惧怕和厌恶。他们就像移动的圆柱，只要有谁挡住去路，无论男女老少，都会被他们推到路旁，这经常让民众气愤难平、鄙视轻蔑。
>
> 艾多佛斯·斯莱德（Adolphus Slade），《土耳其、希腊等地游记》
> （*Record of Travels in Turkey, Greece etc.* 1833 年）[3]

这些揭人短处的西方作品说得没错：奥斯曼人对领土贪得无厌。[4]

回到 14 世纪，当奥斯曼战士发现他们正获得越来越多的土地时，他们明白自己需要的不只是令人闻风丧胆、攻城略地的战士，他们还需要能保卫领土、巡守边境的步兵。自从阿拔斯王朝与倭马亚王朝爆发冲突以来，历任苏丹有权留下五分之一的战俘归他所有。这个制度一直蓬勃地延续到 17 世纪。现在，通过德夫希尔梅这项制度，苏丹麾下这支特种部队成了守护伊斯坦布尔的主力。要了解伊斯坦布尔被奥斯曼人征服后三百五十年的历史，我们必须了解耶尼切里，并且认识到从布达佩斯到巴格达，从埃迪尔内到克里特岛，耶尼切里在任何地方都专横跋扈、目空一切。

新招募的耶尼切里抵达伊斯坦布尔时，那场面想必十分壮观。分别以 100 人、150 人或 200 人为队，这些牛群一样的基督徒男孩绝大多数年纪在 16 岁上下，一身红衣，头上戴着圆锥帽（防止他们逃跑），从他们的聚落与村子走向伊斯坦布尔，他们多半来自今日的希腊、塞尔维亚、波斯尼亚或阿尔巴尼亚。许多人经由埃格那提亚大道被送到伊斯坦布尔，衣物与交通费用则由他们的家庭负担。

这些年轻人因为体格好、顺从度高而入选。一名医生建议选择带疤的男孩，因为这证明这些男孩喜欢逞凶斗狠。这种征集制度被西方评论者视为奥斯曼冷酷本性的象征；而且至今仍是罗马尼亚这类前奥斯曼国家热门电视节目谴责的题材。在德夫希尔梅制度下，确实有人硬生生从母亲怀里被拉走。高加索的西斯（Sis）村民曾经对伊斯坦布尔发动突袭，试图夺回他们的孩子，而在 1626 年，404 名囚徒在运往伊斯坦布尔途中离奇"消失"；其他村子则鼓起勇气提出人道与法律主张，以防孩子被掳走。

尽管如此，对许多人而言，德夫希尔梅是一项无法回避的事实，它确保了家中至少有一个儿子可以接受训练并存活，并且减免了吉兹亚（jizya，在伊斯兰国家里，所有非穆斯林都必须缴纳的税，这些非穆斯林被称为"齐米"［dhimmi］，阿拉伯文"被保护者"的意思）。例如波斯尼亚穆斯林就积极地申请成为耶尼切里的储备兵员。[5]

前往伊斯坦布尔的路上，沿途的守备工作由其他基督徒担任。抵达之后，男孩允许在基督徒家庭里休息三天，然后接受身体检查、登记并行割礼。在经过七到十年的训练之后、天资聪颖的男孩会分配至伊斯坦布尔皇宫受训，但绝大多数则是待在安纳托利亚的村落里——他们会被送回伊斯坦布尔。在这里，他们通常要从底层做起，在矿坑从事繁重的劳动、造船、修建房屋。我们看到遗留下来的雄伟的奥斯曼建筑时，可以想象耶尼切里的双手及其额头上的汗水。有些男孩接受制造枪炮、弓箭与皮革制品的训练，并学习缝纫、演奏音乐以及为苏丹准备水果冰沙。[6] 他们以木造营房为家，无论在旧军营还是新军营，他们居住的区域就是他们的世界。新军营接近今日的大巴扎，可以在奥尔塔清真寺［Orta Mosque，即艾哈迈迪耶清真寺（Ahmedie Mosque）］与所谓的"肉广场"附近找到，"肉广场"曾经是拜占庭用于公开讨论的广场。这里有"凉亭"——即使是耶尼切里也能享有花园。在参加大战之前，耶尼切里士兵会一起到竞技场附近祈祷。17 世纪初，附属于伊斯坦布尔的耶尼切里多达 35000 人到 40000 人。所以，如果不计入耶尼切里的家庭成员（同居者、子女、仆人），耶尼切里士兵足足占了伊斯坦布尔两成的人口。

耶尼切里驻扎在城外由征服者穆罕默德兴建的如梅利堡垒（原名博加兹凯森城堡，有控扼海峡咽喉之意）中，他们会用经过的船只练靶，以测试火炮的射程。日后，耶尼切里协助攻破君士坦丁堡城墙后获准将伊莲娜教堂（也就是神圣和平教堂）当军火库使用。耶尼切里的另一项职责是救火，由于科斯坦丁尼耶几乎全是木造房屋（到了 19 世纪末，每个月还是有多达八起的火灾撕裂这座城市、吞噬民房，尤其是仓库，在发现时火势往往不可收拾），因此早在1572 年伊斯坦布尔的每户屋主被要求准备一桶消防用水。当水不足以灭火时，据说护身符可以产生作用。在清真寺、神庙、民宅与街头，伊斯坦布尔居民同时利用祷告、异教仪式和伊斯兰的虔诚来回应这些"神的行为"。由于火灾实在太过频繁，有些人开始怀疑是耶尼切里放的火，以便在同意救火前勒索财物。

耶尼切里原本被严格限制只能在军营内活动，到了 17 世纪，这些"被征集者"开始彼此通婚，自信渐增，他们和城市的其他人口不断融合，因此在财务方面也变得更加独立。耶尼切里发动的各种事件，使得伊斯坦布尔在 1517年成为欧洲历史最为悠久的哈里发国的总部；1622 年，他们把苏丹奥斯曼二世（Osman II）关进耶迪库勒堡垒的监狱，并且在那里将他处决。1799 年，在所谓的新秩序（New Order）军队被迁往于斯屈达尔的新军营后，反对新秩序改革的耶尼切里纵火烧毁了新军营。[7] 阿卜杜勒迈吉德一世（Abdülmecid

耶尼切里士兵展示他们著名的、过于繁复的头盔，绘于 16 世纪。

Ⅰ）将原址改建为医院，供弗洛伦丝·南丁格尔（Florence Nightingale）在克里米亚战争（Crimean War）期间使用——这就是我们耳熟能详的、发生在斯库塔里的故事。

这些被掳的奴隶不仅享有令人称羡的薪水与配给，其中一些还成了伊斯坦布尔的企业家。不难看出他们发迹的原因：交友广阔、见闻广博、受过良好的训练、还是苏丹的选民。耶尼切里除了官方职务，如看守羊毛织品、烘焙坊、国有羊群，以及担任消防队员、守夜人与治安人员，还兼职从事其他工作，如进口伊兹密尔（Izmir）的葡萄、巴格达的黄油、安纳托利亚的米、巴尔干的蜂蜜，此外还有肉类。耶尼切里是后勤专家，他们负责将牲畜运进伊斯坦布尔以供城内所需，而且很快掌控了屠宰业。从耶迪库勒的屠宰场开始，肉类经销发展出了专属的仪式。认为杀戮会使人对生命的消亡感到麻木不仁的人，可能会对耶尼切里的心理状态感到十分好奇。

每个耶尼切里士兵每日可以领到 60 迪拉姆的羊肉配给，相当于 184 克。[8]也就是说，每年有 7 万到 10 万头羊被带进伊斯坦布尔街头，供耶尼切里食用。在城市夯土的街道上（通常没有铺设石砖，夏日与街上的尘土奋战成了伊斯坦布尔的一项特色），人们不时要驱赶饮用圣泉水的羊群。每个士兵每星期可领15 根兽脂蜡烛，这是定期宰杀牲口的副产品（蜜蜡蜡烛则保留下来供苏丹赏玩之用）。军营窗户中传出士兵练习打击乐器的乐声，他们使用钹、单个定音鼓、三角铁与铃鼓，这些乐器后来风行一时，并且在莫扎特（Mozart）、海顿（Haydn）与贝多芬（Beethoven）的作品以及欧洲管弦乐团中被采用为"土耳其"音乐。耶尼切里在城里游行时会将手中的用于仪式的锤矛掷向空中；今日美国鼓号乐队女队长固定的表演内容即源于这项穆斯林战士的仪式。土耳其人在改信伊斯兰教之前，对音乐的力量有着坚定的信仰。他们相信宇宙本身是由声音创造的，音乐具有化解悲痛与治疗疾病的力量；这就解释了为什么许多拜克塔什教派的聚会场所设有用来进行音乐疗法的房间。耶尼切里丰富了伊斯坦布尔多姿多彩、充满活力的声音景观。

耶尼切里协助维持奥斯曼国家的安全，保证国家机器顺利运作，使其展现出的值得被载入史册的戏剧性延续下来。造访伊斯坦布尔的人士经常瞠目结舌地描述耶尼切里集体出现时的壮观场面，他们身披绑带，脚踩长靴，高塔般的圆锥帽上，鸵鸟羽饰迎风起舞。到了17世纪末，不只是基督徒（应征或自愿当兵的穆斯林发现，耶尼切里留下太多因死亡而出现的缺额），只要被认为天资聪颖的人就能在托普卡珀皇宫的寄宿与训练学校恩德仑（Enderun）接受训练，那所学校当时正在运行一项"英才"项目。耶尼切里虽然是苏丹的仆人，却我行我素，不把法律放在眼里。1604年，加拉达民众控诉耶尼切里绑架商人。当伊斯坦布尔爆发叛乱时，整起动乱如同星火燎原般燃烧至耶尼切里的居住区域；而在1622年、1632年、1648年、1651年、1655年和1656年，叛乱陆续发生。耶尼切里（当他们被指控犯下恶行时，负责审判的是他们的长官而非法院）逐渐被贴上了负面的标签："暴民""强盗""勒索者"。

然而，流血事件通常会遭到官方的惩戒。在托普卡珀宫外有一块"儆戒石"，上面展示了触怒苏丹之人的人头。耶尼切里负责斩首，有些人会被插在耶迪库勒堡垒的墙头钉上直到死亡为止。受过高等教育的耶尼切里是保护苏丹的暴民；1605年，耶尼切里摧毁了托马斯·达勒姆小心翼翼从英格兰带来的管风琴，这件乐器被认定是离经叛道的异教物品，不应该出现在神圣的托普卡珀皇宫。

无论耶尼切里在城市与仪式上的功能为何，他们仍有首要之务要完成，那就是实现奥斯曼人征服世界的梦想。到了17世纪下半叶，奥斯曼帝国臻于极盛，却仍不满足。1683年7月，12000名耶尼切里出征，他们或是步行或是骑马，浩浩荡荡朝维也纳而去。

第六十二章　维也纳大围城

公元 1683 年（伊斯兰历 1094 年—1095 年）

> ……我将成为你的主人，由东到西地追逐你，将我的威严延伸到世界的尽头……我已下定决心，这决心不会受到时间的阻碍，我会毫不犹豫摧毁你与你的人民，我会随我的喜好拿下德意志帝国，让我那柄令人生畏的宝剑在帝国留下印记，让众人知道，我很乐意公开宣扬我的宗教，并且追逐你那钉于十字架上的神。我不畏惧他的愤怒，他也不会前来协助你，救你逃出我的掌心。我会乐于让你的神圣教士去扶犁种田，让你的贵妇人的乳房裸露，任由犬只和其他野兽吸吮。
>
> 穆罕默德四世向皇帝利奥波德宣战 [1]

> 我来，我见，上帝征服。
>
> 扬·索别斯基（Jan Sobieski）致书教宗依诺森十一世 [2]

维也纳的城墙令人失望，一段长满灌木丛的墙垣夹在旅行社和邮局之间，勉强才能辨认出来。[3] 绝大多数中世纪与近代初期遗址只有在维也纳开展下水道工程或铺设光纤时才有机会重见天日。

但在 2015 年初，多瑙河畔小镇图尔恩（Tulln-on-Danube）地窖里的发现，却诉说着一段更为直接生动的故事。2006 年清理土地准备兴建购物中心的时候，人们发现了意料之外的证据。在街道下方不到一米深的地方挖到了完整的骆驼骨骼，这不只是古老的四足兽，而是一头双峰与单峰混种的骆驼；这是欧洲首次发现完整的骆驼骸骨。整具骨架被诸多家庭垃圾，如盘子、笔与葡萄酒壶紧紧压着。考古学家测定年代后，发现这头保存完整的美丽动物可能是在1683年奥斯曼人围攻维也纳后不久死去的。

这头骆驼究竟有何来历？骨骼证据显示它可能是战场上的坐骑，而非驮兽。它是从奥斯曼的军营或战场逃出来的？还是被当地人捕获的？事实上，这头动物被人悉心安葬，头往后仰，骨头毫无伤痕，显示它并非被撤退的奥斯曼军队宰杀，也没有被饥饿的维也纳人吃下肚，而是好生豢养，被当成了一种珍品，一件最具异国风情的战利品，享尽天年。

这是一项生动而有趣的考古发现，而对彼时的历史来说，这头骆驼还具有象征的意义。1683年，奥斯曼人仍然极具魅力，军容壮盛；但他们已不再是自己故事的作者。从军事和文化上的优势来看，奥斯曼人开始由盛转衰。

奥斯曼人对西方的攻击，从在伊斯坦布尔举行带有民俗戏剧风格的仪式揭开序幕。托普卡珀皇宫外树立着以红金两色旗杆撑起的军旗，旗杆顶端装饰有马尾。当马尾在博斯普鲁斯海峡略带盐味的海风中飘扬时，就意味着苏丹要号召民众武装起来，一如几世纪前他在冷冽的游牧民族营帐中所做的那样。奥斯曼人做足了准备：他们建造桥梁，修补道路，从帝国各地征集军需品。[4]

奥斯曼军队聚集在城外征用的牧草地上，队伍井然有序。巨大的战鼓以骆驼皮革制成，鼓身足以容纳五名男子；战鼓敲响，即可点燃士兵的斗志。有报道提到，在一些战役中，无论是等着离开伊斯坦布尔或者是已经抵达战场的奥斯曼军队，在他们周围都会点亮许多蜡烛，看起来就像一座由灯光组成的玫瑰园。奥斯曼人深信火药可以摧毁城墙，消灭船只与敌人；因此他们会在战前施放彩色火药。这些"烟火"也会用来庆祝王子们在托普卡珀皇宫里施行的割礼。[5]西方史料描述出征时的状况总是说"盛况空前，难以用笔墨形容"。如果军队凯旋归来，人们会用羽毛装饰战马，男女老少获准在街道两旁夹道欢迎，有时也会让野生动物加入游行，就连最贫困的人家也会在自己的房门前点灯庆贺。数百头羊（偶尔也有牛）被宰杀，锦缎、丝绒与花缎悬挂在窗户或店铺中，或者铺在苏丹与他的士兵的脚下。"区区一个凡人不可能获得如此殊荣，唯有这名凯旋归来的异教徒能被提升到如此崇高的地位。"[6]

经过16世纪强有力的跨洲扩张，奥斯曼人的野心有所停滞。之后，苏丹将他的罗盘坚定地指向西方。他想取得维也纳这个重要的战利品。1529年奥斯曼人原本能攻下维也纳，却因为恶劣天气而退兵。此外，苏丹也想控制多瑙河，掌握了这条自然疆界，欧洲其他地方将无险可守。

多瑙河是众人关注的焦点。多瑙河（Danube）这个名字几乎可以确定源自原始印欧语中的"da"，意思是快速、湍急、猛烈的水流。如今混凝土堡垒中巨大的金属水闸门不断上升下降发出巨响，提醒我们这是一条必须加以驯服的狂野河川。1830 年，首次有游艇从维也纳航行到布达佩斯；然而数千年来，这条水道一直有待大举整治。今日，平底船仍沿着多瑙河航行，运送刚从黑海开采的煤、克里米亚的谷物以及中欧生产线上新造的汽车。

多瑙河构成罗马帝国绵长的边界。4 世纪时，哥特人曾经跨过这道疆界，令人印象深刻*，而罗马帝国河川舰队也将根据地设立于此。此外，多瑙河还是运送物资与军队的动脉。十字军东征后，狮心王理查颜面尽失地沿多瑙河返国，为了赎回被绑票的理查而支付的庞大赎金，最初被用来建造维也纳高耸的砖墙，这道砖墙虽然遭受了 3000 多发石制炮弹的轰击，却仍成功抵挡了 1529 年奥斯曼人第一次围城。多瑙河地区征税权的售卖，导致大量现金流入奥斯曼宫廷；而这笔资金又转而资助了 18 世纪所谓的"郁金香时代"，当时的苏丹艾哈迈德三世在宫中种满如宝石般明艳动人的郁金香，并且将夜灯系在乌龟的背上，当乌龟缓慢迂回地爬行时，也照亮了在博斯普鲁斯海峡微风中摇曳的丝质花朵。在下一个世纪，俄罗斯与奥斯曼为了争夺多瑙河而打响第一次克里米亚战争。多瑙河是一条形塑人类历代生活的河流；它的历史是东西方集体记忆的核心要素。

但在 1683 年，多瑙河河神并没有站在奥斯曼人这一边。奥斯曼大军有八万多人，在横越巴尔干后，军中势必弥漫着一股乐观的气氛。维也纳，哈布斯堡帝国首都，控制了从黑海经由多瑙河以及从南到北的商路。然而自 1679 年起，维也纳因为瘟疫肆虐遭到削弱。奥斯曼领土往西延伸直抵布达佩斯与萨拉热窝（Sarajevo）——维也纳会不会是下一个囊中物？伊斯坦布尔已打算支配整个西欧，在伊斯坦布尔街头，西欧通常被称为卡菲勒斯坦（Kafiristan，kafir 指非穆斯林）。

---

* 见第 131 页。——编注

　　耶尼切里与工兵将维也纳团团围住后，随即着手建造攻城器械，然后挖掘壕沟让奥斯曼军队接近城墙，使其不至于成为敌军眼中缓慢移动的攻击目标。奥斯曼人顺利在城外扎营，并且坚守营地三个月。等待攻击时，耶尼切里高唱战歌直到深夜，这是一群混乱嘈杂而又极为欢快的人，号角与铙钹、鼓与簧管演奏的乐曲至今仍具有鼓动人心的力量。站在维也纳城墙一看，眼前是一群由中东、北非与乌克兰士兵组成的多种族部队。

　　首次大战前夕，奥斯曼人大摆筵席，仿佛已经在享用战利品。大维齐尔卡拉·穆斯塔法帕夏（Kara Mustafa Pasha）亲吻仪式用的宝剑、匕首与帝国敕令。此时传令官高喊：“祝凯旋得胜！”旗帜与军旗挥舞着，奥斯曼大军在进攻之前已经表现出凶猛的气势。[7]

　　苏丹把大维齐尔与其他领袖叫到他的大帐里，命令他们要不惜性命为信仰而战。奥斯曼人逼近城墙时，只听见他们高喊“安拉！安拉！安拉！”，声音划破了烟雾与喧嚣。[8] 维也纳城内，居民挨饿害病；反观奥斯曼人，他们的火药开始发挥效用。在炮弹猛烈的攻击下，城墙已是千疮百孔。9 月 8 日，城内热烈庆祝圣母降生，维也纳皇帝利奥波德的祖父斐迪南二世（Ferdinand II）宣称圣母就是哈布斯堡军队的神圣统帅。9 月，在维也纳地区，落日呈现玉米黄，月亮则像燃烧的血橙，狂风卷起地面上的沙尘；而如今，沙尘被马蹄扬起，大队骑兵正冲锋陷阵。就在最后一刻，基督教领袖回应了维也纳的紧急求援。几乎可以确定，当时来了两万名骑兵；连同援军，基督教步兵人数已经超过 6 万。[9] 9 月 9 日，欧洲联军发动了攻击。

　　天朗气清时，蓝灰色的多瑙河波澜壮阔、气势恢宏。在上游地带，因河（Inn）从阿尔卑斯山带着绿色矿物顺流而下，形成大理石纹路的旋涡。夜里，森林中的鹿、麝鼠与水獭（运气好的话可以看到水貂）受惊的明亮眼睛反射着火把与信号灯的亮光；成群鸬鹚弓着身子栖息在突出的树枝上。新石器时代的商人、罗马的殖民者、海关税吏、传教士与河上的盗匪，这些从史前时代就在这条河流营生的人想必都曾经历过此番景象。但在 1683 年，维也纳城外的这条河却见证了一场大规模的处决：据说一开始处决了被奥斯曼人俘虏的 3 万名基督徒；紧接着，奥斯曼军队出乎意料地土崩瓦解，苏丹的一万名士兵被处死。[10] 河里堆满了厚厚的尸体，一些奥斯曼士兵便把这些尸体当成踏脚石渡河逃走。

"土耳其人"溃败的消息与对多瑙河畔场景的描述如野火般传遍西欧，而且还出版成册供民众阅读："……皇帝在多瑙河上船，在到达维也纳之前从桥梁上岸，然后从史都本门（Stuben Gate）进城……时间短暂，要清理这些堆积如山的尸体显然是不可能的。这些尸体当中不仅有土耳其人，也有基督徒与马匹；路上臭气冲天，足以引发传染病。"[11]

一则广泛流传且沾沾自喜的传闻提到，从奥斯曼营地掠夺的物资生产的铅可以制造 428850 发子弹。维也纳围城失败后被俘的奥斯曼人，最后都在西方君主的宫廷里供人差遣。例如撰写《刘易斯·马克西米利安·穆罕默德生平回忆录》（*Some Memoirs of the Life of Lewis Maximilian Mahomet*）一书的作者就成了英国国王乔治一世的皇室司库。

维也纳的城门与城墙获得象征性的意义。强硬派政治团体形容维也纳的城门与城墙"阻止了最初的'9·11'事件"。虽然维也纳城墙被大力吹捧成西方与西方世界的自我认知的保护者，但创造历史并且击退奥斯曼大军的却并非维也纳城墙本身。事实上，维也纳的防御工事早被奥斯曼的火炮与火药击碎。打败伊斯坦布尔统治者的不是巨大的石块，而是基督教欧洲的团结。征服者穆罕默德最初畏惧的正是这种团结，如今它起了作用，抵抗了伊斯坦布尔的统治者们。

维也纳一役兵败后，苏丹知道自己差点打开通往西方的大门，心中愤恨不已。1683 年圣诞节，他在贝尔格莱德将大维齐尔卡拉·穆斯塔法帕夏斩首示众。[12] 奥斯曼全军禁止晋升以示惩戒。得知奥斯曼兵败后，俄罗斯从莫斯科起兵，总计派出 100 万匹马、30 万名步兵与 10 万名骑兵，企图给予奥斯曼的统治以致命一击。在伊斯坦布尔，耶尼切里依然傲慢地展示他们的羽饰头盔与黄铜打击乐队，并且再度造反。他们不仅杀死了高级军官与新任大维齐尔，还攻入大维齐尔宅邸，肢解他的妻子与妹妹并拖着碎尸游街示众。[13] 回到伊斯坦布尔，官方描述中关于维也纳围城与其后果的歌曲与图画却粉饰太平，仿佛战场与战场以外的地区均已恢复秩序。

旅行作家爱维亚·瑟勒比的描述是伊斯坦布尔史上最具观察力、最令人着迷的声音之一。[14] 瑟勒比梦见先知穆罕默德对他说（他是这么写的），要用双脚探索自己的城市："……我从自己的出生地开始写起，它是诸王觊觎的目标，它是船只的港口、马其顿省的强大堡垒，它是伊斯坦布尔。"

瑟勒比生性乐观，据说"他对每辆车子高唱圣歌，对每个给予他食物的人咏唱赞美诗"。[15] 瑟勒比被一些人形容成奥斯曼的希罗多德，他充满感情地描写伊斯坦布尔的特色：它的小酒馆、清真寺与烟馆。而当他前往其他地方时（从克里米亚到切尔克西亚［Circassia］，从耶路撒冷到苏丹，四十年来他周游各地）也热心描述伊斯坦布尔广阔的领土；例如高空秋千表演者的年度表演大会，与尼罗河鳄鱼性交的部落，以及对维也纳女性开放行为的负面描写。

瑟勒比虔诚而爱国（虽然偶尔会过于夸张）；他曾加入奥斯曼陆军，也曾在二十年前造访过维也纳。他临终前在开罗留下的最后几则关于 1683 年围城的文字，笔调一反常态、异常沉重。1665 年瑟勒比访问维也纳时，曾经表示希望维也纳成为穆斯林城市，但代表团中一名两眼发直的托钵僧叫嚷着，嘴里吐露神谕般的言语："在 94 年（亦即伊斯兰历 1094 年，也就是公元 1683 年），愿真主不要让维也纳这座花园与围着城墙的城市落入伊斯兰教徒手里，因为他们将摧毁这里所有的建筑物。"[16] 事实证明，这位托钵僧是个先知。

1698 年，大维齐尔于博斯普鲁斯海峡亚洲海岸兴建的一座人烟罕至、装饰华丽的亭阁（名为安恰札德［Amcazade］），至今仍勉强地立在那里。它或许是伊斯坦布尔现存最古老的木造建筑。它仅剩接待室，坐落在水边，仰赖腐朽的栈桥支撑，看起来有点像越南的捕鱼小屋。这里是 1699 年《卡尔洛维茨条约》（Treaty of Karlowitz）签订的地方，条约规定奥斯曼帝国割让土地给奥地利、威尼斯、波兰与俄罗斯。伊斯坦布尔一名通事参与协商了条约内容。此后，西方国家获准在首都伊斯坦布尔修复与兴建教堂。奥斯曼人在西方受挫，于是再度将眼光望向东方。1689 年，苏莱曼二世派使臣前往拜见莫卧儿皇帝奥朗则布（Aurangzeb）。然而，这样的安排为时已晚。安恰札德亭似乎预示了帝国瓦解的结局。

奥斯曼人遇到了麻烦。新的商路已经通过马尼拉（Manila）打开，同时，中国正更有效地运用海上航线（如塞尔登地图［Selden Map］显示的，这是一份详细的 17 世纪东亚地图，2008 年在牛津大学博德利图书馆［Bodleian

Library〕重见天日）。[17]权力逐渐从首都旁落到各省的"迷你王朝"手中。西方史料以戏谑的讽刺诗文来形容奥斯曼宫廷。"疯子"易卜拉欣从学步开始就被囚禁在卡菲斯（Kafes，王子的牢笼，一个外表饰以金箔的对外隔离之地〔purdah〕），据说他经常服用春药。传闻这名沉溺酒色之人聚集了许多处女，鼓励她们在他打算强奸她们时进行反击。王子群岛，那些被弄瞎的王子的家，是最早用来流放的地方；之后北方、南方与西方的众多岛屿也成为一连串流放的处所。有些小岛如同与世隔绝的集中营；还有一些岛屿则成了在宫廷权力斗争中失败的贵族与皇族的"安慰奖"。自然与政治影响所引发的完美风暴似乎正汇集起来挑战伊斯坦布尔的安全。气候变迁影响农作物的收成，伊斯兰继承法阻碍个人累积庞大财富，在 1500 年到 1800 年间，人口在 1 万上下的奥斯曼城镇的数量实际上陷入了停滞状态。英国在印度的影响力大增，瓦解了传统亚洲商路。这个时候显然不适合对外发动耗资巨大且可能失败的战争。

但奥斯曼人未能明白这点，奥斯曼大军从维也纳撤退时土崩瓦解，意味着耶尼切里也开始走上终结之路。

因此，局势有没有可能出现一百八十度的转变？维也纳以西的人现在终于可以高枕无忧，安心地相信自己的家园已经安全，他们的女儿、姐妹与妻子不再有被拐进帕夏营帐或苏丹后宫的迫在眉睫的危险。因为过去两百年来，以伊斯坦布尔与开罗为中心，范围扩及欧亚的繁盛的白奴市场事实上依然主宰着西方与东方的集体想象。从托马斯·达勒姆令人兴奋的报告到爱德华·巴顿生动地把奥斯曼宫廷拥有权势的女子描述成女斡旋者，刻板印象在这个过程中逐渐根深蒂固。一直到了 17 世纪，伊斯坦布尔的居民才被绝大多数西方人称为穆斯林，也就是伊斯兰宗教的信徒。在那之前，他们一直被称为"土耳其人""撒拉森人"或"摩尔人"。

奥斯曼人也许打了败仗，但作为国际人口贩卖的关键一环与构成"他者"观念的要素，奥斯曼人仍将维持两百年的荣景。纵观整个西方，男性作家、艺术家与外交人员一边倒地关注伊斯坦布尔宦官以及受宦官保护的苏丹妻妾过着怎样的生活。伊斯坦布尔这座城市成了某种真实与想象并存的现象的同义词，这个现象就是后宫。

第六十三章　白奴贸易与结核病

公元 1348 年—1919 年（伊斯兰历 748 年—1338 年）

> （孩子）到斯坦布尔过着幸福光彩的生活；他们的美貌换来的金钱
> 或许让家人免于饥饿，但也可能让他们取得火药与子弹来捍卫独立。

莫里茨·瓦格纳博士（Dr. Moritz Wagner），

《波斯、格鲁吉亚与库尔德斯坦旅游记》

（*Travels in Persia, Georgia and Koordistan*）[1]

> 成为苏丹的妻子，就能享尽荣华富贵。

传统高加索摇篮曲 [2]

　　长久以来，性奴隶贸易以君士坦丁堡—伊斯坦布尔为中心蓬勃发展。14 世纪的黑死病（估计夺走了 7500 万到 2 亿人的性命）造成亚欧两大洲人口的巨大损失，各行各业的劳动力亟待补充。威尼斯人与热那亚人配备有可以保存珍贵货物的快速海船，决意往东发展。黑海以外地区显然是丰足的狩猎场；意大利人利用十字军破坏中东贸易后取得了立足点，在从事人口贩卖时占据绝佳的优势。教廷虽然反对，却也仅止于纸上谴责。无情的黑死病很可能源自青藏高原（专家一般认为，耶尔森氏菌 [Yersinia bacteria] 是通过亚洲沙鼠身上的跳蚤传染，而非黑鼠），然后沿着丝绸之路西传。然而，解决之道却与问题自同一方向而来。香料的事就先忘了吧，现在人类才是炙手可热的商品。

　　若想了解人口贩卖的规模，我们必须前往波季（Poti），一座位于黑海岸边格鲁吉亚境内的港口；希腊人创建这座城市的年代，据说与拜占斯创建拜占庭同期。[3] 今日，波季利用巨大的货柜运送煤与粮食，黑海海平面到处可见这些货轮的身影。希腊移民的墓园沿着海岸往东延伸，这些移民原本只是暂时逗留，却在公元前 6 世纪到 5 世纪大量移居此地。据说这里就是伊阿宋与阿尔戈英雄上岸的地点，他们往内陆挺进，溯发西斯河（Phasis，今日的里奥尼河[Rioni]）而上寻求金羊毛、对抗恶龙、摧毁美狄亚的家族。越过波季来到巴统，这是格鲁吉亚新兴的娱乐休闲胜地，吸引来自伊朗与土耳其的大、小赌客前来。这里有霓虹灯点亮的赌场、屋顶游泳池以及满是积水、未铺砌的后街；遥远的过去似乎近在眼前。

蚊子是个让人困扰的问题。我们无须细想就能体会自古以来蚊子对于来到这座港口的人造成的双重伤害。此地是跨国劳力与性贸易的第一站，几个世纪以来，波季一直是男人、女人、男孩、女孩被送上狭窄木船载运到西方伊斯坦布尔奴隶市场的起点。

侵略、战争与海上劫掠皆无必要，因为黑海的人口贩卖是根基稳固的繁荣事业，获得各地供应商的热烈赞助。女性商人尤其活跃。我们从北非出土的证据得知，当时女性奴隶贩子的经营方式与今日从事非法经营活动的帮派里的女性极为类似。4 世纪，圣奥古斯丁写到家乡希波时提到，这些女性奴隶贩子会以购买柴薪为饵，换取"吉达巴山"（Mount Giddaba）年轻女孩的信任，然后将她们囚禁起来，威胁毒打，再将她们卖给平日往来的人贩子。[4]

奥斯曼境内所有奴隶当中，体格最强壮的被送去种田，特别是在塞浦路斯与克里特岛上种植糖料作物。然而绝大多数奴隶，尤其是相貌清秀的男女，不是被送往后宫，就是被送到各户人家工作。每年有多达 2000 人经由黑海进入奴隶市场。17 世纪，在伊斯坦布尔，两成人口不是自由民。相较之下，同时期的威尼斯，奴隶人口只占百分之三左右。

然而，从奥斯曼时代之后（这一风尚最早可能可以追溯到古罗马时代从高加索地区引进阉人），若被卖充当性奴、奴役或装饰，对当地许多家庭而言是一个重大的契机。十字军东征之后的拜占庭，奴役制度有段时间具备一种几乎算是救世主的性质；奴隶船的旗帜有时还装饰着十字架的标志。在奥斯曼统治时期，情况完全相反。穆斯林不能被奴役，除非沦为战俘或改变信仰。格鲁吉亚、亚美尼亚、巴尔干、希腊与俄罗斯的非穆斯林女性有可能一跃成为苏丹的母亲；而男孩与青年男性则可能当上大维齐尔。我们甚至听说有自由的斯坦布尔（Stamboul，伊斯坦布尔过去的别名）穆斯林跑去高加索山区待上几年，让自己改头换面成为非穆斯林，借此进入到伊斯坦布尔的奴隶市场，怀揣着飞黄腾达的职业愿景。年轻的奴隶会先待在伊斯坦布尔的中转站，等到年纪稍长再被贩卖。女孩们在接受训练、整理仪容、改善举止后成为有利可图的婚姻商品。这种情况在许多人看来其实是司空见惯。

　　然而我们必须考虑奴隶贸易的实际情况。女孩在波季港搭乘运输船时，年龄最小可能只有 3 岁；她们从亚美尼亚的山区或平原被送来此地。波季周围地区属于亚热带气候，这里的湿地不仅繁衍各种异国鸟类，也滋生了许多昆虫，尤其是蚊子，至今依然是个祸害。当时疟疾经常带来各种问题。运输船航行期间，人类作为货物被存放在甲板下方。这趟航程从波季出发横渡黑海，沿博斯普鲁斯海峡而下，中途通常会在特拉比松（奥斯曼人统治时期称为特拉布宗）短暂停留，整个旅程需时约三个星期。一抵达伊斯坦布尔，这些珍贵货品就会被分成瑕疵品与完好品，送往大巴扎旁的苏莱曼帕夏奴隶市场（Süleyman Pasha Han）；赤身裸体的男奴也有可能在老巴扎出售。伊斯坦布尔政府在每座城门针对每件抵达的货物征税（16 世纪时，每个人课税 4 个达克特金币），之后买家与卖家还要再缴付一笔税款。[5]

　　今天，贩售金丝雀、陆龟与水蛭的宠物市场取代了关押人类的圈栏。至少从 16 世纪起，奴隶被一道巨大的木门保护着，每天中午上锁；这些活生生的人被放在木柱之间的平台展示，特别珍贵的则摆在专门的小隔间里。最抢手的切尔克西亚妇女可以要价 15000 皮阿斯特（piastres）。男孩、女孩与年轻女性公开对外贩售。来自东西方的旅人在一旁观看：买卖奴隶的讨价还价成了热门的观赏活动。一些游客沉迷于购买奴隶；就算把钱花光了，还是会过来单纯地围观买卖。

　　一旦伊斯坦布尔某个人家买走了女孩，就会为她们另取一个波斯名字，并且把名字像会议名牌一样别在她们的上半身。如果被卖进苏丹后宫，她们会发现自己与黑人阉人狱卒紧密地混居一处，这些黑人阉人也重新取了悦耳动听的名字，如风信子、水仙、玫瑰与紫罗兰。

　　在后宫里，新奴隶被带领着穿过一连串阴暗的、如迷宫般的回廊，行走过

《君士坦丁堡奴隶市场》，1829 年到 1830 年，威廉·艾伦爵士（Sir William Allan）随外交使节访问伊斯坦布尔协商希腊独立时所绘。1838 年首次在伦敦展出。

程中他们或许能瞥见一些维持后宫这一产业高效运作的仆役：总管、司库、浣衣长。托普卡珀的苏丹后宫有用餐室、图书馆和清真寺。透过窥视孔，女孩或许可以看见另一边的华丽宫室；宫内以颜色对宫廷官员进行精准编码，这些彩虹般的颜色在城内广为人知——乌理玛（ulemas，专业的伊斯兰学者）穿着紫色，毛拉（mullahs，伊斯兰圣职人员）穿着浅蓝色，御马官穿着深绿色，高门的官员穿黄靴，宫廷官员穿红靴，来访的希腊人穿黑靴，亚美尼亚人穿紫靴，而犹太人可能惹人注目地穿着蓝色的便鞋。恩德仑学校的耶尼切里也依照年级穿着不同的颜色。即使有些得宠的女孩离开后宫时身上戴着珍珠，穿着丝绸与满是刺绣的外套，但对绝大多数女孩而言，后宫是个安全但昏暗的地方。与近4000 名女孩待在后宫，许多处于底层的女孩最终只会是服侍奴隶的奴隶。

　　由于在伊斯坦布尔举目无亲，这些被送到伊斯坦布尔的女孩不大会惹是生非。如果发生纠纷，没有家人协助，而且她们不是穆斯林，在伊斯兰教律法（şeriat, Shari'a）下无法求助法律，诉诸司法。

　　对许多在一般人家工作的女奴而言，平日的生活与在当时各国宫廷里的生活差异不大。但在苏丹的后宫，一旦得宠的女孩怀孕，性事的可能性便会降低。之后若生下男孩，房事将会完全停止，以避免内争，并让这些独生子能在皇宫里获得热烈的拥护。装饰华丽的分娩椅推进推出，依循 15 世纪穆罕默德二世的前例，奥斯曼法律允许兄弟相残，新苏丹继任后会杀害自己的兄弟；制定这项政策是为了防止王朝内争与宫廷政变。许多人相信，这种适者生存的法令确实给奥斯曼宫廷带来了一定程度的稳定与力量，但最终也致使国力衰微。外交人员传回的报告提到执行手足相残法令时恸哭哀号的行列，后宫的王子们被丝绳或手帕勒死，有时一次就处决 19 人。这项任务由伯斯坦吉执行，这些官员平日的工作是在御花园里照顾玫瑰与含羞草或者为苏丹划镀金小艇。这个悲伤的往事转变成莎士比亚剧作中的几句话，亨利五世在登基演说中责怪他的廷臣：

> 兄弟们，你们的悲伤中夹杂着恐惧。
> 这里是英格兰，不是土耳其宫廷。[6]

这种做法在 1648 年后日渐式微（从 1648 年到 1808 年，只有一名王子被杀），1603 年后，无关继承的王子被囚禁在王子的牢笼卡菲斯，许多人从襁褓时期就被监禁起来；这是奢华的终身监禁，形同软禁家中。[7] 当他们成长到青春期，就不再接受任何教育，有些人显然出现了一些精神上的并发症（我们知道有两人自杀）。这些碍眼的继承人遭人暗害；据估计，至少有 78 名王子在托普卡珀皇宫被勒死。宫里想必充满机遇，当然也有紧张和恐惧——兄弟与儿子经常"无故失踪"。

在这个封闭的环境里，经常爆发大规模的传染病。现今拼凑起来的文本证据指出，后宫中不只是大量女性与孩子（包括苏丹的儿子与继承人）死于霍乱或肺结核，与这些人定期见面或产生性接触的苏丹也是受害者。穆罕默德二世、阿卜杜勒迈吉德一世、阿卜杜勒-哈米德二世（Abdülhamid II）与穆罕默德六世都出现了肺结核的症状。[8] 穆罕默德六世的母亲就是死于肺结核。1922年，奥斯曼帝国灭亡，穆罕默德遭到罢黜；死后的尸体解剖显示，他的左肺已经被结核菌破坏殆尽。新进入这座城市的人——可能来自奴隶市场，也有可能是朝圣者（从麦加与麦地那以及节庆集会带回的传染病一次可以夺走六万条人命）——都会把病原体带进宛如培养皿的后宫。[9]

在苏丹后宫的最后一批居住者中，艾榭公主（Princess Ayşe）于 1960 年去世。她在回忆录中提到，得知自己的奶妈死于肺结核后，她惊恐万分。当时她收到了一个包裹，里头装着她的婴儿服、她第一次使用的汤匙和铅笔，以及她的一绺头发："我的一生宛如走马灯出现在我眼前。我开始哭泣。"[10]

第六十四章　白高加索人

公元 1453 年—1922 年（伊斯兰历 856 年—1341 年）

格鲁吉亚的血统独冠东方，甚至可能是举世无双的。在这个国家我从未看过丑陋的脸孔；无论男女，我只见过天使般的容颜。自然毫不吝惜地将美丽赐予这里的女性，这是其他国家所没有的。这里的女子人见人爱，你不可能描绘出更具魅力的脸庞或更曼妙的身躯……

约翰·夏尔丹爵士（Sir John Chardin），《旅行见闻录》（Travels）[1]

异邦人不许窥视笼子内部，因为里头关着天堂鸟。

威廉·梅克皮斯·撒克里（William Makepeace Thackeray），

《从康希尔到大开罗旅行记》

（Notes on a Journey from Cornhill to Grand Cairo）[2]

对某些人来说，后宫严酷的现实无法浇熄来自外部世界的热忱。性幻想家与伪科学家把被囚禁在伊斯坦布尔后宫的女性提升到传奇性的地位。一种有强大影响力但恶毒的二元观念在 18 世纪晚期应运而生:苏丹的嫔妃个个白皙无瑕，而且就某方面来说，她们也是蒙福之人。诡异的是，对于这些嫔妃与性奴的看法（她们在奥斯曼帝国内被大肆买卖），却是让世上数百万人至今仍以"白高加索人"自称的原因之一。

18 世纪中期，正当"白金"贸易如火如荼地进行时，一位勤奋的年轻德意志学者正从家乡下萨克森（Lower Saxony，今德国中部）行经被高耸的篱笆圈围的田野，前往逐渐崭露头角的哥廷根大学（Göttingen University）。

1775 年，这名热切的颅骨学者约翰·弗里德里希·布卢门巴赫（Johann Friedrich Blumenbach）发表了他的论文初稿《论人类的自然变种》（De Generis Humani Varietate Nativa），他在文中把人类分成五"种"：蒙古人种、埃塞俄比亚人种、马来人种、美洲印第安人种与高加索人种。

布卢门巴赫被一些人称为体质人类学 [*] 之父，他赖以研究的工具是 245 个头骨和制成木乃伊的遗体，这些遗体被他称为"各各他" [†]，其中包括一名年轻的格鲁吉亚女性的骸骨，这具骸骨启发他提出"高加索人种"的说法。布卢门巴赫相信这名格鲁吉亚女性的骸骨是"完美的"，他受到 17 世纪胡格诺派（Huguenot）旅行家兼珠宝商人约翰·夏尔丹爵士（原名让 - 巴普提斯特·夏尔丹［Jean-Baptiste Chardin］）的故事影响；夏尔丹曾经从君士坦丁堡搭船往东横渡黑海，他描述高加索的格鲁吉亚女性是世间最美丽的女子。布卢门巴赫的结论是，高加索是人类的发源地，是名副其实的伊甸园。布卢门巴赫《论人类的自然变种》完整版最终在 1795 年出版。

高加索地区是奥斯曼帝国东北部位于里海与黑海之间的宽广地峡。从前就有人声称，此地是人类的发源地。13 世纪的旅行家马可·波罗（Marco Polo）使这种说法广为流传。马可·波罗认为高加索地区高耸的山脉就是《圣经》里的阿勒山，而高加索就是真实世界的伊甸园与挪亚方舟最终停泊的地方。布卢门巴赫的科学研究试图强化《圣经》的真实性；他在提到"高加索人种"时表示："我以高加索山来为这个人种命名……因为它的邻近地区，特别是它的南坡，培养出了最美丽的种族，我指的是格鲁吉亚人。" [3]

布卢门巴赫的后续作品《比较解剖学手册》（A Short System of Comparative Anatomy）于 1807 年由著名的英国外科医生威廉·劳伦斯（William Lawrence）加以引介推广。书中插图完全以笔墨描绘，高加索人种的头骨图摆在最显眼的位置。虽然布卢门巴赫本人不是白人至上主义者，而且也对存有这种想法的同事的作品加以批评，但他把美与白种人以及《圣经》中人类起源的神话联系在一起，很容易在不知不觉中形成某种价值判断。哥廷根的种族主义者热烈地宣

---

[*] 体制人类学（physical anthropology）：又称生物人类学，是人类学的一门分支学科，研究生物演化、遗传学、人类适应与变异、灵长目学、形态学的机制，以及人类演化的化石记录。——编注

[†] 各各他（Golgotha）：耶稣被钉死在十字架上的地方，有蒙难、承受极大的痛苦的意涵。——编注

扬这种观念，认为白高加索人来自神圣之地，其他"人种"则是高加索典范有缺陷的版本。这原本只是一种危险而简单化的想象，却以讹传讹，成了广泛流传的荒谬说法。布卢门巴赫之后，白高加索人一直是一种伪事实，至今仍然出现在科学与文化分类中。伊斯坦布尔后宫的存在，进一步延续了这种极其恶劣的伪科学。

从启蒙时代迈向革命时代之际，白人来自高加索地区的说法在科学界和上流社会口耳相传。基于一个奇怪的缘由，这种说法在西方集体想象中引起强烈共鸣。人们总是轻声赞叹，苏丹后宫绝大多数的嫔妃，其中最美丽的其实是来自高加索地区的高加索人，也就是西方人所说的切尔克西亚人。1855 年，列夫·托尔斯泰（Leo Tolstoy）尖刻地写道："他们把高加索想象成庄严的事物：永恒而纯洁的冰、湍急的洪流、匕首、斗篷、白皙的切尔克西亚人与恐怖而浪漫的气息。但事实上，这里一点也不有趣。"[4]

切尔克西亚人其实是高加索西北部的部族，许多人在君士坦丁堡沦陷后改信伊斯兰教。一股神秘气氛围绕着当地的男男女女。虽然是穆斯林，但切尔克西亚女性通常不戴面纱（与他们的基督教邻居不同），这点令人感到兴奋。她们有时也会梳妆"打扮"，旅客们表面上大吃一惊，私底下显然对此印象深刻。切尔克西亚的男人以勇猛与身穿锁子甲的战技著称，他们被认为是最优秀的高贵蛮族。19 世纪中叶，旅人埃德蒙·斯宾塞（Edmund Spencer）说道："世上没有任何半开化民族能像他们一样赏心悦目。"[5] 这些幻想出来的切尔克西亚人的形象活跃在我们许多的童话故事里。

16 世纪之后，切尔克西亚女人就像国际美女海报一样常见；坦白讲，想不看到她们都很难。法国哲学家孟德斯鸠（Montesquieu）、《危险关系》（Les Liaisons Dangereuses）作者肖代洛·德·拉克洛（Choderlos de Laclos）与剧作家拉辛（Racine）都写过令人兴奋的后宫故事。托马斯·罗兰森（Thomas Rowlandson）的讽刺短剧《后宫》嘲讽（明显勃起的）苏丹左拥右抱着切尔克西亚美女。当时一些最优秀的艺术家想象切尔克西亚女性后宫生活的景象，描绘出性交后潮红、裸胸的样貌。安格尔（Ingres）的《宫女与奴隶》（Odalisque with Slave）是最常被复制的作品：隐晦的色情画乔装成现代的通俗画作。安格尔、爱德华·克拉克（Edward Clarke）、伊曼努尔·康德（Emmanuel Kant）、

一张美国照片卡，上面是一名"切尔克西亚"女子，人称"埃及人努米亚"，1870 年左右。

弗雷德里克·雷顿（Frederic Leighton）都生动描述过切尔克西亚人的故乡以及切尔克西亚女性被送往奥斯曼帝国伊斯坦布尔与开罗的后宫。据说，世上之所以有切尔克西亚这个种族，就是为了美化土耳其人与波斯人的丑陋，而他们注定要跟这些人纠缠不清。

这个编造出来的血统理论愈发根深蒂固。1571 年，威尼斯大使贾科珀·拉加佐尼（Jacopo Ragazzoni）描述在国际社会纵横捭阖的努尔巴努："六个月前……（大阁下）为了表示自己的爱意，授予了一名切尔克西亚女性'Chebin'的称号，也就是册封她（王子的母亲）为合法的妻子，并赏赐礼金 11 万枚达克特金币，希望超越自己的父亲，他的父亲只赏赐给塞利姆的母亲 10 万枚达克特金币。"[6] 事实上，努尔巴努几乎可以确定来自塞浦路斯。

在美国也是一样，一个来自遥远东方，美丽而慵懒，近在眼前但带有异国风情的女性形象，成了绝佳的"票房保证"。19 世纪 60 年代初期，菲尼亚司·泰勒·巴纳姆（Phineas T. Barnum）"引进"高加索妇女，只要付个几毛钱，她们就会诉说被抓的过程、在苏丹后宫的淫荡生活，以及后来如何被巴纳姆的手下解救。表面上，她们向巴纳姆的英雄们学习英语，并以"最纯正的白种人"身份公开展示。但这些女性其实是不折不扣的爱尔兰女孩儿，她们故意把头发弄成"野蛮女人"的蓬乱样子。[7] 当然，一头乱发是为了在视觉上呈现遭到奴役的经历，并让人联想到高加索人的文化特征：浓密的头发与羊皮帽。这种发型要用啤酒与蛋白加以固定。巴纳姆首开风气之后，美国绝大多数的余兴节目中开始出现"切尔克西亚女人"。19 世纪到 20 世纪初，"切尔克西亚之花"护肤乳成了欧美最畅销的美容产品。这些美容产品被营销成含有来自高加索的天然美白成分，还蒙骗人们说这些产品来自君士坦丁堡以东近乎存在于神话中的国度。那里的女性全是白得不可思议的"夏娃"。无论在伊斯坦布尔后宫还是纽约街头，切尔克西亚嫔妃显然成为已知世界与异国风情的混合物。

但是，布卢门巴赫的格鲁吉亚人头骨，原初的"白高加索人"，显然不是虚构的，而是真实被俘虏的人类。她是一名年轻女孩，根据她牙齿的状况判断，年纪大概只有 15 岁到 17 岁，生活在 1787 年到 1791 年叶卡捷琳娜大帝进军高加索地区的那段时间，沦为战俘后被运往莫斯科。当叶卡捷琳娜大帝与她的情人格里高利·波将金（Grigory Potemkin）从圣彼得堡南行时，波将金为了讨好他的情妇，安排了极具戏剧效果的桥段——重现英国花园和维苏威火山爆发，在克里米亚可汗的宫殿过夜，观看切尔克西亚骑士表演——与此同时，我们的年轻女孩正成为士兵们轮流取乐的对象。[8]1793 年，在一封附带寄上的书信中，布卢门巴赫的捐助人兼头骨交易商说明这名女孩死于性病。[9]布卢门巴赫的原始研究素材是政治野心导致的、充满性欲的严酷性现实的残余，以及伴随帝国主义而来的幻想。[10]

第六十五章　肥皂与天花

公元 18 世纪（伊斯兰历 1111 年到 1211 年）

据说在这些阴暗的土耳其浴场的偏僻小间里每天都有人干着违反自然的苟且之事，是的，女人跟女人；真是难以置信，之前难道没有人发现并予以惩处吗？

乔治·桑德斯（George Sandys），《1610 年开始的旅行游记》

（*A Relation of a Journey Begun An: Dom: 1610*）[1]

我已走遍土耳其、欧洲大部分地区，以及亚洲的一些地方；但没有任何自然或艺术作品比得上从七塔任何一端望向金角湾尽头所看见的景色。

拜伦勋爵（Lord Byron），给母亲的信，1810 年 [2]

东方主义就像一座迷宫：我越往前走，越感到迷惘……

瓦卡·布朗（Vaka Brown），《女眷区：土耳其妇女的生活面貌》

（*Haremlik: Some Pages from the Life of Turkish Women*）[3]

后宫成了奥斯曼帝国的象征—— 一个充满希望、愉悦与监禁的天堂，一个需要入侵然后予以解放的观念和地点。

所以，伊斯坦布尔是否真的成功扮演了阿佛洛狄忒的角色？自有记录的两千年以来，身为爱情与性欲女神，爱笑的阿佛洛狄忒除了展现在地图上或被雕刻成大理石和镀金的雕像，她是否曾化为人形，现身于伊斯坦布尔的街道？伊斯坦布尔是否真的充斥着频送秋波的女子与反应迅速、积极配合的年轻男性？许多人都愿意相信这种说法，但实际证据、伊斯坦布尔居民自己的记录以及一名精力旺盛的西方访客向我们展示了真实情况。玛丽·沃特利·蒙塔古夫人（她逃避了与尊贵的克拉特沃西·斯科芬顿［Clotworthy Skeffington］的婚约）以大使夫人的身份从英格兰经腓立比与埃迪尔内抵达伊斯坦布尔。她随身带了30车的行李，并在1717年到1718年间住在该城。身为第一位以英文写下在奥斯曼与君士坦丁堡一手见闻的女性，蒙塔古夫人描述了她在奥斯曼土耳其浴场的亲身经历：

> 第一排沙发覆盖着坐垫与华丽的地毯，上面坐着几个夫人，在她们身后是第二排沙发，坐着的是她们的奴隶；但无法从服装辨识阶级差异，她们全处于自然状态，用大白话说就是赤身裸体，任何美貌或瑕疵都展现在众人面前。然而她们绝无任何淫荡的微笑或不雅的动作。她们的步履举止依然庄严优雅，如同弥尔顿笔下人类共同的母亲。她们当中许多人的身材就像圭多（Guido）或提香（Titian）以铅笔描绘的女神，不胖不瘦，肌肤总是白皙发亮。她们身上唯一的装饰是一绺绺披在肩上的头发，发辫上别着珍珠或缎带，完美展现出美惠三女神（Graces）的体态……有些人在聊天，有些人在工作，还有人喝着咖啡或享用水果冰沙……简言之，这里是女人的咖啡馆，这里转述着城里的新闻，也虚构着各种丑闻与传言。[4]

与后宫一样，伊斯坦布尔的土耳其浴场并非情色幻想，而是真实生活的一部分。身为有教养的伊斯坦布尔女性，每个星期应该会有四到五个钟头待在浴场。仆役跟在后头携带当天所需的物品：水果、坚果、糕点、肉丸、浴巾、蛋糕。女人在充满雾气的小房间里讨论未来的结婚对象，交换城中的见闻（这种状况不常发生，不过直到19世纪晚期，妇女们有时会在女性专用的浴场交换情报，然后群起上街抗议城中不得人心的发展）。[5] 出生满40天的婴儿在这里接受沐浴仪式，即将结婚的新娘也是如此。仪式进行时，往往有乐队现场表演，整个庆典活动可以持续数日。有些男人进浴场只是为了刮胡子，有些女人则是为了编发辫或染睫毛，但这里确实是奥斯曼伊斯坦布尔的居民白天活动的场所。[6]

当地人与游客都曾提道：有钱的浴场老板常骑着纯种马上街，一般民众骑的则是驴子、骡子、骆驼与水牛。浴场老板既受人钦羡，又遭人鄙视。虽然官员常在浴场检查到弄脏的浴巾、发出恶臭或冰冷的水，伊斯坦布尔一万多间浴场不时有传染病的报告传出（梅毒是个大问题）。然而，无论浴场提供的服务有多糟，城市居民（不分男女）就是离不开它。浴场创造了属于自己的生态系统：锅炉产生的灰可以出售用来制造墨水，穷人与孤儿可以蜷缩在浴场24小时运转的火炉旁。在冬天，围着火炉的孩子就像一张人形蛛网；罹患恶疾的孩子一般会躺在最接近炉火的羊皮地毯上。

自奥斯曼哈里发国建立以来，有关浴场的立法一直非常严格。塞利姆一世试图防止妇女与年轻男性在离开土耳其浴场时眉目传情，而且立法禁止穆斯林与非穆斯林共用浴巾。但不同宗教在这里却是自由地并存的。当玛丽·沃特利·蒙塔古夫人在浴场脱下衣服时，旁人见到她的紧身胸衣，都惊讶地倒吸一口冷气；奥斯曼妇女以为那是她的丈夫用来锁住她的牢笼。[7]

这里有一整套浴场文化。举例来说，纳林鞋（Nalın shoes）可以让脚不受水中鬼怪的侵扰，也能让母亲的视线高到足以看紧自己的女儿。最上等的土耳其浴木屐是用胡桃木、黄杨木与檀香木雕刻而成，并镶有珍珠母。[8]2006年开始，针对加拉达华丽的奇力克·阿里帕夏土耳其浴场（这个浴场于1580年由希南所建，为了纪念从勒班陀战役生还的奥斯曼英雄奇力克·阿里帕夏指挥官）进行的复原工作，揭示了伊斯坦布尔某些土耳其浴场的精巧之处。去除430层累积的残砾之后，考古团队发现了一个新秘密：隔热的灰泥层不仅能用来维持室内的热度和弥漫的蒸汽，还能让墙壁"呼吸"——确保澡客与这些重要建筑物健康无虞。

而事实上，伊斯坦布尔的土耳其浴场与女眷区能让人感到兴奋的，顶多是一碗肥皂或针线和一屉药草。土耳其浴场不仅存在于都市，也存在于农村，科斯坦丁尼耶的穷人也盼望着使用浴场，让人回想起那些被留在巴尔干或安纳托利亚村落的浴场，这些土耳其浴场曾经是女性活动的中心。

尽管西方评论者总是透过充满强烈性欲的薄雾看待土耳其浴场与后宫，但女眷区（haremliks，私人空间）其实只是保护区。在这里，一些行径是被禁止的。"Odalıks"（负责服务 oda 的人，oda 是土耳其语"房间"的意思）指整理房间的女佣或老家仆，不是充当性玩物的宫女。即使是没有钱购买女性劳力的人家，也会用帘子在家中简单隔出一块区域，方便家中男女起居。这种用来分隔的棉布帘子遍布于伊斯坦布尔的公共空间，直到 20 世纪，城市的电车、轮船和火车都还在使用这种帘子。但西方观察家却把实用的棉布想象成朦胧的薄纱，用来掩盖言语无法形容的愉悦，叫人禁不住想一探究竟。

那些被认为拥有特权可以进入后宫内苑的人，例如钢琴调音师与钟表匠，常常贩售他们在内部的所见所闻。这些充满性内容的惊悚故事不仅在欧洲的卧房传布，也为教室里的人津津乐道。伊斯坦布尔并非是幻想之城，而是他人幻想的投射。例如，广泛流传的艾美·利维里（Aimeé du Buc de Rivéry）的故事，这名法国修道院学生（约瑟芬皇后［Empress Josephine］的表妹）据说于 1788 年在公海遭阿尔及利亚海盗绑架，最终成了苏丹阿卜杜勒哈米德一世的妃子与苏丹穆罕默德二世的继母，但她在 26 岁时就死于肺结核。[9]1828 年，一个匿名的英国色情文学作家出版了《淫荡的土耳其人》（*The Lustful Turk*）这本书，描述两名身世显赫的英国女子，艾米丽与西尔维娅的经历。她们受困于奥斯曼后宫，遭到强暴，但之后的愉悦却让她们感到妙不可言。本杰明·迪斯雷利（Benjamin Disraeli）（在他的日记中）提到君士坦丁堡时的兴奋之情，远胜于提及耶路撒冷；他带回了水烟与长沙发椅。[10] 就连简·奥斯汀（Jane Austen）也开始炫耀"马穆鲁克"帽。

无论是男性还是女性，后宫对他们来说已成为刺探的目标。在华沙出生的艺术家伊丽莎白·耶利考–鲍曼（Elisabeth Jerichau-Baumann）于 1869 年到 1870 年，以及 1874 年到 1875 年造访伊斯坦布尔。她希望不仅能从西方，也能从这座帝国城市获得委托创作的机会。伊丽莎白在抵达伊斯坦布尔后所做的描述，隐约显示她想象或者希望自己能在这里找到什么："晨雾中，'这座城市'不断延伸，像罩了一层面纱，在晨光下微微闪烁着粉红的光芒，如同化了妆的宫女，指甲下暗藏着毒药。"[11] 这些后宫佳丽没有让伊丽莎白失望，无论是作为绘画的对象还是潜在的客户。别忘了，艺术鉴赏力一直是嫔妃训练的核心。最上层的女性拥有丰厚的零用钱，还常常得到苏丹的赏赐——可能是为了性，

典型的马穆鲁克帽样式，刊于 1805 年的时尚出版物。

也可能是单纯的犒赏。后宫里也有现金可花。讽刺的是，女奴出钱聘请耶利考－鲍曼绘制的作品被认定过于情色，因此被封存在丹麦库房长达一个世纪之久。

在佩拉的宫殿，蒙塔古夫人可能已经享受过她所描述的君士坦丁堡对"现世愉悦"的追求。同时，她还拿父权制带来的奴役做比较而得出结论：嫁妆制度让"路上的人被当成奴隶一样出售"。不过，蒙塔古夫人在旅居奥斯曼期间学到最实用的东西是天花的疗法。她为自己的孩子做预防接种（她那顽固的儿子爱德华死的时候是个虔诚的穆斯林，穿着打扮像极了土耳其人，说的是土耳其语；在威尼斯宅邸，他一直到临终时才勉为其难地脱下了自己衷情的穆斯林头巾），大幅改革西方医学。蒙塔古夫人年轻时曾得过天花，她的兄弟就是因天花而死，而她自己的脸也因此留下疤痕。这或许让她多了一个理由欣赏面纱为科斯坦丁尼耶女性带来的自由。她们这么告诉她，面纱使她们有秘密幽会的机会。蒙塔古夫人学习她们的做法，戴着面纱游遍全城——只有这个办法才能让她进入清真寺参观，包括阿亚索菲亚清真寺。

预防接种对文明的贡献不可小觑。我们在伊斯坦布尔听到的另一个英格兰女性的故事来自安妮，也就是格洛佛夫人（Lady Glover），她是英格兰大使托马斯爵士的妻子。1608 年，安妮因为瘟疫死于伊斯坦布尔。她的遗体以糠包覆，埋在大使馆里将近四年，然后迁葬至一座华丽的陵寝，位于今日的塔克西姆广场中。[12]

不可避免地，或许艺术家与诗人不想回忆伊斯坦布尔女眷区与土耳其浴场传染病横行的现实：天花、梅毒与瘟疫受害者，充满呕吐物的结核病病房，病人因为喘不过气悄然离世。结核这种传染病早在公元前 7000 年就已经在这个地区出现；梅毒则在伊斯坦布尔性政治与地缘政治中扮演了重要的角色。[13] 尽管如此，艺术家与诗人们无意纪念这一真相。

历任苏丹沿着博斯普鲁斯海峡与金角湾的海岸兴建夏宫，部分原因是为了避暑，但更重要的原因是逃避结核病与其他传染病的威胁。"欧洲病夫"这个标签的误用与滥用，或许是个隐喻性的侮辱，但它的确与事实相符。多种族的奥斯曼帝国没有自然疆界来抵御疾病的散布。举例来说，虽然奥斯曼人责怪印度人（经由红海）把霍乱传到麦加，但事实上，乌理玛"任何疾病皆来自天谴"的宗教理念妨碍了一连串医疗措施的实施，比如隔离。一系列国际卫生会议（从 1851 年到 1938 年，其中一次是 1866 年在伊斯坦布尔举行）批准可以根据国际规定介入各国内部的卫生事务。[14]1928 年 7 月 8 日，《匹兹堡新闻》（Pittsburgh Press）报导伊斯坦布尔有 4 万个肺结核病例。时至今日，即使是门禁最森严的饭店也会提醒你这个令人忧心忡忡的风险。当我们读到蒙塔古夫人轻描淡写地说"土耳其妇女是帝国中唯一的自由人"时，我们也应该想想那些处境艰困的妇女与女孩——光是在苏丹后宫就有 800 名女性——她们没有机会逃跑，面对传染病与诸多危难，只能坐以待毙。

第六十六章　郁金香与纺织品

公元 18 世纪（伊斯兰历 1111 年—1211 年）

> 天国徒然绕着世界转，找不到有哪座城市跟伊斯坦布尔一样。
>
> 纳比·埃芬迪（Nabi Efendi），
>
> 《纳比·埃芬迪给他的儿子阿布尔·赫尔的忠告》
>
> （*The Counsels of Nabi Efendi to His Son Aboul Khair*）[1]

> 这里肯定是宇宙的最上层，举目所及无一不是赏心悦目的景象……以我自己来说，当我第一次到了那里，我还以为自己来到一座施了魔法的岛屿。
>
> 吉尤姆-约瑟夫·格雷洛（Guillaume-Joseph Grelot），1683 年 [2]

2006 年，伊斯坦布尔政府在城市周边种下了 300 万株郁金香鳞茎。彼时机场正在开展现代化的工程，尘土飞扬；外籍劳工从油腻吵闹的港口卸下水泥与碎石。新的道路系统在旧城区铺设，尽管周遭一片混乱，无所不在的红色郁金香还是如丝绸般随风摇曳。

大规模种植郁金香是为了追忆与重现后世作者所说的伊斯坦布尔的"郁金香时代"。大约从 1710 年开始，也就是维也纳围城失败后的一个世代，苏丹们不仅试图改写历史，也积极将伊斯坦布尔改造成故事书中描写的传奇城市。

奥斯曼帝国与邻邦维持了一段时期的和平，苏丹艾哈迈德三世与他的维齐尔们利用这个机会把对花园精神价值的个人偏好与虔诚信仰转而表现在公共层面。在都市以及野外都能尽情绽放的郁金香遍植于伊斯坦布尔各地。郁金香与土耳其人都来自中亚平原，郁金香的名字源自波斯人对穆斯林头巾的称呼，在此之前，奥斯曼人早已将郁金香出口到西方，并在 17 世纪的欧洲引发恶名昭彰的"黑色郁金香"投机热潮。现如今，郁金香反而从荷兰和伊朗进口到伊斯坦布尔，数量极多，不再是什么奇花异草。根据访客的描述，在大维齐尔的花园里种植了 50 万株鳞茎，花朵以五光十色的灯或蜡烛照明。种植郁金香的花农除了男性，也包括女性。城市官员培植了 44 个郁金香的新品种。参加宫廷宴会的宾客必须穿着能与郁金香花色相称的服饰才能入场。市井小民也因为郁金香而以意想不到的方式受益，为了给予这些花朵适当的照明，公共巷弄与广场变得更加明亮（一般来说，城市居民在晚祷后就必须待在屋内，这显示伊斯坦布尔并没有照明系统）。为了防止叛乱与骚动，伊斯坦布尔居民在入夜后必须携带灯笼。"郁金香时代"的斯坦布尔居民表示，他们乐于住在夜间灯火通明的城市。

我 18 岁第一次造访伊斯坦布尔时，曾听闻咖啡店老板讲述两百五十年前艾哈迈德三世的郁金香庆典，好像自己亲眼所见一般——乌龟背上绑着夜灯，任由它们在花园缓慢爬行充当照明物。城市的地形适合戏剧化的表演活动，在行会的游行行列中，各种糖果组成一簇簇的郁金香花圃，围观群众则被五颜六色的丝绳隔在外围。当地的花卉如今可能大多绝种了，但从 18 世纪开始，这些花卉的样子被绘制在瓷砖或缝制在纺织品上，获得了不朽的生命，也成了这座城市崭新的标签。

伊斯坦布尔也以华丽的刺绣闻名。身为旅人和丝绸之路的子嗣，土耳其人一心想开发出最轻便、最容易运输的奢侈品。他们的祖先很早就接触了许多珍贵的亚洲原材料。高档纺织品的生产继而成了他们的独门技艺：土耳其的后宫有 200 名技术高超的纺织工匠，平常人家中的女性也被鼓励开发极其高超的刺绣技巧。除了安纳托利亚与奥斯曼帝国各地村落的纺织产业（织工主要是女性），这些带有编织和刺绣图案的织物主要用来装饰军事营帐、设有阳台的房屋与提供逸乐的花园。织物上的图案则包括了孔雀眼睛、豹纹、日光与芦苇叶。定制的鞋子以丝绒绣上当时流行的对比强烈的"之"字形图案，枕头缝上珍珠，军事旗帜则装饰着《古兰经》的经文。

笨重的西式家具在伊斯坦布尔并不常见（连椅子都很难见到）。当地的凳

郁金香的土耳其文是"lale",虽然本土品种今日已经灭绝,但花朵却永远留存在瓷砖与织物上。

子与沙发椅垂挂着布料,商人则在绣花的布篷下做生意。相较于资助帝国圣物箱作坊的拜占庭帝国,奥斯曼人则选择支持女性刺绣工与男性书法家的作品。例如书法家哈菲兹·奥斯曼(Hâfiz Osman)设计了一行行流畅而美丽的文字,有些用来赞美安拉,有些则用于帝国议会文件——书法可以写在羊皮纸、纸张甚至脆弱的枯叶上。这些精美的字迹也开始成为西方的珍藏品。

长久以来,纪念碑上的书法一直是伊斯坦布尔的一项城市特征,但现在《古兰经》的经文与圣训的话语也开始在街头其他地方出现,例如陶器、青铜器、大理石与黄金上。1727 年,伊斯坦布尔架设了第一部用奥斯曼语阿拉伯字模的印刷机——穆特费里卡印刷机(Müteferrika Press)——不过这项印刷事业维持的时间不久,印刷机使用不到十年就被封存。1746 年,郁金香庆典在托普卡珀花园恢复举办。高耸而明亮的托普卡珀皇宫图书馆至今仍令人着迷,当时这座图书馆满满都是阿拉伯文的印刷书籍,并且提供了远离尘嚣的安静地点,可以俯瞰一道道由植物编织而成的饰带。伊斯坦布尔的领袖还记得奥斯曼的科斯坦丁尼耶之梦,并且试图重现他的梦境。西方访客蜂拥而至,记下所见所闻。

　　除了贸易、探险或偷窥的机会，还有一项充分的政治理由可以说明为什么近代早期会有越来越多的人造访伊斯坦布尔。在 17 世纪中叶的英格兰，奥斯曼土耳其人不再是可以取代天主教徒的新教徒，而是可以取代圆颅党人的保皇党员。理查德·弗莱克诺（Richard Flecknoe）提到伊斯坦布尔时兴奋地写道，"没有任何地方比这座城市的人穿着更加华丽，对女性更加殷勤有礼，每个人身上都是各色丝绸，头上缠着隆起的头巾，外头罩着飘逸的袍服，他们的街道就像郁金香花园……"在罗伯特·赫里克（Robert Herrick）的诗中，郁金香象征英格兰斯图亚特（Stuart England）王朝的死亡。[3]

　　伊斯坦布尔需要朋友。维也纳围城失败以及在 1699 年签订屈辱的《卡尔洛维茨条约》之后，在政治上，整个局势进一步恶化：伊斯坦布尔粮食短缺，1703 年，大学生、耶尼切里与民众集结起来从伊斯坦布尔前往埃迪尔内抗议，并且罢黜了苏丹穆斯塔法二世。许多人对于苏丹大部分时间都待在埃迪尔内（现在称为"吉卜赛城"）而不待在"诸城之首"感到愤怒。维也纳围城的二十五年后，耶尼切里依然高唱振奋人心的歌曲，要世人知道他们在这场战役中做出多大的牺牲，但几乎没有人感谢他们。"埃迪尔内事件"后，整座城市的发展停滞不前。但当艾哈迈德三世成为苏丹，返回托普卡珀之后，他的"回报"是将整个伊斯坦布尔改造成娱乐场所。奥斯曼苏丹充满热情地意识到，在伊斯坦布尔，他们需要被人看见，才能取得信任，也才有人愿意服从。

　　维也纳围城失败的另一个教训是让奥斯曼人了解必须向西方学习，军事与文化皆然。如果伊斯坦布尔无法控制西欧的城市，那么至少可以接受它们的启迪。伊斯坦布尔通事起初向法国寻求支持并学习专业技术。使节被派往巴黎，将法国人做事的方式报告给苏丹。迷你凡尔赛花园开始出现在伊斯坦布尔，而法国侨民也从 17 世纪中叶的几个人增加到 1719 年的 175 人。1718 年，一名法国发明家把水泵驱动的灭火引擎引进到伊斯坦布尔（在当时，耶尼切里依然用水桶救火）。不久，法国建筑师如安东尼·伊格纳斯·梅林（Antoine Ignace Melling，他在 18 世纪初的伊斯坦布尔为我们留下了赏心悦目的景观）为几个奥斯曼公主设计了位于博斯普鲁斯海峡沿岸的宫殿。不同于传统封闭式的土耳其住宅，这些宅邸面向大海开放。苏丹们逐渐喜欢上了欧式花园——其中一位甚至以拥有一座正式的迷宫而自豪。公园逐渐取代城市的荒野地带。公共喷泉疏导城市的水流，郁金香花园取代了一处又一处城市的杂草。

苏丹艾哈迈德三世为自己兴建了一个跨文化的藏身处。这个隐藏在今日看起来到处长满灌木丛、必须穿过细铁丝网与腐烂草席才能到达的地方，就是艾纳里卡瓦克宫（Aynalıkavak Kasrı）。这座游乐用的小宫殿位于一座用墙壁围住的花园后方，成了艾哈迈德三世喜爱的休闲胜地。兴建于喧嚣的造船厂上方，四周有为了提供狩猎区而种植的一万棵柏树作为掩护，这座宫殿乃东方与西方风格碰撞的典范。宫廷画家莱夫尼（Levni）的微型画显示艾哈迈德三世站在镀金的镜子前面，或许是苏丹先前获赠的礼物，"与白杨木齐高"的穆拉诺镜（Murano mirrors），只见他望着金角湾上举行的水上竞技比赛——为了庆祝他的四个儿子的割礼而举办的活动。

随着西方化趋势的拉动，一些问题也随之产生。伊斯坦布尔居民特尔希西·穆斯塔法·埃芬迪（Telhisi Mustafa Efendi）写了二十四年的日记在总理办公室档案中被发现，上面描述军官接到指示，把公众场合一些作风大胆的女性的欧式衣领剪下来。作者对此表示赞成："正中红心的一击！愿真主让这种做法继续下去。"[4]1730年的暴乱与1740年再度掀起的国内冲突（金角湾沿岸的民宅与商业区都遭到洗劫）提醒伊斯坦布尔统治者这座城市的抗争传统。警报员高声提醒城里的居民即将发生"冲突"，下令店铺关门，一旦有酿成暴动之虞就会实施宵禁。那些身上带着参与暴动痕迹而遭逮捕的人，就算他们逃过处决，其中涉嫌说谎的人也会被砍断手脚、鞭打、鞭笞脚掌与烙印（妇女则会被拷打臀部然后流放）。叛乱者被斩首，虽然西方人描述刺刑是伊斯坦布尔的常规刑罚（事实并非如此），但该项刑罚其实是受规定约束的。

逃到伊斯坦布尔的难民也引发了摩擦。1683年维也纳围城失败后，苏丹不再寻求对外战争，但奥斯曼帝国内部的争斗却让许多人流离失所，这些人为了生存纷纷涌入伊斯坦布尔。根据记载，18世纪中叶伊斯坦布尔城里有10000到12000名阿尔巴尼亚移民。乞丐与托钵僧也定时在斋戒月涌入。这些移民似乎组成了一种下层阶级：他们无家可归，随意倒卧路边酣睡，因此遭到当地人的憎恨。一些公开声明表示，这些"闯入者"应该"回到他们原先待的地方"。18世纪，组织犯罪与卖淫不断增加；[5]城里的局势日趋紧张，虽然艾哈迈德三世试图通过文化层面的直接行动来促成和平，但在1726年，暴徒们居然连续十个昼夜朝苏丹的宫殿丢掷石块。

然而，长久以来大伊斯坦布尔的真正力量其实来自它多元融合的本质。从金角湾对岸基督徒的主要聚居地加拉达与佩拉出发，前往斯坦布尔的人确实会对自己的性命感到担忧；但他们同时获得了跟库尔德人、格鲁吉亚人、阿尔巴尼亚人、阿拉伯人、埃塞俄比亚人一起生活的机会。许多外国访客发自内心地赞美此地高品质且多样化的饮食、酒水和音乐，也感谢当地民众为他们准备干净的住所。伊斯坦布尔的水文化使其在这方面远逾伦敦、巴黎与维也纳，成为众人喜爱的城市。

一个精准而有趣的事实是，奥斯曼人渴望西化最鲜明的证据竟来自"博斯普鲁斯画家"（Peintres du Bosphore），一群具有东方主义传统的画家。1721年与1740年，奥斯曼驻巴黎大使的到来掀起一阵仿效苏丹式穿着的时尚风潮，并且影响了路易十五的情妇蓬帕杜夫人（Madame de Pompadour）与杜巴利夫人（Madame du Barry）。与此同时，亚历山大·蒲柏（Alexander Pope）委托画家画了一幅玛丽·沃特利·蒙塔古夫人身穿奥斯曼服饰的肖像画，他把这幅画挂在泰晤士河畔的家中。18世纪50年代，肖像画家里欧塔（Liotard）穿上奥斯曼土耳其服装，昂首阔步走在伦敦街头。东西方对彼此着装的崇拜就像接力赛的棒子一样来回传递：在1829年官方的着装改革之前，苏丹宫廷的人会裹着绒毛滚边的袍子，外面再套上传统的土耳其长袍，头上则缠着头巾。在19世纪其余的时间里，菲斯帽（fez）与斯坦布林服（stambouline，从上到下有纽扣的新式外套，苏丹鼓励民众穿着这种外套）成了主流的服装。

与此同时，从苏丹塞利姆三世统治时期（1789年—1807年）开始，使用西方技法的肖像画在伊斯坦布尔宫廷大为盛行。塞利姆三世允许后宫女性记账、作曲、练习射箭。苏丹推行现代化，并不是基于纯粹的审美理由，还有政治上的缘由。苏丹提到奥斯曼帝国"正在崩解"。在宦官总管莫拉里·贝希尔·阿加（Moralı Beşir Ağa）的监视下，他自己的私人军队横行街头敲诈勒索。在伊斯坦布尔，耶尼切里曾是一股兼具多元种族色彩的势力，如今却成了改变的阻力。

其他国家的目光依然注视着这座"世界的首都"（Caput Mundi）。拿破仑有句被广泛援引的话："如果世界是一个国家，那么伊斯坦布尔将会是这个国

家的首都。"1793 年，奥斯曼人首次在伦敦设立大使馆（30 岁的大使起初住在
蓓尔美尔［Pall Mall］的皇家饭店），与英国人结盟共同对抗拿破仑。1798 年，
法国人攻占埃及。巴黎也许迷恋东方时尚，而拿破仑引发的混乱却让大量东方
珍宝流入欧洲。在这名最终还是失败了的独裁者的埃及战役中，有一支由"学
者"或"专家"组成的"科学远征"团队。这些人收集了 5000 多件上等的历
史文物。他们的所作所为像极了早期拜占庭搜罗艺术品的君士坦丁堡统治者。
法国的战败意味着大量的文化战利品，例如罗塞塔石碑（收藏于大英博物馆），
最后都落入英格兰手中。

　　同时，在 1803 年，麦加与麦地那遭沙特王朝（al-Saud）及其狂热的"伊
赫万"（Ikhwan）士兵劫掠。名为德勒比（derebeys，谷地领主）的地方封
建统治者，如阿尔巴尼亚的阿里帕夏与埃及的卡瓦拉里·穆罕默德·阿里
（Kavalalı Mehmed Ali），在奥斯曼中央政府管辖下，维持着相当程度的独立性。
奥斯曼领土的衰微与崩解至今仍在我们的生活中上演。今日，在托普卡珀皇宫
外，戴着太阳眼镜、手持自动武器的警察来回巡逻，有一座艾哈迈德三世下令
设计建造的精美喷泉，目的是为了颂扬和平与各国间彼此谅解的价值观。这座
巴洛克风格的奥斯曼奇观概括了 1718 年到 1730 年伊斯坦布尔统治者的梦想。

　　我们不应该忘记阿佛洛狄忒，从在中东以伊丝塔（Ishtar）或阿斯塔蒂
（Astarte）之名诞生开始，她就被选为伊斯坦布尔各个时代（无论是异教、基
督教还是奥斯曼时代）的象征。她不只是性、美丽与欲望的女神，也是战争女
神。虽然 18 世纪的访客形容伊斯坦布尔是"神明选定的城市，是君临天下的
城市"，[6] 但事实上，苏丹与他的朝廷为了维护统治，可说是费尽心力。1717 年，
玛丽·沃特利·蒙塔古夫人在前往君士坦丁堡途中，看到奥斯曼死者的骸骨被
任意弃置在荒郊野外，感到十分惊讶。虽然伊斯坦布尔遍植郁金香，并且以人
工照明为街道增添光彩，但蒙塔古夫人感受到的威胁仍不断加深，这种威胁不
仅来自城市之外，也来自城市内部。

第八部分

叛乱与机遇之城

公元 1800 年（伊斯兰历 1215 年）以降

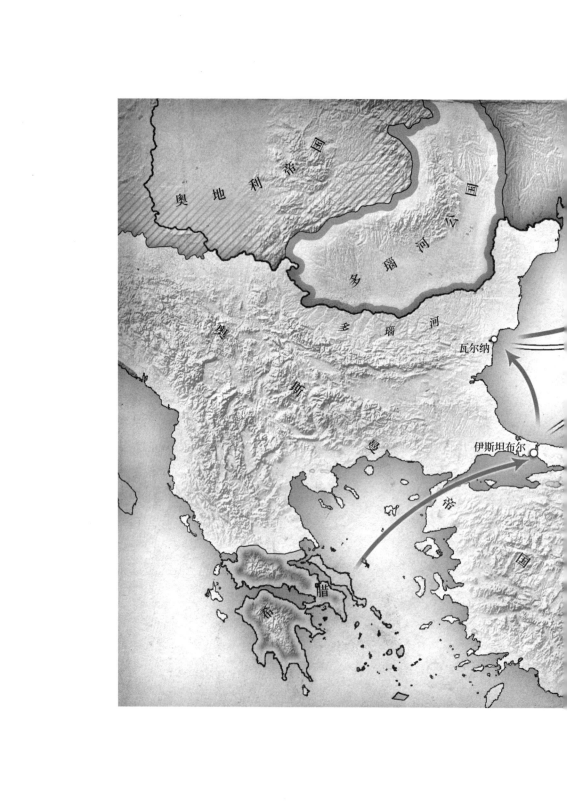

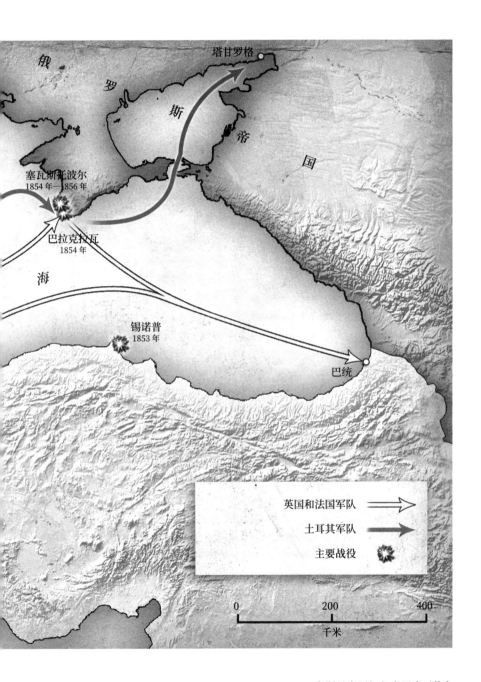

塞瓦斯托波尔
1854 年—1856 年

巴拉克拉瓦
1854 年

锡诺普
1853 年

塔甘罗格

俄 罗 斯 帝 国

海

巴统

英国和法国军队	→
土耳其军队	→
主要战役	✳

0　　　　200　　　　400

千米

奥斯曼帝国加入克里米亚战争

瑞典

北 海

日德兰战役
1916 年 5 月

丹麦

波罗的

柏林

英 国

伦敦

荷兰

比利时

德 国

凡尔登战役
1916 年 2 月—12 月

马恩河战役
1914 年 9 月

巴黎

法 国

瑞士

维也

奥

匈

意大利

萨拉

罗马

黑

葡萄牙

西班牙

地 中 海

(法属) 阿尔及利亚

(法属)

突尼斯

(法属) 摩洛哥

0   400   800

千米

(意属) 利比亚

第一次世界大战

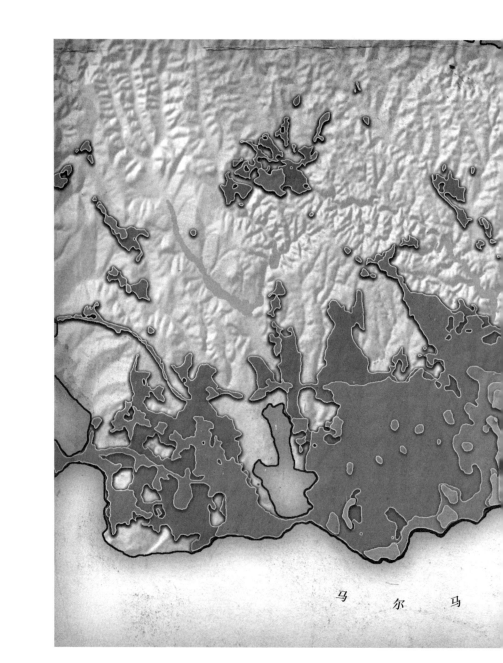

马 尔 马

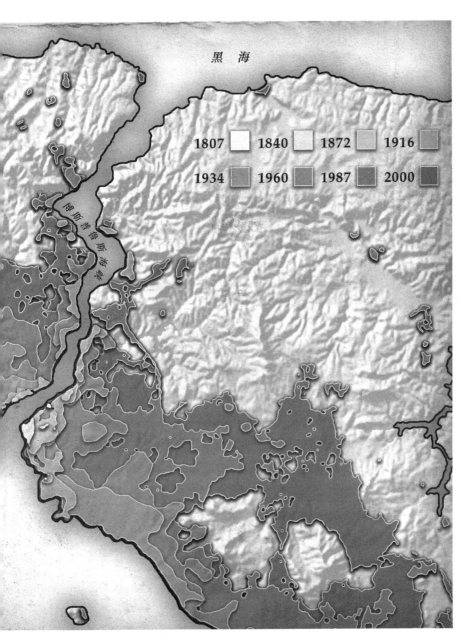

黑 海

1807 ☐ 1840 ☐ 1872 ☐ 1916 ☐
1934 ☐ 1960 ☐ 1987 ☐ 2000 ☐

博斯普鲁斯海峡

伊斯坦布尔的扩张，公元 1807 年—2000 年

第六十七章　噢，爱！年少的爱！

公元 1809 年—1821 年（伊斯兰历 1223 年—1237 年）

> 他和他谈到了马德里，
>
> 君士坦丁堡和其他一些遥远的地方，
>
> 并感叹着那些民族对人俯首从命，
>
> 或者在异邦人的恩典下做出他们不该做的事。
>
> 　　　　拜伦勋爵，《唐璜》（*Don Juan*）[1] [2]

在离莱斯特广场（Leicester Square）很近的那家普瑞米尔饭店（Premier Inn Hotel）与已经停业的红宝石蓝夜总会（Ruby Blue）对面，在一群来自叙利亚与伊拉克，这两个原属前奥斯曼帝国的国家的工人身后，是一栋堂皇的圆形建筑。这栋建筑物如今是一间罗马天主教教堂。此地在祝圣之前，原本是为了展示君士坦丁堡这座世上最伟大城市的全景画（见彩图 31），由亨利·阿斯顿·巴尔克（Henry Aston Barker）于 1799 年在加拉达的某个制高点绘制而成，并于 1802 年在伦敦展示，门票要价三先令。亨利的父亲发明了全景画这个名称，事实上也是他发明了这个概念本身，整个家庭因此致富。小阿斯顿·巴尔克笔下极为详细的君士坦丁堡全景画，不仅捕捉了这座城市在 18 世纪末的世界主义风貌，也准确地捕捉了这座城市经常沐浴在一种黄玉般光线中的事实。

热切的英国群众曾聚集在此惊异地看着科斯坦丁尼耶的宣礼塔、兵工厂与土耳其浴场，这幅画内容精细，并且环绕成 360 度。今日，墙上的宗教艺术作品对这座古老城市孕育的人类历史表示了赞美。1960 年，让·谷克多（Jean Cocteau）创作的镶嵌画与湿壁画描绘了盛怒的罗马士兵攻击小亚细亚早期的基督徒，祭坛上有一张挂毯，上面描绘着状似灰姑娘的索菲亚，只见她身穿白色连衣裙，头戴面纱，像极了近东的自然与知识女神，一个现代的库柏勒。

随着全球政治秩序转变，对19世纪伦敦、巴黎与柏林的居民来说，伊斯坦布尔这枚禁果不仅变得更加诱人，也更容易摘取。

伊斯坦布尔街头的人口构成正在发生转变。城市吸引越来越多的西方访客到来，他们前来享受带点东方情调的观光旅游，感受到空气中弥漫着转型的气氛。1807年，耶尼切里拥立傀儡苏丹登上宝座；1808年，耶尼切里围困托普卡珀皇宫。接着，战舰炮轰叛军，引发的大火烧毁了第一与第三山丘的建筑物。理想主义者如托马斯·霍普（Thomas Hope）与拜伦勋爵赶赴伊斯坦布尔。霍普是哲学家、作家和艺术收藏家，他在君士坦丁堡创作了超过350件精美的画作，内容不仅包括清真寺与宫殿，还有咖啡馆和街头的孩童。对许多西方访客来说，伊斯坦布尔让他们第一次能够充分浸淫在充满有色人种的街道上。这解释了为什么克里米亚战争中奥斯曼出现黑人指挥官以及1916年艾哈迈德·阿里·埃芬迪成为世界首位黑人飞行员时，西方访客的日记中出现了大量评论，奥斯曼却没有任何资料提及此事。在霍普最喜欢的一张肖像画里，他身穿土耳其服装，站在神圣的艾郁普苏丹清真寺，背心绣着阿拉伯文。

拜伦勋爵于1809年到1811年进行壮游，尽管他一开始绕道前往葡萄牙，但君士坦丁堡才是他最主要的目的地。这名四处漂泊的诗人抵达君士坦丁堡后，为了打发时间，决定效法希腊英雄勒安得耳（Leander）游泳横渡赫勒斯滂从欧洲前往亚洲以"追求荣耀"。他的第一晚在城市的水面上宁静度过，君士坦丁堡表面的和平迷惑了他。第二天，他试图用望远镜窥探苏丹后宫的嫔妃，却看到后宫高墙后头有狗群啮咬一具死尸。接下来他又发现了一个令他不快的"惊喜"：后宫大门外一连串专门建造的壁龛中，盛放着一颗颗被砍掉的国家敌人的头颅。[3]

虽然拜伦也许曾考虑过"成为一名穆斯林"，但他最终还是心系希腊，并对他在路上遇见的拦路匪感到同情，其中一些盗匪因为苏丹贩卖地区税权而致富（在许多巴尔干国家，例如塞尔维亚，6月28日依然是法定假日，根

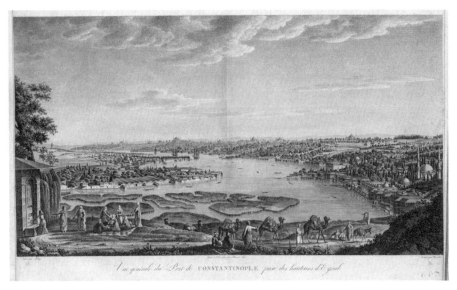

安东尼·伊格纳斯·梅林的《君士坦丁堡与博斯普鲁斯海峡沿岸风景之旅》(*Voyage pittoresque de Constantinople et des rives du Bosphore*) 呈现的君士坦丁堡景色，1819 年。

据传统的说法，这些强盗是在这天进入森林计划攻击他们的奥斯曼领主）。但拜伦赞赏君士坦丁堡的城墙，以及长满藤蔓的"城垛"；他喜欢搭船沿着博斯普鲁斯海峡航行，欣赏色彩活泼的雅里斯式滨水宅邸。据说拜伦抵达了当初美狄亚追逐负心汉伊阿宋来到的那块岩石上，于是在那里翻译了欧里庇得斯的《美狄亚》自娱。拜伦喜爱科斯坦丁尼耶港口的纯粹之美，特别是夜里海上渔火点点的时候。他写信给出版商约翰·默里公司（John Murray），表示君士坦丁堡拥有世界上最美的海景。而正是在君士坦丁堡（这名诗人有时称之为拜占庭），拜伦不断表现出想成为世界公民的渴望。

　　然而，拜伦在此地只待了两个月零一天，他未多费笔墨描写这座"举世倾羡之城"，他认为前人吉本与玛丽·沃特利·蒙塔古夫人已经描述得淋漓尽致。[4] 因此《唐璜》中出现了这么一段活泼的离题之语：

　　　　索菲亚教堂的圆顶金光闪闪，

　　　　柏树林排列成行；高耸的奥林匹斯山白雪皑皑；

十二座岛屿以及更多我做梦也难以尽数的小岛，

笔墨无法形容、呈现的美景

让迷人的玛丽·蒙塔古也为之陶醉。[5] [6]

　　造访君士坦丁堡之后，拜伦写了七节诗来描述城市的喧哗。"五颜六色的袍服""无精打采的眼神""颤动的手"，这些诗句确实出现在《恰尔德·哈洛尔德游记》(*Childe Harold's Pilgrimage*) 中。拜伦在伊斯坦布尔的经验事实上是有限的，对所有外国访客来说亦是如此。拜伦只有在得到苏丹明确准许下才能参观清真寺（包括阿亚索菲亚清真寺），却无缘进入后宫，奴隶市场令他寒心，而最后他终于得到了苏丹接见。拜伦这趟旅程引发了人们对东方奴隶市场相对适度的幻想。然而吊诡的是，就某种程度来说，拜伦必须为从彼时到当下数百万人对伊斯坦布尔留下的印象负责。偶然间发明的铜版画——意味着诗人对城市的感受可以经由对作品的重新想象然后加以具象化——使奥斯曼伊斯坦布尔被带进世界各地的客厅里，因为出版商以合法或非法的手段复制了有着吸引人的插画的拜伦作品。拜伦的"东方"作品大受欢迎:《海盗》(*The Corsair*) 在上市的第一天就卖出了一万本。由于添加了《后宫的天使》与《奴隶市场的男孩》这类诱人的图像，拜伦在不经意间竟成了大众市场中伊斯坦布尔的描绘者。[7] 苏丹的朝廷与军队似乎已失去螯针，伊斯坦布尔成为了体面的起居室里一名充满异国风情的"房客"。

　　然而科斯坦丁尼耶的奥斯曼人却感到焦虑不安。秘密组织友谊社（Philike Hetairia）正策划引发骚动。1814 年，友谊社于敖德萨（Odessa）成立。这一秘密组织的灵感来源是共济会（Freemasonry）与意大利革命组织烧炭党（Carbonarism）。之后友谊社不动声色地把总部迁到了首都。友谊社最重要的成员是法那尔希腊人，这些出身上层社会的家族从 16 世纪起一直在科斯坦丁尼耶担任通事，手握大权。友谊社的诉求是所有希腊人都应该起来反抗他们的奥斯曼领主。1821 年 3 月中旬，伯罗奔尼撒发生暴力事件，战事很快蔓延到奥斯曼各个中心城镇。希腊独立战争，一场被外国势力"绑架"的冲突，于焉开始。尽管英国为他们提供了安全通行权，科林斯地区所有的穆斯林，包括妇孺在内，都惨遭杀害。双方都犯下了残杀的暴行:英国驻伊斯坦布尔大使斯特兰福德子爵（Viscount Strangford）在报告中提到，一车车基督徒的耳朵与鼻子被推到市场贩售。即便希腊牧首向奥斯曼官员保证他的信众忠于苏丹，4月22日复活节当天，作为惩罚，他还是被绞死在牧首区的正门奥尔塔门（Orta Kapı）。从那时起，这道门就被漆成了黑色。

伊斯坦布尔的穆斯林与犹太人关系相对良好，但奥斯曼人却有意利用犹太人与基督徒之间的敌意。1821 年，大维齐尔班迪里·阿里帕夏（Benderli Ali Pasha）命令犹太人卸下希腊牧首遗体并将其抛入海中，结果造成其他上层阶级的民众被斩首，基督教居民迁怒于犹太区，据说有 5000 名犹太人在报复的暴乱中受伤。

由于被误认为参与友谊社乱事，大量法那尔人通事遭到处决。三百年来，这些通事组织起伊斯坦布尔的国际关系，而现在，从大使到为皇宫采买食物的人，全都倒卧在翻滚的血泊中。几年后，苏丹与大维齐尔坦承，他们发现找不到人来翻译文件或信息。与此同时，在即将成为希腊王国领土的地区内，叛军规模仍在持续扩大。从支持奥斯曼转而支持希腊的拜伦表示："哎呀，老弟！要是我们手上有 10 万英镑，此时早就在前往君士坦丁堡的半道上。"[8] 奥斯曼领导人及其官僚在杀光了与他们关系紧密的外交通事后，顿时被孤立于整个世界之外。此前他们本是这个世界的中心。

第六十八章　大屠杀

公元 1822 年（伊斯兰历 1237 年—1238 年）

希腊家庭等着遭受奴役或死亡等厄运，当时各种陈述与报纸都曾提及。

欧仁·德拉克洛瓦（Eugène Delacroix），

《希俄斯岛的屠杀》（*Scènes des Massacres de Scio*）副标题，

沙龙展目录，巴黎，1824 年

土耳其人来过这里。一切都变得荒凉，成了废墟。

希俄斯，美酒之岛，现在是暗沉的礁石。

希俄斯，被绿意环抱着，

希俄斯，卷起的海浪映照着平缓的山丘、

森林、宫殿，以及在夜里，

年轻女孩一边跳舞一边合唱，

而现在，整座岛变得渺无人迹。不，在焦黑的墙边

坐着一个希腊孩子，一个蓝眼睛的男孩，

独自一人羞耻地低着头……

噢，可怜的孩子……

你想要什么？花，水果，美妙的鸟儿？

"朋友，"这个有着清澈蓝眼睛的希腊孩子回答道，

"我想要一些子弹与一把枪。"

维克多·雨果（Victor Hugo），《孩子》（*The Child*, 1828 年）[1]

希俄斯岛在科斯坦丁尼耶南方约 483 公里的地方，离小亚细亚海岸只有数公里。在 1770 年的切什梅战役（Battle of Çeşme）中，希俄斯岛居民观看并亲耳听到了奥斯曼舰队在土耳其海岸遭俄国人歼灭。叶卡捷琳娜大帝加冕时身着饰有拜占庭双头鹰的袍子，此时的她踏上了征途。她的舰队从波罗的海出发，在航行一年之后，决心发起一场屠杀。根据俄方的说法，在切什梅战役中，有 9 万名土耳其人死亡（真实数字将近 11000 人），只有 30 名俄罗斯人阵亡。1822 年，这次轮到希俄斯岛居民受害。

站在强风吹袭的希俄斯岛东岸，隐约可以看见 8 公里宽的海面外土耳其本土飘扬着新月旗，希俄斯岛的战略地位不言自明。希俄斯岛曾经抵御了穆斯林的入侵；根据当地导览手册的说法，7、8、9 世纪曾有"穆罕默德的海盗来袭"。1090 年到 1097 年，希俄斯岛曾遭穆斯林军队短暂占领，第一次与第二次十字军东征后，再度成为东正教基督徒的领土，由热那亚人统治。1566 年后转而由奥斯曼人统治。

希俄斯岛在中世纪最耀眼的成就是拜占庭式的新修道院（Nea Moni），这显示它与母城有着密不可分的关系。新修道院兴建于 1042 年，[2] 让人联想起君士坦丁堡的圣索菲亚大教堂。这座修道院是君士坦丁堡以外最重要也最活跃的拜占庭宗教建筑群。虽然新修道院的成员都已经到了垂暮之年，院长玛丽亚·狄奥多拉（Maria Theodora）也卧病在床，但这座修道院在全盛时期可谓是基督教世界的奇观。修道院的食堂留下了一张大理石餐桌，桌子嵌有放置餐具的小孔，传达出修道院的宁静秩序。在被光彩夺目的镶嵌画吸引前，人们先会经过拼图般的大理石饰面，每一块石头都来自君士坦丁堡中世纪帝国的不同哨站，是由帝国权力拼凑而成的石砌作品。大量而丰富的色彩，显示此时正值拜占庭的巅峰时期。[3] 镶嵌画上有一群人身穿独特的、镶着珠宝的束腰外衣，手上拿着令人生畏的斧钺，他们就是瓦兰吉卫队。有些镶嵌画上则出现了穆斯林：在希俄斯岛修道院的墙上，我们看到了西方最早描绘的伊斯兰教新月。

希俄斯岛邻近今日的土耳其，拥有肥沃的土壤，这些优越的条件意味着岛民总是有谈判的权力。从柏拉图《会饮篇》的时代以来，希俄斯岛的葡萄酒一直广受好评，岛上的工艺品亦然：根据 15 世纪一位身份不明的作者科迪诺斯

（Kodinos）[4] 的作品记载，1204 年从君士坦丁堡竞技场偷来的，如今位于威尼斯圣马可广场的著名马匹雕像，就是在希俄斯岛打造的。此外，希俄斯岛还有一张王牌，因为当地生产与保护着一种独特的资源，乳香脂。希俄斯岛的名称几乎可以确定源自腓尼基语的乳香脂，自古以来，乳香脂一直是海盗与入侵者的垂涎之物。乳香脂是自然的奇迹，也是天然的抗菌剂。这些如钻石般晶莹剔透的汁液非常缓慢地从乳香黄连木中分泌出来。虽然许多人努力想将乳香树移植出去以进行商业生产，但这种树只在希俄斯岛上茁壮成长。

1887 年，弗林德斯·佩特里（Flinders Petrie）发现的令人印象深刻的罗马时代法尤姆（Fayum）肖像画 * 使用了乳香脂；正是乳香脂让蓝色与金色颜料得以固着在君士坦丁堡狄奥多拉与查士丁尼的礼拜堂上；鲁本斯（Rubens）使用乳香脂来稳定他的颜料；乳香脂是正统土耳其软糖的基本成分；它还可以治疗各种细菌感染。每当我们咀嚼时，就会想起乳香脂（咀嚼［masticate］一词由乳香脂［mastic］一词发展而来）。在伊斯坦布尔历史上，凡是负担得起的人都会借由咀嚼乳香脂来清新自己的口气与避免传染病。[5] 在奥斯曼时代，乳香脂使希俄斯岛成为伊斯坦布尔最有价值的省份之一。

希俄斯岛与君士坦丁堡在拜占庭时代的关系明显非同一般。皇帝颁发的金玺诏书明确规定给予希俄斯岛居民一些实质性的补贴，包括优惠的税率以及宣布不会大规模奴役岛上的孩童。希俄斯岛独特的抗菌资源令人难以抗拒（早在古代，旅人就曾兴奋地提到希俄斯岛上的女性有着完美无瑕的牙齿与胸部），[6] 因此奥斯曼人对这座岛屿的统治总是较为宽松。

但在 1822 年 3 月初，有消息传到伊斯坦布尔，提到萨摩斯岛的代表抵达希俄斯岛，并且怂恿岛上的基督徒，确保他们参与刚发起的希腊独立战争。彼时，第一批难民开始抵达伊斯坦布尔街头；往后一个世纪内就有 540 万名穆斯林难民逃离基督徒的迫害。苏丹马哈茂德二世不想去失希俄斯这个极有价值的岛屿，于是下令处决岛上的人质以及在伊斯坦布尔的若干希俄斯岛岛民。身为船主与船长，希俄斯岛岛民一直受到首都的重视；他们在伊斯坦布尔有自己聚居的区域和自己的圣约翰教堂。[7] 希俄斯的贵族阶级常受雇于奥斯曼政府，出

---

* 　集中出土于法尤姆地区的肖像画，大多描绘富人、统治阶级和贵族。——编注

任极其受人尊敬的行政官员、通事与商人。这些岛民说着"frangochiotika"，一种混合了意大利语、希腊语与土耳其语的奇怪语言，是真正的国际主义者，也是伊斯坦布尔这块文化织锦上珍贵而关键的部分。

但现在他们却成了敌人。卡拉·阿里帕夏（Kara Ali Pasha）从伊斯坦布尔出发登陆希俄斯岛，从北方开始对整座岛屿进行整肃。[8] 许多人逃往新修道院避难，但躲藏在这里的 2000 多名妇孺不是被活活烧死就是遭到杀害。阿弗戈尼玛（Avgonyma）与安那瓦托斯（Anavatos）这两座立体派风格的、带有圣地气息的石砌村落位于中央丘陵高处，它们被占领或被夷为平地。这是一场可怕的浩劫，奥斯曼军队长期以来因斩首迅速而闻名。到了 4 月底，岛上约有 20000 名到 25000 名民众被杀，40000 名到 45000 名民众被俘、沦为奴隶、虚脱而死或遭到放逐，许多人下落不明。在奥斯曼军队入侵之前，岛上有 10 万名以上的希腊人、5000 名穆斯林与 3000 名犹太人。历史学家估计，奥斯曼军队肆意残杀之后，徒留 2000 名希腊人。[9]

今日，在希俄斯岛各处，人们仍未遗忘 1822 年的大屠杀，希俄斯岛的民众虽然对于战斗、痛苦与斗争已司空见惯，但这起事件的残酷还是远远超过了限度。在新修道院的藏骨堂，一排排大屠杀留下的头骨以及头骨上致命一击形成的孔洞毫无隐藏地展示在世人面前。在希俄斯岛上有一座教堂，为了纪念岛上某个因意外而死的年轻人而建，就在众多带有光环的圣人中间、在那位意外死亡的 20 岁年轻人的肖像下方，描绘了两位屠杀的受害者：普拉托（Plato）与马卡里亚斯（Macarias）。土耳其政府反复拒绝让牧首为他们进行封圣。这里四处都能听见过去的声音：猫头鹰在森林里鸣叫；梅尔特米风（meltemi，爱琴海吹来的干燥北风）拨弄着门板与门闩；妇女喋喋不休地闲聊，如荷马所言："就像出没在山巅之间的仙女"。但在 19 世纪中叶，希俄斯岛陷入了一种新的沉默。在奥斯曼帝国各地，希俄斯岛的奴隶供给过剩，导致价格下跌；[10] 旅人开始注意到伊斯坦布尔的妓院里来了更多希俄斯岛的妇女。

2016 年，在我写作之时，希俄斯岛依然地处前线，要面对数万名的难民，其中许多人在离岸不远处溺死，但每天还是有来自叙利亚、利比亚或阿富汗的难民络绎不绝地搭船前来。

这些事件改变了希俄斯岛与伊斯坦布尔之间的关系，使得国际关系上某种

欧仁·德拉克罗瓦，《希俄斯岛的屠杀》。

新出现的情绪变得更加清晰。1822 年，欧洲与美国想要了解希俄斯岛发生的暴行。希俄斯岛屠杀与其引发的回应是个强有力的提醒：我们所讲述的关于自己的故事，其实就是我们自己本身。有一幅画就属于这一类的回应：欧仁·德拉克洛瓦的《希俄斯岛的屠杀》。"我正计划为下次展览画一幅画，主题取材自最近土耳其人与希腊人发生的战争，我认为在当下，这么做会让我成为众人瞩目的焦点，如果我画得够好的话。"[11] 德拉克洛瓦写道。这幅画的确引起了广泛的反响。虽然有些人对于德拉克洛瓦作品的写实特质忧心忡忡，对于战争画作来说，这是一个令人震撼的全新开始，但是希俄斯岛的屠杀迅速成为上流社会的话题。即便创作这幅作品的动机是基于自利，德拉克洛瓦的可怕战争画（首次有这类题材的画在公共博物馆展出）与维克多·雨果小说中对这场冲突的描述（我在本章开头援引），却是让众人扭转对奥斯曼权力观感的关键。此外，在大屠杀中幸免的希腊人，他们的家人确保了这段历史不会遭到遗忘。他们的子孙每年夏天回到"祖国"，造访新修道院。他们记得自己何以成为现在的自己。

对奥斯曼人来说，希俄斯岛的屠杀某种意义上预示了奥斯曼帝国的终结。从这时起，在一般人的观念里，与奥斯曼逸乐有关的东方幻想不再站得住脚。而另一种受欢迎的画作，也就是以巴什波祖克（Başıbozuk，奥斯曼陆军里的非正规军，以掠夺为生）为主题的作品开始流行。我们被告知这座岛屿是荷马的出生地，这名吟诵史诗的游吟诗人讲述的特洛伊故事，衍生出东西方区隔的观念；而这座岛屿则指向某些观念的僵化。过去人们相信的穆斯林奥斯曼人会在伊斯坦布尔稳固而公正地统治世界部分区域，如今这种想法已变得脆弱，最终逃不过崩解的宿命。[12]

第六十九章　革命

公元 1826 年—1839 年

> 但伊斯坦布尔是如此广大的城市，就算城里死了一千人，在茫茫人
> 海中，谁也不会感觉到少了这一千人。
>
> 爱维亚·瑟勒比（Evliya Çelebi），《旅行之书》（*Book of Travels*）[1]

耶尼切里曾是苏丹最忠诚的核心部队。五百年来，由他们组成的方阵代表奥斯曼帝国的精神和势力范围。然而在 1826 年，这群人却起兵造反。当时苏丹正试图改革军队；他引进欧洲武器，并招募土耳其人组成军队，此举让那些容易激动的多种族精英战士感到不满。耶尼切里沿着肉贩街敲打着大锅宣布叛变。这条街过去曾是拜占庭皇帝游行的路线，数世纪以来，耶尼切里在这里借由近乎仪式性的献祭取得肉类配给。这支苏丹的精英部队实际上在宣布：内战开始。

身为拜克塔什教徒，耶尼切里比其他穆斯林更愿意把钱借给他人，并且早已打破了不许从事商业活动的禁令，他们已经创造出了属于自己的微型经济。耶尼切里在奥斯曼帝国各地非法征税，像小君主一样统治着地方（耶尼切里的子孙称为科洛格鲁［Koloğlu］，至今仍在土耳其各项事务上拥有影响力）。[2]耶尼切里是拥有特权、不守法令的经济参与者，他们任意罢黜君主、发动革命、进行处决。这种状况一直到 19 世纪初，也就是 1826 年耶尼切里遭解散后才停止。从卡尔·马克思（Karl Marx）到马克斯·韦伯（Max Weber），许多人认为耶尼切里是专制主义与苏丹主义衰亡的关键，这种制度使得对具有生产力的奴隶的全面统治得以生效。事实上，当耶尼切里在咖啡馆与奥尔塔清真

寺凉爽的庭院聚会时（奥尔塔清真寺至今仍是大巴扎繁忙商业活动中的绿洲），他们似乎很清楚自己应该做的事；也知道自己可以提出多少要求，无论是为了自己还是自己所代表的其他伊斯坦布尔人的利益。耶尼切里是拥有权力的普通人，而这是极其危险的。

托普卡珀皇宫内部对这场暴动的回应是无情的。情况逐渐明朗，苏丹将以武力进行报复。许多耶尼切里逃回自己的营区，里头总共容纳了数千名士兵。6 月 14 日，奥斯曼骑兵（Sipahis，西帕希）与怀恨在心的当地民众一同包围了军营，纵火将其烧成平地，里头的人想必遭受了极大的痛苦。伊斯坦布尔的城门也被上锁；想要逃跑的人遭到围捕，旋即在竞技场处死。脱队的士兵在帖撒罗尼迦滨海的死囚监狱里被处决。那里一直被叫作"血腥塔"；现如今已粉刷一新，成了一座更适合旅游业的白塔。6 月 16 日，耶尼切里军团与拜克塔什兄弟会正式解散。事件发展至此，至少有 5000 人死亡或性命垂危。废除耶尼切里的命令在苏丹艾哈迈德清真寺里宣读。耶尼切里被穆罕默德常胜军（Trained Triumphant Soldiers of Muhammad）取代。在伊斯坦布尔，整起事件被称为"吉祥事变"（Auspicious Incident），但在巴尔干，也就是许多耶尼切里士兵出生的地方，这场事变则被称为"不祥事变"。

1826 年 6 月，如此众多的人遭到处决，堆积的尸体致使城墙下方马尔马拉海的海水黏滞浑浊。7 月，瘟疫爆发。8 月，炎热的酷暑到来，城里的居民大量死亡。人们尝试将耶尼切里从历史中抹除；详细记载有耶尼切里的出身背景、征召过程与日常生活事务的登记手册在伊莲娜教堂被全数焚毁。耶尼切里墓园里的坟茔，曾被拜伦形容是"世上最美好的"地方，也被破坏殆尽。苏丹马哈茂德二世找了一名亚美尼亚建筑师重新兴建了一座清真寺，他命名为努斯瑞蒂耶清真寺（Nusretiye Camii），即神圣胜利清真寺（Mosque of Divine Victory），用来纪念彻底铲除耶尼切里的行动。

但耶尼切里的身影却以古怪的方式继续在伊斯坦布尔徘徊。都市传说提到，有一小股士兵幸存下来，他们进入地下，躲在土耳其浴场的锅炉里，靠朋友与家人的接济过活。根据一些私底下流传的说法，有人为此作了曲，这些曲子至今仍为人所传唱，曲名就叫作"锅炉总督"（Külhan Beyler）。[3] 在伊斯坦布尔市中心很难听到这些歌谣，但在宰牲节（Kurban Bayramı, Eid al-Adha）

努斯瑞蒂耶清真寺（Nusretiye Mosque），1826 年为纪念平定耶尼切里而兴建。这座清真寺由亚美尼亚建筑师克里科尔·巴扬（Krikor Balyan）设计，巴扬家族连续五代侍奉苏丹。照片摄于 1900 年左右。

这个宗教节日，我前往伊斯坦布尔的亚洲市区，拜访了一间罕见的幸存下来的拜克塔什修道院（tekke）。一名身穿新熨格子衬衫、嘴上留着整齐八字胡的男子引领我走进了祈祷室，祈祷室楼下是类似乡镇活动中心的建筑，楼上则是食堂（最早从 14 世纪开始，每周三次向贫民供应米饭、肉与酸奶饮料爱兰[ayran]）。那位男子向我讲述拜克塔什宗教，还有让他感到骄傲的耶尼切里祖先。这位拜克塔什宗教领袖（Dede）还记得他们的歌谣吗？是的，他还记得，并且吟唱了一段流畅柔美的祈祷文。这是一首来自沿道路生长起来的宗教的歌谣，一首蕴含希望与自由、虔信与普世人道情怀的歌曲。[4]

伊斯坦布尔不仅成为叛乱的城市，也是改革的城市。1832 年签订的《君士坦丁堡条约》保障了希腊的独立地位。伊斯坦布尔并未表达愤怒，而是选择适应。宏伟的托普卡珀皇宫四百年来雄峙在卫城的希腊、罗马与拜占庭遗迹上，如今即将遭到遗弃；取而代之的是沿着城市海滨兴建的更加光鲜亮丽的新帝国宫殿。这些宫殿当中，许多是由法国或亚美尼亚的建筑师负责修建。虽然有些人客气地指出，托普卡珀是世界奇观，苏丹马哈茂德二世则愤怒地回应道："除了恶棍或蠢蛋，没有人会把隐藏在高墙背后，掩盖于阴暗森林之中不见天日的托普卡珀，拿来与明亮、惬意且空气流通、沐浴在来自天国的纯粹日光之下的宫殿相提并论。这才是我要的宫殿，我的宫殿非如此不可。"[5] 正如马哈茂德二世把耶尼切里大屠杀合理化为"铲除帝国花园中无用且未开化的野草"，现在他决心种下新的"果实"来"美化"首都。

坦志麦特（tanzimat）是 1839 年在托普卡珀玫瑰园中宣布的改革所开启的一个时期，一直持续到 1876 年第一部奥斯曼宪法颁布为止；这可谓是一次明智的政治重组。在此期间，奥斯曼人解决了自身的许多问题：生命与财产安全得到了保障，未经审判的死刑不再合法；其中最重要的，或许是让穆斯林与非穆斯林获得平等的法律地位，至少在法条上如此。这些改革是为了让伊斯坦布尔成为欧洲俱乐部的正式成员。由"花厅御诏"（Rescript of the Rose Chamber）开启的坦志麦特时期，不仅引发社会、政治与宪法层面的余波，也对文化产生了后续影响。

19 世纪中叶以来，倘若搭船沿博斯普鲁斯海峡或金角湾而上，你可能会看见一幅极不寻常的景象。架高的浴场小屋里传来女性的欢笑声与泼水声，围栏外则有卫兵来回巡逻警戒。这是海上浴场，伊斯坦布尔发展的一项前卫设施。其他地方也有越来越多的欧式建筑涌现：医学院与工程学校、高等教育学院、军营、工厂，甚至女子学校。它们都设计成了新古典主义巴洛克风格，显眼地坐落在山顶或大型公共广场旁。博斯普鲁斯海峡沿岸零星修筑了一些外观新颖的清真寺；例如在奥塔科伊，旅客一下渡轮就能看到清真寺。英国官员语带肯定地表示，他们在仅仅一年（1843 年至 1844 年）的时间里，就进口了约600 吨的英国机械，安装在崭新发亮的工业建筑里，并常利用进口的英国棉布与羊毛生产斯坦布林服（Stambouline）。[6]

历经一连串在博斯普鲁斯海峡召开的会议，在 1838 年批准对英国的自由贸易后，伊斯坦布尔居民迫不及待地使用英国制造的遮阳伞；而奥斯曼的商品，例如沙发、水果冰沙、波斯猫、搁脚凳、无靠背长沙发椅、便亭与饰带开始出现在西方中产阶级的家庭。英国人通过殖民地与印度接触，迷恋上了洗涤产品（例如，洗发精［shampoo］就源自印地语）。事实上，沐浴时需要的海绵在古代就备受珍视，埃斯库罗斯的《阿伽门农》就曾提到海绵；管辖众多海绵产地的奥斯曼人因而使劲采收。英格兰使用的海绵一度有半数是由邻近亚洲海岸的小岛哈尔基（宏伟、倾颓的海盗城堡所在地）供应。今日，在哈尔基岛港口的咖啡馆里，喝得醉醺醺的男子依然唱着缅怀小岛昔日辉煌的曲调："只有当英格兰银行关门时，现金才会停止流入哈尔基岛。"[7]

一名男子写下的打油诗让奥斯曼海绵的光辉永久地流传了下来，而他也曾到过这些海绵的发源地。

1848 年 8 月 1 日，黎明，身体不适的爱德华·利尔（Edward Lear）抵达该岛。利尔最初与使节团从科孚岛出发；船上，英国驻伊斯坦布尔大使狂饮香槟，吟咏拜伦的《科林斯围城》(Siege of Corinth)。利尔则染上了疾病，或许是疟疾。这名多才多艺、体弱多病的男子，家中有 21 个兄弟姐妹；在存活下来的手足当中，他是老幺。最终抵达后，利尔在位于博斯普鲁斯海峡欧洲沿岸的特拉皮亚得到了英国大使斯特拉特福德·坎宁爵士（Sir Stratford Canning，他在二十年前曾接待过拜伦）夫人的悉心照顾。特拉皮亚的历史可以追溯到伊阿宋与美狄亚的故事，到了 19 世纪，此地已成为伊斯坦布尔上流社会所在之地。利尔抱病在身，心情恶劣的他不悦地将博斯普鲁斯海峡比拟成沃平（Wapping）*。城里的野狗让他感到困扰，它们在夜里极其凶恶。这名艺术家兼作家形容戴面纱的穆斯林妇女就像缠着"牙痛"时用的裹巾，形同"鬼魅"。跟拜伦一样，利尔也看见了被砍下来的头颅，这些人头的主人都是反抗苏丹的叛军。一个月后，利尔就搬进了加拉达区的英格兰饭店（Hôtel d'Angleterre）。加拉达区是大伊斯坦布尔的一部分，具有浓厚的西方风格，居住着许多欧洲人，加拉达区因此又被称为弗朗吉斯坦†。

利尔观察入微的画作呈现出一座灌木丛生的城市。植株青绿苍翠、四处蔓生，此外还有可以俯瞰整个海面的水上城墙。[8] 据他描述，城里有垂生至水面

---

* 位于伦敦东区，曾是一片荒废的码头区。——编注
† 即西边的基督教世界，见第 398 页。——编注

柏树枝叶，还有乳香脂、糖与玫瑰精油制成的美味甜点；"甜点的名字我想不起来了"（土耳其软糖）。这位艺术家想必也会欣赏至今仍存在于这座城市中某些罕见地点的特征：窗户上的苹果架（elmalık）摆着成熟的苹果；希腊人与亚美尼亚人开的传统酒馆（meyhanes，爱维亚·瑟勒比表示，17 世纪中叶，伊斯坦布尔有超过 1000 家的传统酒馆），不仅卖酒也卖食物。在君士坦丁堡街头吃东西是被接受的；城市的男女从公共烤炉与街头小贩处购买零嘴，而清真寺也会赈济食物（在耶尼切里还没废除之前，耶尼切里的活动场所也设有食物的配给点）。在伊斯坦布尔，只有非常富有的人才负担得起私人厨房。

利尔造访伊斯坦布尔期间，发生了一起戏剧性的事件，城里烧起了猛烈的大火，由于伊斯坦布尔街巷狭窄，房屋都是木造，加上无盖的火盆，难免经常发生大火。利尔描述夜空明亮如白昼时他内心感受到的恐惧。他看着挑夫把家人与家中财物匆忙送往安全的墓园。利尔的素描让我们看到了 19 世纪下半叶之前，街头氛围即将发生实质性改变的科斯坦丁尼耶。当他逐渐了解到，这座城市的灵魂在于细节而不在于给人留下的整体印象时，他的画作也愈加深情。

1848 年，造访伊斯坦布尔的并非只有爱德华·利尔。由于欧洲农作物歉收引发饥荒，整个欧陆因革命而动荡不安。但奥斯曼帝国依然物资充裕，并未爆发叛乱。法国君主被推翻之际，在科斯坦丁尼耶，英国外交官珀西·斯迈思（Percy Smythe）提到意大利人在城里"高举自由帽大喊……'共和国万岁'……但这幅'愉快兴奋'的景象却令土耳其人感到困惑"。[9] 匈牙利与波兰的自由派人士涌入伊斯坦布尔，态度开放的苏丹阿卜杜勒迈吉德一世同意收容这些政治难民。自 5 世纪匈人入侵以来，这座拥有高墙与众多名字的城市一直享有神话般的声誉，成为亡命之徒寻求庇护的地方。一些国际强权并不看好苏丹宽宏大量的人道主义态度。事实上，伊斯坦布尔介入彼时的政治热潮，并没有得到一个好的结果。因为不久就会有更多被恐怖荼毒的民众跑到它的门前，而在它的海岸边也将出现更多腐烂的尸体。伊斯坦布尔即将再次卷入与最令人不快的宿敌的争斗，这个敌人就是俄罗斯。

25 帝国海军兵工厂的潜水营

这张帝国海军兵工厂潜水营的照片大致在
1883年到1890年间拍摄。直到今天，我们
仍能凭借石制的大炮装饰区分出加拉塔的帝
国兵工厂（起初建在热那亚的码头区）。截至
1515年，金角湾沿岸设有160座码头。帝国
造船厂现已荒废，该址计划将改建为豪华住
宅和酒店。

26 铁道旁卖芝麻圈的小贩

一张彩色明信片，照片摄于1880年左右，上
面印着一个卖芝麻圈的小贩和一位伊斯坦布尔
街头的妇女。

27 亚哈亚·希尔米·埃芬迪的书法

19 世纪亚哈亚·希尔米·埃芬迪（Yahya Hilmi Efendi）的书法镶板，以文字的形式描绘先知穆罕默德的形貌。

28 让—奥古斯特—多米尼克·安格尔（Jean-Auguste-Dominique Ingres）的《土耳其浴女》（Le Bain Turc）

安格尔的《土耳其浴女》绘制于 1862 年。包括莫扎特、爱德华·克拉克和马蒂斯在内的 400 余名作曲家、作家和艺术家，都在让人感到愉悦的女性的封闭房间里找到了创作灵感；尤其是伊斯坦布尔苏丹后宫，也就是最富有的女性所在的地方。安格尔的另一幅作品《瓦平松的浴女》（La Baigneuse Valpinçon），灵感来源于蒙塔古夫人的写作；而他所呈现的却是蒙塔古夫人不曾提及的情色内容，主要因为蒙塔古夫人确实没有看到过这些场景。

29 牛车上的妇女

载送蒙着面纱的奥斯曼女子前去散步的牛车，由卡尔戈普罗（B. Kargopoulo）在 1854 年拍摄。

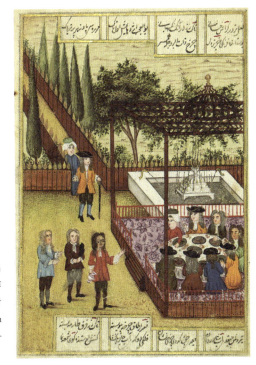

30 西方人造访君士坦丁堡

恰夫札德（Çavuszade）绘制的插图，出自 1721 年版本的《五卷诗》（Hamse），作者是 17 世纪奥斯曼土耳其的诗人、学者阿塔乌拉·宾·亚哈亚（'Ata'ullah bin Yahyá）。插图描绘了一场宴会，其中有一众穿着欧洲服饰的宾客。

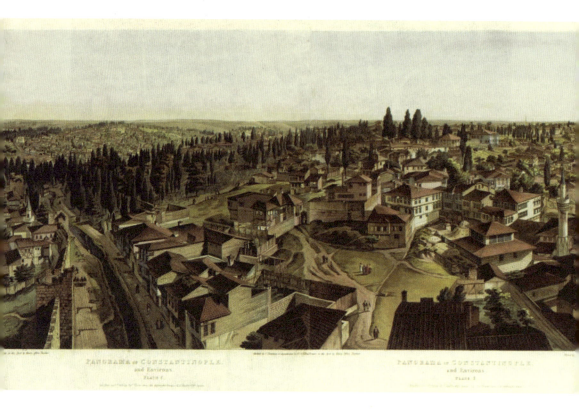

31　亨利·阿斯顿·巴尔克绘制的君士坦丁堡全景画

1799 年到 1802 年间，由亨利·阿斯顿·巴尔克绘制的君士坦丁堡全景画。提出全景画这一概念和名称的，正是亨利的父亲约翰·巴尔克。

PANORAMA of CONSTANTINOPLE,
and Environs
PLATE 7

PANORAMA of CONSTANTINOPLE,
and Environs
PLATE 5.

32　奥尔塔科伊清真寺（Ortaköy Mosque）

奥尔塔科伊清真寺是由曾经设计多尔玛巴赫切宫的亚美尼亚巴扬家族建造的另一座重要建筑。这座清真寺于 1721 年开始建造，在 1853 年到 1854 年按苏丹阿卜杜勒迈吉德的要求改建。这张照片摄于苏丹队伍前往清真寺的途中，拍摄时间约为 1900 年。

33　金角湾

法国摄影师朱尔·热尔韦—库尔泰勒蒙（Jules Gervais-Courtellemont）在 1923 年拍摄的金角湾，时值土耳其当局将首都从伊斯坦布尔迁往安卡拉。这张彩色照片运用了最早的马铃薯淀粉着色冲洗技术。1922 年，为《多伦多星报》撰稿的海明威这样描绘这座城市："我站在佩拉区布满灰尘、散布着垃圾的山坡上……向下眺望满是桅杆、烟囱林立的海港……一切都显得如此不真实，近乎不可能发生。"

34　现代伊斯坦布尔的狄奥多西城墙

前景为现代伊斯坦布尔中的狄奥多西城墙遗迹，其后是现代伊斯坦布尔城。

第七十章　沙皇格勒

公元 1768 年—1847 年（伊斯兰历 1181 年—1264 年）

> 我们手上有个病人，一个病得很重的男子。坦白说，如果有一
> 天，他在我们采取一切必要措施前溜走，那将是极大的不幸。

> 沙皇尼古拉一世告知英国大使西摩爵士（Sir G. H. Seymour）[1]

今日，历经苏联共产主义统治数十年后，俄国人重新发现了自己对圣
徒、圣像、皇帝与皇后的喜爱。科孚岛上，红着脸的游客穿着常见而花哨的
T 恤漫步于后街。这条街上坐落着挂满圣像的至圣洞穴圣母座堂（Most Holy
Theotokos Speliotissis），里头供奉着 9 世纪的拜占庭皇后圣狄奥多拉。旅游指
南上明确写着，奥斯曼人征服此地之后，狄奥多拉皇后的遗骨就从君士坦丁堡
运至此地。每年四旬斋的第一个星期日，狄奥多拉奇迹般未腐坏的遗体会游行
穿越科孚镇，让满心期待的游客倍感欣喜。紧裹头巾的俄国妇女亲吻银棺里狄
奥多拉的玻璃罩，在这名皇室圣人的肖像下，教士们为她神圣的遗骨诵念赐予
特别恩典的祷文。让在君士坦丁堡恢复圣像崇拜的人通过圣像受到崇拜，真是
再适合不过。

1453 年君士坦丁堡沦陷后，由俄罗斯承袭东正教的衣钵。人们相信，圣
母具有保护力的面纱罩住了莫斯科，也就是第三罗马。17 世纪，莫斯科三大
城门之一被命名为康斯坦丁诺夫—叶列宁斯克门（Konstantino-Eleninsk，得
名自君士坦丁堡与海伦），这道城门刚好位于圣巴西尔大教堂（St. Basil's
Cathedral）的后方。到了 18 世纪，广受爱戴的叶卡捷琳娜大帝被称为蒙福的
女皇，她的礼服上绣着闪亮的双头鹰（结合罗马的老鹰与青铜器时代安纳托

利亚神圣的双头鹰），这是帕里奥洛格斯王朝的盾形纹章，也是拜占庭的象征。15 世纪末，俄罗斯满腔热情地采用了这个纹章。

18 世纪，俄罗斯对外扩张的野心至今仍清楚展现在克里米亚半岛的塞瓦斯托波尔港（Sevastopol）与敖德萨港。叶卡捷琳娜大帝建立这些港口作为舰队基地，除了加强俄罗斯对黑海的控制、威胁奥斯曼人，也确保能从伊斯坦布尔手中夺取土地。[2]

1774 年之前，黑海仍是奥斯曼的湖泊，人们把它形容成"纯洁无瑕的处女"。但在 18 世纪下半叶，土耳其不仅失去了黑海的亚速港口，[3] 也失去了北高加索地区的大小卡巴尔达（Greater and Lesser Kabarda）。1768 年，哥萨克人越界进入奥斯曼境内追捕波兰自由斗士，他们一路上烧杀掳掠，给敖德萨带来严重的破坏。苏丹穆斯塔法三世下令将俄罗斯大使与使馆所有人员全数监禁在耶迪库勒堡垒。于是，叶卡捷琳娜大帝穿上军服出现在公开场合——拜占庭之鹰依然耀眼，伊斯坦布尔是她志在必得的目标。

据目击者所言，战争的狂热横扫科斯坦丁尼耶街头，俄罗斯发起打击报复。叶卡捷琳娜的波罗的海舰队在两名苏格兰军官率领下航行了大约 6437 公里，途中在赫尔（Hull）与朴次茅斯（Portsmouth）补给。这支舰队的目标是协助挑起伯罗奔尼撒地区的叛乱活动，摧毁苏丹的海上势力，借此削弱奥斯曼帝国的地位。1770 年 7 月，波罗的海舰队抵达土耳其沿岸，位于今伊兹密尔以西的切什梅。情报显示，这里正是奥斯曼海军停泊的地方。经过漫长的旅程，俄舰上的官兵迫不及待地想要品尝血腥的滋味。奥斯曼人遭到突袭。波将金负责指挥陆战，他形容奥斯曼士兵如同一道"奔流"，并且宣称这些勇武的战士因为吸食鸦片变得异常亢奋。然而在海上，狂怒的俄罗斯舰队赢得了最后的胜利。12 艘俄国战舰击沉绝大多数的奥斯曼船只。11000 名奥斯曼士兵死亡。宣战的是奥斯曼人，而他们的舰队近乎全军覆没。

不到几年的时间，奥斯曼又失去了摩尔达维亚、瓦拉几亚与克里米亚（从1478 年起，克里米亚汗国就是土耳其的属国，名义上是独立国，实际受奥斯曼控制）。这些毁灭性的战役很多都发生在奥斯曼的高加索领土上。其中一场战役中一名女子被俘虏，她被送到莫斯科，并在那里过世。而这名女子正是布卢门巴赫高加索头骨的主人。苏丹难堪地落败，同意签订屈辱的和约，其中一项条款允许叶卡捷琳娜大帝在伊斯坦布尔加拉达区兴建基督教教堂。这是一个象征性的让步，却带来了实质性的结果：此后俄国被许多人视为奥斯曼帝国剩余领土内东正教基督徒的官方保护者。[4]叶卡捷琳娜继续把军队留在东方骚扰叙利亚港口（俄军占领贝鲁特六个月）以示庆祝。在国内，她兴建了一座胜利主题公园，里头有一个纪念湖。漫画家找到了创作题材：贪婪的叶卡捷琳娜驱赶充满男子气概的土耳其人，这样的幻想着实精彩，不容错过。

在伊斯坦布尔，苏丹穆斯塔法三世的继承人阿卜杜勒哈米德一世因奥斯曼战败而崩溃，战争还没打完，就中风而死。他有一段悲惨的人生，在即位前被囚禁了四十三年，许多人赞颂他是圣人（精力旺盛的圣人：在他死前的十五年间，后宫的七个宠妃为他生下了二十六个孩子），他在位期间见证了权力轴心的转移。

越来越多的俄国人出现在伊斯坦布尔。新盖的俄罗斯东正教教堂成了俄罗斯人前往伊斯坦布尔朝圣时的歇脚点或借口。长久以来，俄罗斯人一直将伊斯坦布尔称为沙皇格勒（Tsargrad）。俄罗斯控制黑海之后，发现无须多费唇舌就能轻易让斯拉夫人与东正教基督徒背弃奥斯曼苏丹，转而效忠俄罗斯。沙皇帝国感受到一股向前的动力，越过已不再是苏丹眼中的处女的奥斯曼湖，穿越博斯普鲁斯海峡来到君士坦丁堡，然后越过东部与西南部都暴露无遗的达达尼尔海峡。

为基督教重新夺回君士坦丁堡是个华而不实的期望，但这个期望却从未消褪。16世纪聂斯托·伊斯坎德（Nestor Iskander）的《沙皇格勒的故事》（Tales of Tsargrad）是一部流行的历史小说，书中描述君士坦丁堡的衰落。1779年，玛丽亚·费奥多罗芙娜大公夫人（Grand Duchess Maria Fyodorovna）产下一子，他被指定为君士坦丁堡未来的统治者。这位未来的统治者被一个名叫海伦的希腊保姆抚养长大，因此学会了希腊语。这项"希腊计划"的总工程师是叶卡捷琳娜大帝的将领与爱人波将金。他有个恰如其分的绰号，亚西比德。

所以，当1787年奥斯曼人再度把俄罗斯驻伊斯坦布尔大使囚禁在耶迪库勒堡垒地牢时，无异于宣示了一场文化与宗教的战争。

1829年夏天，就在希腊独立战争期间，俄罗斯人推进到离君士坦丁堡只

詹姆斯·吉尔雷（James Gillray）的讽刺漫画，发表于 1791 年，画中的叶卡捷琳娜大帝一只脚踩着俄罗斯，另一只脚踩着君士坦丁堡。

需行军一日就能抵达的距离。[5] 这座城市的收复无疑将被视为东正教的一大胜利。9 月签订的《埃迪尔内和约》宣告希腊战争正式结束。合约分割了奥斯曼和俄罗斯帝国之间的领土，并释放了所有坚持信仰的希腊人与基督徒奴隶（当然，奥斯曼帝国境内许多人没有别的选择，只能改信伊斯兰教）。1847 年进行的坦志麦特改革，关闭了伊斯坦布尔市中心的奴隶市场。但是可以预想的是，有利可图的性产业转入了地下，而根据大仲马（Alexandre Dumas）的说法，它们有时仍旧在光天化日下进行。

　　"有 300 名年轻的卡巴尔达人跟我们一起待在船舱里，"船长说道，"绝大多数妇女与孩子由两名部族族长和各个村落的首领负责照顾……他们持有有效护照，并买好了船票。一切井然有序，从未给我们带来任何麻烦。此外，这些女孩似乎并不介意。她们都盼望着嫁给帕夏或进到某个大爵爷的后宫。如果她们向我们诉苦，我们可能会采取行动。她们要做到这点很容易，因为她们每天会有两次上到甲板透透气并活动筋骨，但她们什么话也没说。"[6]

　　早在 1805 年，俄罗斯境内已全面禁止奴隶贸易。俄船在黑海巡逻，防止奴隶运进俄国的港口。然而，奴隶贸易入罪反而提升了商品的价格。19 世纪 40 年代，切尔克西亚女子的售价高达 3 万皮阿斯特。贿赂盛行，奴隶贩子取得伪造文件来规避拦检。一些一手资料显示，那些被解放的奴隶最终还是成了他们口中拯救者的财产。[7] 俄国军人、诗人、作家与评论家亚历山大·谢尔盖耶维奇·普希金（Alexander Sergeyevich Pushkin）在作品中零散地提到奥斯曼奴隶贸易：“后宫高塔里盛开的花朵”“愉悦的女儿”。而在《彼得大帝的黑奴》（The Moor of Peter the Great）中我们听到：“‘他并非出身寒微，’加弗里拉·阿法那西耶维奇（Gavrila Afanassyevitch）说道，‘他是某位摩尔苏丹的儿子。异教徒俘虏了他，在君士坦丁堡贩售，我们驻当地大使救了他，将他献给沙皇。他的兄长带了可观的赎金来俄罗斯……’”[8]

　　极其讽刺的是，普希金带着一种惊奇的喜悦描述了位于今日格鲁吉亚境内第比利斯奥斯曼浴场“热水”池子里沐浴的女子，并终其一生以刻板印象描写后宫的居民。但普希金自己却是伊斯坦布尔人口贩卖的产物。普希金的曾祖父是埃塞俄比亚或喀麦隆奴隶，俄罗斯大使在伊斯坦布尔大巴扎外的奴隶市场买下他带回俄国。

　　普希金的祖先与他的作品告诉我们身为奥斯曼人与身为俄罗斯人的经历是如何紧密地交杂在一起。从 8 世纪罗斯人围困君士坦丁堡开始，几个世纪以来，“举世倾羡之城”与“罗斯之地”就在人们的心灵、脑海和历史中紧密联结。这种联结又因为 9 世纪以来西里尔字母（Cyrillic script）在俄罗斯与巴尔干半岛广泛流传、988 年基辅的弗拉基米尔信仰东正教，以及 17 世纪沙皇阿列克谢（Tsar Alexei）欲将俄罗斯东正教带回发源地拜占庭的心愿而更加紧密，举例来说，我们以三根手指比喻十字架，象征三位一体，而剩余的两指则象征基督的两种本质。

　　然而，我们为伊斯坦布尔担心，我们通常会把最严厉的惩罚留给心爱的人。

第七十一章　斯库塔里

公元 1854 年—1855 年（伊斯兰历 1270 年—1272 年）

异教徒现在唱着斯坦布尔*的赞美歌，

但明天他们会把斯坦布尔压个粉碎

他们会用铁制的鞋跟，就像踩死一条沉睡的蛇，

然后就这样离开，不管斯坦布尔的死活，

斯坦布尔在灾难来临前，陷入沉睡

……

斯坦布尔忘了战争时流下的汗水，

居然在祈祷的时刻狂饮美酒。

狡诈的西方已经蒙蔽了

古老东方的智慧。

斯坦布尔，沉溺于邪恶带来的甜美愉悦，

舍弃了祈祷与马刀。

亚历山大·普希金，《阿尔祖鲁姆之旅》（*A Journey to Arzrum*）

（一名耶尼切里对于君士坦丁堡与阿尔祖鲁姆

相较之下表现出来的软弱表示责难）[1]

虽然伊斯坦布尔有时被形容为夜之城，此地的月光却让人感到危险。而当战舰划破月光下博斯普鲁斯海峡宁静的水面时，没有任何恶兆比这个更加凶险。

---

*　过去伊斯坦布尔的别名，见第 23 页。——编注

奥斯曼的领土依然横跨三大洲，但现在已失去希腊与北非的一部分，还有酿成代理人战争的危险。彼时，拿破仑·波拿巴（Napoleon Bonaparte）的侄子自行称帝成为拿破仑三世，他宣称天主教徒应该保护基督教圣地。1852 年 12 月，伯利恒的圣诞教堂（Church of the Nativity）由拉丁僧侣管辖，十字军圣墓教堂的保管问题却引发了纷争。[2] 信仰东正教的俄国沙皇视此举为公然侮辱。关于这一点，基督教世界的意见并没有统一。对法国和英国来说，适当的做法是讨好奥斯曼苏丹，让他继续带头抵抗俄罗斯扩张，不让俄罗斯阻碍通往印度的陆路交通。苏丹对法国与英国驻君士坦丁堡的通事与大使言听计从，却冷落了俄国大使，这让俄国大为光火；再加上俄国在切什梅战役中尝到胜利的滋味，这使得俄国跃跃欲试。克里米亚战争就是这次行动带来的惨痛结果。

冲锋陷阵的轻骑兵、南丁格尔的灯火映照着黑暗的病房，让我们对克里米亚战争产生一种巴甫洛夫式的印象：战场上到处都是血肉横飞的惨状。克里米亚战争主要抢夺的是领海，但也包括更远处盛产谷物的肥沃黑土地带。

1678 年至 1917 年，俄罗斯与奥斯曼总共打了十场战争，奥斯曼只赢了三场，其中一场就是克里米亚战争。关键在于这一次英国与法国（以及撒丁王国［Kingdom of Sardinia］）出人意料地与伊斯坦布尔结为同盟。若是伦敦、巴黎与科斯坦丁尼耶没有达成协议，奥斯曼帝国很可能就会被俄罗斯吞并。为了保护在东方的商业利益，伦敦与巴黎乐得找借口批评俄罗斯没能保护奥斯曼境内的基督徒。俄罗斯的扩张主义被认为是显而易见的威胁。从英国外交大臣帕默斯顿勋爵（Lord Palmerston）提出的计划当中，就能一窥这场政治诡计的规模。为了削弱俄国，英国打算把克里米亚与高加索的控制权交还给科斯坦丁尼耶。

1851 年，伊斯坦布尔总计有 700 名制造商和工匠参加了在伦敦水晶宫举办的第一届世界博览会。在惬意的海德公园（Hyde Park）直接向东方商人收购地毯、玻璃杯与瓷砖——这让英国中产阶级觉得科斯坦丁尼耶的民众比较像"自己人"，而非"他者"。就在相同的地点，奥斯曼管弦乐团为维多利亚女王演奏。在伊斯坦布尔，瑞士的福萨蒂兄弟（Fossati brothers）正忙着整修阿亚索菲亚清真寺。与此同时，英国驻伊斯坦布尔大使斯特拉特福德·坎宁从英国大使馆发表声明，谴责俄罗斯的傲慢行径。这座大使馆刚刚由史密斯［W. J.

Smith］与查尔斯·巴里爵士［Sir Charles Barry］重建完成，后者是英国议会大厦的建筑师。

1853 年，奥斯曼人渡过多瑙河与俄罗斯军队在摩尔达维亚交战；11 月，俄罗斯在黑海港口锡诺普击溃奥斯曼舰队。显然，俄罗斯的目标是伊斯坦布尔。到了 1854 年 3 月，英国与法国向俄罗斯宣战。

位于宫殿岬高门的战争指挥部正在进行准备工作：在科斯坦丁尼耶周围建造营房，好让即将到来的欧洲军队驻扎；这些军人大多搭乘着全新的蒸汽火车，飞速赶来。法军驻扎在城墙外，英军驻扎在斯库塔里—于斯屈达尔的岸边；人称黑色法蒂玛（Black Fatima）的自由女斗士率领库尔德军队进城。佩拉、塔拉比亚、法提赫与于斯屈达尔已经为盟军士兵准备好了军医院。[3] 尽管城里一些穆斯林教士（其中最强硬的那些人早已用船悄悄疏散到克里特岛）认为计划筹组的穆斯林与基督徒军事同盟并不圣洁，且发出了抗议，但奥斯曼人与欧洲人依然结为战友。盟军从克里米亚战场以电报回传战情，这是军事史上头一遭。随军记者劳伦斯·奥利芬特（Lawrence Oliphant，一名基督教神秘主义者，他在斯里兰卡努沃勒·埃利耶［Nuwara Eliya］苍翠繁茂的高地上的庄园长大，他的家族被认为是把茶带到斯里兰卡的人，当时那里还叫锡兰）为《泰晤士报》进行报道，之后他出版了一本书，记录了自己在克里米亚的时光。奥利芬特的描述直截了当、毫无保留，无论是文章还是影像都令人感到兴奋。英国官员与大使的妻子也为我们详细描述了冲突期间伊斯坦布尔举办宴会的景象。坦白说，绝大多数都是带有东方主义色彩的胡言乱语，但我们还是能从细节里获得不少信息。有位埃米莉亚·比提尼亚·霍恩比（Emilia Bithynia Hornby）女士，她是埃德蒙·格里曼尼·霍恩比爵士（Sir Edmund Grimani Hornby）的妻子，一名律师，被派往君士坦丁堡协助管理 500 万英镑的英法援助贷款，她的作品《斯坦布尔内外》（In and Around Stamboul）[4] 描述了在战争期间英国与法国大使馆里举办的舞会，并且指出为了表现团结，苏丹前所未见地出席了这些舞会。而且伊斯坦布尔不得不引进英国警察来处理街头那些行为不端的英国人。

虽然马克思与恩格斯（Friedrich Engels）分别在伦敦与曼彻斯特从土耳其的角度提出论述，[5] 但期刊写作在奥斯曼文化中并未受到重视。若想知道奥斯曼对克里米亚战争的看法，我们通常需要参考这场事实上极为肤浅的胜利之后，激增的大量剧作、史诗、军歌与民谣。[6] 在战场上，人们没有时间和理由沉思或庆祝。

1854 年春，盟军主力抵达加里波利与伊斯坦布尔。城中，忧心忡忡的伊斯坦布尔民众应该看到盟军舰队悄悄离开达达尼尔海峡的停泊处。如今已经废弃、塑料袋四处飞扬的贝西克湾，自青铜器时代以来就是西方战士的船只停靠上岸的地方。有人认为这个港湾曾经目睹了开启特洛伊战争的入侵行动（我不这么认为）。而奥斯曼人、英国人、法国人与俄罗斯人即将目睹的这场冲突，也将与荷马《伊利亚特》描述的一样邪恶。

头上戴着独特皮草帽、嘴里抽着陶制烟斗的鞑靼人正在克里米亚东南方进行作战准备。此时，盟军围困了塞瓦斯托波尔，他们一整年暴露在极端气候与疾病的肆虐下。今天，人们在参观战场遗址时必须踩过英军留下来的波特啤酒瓶，这些啤酒让熬过每日持续九小时近身肉搏战的士兵得到了短暂的喘息机会。陆战士兵面临的处境已非阴森恐怖所能形容。绝大多数人并非因伤而死，而是染上恶疾去世。一个名叫贝尔的上校军官抱怨说，这些最终成为伤亡人员的士兵"就像驴子一样"被装载然后送返斯库塔里，有半数的人因为戴着白陶土加固的"紧紧勒住肺部"的十字肩带和皮帽窒息而死；士兵们头上戴的皮帽在初夏时节非但不能降温，反而吸收了暑热。这些丧亲的爱国母亲、姐妹与妻子制作的用来保暖的羊毛帽，通常并不适合在像巴拉克拉瓦（Balaclava）这样阳光灿烂的地方佩戴；至今我们仍把它叫作巴拉克拉瓦帽。这些怀揣关爱之情的女性对远东的战况一无所知，而这种无知的状态还要持续六十年，她们不断编织连指手套，寄给在加里波利奋战的亲人。许多伤兵被送上船运回科斯坦丁尼耶治疗。因为在战场上没有足够的军医来医治垂死者与伤者。在那些毫无卫生设备的地区，大量扩散的病原体让当初在穆斯林城市建立医院的人员倍感震惊。难民、伤兵与病患全送到了市中心。

此时我们遇到了伊斯坦布尔最著名的西方人物，南丁格尔和她那由 38 名护士组成的方阵。他们来到俯瞰博斯普鲁斯海峡奔腾水流的斯库塔里，在改建的塞利米耶军营工作。世人对南丁格尔的评价在圣徒传记和魔鬼信仰之间摇摆。她出生于意大利，意志坚定，曾游历各地，第二次世界大战时，她被大

力 推崇为国宝级人物，当时的新闻媒体也确实接受了她的事业。在 1854 年到 1856 年的斯库塔里，据说"南丁格尔的力量"改善了老鼠横行、浸泡着血水、覆盖着粪便的停尸处的惨状。旧炮兵医院、塞利米耶军营与停泊在城市水道的医疗船即将涌入 5000 名伤患。南丁格尔也许确实相当顽固而倨傲（她对下层阶级的医师颇有怨言，还说其中一名医生约翰·哈尔［John Hall］是"克里米亚墓地骑士"），但在伊斯坦布尔期间，只要是醒着的时候，她都全身心地投入处理死亡与极其糟糕的苦痛。士兵们从克里米亚抵达（疟疾流行的）斯库塔里，他们饱受痢疾、冻疮、坏疽、疲劳和剧烈的精神痛苦的折磨。许多治疗，包括截肢，在没有麻醉的情况下直接在麦秆堆上进行。

斯库塔里最初是"黄金克鲁索波利斯"的独立聚居地，君士坦丁曾在此地与李锡尼争夺罗马帝国的控制权，纵使"提灯女士"（the Lady with the Lamp，指南丁格尔）并非凭借一己之力将死亡率从 42%（1855 年 2 月）降低至 5.2%（同年 5 月），但她确实贡献了一小部分的力量。尽管南丁格尔严厉批评奥斯曼的后宫制度，她却十分认可后宫的水疗中心，并嘱咐一部分伤患去那里治疗。无论南丁格尔是否真是维多利亚时代的女英雄，在今日的土耳其，她就是民众心中精神卫生 [7] 与护理领域的先驱。

南丁格尔在斯库塔里服务时，睡在塞利米耶军营边缘约 21 米高的塔楼的卧房里。我们可以想象她向外探出头去，看见一船船的伤兵跨过水面运进城里；有些士兵搭乘的则是 1851 年到达此地的渡轮服务。1890 年，一则留声机录音录下南丁格尔的声音："当我甚至不存在于人们的记忆中，只剩一个名字的时候，我希望我的声音能让我这辈子从事的伟大工作长存下去。愿上帝保佑我在巴拉克拉瓦亲爱的老战友，让他们安全靠岸。弗洛伦丝·南丁格尔。"

南丁格尔当时树敌不少。英国驻君士坦丁堡大使说服维多利亚女王写信给苏丹，建议兴建一座新的基督教教堂作为战争纪念馆。这是叶卡捷琳娜大帝自取得让步以来伊斯坦布尔首次兴建的基督教教堂，目的是为了分走因南丁格尔而募集的资金。这座教堂如期由乔治·埃德蒙·斯特里特（George Edmund Street，伦敦河岸街皇家司法院的建筑师）进行设计，教堂外观略带新哥特风格，至今仍矗立在贝伊奥卢区。1991 年教堂重新开放后，地下室就成了因 20 世纪与 21 世纪全球冲突而涌入伊斯坦布尔的难民的庇护所与教育中心。

因克里米亚战争来到伊斯
坦布尔的西方军队在城中留下
了平淡无奇的生活痕迹：对浆
硬衬衫与吊袜带的爱好；伊斯
坦布尔街头除了贩售讽刺杂志
《笨拙》（*Punch*），也贩售斯蒂
尔顿奶酪（Stilton）、棕色的温莎
汤（Brown Windsor Soup）与替
牌麦芽酒（Tennent's Ale）。在英
格兰，梅费尔地区（Mayfair）
的男性夸耀新流行的胡子，他

克里米亚战争后，位于加拉达塔顶端信号站的皇家海军水兵。

们先前在克里米亚服役时不得不蓄胡。数世纪以来在伊斯坦布尔市场贩售的手
工餐具被大规模生产的舶来品取代；10 世纪或 11 世纪因为拜占庭公主以一种
"带双叉的黄金器具"将食物叉起"送入口中"而开始进口到欧洲的叉子，在
1860 年也作为西方教养的象征重新引进伊斯坦布尔。城市中能见到更多妇女
（例如，在受欢迎的皮影戏表演场上），这值得注意，不过她们还是得坐在隔离
区里。

　　克里米亚战争结束后双方议和，庆祝活动也跟着在新落成、所费不赀的
多尔玛巴赫切宫（Dolmabahçe Palace，托普卡珀皇宫已于 1846 年废弃）举行。
事实上，并没有什么值得庆祝的事：只有一连串的新债务，和事后看来因坦志
麦特改革而造成的个性的丧失。战后不久，英国与奥斯曼民众都认为克里米亚
战争是场毫无意义与处置失当的冲突。俄国首部剧情片《塞瓦斯托波尔围城
战》（*The Siege of Sevastopol*）由俄罗斯制片人在 1911 年拍摄，该片纪念 1854
年到 1855 年长达 12 个月的恐怖战况。这部精彩的黑白默片呈现的世界，正
不断地接近我们所认同的现代世界。2014 年，借着在乌克兰展现实力，普京
（Putin）领导下的俄国人提醒自己，他们并不觉得自己输掉了克里米亚战争。
而我们应该回想 19 世纪中叶伊斯坦布尔居民所知道的事情，俄罗斯无意克制
自己的野心。对俄国而言，奥斯曼帝国是它的心头刺。

　　参与克里米亚战争并支持奥斯曼人对抗俄国，使英国得以继续游说废除奴隶贸易。俄国人已经并吞该区绝大部分的土地：驱逐"麻烦的"穆斯林人口意味着许多弱势家庭将被迫背井离乡，正规的贸易活动瓦解，儿童遭到绑架。虽说奥斯曼人同意不再从信仰基督教的格鲁吉亚取得奴隶，但切尔克西亚的奴隶贸易问题却未纳入谈判之列。我们或许可以理解这些谈判的微妙之处：英国外交官在伊斯坦布尔与苏丹协商，但苏丹们不仅是切尔克西亚奴隶的儿子、远亲，也是她们的丈夫与爱人。许多人，例如奴隶部长官威廉·亨利·怀尔德（William Henry Wylde）发现，光是睁一只眼闭一只眼还不够，他们必须把两只眼睛都闭上：

　　　　事实上，我们总是尽可能对奴隶贸易视而不见，因为奥斯曼奴隶贸易执行的方式与非洲奴隶贸易大不相同……非洲奴隶的取得借由系统地谋杀与流血，这让被猎取奴隶的国家人口减少。而奥斯曼的受害者，如果他们算得上是受害者的话，是自愿为奴；他们怀抱着喜悦的心情，期待着命运的变化降临在他们身上。

　　19世纪60年代，俄罗斯人入侵高加索地区西北部，成千上万的切尔克西亚人在家园被焚毁的状况下被迫挣扎逃往开向奥斯曼领土的船只。切尔克西亚人抵抗俄国的侵略将被写入集体想象以及英国与美国的报纸头条。据估计，到1864年底，大约一万名切尔克西亚的男人、女人和孩子饿死或在试图前往伊斯坦布尔的途中溺死。有些人存活下来，科斯坦丁尼耶后宫因此大为扩充。

　　事实上，相较于遭入侵的士兵屠杀、被"解放者"强暴、被当地人"抢亲"，伊斯坦布尔或苏丹的后宫是更好的选择。然而，苏丹偏好以高加索奴隶充实自己的后宫或担任自己的官僚，这也反映了伊斯坦布尔自身的东方主义形式：把位于伊斯坦布尔东方的国度予以彻底的女性化。因此，伊斯坦布尔让自己陷入自相矛盾的状态：这是一座典当自己以换取西方的贷款与美好事物的城市，但是街上却充斥着东方的观念与货物，居民依然奉行伊斯兰历与伊斯兰时间生活。伊斯坦布尔的未来依然暧昧不明。

第七十二章 单向沟通

公元 1854 年（伊斯兰历 1270 年—1271 年）以降

> 君士坦丁堡予人的第一印象是美丽，我不知道这座城市如此巨大……四点钟，我们穿着便服来到苏丹宫殿，在宫里得到苏丹非常亲切的接待，皇宫非常漂亮，布置得美轮美奂。我觐见苏丹的时间稍长了些，而且表现得相当拘谨。
>
> 威尔斯亲王（未来的爱德华七世）日记，1862 年 [1]

1853 年，英国驻圣彼得堡大使西摩爵士在写给约翰·罗素勋爵（Lord John Russell）的信上表示，沙皇尼古拉一世接见他时提到土耳其是个"病人，一个病得很重的人"，在另一次会面时又说土耳其是个"已经步入衰老状态"的男人。《纽约时报》1860 年 5 月 12 日刊登的文章首创"欧洲病夫"一词，而这个词就此沿用下来。然而，当沙皇去世时，伊斯坦布尔无论男女都高声疾呼，"现在知道谁是病人了吧！'我们'可还活着呐！"

曾有一段时间，东方与西方似乎确实有善意的双向交流。1862 年，未来的英国国王爱德华七世启程前往奥斯曼帝国进行长达五个月的旅行；这趟旅行显然是为了学习像他这种身份的人该如何统治国家。威尔斯亲王搭上了皇家游艇奥斯本号（Osborne），但他的内心仍在为死去的父亲哀悼。从亲王此次冒险活动的影像可以看出他辛酸的神情。无论是骑在骆驼上、坐在岩石上还是大胆尝试戴上菲斯帽时，他的上唇都紧紧绷着。19 世纪真实的人类经验不期然被摄入照片中：牵骆驼的儿童、叫卖的小贩、商人以及衣衫褴褛、沾满灰尘的男男女女。官方印制这次旅行的照片并且对外销售，把整个东方，尤其是伊斯坦

未来的爱德华七世（左起第五位）在加利利海（Sea of Galilee）湖畔野餐。

布尔，带进许多民众的家中。[2]

　　五年后，苏丹阿卜杜勒阿齐兹一世（Abdülaziz I）从伊斯坦布尔出发，乘坐华丽的火车拜访西欧各国领袖。车厢本身是由大都会客货车公司在伯明翰索尔特利（Saltley）生产制造，并且通过奥斯曼铁路公司赠予苏丹。在英国，阿卜杜勒阿齐兹在多佛（Dover）与威尔士亲王会面，在温莎（Windsor）和女王会晤；随后在皇家游艇上被授予嘉德骑士勋章（Knight of Garter）。为了纪念这次访问，还发行了相当华丽的纪念章，描绘了伦蒂尼恩（即伦敦）迎接拟人化的土耳其，还有阿亚索菲亚清真寺与圣保罗大教堂在背景处宁静地为伴。苏丹返国时，伊斯坦布尔接连庆祝三天，建筑上装饰着橙树与柠檬树的树枝，街道一夕之间成了花园。

　　逃过1822年大屠杀的希俄斯岛民众，许多人最后来到了英格兰。他们在西伦敦的贝斯沃特与荷兰公园（Holland Park）周围落脚。这些难民随身携带的拜占庭圣像给予前拉斐尔派（Pre-Raphaelite）画家部分的灵感。在东方的吸引下，有些人，例如伦敦的维多利亚和阿尔伯特博物馆（Victoria & Albert Museum）顾问威廉·莫里斯（William Morris）安排采购了基督教与伊斯兰教的文物。其中包括世上最古老的完整地毯，"完美且独一无二……蕴含逻辑与协调之美"，这张地毯于 1539 年到 1540 年之间在伊朗的西北部制作而成，原本或许供奉在苏菲派领袖夏伊·萨菲·丁·阿尔达比里（Shaykh Safi al-Din Ardabili）的神殿里，之后为了弥补地震损失对外出售。表面上看来，伦敦、巴黎与科斯坦丁尼耶的文化似乎能建立起良好的合作关系，并能相互促进。

然而，与西方过于亲密带来一些并发症。[3] 伊斯坦布尔总是吸收外来的影响，但现在这枚镶在两颗蓝宝石之间的钻石犯下了错误：对于它的批评者太过言听计从。与科斯坦丁尼耶有关的传言，例如它是一座纵情声色、沉溺感官的城市，突然变得重要起来；奥斯曼外交人员原本义正严辞地怒斥西方高傲的态度，现在却谨小慎微地担心科斯坦丁尼耶可能真是异常。与此同时，数世纪以来，这座"举世倾羡之城"一直是可支配收入的中心，当地的市场因此蓬勃发展；早已注意到这点的欧洲银行家决心加以利用。渐渐地，伊斯坦布尔被拉进伦敦与巴黎高度发达的资本主义市场中。

奥斯曼人或许算是打赢了克里米亚战争，但伊斯坦布尔国库也几乎罄尽。到了 1875 年，国家破产。战争造成的动荡紧张，使得帝国已经松动的边境领土分崩离析。高加索地区大致已落入俄罗斯之手，愤怒的威廉·格莱斯顿（William Gladstone）将 1876 年保加利亚与巴尔干地区发生的屠杀、强奸与亵渎教堂修院的"恐怖事件"公之于世，引发强烈的反应；恼火的英国人于 1878 年控制了塞浦路斯。在圣保罗大教堂讲道坛上，亨利·里登主教（Canon Henry Liddon）公然表示支持奥斯曼人是一种罪。迪斯雷利曾经提出支持奥斯曼人，把他们作为对抗俄罗斯人的堡垒。而《泰晤士报》也报导了里登宣称自己亲眼所见的事实：土耳其人把巴尔干犯人钉在尖桩上。

1877 年，俄罗斯再次对奥斯曼人宣战。次年 1 月 20 日，俄国攻下埃迪尔内—阿德里安堡。就在两天前，为了不让伊斯坦布尔的敌人取得珍贵的军火，已经被当成军火库使用的庞大奥斯曼宫殿群被纵火烧毁。1453 年 3 月的早晨，在宫殿里，穆罕默德二世取得了进展，可以为攻打君士坦丁堡的最后阶段画下句点，现如今，这片宫殿全数化为灰烬。[4]

1878 年柏林会议（Congress of Berlin）上，欧洲列强剥夺了伊斯坦布尔的广大领土。新独立的公国：罗马尼亚、塞尔维亚与黑山（Montenegro）成立。保加利亚以奥斯曼为宗主国，拥有名义上的自治权。一千年前，面带羡慕之色的保加利亚人以拜占庭君士坦丁堡为范本建立了城市普雷斯拉夫（Preslav）。此刻，保加利亚人却与这个深信自己有着珍贵历史传统的帝国划清界限，后者已经开始显现出郝薇香小姐（Miss Havisham）*的阴影。

尽管如此，在伊斯坦布尔，人们依然试图追求坦志麦特的梦想。1875 年，英国人设立的君士坦丁堡大都会铁路公司所兴建的地铁"杜乃尔缆索铁路"（Tünel funicular）落成，在奥斯曼进行曲与《天佑女王》的旋律中完成了通车仪式。城里的汽船也许还依照奥斯曼的伊斯兰时间开航，火车时刻表依据的却是欧洲时间。时髦人士会佩戴有两种表面的手表。[5] 从戏剧院的节目单到工会的小册子，上面印制的语言有奥斯曼语、法语、希腊语、亚美尼亚语，有时还包括拉地诺语（Ladino）。

伊斯坦布尔的新博物馆收藏了安纳托利亚的珍宝，包括来自"鼎鼎大名的古特洛伊城"的文物。关于特洛伊的观念一直是区分拜占庭、君士坦丁堡，乃至科斯坦丁尼耶的试金石（征服者穆罕默德在攻下君士坦丁堡的十年后造访了特洛伊，宣称通过击败希腊人，自己为特洛伊的祖先报了仇）。[6] 直到 1870 年，荷马的特洛伊（位于伊斯坦布尔以南，可以一日往返）才被百万富翁兼业余考古学家海因里希·施里曼（Heinrich Schliemann）重新挖掘出来。施里曼在圣彼得堡从事蓝染贸易，在加州售卖黄金，最后在克里米亚战争爆发时靠贩售硝石与硫黄致富。这位来自西方的唯利是图者擅于利用奥斯曼帝国错综复杂的官僚体系与财务需求。他先非法挖掘，再非法出口，紧接着以现金支付罚金而非归还从希萨里克（Hissarlik，他认为这里就是特洛伊的遗址）盗掘的考古遗物。这就是为什么当我们看到施里曼的妻子戴上"海伦的珠宝"时，他们拍摄照片的地点是在雅典而不是在伊斯坦布尔。这件珠宝是青铜器时代早期的手工艺品，从施里曼所说的"普里阿摩斯宝库"（Priam's Treasure）被发现。1873 年

---

* 查尔斯·狄更斯（Charles Dickens）所著小说《远大前程》（*The Great Expectations*）中的女性角色。——编注

6 月初，这些古代文物从奥斯曼领土偷渡出境。文物上留了注记，知会希腊海关官员施里曼是个亲希腊人士。由于过去希腊曾有许多珍宝遭到掠夺，施里曼此举就像是在回报希腊的恩惠。施里曼向奥斯曼国库缴纳了 5 万法郎的罚金，这笔钱被用来资助兴建伊斯坦布尔的考古博物馆。这座博物馆的创办者哈姆迪·贝伊（Hamdi Bey）是从希俄斯岛掳来的童奴之子。[7] 人们明显可以发现馆内少了特洛伊的宝藏；尽管如此，博物馆依旧藏有最早的有关伊斯坦布尔的史前根基的零碎证据——梳子、刀子，甚至还有新石器时代居民的足迹。

伊斯坦布尔是一座过去的城市，也是一座属于将来的城市，往后一个世纪，它试图进行现代化，并且或多或少收获了一些成果。坦志麦特改革即便没有改变奥斯曼主义的音调，至少改变了它的旋律：祖国的概念、法律面前人人平等、公民身份与代议制政府的观念现已成为修辞的一部分。伊斯坦布尔因为现代化快速变迁。1880 年，中亚铁路动工兴建。从 1881 年起，英法两国轮流通过公债局控制了奥斯曼所有对西方的债务与贸易，其比例高达奥斯曼贸易活动的四分之三。1884 年，妓院合法化。诗人卡瓦菲斯因家乡亚历山大遭受英国人的轰炸，逃难前来君士坦丁堡。1882 年，他在君士坦丁堡以深褐色的墨水潦草地在明信片上写下他的第一首诗。卡瓦菲斯的祖父是法那尔人，曾在君士坦丁堡从事钻石交易。[8]

1888 年，首班东方快车（Orient Express）抵达伊斯坦布尔（它的东方终点站原本想设在麦加）。当上层阶级的嫔妃、女儿与妻子搭乘镀金的牛车经过城市，港口里满满停泊着高桅船只，男人们蜂拥挤进苏莱曼清真寺周围窄小的鸦片馆并且在城市灌木丛里寻找神灯里的精灵时，新血液、新影响与新观念正经由新铁路源源不断地涌入城里。[9] 城里也许还有女眷区，但这些女眷区不仅添购了钢琴，里头越来越多的居民也具备了读写能力。苏丹阿卜杜勒哈米德二世是福尔摩斯的忠实书迷，还因此颁奖给柯南·道尔。亨利·皮尔斯（Henry Pears，埃德温·皮尔斯爵士［Sir Edwin Pears］之子，埃德温·皮尔斯曾在君士坦丁堡撰写保加利亚惨案的报导，并且刊登在查尔斯·狄更斯创办的《每日新闻》［*The Daily News*］上）、赫拉斯·阿尔米塔基（Horace Armitage）与雅尼·瓦西里雅迪先生（Yani Vasilyadi）合作创办了君士坦丁堡足球协会联盟——1921 年，塔克西姆广场阅兵场被改建成伊斯坦布尔第一座足球场。

随着巴尔干半岛领土的丧失，阿卜杜勒哈米德二世统治的是一个重心往东倾斜的帝国，而这个帝国的影响力也渐渐日薄西山。当欧洲各国的报纸不断宣扬政治民主时，在伊斯坦布尔，这些言论都遭到禁止。胆子大的人会偷偷越过加拉达桥，从异教徒的书店取得禁书。[10]与此同时，斯库塔里这座曾经是信使的驿站、沙漠旅行队的会合点与波斯商人落脚处的城镇，如今因为南丁格尔的事迹闻名于世。人们依然可见白骆驼群集结于此，朝南前进开展一年一度的麦加朝圣之旅。历任苏丹都没有认真对待过领导泛伊斯兰运动这个想法，表面上看来，奥斯曼的统治集团心满意足地生活在祖先五百年来打造的在黄金囚笼中。然而，发现自己活在美梦之中，而又试图将梦一直延续下去，是一件非常危险的事。

伊斯坦布尔的居民为这可爱而"人格分裂"的城市灵魂感到忧心。诗人哀悼他们古老家园的命运，一个饱经凌虐而身处困惑中的美好城市似乎决心以沉重而神秘的微笑来迎接西方的关注。1901年，特弗菲克·费克雷特（Tevfik Fikret）在他的诗《雾》（"Sis"）里写道：

> 喔，衰老的拜占庭，喔，伟大而令人心醉的老耄之人
> 喔，千名男性的处子未亡人
> 你的美貌依然散发着新奇的魅力
> 凝视你的眼神依然充满爱慕之情。[11]

长久以来，伊斯坦布尔一直是幻想与传说的灵感来源，但现在似乎越来越无力写下自己叙述的故事情节。

第七十三章　玫瑰园里的病人

约公元 1880 年—1914 年（约伊斯兰历 1297 年—1333 年）

真理蒙尘，谎言反受嘉许；诚实之人失势，伪善者竟得拔擢；值得信任之人啜泣，背叛者在一旁窃笑。奥斯曼苏丹的宝座原是狮穴，如今却成了蜂窝，间谍就在巢室里嗡嗡作响。

……（伊斯坦布尔的居民）全在间谍系统的监视之下，其监控之严密，只要有人犯罪，犯罪者就会赶在线人告密前坦承罪犯行。

易卜拉欣·穆威里希（Ibrahim al-Muwaylihi），

《在那边》（*Ma Hunalik*, 1895 年）[1]

2014 年 4 月，佩拉宫饭店（Pera Palace Hotel）的地下室成了国际法庭。清空酒箱，掸去桌上的灰尘，代表毛里求斯（Mauritius）和英国的律师、相关工作人员在这里针对《联合国海洋法公约》规范的议题进行争论。从法律上来看，毛里求斯从 1814 年（被拿破仑割让以后）到 1968 年一直是英国的殖民地。而在此时，毛里求斯反对英国宣布在查戈斯群岛（Chagos archipelago）周围划定海洋保护区。毛里求斯人认为此举违反了国际法。伊斯坦布尔从备选地中脱颖而出，成为解决这项象征性争端的地点。伊斯坦布尔的位置具备三大有利条件：在国际上保持中立；远离两国首都路易港（Port Louis）与伦敦；以及便利性，因为伊斯坦布尔是一座可以获取和交换情报的城市。[2]

有悖常情的是，这些律师之所以能在佩拉宫地下室打开档案、开启仲裁程序，是因为过去一百五十年来，伊斯坦布尔总是如梦游般变换着在国际社会的效忠对象。另外，由于伊斯坦布尔能直接通往高加索地区、中东、近东、中

隐蔽式相机拍摄的塔斯基扎克造船厂
潜艇的照片，1887 年。

亚、俄罗斯、巴尔干半岛与北非，几乎无可避免地，这座城市成了获取和交换情报的中心。正如伊斯坦布尔一直是故事的灵感来源与储藏所，它也是在关于真相的国际游戏中的关键玩家，是交换各种故事和说法的地方。

苏丹阿卜杜勒哈米德的情报网无孔不入：理发店、肉铺、咖啡馆、清真寺，都能发现卧底人员的踪迹。通事之间彼此交换秘密；用贿赂或勒索的方式，也能从他们身上取得情报。在伊斯坦布尔，如果你"遭到陌生人告密"，那么死亡经常很快就会找上门来。[3] 那些洗完澡之后被逮捕的例子告诉我们，就连在土耳其浴场也有线人。1826 年耶尼切里解散之后，城里"乌烟瘴气"的咖啡馆，以及那些通常在拜克塔什聚会所附近的、弥漫着剃刀金属气味的理发店也立即停业；这意味着这些地方不只是摄取咖啡因的隐匿之处。耶尼切里诗人经常在咖啡馆与清真寺（例如奥尔塔清真寺）聚会；在那里，他们有不少机会密谋策划。被耶尼切里杀害的人包括苏丹塞利姆三世，他因为试图推动军事改革遭到谋杀。

18 世纪以降，伊斯坦布尔成了备受青睐的外交官派驻地。如果说驻外大使过得跟亲王一样，那么派驻伊斯坦布尔的大使的生活则形同国王。大使们的避暑别墅位处博斯普鲁斯海峡沿岸，配备有鱼池、马球场和板球场。这是一座便于取得国际情报的城市，也是情报人员的训练场。因此，不意外地，英国的双面间谍金·费尔比（Kim Philby）在 20 世纪 40 年代晚期担任军情六处驻伊斯坦布尔情报站的站长，尽管表面上他是英国驻伊斯坦布尔大使馆的一等书记官。费尔比最后在冷战期间叛变逃至苏联。

伊斯坦布尔被称为世界的间谍之都。最早的隐蔽式相机（制作成纽扣的样子缝在大衣上）的照片就是在塔斯基扎克造船厂（Taşkızak dockyards）拍摄的。照片的内容是价格不菲的新型潜舰诺尔登费尔特（Nordenfelt）二型和三型，是 1886 年苏丹因英国、土耳其、俄罗斯与希腊之间再度加剧的紧张关系而订购的，[4] 在两次世界大战的间隔期间，据说站在伊斯坦布尔任何一家饭店的窗口向外丢石头，总能砸中街上的某个间谍。有一回，佩拉宫饭店的经理还不得不在大厅打手势，示意间谍们让座给那些付了钱的客人。[5] 一名美国海军军官曾说，伊斯坦布尔是"战争骗子与间谍的垃圾场"。这里有情报与反情报人员，城中许多人（包括通事）的多语言能力证明间谍的工作极其有利可图。虽说正式的谍报活动尚属新生事物，但在 19 世纪晚期，诸如弗雷德里克·古斯塔夫·伯纳比（Frederick Gustavus Burnaby，他是军人，也是杂志《名利场》[Vanity Fair] 的创办者）这类人物就曾在 19 世纪 70 年代经由戒备松散的奥斯曼边界传回俄国入侵中亚的报告。从伊斯坦布尔境内传回的报告引发了最早记录在册的"侵略主义"实例。[6] 当群众在特拉法加广场（Trafalgar Square）挥舞奥斯曼旗帜时，他们唱道：

> 我们不想打仗，
> 但老天为证，若真的要打，
> 我们有船，
> 我们有人，
> 我们也有钱。
> 我们曾经与熊搏斗，
> 如果我们是货真价实的不列颠人，
> 就不应该把君士坦丁堡交给俄罗斯人！ [7]

伊斯坦布尔的街头或许有许多不同形式的音乐表演，但只要一出现民族主义倾向的表演，线人便会禀告苏丹。由于露天戏剧或音乐演出的场面难以控制，这些表演在科斯坦丁尼耶越来越不受待见。1894 年，希腊人希望举办募款音乐会协助地震灾民，一名希腊高中校长与耶尔德兹宫（Yıldız Palace，建于 19 世纪 80 年代，原址是狩猎场，这里是 19 世纪末奥斯曼政府的所在地）的通信透露出一种纷乱的焦虑感。[8] 亚美尼亚人的改革诉求引发了屠杀，并使得伊斯坦布尔城里一些人以恐怖行动作为回应。1896 年，约有 6000 名亚美尼亚人被街上的暴民杀害，许多人被棍棒活活打死。1898 年，奥斯曼与其他欧洲国家的代表现身罗马，他们在秘密会议中讨论科斯坦丁尼耶街头无政府主义的恐怖威胁。阿卜杜勒哈米德二世的间谍网络中既有街头小贩，又有德高望重的族长（sheikhs）。这种气氛像是 20 世纪 80 年代的罗马尼亚，在秘密警察的监控下，整体国民与国民之间互相监视。

每周日在博斯普鲁斯海峡的滨水宅邸共进午餐，讨论城市和帝国的变迁所带来的后果，已成为外交人员的例行公事。他们逐渐发现，争执点不再是彼此对抗的政治上的自我意识和国际利益，而是不同族群与宗教态度的摩擦。1896 年至 1908 年任英国驻士麦那总领事的亨利·阿诺德·康伯巴奇（Henry Arnold Cumberbatch，演员本尼迪克特·康伯巴奇［Benedict Cumberbatch］的曾祖父）接续驻外武官上校赫伯特·彻曼赛德爵士（Colonel Sir Herbert Chermside）的工作，负责缓解亚美尼亚人与奥斯曼统治者日渐紧张的关系，并在英国派驻军事长官到克里特岛时处理该岛上发生的种族冲突。岛上东正教基督徒与穆斯林的争端已经导致 53000 名穆斯林难民丧失财产、流离失所，露宿于干地亚（Candia，很快就改名为伊拉克利翁［Heraklion］）。

于是，伊斯坦布尔变得矛盾重重：虽然它所定义的权力基础正在瓦解；但就某些方面而言，伊斯坦布尔居民对自己产生了新的认识。1912 年，曾在巴黎接受教育的伊斯坦布尔市长推动了一连串的城市改造计划，将欧洲最有影响力的东西引进城内：20 名意大利道路工人、2 名负责兴建下水道系统的英国工程师（以及用于兴建城市桥梁的英国水泥）、由德国人设计的新城市规划、布鲁塞尔的卫生专家以及从布加勒斯特（Bucharest）引进的公共卫生技术。西方现代知识的种种可能性在伊斯坦布尔街头得以实现，而人们也不断重申控制博斯普鲁斯与达达尼尔海峡的重要性。

就某方面来说，伊斯坦布尔维系了长达数百年的传统。非法的酒铺，同时也是上演各种规避手段的小剧场，会在前门放一块垫子来宣传自己。人们认为"邪眼"（nazar，一种护身符）是许多市民遭遇灾厄的元凶。男性头上总是戴着菲斯帽，这种头饰被认为是办正事时不可或缺的配件，因此即便是大热天，屋里屋外的男人还是帽不离头（便宜货会在主人流汗时渗出染料而露馅）。穷人在街角食用产自北非的古斯米（couscous）。无论高级的还是低级的妓女，都继续重复着她们枯燥乏味的工作（从当时的描述可以看出，在 17 和 18 世纪的欧洲，无论使用手帕还是扇子都足以让人明白她们做的是什么行当）。虽然奥斯曼帝国在 1890 年明令禁止奴隶贸易，但直到 1916 年仍能在伊斯坦布尔看到相关报道。另一方面，托普卡珀皇宫的后宫未受影响地维持到 1909 年，多尔玛巴赫切宫的后宫持续运作到 1922 年。[9] [10] 苏丹试图像过去一样在"星宫"，也就是耶尔德兹宫发号施令。但他掌握的权力微不足道，得到的回应是革命。

1878 年被俄罗斯人击败后，受挫的奥斯曼人资源消耗殆尽。许多俄罗斯人认为科斯坦丁尼耶太具象征性、太多样化、太难以根除，是块烫手山芋；但也有一些人醉心俄罗斯控制全球与征服"诸城之首"的愿景，例如陀思妥耶夫斯基（Dostoevsky）。[11] 丢失巴尔干领土，意味着成千上万被逐出故土的穆斯林移民将涌入伊斯坦布尔。面对这种状况，必须给出对策。

改革并不在伊斯坦布尔进行，而是自伊斯坦布尔的北方"亲戚"萨洛尼卡开始（即塞萨洛尼基）。几个世纪以来，这座城市与伊斯坦布尔共同经历了围城、大火、叛乱与政权更迭。一些主张西化的立宪主义者与一群驻扎在萨洛尼卡，心怀不满但意志坚定的军官结盟，双方结成统一派（Unionists，也就是联合进步委员会［Committee of Union and Progress, CUP］）。这些人还有个较通俗的名称，"青年土耳其党人"（Young Turks），这一英语化的称谓是西化的结果。一些奥斯曼人称这些立宪主义者是"Jön Türkler"，法语是"Jeunes Turcs"，于是产生了"青年土耳其党人"这个令人难忘的印记。苏丹阿卜杜勒哈米德二世被迫接受君主立宪制度。伊斯坦布尔街头又一次充斥着音乐与鲜花。1908 年，漫长而炎热的夏季，6 万人聚集在耶尔德兹宫前高喊："自由、平等、博爱与正义！"在伊斯坦布尔街头，人们呐喊欢呼，他们把朝向改革前进的每一寸距离都理解为前进了一英里。1909 年，孩子朝车辆丢掷石块，非法商人出现在各个街角，一次反政变爆发了。穆罕默德协会成立，要求回归帝国的四大支柱：伊斯兰教、奥斯曼王室、守护麦加与麦地那、控制科斯坦丁尼耶。但意志坚定的青年土耳其人派遣改革派政府军队回到伊斯坦布尔街头，镇压了反革命势力。

苏丹遭到罢黜，取而代之的是穆罕默德五世，这位苏丹承袭了 1453 年征服科斯坦丁尼耶的英雄的名字；阿卜杜勒哈米德的众多部属，还有一些运气不佳被认定是敌方的人，全在加拉达桥处以绞刑。造船厂、啤酒厂与水泥工厂陆续兴建，与歌德学院或孔子学院性质类似的土耳其之家（Turkish Hearth）也获批建立，旨在恢复土耳其语并重振帝国的声誉。

西方世界利用这一局势悄悄地谋取自身的利益。混乱中，德国（俾斯麦利用奥地利衰弱之际于1871年统一德国；因为奥地利在克里米亚战争时未能挺身支持俄国，此时遂失去俄国奥援）[12]刻意将势力延伸至伊斯兰的疆域，德国银行在埃及和苏丹统治地区如雨后春笋般涌现。尽管奥斯曼人宣称无意介入任何欧洲战争，他们的命运却早已被写入欧洲与斯拉夫作战室的备忘录中。

雄踞黑海顶端、传说中伊阿宋途经的俄罗斯不可能没注意到邻邦似乎已经病入膏肓。而当劳伦斯（T. E. Lawrence）在开罗地图测绘局研究入侵加里波利的地图时，一些英国贵族也受邀担任渴望脱离奥斯曼统治而独立的巴尔干地区诸国的国王。在英格兰绿意盎然的原野上，鲁珀特·布鲁克（Rupert Brooke）想到自己有机会亲眼看见荷马史诗中的场景，不禁热血澎湃。他欣喜若狂地写信给朋友比奥莱特·阿斯奎斯（Violet Asquith）：

> 噢，比奥莱特，真不敢相信竟有这么好的事。想不到命运之神如此宽厚……我一直看着地图。你觉不觉得那座位于亚洲角落的堡垒"或许"需要加以压制？我们将会登陆，从后方逼近它，而他们将突破重围，与我们在特洛伊平原上会战……那里的大海会不会发出轰隆的响声，泛着深沉的酒色却未至适饮的年份呢？[13]

才过几个星期，鲁珀特·布鲁克就在前往加里波利作战的途中，不幸由于蚊子叮咬引发败血症去世，时年27岁。

在东地中海强风吹袭下，海面就像变幻莫测的火炉，喷吐着愤怒的白色烈焰。很快，外国的战舰将划破这片波涛。从当时的照片可以看到，高桅商船在伊斯坦布尔的水道上熙熙攘攘地往来。现在，新式的铁甲炮艇也滑过水面。有时，我们看着焦躁不安的博斯普鲁斯海峡与赫勒斯滂，不禁陷入遐想，是不是这片水域仍被回忆与预言翻搅着。1915年，为了争夺这里的控制权，又将爆发一场大战。

第七十四章　加里波利：帝国末日

公元 1914 年—1918 年（伊斯兰历 1332 年—1337 年）

> 我们的努力全白费了！
>
> 一切都化为乌有！
>
> 尽管如此……我们依然努力向前——
>
> 而有些故事将留存下来。
>
> 五十年后在悉尼（Sydney）
>
> 人们将谈起我们的第一场大战，
>
> 即使在狭小而盲目的古老英格兰，
>
> 恐怕也会有人想起。
>
> 阿坚特（Argent），《澳新军团》（"Anzac"），1916 年 [1]

> （加里波利）……这个穆斯林咽喉生吞了所有基督教国家。
>
> 杜卡斯（Doukas），《历史》（*Historia*），约 1360 年 [2]

　　1913 年 5 月 30 日，圣詹姆士宫（St. James's Palace）周边一片阴暗，这座宫殿由享用过伊斯兰餐宴、走过奥斯曼地毯的亨利八世所建。这一天，苏丹在此丧失了从马里查河以西到黑海与爱琴海的广大奥斯曼领土。希腊、保加利亚、黑山与塞尔维亚已经独立，但他们的人民还想要获得更多的种族认同和更清晰的民族主义。这四个国家组成巴尔干同盟，以期摆脱科斯坦丁尼耶的控制。克里特岛被割让，爱琴海岛屿划入巴尔干各国的势力范围。在伊斯坦布尔，这场冲突被称作"巴尔干悲剧"。所有安排都写在了《伦敦条约》这份文件上，确保如今的奥斯曼帝国疆界与科斯坦丁尼耶的距离只有不到 96 公里。曾经远居帝国疆界外，被蔑称为"法兰克人""拉丁人""野蛮人"的西方势力，正不断缩减这座"举世倾羡之城"的势力范围。

一场危机正在酝酿。1911 年，意大利封锁利比亚的黎波里（奥斯曼的黎波里塔尼亚），作为回应，奥斯曼人与意大利人屠杀了对方的士兵与平民。意大利军队无法攻下北非，转而入侵奥斯曼在地中海的领土，进而在今日的希腊岛屿（如哈尔基岛）留下奇特的"遗产"：在那里仍以意大利面作为主食，酒馆老板还记得过去意大利语是官方语言时，他们的父母被禁止学习希腊语，只能偷偷在洞穴或橄榄树下违法上课。

奥斯曼境内刮起一阵民族主义旋风，阿尔巴尼亚和埃及先后宣布独立。这些新兴国家的宪法大多由与伊斯坦布尔苏丹或高门一起合作的国际社会的斡旋者完成，这些斡旋者曾经出任通事或帝国顾问，了解他们所从事的行业。巴尔干战争把冲突带到科斯坦丁尼耶的前门。激烈的战事发生在离伊斯坦布尔 30 公里开外的地方。伊斯坦布尔居民回忆炮击时家中窗户轰隆作响；前线逼近城市，叫人胆战心惊。[3] 城市西部设有恰塔尔贾防线（Çatalca Lines），这是 1876 年为对抗俄国人而修筑的一连串防御工事与要塞——与过去拜占庭皇帝阿纳斯塔修斯修筑的长墙相呼应。受伤的士兵与逃难的穆斯林再度涌入伊斯坦布尔，改变了城中的种族构成。有目击者提到，成千上万无家可归的家庭前往阿亚索菲亚清真寺及其花园寻求庇护。伊斯坦布尔的轮廓正发生明显的变化。在机密公报中，一些奥斯曼大臣考虑把首都从科斯坦丁尼耶迁往阿勒颇（Aleppo），以期改善土耳其与阿拉伯的关系。

英国人获邀协助促进奥斯曼海军现代化的工作，陆军则委托给了德国人。英国当局租借金角湾帝国兵工厂三十年。列强坚持埃迪尔内必须割让给保加利亚，此举激怒了立宪派叛乱分子。在伊斯坦布尔，青年土耳其党人（企图以立宪政府取代绝对君主制的政治改革运动）率先发难进行变革，然后夺取权力，最终造成分裂。1913 年到 1918 年间，割让领土后的奥斯曼帝国主要掌控在高门的三帕夏手中，他们是大维齐尔塔拉特帕夏（Talat Pasha）、军事大臣恩维尔帕夏（Enver Pasha）与海军大臣杰马尔帕夏（Cemal Pasha）。当中欧与东欧领土割让的详尽细节在伦敦装饰着木质镶板的房间里被反复推敲的时候，青年土耳其党人发动了政变。

塔拉特帕夏在回忆录中提道：

> 1913 年的伦敦会议未考虑阿尔巴尼亚与马其顿境内大部分地区主
> 要人口是土耳其人，他们如同致命的外科医师，肆意挥舞手术刀划分巴
> 尔干国界。这场手术不仅未能达成预期的结果，反而让疾病向外扩散，
> 使整个欧洲都染上了不治之症。巴尔干战争引发了世界大战。[4]

的确发生了更糟的事。1914 年 6 月 28 日，穿透弗朗茨·斐迪南大公
（Archduke Franz-Ferdinand）座车脆弱外壳的清晰弹孔只是一道微小的裂口；
而这道口子却引发了众所周知的第一次世界大战。到了 1914 年，伊斯坦布尔
身处剧烈冲突之中已经两年，它即将成为发生更大规模冲突的战场。

随着 7 月 28 日新战争的爆发，奥斯曼帝国一时还无法看清自己还有哪条
路可以选择。英国仍要求对银行贷款进行惩罚性清偿，而德国则承诺给予奥斯
曼帝国经济保障并协助其复仇。

当青年土耳其党人打算与德国皇帝联盟时（8 月 1 日两国签署了秘密协定），
奥斯曼战舰苏丹奥斯曼一世号（Sultan Osman I）与雷沙迪耶号（Reşadiye）仍在
英国造船厂建造。在纽卡斯尔（Newcastle），乔迪（Geordie）*工人正为他们以为
的盟友铆接、装配当时的终极海上武器无畏舰（Dreadnoughts）。8 月中旬，这
两艘战舰很快被英国征用，并改名为阿金科特号（HMS Agincourt）与艾林号
（HMS Erin）。科斯坦丁尼耶居民对此深感愤怒，因为这两艘战舰是民众募捐购
买的。作为替代，德国提供了两艘巡洋舰，而伊斯坦布尔开放赫勒斯滂（达达
尼尔海峡）确保这两艘巡洋舰能摆脱紧追不舍的英国人安全抵达伊斯坦布尔。

伊斯坦布尔选择了新的盟友，也因此结下了新的敌人。10 月 16 日星期五，
价值 100 万英镑的德国黄金通过火车从柏林运抵锡尔凯吉车站。五天后，第二
批同等价值的黄金也顺利抵达。在伊斯坦布尔街头，提倡全体动员的海报张贴
在墙上与门口。士兵必须报到服役。在德国的报纸、奖章乃至香烟盒上，一些

---

*　英格兰东北部地区民众的昵称，带有强烈的劳工阶级色彩。——编注

土耳其人，特别是恩维尔帕夏，现在都被描绘成英雄。吸引奥斯曼人加入这场
冲突对德国人颇有裨益。德国人结交的这位新盟友，其领土坐落在绝佳的位置
上，既可以从黑海与高加索地区对俄罗斯施压，又能攻击在埃及的英国人，还
可以借所谓"圣战"之名，煽动英法控制的亚洲与北非穆斯林领土的不满情
绪。德国的诉求获得热烈回应。德国派往奥斯曼的使节团团长利曼·冯·桑德
斯（Liman von Sanders）将军记录了对方的反应，恩维尔帕夏"提出异想天开
但值得重视的想法。他告诉我，他考虑经由阿富汗行军直达印度……"[5]在科
斯坦丁尼耶，战争的话题再度掀起热潮。

1914 年 10 月 29 日，配置德国水兵的奥斯曼船舰炮轰俄罗斯黑海沿岸城
市敖德萨与塞瓦斯托波尔：奥斯曼人加入战局。隔月，11 月 11 日，苏丹穆罕
默德五世在托普卡珀皇宫的先知圣物旁宣布对协约国发动"圣战"。在伊斯坦
布尔，英国国民一夕之间遭到孤立，英国利益不再被重视。到了 12 月，粮食
开始短缺。从达达尼尔海峡通往俄国的运输路线遭到封锁，造成了俄国现金与
补给短缺。这成了引发 1917 年俄国布尔什维克革命的一大原因。

伦敦方面感到焦虑，有许多理由让西方对东方抱持兴趣。君士坦丁堡与
协约国分道扬镳将向拥有大量穆斯林人口的国家（如印度）发送令人不安的信
号（第一次世界大战期间，一些印度殖民地军队确实叛逃到奥斯曼阵营）。德
国的红、白、黑三色旗飘扬在托普卡珀墙头是令人无法想象的事。如果有任何
国家控制君士坦丁堡"这个整场战争中最丰厚的战利品"，[6]那么英国人认为
这个国家就算不是英国，也应该是俄国。为这个混乱局面火上浇油的是，1914
年，英国政府已经取得英伊石油公司（Anglo-Persian Oil Company）51% 的股
份；英国继续确保阿巴丹（Abadan）的供给，并占领了巴士拉。在美索不达米
亚，英国高级军官与战略家珀西·萨卡里亚·考克斯爵士（Sir Percy Zachariah
Cox）原本主张圆滑地与奥斯曼人合作，此时他却向当地民众表示，鉴于英国
国旗已经在巴士拉飘扬，"任何残留的土耳其行政机构都不能待在这个地方。
因此，凡是英国国旗升起的地方，民众将享有自由与正义，无论宗教或世俗事
务皆然"。[7]为了防止阿拉伯人与土耳其人在"圣战"号召下团结起来，英国
暗示将协助进行宗教政体的变革，"真正的阿拉伯人将在麦加或麦地那担任哈
里发"。[8]到了 1915 年 2 月，奥斯曼水域到处可见英国船舰。

　　当协约国首次炮轰达达尼尔海峡沿岸的消息传来，忧心忡忡的苏丹和他的皇室与政府成员计划从伊斯坦布尔逃往埃斯基谢希尔，也就是原初奥斯曼栩栩如生地梦见占领君士坦丁堡的地方。但此次炮轰的结果是协约国船舰因触及密集部署的水雷，数量大为减少。起初，奥斯曼人看似击退了协约国的攻势，但或许是出于明智，伊斯坦布尔居民没有自发地进行胜利游行。美国大使提到，为了鼓动爱国主义情绪，警方挨家挨户地登门拜访，要求民众挂起庆祝彩旗。[9] 伊斯坦布尔民众的信心匮乏其实不无道理。越来越多协约国军队朝达达尼尔海峡而来，许多军官行囊里装着荷马的《伊利亚特》，有些人甚至计划进行一场灾难性的"特洛伊木马"行动，他们把运煤船克莱德河号（Clyde）改装成搭载 2100 名士兵的运兵船。这艘笨重的伪运煤船非但没能侵袭加里波利的大门，反倒成为活靶子；船上官兵因此蒙受重大伤亡。

　　显然，协约国需要的不只是水上的船舰，还有陆上的地面部队。伦敦方面，达达尼尔战役一直得到年轻的第一海军大臣丘吉尔（Winston Churchill）的支持，这场战役派遣了君士坦丁堡远征军，很快被称为地中海远征军。丘吉尔相信，将海军派往东方可以打破位于比利时与法国的西线战场形成的僵局。1915 年 1 月 13 日，战争会议在唐宁街十号内阁会议室召开，[10] 会议秘书莫里斯·汉基（Maurice Hankey）如此描述这场会议："丘吉尔突然透露了他严守的秘密，表示要出动海军进攻达达尼尔海峡！这个想法立刻引起了大家的兴趣，会议室里的气氛为之一变，疲劳倦意不翼而飞。参加战争会议的人从西线战场死伤惨烈的阴霾中隐约看见了地中海的光明前景。"[11]

　　4 月初，英军第二十九师、皇家海军与骑兵旅，连同澳新军团与新成立的法国东方远征军，动身前往赫勒斯滂。官方公报明确描述这次远征的目的是"征服君士坦丁堡"。于是，英军来到了利姆诺斯岛、印布洛斯岛与特内多兹岛。这些岛屿曾出现在荷马笔下希腊人的冒险故事中，也曾被拜占庭皇帝基于战略目的用于贮藏粮食。五百五十年前，当奥斯曼人西进时，加里波利半岛曾见证过如此狂热的活动；如今协约国选择此地作为攻击点，正因这里是深具象征意义的兵家必争之地。协约国最初计划在 4 月 23 日，也就是圣乔治日时登陆加里波利，这个节日显然具备爱国精神与基督教的含义，特别是圣乔治的出身是小亚细亚的基督教殉教者。协约国的计划是一寸一寸逐步攻占沿岸长满了灌木丛的海峡，然后夺取君士坦丁堡。可以从十先令纸钞的发行数量看出这个计划充满着无声的信心：要让英国纸币在这处大英帝国的新领地里自由流通。作为未来的法定货币，上面加印着阿拉伯文；在协约国士兵的尸体上发现了大量这样的纸钞。

4月24日至25日，在夜色的掩护下，澳洲潜艇"AE 2"号设法穿过达达尼尔海峡进入马尔马拉海，并且反复浮出海面，制造出有多艘潜艇的假象。4月27日，另一艘潜艇"E 14"号在马尔马拉海击沉了四艘开往加里波利的敌舰，其中一艘载满了士兵。三天后，从君士坦丁堡—伊斯坦布尔派出了八个营的预备队；一个月后，奥斯曼运输舰斯坦布尔号在博斯普鲁斯海峡遭鱼雷击沉，伊斯坦布尔陷入恐慌。到了秋天，协约国业已封锁达达尼尔海峡东部的入口，阻止德国潜艇驰援奥斯曼盟友的首都。如今，每逢低潮时，海岸边仍依稀可见沉没的小艇与战舰残骸。

在君士坦丁堡，除了粮食短缺，现在连点灯的煤气都不够用。煤的匮乏、煤气厂的关闭，意味着在历史上被形容为"光辉之城"的这座城市，如今已陷入令人焦虑的黑暗。安纳托利亚许多农民被征召入伍，乡间的妇女与孩童开始挨饿。家中有人服役参与战斗的伊斯坦布尔居民陷入充满绝望的痛苦之中。1914年12月，一支奥斯曼部队前往高加索地区与俄军作战，结果证明，这是一场应受斥责的灾难。伊斯坦布尔士兵只带了面饼当口粮，身上则是轻便的军装；在这种状况下行走于山区小径无异于死亡行军。目击者描述风雪让人发疯而死；到了早晨，他们的尸体结冰、发黑而僵硬，一天之内就有10000人死亡。在出发的10万名士兵中，只有18000人生还。[12] 1915年2月，土耳其向苏伊士运河发起的攻击同样损失惨重。苏伊士吹刮的沙暴也好，高加索山区的积雪也罢，带来的都是屈辱的失败。这些既是气候上的挑战，也是混乱、无能与不幸的风暴所造成的后果。双方都曾以为自己胜券在握。

1915年4月，许多协约国部队，包括澳新军团，在恰纳卡莱（Çanakkale）地区登陆。英军与澳新军团登陆海峡的欧洲沿岸，法军则在亚洲沿岸登陆。澳大利亚首相安德鲁·费希尔（Andrew Fisher）表示，澳大利亚将支持英国"直到最后一兵一卒和最后一先令"。澳新军团士兵在船舱两侧潦草地写道："取得君士坦丁堡，不成功，便成仁。攻下后宫。端出你们的土耳其软糖。"[13] 当土耳其人呼求安拉时，协约国士兵则是回以"胜负已定"。双方发起了激烈的宣传战。协约国的出版物以及扩音器呼喊的声明提醒土耳其人，他们曾经是朋友，德国才是真正的敌人，英国及其盟友将尊重穆斯林的神、君士坦丁堡的文化与奥斯曼人民。[14]

奥斯曼战士，又称"小穆罕默德"（Mehmedçik），被协约国形容为"土耳其小子"（Johnny Turk）。穆斯塔法·凯末尔（Mustafa Kemal）也是小穆罕默德的一员，日后他将形塑土耳其这个国家，成为阿塔图尔克（Atatürk），即"土耳其之父"。根据奥斯曼与协约国阵营的说法，双方的士兵都骁勇善战且视死如归。[15]双方似乎一直不情不愿地尊重着彼此。在某则值得注意的插曲中，凯末尔与奥布雷·赫伯特（Aubrey Herbert）曾在 5 月 24 日协商进行 9 个小时的停火。半盲的奥布雷·赫伯特是第五代卡那封伯爵（Earl of Carnarvon）同父异母的弟弟，七年后，卡那封伯爵发现了图坦卡蒙（Tutankhamun）的陵墓，而奥布雷则成立了英国土耳其学会（Anglo-Turkish Society）的前身。之所以安排停火，仅仅是因为死伤的人数实在太多；尸体腐烂的臭味与尚未死亡之人的哀号，这一切都令人难以忍受。奥布雷写道，腐肉的气味盖过了幽谷内百里香的芬芳。[16]当收集尸体的士兵（当时只有两名士兵被发现时还活着）在无人地带碰面时，他们彼此交换纪念物、烟盒、军服纽扣与炮弹碎片，甚至相互拥抱。

有人曾拍下促成这场"五月停火"的大屠杀照片，他还在短短数小时的和平期与一些土耳其战士交谈，大家都叫他"土耳其的查理"（Turkish Charlie）。在俄土战争中，这位"土耳其的查理"（真名是查尔斯·斯诺德格拉斯·莱恩[Charles Snodgrass Ryan]）曾以军医身份与奥斯曼人并肩作战；他曾经获颁奥斯曼勋章，还会讲奥斯曼土耳其语。斯诺德格拉斯体现了 19 世纪末 20 世纪初地缘政治原本可能呈现的多种面貌，如果国家间变幻莫测的忠诚在当初以截然不同的方式发展。

英国陆军部发现土耳其士兵是非常难缠的对手，于是从殖民地召集同样难缠的第十四锡克团＊来到加里波利多石且有蛇类出没的海岸。他们不只是令人畏惧的战士，对英国人而言，也不会产生用穆斯林部队与有同样信仰的人作战

＊　英属印度军队的一个团。锡克教（Sikh）是印度次大陆的一神教，发源于旁遮普（Punjab）地
　　区。——编注

所衍生的复杂问题。2015 年，加里波利战役一百周年纪念在特拉法加广场一间夏日阳光照耀的教堂举行，现场挤满了缠着头巾的男性与身着火红莎丽（sari）的女性。现场宣读了印度国务大臣奥斯丁·张伯伦（Austen Chamberlain）向下议院提交的报告：

> 有谁能读到第十四锡克团登陆赫勒斯岬（Cape Helles）的作战行动而不感到激动……550 名作战人员竟有 430 名捐躯？一两天后，当我们的军队成功推进，再度穿过相同的地点时，统领的将军告诉我，每个锡克团成员倒地时都面向敌军，而绝大多数身子底下都还压着一名敌人。[17]

君士坦丁堡发挥它历史悠久的吸引力，不过并非吸引人们前来寻乐，而是前来送死。在科斯坦丁尼耶，协约国大肆宣传的胜利让城市居民感到恐惧。一些获准留在君士坦丁堡的法国与英国国民被蛮横地围捕，并送往达达尼尔海峡沿岸不设防的城市；一方面作为人质，另一方面也充当人肉盾牌。

一名奥斯曼上尉在寄给他的"美丽天使"的信中提道：

> 在这里，我们遭受英国人的轰炸。我们得不到喘息，几乎没有食物可吃，因为疾病而垂死的有数百人之多。不满的情绪在军中滋长着，我祈求上苍结束这一切。我可以看见美丽的君士坦丁堡化为废墟，我们的孩子死于刀剑之下，唯有神的恩典可以挽救这场浩劫……唉，我们为什么要参与这场邪恶的战争呢？[18]

几天后，这名上尉死亡。

1916 年 1 月 9 日，加里波利战役结束，奥斯曼人取得优势。丘吉尔因为这场溃败悄悄遭到解职。一般认为科斯坦丁尼耶在加里波利之役险胜，但事实上很难确定谁才是真正赢家。年复一年，来自亚洲、英国、澳大利亚、新西兰与其他地方的忧伤的朝圣者缅怀着这场战役，他们耸着肩膀，在高温下走向许多人倒下身亡的地方。在伊斯坦布尔举行礼拜期间，居民依然哀悼死去的奥斯曼人。

派往加里波利的协约国部队有 50 万人，死伤大约有半数之多，奥斯曼军队的伤亡略多于此数，有 9 万人战死，165000 人受伤。战争期间，当地总共有 80 万人因为作战或疾病丧生。加里波利周边岩石嶙峋的土地上，依然可见地雷、铺上沙土的藏身处和战壕的遗迹。此

加里波利半岛的安扎克（Anzac）海滩，约于 1915 年 6 月。前景可见到驳船的残骸。查尔斯·斯诺德格拉斯·莱恩摄。

外还有一些看似简陋但耐人寻味的纪念遗址。为了标记每一场战争的胜利，人们用弹壳堆起两人高的纪念碑，用来纪念胜利与缅怀死者。这些纪念碑等同于古代的"胜利纪念"（tropaion）：古希腊人、波斯人与色雷斯人在和拜占庭及其统治地区展开古代战役时，会围绕未经雕饰的战胜纪念碑庆祝。这些纪念碑提醒我们，这个地区曾经历的诸多流血事件和所追求的短暂荣光。

1915 年春，俄罗斯攻打奥斯曼安纳托利亚东部领土，这片辽阔平坦的平原曾经见证 4 世纪基督教的建立与 11 世纪突厥人在曼齐克特的集结。亚美尼亚人曾经努力推动改革以争取更多的自治权，据说此时他们选择支持入侵者；一些人的确叛逃到俄罗斯军队。结果，4 月 25 日，在协约国部队登陆前的星期日（有些人称为"红色星期日"），2500 名亚美尼亚的重要人物（教士、新闻记者、作家、律师、老师、政治人物与科学家）遭到驱逐或杀害。美国大使亨利·摩根索（Henry Morgenthau）提出警告，如果奥斯曼继续采取这种政策，那么安纳托利亚的亚美尼亚人将面临致命的危险。德国大使汉斯·弗莱赫尔·冯·凡根海姆男爵（Baron Hans Freiherr von Wangenheim）对这项警告做出回应，他在一份带着卡珊德拉（Cassandra）* 口吻的电报中表示："只要英国不攻

---

* 古希腊罗马神话中特洛伊的公主，有预言的能力，后被阿波罗诅咒，无论她的预言真实与否，都不被人相信。——编注

击恰纳卡莱（Cannakaale）……就没什么好担心的。否则什么都不能保证。"[19]
在初次整肃中幸存的亚美尼亚人，有些被带往奥斯曼叙利亚。一些人断言，他们在前往叙利亚途中遭受的部族攻击，是伊斯坦布尔的奥斯曼大臣安排的。

　　尽管发生流血与屠杀，许多协约国人士相信科斯坦丁尼耶迟早会被攻下，他们认为土耳其人已走投无路，所以才一不做二不休，企图在自己被毁灭前肆无忌惮地进行破坏。"前美国外交公使与前美国驻君士坦丁堡大使馆特别专员"刘易斯·爱因斯坦（Lewis Einstein）的日记提供了令人不安的视角。[20] 起初是施加私刑；拥有身份地位的亚美尼亚人在奇力克·阿里帕夏清真寺外迅速架设的简陋绞刑台上被绞死。德国人担心情势演变为街头暴民统治，出面维持秩序，于是伊斯坦布尔暂时获得了脆弱的平静。亚美尼亚人在这座城市投入的心血如此明显：从多尔玛巴赫切宫与努斯瑞蒂耶清真寺的设计，到银行体系，再到医师、作家与金匠的工作成果。尽管如此，还是可以看到一群群缩着身子的亚美尼亚人被押送到城市警局，而不是回家。

　　学者让我们注意到有关死去的亚美尼亚人的事实细节，估计的死亡人数大约在 60 万到 100 万人之间。这些细节都记载在奥斯曼军事法庭的庭审记录中，自 1919 年起面向公众开放，法庭审判了在各省城市包括特拉布宗（拜占庭特拉比松）以及在伊斯坦布尔犯下战争罪的奥斯曼人。[21]

　　与此同时，英国人在阿拉伯领土密谋策动阿拉伯人叛乱。1917 年，英国占领巴格达与耶路撒冷，1918 年占领杰里科（Jericho）与大马士革。同年，在美吉多（Megiddo），也就是《圣经》中的哈米吉多顿（Armageddon）*的遗址上，英国陆军中将埃德蒙·艾伦比（Edmund Allenby）在阿拉伯叛军非正规部队的协助下，成功切断犹大山地的奥斯曼部队，取得决定性的胜利。次年，艾伦比受封为美吉多的艾伦比子爵。艾伦比奋战夺得的这片土地目前正在挖掘中，连同其他发现物在内，已出土一间 3 世纪的基督教祈祷厅，镶嵌地板装饰着鱼类图案，向后人昭示这座祭坛是早期身份尊贵的女性基督徒所供奉，用来"纪念上帝耶稣基督"。

---

* 收录于《圣经》的《启示录》提到，世界末日来临之际，以上帝为代表的善和以撒旦代表的恶在哈米吉多顿展开善恶大决战。——编注

通往中东的新动脉，位于博斯普鲁斯海峡亚洲沿岸的新哥特式海达尔帕夏火车站，原本有可能促进西方与东方的持续接触。但 1917 年 9 月 6 日，部分铁路路段和售票大厅被英国特务炸毁，毁损的痕迹至今依稀可见。夺取柏林到巴格达的铁路线对英国来说也许是一次道义上的胜利，却招致许多东方民众长久的憎恨。

1915 年，最后一支苏雷商队从于斯屈达尔出发，前往伊斯兰教圣城。1919 年，为了保护四百年来从伊斯坦布尔运往麦加与麦地那的礼物，黄金首饰盒、镶着珠宝的宝剑与以银线缝制的衣服全被送回博斯普鲁斯海峡沿岸的伊斯坦布尔。伊斯坦布尔本身就是伊斯兰世界的珠宝，是伊斯兰教的居所。今日，这些礼物已成为托普卡珀皇宫热门的展示品。

停战协议于 1918 年 11 月 11 日上午 11 时生效。就在停战协议生效两个星期前，奥斯曼与英国接触商讨结束战争的条件。双方协商代表象征性地在爱琴海的"阿伽门农号"战舰上进行谈判。不到两天的时间，博斯普鲁斯海峡挤满了西方舰队，值得注意的是，君士坦丁堡面对的协约国火力强度远超过其他首都城市。[22] 拥有先进武器且极其自负的部队再度痛击伊斯坦布尔的各处水道，海浪上的浮沫由绿转白；入侵者展现出急切的自信。尽管有"阿伽门农号"上达成的停战协定，法军与英军却领先一步驻扎在金角湾两岸的斯坦布尔与弗朗吉斯坦。其中一名将军骑着白马巡视街头，像极了骑士征服者。英法两国分别占据了某些区域和宫殿。伊斯坦布尔就像一本故事书，协约国则像是孩子，他们各自撕下自己喜爱的篇章，然后占为己有。

英国官方观察员沃德·普莱斯（G. Ward Price）对 1918 年 11 月 10 日君士坦丁堡投降做了报导：

> 下午 3 点，天气多云，却充斥着东西的漫射光线，我们围绕着古老的宫殿岬，进入金角湾水域。
>
> 没有任何人示威，仿佛没有人注意到英国舰队的先遣部队已经抵达。然而当我们接近码头时，才发现房子与窗户全挤满了人。
>
> 人群呈现出一种不寻常的红色调，这是因为他们头上戴着绯红色的菲斯帽，这些群众争相目睹英军上岸，万头攒动，其中有少数人挥舞着手帕。一名德国军官站在码头上，离驱逐舰即将靠岸的地方不远。

他对此比任何人都感兴趣，但他装出毫不在乎的样子，时不时打打哈欠。一小群德国士兵与水兵在他身后列队，仿佛为了给彼此打气。数年来，他们一直以伊斯坦布尔的军神自任，但现在他们的祭坛已经倾覆，他们看见土耳其海军高级军官匆忙走过他们身旁，向他们曾经认为自己可以鄙视的国家代表致敬。[23]

1918年11月13日，以"阿伽门农号"打头的42艘协约国船舰驶过海峡。虽然城里许多居民感到惶恐，例如倚靠在托普卡珀皇宫窗边的苏丹与金角湾的渔民，其他人却呈现出一种开派对一样的欢庆气氛。双翼飞机为这个时刻增添兴奋感，基督徒女孩抛洒花朵，男人在街上喝得烂醉。协约国官员昂首阔步走进多尔玛巴赫切宫，不过有些人在私人日记里坦承，他们当时其实内心忐忑不安。看来，科斯坦丁尼耶这座城市似乎已成为西方的囊中物。

协约国官员兴高采烈地进行讨论，他们认为，无论从精神还是象征层面都有必要将阿亚索菲亚清真寺复原为基督教教堂。手持机关枪的奥斯曼人在阿亚索菲亚清真寺门口守候，阻止他们将这一想法付诸实践。1919年10月，英国外交大臣寇松勋爵（Lord Curzon）形容存在于伊斯坦布尔的土耳其事物是"瘟疫"。羽翼渐丰的土耳其民族主义遭到压抑。1919年，英国首相大卫·劳合·乔治（David Lloyd George）表示："土耳其人控制下的斯坦布尔，不仅是各种东方邪恶事物的温床，也是将腐败、阴谋这些毒害广泛散布到欧洲的源头……君士坦丁堡不属于土耳其，其居民绝大多数也不是土耳其人。"[24]

有人提出令人信服的方案，建议将君士坦丁堡的土耳其人迁至布尔萨或科尼亚。君士坦丁堡监狱里的非穆斯林被释放，而土耳其民族主义者则被枪毙。土耳其人开始组织地下反抗运动作为回应。穆斯林中产阶级妇女生平第一次被迫离家，到临近博斯普鲁斯海峡的仓库缝制衣物，如今这些仓库已改建成时髦的艺廊。谣言传遍了大街小巷，并在各处的露台传播，说是已经确定要将土耳其人逐出君士坦丁堡。伊斯坦布尔居民自豪地称呼自己的城市是"幸福的居所"（Dar-I Saadet）、"门槛"（Asitane）、"世界之母"（Umm-u Dünya），然而这座城市不再属于他们。[25]第一次世界大战于1918年宣布停战和平后，伊斯坦布尔是唯一被协约国部队占领的交战国首都。

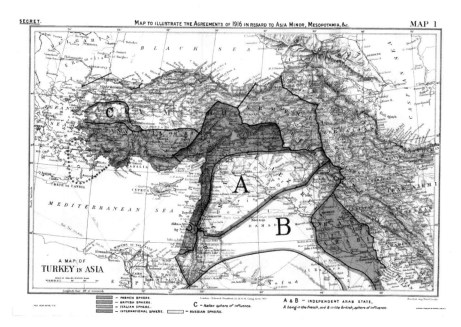

推定的《赛克斯—皮科协定》，草拟于 1916 年。

　　从协约国占领伊斯坦布尔的那天起，穆斯塔法·凯末尔便登记入住佩拉宫饭店，并且不动声色地观察事态发展。这名来自萨洛尼卡的年轻人，身上佩戴了法国、德国与奥斯曼颁授的第一次世界大战勋章。凯末尔受人尊敬而且显然相当精明，他决定试探沃德·普莱斯的想法。他提出的问题是，一旦英国人（相较于法国人，凯末尔对英国人较有好感）开始分割奥斯曼帝国，他要如何介入？

　　沃德把凯末尔的问题上报英国政府，但英国政府并没把他当回事儿。然而，凯末尔不愿如此轻易地被撤到历史边缘；参加第一次世界大战的经历将在他身上，在伊斯坦布尔的命运中留下印记。

　　战地的苦难，例如阿拉伯沙漠的炽热、阻挠士兵通行的加里波利荆棘丛，以及将人活活冻死的高加索山区隘口，此时因为又加上了最肆无忌惮的干预手段而进一步加剧。不为人知的《赛克斯—皮科协定》（Sykes-Picot Agreement）在 1915 年 11 月到 12 月间，由法国驻伦敦大使保罗·康邦（Paul Cambon）与英国外交大臣爱德华·格雷爵士（Sir Edward Grey）在两轮书信往返讨论后被草草拟定，而后又于彼得格勒（Petrograd，曾经的圣彼得堡）与俄国外交大臣谢尔盖·萨宗诺夫（Sergei Sazonov）进行闭门会议后敲定。这个协定以参与协商的英法外交人员命名，主张奥斯曼位于中东、安纳托利亚、北非与欧洲的领土在战后应如同生日蛋糕般予以分割。[26]

分割协定的详细规定在 1916 年 5 月 9 日康邦写给格雷的信中具体载明。5 月 16 日，格雷在给康邦的回信中表示英法双方已批准协定条款。1916 年 5 月 23 日，经三大协约国彼此换文后该协定已具有官方效力，虽然没有公开宣布。

这些协商与 1915 年 3 月签订的《君士坦丁堡协定》，决定将伊斯坦布尔交给俄罗斯。曾经在奥斯曼统治下由科斯坦丁尼耶掌控的土地，以及在此之前由拜占庭人统治的土地，还有更早之前由罗马人统治的土地，以及夹在这些领土之间独立的土地，被一连串令人忧心的直线分割。《赛克斯—皮科协定》从未真正生效，它更像幽灵般的历史推动者。今日中东许多地区的领土划分其实可以追溯到上述这些对话与讨论。然而，参与这些对话的人根本无权声索原属于拜占斯大城的土地。

布尔什维克革命的爆发，使得伊斯坦布尔沦为彼得格勒—圣彼得堡殖民地的计划胎死腹中。1917 年的事件不仅致使俄罗斯退出战局，俄罗斯的停滞也让这个拙劣的秘密协定曝光。许多西方人也许已经忘了《赛克斯—皮科协定》，但这项协定的影响却在持续发挥作用。在第一次世界大战爆发的一百年后，ISIS 于 2014 年发布的宣传影片便以《赛克斯—皮科协定》作为核心内容，除了要求废除协定（即便《赛克斯—皮科协定》从未实施），也主张所有信仰伊斯兰教的土地都应统一成一个乌玛*。为了去除殖民影响，《赛克斯—皮科协定》现在已成为 ISIS 成员及其支持者在推特上最热门的搜索关键词。ISIS 的领袖阿布·贝克尔·巴格达迪（Abu Bakr al-Baghdadi）最早从伊拉克中部的萨迈拉发迹，这座伊斯兰城市曾经生产了精雕细琢的门扉，但这些门后来改变了用途，被用于基督教僧侣的坟墓中。巴格达迪利用社交媒体激化与宣扬他对于在历史的混乱时刻制定的《赛克斯—皮科协定》的谴责。ISIS 宣称已经"粉碎"了这项协定。在伊斯坦布尔的皇宫里，参与第一次世界大战被视为来自伊斯兰世界的反击，但时至今日，这场战争却被当成未竟的事业大肆宣传。

---

* 乌玛（ummah）：指全世界穆斯林团体。——编注

第七十五章　红苹果

公元 1919 年—1922 年（伊斯兰历 1337 年—1341 年）

国王，我将从被大理石包覆的沉睡中复活，

我将从神秘的坟墓现身

去开启砖造的金门；

我将战胜哈里发与沙皇，

在"红苹果树"*之外追猎他们，

我将在我古老的疆界上休息。

科斯蒂斯·帕拉马斯（Kostis Palamas），

《国王的长笛》（*The King's Flute*, 1910 年）[1]

　　1918 年，第一次世界大战结束，民众涌上街头跳舞庆祝；此后，英国想起了自己的老朋友。主张积极干涉的人认为，君士坦丁堡就算未归属于俄国人，也将归属于其他国家。他们的计划是再造科斯坦丁尼耶，使其再次成为信仰基督教的君士坦丁堡。在佩拉宫饭店的国际法庭上，这一切似乎都言之成理。

　　但协约国没有料到土耳其人有这等胆量，更没有想到紧接着会有人异军突起，成为众人瞩目的焦点。年轻的军官穆斯塔法·凯末尔曾支持联合进步委员会，并在加里波利的杀戮战场上崭露头角。1919 年，38 岁的凯末尔进一步证明自己是统一土耳其的救世主。凯末尔生于塞萨洛尼基，在伊斯坦布尔接受训练，出任莫纳斯提尔军事学院（Military Academy of Monastir）的教官。莫

---

* 见第 407 页，"红苹果"的预言与诅咒。——编注

穆斯塔法·凯末尔，约1916年。

纳斯提尔即今日的比托拉（Bitola），那里的向导热情地告诉我，穆斯塔法赢得了凯末尔的称号，凯末尔有"卓越或完美"的意思，之后于亚洲与欧洲沿海赢得政治地位。成为"土耳其人之父"的这名男子的确是埃格那提亚大道之子，他的成长也受益于这条鼓励多元、多民族沟通的大道。当塞萨洛尼基因巴尔干战争落入希腊之手时，凯末尔的母亲、继父与妹妹便沿着埃格那提亚大道逃难来到伊斯坦布尔。加里波利战役期间，凯末尔上了新闻——1915年10月，《思想先锋报》（Tasvir-i Efkâr）刊登了他的一张相片。凯末尔被报纸与城里非法印刷厂印行的政治小册子推崇为加齐（圣战士）；对于"举世倾羡之城"，他有自己的计划。也许第一次世界大战即将结束，但对伊斯坦布尔居民来说，一场新的冲突正在酝酿之中。随着协约国赢得大战，希腊首相埃莱夫塞里奥斯·韦尼泽洛斯（Eleutherios Venizelos）开始热切宣传"伟大理想"（Great Idea）：希腊将再度横跨两大陆，徜徉五海。

1919年5月，韦尼泽洛斯派遣的希腊军队在英国支持下，回到他们两千六百年前的发源地，希腊军队在士麦那（土耳其人称为伊兹密尔）附近的海岸登陆，然后朝内陆挺进。在伊斯坦布尔，塔克西姆广场上耀武扬威地立起韦尼泽洛斯的照片，佩拉街头也升起了希腊国旗。

先前曾向英国政府提出晋升要求却遭到驳回的凯末尔被当成了颠覆分子，而且即将被驱逐到马耳他岛。这名聪明、野心勃勃且能力超群，被苏丹派去安纳托利亚督导军队的男子发现了一个机会。凯末尔推动成立了"安纳托利亚与鲁米利亚权利保护协会"，在东方建立自己的权力基础。虽然伊斯坦布尔把他当成叛国贼，但其他地方却视他为"加里波利的英雄"。当时发行的明信片描绘了一个魅力非凡的神秘人物偷偷溜出伊斯坦布尔，迎向崭新的安纳托利亚黎明。

凯末尔原本听从苏丹穆罕默德六世的指令，在此之后却自行其是，就像亚西比德一样独断专行，成为受人拥戴的政治私掠船船长。在东方，他把督导军队的工作转变成组织反抗军。安卡拉成为吸引优秀颠覆分子的磁石。由于苏丹无力支付官员薪水，凯末尔进而提供了一个冒险、刺激的替代方案。在首都，

军火库的武器开始离奇
失踪。民众对苏丹的
无能感到失望，群起到
苏丹艾哈迈德广场示
威抗议。这个广场位
于伊斯坦布尔的高丘，
过去曾是色雷斯的据
点、希腊的卫城、罗
马的省府，之后成为
拜占庭与奥斯曼的权
力中心。1920 年 5 月
1 日，被众人推举为总

欧洲饥饿地图，1918 年

统的凯末尔在安卡拉新成立的大国民议会（Grand National Assembly）上宣示
发动"圣战"。他在颁布的文件中首次提出要争取土耳其人的权利，而不是奥
斯曼人的权利。

　　此时，希腊发生了一连串不幸事件，充分显示历史充满了偶然性。希腊国
王康斯坦丁原初在 1917 年退位，却因为一些不寻常的状况，于 1920 年 10 月
重返希腊。今日，在雅典郊外的皇家庄园，空荡荡的游泳池布满脏乱的涂鸦，
草地上到处是羊粪。当初就在这个地方，康斯坦丁的儿子、希腊国王亚历山大
的宠物犬攻击了一只宠物猕猴；在随之而来的骚动中，亚历山大被另一只猴
子咬伤，不到一个月暴毙，得年 27 岁。于是，父亲康斯坦丁在众人敦促下返
国复位，他也成为希腊人近乎末世论的幻想的焦点人物。"这么说或许不夸
张，有二十五万人因为这只猴子一咬而丢了性命。"丘吉尔说道。雅典报纸把
新国王康斯坦丁与过去的拜占庭皇帝君士坦丁十一世的头像放在一起，后者
终于从金门底下的安息处"复生"，大步向前收复君士坦丁堡，屠杀土耳其恶
龙。潘多拉的最后一个诅咒——希望，从她那致命的魔盒里被释放出来。希腊
人在仓促之中采取的行动，在闲暇时将令他们感到后悔。

　　1920 年 8 月，在巴黎西南部景色优美的色佛尔（Sèvres）的一间陶瓷工厂
展览室里，协约国自行草拟了他们自己的文件。《色佛尔条约》的拟定不顾外

交人员的忠告（但奥斯曼苏丹却同意了），大刀阔斧地重新划分了北非、中东与东地中海地区的疆界。奥斯曼的阿拉伯领土被分割成几个新兴国家，由法国与英国管理，表面上不称为殖民地，本质上却是殖民主义的延续。英国取得伊拉克与外约旦，法国取得黎巴嫩；设立英属巴勒斯坦托管地与法属叙利亚托管地，小亚细亚沿海地区归还希腊。此外，达达尼尔与博斯普鲁斯海峡以及马尔马拉海由国际共管。除非为了执行新成立的国际联盟的决定，否则不许封锁这些水道或在其中发动战争。至于伊斯坦布尔，这座古老的帝国城市将由英国、法国、保加利亚、奥匈帝国、意大利、日本、希腊与美国共同管理。1922年，大英帝国统治了世界五分之一以上的人口，这份条约的安排使英国占尽上风。

1922年，土耳其军队进逼伊兹密尔—士麦那，城市遭大火焚烧数日。幸存者爬上救生艇，其余的人不是被螺旋桨绞成碎片就是遭到射杀。许多伊斯坦布尔居民认为，自己将是下一个惨死者。

双方各执一词，强烈控诉对方的暴行，事实上希土战争可谓既混乱又血腥。希腊一名指挥官安德烈亲王，也就是英国女王伊丽莎白二世的夫婿爱丁堡公爵的父亲，坦承自己对在地上所上演的残酷事件感到震惊。希腊军队夺取埃迪尔内，然后是布尔萨，并且直捣安纳托利亚。然而希腊士兵先胜后衰，开始溃退；土耳其民兵追踵其后收复失地。伊斯坦布尔作家伊斯梅尔·克斯金（Ismail Keskin）情绪激动地回忆幼时听到发生在这个时期的绝望故事。他的曾祖母是混血儿，在带着两个小孩（一个是还在蹒跚学步的小孩，一个则是十个月大的男婴）逃往西方的途中，暂时躲藏在乡间的洞穴里。男婴开始啼哭，随行妇女在惊恐之下，低声要求这位母亲带着孩子离开，要不然就把孩子杀死。这是一项没有选择的选择：冒着两个孩子同死的危险离开，或者选择用布闷死她的儿子让他安静下来；她选择了后者。

今日，宽阔的马里查河分隔了希腊与土耳其，河川两侧长满水草，散落着石柱，笼罩着一层层缭绕的雾气，正如当时有许多人在此溺毙，21世纪许多亚洲与非洲难民也同样命丧于此；边境的狙击手与桥上的武装卫兵却没有能力或不愿伸出援手。1922年10月，在《多伦多星报》（*Toronto Star*）担任记者的欧内斯特·海明威（Ernest Hemingway）描述了这一景象："在阿德里安堡（埃迪尔内）渡过马里查河的大部队中，有母牛、阉牛与身体沾满淤泥的水牛拉的货车，有疲惫的男人、女人与孩子，前后绵延32公里，他们头上蒙着毛毯，带着自己在世间的财物，于大雨中茫然前行。"[2]

因此，当英国宣布占领伊斯坦布尔，威胁用死刑对付那些同情民族主义者的人时，这座避难之城顿时成了难民之城。最初到来的是一些逃离革命的俄国人，争夺伊斯坦布尔，以及随后对博斯普鲁斯海峡补给线的封锁，也在某种程度上推动了俄国革命。俄罗斯人大量涌入伊斯坦布尔，他们打包行李，将一大张从未切割、无法使用的俄罗纸钞铺在桌子上。[3]钞票上的图像源自拜占庭的双头鹰，这个具有象征意义的猛禽回到拜占斯之城，却沦为二维的拙劣模仿。许多难民睡在排水沟或苏丹皇宫的马厩里。佩拉的鲜花廊街（Flower Passage）之所以得名，是因为卖花的妇女在被协约国士兵骚扰时群聚于此获得力量。由于处境极为艰困，因此一个慈善团体每天要提供食物给16万俄罗斯人。[4]不久，饥饿的希腊人与土耳其人也加入俄罗斯人的行列。

在英国控制伊斯坦布尔的这段时期，城里英国军官的报告在发自内心的关切、边缘政策、乏味的日常工作与大胆行为之间摇摆。[5]1922年11月，当大国民议会政府宣布将废除苏丹制度时，英国人"绑架"了甘愿被带走的苏丹穆罕默德六世。苏丹通过忠诚的乐队指挥传递讯息给查尔斯·哈灵顿将军（General Charles Harington）："阁下，鉴于我在伊斯坦布尔有性命之忧，我要与英国政府一同避难，并请求尽速让我离开伊斯坦布尔前往他处。穆罕默德·瓦希德丁（Mehmed Vahideddin），穆斯林的哈里发。"英军伴装进行清晨的操练，将苏丹送上漆着红十字的救护车，从耶尔德兹宫迅速前往多尔玛巴赫切宫；苏丹从这里搭船前往造船厂，再转乘英国战舰。英国战舰载着这位皇家流亡者先前往马耳他，再到意大利。1926年，伊斯坦布尔的末代苏丹穆罕默德·瓦希德丁于圣雷莫（San Remo）去世。查尔斯·哈灵顿将军受托照顾苏丹的五名妻子。在这期间，耶尔德兹宫被一名意大利商人改装成了赌场。

1923年10月2日，英国军队终于离开科斯坦丁尼耶，他们的船舰悄悄从多尔玛巴赫切宫外的码头驶离。直到此时，一直对苏丹忠心耿耿的土耳其武装部队终于转向东方，他们现在效忠的是凯末尔。伊斯坦布尔末代苏丹犯了终极之罪，他实际上把"举世倾羡之城""两颗蓝宝石之间的钻石"和"这座城市"交给了敌人。失去了这座城市，古老的美梦随之破碎，还魂之人也将苏醒。

第七十六章　大灾难

公元 1921 年—1923 年（伊斯兰历 1339 年—1342 年）

> 一场可怕的混乱……一场可以预见所有恐怖事物即将发生，而你却无法出手阻止的噩梦。

格特鲁德·贝尔（Gertrude Bell），

描述奥斯曼帝国瓦解后中东的局势，1919 年 [1]

> 圣索菲亚是光明之处，是智慧，是世人最需要却已经失去的东西。

托马斯·惠特莫尔（Thomas Whittemore），阿亚索菲亚清真寺未来的修复者，

写于科斯坦丁尼耶，1920 年 7 月 6 日 [2]

在 11、12 世纪希腊北部卡瓦拉内陆基督徒曾放火烧光彼此城市的地方，有座名叫寇托科皮（Chortokopi）的荒废村落，村中悄无人声，只能听到云雀在枝头鸣叫和鸡群在附近修道院心满意足地扒地面的声音。一名神经科学家小心翼翼穿过瓦砾堆与坍倒的围墙；20 世纪 50 年代，这里曾是他上课的教室，他还记得自己在这里学习并向老师背诵诗文。他原是城里的孩子，但回想起山丘顶端传来羊铃的叮当声时，内心总带着兴奋之情，并曾因此立下成为一名牧羊人的志向。若真是如此，那将是神经科学界的损失。希尔维亚里德斯教授（Professor Silviarides）回忆在此地的生活时，记得在夜里，母亲曾在家中简陋的厨房哭泣。希尔维亚里德斯的家人来自特拉比松，是 1923 年根据《洛桑条约》（Treaty of Lausanne）第 142 条"交换人口"的规定，来到这里的本都希腊人（Pontic Greeks）。一年之间，50 万名穆斯林从希腊迁往土耳其，130 万

1922 年，试图搭船离开伊斯坦布尔的希腊难民。

名希腊人从安纳托利亚迁往希腊。《洛桑条约》承认土耳其在希土战争中获胜，也试图借由分隔基督徒希腊人与穆斯林土耳其人来避免种族暴行。但希尔维亚里德斯教授的祖父刚在黑海岸边（穆斯林与基督徒在这里一起生活了将近五百年）盖了新居；他认为人口交换只是一时的疯狂政治举措，并且相信自己很快就会重返故乡。

勒令迁移的最后期限是 12 月 26 日。对如此的长途旅行而言，这是个残酷的月份。许多遭到宗教清洗的难民沿着埃格那提亚大道往东或向西前行，身上只带着一个行李箱——你能带走的只有可以随身携带的物品。未经原国家的明确许可，返回家乡是违法的。米利特制度曾经保护了少数族群；现如今，这些得不到保护的民众全数遭到驱逐。在这之后不久通过了一项法律：难民留下的所有财产一律充公。

色雷斯北部埃格那提亚大道的罗马铺路石两千多年来一直保持着原状，未受干扰，但接踵而来的家庭被迫将道路开辟成农田，并将那些铺路石挖掘出来。《洛桑条约》原文以法文书写，在瑞士群山的冷漠见证下签署，它开创了一个可怕的先例：这是历史上第一次被国际法允许的"集体人口转移"。政治人物扮演着上帝的角色，他们使用的法律概念将在 20 世纪继续遭到滥用。

人口交换也许造成了长期问题，但由于衰败的奥斯曼国毫无法纪可言，此举或许反而避免了大屠杀的发生。然而此举使个人付出的代价却十分惊人，承受后果的人形容这场交换是"可耻的人肉交易，伤害了现代文明"。[3]

希腊北部的这片土地疲惫地见证了东正教徒朝一个方向前进，而穆斯林则往另一个方向前进，这一切都给人一种世事无常的忧郁感受。离开小亚细亚的希腊人绝大多数是商人阶级，许多人只会说土耳其语；东行的穆斯林绝大多数是种植烟草的农民。欧洲、北非与中东的吸烟者数十年来抽的都是詹尼察（Giannitsa）香烟，这种香烟使用的烟草由欧洲穆斯林种植，烟草田就位于奥斯曼拜占庭的叛依者埃夫雷诺斯·贝伊于 1383 年建立的城镇附近。只有少数人从这场干预中获益，而小亚细亚显然蒙受了较大的损失。伊斯坦布尔周围出现了难民营，许多人死于营中。

在伊斯坦布尔，虽然希腊牧首区获得特别豁免，得以继续留在城里，一定数量的家庭也确实继续留在牧首区周围的希腊区与佩拉，但城内这块东正教基督徒聚居地的孤立状况很快变得让人难以忍受。大约有 15 万人认定自己别无选择，只能离开这座城市。1922 年，伊斯坦布尔有 1413 家餐厅，其中 1169 家是希腊人开的。与其他非穆斯林人口一样，希腊人也许不是主政者，却是城市重要的一环。但到了 1932 年，希腊基督徒却被禁止从事包括裁缝、医师在内的 30 种职业。十年后，希腊人又被课以新税。1955 年，"伊斯坦布尔骚乱"（Istanbul Pogrom）期间，愤怒的土耳其青年攻击东正教教堂、商店、学校乃至墓地，焚烧与破坏财物，导致十余人死亡，许多人遭受虐待，更多人选择收拾行囊逃亡。

经历希土战争和人口交换后，伊斯坦布尔余留的 24 万希腊人如今剩下不到 1000 人。芬内尔——希腊人在此居住超过两千五百年——曾经是伊斯坦布尔最富裕的一块区域，现在却沦为最贫穷的地方。那些倾颓的木造宅邸数世纪以来一直是伊斯坦布尔享有特权的法那尔人的居住区，现在则是勉强糊口的经济移民的居住区，为那些主要以务农为生、来伊斯坦布尔寻找工作的人提供住所。[4]

权力掮客为了净化种族让许多人受害，而这些受害者的抗议声宛如高空的飞机云，不久便消散无踪，了无痕迹。

格特鲁德·贝尔是冒险者、探险家、作家与间谍，时常造访伊斯坦布尔的她把第一次世界大战与奥斯曼统治崩溃的副作用形容成"一场可怕的混乱"。在人们的记忆里，1920 年到 1922 年的希土战争，以及根据宗教或历史强制驱逐家庭住户的做法，简直就是一场"大灾难"。

奉行世界主义的伊斯坦布尔逐渐被民族主义者形容成"拜占庭妓女"，一座任由来自外国的情爱与金钱玷污的城市。这场"大灾难"是弄巧成拙、充满偏见、缺乏想象力以及傲慢的产物，它似乎成为起源于雅林布加兹洞穴的文明留下的腐烂果实。

等待伊斯坦布尔的是一个悬而未决的将来。凯末尔真诚地表示："伊斯坦布尔是两个世界的交会点，土耳其祖国的光彩，土耳其历史的宝藏，土耳其民族珍视的城市，伊斯坦布尔在全国人民心中占有一席之地。"他正计划让自己热爱的祖国呈现出新的面貌，而在这个计划里，伊斯坦布尔的地位仍旧不确定。据说一只怀表在加里波利救了凯末尔一命。一颗子弹打碎了怀表，但未杀死凯末尔。无论这是不是一则都市传说，可以确定的是，凯末尔的生还将重设伊斯坦布尔与未来土耳其共和国的机械与文化时钟。

凯末尔记得当自己成为叛军并遭伊斯坦布尔西方阵营否认时，还有另一座城市欢迎他，并且，安卡拉拥有铁路与电报局这两个便利条件，凯末尔因此将它作为自己的革命重镇。1923 年 10 月 13 日，土耳其首都正式迁往安卡拉，同月 29 日，土耳其共和国成立。共和国宣言在鼓声与 101 门礼炮齐射声中发布，展现了纯正的奥斯曼风格。现在，凯末尔政府承载了土耳其人的希望。他的肖像出现在大街小巷以及咖啡馆的墙上，至今有些地方仍坚持这么做。不久，凯末尔成为"阿塔图尔克"——土耳其人之父。民族主义获得最终的胜利。[5]

长久以来作为目的地或中转站的伊斯坦布尔似乎成了明日黄花，遭人遗弃。从宪法上来说，高门这道门户通往的地方已不再重要。

第七十七章　最后的哈里发

公元 1922 年—1944 年（伊斯兰历 1340 年—1364 年）

> 一旦从穆斯林心灵中去除这种神秘元素，必将造成伊斯兰世界的纷争。
>
> 伊玛目苏丹·穆罕默德·沙阿（Imam Sultan Muhammad Shah，阿迦汗三世［The Aga Khan III］）与萨伊德·阿弥尔·阿里（Sayyed Ameer Ali），《呼吁土耳其保留哈里发制度》（"An Appeal to Turkey to Retain the Khilafat"），《泰晤士报》，1923 年 12 月 14 日 [1]

对于末代奥斯曼哈里发而言，不无讽刺的是，他的伯父 [2] 兴建多尔玛巴赫切宫，原本是作为展望这座城市未来的愿景，结果这座宫殿成了帝国灭亡、奥斯曼统治终结与奥斯曼哈里发制度瓦解的背景。

多尔玛巴赫切宫的兴建极尽奢华之能事。建造费用相当今日的 15 亿英镑，宫里装饰有 18 吨的金叶、一座维多利亚女王赠送的巨大枝形吊灯、螺旋状的斑岩和条纹大理石。要前往楼上的房间，必须通过以黑檀木与黄铜配件衬托的水晶阶梯。君士坦丁大帝的母亲海伦娜皇后据说是灰姑娘故事的灵感来源，宛如白马王子兴建的伊斯坦布尔宫殿理所当然眼见皇室童话故事的终结。

多尔玛巴赫切宫的图书室是温暖的，装饰着灯具与地球仪，就像子宫一样安全而隐秘。然而对许多人来说，这里却是难以忘怀的地方，因为哈里发就是在此被罢黜的。1922 年（伊斯兰历 1340 年），苏丹与哈里发被区分为两种制度。同年 11 月，苏丹遭到废除，哈里发仍保留其宗教的角色，实权却被剥夺；现在哈里发从属于国家。就在四个月前，继承堂兄穆罕默德六世皇位的苏丹阿卜杜勒迈吉德二世取得哈里发头衔，他从 8 岁起就被拘禁在王子的牢笼卡菲斯。

1924 年 3 月 3 日，大国民议会迅速通过法律，宣布哈里发制度为多余之物。哈里发职位被废除，超过 140 名奥斯曼王朝的成员被放逐。当天傍晚，伊斯坦布尔总督告知阿卜杜勒迈吉德这项紧急讯息——他必须在黎明前离开。[3]

然而，废除哈里发不会是一段轻松的历程。当士兵进宫时，哈里发正在阅读蒙田（有些描述说是《古兰经》），虽然他起初未做任何抵抗，并且表示只想带走自己的绘画用具，但士兵很快就将皇宫团团围住，电话线被切断。当消息传遍整个伊斯兰世界时，许多人明确表示，废除伊斯坦布尔哈里发不仅会对国家政治造成打击，还会对伊斯兰教的精神核心造成伤害。在印度，奥斯曼哈里发权力的削弱引发了"哈里发运动"。18 世纪起，许多印度穆斯林再度承认奥斯曼苏丹是信徒的领袖。伊斯坦布尔的苏丹在主麻日的祷告中被纪念。"哈里发运动"旨在集结国内外的穆斯林，使其团结成一体。它将成为 20 世纪印度—巴基斯坦分治运动的温床。

黎明前，哈里发与他的家人（两个妻子与一儿一女）从侧门被带离皇宫，但不是被带往锡尔凯吉车站，而是城外的恰塔尔贾车站，以免引起侧目与抗议。相关描述不一，有人回忆他们是被枪指着离开的。据说苏丹的女儿杜尔卢谢夫瓦尔（Dürrüşehvar）哭着说自己不想要这种"西方"的自由。一则至今仍广为流传的故事提到，车站的站长刚好是犹太人，他发现乘客的身份后就去泡茶，当哈里发向他致谢时，他痛哭流涕地说，犹太人才应该感谢哈里发在 1492 年格拉纳达陷落时收容他们。很快，36 名王子、48 名公主与 60 名孩子全部遭到流放。

于是，1924 年 3 月 4 日，伊斯坦布尔末代哈里发阿卜杜勒迈吉德从土耳其国库领了 2000 英镑后被送上东方快车，并于午夜时分被送往瑞士。这一年，博斯普鲁斯海峡出现冰山，伊斯坦布尔市内许多树上积满了雪。出于某些原因，1924 年一直存留在集体记忆中。阿富汗国王、埃及国王福阿德（Fuad）、汉志（Hijaz）国王侯赛因与也门伊玛目都曾被提议替代哈里发担任伊斯兰教领袖。哈里发被罢黜后，库尔德人与哈里发国的紧密联结反而削弱了他们的地位。库尔德人的部族首领移居至西土耳其，公开使用与教授库尔德语也被禁止。1925 年 3 月，在土耳其对哈里发制度表示支持也被宣布为非法。[4] 有人提

伊斯坦布尔末代哈里发阿卜杜勒迈吉德二世的女儿贝拉尔公主（Princess of Berar），由塞西尔·比顿（Cecil Beaton）摄于印度，1944 年 3 月。

议，从情感、理智与准宗教的层面来看，应该由土耳其国民议会扮演哈里发的角色。而凯末尔在推动这些巨大变革时表现出的人格力量也不容小觑。

在这个历时四百七十年的古老制度瓦解的鸣咽声中，出现了意料之外的赢家。19 世纪下半叶，最接近权力的人享受到了西化与城市改造带来的特殊利益，尤以苏丹的家眷为核心。虽然苏丹遭到罢黜，但由于后宫嫔妃都是奴隶，因此她们有权保有自己的财产。皇室成员遭到放逐，他们的"附属品"倒是例外——子女必须离开伊斯坦布尔，母亲与妻子则不必。这是针对"取多给少"的根深蒂固的奴隶经济所做的最后一次修正。

后宫露天庭院后方的房间，也就是托普卡珀皇宫的宠妃露台（Terrace of the Favourites），在 1909 年人去楼空后就这样原封不动地空置了五十年；床铺覆盖了厚厚的灰尘，瓷砖上结满格子状的蜘蛛网。苏丹家族最后一名成员，内丝莉夏·奥斯曼欧鲁公主（Princess Neslişah Osmanoglu），生于 1921 年，之后流亡海外，2012 年死于伊斯坦布尔。

1922 年，还有另一名皇宫成员去世，他那尖利刺耳的假声曾在 1902 年被录制下来。这份录音中，一名欧洲宦官演唱着歌曲，在他生活的年代，奥斯曼宫廷仍有宦官服侍。这份我们所拥有的最古老的录音，证明了近五百年来在伊斯坦布尔手握大权的宦官的存在。我们也拥有一张同时代的奥斯曼宦官的照片；他们四肢修长，脸颊光滑，穿着花呢西装，衣领上过浆，打扮得十分体面。十九名黑人和一名白人有的站着，有的坐着，所有人都若有所思地望着镜头。

这是苏丹后宫黑人宦官的最后一次聚会。随着 1922 年奥斯曼帝国瓦解，他们成立了一个自助团体，以面对接下来必须忍受的物质与心理转变。

如果你曾在 1924 年夏天之后漫步于蓝色海岸（French Riviera），或许你会看见前哈里发阿卜杜勒迈吉德带着他的遮阳伞，静静地画着素描或在海滨步道上散步。纳粹占领巴黎之时，一些犹太人被土耳其大使解救，秘密偷渡回伊斯坦布尔，但阿卜杜勒迈吉德始终未能踏上回家的旅程。1944 年 8 月，就在巴黎解放前两天，阿卜杜勒迈吉德终于在巴黎第十六区苏谢大道（Boulevard Sucher）的雅致住宅中去世，他的邻居是温莎公爵夫妇（Duke and Duchess Windsor）。在一座因迷恋"东方风情"而至少保留些许伊斯坦布尔可能成为的样貌的城市里，阿卜杜勒迈吉德或许得以体会到一点活在家乡的感觉。十年后，末代奥斯曼哈里发的遗骨移葬麦地那。

拜占庭、君士坦丁堡、科斯坦丁尼耶、伊斯坦布尔——对许多人来说，这座城市紧密结合或代表了一个"观念"，它的影响力如此深远，以至于它的故事，无论在帝国、精神、文化还是政治层面，终将在城市之中，以及城市以外的所有地方上演。

奥斯曼帝国的三位帕夏都在 1921 年到 1922 年间惨死。杰马尔于格鲁吉亚首都第比利斯遭到暗杀，恩维尔在中亚穆斯林反布尔什维克的抗争中过世，塔拉特在柏林遭亚美尼亚刺客击毙。三人死亡的地点提醒我们伊斯坦布尔在各个地区的影响力，而这些影响力看起来还会持续下去。

第七十八章　全球的未来

公元 1924 年（伊斯兰历 1342 年—1343 年）以降

> 舞池的大理石
>
> 粉碎错综复杂的苦涩愤怒，
>
> 那些由依然鲜明的景象
>
> 所产生的景象，
>
> 那被海豚撕裂，被钟声折磨的大海。

叶芝，《拜占庭》

　　在巴黎某间阁楼里发现了一尊精雕细琢的大理石半身像。人像本身是个相貌高贵的绅士：眉头深锁，身着君士坦丁堡传统服饰，衣服上钉着皱绸纽扣，头戴菲斯帽。这张面孔本身就是伊斯坦布尔诸多成功故事中的一个。亚伯拉罕·所罗门·卡蒙多（Abraham Salomon Camondo）是犹太家族的大家长，他协助重整财政，让伊斯坦布尔能够顺利转型，迈入现代世界。

　　1492 年，卡蒙多家族与其他塞法迪犹太人（Sephardic Jews）离开格拉纳达抵达伊斯坦布尔，此后卡蒙多家族屡次在这座城市的记录中出现。但家族真正的转折点是 1802 年艾萨克·卡蒙多（Isaac Camondo）创办银行。这个新兴的商业王朝被形容为"东方的罗斯柴尔德"。在克里米亚战争导致机会锐减之前，卡蒙多家族协助出资购置博斯普鲁斯海峡的蒸汽渡轮，并兴建电车轨道。1869 年，已成为伊斯坦布尔最大地主的卡蒙多家族迁往巴黎。在这里，他们继续扩充他们丰富的艺术收藏，包括玛丽·安托瓦内特（Marie Antoinette）的黑檀木橱柜、蓬帕杜夫人的日本漆器收藏与早期印象派作品。

在加拉达，通往银行街（Bankalar Caddesi）的优雅的卡蒙多阶梯至今依然完好。银行街是卡蒙多家族发展起来的，但卡蒙多家族与其他成千上万犹太人一样，于1943年逃离奥斯曼的几座大城（例如在塞萨洛尼基，在距今一千五百多年前罗马皇帝狄奥多西一世下令进行屠杀之地不远处*，有54000名犹太人被德国军队围捕），最终都在奥斯维辛（Auschwitz）遇害。当第二次世界大战进展渐趋丑恶之时，土耳其驻巴黎大使馆听闻有犹太人被送上开往集中营的火车，于是开放办事处向奥斯曼犹太人分发穆斯林青年学生护照，使他们能逃离法国返回伊斯坦布尔。根据估算，在两个月内，法国有15000名犹太人获救，到了战争结束时，东欧又有20000名犹太人获救。

2016年5月，在我把这本书交给出版社的那天，伊斯坦布尔举行了首届由联合国主办的世界人道主义峰会。时值第二次世界大战以来最严重的难民危机，在各国政要与国家元首抵达时，从过去曾经是奥斯曼领土而如今已陷入停滞的地区逃难来到伊斯坦布尔的难民数量，已超过世上任何一个首都。伊斯坦布尔也许自古以来就一直遭受围攻，但它奋力反抗，从不向受困的心态屈服。

国内与国外的和平乃是新共和国成立的基石。

今日，伊斯坦布尔的城市人口已超过世界三分之二的国家；从城市的一端到另一端的距离宽161公里。[1] 而凯末尔的改革试图将政治火力从首都伊斯坦布尔移往安卡拉与更广阔的安纳托利亚故土。凯末尔曾经刻意划着一艘小木船横渡博斯普鲁斯海峡，好远离苏丹的镀金驳船。最初，安卡拉的基础条件十分简陋，法国大使馆一开始被设在铁路食堂里。凯末尔与新政府无意摧毁伊斯坦布尔的精神，他们只是想削弱伊斯坦布尔无远弗届的影响力。外国使馆（英国起初表示反对）从伊斯坦布尔迁往安卡拉。安卡拉人口只有29000人，因此当帝国转变成共和国，而行政中心往东迁移15小时车程的距离时，有多达85%的公务员与93%的奥斯曼陆军参谋军官依然留在原先的岗位。安纳托利亚乡村开始实施先进的教育制度；农村子弟必须学习西方乐器，例如小提琴；同样也要学习他们的传统民谣；此外他们还要在桑树下朗诵莎士比亚的作品。学生

---

* 见第140页。——编注

们在希腊悲剧最初上演的地方演出这些戏剧。乡村的教学试验进行了十年左右。凯末尔也坚持土耳其全国的孩子每天早上都要吟诵："我是土耳其人。我是诚实的。我努力用功。我的信条是保护弱小、尊敬长辈，我爱我的祖国与民族更胜于我自己。我的期望是飞得更高、走得更远。愿我的一生能为土耳其做出贡献。"[2]

1924年起，首次有系统的政策规定，将明信片上的"两颗蓝宝石之间的钻石"称为伊斯坦布尔而非君士坦丁堡。1928年，拉丁字母取代阿拉伯字母。1930年3月28日起，土耳其邮局不再寄送地址写着君士坦丁堡的邮件。在此之前曾有过类似的尝试（18世纪与俄国开战期间，苏丹在钱币上铸印"伊斯兰布尔"[Islambol]而非君士坦丁堡[Constantinople]），但土耳其共和国的做法更系统。不了解自己历史的国家必将灭亡，凯末尔说道；他的话被铭刻在伊斯坦布尔的奥斯曼军事博物馆。[3] 曾经控制伊斯坦布尔的人，如色雷斯人、希腊人、波斯人、罗马人、拜占庭人、拉丁人、奥斯曼人、英国人与土耳其人，他们为了商业贸易、政治诉求、人口或观念的流通，专程来到此地。这些看不见的联结是难以打破的，正是它们赋予伊斯坦布尔作为一处地域和一种观念的力量。伊斯坦布尔的存在不仅限于城市本身，也延伸至城市以外。卡瓦拉这个埃格那提亚大道的驿站，曾经被诺曼基督徒焚毁，而后又遭奥斯曼土耳其人攻占。此地有一块巨大的红黄路标，上面装饰了拜占庭黑白相间的双头鹰，自豪地指示通往"君士坦丁堡"而非"伊斯坦布尔"的路径。胡莫修道院（Humor Monastery）原属摩尔达维亚，今属于罗马尼亚，曾在1530年重建；修道院中奇妙的湿壁画不仅描绘了1453年君士坦丁堡围城，也描绘了末日审判与圣母赞美诗——这幅湿壁画的灵感来自626年牧首瑟吉欧斯为感谢圣母玛利亚拯救君士坦丁堡而作的赞美诗。此外，还有一些返祖遗风被保留下来，例如阿索斯山上的僧徒，他们依然活在斯图狄奥斯修道院的僧侣描述的梦境里 *。希腊菜大部分来自小亚细亚。在锡夫诺斯岛，克鲁索匹基教堂孤零零地坐落在往大海延伸的岩石海岬上，人们在热心指引下前去观看悬挂在教堂屋顶可爱的模型船；当初有一名穆斯林遭遇船难被圣母玛利

---

* 见第 173 页。——编注

亚救起，因此出资兴建了这座教堂供奉圣母。基克拉泽斯群岛的安达罗斯岛上有一间门可罗雀的维塔利（Vitali）海滩餐馆，游客沿着羊肠小径与手写的标示摸索到这里，餐馆里年轻的希腊侍者端上木莎卡（moussaka，茄子肉酱千层饼）与炖茄子佐时蔬（imam bayıldı）时，可以看见他臂膀上拜占庭双头鹰的刺青。挥洒的墨水彰显了爱国情怀又带着徒劳的愤怒，表明伊斯坦布尔在他的心目中依然是希腊城市君士坦丁堡。

在今日的伊斯坦布尔，被路障包围的牧首区依然是"新罗马"的牧首区，它拥有的辖地也许仅有拜占庭帝国极盛时期领土的五十万分之一（在奥斯曼统治时期，希腊东正教会在奥斯曼境内依然保有土地所有者的身份），[4] 但"幸运之城"深厚的历史却极富张力。2007 年，我从雅典搭船，经过伊兹拉岛（Hydra）与波罗斯岛（Poros），到希腊本土南部寻找一名男子，他的名片上写着"尼古拉·罗曼诺夫——俄罗斯亲王"。我们谈起这名假定的亲王的祖母在黑海的地产，也谈到尼古拉是不是在世的末代恺撒。这名老人提起他的叔叔曾被软禁在巴黎，以绘制东正教圣像作为疗愈手段。尼古拉是新罗马帝国观念的活历史，他的家里到处都是双头鹰的图案。双头鹰发源于赫梯平原，然后经由罗马鹰旗传回拜占庭。罗曼诺夫亲王坦承，如果能听到阿亚索菲亚清真寺上的新月被十字架取代的消息，他就能安心离开人世了。我们现在称为伊斯坦布尔的这座城市，它在人们的想象中回荡的声音，不亚于真实历史。

伊斯坦布尔的故事尚未结束；而说到历史，更多的证据即将出现。黎凡特地区（Levant）与中东的希腊、罗马、拜占庭与奥斯曼遗址仍有待发掘。1949年，当金角湾的希拉塔拉加（Silahtarağa）正要兴建电厂时（这是土耳其共和国现代化计划的一环），一幅刻在黑白大理石上的古希腊提坦与众神战斗的雕刻被挖掘出土。这个宗教雕刻标志着，此地可能是人们长久以来相信的拜占斯诞生地。

20 世纪 60 年代，运送欧美所需石化燃料的新型超级油轮穿越博斯普鲁斯海峡，油轮在海峡搁浅，引发的熊熊大火让人回想起一千五百年前拜占庭人在水道上发射希腊火的情景。20 世纪 60 年代的大火，有些常常持续数日之久。这些黏稠乌黑的浓烟如烽火般指示着新世界的入口。身为第二次世界大战后马歇尔计划（Marshall Plan）的受益者，伊斯坦布尔开始承受美国带来的影响。在第一次世界大战前的四百年间，造访伊斯坦布尔的旅人可以在城中轻易地找到路；而历经 20 世纪 60 年代初与 70 年代的都市发展后，来访者往往会迷失方向。在这个日趋全球化的世界，伊斯坦布尔官员满怀雄心壮志，希望伊斯坦布尔作为一个现代化的全球城市可以再度成为全球要角。

到了 20 世纪 80 年代，甚至有传言说亲市场的总理图尔古特·厄扎尔（Turgut Özal, 1983 年—1989 年在位）想把首都从安卡拉迁回伊斯坦布尔。相应地，他必然想让伊斯坦布尔变得更具吸引力。今日，许多文化遗产保护组织表示怀念厄扎尔之前伊斯坦布尔的样貌。70 年代以来的可怕污染让金角湾成了臭不可闻、宛如一滩死水的潟湖。2000 年开始的整治计划改善了污染问题，金角湾也开始变得清澈。俄国人大举对伊斯坦布尔进行投资，尤其在新兴的金融区。然而，由于政治忠诚与国际金融的不稳定性，在我写作之际，伊斯坦布尔资本主义只能寄希望于亚洲沿岸一连串劳民伤财的巨大坑洞，以及那些多余累赘的起重机。土耳其加入欧盟的协商一波三折。转向东方，安纳托利亚的辽阔天空、草原冻原与中亚似乎正伸开双臂表示欢迎。2016 年秋，土耳其废除欧洲夏令时。

上海合作组织（简称"上合"组织）是中国、印度、巴基斯坦、俄罗斯与一些中亚国家组成的涉及政治、军事与经济的政府间国际组织，土耳其领袖认为这个组织比欧盟更好、更有力、与本国的发展路线更一致。[5] 至少二十五个世纪以来，伊斯坦布尔一直是许多人渴望和需要的城市。东方与西方依然在土耳其宫廷大献殷勤。从希腊人建城以来，先是拜占庭，而后是基督教君士坦丁堡，最后为伊斯兰布尔（Islambol）的哈里发所统治；伊斯坦布尔的力量来自它的自信，相信自己是受神赐福的城市。建筑在异教圣殿之上的阿亚索菲亚既是教堂也是清真寺；信仰、时间与人类的努力使它屹立不倒，长久以来它的曲线与伊斯坦布尔七座古老的山丘相互呼应。阿亚索菲亚看着这一切，圆顶虽然龟裂，但它仍坐观这一切，耐心等待着。

然而，尽管拥有深远的影响力，是第一个与最后一个横跨欧亚的城市，是联络南北最快速的通道，是拜占庭帝国躯体中跃动的"希腊—罗马"心脏；尽管君士坦丁堡是中世纪的世界之都，还有奥斯曼人在此宰制国际政治将近五百年，在面对世界上最猛烈的冲击之时，伊斯坦布尔并没有固守自我、毫不退让。伊斯坦布尔的故事或许过于复杂，各个章节之间紧密交织，它无法满足我们的欲望，为世界故事的展开提供统一的解释。作为一座城市，伊斯坦布尔既是"我们的"，也是"他人的"，它是一座无法归类的国际都市。

布鲁塞尔皇家艺术与历史博物馆是一个明显深受古典时代影响的机构，拥有圆形大厅（rotunda）与柱廊，它的收藏品经过陈列安排，以示对短暂的欧洲统一理念的赞美。在这座博物馆里，表现出类似的统一精神的最早期中世纪文明珍宝被堆积在地下室；一个雕刻精美的拜占庭象牙首饰盒被放在暖气旁边；希腊与罗马文明在一楼接受访客的赞扬；伊斯兰文化则被安排在特别设计的豪华展馆展出，馆内设有可自动调节光线的窗户。[6]

嫉妒、恐惧、欲望、贪婪、流言与政治活动意味着从古到今这座拥有三个名字的城市与外来者之间的紧张关系。当法国人想形容某些事物过度奢华且昂贵时，他们会说"这东西很拜占庭"。英语世界总是把叠床架屋的行政体系称作"拜占庭式的"，言外之意是指这样的政府架构腐败且不透明。[7]伊斯坦布尔后宫一直是引发无数想象的对象。我们对伊斯坦布尔女性的认识，绝大部分来自表演者、作家、思想家、画家、诗人、伪科学家与政治人物的幻想。奥斯曼的现实已变成西方所拥有某种东西——如同一头被虚构出来的喀迈拉（chimaera）*，这样我们可以用自己创造的东西来衡量我们自己。[8]

如今，巨幅广告牌上绘制着披着面纱、散发诱人气息的跳舞女郎，这类广告牌至今仍用来吸引各国的旅人。在流行的电视纪录片与戏剧里，我们看到拜占庭领袖弄瞎自己的儿子，把敌人扔进火炉里烧死，还有641年任意实施劓刑的文化（到了705年，复位的皇帝委托制作了黄金鼻套来遮掩脸上残缺的部分）。帕帝·雷伊·费莫尔（Paddy Leigh Fermor）追随拜占庭末代皇帝的足迹来到马尼（Mani）。在这里，他一边喝着茴香酒，一边体验醉酒时的梦境。之后，这名作家兼冒险家决定徒步走向"亚洲的大门"，但他告诉我们，他是带着愉快轻松的心情离开伊斯坦布尔的。事实上，当你穿梭在伊斯坦布尔的大街

---

* 希腊神话中会喷火的怪物，居于安纳托利亚的吕基亚。喀迈拉在近代演变成为混合异种生物部位的幻想生物的泛称。——编注

小巷时，你会感受到某种沉重的人类经验，其中带有挥之不去的哀伤与忧郁，这里徘徊着城市敌人的幽魂，例如在公共广场被活活烧死的人、在大皇宫走道上被刺瞎双眼的人、在托普卡珀皇宫花园被处以铁环绞刑的人，或者在第一次世界大战期间于临时搭建的绞刑台上被吊死的人。

　　这是一座用自己的传说与轨迹刺激人们产生幻想的城市，这也是一座系统地孕育出民众政治抗议的艰难现实的城市，鼓励民众参与政治抗争的城市。君士坦丁堡，这座复杂、多样、充满矛盾的大城，在某种信仰所产生的热度中被锻造出来，然后再回炉重造。虽然名义上是王国，是上帝的帝国，然而统治者快速递嬗和随即引发的动荡，是否正好给了民众发声的空间？拜占庭、君士坦丁堡、伊斯坦布尔深具诱惑力的地形，是否让此地的居民在意识到与统治者的联结之余，依然能感受到城市风貌的实质力量？大伊斯坦布尔的地理与地形规模，似乎正需要一个与之相辅相成的、充满活力的意识形态。君士坦丁堡是否真的是罗马共和国的继承者？最初的共和国已消逝在通往拜占庭的道路上，原本屹立于腓立比城外玉米田用来纪念共和国失败的凯旋门如今已成断壁残垣，这座凯旋门由马克·安东尼与屋大维兴建，当初还一度横跨在埃格那提亚大道上。伊斯坦布尔世世代代的居民绝大多数都曾亲眼看见某些形式的民众抗争。土耳其总统埃尔多安生于伊斯坦布尔，曾担任伊斯坦布尔市长，2016 年夏天，当他试图运用社交媒体平息未遂的军事政变时，高声疾呼："没有任何权力高于人民的权力。"

"伊斯坦布尔——拜占庭——君士坦丁堡——是我们的。"盖齐公园示威抗议期间，伊斯坦布尔民众在破碎的橱窗上如是写道。

涂鸦者的声明强而有力。但现在谁拥有伊斯坦布尔？伊斯坦布尔又将走向何方？从新石器时代的足迹开始，历经希腊建城者、罗马帝国建立者、基督教世界创建者、新查士丁尼人与青年土耳其党人的大胆营建，伊斯坦布尔业已成为一座拥有惯例与目标的城市，一座拥有永不枯竭的内在能量的重要都城。伊斯坦布尔永远没有倦怠的时候：城市的地理形态让你在抵达那里时总能充满活力。当地有一种明智的说法：伊斯坦布尔的亚洲市区与欧洲市区在同一时间会感受到不同的气象锋面。历史上，博斯普鲁斯海峡两岸都曾发生地震与海啸，风暴来袭时也曾降下脚掌大小的冰雹。这里的渔夫能用 30 种不同的名字称呼刮起浪潮的海风。

希腊诗人品达相信，城市长治久安的基石是良好的秩序（eunomia），但伊斯坦布尔同时也鼓励我们追求混乱与崩解，而这正是我们内心深处所向往的。伊斯坦布尔的历史事实与文字记载提醒我们，为什么我们必须彼此联结、沟通和交换；以及，必须要改变。拜占庭的历史发源于一座荒凉的边疆城镇。这座城市的生活向来是严苛的，即使偶然间能享有一点喘息的机会。今日，达达尼尔海峡是世界上最繁忙的水道，而博斯普鲁斯海峡则是四通八达的要冲。如果迦克墩是"盲者之城"，那么拜占庭、君士坦丁堡、伊斯坦布尔长久以来一直是明眼人的国度：早在"照相术"这一词汇发明之前，在光线下书写就已成为这座城市的本质。那些朝气蓬勃的观念与柔和光亮的事物是举世瞩目的焦点，使我们忍不住地凝望。如果伊斯坦布尔是两颗蓝宝石之间的钻石，那么它也是我们可以凝视与观看的珠宝，是反射我们自身欲望的多彩棱镜。

伊斯坦布尔不是东方与西方相遇之处，而是东方与西方渴望而热切地对视彼此的地方。虽然有时它们会被自己看见的东西惹恼，但它们仍乐意了解双方共同享有的愿望、故事和血统。

尾声

如果还有来生

而且有一天能从彼世重返人间

每个灵魂都能重获自由回到世上

可以依据自己的喜好寻找地方定居

如果幸运之神眷顾我，慷慨给予我一个星球作为居所

这样的恩典恐怕无法吸引我的兴趣

我想回归的地方是伊斯坦布尔。

亚哈亚·凯莫尔·贝亚蒂（Yahya Kemal Beyatlı），

《亲爱的伊斯坦布尔》（*Aziz Istanbul*）[1]

更新世巨大的地质变动过后，河川与水道形塑了人类历史。从四万年前现代心智诞生开始，通过讲述何谓人类的故事，我们理解这个世界。神经科学家现在认识到，人类独特的地方不仅在于拥有观念，还在于拥有一种沟通的驱动力；当我们跟游牧民族一样从事符合天性的活动，也就是旅行时，我们的心灵会处于α波*状态。

我们并未被迫从一个地方移居到另一个地方，但我们的确这么做了。我们大可一直待在非洲，也无须冒险航行、横越大西洋的海脊。人类基因中潜藏着

---

* α波活动与人类右脑关联，是连接意识与潜意识的桥梁，和人的想象力与创造力密切相关。——编注

国际主义的诱惑。博斯普鲁斯海峡、马尔马拉海、黑海、金角湾、赫勒斯滂与两岸的陆地是人类共同的经验与记忆的储藏地。更新世冰河时期之后，亚洲与欧洲分离，横跨在这个缺口之上的伊斯坦布尔自然成了世上最重要与最珍贵的城市之一。许多人尝试跨越这道缺口：大流士与用船搭建桥梁、征服者穆罕默德建造浮桥、1860 年奥斯曼苏丹阿卜杜勒迈吉德一世委托法国工程师西蒙·普雷欧尔（Simon Préault）发起海底隧道计划。

既然现在伊斯坦布尔已经借由道路、桥梁和博斯普鲁斯海底隧道与亚洲联结，这座"举世倾羡之城"也就有机会表现"ghosti"——这个古老的词汇由"客人"（guest）和"主人"（host）结合而成，是一种表示欢迎的礼貌说法，鼓励我们与其他人相互联系。

希腊哲学家亚里士多德在《政治学》第一卷表示：城市之所以能够运作，是因为城市内部的居民彼此相互合作。经济学家告诉我们，城市的兴起产生了不平等与专业化，今日，唯有通过持续的经济增长才能使其存续。但我认为，伊斯坦布尔提醒我们了另一项事实：本质上来说，从第一列史前足迹开始，伊斯坦布尔一直是世界主义者与国际公民的城市。伊斯坦布尔体现了犬儒学派第欧根尼（Diogenes the Cynic）创造的词汇"国际都市"（cosmo-polis）的内涵。第欧根尼在早期伊奥尼亚希腊殖民地、濒临黑海的锡诺普出生，他在忠于希腊与忠于波斯之间陷入两难；之后他去雅典旅行并定居，睡在东方自然母神库柏勒神庙的陶瓮里，最后在科林斯去世。人的心境造就城市，而伊斯坦布尔的心境是愉悦的。

今日，装载各国货物的集装箱沿着马尔马拉海堆叠存放。从空中鸟瞰，宛若一幅镶嵌画。海平面上的油轮就像一排排缺损的牙齿。来自四面八方的船只聚在博斯普鲁斯海峡由变化莫测的水流与强风构成的咽喉要道，静静等候，从历史的开端至今，一直如此。面对密布的超级油轮和海上国际饭店，博斯普鲁斯的拜克塔什渔民依然勇敢地出海捕捞，他们向无名的慈爱神明祷告；与此同时，从迪斯科酒吧传来莱昂纳尔·里奇（Lionel Richie）的歌曲。伊斯坦布尔以最美好的样貌创造、传播并捍卫这个重要而充满希望的观念：无论我们是谁，无论最后我们身居何处，我们都会明白，虽然人类有许多面孔，却共享一颗同样富有人情味的心。了解伊斯坦布尔，就能了解四海一家的意义；这座城市提醒我们，我们的确是世界的公民。

致谢

从参考书目的长度就可以清楚看出该感谢的人有多少。我总是从其他作家、思想家、研究者与冒险家身上得到激励，由于本书涉及的年代不只是几个世纪，而是几千年，因此我要对每个名字出现在本书上的人表示谢意。如果我应提而未提及您或您的作品，不管基于何种理由，这些都是无心的疏忽，我会在本书再版时立即补上。

除了学术作品之外，好几个学者非常热心阅读了几个章节，有些人阅读了其中一部分，还有些人把整本书都读完了。毫无例外地，他们纠正我一些表述不恰当的地方，有时还更正我犯的一些错误。

Munir Akdoğan、Roderick Beaton 教授、Glen W. Bowersock 教授、Alan Bowman 教授、Cafer Bozkurt Mimarlık、Dame Averil Cameron 教授、Paul Cartledge 教授、Helen Castor 博士、James Clackson 教授、Kate Cooper 教授、Jim Crow 教授、William Dalrymple、Robert Dankoff 教授、Ken Dark 博士、Saul David 教授、Charalambos Dendrinos 博士、Alexander Evers 博士、Shahina Farid 博士、Lucy Felmingham、Kate Fleet 教授、Ben Fortna 教授、Peter Frankopan 博士、Annelise Freisenbruch 博士、Helen Geake 博士、David Gwynne 博士、Judith Herrin 教授、Carole Hillenbrand 教授、Robert Hoyland 教授、Timothy Hunter 博士、Richard Huscroft 博士、Judith Jesch 教授、Agah Karliağa、Bekir Karlığa 教授、Chris Kelly 教授、Martin Kemp 教授、Charles King 教授、Ufuk Kocabaş 教授、Sinan Kuneralp、Ray Laurence 教授、Noel Lenski 教授、Alexander Lingas 博士、David Lordkipanidze 教授、Lizzy McNeill、Antony Makrinos

博士、Lucia Marchini、David Mattingly 教授、Peter Meineck 博士、Giles Milton、Simon Sebag Montefiore 博士、Caroline Montagu、Alfonso Moreno 博士、Llewellyn Morgan 博士、Lucia Nixon 博士、Mehmet Özdoğan 教授、Chris Pelling 教授、Jonathan Phillips 教授、Gül Pulhan 博士、Alessandra Ricci 教授、Andy Robertshaw、Eugene Rogan 教授、Nicholas Romanoff、Charlotte Roueché 教授、Thomas Russell 博士、Lilla Russell-Smith 博士、王室法律顾问 Philippe Sands 教授、William St. Clair、Katherine Butler Schofield 博士、Yasmine Seale、Recep Şentürk 教授、Christopher Scull 教授、Zaza Skhirtladze 教授、Russell Smith、Victoria Solomonidis 博士、Nigel Spivey 博士、Dionysios Stathykopoulos 教授、Richard Stoneman 博士、David Stuttard、David Thomas 教授、Alec Tilley 海军少校 与 Maria Vassilaki 教授，你们都额外挤出时间，给我全新的想法。谢谢你们。

我得到许多人的款待与协助——从阿塞拜疆边界的司机，到城堡里的伯爵。Nicholas Egon 与 Matti 跟以往一样表现杰出。Rothschild 勋爵介绍向我介绍了布特林特这座城市，Andreas Pittas 博士说明了锡拉岛的情况，Flamburiari 伯爵介绍了克基拉，John Camp 教授带我走访雅典集会场，Maritsa 带我游历罗得岛，Nick Jones 带我到伊斯坦布尔，Damian Bamber 引领我了解技术层面的问题。

感谢 Shula Subramaniam、Laura Aitken-Burt、Robin Madden、Lauren Hales、Theodosia Rossi、Lydia Herridge-Ishak、Gabriella Harris，更不用说还有 Alex Bell、Cara、Sally、Olivia、Tamara、Ioanna、Lucy M. Stephanie、Charlotte、Oliver、Rebecca、Elinor、Abigail、Marike、Eliza 与 Katrina。

Peter James 编辑这本书时就像通事一样充满干劲，如耶尼切里般迅速敏锐。Bea Hemming 的编辑既优雅又富洞察力，Holly Harley 激励我并且支持我撑到最后。Julian Alexander 跟以往一样表现卓越。Alan Samson 充满个人魅力，他读了我写的一篇关于伊斯坦布尔的文章之后，便委托我撰写本书，非常感谢他。感谢 Mary Cranitch 之前陪同我前往伊斯坦布尔与其他地方。

我的女儿们与我的丈夫 Adrian，母亲与父亲，近十年来一直忍受截稿期限逼近的诅咒。谢谢你们，我会设法补偿你们。

大事年表

说他想在西方建立属于他自己的波斯式行省。

471/470 年	**提洛同盟重新掌权**　保萨尼阿斯被雅典将领客蒙逐出拜占庭并且押送到斯巴达受审之后，提洛同盟便控制了拜占庭。
411 年到 409 年	**克里巧斯**　伯罗奔尼撒战争的最后阶段，拜占庭民众起而反抗提洛同盟并且拥护斯巴达的克里巧斯。
409 年	克里巧斯在拜占庭的施政不得民心，409 年，亚西比德趁克里巧斯不在城内，出兵围攻拜占庭，拜占庭于是转而效忠雅典。
405 年	**吕山德**　拜占庭的权力斗争依然激烈。405 年，埃戈斯波塔米战役后，斯巴达将领吕山德成功取得拜占庭。雅典人失去对粮食贸易线路的控制。
404 年	雅典及其盟邦输掉了伯罗奔尼撒战争，提洛同盟解散。
390 年	拜占庭再度被色拉西布洛斯（Thrasyboulos）率领的雅典舰队攻占。
378 年	**第二次雅典同盟**　斯巴达的前盟邦逐渐对斯巴达的统治感到厌烦，许多城邦在对抗斯巴达的科林斯战争（公元前 395 年—387 年）中倒戈支持雅典。这促成了第二次雅典同盟的成立，拜占庭是这个同盟的创始成员。
359 年	拜占庭与马其顿的腓力二世结盟。
357 年到 355 年	**同盟者战争**　拜占庭连同希俄斯岛、罗得岛与科斯岛，在卡里亚国王摩索拉斯的协调下起兵反抗因第二次雅典同盟而不断壮大的雅典。
340 年到 339 年	**马其顿的腓力二世**　马其顿的腓力二世围攻拜占庭（在此之前，腓力曾于前 340 年试图围攻佩林托斯 [Perinthos]），撕毁先前在前 346 年与雅典签订的《菲洛克拉底和约》（ Peace of Philocrates ）。阿契美尼德帝国的阿尔塔薛西斯三世（ Artaxerxes III ）支援拜占庭，阻止腓力围城。
338 年	**奇罗尼亚战役（ Battle of Chaeronea ）**　腓力二世击败希腊同盟，拜占庭落入马其顿的掌握。
334 年	**亚历山大大帝**　亚历山大出兵征讨大流士三世与波斯帝国，他渡过赫勒斯滂并且赢得格拉尼库斯河战役（ Battle of Granicus River ）。广阔的新希腊帝国形成，拜占庭也"脱离"了阿契美尼德帝国的势力范围。

323 年	亚历山大大帝去世，拜占庭理论上取得独立地位。
318 年	**独眼的安提柯（Antigonos Monophthalmos）** 亚历山大大帝的将领控制拜占庭作为亚历山大王国东部的一部分。拜占庭名义上仍是"自由的"希腊城市。
3 世纪 70 年代	**加拉太人的入侵** 加拉太人（Galatians，来自色雷斯的高卢人）迁徙进入小亚细亚，拜占庭因此遭殃，加拉太人最后定居的地方称为加拉太（Galatia）。
220 年到 218 年	**罗得岛向拜占庭宣战** 高卢人在科蒙托里乌斯（Comontorius）带领下开始穿越欧洲，他们来到拜占庭并且对当地产生兴趣。拜占庭为了自保不得不支付贡金，最后为了筹措贡金而向通过博斯普鲁斯海峡的船只征收关税。罗得岛对于这个状况深感不满，于是向拜占庭宣战。双方最后缔结了和平协定，通行费也不再征收。
214 年到 148 年	**马其顿战争** 拜占庭在四次马其顿战争期间（前 214 年—前 205 年、前 200 年—前 196 年、前 172 年—前 168 年与前 150 年—前 148 年）支持罗马人，因此在日渐壮大的罗马帝国统治下获得特权地位。拜占庭获得了和平，经济随之复苏。
约 146 年	铺设埃格那提亚大道以便于派兵镇压新设的马其顿行省。
129 年	拜占庭与罗马人停战。

──────────────── 公元后 ────────────────

53 年	罗马元老院免除拜占庭每年须上缴的贡金。
73 年	韦斯巴芗重新确认拜占庭并入罗马帝国。
193 年	佩斯切尼乌斯·奈哲尔派遣军队占领拜占庭。奈哲尔与塞普蒂米乌斯·塞维鲁争夺罗马皇帝头衔期间把根据地设在拜占庭。194 年，奈哲尔与塞维鲁交战失利，他的头被砍下来送往拜占庭以说服拜占庭人开门投降，但拜占庭人直到 196 年才屈服。
196 年	**塞普蒂米乌斯·塞维鲁** 奈哲尔被击败后，拜占庭遭到围困，最终被塞普蒂米乌斯·塞维鲁攻破。为了惩罚拜占庭人的顽抗，塞维鲁拆除了城墙，拜占庭于是附属于佩林托斯之下。

塞维鲁最终修复了拜占庭并且兴建许多纪念碑，他认识到了这座城市的战略价值。这项建筑计划一直持续到塞维鲁的儿子卢基乌斯·塞普蒂米乌斯·巴西亚努斯的统治时期，巴西亚努斯的绰号是"卡拉卡拉"，之后改名为马可·奥勒留·塞维鲁·安托尼努斯，因此拜占庭曾短暂地被称为奥古斯塔·安托尼那。

212 年	卡拉卡拉让帝国境内所有男性自由民取得罗马公民权，并且让所有女性自由民享有与罗马妇女相同的权利。
267 年	在持续围攻下，拜占庭短暂落入赫鲁里安人（Herulians，哥特部族的一支）之手。
269 年	克劳狄二世击败赫鲁里安人，立起哥特人纪念柱。
284 年	戴克里先成为罗马皇帝。
293 年	戴克里先创立四帝共治制。
305 年	戴克里先退位，伽列里乌斯成为东方奥古斯都，马克西米努斯·代亚担任他的恺撒。君士坦提乌斯成为西方奥古斯都，塞维鲁担任恺撒。
311 年	伽列里乌斯的"宽容敕令"减轻了对基督徒的迫害。
312 年	**米尔维安大桥战役**　君士坦丁在罗马击败马克森提乌斯，四帝共治制不久遭到废除。
313 年	**李锡尼与君士坦丁**　"米兰敕令"正式终止对罗马帝国境内基督徒的迫害。李锡尼除掉马克西米努斯·代亚，凯旋进入尼科米底亚。
324 年	7 月 3 日的阿德里安堡战役，君士坦丁对战李锡尼。
324 年到 337 年	**君士坦丁一世**　李锡尼在克鲁索波利斯投降，君士坦丁成为东罗马与西罗马唯一的统治者。君士坦丁重建拜占庭作为罗马帝国首都，并且称其为"新罗马"（330 年开始称为君士坦丁堡）。325 年，第一次公会议在尼西亚举行。
325 年	5 月 20 日到 6 月 19 日，第一次公会议在尼西亚举行。
330 年	拜占庭改名为君士坦丁堡。
337 年到 361 年	君士坦提乌斯二世与他的兄弟君士坦丁二世（337 年—340 年在位）及君士坦斯一世（337 年—350 年在位）分治。帝国由君士坦丁的三个儿子分而治之：君士坦斯一世取得马其顿与达契亚（Dacia），君士坦丁二世取得高卢、不列颠尼

亚与西班牙（Hispania），而君士坦提乌斯二世取得包括君士坦丁堡在内的色雷斯。君士坦提乌斯在君士坦丁堡主持父亲的葬礼，并且让君士坦丁成为圣使徒教堂的第十三个使徒。他选任优西比乌担任君士坦丁堡主教，优西比乌一死，《尼西亚信经》的拥护者随即在君士坦丁堡发起暴动。君士坦提乌斯镇压暴动并且将城市的粮食供应减半。他开始兴建一连串的高架渠并且首次兴建圣索菲亚大教堂。

361 年到 363 年	**叛教者尤里安**　尤里安拒绝基督教，支持新柏拉图主义的异教。他扩建君士坦丁堡港口，持续与波斯作战。
363 年到 364 年	**约维安**　约维安被军队拥立为帝。据说他在 363 年下令焚毁安条克图书馆，恢复基督教的国教地位。
364 年到 375 年	**瓦伦提尼安一世（西罗马皇帝）**　约维安窒息去世后，瓦伦提尼安成为皇帝，统治罗马帝国西部。
364 年到 378 年	**瓦伦斯**　瓦伦提尼安一世的弟弟瓦伦斯成为东罗马皇帝。他必须解决打算夺取帝位的尤里安的亲戚普罗科皮乌斯。瓦伦斯兴建了赫布多蒙宫。378 年，瓦伦斯在阿德里安堡战役中遭哥特人杀害。
367 年到 383 年	**格拉提安（西罗马皇帝）**　瓦伦提尼安一世之子格拉提安，前往东方协助瓦伦斯对抗特温基人（Tervingi）；然而瓦伦斯还没等到援军抵达，就在战场上阵亡。格拉提安被来自不列颠、准备争夺帝位的马格努斯·马克西穆斯处死。
375 年到 392 年	**瓦伦提尼安二世（西罗马皇帝）**　为了躲避马克西穆斯的军队，瓦伦提尼安二世逃往帖撒罗尼迦。他在 399 年于西方复辟。381 年，第二次公会议在君士坦丁堡举行。
378 年	对抗哥特人的阿德里安堡战役打响。
378 年到 395 年	**狄奥多西一世**　瓦伦斯的死使东罗马帝国帝位虚悬。格拉提安任命前将领狄奥多西担任共治皇帝。经过两年的奋战，狄奥多西与哥特人侵者议和。380 年，狄奥多西入主君士坦丁堡，建立新王朝。 狄奥多西是虔诚的东正教基督徒，他谴责君士坦提乌斯与瓦伦斯信奉的亚流派。狄奥多西于 381 年召开会议，宣布君士坦丁堡主教地位在罗马主教之下，理由是君士坦丁堡是新罗马。他还兴建施洗约翰教堂以供奉圣徒的头骨。狄奥多西

死前把罗马帝国分成东西两部分，由两名资历相当的儿子分治，这个做法造成决定性的影响，罗马帝国从此分裂成东西两个王国。

381 年	**君士坦丁堡公会议**
395 年到 408 年	**阿卡狄奥斯**　狄奥多西一世之子，18 岁时登基，在位时绝大多数时间都待在君士坦丁堡，一般认为他是东西两个帝国分道扬镳各自面对不同敌人后的首任真正的"拜占庭"皇帝。
393 年到 423 年	**霍诺留（西罗马皇帝）**　狄奥多西一世之子，把朝廷从米兰移往拉韦纳。
406 年	罗马从不列颠撤军。
410 年	亚拉里克率领哥特人攻陷罗马。
408 年到 450 年	**狄奥多西二世**　阿卡狄奥斯之子，在位时绝大多数时间都待在君士坦丁堡；君士坦丁堡在这个时期已成为东罗马帝国固定的首都。除了兴建新广场与新水宫，狄奥多西二世也兴建了狄奥多西城墙，包括 96 座　望台，把防线从君士坦丁城墙向外延伸 1.6 公里。狄奥多西城墙大部分完成于 413 年，往后一千年，这些城墙担负起守卫君士坦丁堡的重大责任。
425 年	在公牛广场附近设立大学。
429 年	汪达尔人取得北非。
431 年与 449 年	以弗所公会议（官方只承认 431 年召开的公会议；449 年召开的公会议被称为强盗公会议［latrocinium］）；马利亚被称为圣母。
425 年到 455 年	**瓦伦提尼安三世（西罗马皇帝）**　霍诺留的外甥，驱逐了篡位者约翰。
451 年	迦克墩公会议。
455 年	罗马遭来自北非的汪达尔人劫掠。
450 年到 457 年	**马尔西安（Marcian）**　通过与普尔喀丽亚（阿卡狄奥斯的女儿）的婚姻，与狄奥多西王朝缔结婚姻联盟，被东正教会承认为圣人，曾拒绝向匈人阿提拉进贡。
457 年到 474 年	**利奥一世**　军事将领，并非狄奥多西王朝成员。用希腊文而非拉丁文立法。
467 年到 472 年	**安特米欧斯（西罗马皇帝）**　安特米欧斯试图镇压西哥特人与汪达尔人而未能成功，他被自己的将领、拥有哥特人血统

的李希梅尔（Ricimer）所杀。

474 年	**利奥二世**　利奥一世的孙子，登基才十个月就死于一场不知名的疾病。可能是被他的母亲阿里阿德涅（Ariadne）毒死，目的是为了让自己的丈夫芝诺取得帝位。
474 年到 475 年	**朱利乌斯·尼波斯（Julius Nepos，西罗马皇帝）**　尼波斯在达尔马提亚进行统治，获得君士坦丁堡的部分援助。罗马元老院请求芝诺（东罗马皇帝）加封非罗马人的奥多亚克为贵族（Patrician）——这是古罗马统治阶级的封号，但这个荣誉头衔却是在拜占庭授予；芝诺同意了他们的请求，但要求元老院必须承认尼波斯的皇帝地位。
475 年到 476 年	巴西利斯库斯统治君士坦丁堡 24 个月。
475 年到 476 年	**罗慕路斯·奥古斯都路斯（西罗马皇帝）**　篡位者，在位时间从 475 年 10 月 31 日到 476 年 9 月 4 日，被奥多亚克推翻；史家认为这起事件标志着西罗马帝国的终结与西欧中世纪的开始。
474 年到 491 年	**芝诺**　在位期间出现宗教纷争，尤其是关于一性论争议。482 年，向埃及教会颁布"合一敕令"，恢复了部分秩序，但随后引发罗马教会的分裂。虽然芝诺是伊苏利亚人（本名是塔拉西斯［Tarasis］，科迪萨［Kodissa］之子），但身为正教基督徒，他在继承帝位时未遭反对。奥多亚克死后，芝诺任命狄奥多里克为意大利国王，要他保护东罗马帝国不受东哥特人的侵袭。
491 年到 518 年	**阿纳斯塔修斯**　芝诺死后，阿里阿德涅改嫁阿纳斯塔修斯，并且拥立他为新皇帝。阿纳斯塔修斯患有虹膜异色症（一眼黑色，一眼蓝色）。他改革税制与拜占庭币制，并且支持合性论（miaphysitism）。
518 年到 527 年	**查士丁一世**　查士丁原是一名不识字的养猪人，十几岁时因为蛮族入侵而逃难来到君士坦丁堡。他加入军队，518 年担任禁卫军长官。同年，他运用他的影响力，并通过贿赂被推举为皇帝。525 年，查士丁废除了禁止元老院议员阶级与社会下层阶级女性通婚的法律，让自己的外甥查士丁尼迎娶狄奥多拉。
527 年到 565 年	**查士丁尼一世**　编纂《民法大全》，重建圣索菲亚大教堂与

圣使徒教堂。统治期间遭逢尼卡暴动并成功加以平定。533年，查士丁尼宣布拜占庭与波斯之间永久和平。540年，攻下拉韦纳；562年，征服意大利。529年，雅典的柏拉图学院关闭。迎娶竞技场表演者狄奥多拉；关于此事的记述大部分来自普罗科匹厄斯的《秘史》。

542 年	查士丁尼时代的瘟疫杀死了君士坦丁堡两成的居民。
557 年	君士坦丁堡发生地震。
565 年到 578 年	**查士丁二世** 查士丁起初试图与一性论者和解，但到了 571 年却转而迫害他们，并且颁布反对一性论的敕令，要求所有教士都必须签字。史家提到，573 年，皇帝得知达拉斯（Daras，城市名，位于今土耳其与叙利亚边境附近）因统帅失职而陷落的消息后，居然陷入疯狂。由于精神状态已无法胜任，查士丁于是退位（或者说是被迫退位）；然而，当他神志清楚时，偶尔还是会接获请示，请他批准许可，例如任命提比略（Tiberios）担任恺撒。
578 年到 582 年	**提比略二世·君士坦丁** 574 年，索菲亚说服疯癫的丈夫查士丁二世任命提比略担任恺撒，索菲亚与提比略共同摄政四年，直到查士丁二世去世为止，而后提比略继任成为皇帝。索菲亚希望改嫁提比略，而且不让提比略的妻子伊诺（Ino）进宫。据说提比略是个和蔼可亲、心思周密的人。保罗执事（Paul the Deacon）提到，提比略一发现石板下藏着珍宝，就将这些珍宝施舍给贫民。他也减少了国家税收，废除查士丁尼一世课征的酒税与面包税。
582 年到 602 年	**莫里斯** 能征善战的将领，曾数次击败萨珊王朝波斯人。当上皇帝之后，莫里斯顺利结束与波斯的战争，使罗马帝国扩展到高加索山区，罗马帝国从此不用再支付与波斯人维持和平所需的补偿金。
602 年到 610 年	**福卡斯** 从莫里斯手中篡夺帝位，后来越来越不得人心，最后被希拉克略罢黜，是第一个蓄胡的拜占庭皇帝（除了叛教者尤里安）。
610 年到 641 年	**希拉克略** 引进希腊语作为东罗马帝国的官方语言。610 年，波斯人试图沿着博斯普鲁斯海峡进兵，却受阻于君士坦丁堡的城墙。

618 年　波斯人封锁来自埃及的粮食供应路线，君士坦丁堡居民丧失免费获得粮食的权利，君士坦丁堡的人口数量随之减少。

622 年　穆罕默德从麦加出走，沿着希吉拉路线到麦地那。

626 年　波斯人与阿瓦尔人围困君士坦丁堡。

630 年　希拉克略归还真十字架圣物箱给耶路撒冷。

632 年　先知穆罕默德去世。

635 年　根据记载，"罗马之地"的传教士在这一年抵达中国。

636 年　雅尔穆克战役，拜占庭遭穆斯林军队击败。

641 年　**君士坦丁三世与赫拉克洛纳斯（Heraklonas）**　641 年 5 月，君士坦丁三世骤逝，赫拉克洛纳斯成为唯一的统治者。但有传言说他与玛蒂娜（Martina）谋杀了君士坦丁，于是使得将军瓦伦提诺斯（Valentinos）带头造反。这迫使赫拉克洛纳斯于 641 年承认由他的年轻侄儿君士坦斯二世担任共治皇帝。

641 年到 668 年　**君士坦斯二世**　君士坦丁三世之子，即位时年仅 11 岁。在位期间，拜占庭南部与东部省份的广大领土遭阿拉伯人占领。648 年，君士坦斯二世颁布"提波斯敕令"（Typos Edict），禁止基督一志论（monothelete）的主张（合性论与一性论立场的进一步发展，认为耶稣拥有神人两性，但只有一个意志）。他杀死弟弟狄奥多西好让自己的儿子君士坦丁四世继承皇位。他去西部旅行，由于想让拉韦纳独立而与教宗发生龃龉，定居西西里岛的锡拉库萨，最后遭刺杀身亡。

约 655 年　所谓的"船桅之战"打响。

668 年到 685 年　**君士坦丁四世·波戈纳托斯（Constantine IV Pogonatos）**　君士坦斯二世之子，自 654 年开始担任共治皇帝。召开第六次公会议，结束"基督一志论"（Monothelete）争议。672 年，阿拉伯舰队大举进犯君士坦丁堡。舰队以基齐库斯为基地，散布于小亚细亚沿岸。

674 年　阿拉伯人首次"围攻"君士坦丁堡。

680 年到 681 年　第六次公会议在君士坦丁堡召开，即第三次君士坦丁堡公会议。

685 年到 695 年　**查士丁尼二世（第一次在位）**　推动帝国的军事与行政体制发展。大举迫害摩尼教徒，禁止一切与正教无关的民间传统，这些做法导致教会内部分裂。692 年，召开第五次与第六次君士坦丁堡公会议；会议结果导致查士丁尼要求逮捕教宗色尔爵一世（Pope Sergius I），并且在罗马与拉韦纳引发民兵叛乱。

695 年到 698 年　　**利昂提奥斯二世（Leontios II）**　698 年遭到罢黜，被割去舌头与鼻子并且囚禁在君士坦丁堡的普萨马提恩修道院。

698 年到 705 年　　**提比略三世**　日耳曼海军军官，本名阿普西玛（Apsimaros），之后改名为提比略，他于 698 年搭船来到瘟疫横行的君士坦丁堡。他一抵达君士坦丁堡就获得某个派系的支持，并且被野战军与禁卫军拥立为帝。他的部队随后掠夺了君士坦丁堡，他对军队进行重整。查士丁尼二世收复布雷彻尼宫后，即使作为战功彪炳的沙场老将，提比略在听闻后还是不战而逃。他之后还是被捕，并且被游街示众，最后连同利昂提奥斯与其麾下司令官也在君士坦丁堡竞技场遭到处决。

705 年到 711 年　　**查士丁尼二世（第二次在位）**　查士丁尼二世在被流放后东山再起，朝君士坦丁堡进军。由于无法通过城门，他便借由废弃的水道进城。他执着于报复过去的敌人，因而导致大屠杀，使原先支持他的人纷纷倒戈。最后，他被自己的军队杀害。

711 年到 713 年　　**菲利皮科斯·巴尔达尼斯（Philippikos Bardanes）**　亚美尼亚人，原名瓦尔达尼斯（Vardanes），他因为觊觎帝位而被皇帝提比略三世流放到凯法利尼亚岛（Cephalonia）。711 年，查士丁尼二世将他召回，命他平定克里米亚（克尔森[Cherson]）乱事，但克尔森人却拥立他为皇帝。菲利皮科斯走水路返回君士坦丁堡，杀死查士丁尼及其家族。身为基督一志论的支持者，他下令把绘有第三次君士坦丁堡公会议（又称第六次公会议）的图画移出宫外，并且让遭受公会议谴责的人士恢复名誉。教宗君士坦丁（Pope Constantine）因此拒绝承认他是皇帝。712 年，保加尔人围攻君士坦丁堡。713 年，军方密谋推翻菲利皮科斯并且弄瞎他的双眼，之后扶立他的秘书长阿尔忒米俄斯（Artemios）为帝，这就是阿纳斯塔修斯二世。

713 年到 715 年　　**阿纳斯塔修斯二世**　阿纳斯塔修斯二世在劝说下决定退位，之后在帖撒罗尼迦成为一名僧侣。720 年，他试图复辟，却被利奥三世处死。

715 年到 717 年	**狄奥多西三世**　狄奥多西三世围困君士坦丁堡达六个月之久，而后得以进城。在君士坦丁堡牧首格尔玛努斯一世（Patriarch Germanus I）的劝说下，狄奥多西三世成功让阿纳斯塔修斯同意退位。
717 年到 718 年	阿拉伯人围攻君士坦丁堡。
726 年	锡拉岛火山爆发。
717 年到 741 年	**伊苏利亚的利奥三世**　向全帝国征税以大规模修复狄奥多西城墙。718 年，阿拉伯人停止围攻君士坦丁堡。
741 年到 775 年	**君士坦丁五世·科普罗尼穆斯（Constantine V Kopronymo，"以粪得名的"）**　圣像破坏者，遭姐夫亚美尼亚军区将军（或总督）阿尔塔巴斯杜斯（Artabasdos）攻击，阿尔塔巴斯杜斯后来被君士坦丁围困在君士坦丁堡城内。743 年，君士坦丁反攻，击败阿尔塔巴斯杜斯，随后推翻阿尔塔巴斯杜斯的儿子尼克塔斯（Niketas），入主君士坦丁堡。751 年，伦巴底人攻下拉韦纳，结束拜占庭对意大利北部与中部的统治。君士坦丁在巴尔干半岛与保加尔人作战时阵亡。
762 年	巴格达成为哈里发国的权力中心。
775 年到 780 年	**利奥四世**　利奥四世原本对圣像崇拜者采取宽容态度，但到了统治末期却改变立场。忏悔者狄奥法尼斯（Theophanes the Confessor）提到利奥四世因为擅取圣索菲亚大教堂的宝石来装饰自己的皇冠，因而染上热病死亡。
780 年到 797 年	**君士坦丁六世**　圣像破坏者，10 岁时在母亲伊莲娜的监护下即位。790 年，君士坦丁六世成年，伊莲娜由于不愿交出最高权力而被逮捕。之后，君士坦丁赦免了伊莲娜。伊莲娜利用君士坦丁迎娶情妇狄奥多特（Theodote）引发的不满，罢黜并且弄瞎了君士坦丁。
787 年	第七次公会议在尼西亚召开。
797 年到 802 年	**伊莲娜**　担任摄政，试图成为独揽大权的女皇。伊莲娜是圣像崇拜者，尝试与西罗马帝国与卡洛林帝国（Carolingian Empires）建立更紧密的关系。她还建立了圣欧福修道院（monastery of St. Euphrosyne）。787 年，在尼西亚召开第七次公会议，重建对圣像的尊崇。
802 年到 811 年	**尼基弗鲁斯一世**　通过增税来增强军队实力，却在 811 年 7 月

的普利斯卡战役（Battle of Pliska）中遭克鲁姆汗（Khan Krum）杀害。拜占庭与日渐强大的查理曼帝国在威尼斯、伊斯特拉半岛（Istria）与达尔马提亚沿海地区存在着领土纠纷，尼基弗鲁斯与查理曼签署互不侵犯条约，使拜占庭得以收复失地。

811 年	**斯陶拉基奥斯（Staurakios）** 斯陶拉基奥斯的父亲尼基弗鲁斯在普利斯卡战役中被杀，斯陶拉基奥斯也受了重伤，而且始终未能康复。他短暂担任皇帝之后退位进入修道院，不久便去世。
812 年	查理曼被承认为"帝王"。
813 年	保加利亚的克鲁姆围攻君士坦丁堡。
811 年到 813 年	**米海尔一世** 增加国家对修道院与教堂的捐赠，承认查理曼为"帝王"。813 年，他被保加尔人击败，因此被迫退位。
813 年到 820 年	**利奥五世** 进行第二阶段的圣像破坏运动，820 年圣诞节，在圣索菲亚大教堂的主祭坛前被由他授予军事大权的米海尔（二世）刺杀身亡。
820 年到 829 年	**米海尔二世** 刺杀利奥五世之后，创建阿摩利恩王朝，此举引发斯拉夫人托马斯（Thomas the Slav）的反叛（820 年—823 年）。米海尔二世在克鲁姆之子奥莫尔塔格汗（Khan Omurtag）协助下被镇压。
829 年到 842 年	**狄奥斐卢斯** 最后一位破坏圣像的皇帝，他采取步骤巩固帝国防务，例如与哈扎尔人一起在萨克尔（Sarkel）兴建要塞。
842 年到 867 年	**米海尔三世** 推翻摄政的狄奥多拉（他的母亲）与宦官狄奥克提斯图斯（Theoktistos），这两个人于 856 年重新尊崇圣像，接着，米海尔三世受到他舅舅巴尔达斯（Bardas）影响。他在统治时期进一步巩固帝国防务，860 年，击退首次进犯君士坦丁堡的罗斯人，后遭刺杀身亡。
850 年	圣西里尔创立格拉哥里字母（发展成西里尔字母）。
860 年	罗斯人围攻君士坦丁堡。
867 年到 886 年	**马其顿人巴西尔一世（Basil I the Macedonian）** 刺杀米海尔三世，重新任命伊纳爵（Ignatios）为牧首以缓和与罗马的外交关系。在意大利南部击败阿拉伯人，然而最终还是丧失了锡拉库萨、达尔马提亚沿海地区、希腊沿海地区与幼发拉

底河流域。

886 年到 912 年	**智者利奥六世（Leo VI the Wise）** 从 870 年开始担任共治皇帝。利奥六世是一名多产的作家，他对《查士丁尼法典》做了重要修订。利奥六世的第四次婚姻迎娶的是情妇佐伊·卡尔波诺普希娜（Zoe Karbonopsina），此举不仅不得民心，也与教会意见不合。在位期间拜占庭领土不断遭到入侵，包括 902 年西西里岛被阿拉伯人占领，的黎波里的利奥劫掠帖撒罗尼迦，他还向北方的保加尔人支付贡金。
907 年	罗斯人围攻君士坦丁堡（有争议）。
912 年到 913 年	**亚历山大** 巴西尔一世的第三子，挥霍无度的皇帝，拒绝向保加利亚的西美昂一世进贡，西美昂一世于是准备发动战争。
913 年到 959 年	**生于紫室者君士坦丁七世** 8 岁时成为帝国唯一的皇帝，迎娶海军将领罗曼努斯·利卡潘努斯之女海伦娜为妻，曾撰写数篇论文，包括《论礼仪》与《论帝国行政》。在位时于 927 年与西美昂停止战争。
941 年	罗斯人进攻君士坦丁堡失败。
920 年到 944 年	**罗曼努斯·利卡潘努斯** 与女婿君士坦丁共治，直到被罢黜为止。罗曼努斯被罢黜后，由君士坦丁独自统治。
959 年到 963 年	**罗曼努斯二世** 继承父亲君士坦丁的帝位，立法裁抑大贵族（aristocratic dynatoi），因此不受教会欢迎。
963 年到 969 年	**尼基弗鲁斯二世·福卡斯** 在与阿拉伯人的战争中取得多次胜利。他增加军人所能拥有的基本土地，限制教会增加地产。之后，他遭人杀害，涉入阴谋的人有他的妻子狄奥法诺（Theophano）与他的将领（同时也是他的外甥）约翰·齐米斯基斯。
969 年到 976 年	**约翰一世·齐米斯基斯** 为了取得牧首波留克托斯（Polyeuktos）的支持，流放了与之共谋的狄奥法诺。废除尼基弗鲁斯二世对教会地产的限制，承认奥托一世是法兰克人的"帝王"。
976 年到 1025 年	**保加尔屠夫巴西尔二世** 试图保护农民尤其是军人的土地，限制大贵族扩充地产，规定富人要为贫困的邻人缴纳积欠的税金。巴西尔二世也建立了常备军，于 1018 年决定性地击败保加尔人，并且将把击败的军队中一定比例的士兵弄瞎。

1025 年到 1028 年	**君士坦丁八世** 喜爱战车竞赛更胜于政治。在大贵族的逼迫下，他否定了巴西尔二世的土地改革。
1028 年到 1034 年	**罗曼努斯三世·阿尔吉鲁斯（Romanos III Argyros）** 娶君士坦丁之女佐伊为妻。大兴土木，减免贵族税金，国家财政陷入混乱，后遭到谋杀，或许是被佐伊毒杀或被她淹死。
1034 年到 1041 年	**米海尔四世** 在罗曼努斯去世那天娶佐伊为妻。他患有癫痫，把大部分的统治工作交给他的兄长约翰，约翰曾在君士坦丁八世与罗曼努斯三世时代担任大臣，约翰实施增税，引发民众暴乱。1037 年，与法蒂玛哈里发国签订重要的"三十年和约"，双方结束交战状态。
1041 年到 1042 年	**米海尔五世·卡拉法提斯** 在位仅四个月。他放逐养母佐伊，这个不得民心的举动引发了叛乱。米海尔遭逮捕并被弄瞎双眼，最后逃往修道院。
1042 年	**佐伊与狄奥多拉** 佐伊与狄奥多拉两人是姐妹，她们是君士坦丁八世的女儿，遵照元老院的意愿进行共治。在位期间禁止卖官行为并维护正义，但整个朝廷因姐妹各有支持者而分裂。佐伊于是嫁给君士坦丁·莫诺玛科斯以限制狄奥多拉的影响力。
1043 年	维京人最后一次劫掠君士坦丁堡。
1047 年	在利奥·托尔尼基奥斯（Leo Tornikios）叛变期间的围城。
1042 年到 1055 年	**君士坦丁九世·莫诺玛科斯** 君士坦丁九世带着他的情妇玛丽亚·斯科勒雷娜（Maria Skleraina）进宫，她在宫里的地位仅次于佐伊与狄奥多拉，有传言说她想谋杀这两个姐妹，因此引发一场暴动。君士坦丁九世偏袒大贵族，为他们减税。1054 年，教宗使节访问君士坦丁堡之后，希腊与罗马教会分裂（所谓的"大分裂"），牧首克鲁拉里奥斯遭被逐出教会。
1054 年	东方与西方基督教的大分裂。
1055 年到 1056 年	**狄奥多拉** 佐伊于 1050 年去世，君士坦丁于 1055 年去世，尽管大臣建议君士坦丁指定尼基弗鲁斯·普罗特恩（Nikephoros Proteuon）继承帝位，但最后还是由狄奥多拉单独统治。为了巩固权力，她惩罚朝中的敌人，任命她的家庭宦官担任重要职位。

1056 年到 1057 年	**米海尔六世** 被选为狄奥多拉的继承人，然而由于他与马其顿王朝没有亲戚关系，帝位的继承因此出现纷争。米海尔拒绝归还财产给尼基弗鲁斯·布林尼乌斯将军，因而丧失军方对他的支持。他被迫将帝位让给伊萨克，然后隐居修道院。
1057 年到 1059 年	**伊萨克一世·科穆宁（Isaac I Komnenos）** 试图重建国家财政，击败匈牙利国王安德烈一世（Andrew I），但不久便染上重病，因此退位隐居修道院。
1059 年到 1067 年	**君士坦丁十世·杜卡斯（Constantine X Doukas）** 削减军事开支，削弱帝国国防。增税支付军费使他不得民心，于 1061 年遇刺，但侥幸生还。
1068 年到 1071 年	**罗曼努斯四世·狄奥吉尼斯（Romanos IV Diogenes）** 迎娶君士坦丁之妻欧多西亚·玛克勒姆波利提萨（Eudokia Makrembolitissa）以确保自己的地位，即便她在君士坦丁死后已发誓守寡。他亲自领军对抗突厥人，此外也减少公共开支，这表示他不再举办任何竞技，群众因此感到不满。他在曼齐克特战役中被塞尔柱突厥人俘虏，然后被光荣地释放。欧多西亚被迫进入修道院，罗曼努斯被米海尔·杜卡斯罢黜。1071 年，拜占庭在意大利的最后一个据点巴里被诺曼人攻陷。
1071 年	巴里于 4 月陷落，曼齐克特战役于 8 月打响。
1071 年到 1078 年	**米海尔七世·杜卡斯** 君士坦丁与欧多西亚的长子，在位期间发生货币贬值。许多人试图罢黜他，最终他被迫隐居修道院。
1078 年到 1081 年	**尼基弗鲁斯·布林尼乌斯** 陆军将领，他与塞尔柱突厥人一起朝尼西亚进军，宣称自己有继承帝位的权利，而且最终获得贵族与教会的支持。他想迎娶欧多西亚来巩固自己的地位，但最后却娶了阿兰的玛丽亚（Maria of Alania）为妻。尼基弗鲁斯并不受人欢迎，而且在位期间货币仍继续贬值，导致暴乱丛生。他把帝位让给科穆宁王朝，然后隐居修道院。
1081 年	罗贝尔·吉斯卡尔在拜占庭境内发动数场战役。
1090 年	突厥人围攻君士坦丁堡。
1095 年	第一次十字军东征。
1081 年到 1118 年	**阿历克塞一世·科穆宁** 发动战争，对抗诺曼人与塞尔柱突

厥人，复兴科穆宁王朝，重建财政并收复失土。阿历克塞一世在位期间向教宗乌尔班二世寻求协助对抗塞尔柱突厥人，催生了第一次十字军东征。

1118年到1143年	**约翰二世·科穆宁** 收复先前被突厥人占领的城镇，击败塞尔维亚人、匈牙利人与佩切涅格人。
1145年到1149年	第二次十字军东征。
1143年到1180年	**曼努埃尔一世·科穆宁** 与教宗结盟，与耶路撒冷王国一起入侵法蒂玛埃及。在位期间发生了第二次十字军东征。1171年，逮捕拜占庭境内的威尼斯商人。
1180年到1183年	**阿历克塞二世** 在位期间（由于年幼，政权掌握在摄政手中）遭遇重大挫败，丧失叙尔米亚（Syrmia）、波斯尼亚、达尔马提亚、科提埃乌姆（Cotyaeum）与索佐波利斯（Sozopolis）。共治皇帝安德洛尼卡斯命令用弓弦将他勒死。
1183年到1185年	**安德洛尼卡斯一世·科穆宁** 娶法国国王路易七世之女阿格妮丝为妻。他试图削减贵族大权，下令处决所有囚犯与流亡者，因此引发暴乱。诺曼西西里的威廉国王利用拜占庭民心不稳的良机企图进犯。安德洛尼卡斯遭到罢黜，在逃离君士坦丁堡时被捕，十分不光彩地被杀害。
1185年到1195年	**伊萨克二世·安格洛斯（第一次在位）** 击败威廉的入侵，对人民课以重税来供养军队，导致弗拉赫与保加利亚人叛乱。伊萨克于是率军前去平定保加利亚，但随即被他的兄长阿历克塞推翻，阿历克塞弄瞎了他，把他囚禁在君士坦丁堡。
1195年到1203年	**阿历克塞三世·安格洛斯** 伊萨克的兄长，未能抵御第四次十字军东征对君士坦丁堡的攻击而逃离城市。
1202年到1204年	第四次十字军东征。
1203年	**阿历克塞四世与伊萨克二世（第二次在位）** 伊萨克二世的儿子设法让第四次十字军东征的矛头转向君士坦丁堡，借此让被囚禁的父亲重获自由。由于伊萨克已经失明，又因为被囚禁而体弱多病，十字军因此坚持伊萨克必须任命儿子阿历克塞担任共治皇帝。阿历克塞与伊萨克无力支付金钱给十字军，城里因此爆发暴力事件。阿历克塞与伊萨克都遭到罢黜；伊萨克死于休克，之后阿历克塞则被勒死（或遭到毒杀）。

1204 年   **阿历克塞五世·杜卡斯·穆尔茨弗洛斯（Alexios V Doukas Mourtzouphlos）** 未能抵御第四次十字军东征对君士坦丁堡的攻击。

──────────── 拉丁帝国 ────────────

1204 年到 1205 年   **鲍德温一世（Baldwin I）** 遵照拜占庭惯例，在圣索菲亚大教堂加冕，阿德里安堡战役中被保加利亚沙皇卡洛扬（Tsar Kaloyan）击败，然后被囚禁起来。在囚禁期间，由他的弟弟亨利摄政。不久，鲍德温死于狱中，但确切死因不明。数十年后，一名假冒鲍德温的人出现在佛兰德。

1205 年到 1216 年   **佛兰德的亨利** 战胜保加利亚的卡洛扬、伯利尔（Broil）以及与尼西亚皇帝狄奥多尔一世·拉斯卡里斯（Theodore I Laskaris）。1214 年，同意与狄奥多尔停战。

1216 年到 1217 年   **科特尼的彼得二世（Peter II of Courtenay）** 在罗马郊外的教堂加冕，但从未抵达君士坦丁堡，因为他在前往君士坦丁堡途中被伊庇鲁斯专制君主狄奥多尔·科穆宁·杜卡斯（Theodore Komnenos Doukas）俘虏。1219 年，他以俘虏的身份去世。

1217 年到 1219 年   **佛兰德的尤兰达（摄政）** 彼得的妻子，佛兰德的鲍德温与亨利的姐妹。她与保加利亚结盟，并且将女儿嫁给狄奥多尔一世·拉斯卡里斯。

1219 年到 1228 年   **科特尼的罗伯特（Robert of Courtenay）** 在位期间领土遭伊庇鲁斯帝国与尼西亚帝国侵夺。为了与尼西亚皇帝约翰三世·瓦塔切斯（John III Vatatzes）议和，他同意娶狄奥多尔一世·拉斯卡里斯的女儿欧多西亚为妻，但最后娶的却是他的法国情妇，当时已经有婚约的纳维尔夫人（Lady of Neuville）。纳维尔夫人将自己的未婚夫罗伯特逐出君士坦丁堡。罗伯特在逃往罗马向教宗寻求庇护的途中去世。

1228 年到 1237 年   **布里恩的约翰（John of Brienne）（摄政）** 因为彼得与尤兰达之子鲍德温太年幼无法治理国政而担任摄政王。1235 年，抵御约翰三世·瓦塔切斯与保加利亚沙皇伊凡·阿森二世（Ivan Asen II）对君士坦丁堡的围攻。与耶路撒冷女王玛丽亚结婚而成为耶路撒冷国王。

1260 年　　　　　　　尼西亚帝国围攻君士坦丁堡失败。

1237 年到 1261 年　　　**鲍德温二世**　娶约翰的女儿布里恩的玛丽为妻。他卖掉圣物，例如荆棘冠冕，以筹措资金。他在位期间，拜占庭帝国实际上完全局限于君士坦丁堡这座城市，居民也只有三万五千人。米海尔八世·帕里奥洛格斯攻下君士坦丁堡后，鲍德温弃城逃走。

　　　　　　　　　　尼西亚帝国:狄奥多尔一世·拉斯卡里斯（1208 年—1221 年）;约翰三世·瓦塔切斯（1221 年—1254 年）;狄奥多尔二世·拉斯卡里斯（1254 年—1258 年）;约翰四世·拉斯卡里斯（1258 年—1261 年）。

―――――――――――― **拜占庭帝国的复兴** ――――――――――――

1259 年到 1282 年　　　**米海尔八世·帕里奥洛格斯**　1261 年，收复君士坦丁堡，复兴拜占庭传统，修复教堂与公共建筑，使城市人口增加到七万人。1274 年，第二次里昂公会议让罗马与拜占庭教会重新修好。

1282 年到 1328 年　　　**安德洛尼卡斯二世·帕里奥洛格斯**　征税并解散海军以筹措资金。安德洛尼卡斯二世被奥斯曼土耳其人夺走大量土地，并且被保加利亚的特奥多雷·斯维托斯拉夫（Theodore Svetoslay）击败。由于孙子安德洛尼卡斯三世的逼迫，安德洛尼卡斯二世隐居修道院。

1328 年到 1341 年　　　**安德洛尼卡斯三世**　重建海军，虽未能从奥斯曼苏丹奥尔汗手中收复尼西亚（改名为伊兹尼克），但确实收复了伊庇鲁斯、色萨利与希俄斯岛。

1331 年　　　　　　　奥斯曼人攻下尼西亚。

1341 年　　　　　　　奥斯曼人攻下克鲁索波利斯。

1341 年到 1347 年　　　**约翰五世·帕里奥洛格斯（第一次在位）**　9 岁时继承父亲的帝位，但先前未被加冕为其父亲的共治皇帝或被指定为继承人，因此在摄政（母亲安娜皇后、牧首卡勒卡斯［Patriarch Kalekas］与阿历克塞·阿波考科斯［Alexios Apokaukos］）与父亲的侍从武官约翰六世·坎塔库泽努斯之间爆发内战。

1347 年到 1348 年	君士坦丁堡爆发黑死病。
1347 年到 1354 年	**约翰六世·坎塔库泽努斯** 在内战中获胜，成为共治皇帝，由于约翰五世年幼而独揽大权。他被热那亚人击败，与奥斯曼土耳其人结盟。后遭约翰五世罢黜，隐居修道院。
1354 年到 1391 年	**约翰五世·帕里奥洛格斯（第二次在位）** 约翰五世造访欧洲各国寻求援助以对抗奥斯曼人。1376 年，他的儿子安德洛尼卡斯四世在苏丹穆拉德一世协助下将他罢黜三年，到了 1390 年，他又被孙子约翰七世罢黜五个月。他加固了君士坦丁堡的金门，却因为苏丹巴耶济德一世俘虏了儿子曼努埃尔而破坏了城门。
1372 年到 1373 年	拜占庭皇帝向奥斯曼人称臣。
1376 年	安德洛尼卡斯四世·帕里奥洛格斯在奥斯曼土耳其人的协助下围困君士坦丁堡 32 天。
1376 年到 1379 年	**安德洛尼卡斯四世。**
1390 年	**约翰七世** 罢黜祖父，之后在叔父曼努埃尔与威尼斯共和国联手逼迫下退位。
1396 年到 1402 年	奥斯曼人首次封锁君士坦丁堡。
1422 年	奥斯曼人首次大举围攻君士坦丁堡。
1391 年到 1425 年	**曼努埃尔二世** 父亲约翰五世死后继承帝位。1394 年，抵御巴耶济德一世对君士坦丁堡的围攻，然后造访欧洲各国寻求帮助对抗奥斯曼人。他是唯一曾访问英格兰的拜占庭皇帝，曾在埃尔特姆宫停留。他留下了许多的书信、诗与专著。
1425 年到 1448 年	**约翰八世** 1439 年，参加佛罗伦萨公会议，希望统一希腊与罗马教会，借此获取教宗尤金四世（Pope Eugene IV）的支持来对抗奥斯曼人。
1439 年	在急于获得援助的情况下，拜占庭皇帝在佛罗伦萨公会议承认教宗至高无上的地位。
1449 年到 1453 年	**君士坦丁十一世** 守城时战死，君士坦丁堡与帝国剩余领土全被穆罕默德二世征服。

————————— 奥斯曼帝国 —————————

1453 年到 1481 年　　**穆罕默德二世**　21 岁时征服君士坦丁堡（此后又称为科斯坦丁尼耶或伊斯兰布尔），1461 年，拜占庭残余的孤立地区也被消灭，穆罕默德二世自称罗马皇帝。1459 年，开始兴建托普卡珀皇宫。穆罕默德二世于 1444 年到 1446 年与 1451 年到 1453 年已经在埃迪尔内成为苏丹。

1492 年　　格拉纳达陷落；一些犹太人与穆斯林从安达鲁斯（穆斯林伊比利亚）来到科斯坦丁尼耶。

1481 年到 1512 年　　**巴耶济德二世**　1509 年，科斯坦丁尼耶遭地震严重破坏。巴耶济德欢迎来自西班牙宗教裁判所的难民。

1512 年到 1520 年　　**塞利姆一世**　1517 年征服埃及之后，科斯坦丁尼耶的统治者塞利姆一世首度在官方文件上以"伊斯兰哈里发"自称。他杀死的谋臣不计其数，因此奥斯曼流传着这么一句诅咒："愿你当上塞利姆的维齐尔"。

1520 年到 1566 年　　**苏莱曼一世"大帝"**　制定权威法典；改革社会、教育、赋税与刑事立法。苏莱曼一世 7 岁起在托普卡珀皇宫的学校学习，他在帝国各地推动文化发展，在伊斯坦布尔着力尤多。

1522 年　　奥斯曼人攻打罗得岛。

1529 年　　围攻维也纳失败。

1537 年　　苏莱曼把舰队迁往布特林特。

1544 年　　皮埃尔·吉勒在伊斯坦布尔为法国国王寻找古代手稿。

1571 年　　奥斯曼人在勒班陀战役遭遇败绩。

1566 年到 1574 年　　**塞利姆二世**　1568 年 2 月 17 日，在伊斯坦布尔与神圣罗马帝国皇帝马克西米利安二世（Maximilian II）签订条约，神圣罗马帝国同意每年支付奥斯曼帝国 3 万达克特金币，并且承认奥斯曼帝国在摩尔达维亚与瓦拉几亚拥有权威。

1574 年到 1595 年　　**穆拉德三世**　穆拉德三世绞死五名弟弟之后继承苏丹之位，他商议与伊丽莎白一世进行军事合作，联手对抗西班牙人。担任苏丹期间从未离开科斯坦丁尼耶，也未实际参与任何战役。

1595 年到 1603 年　　**穆罕默德三世**　穆罕默德三世命令聋哑之人绞死他的十九名兄弟与同父异母兄弟。大规模停止在伊斯坦布尔与帝国各地的艺术赞助。娶科穆宁家族的拜占庭公主为妻。

1603 年到 1617 年	**艾哈迈德一世** 艾哈迈德一世并未杀害自己的手足，而是将弟弟囚禁在皇宫的卡菲斯（牢笼）中。他热衷写诗，但并不奖掖视觉艺术。他兴建苏丹艾哈迈德清真寺（也称蓝色清真寺），并被埋葬在清真寺墙外的陵寝里。
1617 年到 1618 年	**穆斯塔法一世（第一次在位）** 被囚禁在卡菲斯直到艾哈迈德去世为止，这造成他成为极端的偏执狂。他于 1618 年遭到罢黜。
1618 年到 1622 年	**奥斯曼二世** 受过良好教育，14 岁时成为苏丹。被绞死在耶迪库勒。
1622 年到 1623 年	**穆斯塔法一世（第二次在位）** 1623 年再度被罢黜，由于母亲的协商，使他保住性命过着平静的隐居生活。
1623 年到 1640 年	**穆拉德四世** 11 岁时即位，最初由柯塞姆苏丹皇太后（Valide Sultan Kösem）代为治理朝政。然而，1632 年，他建立了绝对统治。他在科斯坦丁尼耶禁止烟、酒、咖啡，违者处死，用国家税收大兴土木。
1638 年	巴格达向穆拉德投降，导致今日中东部分地区的分裂。
1640 年到 1648 年	**"疯子"易卜拉欣** 易卜拉欣也被囚禁在卡菲斯，以行为古怪与受到朝臣与后宫影响闻名。他微服出巡科斯坦丁尼耶市集，看到任何争端都要求大维齐尔解决。1648 年 8 月 18 日，在托普卡珀皇宫被臣下杀害。
1645 年	奥斯曼军队进攻克里特岛，1646 年占领克里特岛西部。
1648 年到 1687 年	**穆罕默德四世** 6 岁时即位，但把苏丹的行政权交给大维齐尔。死于埃迪尔内宫，埋葬在科斯坦丁尼耶他母亲的清真寺附近。
1683 年	围攻维也纳。
1687 年到 1691 年	**苏莱曼二世** 阻止奥地利朝塞尔维亚进军，死于埃迪尔内宫。
1691 年到 1695 年	**艾哈迈德二世** 在斯兰卡门战役（Battle of Slankamen）中被击败，使奥斯曼人被逐出匈牙利，因疾病与劳累在埃迪尔内宫去世。
1695 年到 1703 年	**穆斯塔法二世** 1699 年的《卡尔洛维茨条约》结束了 1683 年到 1697 年奥地利与奥斯曼之间的战争，也标志着奥斯曼帝国急速衰弱的开始。穆斯塔法于 1703 年退位，死于托普卡珀皇宫。

1703 年到 1730 年	**艾哈迈德三世**　在位时的部分时间（1718 年—1730 年）被称为"郁金香时代"，这一时期，新古典风格的文化得到复兴，但在土耳其历史作品中却被描绘成堕落的时代，艾哈迈德则被视为不得人心的奢华苏丹。佩特罗纳·哈利勒（Patrona Halil）率领一群耶尼切里与科斯坦丁尼耶市民（他们反对艾哈迈德的社会改革）发起暴动进逼皇宫。艾哈迈德同意绞死大维齐尔，然后自愿退位隐居卡菲斯，他在经历六年的监禁生活后去世。
1727 年	科斯坦丁尼耶首次出现以阿拉伯文字印刷的报刊。
1730 年到 1754 年	**马哈茂德一世**　被叛变者与宫廷官员拥立为苏丹，下令绞死哈利勒，有效肃清耶尼切里叛乱。
1730 年到 1740 年	科斯坦丁尼耶继续出现暴乱。
1754 年到 1757 年	**奥斯曼三世**　行为怪异的人物，据说讨厌音乐与女性，禁止女人与音乐家出现在他面前。奥斯曼三世难以忍受非穆斯林；科斯坦丁尼耶的基督徒与犹太人必须佩戴标章显示他们的宗教信仰。
1757 年到 1774 年	**穆斯塔法三世**　试图让陆军与帝国行政体系变得现代化，由于政权内部不稳定与缺乏资金而成效不彰。
1774 年到 1789 年	**阿卜杜勒哈米德一世**　1782 年大火期间主掌消防队，在科斯坦丁尼耶创立海军工程学校。他聪明而虔诚，因此被称为圣徒（Veli），死后葬在巴切卡珀（Bahçkapı），这是他在科斯坦丁尼耶城内兴建的陵寝。
1789 年到 1807 年	**塞利姆三世**　把欧式陆军的训练方式引进到伊斯坦布尔。进行内政改革，包括推广高等教育。被耶尼切里囚禁之后，在城里遭到暗杀。
1793 年	奥斯曼人首次在伦敦设立大使馆。
1803 年	瓦哈比派（Wahhabis，萨拉菲派［Salafi］）攻击麦加。
1807 年到 1808 年	**穆斯塔法四世**　对教育几乎不感兴趣，在位期间，科斯坦丁尼耶出现暴乱（此时塞利姆三世依然活着，但遭到监禁）。巴伊拉克塔·穆斯塔法帕夏（Bayraktar Mustafa Pasha）率军进城，企图让塞利姆三世复辟。穆斯塔法下令杀死塞利姆与他的弟弟马哈茂德，但只有塞利姆被杀。
1808 年到 1839 年	**马哈茂德二世**　在刺杀行动中侥幸生还，在叛军罢黜穆斯塔

法后即位。

1826 年	废除耶尼切里。
1832 年	《君士坦丁堡条约》承认希腊独立。
1839 年	1839 年开始的"坦志麦特"改革证明是伊斯坦布尔现代化过程的催化剂。马哈茂德首次将蒸汽船引进给基地设在科斯坦丁尼耶的海军。改革持续到 1871 年到 1876 年。
1839 年到 1861 年	**阿卜杜勒迈吉德一世** 接受欧式教育，通过法律与改革将非穆斯林与土耳其人整合到奥斯曼社会中。在克里米亚战争中加入英法阵营，奥斯曼帝国因此在巴黎会议中被承认为国际大家庭的一分子。每星期五是苏丹"接见日"，苏丹会亲自接见民众了解他们的不满。阿卜杜勒迈吉德一世引进纸币，允许非穆斯林从军，同性恋不再被视为犯罪。
1854 年到 1857 年	克里米亚战争。
1859 年	阿卜杜勒迈吉德赦免试图刺杀他的人。
1861 年到 1876 年	**阿卜杜勒阿齐兹一世** 铺设第一个铁路网，在君士坦丁堡设立锡尔凯吉火车站（东方快车终点站），成立伊斯坦布尔考古博物馆。奥斯曼帝国以创始会员国身份加入万国邮政联盟（Universal Postal Union）。阿卜杜勒阿齐兹一世创作古典音乐，在母亲赞助下协助建成派蒂芙妮耶尔·韦莱德苏丹清真寺（Pertevniyal Valide Sultan Mosque）。
1875 年	奥斯曼帝国破产。
1876 年	**穆拉德五世** 因被宣称患有精神疾病而遭罢黜（或许是伪装的）。
1876 年到 1909 年	**阿卜杜勒哈米德二世** 国势衰微，此时发生的事件包括政府主导的大屠杀。阿卜杜勒哈米德制定汉志铁路计划，进行人口管制，控制媒体，在青年土耳其党人革命后遭罢黜。
1909 年到 1918 年	**穆罕默德五世** 1908 年青年土耳其党人革命以及 1913 年政变之后，国家被三帕夏（恩维尔、塔拉特与杰马尔）控制，此时穆罕默德五世的统治徒具象征。然而，1914 年穆罕默德五世正式向协约国宣布发动战争。他死后葬在伊斯坦布尔古老的艾郁普区。
1918 年到 1922 年	**穆罕默德六世** 1920 年，各国代表签订《色佛尔条约》，奥斯曼帝国失去安纳托利亚并且承认汉志王国独立。1920 年成

立的土耳其大国民议会废除穆罕默德的统治地位。1922 年，
他逃离君士坦丁堡，1926 年于意大利圣雷莫去世，死后葬在
大马士革的提基亚清真寺（Tekkiye Mosque）。

1922 年到 1924 年　　**阿卜杜勒迈吉德二世**　被安卡拉土耳其大国民议会选为哈里
发。以君士坦丁堡为据点进行统治，但于 1924 年与家人一
同流亡。随后他成为一名著名的艺术家，于 1944 年在巴黎
去世。

────────── 土耳其共和国 ──────────

1923 年到 1938 年　　**穆斯塔法·凯末尔·阿塔图尔克**　土耳其共和国第一任
总统，寻求土耳其的改革与现代化，获颁"阿塔图尔克"
（Atatürk）之名，意思是"土耳其之父"。在共和国时期，君
士坦丁堡正式更名为"伊斯坦布尔"。

附录：其他的罗马帝国

> 查理，上帝加冕的最尊贵的奥古斯都，统治罗马帝国的伟大而爱好和平的皇帝。
>
> 查理曼被加冕为神圣罗马帝国皇帝之后使用的头衔

名称很重要；从国际观点来看，4世纪以后，将伊斯坦布尔称为新罗马确实造成了深远的影响。到了9世纪，神圣罗马帝国皇帝的加冕带来了挑战。在812年的亚琛（Aachen），查理曼被正式承认为"basileus"，也就是国王。我们可以说，就在此地，我们看到罗马衰亡的开始，不是源于蛮族斧钺的劈砍，也非源于吉本在书里的记载，而是在亚琛；这个美丽的聚居点如今是位于德国最西边的一座城市。教宗利奥三世为查理曼加冕，而当初原本有可能出现一名拜占庭神圣罗马皇后：君士坦丁堡的伊琳娜独自掌权，与她结婚的提议曾被呈送到查理曼面前。但在结婚的提议获得严肃考虑前，伊琳娜已然遭到罢黜与流放：拜占庭与法兰克两个帝国若是结合，将改写东方与西方的发展以及欧洲与近东的历史。查理曼去世时，一个未留下姓名的僧侣哀悼说：

> 从日升之处到西方海岸，民众啼哭啜泣……法兰克人、罗马人、所有的基督徒，全沉浸在哀伤与忧愁之中……无论老幼，还是显贵的贵族，都为失去他们的恺撒而哀悼……世人哀悼查理的死……喔，基督，你统率天兵，恩准查理在天国有个安息之地。唉，我深感悲痛。

查理曼死后，又出现其他觊觎罗马王位之人。

保加利亚普雷斯拉夫的遗迹可以清楚地说明拜占庭观念的影响范围有多大。西美昂一世（Symeon I，又称保加尔人西美昂，在位期间为 893—927 年）从大约 13 岁起就在君士坦丁堡接受教育，他能说流利的希腊语，还学习了亚里士多德的哲学与德摩斯梯尼（Demosthenes）的修辞学。人们说模仿是恭维的最高形式，回到普雷斯拉夫修道院后，年轻的基督徒西美昂便把这座首都发展成"新"君士坦丁堡；往后几个世纪，在首都遗址上的村庄被称为 Yeski Stambolchuk（旧斯坦布尔）。这里有圆顶教堂、精美的镶嵌画与装饰着希腊格言的华丽进口工艺品。

但之后西美昂却恩将仇报。他对于保加利亚货物被运往帖撒罗尼迦贩卖（原本是它们是在君士坦丁堡售卖），并且被课以较高的税额感到不满，同时也对君士坦丁堡不再给予保加尔人定期的贡金感到愤怒，于是便时常率军入侵拜占庭领土。当使臣顺利进入布雷彻尼宫时，西美昂在城墙外虎视眈眈，一些史料告诉我们，西美昂逼迫牧首为他加冕。这一动作显露出一种重要的心理状态：这名保加利亚人也许轻视这座曾经教育过他的城市，但他仍渴望获得城市牧首的祝福。虽然西美昂自立为沙皇（一个显然源自"恺撒"的头衔），但他终其一生都无法实现取得君士坦丁堡的心愿。这名自封的罗马人皇帝不得不通过扩张领土与宣布保加利亚东正教会独立于母城来满足自己。

就在这个时期，当伊斯兰艺术专注于文字力量之时（当然，伊斯兰艺术不局限于文字，有越来越多的例子显示，伊斯兰艺术早期有许多优美的象征性图案）[1]，正教会也发展出自己的文字形式，今日称为西里尔字母。圣西里尔（St. Cyril，约 826—869 年）与他的兄弟美多德（Methodios）被称为"斯拉夫人的使徒"，他们在 1980 年被教宗约翰·保罗二世（Pope John Paul II）封为欧洲的共同主保圣人。西里尔一生绝大多数时间名叫君士坦丁，他在世时使用西里尔这个名字只有短短五十天，他在知道自己死期将至之时成了一名僧侣。西里尔创造了格拉哥里字母（Glagolitic script），之后发展成西里尔字母。西里尔以字母作为政治手段，借此将基督教与拜占庭的影响力传播给曾经与君士坦丁堡为敌的斯拉夫人。狄奥多拉皇后的兄弟巴尔达斯（Bardas）支持西里尔与美多德的传教任务并且开展影响深远的教育计划，例如设立玛格瑙拉大学。西里尔通晓阿拉伯文与希伯来文，因此能与阿拔斯王朝的哈里发穆塔瓦基勒（al-Mutawakkil）讨论神学。他曾经试图阻止哈扎尔人改信犹太教，之后成了君士坦丁堡的哲学教授。这些人的生平是鲜明而生动的例证，提醒我们君士坦丁堡的文化影响力传遍各地。

2013 年以来，西里尔字母开始出现在欧元纸钞上，如今，它的使用与过去一样具有政治意义。[2] 2015 年，保加利亚总统罗森·普列夫内利耶夫（Rosen Plevneliev）在蒙古为某个保加利亚国家（西里尔字母）纪念碑揭幕时，发表了演讲：

> 今日，我们的文字为五十多个民族带来开化与知识，不仅包括保加利亚人与蒙古人，还包括俄罗斯人、白俄罗斯人、乌克兰人、塞尔维亚人与许多其他民族。我们保加利亚人感到自豪，因为我们为保存圣西里尔与圣美多德兄弟创造的文字，以及将西里尔字母传播到世界各地做出了宝贵的贡献。[3]

到了 1018 年，君士坦丁堡的马其顿统治者巴西尔二世从西美昂后裔所统治的科姆托普里王朝（Cometopuli dynasty）手中再次夺取整个保加利亚。据说在 1014 年，巴西尔俘虏了一万五千名保加利亚士兵，他每一百人挖出九十九人的眼睛，剩下的一个人只留下一只眼，由他带领瞎眼的九十九名同胞回去见他们的皇帝萨穆伊尔（Samuel）。萨穆伊尔坐在俯瞰奥赫里德湖（Lake Ohrid）的城堡里，这里的景色在今日看来也依然美不胜收，而在当时，城堡也有童话故事般完美无瑕的美誉。正当牛蛙鼓腹而鸣之时，一阵恐怖的声音传进皇帝的耳里：瞎了眼的大军跌跌撞撞返回国内，一路上哀鸿遍野。据说震撼与惊吓令萨穆伊尔随即中风。几天后，皇帝去世。四年后，保加利亚重回拜占庭的怀抱。

在此同时，邻近的匈牙利的新发掘出的考古证据显示，马扎尔人（Magyars）的改信早在大约公元 1000 年左右圣斯德望（St. Stephen）大举进行传教之前

就已暗中进行，而这或许是君士坦丁堡传教士促成的结果。[4]马扎尔人被称为
"歌革与玛各的子民"（People of the Gog and Magog）与"火的崇拜者"，但在
喀尔巴阡盆地（Carpathian basin）异教徒的坟墓中发现的东正教十字架数量却
显示出某个人或某一观念正渗入到这片崇拜神灵的土地上。例如，在伊布拉尼
（Ibrány），一名启程前往来世的年轻女孩的脖子上挂着兽齿坠饰与十字架。这
里似乎有一股强大的力量在运作着，或许是来自家长的力量：母亲、父亲或族
里的长者希望下一代（因为年轻死者的墓里经常发现十字架）身为基督徒能有
更多的机会，其中包括拥有来生。这种趋势最初是从佩戴项链开始，最后扩及
整个民族。因此，在匈牙利的国庆节，民众狂饮乌尼古（Unicum）与帕林卡
（pálinka）进行庆祝，而布达佩斯各个桥梁装饰着气球、彩带、十字架，并举
办各项欢庆活动，把圣斯德望尊奉为将基督教传布给民众的功臣，这时，我们
应当拨出一点时间缅怀那些无名的马扎尔人，我们几乎可以确定他们早在圣斯
德望之前，就在拜占庭传教士的启发下默默做出了相同的决定。

当我们在寻找伊斯坦布尔的影响与冲击时，我们必须要前往众多的国度去
搜寻。

注释

引言

[1] Von Hammer（1878）*History of the Ottoman Turks*, ed. E. S. Creasy. London: Richard Bentley.

[2] G. de Villehardoui（1963）'The Conquest of Constantinople', in Jean de Joinville and Geoffrey de Villehardouin, *The Chronicles of the Crusades*, trans. M. R. B. Shaw. London: Penguin, pp. 58-59.

[3] A. de Lamartine（1835）*A Pilgrimage to the Holy Land; Comprising Recollections, Sketches, and Reflections, Made During a Tour in the East in 1832—1833*. Philadelphia: Carey, Lea & Blanchard, p.17，也可见 A. de Lamartine（1861）*Souvenirs, Impressions, Pensées, et Paysages pendant un Voyage en Orient, 1832—1833*. Leipzig, p.249.

[4] 苏丹穆拉德四世写给史家索拉克·札德赫（Solák Záhdeh）的书信，记录于 E. Efendi, *Narrative of Travels in Europe Asia and Africa in the Seventeenth Century*, trans. J. von Hammer. London: Printed for the Oriental Translation Fund。

序言

[1] Ahmad, *al-Musnad* 14:331:18859. al-Hakim, *al-Mustadrak* 4:421–422. al-Tabarani, *al-Mu'jam al-Kabir* 2:38:1216. al-Bukhari, *al-Tarikh al-Kabir* 2:81 and *al-Saghir* 1:306. Ibn 'Abd al-Barr, *al-Isti'ab* 8:170.

[2] Michael the Syrian, *The Syriac Chronicle*, trans. M. Moosa（2014）*The Syriac Chronicle of Michael Rabo（The Great）: A Universal History from the Creation*. Syriac Orthodox Church of Antioch, Archdiocese for the Eastern United States. Teaneck, NJ: Beth Antioch Press.

[3] 阿拉伯史料记载的年代互相矛盾，有的认为是 651 年—652 年，有的则认为是 654 年—655 年。

[4]《古兰经》22 章 78 节提到穆斯林名称的由来："他（真主）拣选你们，关于宗教的事，他未曾以任何烦难为你们的义务，你们应当遵循你们的祖先亚伯拉罕（易卜拉欣）的宗教，以前真主称你们为穆斯林，在这部经典里他也称你们为穆斯林。"不同翻译版本见 https://www.comp.leeds.ac.uk/nora/html/22-78.html。

[5] 同样的谚语也用来形容贝都因人，中世纪阿拉伯人，有时也包括埃及人。见 J. L. Burckhardt（1972）*Arabic Proverbs*. London: Curzon Press, p.120。

[6] 位于菲尼克斯（Phoenicus 或 Phoenix）附近。菲尼克斯即今日土耳其安卡拉省的吕基亚（Lycian）

海岸的港口菲尼凯（Finike）。A. Konstam and P. Dennis（2015）*Byzantine Warship vs. Arab Warship: 7th–11th Centuries*. Oxford: Osprey Publishing, pp. 58–59, 也可见 W. Treadgold（1997）*A History of the Byzantine State and Society*. Stanford: Stanford University Press, p. 314。

［7］Shalandī（单数），见 A. Konstam and P. Dennis（2015）*Byzantine Warship vs. Arab Warship: 7th–11th Centuries*. Oxford: Osprey Publishing，插图。

［8］什叶派追随者们最初是"阿里派"（*shi'at Ali*），他们是穆罕默德的堂弟及女婿阿里的支持者。逊尼派则是"遵循传统者"，遵守逊奈（sunna）。两方围绕谁有权利成为哈里发（继任人）产生分歧。逊尼派教徒穆阿威叶（Muawiyah）是倭马亚王朝的创立者，他于公元 661 年—680 年担任统治者。

［9］由驻兵塞浦路斯的统帅穆阿威叶的儿子耶齐德（Yazid）率领的远征军。

［10］见 R. G. Hoyland 对埃德萨的西奥菲勒斯（Theophilus of Edessa）佚失的历史的新译文。R. G. Hoyland, trans.（2011）in *Theophilus of Edessa's Chronicle and the Circulation of Historical Knowledge in Late Antiquity and Early Islam*. Liverpool: Liverpool University Press, esp. 166–168。

［11］见 Dr. Marek Jankowiak 杰出的、正在不断推出的作品。M. Jankowiak（2013）'The First Arab Siege of Constantinople', in C. Zuckerman ed. *Constructing the Seventh Century*. Paris: Association des Amis du Centre d'Histoire et Civilisation de Byzance, pp. 237–320。

［12］亚历山大港被阿拉伯人夺走后，西西里岛和非洲成为唯一生产谷物的省份。然而，通往两地的补给线也变得昂贵而危险。

［13］J. Harris（2015）*The Lost World of Byzantium*. New Haven and London: Yale University Press, p. 88；也可见 D. Stathakopoulos（2004）*Famine and Pestilence*. Farnham: Ashgate, Catalogue entry, p. 208。

［14］布雷彻尼的圣母教堂（St. Mary's Church of Blachernae）是伊斯坦布尔一处重要的圣母像的所在之处，这座在 19 世纪重建的教堂位于伊斯坦布尔艾凡萨瑞区（Ayvansaray），至今信徒络绎不绝。据说圣母马利亚的腰带，是由骆驼毛织成，曾被存放在这邻近"她的"喷泉的地方。现已移至圣山（Mount Athos）保存。

［15］F. W. Hasluck（1916/18）'The Mosques of the Arabs in Constantinople', *Annual of the British School of Athens*（22）, pp. 157–174。

［16］阿拉伯历史学家和哲学家伊本·赫勒敦（Ibn Khaldun）提供证言："穆斯林控制了整个地中海。他们在海上势头强劲、控制范围广阔；地中海沿岸任何一个基督教国家都无法与穆斯林舰队抗衡。穆斯林总是踩在征服的浪头上。" Ibn Khaldun（1989）*The Muqaddimah: An Introduction to history*, ed. N. J. Dawood, trans. F. Rosenthal, Princeton: Princeton University Press, p. 210。

［17］见《魔戒三部曲：王者再临》第 5 卷第 6 章。J. R. R. Tolkien（2012）*The Lord of the Rings: The Return of the King*. London: Harper Collins。

［18］见 J. Howard-Johnston（2010）*Witnesses to a World Crisis: Historians and Histories of the Middle East in the Seventh Century*. Oxford: Oxford University Press。也可见 C. E. Bosworth（1996）'Arab Attacks on Rhodes in the Pre-Ottoman Period', *Journal of the Royal Asiatic Society*, 6（2）, pp. 157–164。

关于本书地名及专有名词的说明

［1］从 1928 年凯末尔通过《采用实施土耳其字母法》（*Law on the Adoption and Implementation of the Turkish Alphabet*）以来，土耳其文已能完全表示语音。该法废除阿拉伯字母，另以修改过的二十九

个拉丁字母来书写奥斯曼土耳其文。土耳其字母与拉丁字母最大的差异在于元音字母；除了 a、e、i、o、u 外，土耳其文还有 ı、ö、ü 这三个元音字母。ı 与 i、o 与 ö、u 与 ü 的不同在于发音部位。在上述三组字母中，每一组的前者属于后元音，发音部位位于口腔后方，而后者属于前元音。从声音来看，ı 的发音类似 open 中的 e，而 i 类似 bit 中的 i。u 的发音类似 foot 中的两个 o，而 ü 的发音类似 food 中的两个 o。o 的发音类似 hot 中的短音 o，而 ö 的发音类似 shirt 中的 ir，但发音部位位于口腔前方。除了上述元音，土耳其文还有 ş，代表 sh 这个音，以及 ç，代表 ch 这个音。唯一英文找不到对应音的字母是 ğ，这是咽入口中的 g 音，它的音几乎听不见。对于以英语为母语的读者来说，最奇怪的音或许是字母 c，它实际上发的音是英文的 j，而土耳其字母的 j 则专门用来表示外来语，例如 plaj 是英文的 beach。最后，土耳其字母没有 q、w、x。非常感谢 Robin Madden 协助编写这则注释。

［2］参见 D. J. Georgacas（1947）'The Names of Constantinople', *Transactions and Proceedings of the American Philological Association* 78, pp. 347–367。

［3］圣哲罗姆（St. Jerome）的《武加大译本》（Vulgate）把《俄巴底亚书》（Obadiah）1:20 的希伯莱文 besepharad 翻译成 Bosforus，但其他译本则译成 Sepharad（或许是萨迪斯［Sardis］，但之后被当成西班牙）："在迦南人中被掳的以色列众人，必得地直到撒勒法（Sarepta）。在西法拉（Bosphorus）被掳的耶路撒冷人，必得南地的城邑。"

［4］参见 D. Stathakopoulos（2014）*A Short History of the Byzantine Empire*. London: I. B. Tauris, Introduction。

［5］感谢保罗·卡特里吉（Paul Cartledge）提醒我《教父》电影中也提过 "Turk"。

［6］John Lyly, *Euphues: The Anatomy of Wyt/Wit*, f. 5, written 1578.

［7］更广泛的讨论参见 E. Said（1978）Orientalism. London: Penguin, pp. 59-60。

导论

［1］P. Gilles, R. G. Musto ed.（1988）*The Antiquities of Constantinople*, trans. J. Ball. New York: Italica Press, p. xlv.

［2］波斯帝王大流士（Dareios）的工程师，来自萨摩斯岛的芒德罗克列斯（Mandrocles of Samos）在博斯普鲁斯海峡搭建桥梁：Herodotus, *The Histories*, 4.88，参见 T. Holland, trans.（2013）in Herodotus, *The Histories*, ed. and with introduction by P. Cartledge. London: Penguin. 在他之后，薛西斯（Xerxes）也在赫勒斯滂（Hellespont）的塞斯图斯（Sestus）与阿拜多斯（Abydos）之间建桥。

［3］感谢雷·劳伦斯博士（Dr. Ray Laurence）提供这项信息。

［4］Surat al-Rum 30: 1-5.

［5］《奥赛罗》第 2 幕，第 3 场；第 3 幕，第 5 场；第 5 幕，第 2 场。

［6］我最初是在奥尔罕·帕慕克（Orhan Pamuk）的作品中看到这种说法。四十年前，是帕慕克首次引起了我对伊斯坦布尔的好奇。

［7］这里的中世纪地窖与零星散布的伊斯兰神殿埋藏了早期直立人的遗骸——他们是来自非洲的小型生物与旅行者，生存于 180 万年前。

第一章　骸骨、石块与泥土

［1］Apollonius Rhodius, *Argonautica* 2. 580-600, R. C. Seaton, trans.（1912）. Loeb Classical Library. Cambridge, MA: Harvard University Press.

［2］感谢伊斯坦布尔大学古物维护与修复系副教授兼系主任乌富克·科贾巴什（Ufuk Kocabaş）帮我解决了诸多的疑问。

［3］例子请见 http://www.cura.co.uk/turkey/the-byzantine-harbour/。

［4］今日，亚洲"甜水"（Sweet Waters）是一条无害的溪流，它源自有声望而富裕的区域（亚洲最昂贵的几处房地产就位于此区与邻近区域）。在整个上古时代，这处水源一直被视为神圣之地。伊斯坦布尔人会记忆犹新地告诉你，他们使用的水是来自哪一个泉水以及他们比较喜欢哪个泉水的味道。

［5］W. R. Farrand and J. P. McMahon（1997）'History of the Sedimentary Infilling of Yarimburgaz Cave, Turkey', *Geological Sciences*, 12（6）, p. 537.

［6］H. Oniz and E. Aslan eds.（2011）*SOMA 2009: Proceedings of the XIII Symposium on Mediterranean Archaeology, Selcuk University of Konya, Turkey 23－24 April 2009*. Oxford: Archaeopress, p.183.

［7］在锡利夫里特普（Silivritepe）高耸的海岬附近，介于阿里贝伊河（Alibey）与卡厄特哈内河（Kağıthane）之间。

［8］H. Oniz and E. Aslan eds.（2011）*SOMA 2009: Proceedings of the XIII Symposium on Mediterranean Archaeology, Selcuk University of Konya, Turkey 23－24 April 2009*. Oxford: Archaeopress, p.183. S. Dönmez（2006）, 'The Prehistory of the Istanbul Region: A Survey', *Ancient Near East Studies*, 43, pp. 239－264.

［9］有人认为黑海大洪水事件发生的时间是在公元前 7400 年。

［10］Procopius, *Buildings* 1.5.10, 参见 H. B. Dewing, trans.（1940）Loeb Classical Library. Cambridge, MA: Harvard University Press。

［11］不过在拜占庭漫长的历史中，取得淡水一直是个伤脑筋的问题。

第二章　盲者之城

［1］Herodotus, *Histories* 4.144, 参见 T. Holland, trans.（2013）in Herodotus, *The Histories*, ed. and with introduction by P. Cartledge. London: Penguin。

［2］S. Dönmez（2006）, 'The Prehistory of the Istanbul Region: A Survey', *Ancient Near East Studies*, 43, pp. 239－264.

［3］Euripides, *Hecuba* 492; 也可见 *Helen* 928, *Bacchae* 13, *Iphigenia in Aulis* 786。参见 S. Saïd（2002）'Greeks and Barbarians in Euripides' Tragedies: The End of Differences?', trans. A. Nevill, in T. Harrison ed. *Greeks and Barbarians*. New York: Routledge, p. 65。

［4］关于这些问题的精彩讨论，见 M. L. West（2005）'"Odyssey" and "Argonautica"', *Classical Quarterly*, 55（1）, pp. 39－64。

［5］邦楚克鲁（Boncuklu）新石器时代遗址珠子地（Place of Beads）的发现（当地村民注意到春雨之后，科尼亚平原［Konya Plain］土丘上的史前珠子会闪闪发光）使这个地区的早期人类聚落历史往前大约延伸了一千年，来到公元前 9000 年左右。

［6］见第比利斯大学考古学研究所所长瓦克唐·利切里（Vakhtang Licheli）教授正在进行的研究。

［7］G. R. Tsetskhladze ed.（1998）*The Greek Colonisation of the Black Sea Area*. Stuttgart: Franz Steiner Verlag, pp. 19－21.

［8］T. Severin（1985）*The Jason Voyage: The Quest for the Golden Fleece*. London: Hutchinson.

第三章　光明之城

[1] Tacitus, *Annals* 12.63，参见 A. J. Church and W. J. Brodribb, trans.（1876）. London, New York: Macmillan。

[2] Athen. 3.116b-c（Ps. –Hesiod）; 7.303e（Archestratus）.

[3] 古代记录中还提到过巨大的鲨鱼，以及像白鲸（Moby-Dick）一般大小的鲸鱼在博斯普鲁斯海峡的连绵巨浪中巡游。

[4] Procopius, *History of the Wars* 7.29.9–21，参见 H. B. Dewing, trans.（1914）Loeb Classical Library. Cambridge, MA: Harvard University Press。也可参见 W. G. Holmes（1912）*The Age of Justinian and Theodora: A History of the Sixth Century A.D.* London: G. Bell & Sons, p. 368。

[5] 虽然我们不该只把安纳托利亚想成是一座巨大的陆桥，但安纳托利亚确实促使货物、观念与信仰流入希腊——安纳托利亚的混合世界。早在公元前 6000 年，在我们今日称为高加索的山地区域已经出现了酿酒与精细的金属加工业。2008 年，在亚美尼亚一处洞穴里发现了世界最古老的皮鞋。巴比伦的数学与科学成就所形成的生活习惯，至今使我们遵行不辍——我们的生活正式区分成夜晚 12 小时与白昼 12 小时，而每小时又区分成 60 分钟——在第一批希腊人到达之前，这套制度已使用了两千年之久。位于叙利亚海岸的乌加特（Ugarit）出现了一种早期字母，这座城市有着青铜时代的"威尼斯"的称号。

[6] K. Hallof, K. Hermann, and S. Prignitic（2012）'Alte und neue Inschriften aus Olympia I', *Chiron*, 42, pp. 213–238, esp. 218.

[7] 非常感谢勒维林·摩根博士（Dr. Llewelyn Morgan）详细阅读第一部分，并分享了他的有趣想法，他说"prounikoi"（负重者）或许是"proenoikoi"（原先的居民）的双关语。

[8] Herodotus, *Histories* 4.144，参见 T. Holland, trans.（2013）in Herodotus, *The Histories*, ed. and with introduction by P. Cartledge. London: Penguin。

第四章　波斯火

[1] Herodotus, *Histories* 4.88, trans. adapted from Russell（forthcoming 2016）by the author；也可见 T. Holland, trans.（2013）in Herodotus, *The Histories*, ed. and with introduction by P. Cartledge. London: Penguin。

[2] 见利兹大学的研究: R. Parsons, et al.（2010）"Gravity-Driven Flow in a Submarine Channel Bend: Direct Field Evidence of Helical Flow Reversal", *Geology*, 38, 1063–1066。

[3] Dionysios of Byzantium, *Anaplous Bosporou*，参见 R. Güngerich（1958）. Berlin: Weidmann。

[4] Herodotus, *Histories* 1.214.

[5] 在这里旅行，你会感受到掳掠人口并非首要关注的重点。在以奴隶驱动的经济形式里，奴隶当然居于核心地位。但在这里，真正构成挑战的是地形地貌，人与山的对抗：这里需要征服的与其说是社群，不如说是海岸。

[6] 这段上古黑暗时期的史料出自希罗多德。随着"历史学"出现惊人的新进展——理性探究——希罗多德清楚认识自己的任务是观察世界，这有助于了解我们自己。他不断追问："这件事值得记载吗？"希罗多德是人类学家、民族志作者，也是优秀的故事讲述者与记录者，他大声朗读他的作品——可能是在参与奥林匹克运动会的广大群众面前朗读。他写下历史事件，以免"人类的成就"随时光流逝而湮没。希罗多德对于围绕着拜占庭发生的事件所做的描述，触及了从古至今的一些核

心话题，包括:语言是一种强大的武器（雅典人与斯巴达人都这样认为）;一个国家的种族多元化（如波斯帝国。地米斯托克利在公元前 471 年到公元前 470 年被逐出雅典，后来成为波斯帝国境内一座希腊城市马格尼西亚［Magnesia］的总督）;在狂暴战争中所进行的试验——民主口号的力量，调研的价值所在，以及东方与西方之间的心理隔阂，这些话题都在某种程度上影响了我们今日的观念。

［7］动身前往温泉关时，列奥尼达已经知道这是一趟死亡任务——他只率领已经生了儿子、有继承人的士兵前往。

［8］拜占庭最早的防御工事应该是木栅栏，时间是公元前 7 世纪。

［9］Plutarch, *Moralia* 217e.

［10］有趣的是，修昔底德提到保萨尼阿斯确实曾向薛西斯的女儿求婚，但与当地较有渊源的史家希罗多德却质疑这一点。

［11］此破城槌在以色列的阿特利特镇被挖掘出，因此以这个小镇为名。

［12］Pindar, Pindar, fr. 64, trans. C. M. Bowra（1964）. Oxford: Oxford Scholarly Classics.

［13］Aristophanes, *The Acharnians*, lines 600−607.

［14］Xenophon, *Hellenica* 1.3.14, trans. C. L. Brownson（1918）. Loeb Classical Library. Cambridge, MA: Harvard University Press.

第五章　围城

［1］Xenophon *Anabasis* 6.6, trans. C. L. Brownson（1922）. rev. J. Dillery（1998）. Loeb Classical Library. Cambridge, MA: Harvard University Press.

［2］Xenophon, *Hellenica* 1.3.14−16, trans. C. L. Brownson（1918）. Loeb Classical Library. Cambridge, MA: Harvard University Press.

［3］"亚西比德前往赫勒斯滂与克森尼索（Chersonese）收取贡金;其余的将领与法那巴佐斯（Pharnabazus）缔约……法那巴佐斯认为亚西比德也该宣誓，于是在迦克墩等他从拜占庭回来;然而亚西比德回来之后，却要求法那巴佐斯也要向他宣誓，否则他不愿向法那巴佐斯宣誓。最后，亚西比德在克鲁索波利斯向法那巴佐斯的代表米特罗巴特斯（Mitrobates）与阿尔那普斯（Arnapes）宣誓，而法那巴佐斯则在迦克墩向亚西比德的代表欧里托勒穆斯（Euryptolemus）与迪欧提穆斯（Diotimus）宣誓，双方不仅做了官方宣誓，也对彼此做出个人的保证。"同上，1.3.8−12。

［4］Plutarch, *Alcibiades* 34.6.

［5］Aristophanes, *Frogs* 1425, trans. J. Savage（2010）. MA: Hardpress Publishing.

［6］当时雅典内部很可能发生了政治骚动（以暴力方式推翻了民主制度），但这个时期也是雅典文化繁盛发展的时期:阿里斯托芬完成了《鸟》（*Birds*）、《利西翠妲》（*Lysistrata*）与《地母节妇女》（*Women at the Thesmophoria*）;欧里庇得斯（Euripides）创作了《腓尼基妇女》（*Phoenician Women*）、《酒神的伴侣》（*Bacchae*）与《伊菲革涅亚在陶洛人里》（*Iphigenia in Aulis*），同时厄瑞克忒翁神庙（Erechtheion）也得以落成。

［7］Xenophon, *Hellenica* 1.1.22.

［8］2008 年到 2014 年在此地的挖掘，发现了雅典风格的仿金属酒杯与酒壶，与同时期雅典的集会场（Agora）中使用的酒杯与酒壶一模一样。

［9］A. Moreno（2008）'Hieron: The Ancient Sanctuary at the Mouth of the Black Sea', *Hesperia: The Journal of the American School of Classical Studies at Athens*, 77（4）, pp. 655−709. T. Noonan

(1973) 'The Grain Trade of the Northern Balkan Sea in Antiquity', *American Journal of Philology*, 93 (3), pp. 231–242. L. Casson (1954) 'The Grain Trade in the Hellenistic World', *Transactions and Proceedings of the American Philological Association*, 85, pp. 168–187.

[10] 公元前 406 年，雅典人在阿尔吉努萨埃（Arginusae）击败斯巴达舰队。但在公元前 405 年年底，雅典人却在埃戈斯波塔米战败，同年，斯巴达人围困比雷埃夫斯。

[11] N. Robertson (1980) 'The Sequence of Events in the Aegean in 408 and 407 B.C.', *Historia: Zeitschrift für Alte Geschichte*, 29 (3), pp. 282–301. E. F. Bloedow (1992) 'Alcibiades "Brilliant" or "Intelligent"？', Historia: Zeitschrift für Alte Geschichte, 41 (2), pp. 139–157. A. Andrewes (1953) 'The Generals in the Hellespont, 410–407 B.C.', *Journal of Hellenic Studies*, 73, pp. 2–9.

[12] 公元前 405 年，斯巴达重新控制了拜占庭。他们切断雅典的粮食供应，使雅典在饥饿下屈服，然后在公元前 404 年攻入雅典城邦，拆毁雅典城墙。

[13] 感谢莱内·鲁宾斯坦（Lene Rubinstein）教授在这方面的协助。见 Xenophon, *Hellenica* 2.2.1。

[14] 大流士二世的次子招募了一支包括了许多希腊佣兵的大军，与兄长在巴比伦尼亚（Babylonia）的库那克萨（Cunaxa）决战。大约有一万名生还者横越亚洲，且战且走地返回赫勒斯滂。

第六章 葡萄酒与女巫

[1] Menander, *The Principal Fragments*, 67K, trans. F. G. Allinson (1921). Loeb Classical Library. Cambridge, MA: Harvard University Press. 残存的文字来自阿忒那奥斯（Athenaeus）的引文（10.442d, Aelian, *Varia historia* 3.14）。

[2] 非常感谢露西·费明厄姆-科伯恩（Lucy Felmingham-Cockburn）与伊丽莎白·麦克尼尔（Elizabeth McNeill）的翻译。另外可参见洛布古典丛书（Loeb Classical Library）的译文："成串的，充满狄俄尼索斯的汁液，你在阿佛洛狄忒金色房间屋顶下安歇：葡萄树，你的母亲，不再用她可爱的枝条环绕着你，也不再伸展甜美的叶子遮盖你的头。"Moero of Byzantium, 'The Dedicatory Epigrams', Number 119, trans. W. R. Paton (1917), *The Greek Anthology*, Vol. 1. Loeb Classical Library. Cambridge, MA: Harvard University Press. p. 362 (Greek), p. 363 (English).

[3] 罗宾·莱恩·福克斯（Robin Lane Fox）形容他是专事诋毁的作家，而非讲求事实的史家。

[4] Theopompus of Chios, *Philippica*, Book 8, F 62. 引自 J. Freely (1998) *Istanbul: The Imperial City*. London: Penguin, p.14.

[5] Aristotle, *Oeconomica* 1346b. 13–36.

[6] 今日，希俄斯岛库柏勒圣殿的拐弯处存有荷马之石。导游说，这位吟游诗人最初就是坐在这个"座位"上分享他的史诗故事。普罗庞提斯基齐库斯的女神圣殿，与爱奥尼亚的科洛封（Colophon）的女神殿一样，已确认是库柏勒圣殿的遗址。

[7] 培希努是小亚细亚城市，位于连结吕底亚首都萨迪斯与波斯城市苏萨及波斯波利斯的波斯御道（Royal Road）上，以及今日的萨卡里亚河畔（Sakarya）。传统认为公元前 8 世纪，传说中的弥达斯国王就是以培希努为根据地统治弗里吉亚。根特大学在彼得·兰布雷希特（Pieter Lambrecht）与约翰·德夫雷克（John Devreker）两位教授带领下进行的考古研究发现，这座城市大约是在公元前 400 年发展起来的：见 A. Verlinde (2012) 'The Temple Complex of Pessinus: Archaeological Research on the Function, Morphology and Chronology of a Sanctuary in Asia Minor', doctoral thesis, Ghent University。

[8] A. Moreno (2008) 'Hieron: The Ancient Sanctuary at the Mouth of the Black Sea', *Hesperia: The Journal of the American School of Classical Studies at Athens*, 77 (4), pp. 655–709, passim.

［9］ *Die InSchriften von Byzantion. 1, Die InSchriften* ed. A. Lajtav（2000）, IK32.

［10］ W. Berg（1974）'Hecate: Greek or "Anatolian"？', *Numen*, 21（2）, pp. 128-129. P. A. Marquardt（1981）'A Portrait of Hecate', *American Journal of Philology*, 102（3）, pp. 250-252. V. Limberis（1994）*Divine Heiress: The Virgin Mary and the Creation of Christian Constantinople*. Abingdon: Routledge, pp. 126-127.

［11］ 之后的罗马史料显示，古罗马的故事与拜占庭的故事有类似之处，不同的是，前者是因为鹅叫声泄露了敌军行踪。

［12］ 见 Diodoros Siculus, *Bibliotheca Historica*, trans. C. H. Oldfather（1989）Vols. 4-8. Cambridge, MA: Harvard University Press; London: William Heinemann, Book 16, chs 74ff.

［13］ 充分的讨论见 A. Moreno（2008）'Hieron: The Ancient Sanctuary at the Mouth of the Black Sea', *Hesperia: The Journal of the American School of Classical Studies at Athens*, 77（4）, pp. 655-709。

［14］ Athen., *Deipnosophistae* 8.351c. 我们知道斯特拉托尼斯曾经造访过拜占庭，参见: Athen. 8.349f—350a。

［15］ 脍炙人口的希腊文作品《亚历山大传奇》（*Alexander Romance*）描写了亚历山大的伟大事迹，内容完全出自虚构，这本书吸引了许多人到东方游历。西方对高加索地区的理解，许多来自这本书。见 R. Stoneman（2008）*Alexander the Great: A Life in Legend*. New Haven and London: Yale University Press。

［16］ 亚历山德里亚与拜占庭商人之间的交易都详列在莎草纸上: *P. Cair. Zen.* 1.59089.20.1, II. 20-I; *P. Cair. Zen.* 4.59731（257-249 BC）; *P. Mich.* 18.781.10（186-185 BC）。

第七章　条条大路来自罗马：埃格那提亚大道

［1］ Cicero, *De Provinciis Consularibus* 2.4, trans. R. Gardner（1958）Loeb Classical Library. Cambridge, MA: Harvard University Press.

［2］ SEG 25:711.

［3］ 感谢彼得·詹姆斯（Peter James）提醒我，寇伊罗斯这个名字也是个俚语，指女性生殖器。

［4］ Pseudo-Aristotle, *On Marvellous Things Heard* 839b, trans. Hett（1936）Loeb Classical Library. Cambridge and London: Harvard University Press, p.285.

［5］ E. L. Wheeler（2011）'The Army and the Limes in the East', in P. Erdkamp ed. *A Companion to the Roman Army*. Chichester: Wiley-Blackwell, p. 238. Z. H. Archibald（2013）*Ancient Economies of the Northern Aegean: Fifth to First Centuries BC*. Oxford: Oxford University Press, p.245.

［6］ Pliny the Elder, *Natural History* 12.41, 引自 C. A. Lockard（2015）*Societies, Networks, and Transitions: A Global History*, vol. 1: *To 1500*. Stamford, CT: Cengage Learning, p. 172。

［7］ 与玛丽·比尔德（Mary Beard）教授的对话，2016 年 4 月。

［8］ Tacitus, *Annals* 12.62-63, J. Jackson, trans.（1937）Loeb Classical Library. Cambridge, MA: Harvard University Press.

［9］ Pliny the Younger, *Letters* 52-53, trans. W. S. Davis, ed.（1913）*Readings in Ancient History: Illustrative Extracts from the Sources*. 2 vols. Boston: Allyn & Bacon.

［10］ Virgil, *Georgics* 491-498, trans. L. Weeda（2015）*Virgil's Political Commentary: In the Eclogues, Georgics and Aeneid*. Berlin: De Gruyter.

［11］ 韦斯巴芗设立了拜占庭行省: Suetonius, *Life of Vespasian* 8.4。铸币厂的出处参见 H. Mattingly

（1921）'The Mints of Vespasian', *Numismatic Chronicle and Journal of the Royal Numismatic Society*, 1（3/4）, p. 216 和 H. Mattingly（1921）'The Mints of the Empire: Vespasian to Diocletian', *Journal of Roman Studies*, 11, p.262。

[12] 关于输水道，进一步的信息见 J. Crow, J. Bardill, and R. Bayliss（2008）*The Water Supply of Byzantine Constantinople*, Journal of Roman Studies Monograph 11. London: Society for the Promotion of Roman Studies, esp. 10−14, pp. 116−117 and Fig. 2.2 . http://www.academia.edu/3165827/The_water_supply_of_Byzantine_Constantinople。宙克西帕斯浴场在公元 532 年的尼卡暴动中被毁，但之后又被重建；1928 年挖掘出了浴场遗址。参见 L. Grig and G. Kelly eds.（2012）*Two Romes: Rome and Constantinople in Late Antiquity*. Oxford: Oxford University Press, p.56。

[13] 哈德良曾经造访这个地区，但他似乎偏爱尼科米底亚。哈德良甚至可能从未在拜占庭停留，而只是连续两年接受了"hieromnemon"（宗教兼行政领袖）这个荣誉职位。

[14] Cassius Dio, *Roman History* 74.14, 75.1, trans. E. Cary（1927）Loeb Classical Library. Cambridge, MA: Harvard University Press, p. 195.

[15] Herodian, *History of the Roman Empire* 3.15, trans. E. C. Echols（1961）*Herodian of Antioch's History of the Roman Empire*. Berkeley and Los Angeles: University of California Press, p. 193.

[16] 同上。

[17] Cassius Dio, *Roman History* 75.10−14, trans. E. Cary（1927）Loeb Classical Library. Cambridge, MA: Harvard University Press, p. 195.

[18] Herodian, *History of the Roman Empire* 3.1.5−6 and 3.6.9, trans. E. C. Echols（1961）*Herodian of Antioch's History of the Roman Empire*. Berkeley and Los Angeles: University of California Press.

[19] J. Freely（1998）*Istanbul: The Imperial City*. London: Penguin, pp. 27−28.

[20] 进一步的信息，参见 D. L. Bomgardner（2000）*The Story of the Roman Amphitheatre*. London: Routledge.

[21] 见 A. R. 利特尔伍德（A. R. Littlewood）关于拜占庭的条目，引自 N. Wilson ed.（2009）*Encyclopaedia of Ancient Greece*. London: Routledge, p. 136. 塞维鲁在集会场周围兴建了剧场、浴场、竞技场与柱廊。

[22] 这是一种历久不衰的习惯：见 N. Sevcenko（2002）'Wild Animal in the Byzantine Park', in A. Littlewood, H. Maguire and J. Wolschke-Bulmann eds. *Byzantine Garden Culture*. Washington, DC: Dumbarton Oaks Research Library and Collection, pp. 69−86。

[23] 但是塞维鲁的死亡却显然是君士坦丁堡历史的起点——而这个起点在约克。

[24] 查士丁尼一世（Justinian I）拥有世上数量最庞大的动物收藏。公元1453年时，这项收藏依然存在，并且在奥斯曼人手中继续加以维护，当时收藏馆位于托普卡珀皇宫南侧的西面。现在这里已没有动物园，只有一个水族馆，离托普卡珀皇宫步行约 7 分钟。

[25] T. Russell（2016）*Byzantium and the Bosporus: A Historical Study, from the Seventh Century BC until the Foundation of Constantinople*. Oxford Classical Monographs. Oxford: Oxford University Press, p. 42.

[26] Lactantius, *De Mortibus Persecutorum*, J. Creed, ed. and trans.（1984）Oxford: Clarendon Press, p. 11.

[27] "古代作者讲述的故事彼此冲突。佐西莫斯（Zosimus）说，芝诺比亚在前往罗马途中死亡，当时囚车都还没跨越海峡抵达拜占庭。"参见 P. Southern（2008）*Empress Zenobia: Palmyra's Rebel Queen*. London: Bloomsbury, p. 156。

第八章 内敌

［1］Pliny the Younger, *Letters* 96 and 97, trans. W. S. Davis, ed. (1913) *Readings in Ancient History: Illustrative Extracts from the Sources*. Vol.2: *Rome and the West*. Boston: Allyn & Bacon.

［2］参见《使徒行传》第16章11—15节.

［3］往后几个世纪，埃格那提亚大道充分显示它就像屹立不摇的脊梁骨，许多早期的教堂与修道院都沿着这条大道兴建。其中一些直到现在才重见天日——比之前预估的多了十几座。

［4］Athenagoras, 'A Plea for Christians' in *Legatio and De Resurrectione*, W. R. Schoedel, trans. and ed. (1972) Oxford: Clarendon Press.

［5］20世纪30年代晚期，一条现代水管在无意间穿过了这幅镶嵌画的表面，造成一道丑陋的凿痕，但除此之外，这幅作品尚称完美。

［6］经过哈德良重建之后，吕大逐渐成长为紫色染布的重要生产中心——紫色是标志着皇帝与国王的颜色，紫布贸易主要分布在埃格那提亚大道沿线，但一名罗马作家却说紫色是"血凝固的颜色"。

［7］许多图像告诉我们，这个时期犹太人与基督徒的对话十分热烈。举例来说，完成于公元244年左右，出土于东叙利亚的杜拉欧罗普斯（Dura Europos）的镶嵌画显示了同一家族演变成了两个分支。他们拥有相同的背景，却分道扬镳。这幅图明白地指出了谁更有话语权。

［8］公元224年，萨珊王朝阿尔达希尔一世（Ardashir I）控制波斯之后，利用基督教受到压制的机会，在波斯大力推广祆教。在格鲁吉亚，一些犹太人也改信了祆教。T. Mgaloblishvili and I. Gagoshidze (1998) 'The Jewish Diaspora and Early Christianity in Georgia', in T. Mgaloblishvili ed. *Ancient Christianity in the Caucasus*. Richmond: Curzon Press, pp. 39–48. A. Sterk (2000) 'Mission from Below: Captive Women and Conversion on the East Roman Frontiers', *Church History*, 79 (1), pp. 1–39.

［9］吕大（或卢德，吕大是这座城市最初在《圣经》里的名字）有一段充满磨难的历史。公元43年，吕大全城百姓因为无法偿还债务而被贩卖为奴；之后，公元66年，吕大在犹太战争时遭罗马人夷平。犹太人的反叛造成犹太人的离散，使基督教获得发展的基础，也使新的犹太—基督教关于存在的问题与观念得以流传到整个罗马世界。讽刺的是，人们从这个时候起开始有了把拜占庭当成信仰中心的"想法"，从此拜占庭不只在地理上具有重要性，在精神上也吸引人心。

［10］圣乔治（St. George）有极小的可能是在吕大殉教的，那时镶嵌画成为富人家中的新装饰并且被自豪地大肆炫耀。通俗史料提到乔治生于卢德，或许他的母亲在那里有间房子；其他的史料则提到圣徒为了信仰在此地殉教而且埋葬于此，还有一种说法是他的遗骨从卡帕多西亚运到此地，被当成圣物加以供奉。我们知道乔治是罗马皇帝戴克里先的护卫，他因为无法放弃自己的信仰而遭受酷刑，然后被斩首（与恶龙搏斗是后来才有的说法，事实上，这里的恶龙应该是一种海怪，类似卢德镶嵌画里出现的东西）。公元5世纪以来，吕大的神殿就成了各国信众朝圣的中心。拜占庭统治者因此将吕大改名为乔吉欧波利斯（Georgiopolis）。

第九章 迫害

［1］Eusebius of Caesarea, *On the Martyrs of Palestine* 9.9–10, trans. P. Schaff and H. Wace, eds. (1955) in *A Select Library of Nicene and Post-Nicene Fathers of the Christian Church*. Edinburgh: T&T Clark.

［2］引自 B. Campbell (2011) *The Romans and their World: A Short Introduction*. London and New Haven: Yale University Press, p. 203。

［3］我们必须谨慎解读这里的第一手史料；迫害的规模通常有所缩减，而且迫害的程度也会随地区而不

同。见 A. Evers（2010）*Church, Cities, and People: A Study of the Plebs in the Church and Cities of Roman Africa in Late Antiquity*. Leuven: Peeters, ch. 3 passim。

[4] Lactantius, *De Mortibus Persecutorum* 12.2−5, J. Creed, ed. and trans.（1984）Oxford: Clarendon Press.

[5] 当时有一种可能是天花的疾病在全国肆虐，人们认为这是诸神降下的惩罚。那么，是谁触怒了奥林匹亚诸神呢？显而易见，一定是那些爱好和平、令人不安地主张人人平等与拒绝敬拜诸神的基督徒。

[6] 305 年，摩尼教（Manichaeism）、犹太教与基督教这三种"东方崇拜"都受到了严重的迫害。306 年，伊利勃里斯教会会议（Synod of Illiberis）下令修士必须独身；此外也宣布，造访犹太人的家是不受欢迎的行为，除非犹太人改信基督教，否则基督教妇女不许嫁给犹太人。但是，当迫害基督教最有力的伽列里乌斯决定在帖撒罗尼迦兴建壮丽的凯旋门以庆祝击败萨珊王朝时——这座凯旋门完成于 303 年，至今仍屹立不倒——他完全无法料到，自己兴建的纪念碑居然成了异教在罗马帝国灭亡的开端。

[7] 有人主张，罗马或许感受到了自身的脆弱，因此才急于采取行动。罗马派了税务检查员前往各地确保基本粮食与奢侈品——从孜然到凉鞋——的进口符合要求。见 P. Frankopan（2015）*The Silk Roads: A New History of the World*. London: Bloomsbury, p. 23。

[8] J. H. W. G. Liebeschuetz（1979）*Continuity and Change in Roman Religion*. Oxford: Oxford University Press, pp. 251−252.

第十章　温柔的人必承受地土

[1] British Library Papyrus 878. 优西比乌在他的《君士坦丁传》（*Life of Constantine*）中所引用文献的真实性引发了不少争论。

[2] 感谢居伊·德·拉·贝杜瓦耶（Guy de la Bédoyère）的协助与原创研究。见 G. de la Bédoyère（2015）*The Real Lives of Roman Britain*. New Haven and London: Yale University Press。

[3] 见 J. M. C. 汤因比（J. M. C. Toynbee）的讨论：J. M. C. Toynbee（1934）*The Hadrianic School: A Chapter in the History of Greek Art*. Cambridge: Cambridge University Press.

[4] Jer. Chron. 5.a.306; *Theod*. 42, Origo 2；也可见 Zosimus 2.8.2; Eutr. 10.2; Zon. 13.1.4; *CIL* 10:517 = *ILS* 708; *PLRE* 1 Fl Iulia Helena 3，参见 N. Lenski ed.（2012）*The Cambridge Companion to the Age of Constantine*. Revised edn. New York: Cambridge University Press, p. 83, n.3.

[5] 巴恩斯提到有人认为海伦娜与君士坦提乌斯有事实上的婚姻关系。参见 D. Barnes（1981）*Constantine and Eusebius*. Cambridge, MA: Harvard University Press, pp. 73−74。

[6] http://www.abdn.ac.uk/geosciences/departments/archaeology/the-northern-picts-project-259.php.

[7] "他日夜兼程去见他的父亲，最后抵达时，他的父亲已经临终。君士坦提乌斯没有想到他的儿子会出现在他的面前，他一见到君士坦丁，随即从卧榻一跃而起，温柔地拥抱儿子。他表示，面对死亡，他唯一放不下的是儿子不在身旁，但此时他的焦虑已不翼而飞，他感谢上帝，并且说现在的他认为死亡远胜过长命百岁，也立刻安排好了身后之事。于是，在宫殿里，在皇帝的卧榻上，在众子女的陪伴下，他根据自然法，把帝国传给他的长子，并且咽下了最后一口气。" Eusebius, *Life of Constantine* 21.1−3, trans. P. Schaff and H. Wace, eds.（1955）in *A Select Library of Nicene and Post-Nicene Fathers of the Christian Church*. Edinburgh: T&T Clark. N. Lenski ed.（2012）*The Cambridge Companion to the Age of Constantine*. Revised edn. New York: Cambridge University Press, p. 61.

[8] C. E. V. Nixon and B. Saylor Rodgers（1994）*In Praise of Later Roman Emperors: The Panegyrici Latini*. Berkeley: University of California Press, pp. 215−216.

［9］这场紧急会议于 11 月召开，地点在多瑙河边境的卡农图姆（Carnuntum，即彼得罗内尔［Petronell］）。
N. Lenski ed.（2012）*The Cambridge Companion to the Age of Constantine*. Revised edn. New York:
Cambridge University Press, p. 65.

［10］更多信息见 E. Hartley, J. Hawkes, M. Henig, and F. Mee eds.（2006）*Constantine the Great: York's
Roman Emperor*. York and Aldershot: York Museums and Gallery Trust, with Lund Humphries, pp.
65−77。

［11］关于宗教动机，见 Socrates Scholasticus, *Ecclesiastical History* 1.2, trans. P. Schaff and H. Wace eds.
（reprinted 1989）*A Select Library of Nicene and Post-Nicene Fathers of the Christian Church*, Vol. 2:
Socrates and Sozomenus: Church Histories. Edinburgh: T&T Clark。

第十一章　米尔维安大桥战役

［1］Eusebius, *Life of Constantine*, ch. XXVIII, trans. P. Schaff and H. Wace, eds.（1955）in *A Select Library
of Nicene and Post-Nicene Fathers of the Christian Church*. Edinburgh: T&T Clark.

［2］M. Barbera ed.（2013）*Costantino 313 d.C.* Milan: Electa，见目录。

［3］A. Alföldi（1932）'The Helmet of Constantine with the Christian Monogram', *Journal of Roman
Studies*, 22（1）, pp. 9−23. A. V. Bannikov（2014）'Late Roman Auxilia and Constantine's "Vision"',
World Applied Sciences Journal, 30（11）, pp. 1656−1659.

［4］C. E. V. Nixon and B. Saylor Rodgers（1994）*In Praise of Later Roman Emperors: The Panegyrici
Latini*. Berkeley: University of California Press, Panegyric XII.

第十二章　黄金之城

［1］Lactantius, *De Mortibus Persecutorum* 44.5, trans. J. Vanderspoel, ed.（1998）Alberta: University of
Calgary.

［2］Sozomen（d. c. 450）, *Ecclesiastical History* 2.3, trans. W. S. Davis ed.（1913）*Readings in Ancient
History: Illustrative Extracts from the Sources*, Vol. 2: *Rome and the West*. Boston: Allyn & Bacon,
pp. 295−296.

［3］现行的说法是，伽列里乌斯计划葬在菲莉克丝·罗穆里阿娜宫（Felix Romuliana，以他母亲的名字
命名），位于今塞尔维亚东部。

［4］Lactantius, *De Mortibus Persecutorum* 48. 另一种版本的译文："任何人都不应该被剥夺信奉基督宗教
或他认为最适合自己的基督宗教的机会。"见 http://legacy.fordham.edu/halsall/source/edict-milan.
asp。

［5］君士坦丁一抵达罗马，并未如人们所预期的先到朱庇特神庙（Temple of Jupiter）感谢神明相助，
反而直接进驻皇宫。君士坦丁在罗马广场立起一座带有基督教象征的金色胜利雕像，但在其他地
方，他可以接受各式各样的选择。君士坦丁兴建凯旋门——这座建筑物成为巴黎凯旋门与伦敦大理
石拱门的模板——向"神明"（一般性的指涉，并未明确指出是哪个神明）致谢。依照罗马人的习
惯，凯旋门标志着胜利，它除了展示悲苦的蛮族囚犯与四季的神祇，也昭示着君士坦丁的胜利将
永垂不朽。当时的记载并未以"凯旋"来形容君士坦丁大张旗鼓进城的过程，而是使用了"到来"
（adventus）一词。君士坦丁凯旋门结合了新作品、重新处理的旧建材与古典时代的雕刻（可能是从
国有的建筑废料库里取出的，考古学家现在相信，意大利原本存在着这些库房），其用意在于颂扬
两种美德：首先是男子气概，也就是纯粹展示帝国的强大力量，为元老院与罗马人民（SPQR, the

Senatus Populusque Romanus）争取荣耀；其次是公开宣扬新的价值观——不仅在于表现公民的或政治层面的自豪感，也可能在于展示显示信仰层面的优越感。此外也新建了一座巴西利卡式建筑来纪念君士坦丁的功勋。在与君士坦丁相关的记载中，这个时期似乎不存在任何特别授意的破坏行动，但异教财富遭到侵吞与自然损坏却隐然受到鼓励——特洛伊的海伦（Helen of Troy）的两个孪生哥哥卡斯托耳与波鲁克斯（Castor and Pollux），他们的神殿就在默许下遭到破坏。

[6] 在士兵献上"奥古斯都"的尊号之后，君士坦丁于 306 年到 307 年首次开始铸币。然后他以奥古斯都与图拉真为模板，将自己的肖像铸印在钱币上，参见 N. Lenski ed.（2012）*The Cambridge Companion to the Age of Constantine*. Revised edn. New York: Cambridge University Press, p. 261。关于君士坦丁对于铸币的看法，概论性的说明见前书第 260–262 页。

[7] P. Strazny ed.（2005）*Encyclopedia of Linguistics*. New York: Fitzroy Dearborn, p. 305.

[8] 无疑，旅人来到此地的原因之一就是要取得亚洲大陆上引人注目的物品与技术。现存最早的金属加工制品出土于土耳其的东部与东北部，时间至少可上溯到公元前 10000 年。公元前 5000 年，喀尔巴阡—巴尔干地区就已经出现黄金加工制品，但高加索地区的"母岩"富含各色各样的矿物，高加索地区的冶金技术与贸易因此得以快速发展，当地的许多神话故事也得以流传。美狄亚的家乡科尔喀斯（Colchis）从公元前 3000 年开始生产大量的金属制品（到了公元前 500 年，金属制品的造型之优雅达到了巅峰——这刚好是欧里庇得斯等人以希腊中心的视角来撰写科尔喀斯故事的时代）。以金属加工知名的亚马孙人，以及向诸神盗火使人类科技突飞猛进的普罗米修斯，他们的故事如今看来都变得合理多了。

[9] Ş. Karagöz in A. K. Pekin and S. Kangal（2007）*Istanbul: 8000 Years Brought to Daylight: Marmaray, Metro, Sultanahmet Excavations*. Istanbul: Vehbi Koc Foundation, pp. 47–49.

[10] 同上，p. 42。

[11] 同上，第 39–40 页及第 76 页（cat. ü11）描绘了库柏勒女神，第 83 页（ü18）描绘了船只的陶器破片，第 95 页（ü39）描绘了阿拉伯纪念章，于斯屈达尔所有挖掘出土的物品见第 31–95 页。

[12] Anahit Yu. Khudaverdyan（2014）'Decapitations in Late Bronze Age and Iron Age sites from Sevan region（Armenia）', *Journal of Siberian Federal University. Humanities & Social Sciences*, 9, pp. 1555–1566.

[13] Zosimus *New History* 2.22.7, R. T. Ridley, trans.（1982）Canberra: Australian Association for Byzantine Studies, University of Sydney.

[14] 令人瞩目的是，在贝西克湾（Beşik Bay）泊船的海滩附近发现了迈锡尼青铜器时代的墓穴。曾经有人提到君士坦丁计划要在大埃阿斯墓地附近兴建新首都："基于这个意图，君士坦丁前往特洛伊山脚下的平原，此地离赫勒斯滂不远，在大埃阿斯墓地上方，据说当初亚该亚人（Achaians）围困特洛伊时，他们停放船只与设立营帐的地方就在这里；君士坦丁计划在此兴建一座巨大而美丽的城市，在高地上兴建城门，让航行经过的船只远远地就能看到这座城市。"参见 J. Rykwert（1988）*The Idea of a Town: The Anthropology of Urban Form in Rome*, Italy and the Ancient World. Cambridge, MA: MIT Press, p. 202。也可见 Sozomen, *Ecclesiastical History* 2.3, Hartranft trans.（2016）*The Ecclesiastical History of Sozomenus*. London: Aeterna Press. 至少到 355 年为止，阿喀琉斯的坟墓还完好如初，而赫克托耳神殿的祭坛与神像仍有信徒前去祭拜，尽管基督徒曾试图进行破坏。这座坟墓位于罗伊特翁（Rhoiteion），离希萨里克（Hisarlik）有段距离。参见 S. Heuck-Allen（1999）*Finding the Walls of Troy: Frank Calvert and Heinrich Schliemann at Hisarlik*. Berkeley: University of California Press, p. 39.

[15] Sozomen, *Ecclesiastical History* 2.3, trans. W. S. Davis ed.（1913）*Readings in Ancient History: Illustrative Extracts from the Sources*, Vol. 2: *Rome and the West*. Boston: Allyn & Bacon, p.295.

[16] 同上，p. 295–296。

第十三章 以基督之血的名义

[1] Sidonius Apollinaris, Epistulae 5.8.2, trans. W. B. Anderson（1989）Cambridge, MA: Harvard University Press: 'Saturni aurea saecla quis requirat？/ sunt haec gemmea, sed Neroniana.'

[2] 罗马帝国的领土分成东西两边，并且分别由四个皇帝统治。四个皇帝连同他们各自的僚属分治帝国，可以避免发生自相残杀的内战。这种制度就某方面而言是成功的，而其成功的原因却源自制度本身的缺点。在这个制度下，潜在的权力斗争被迫赤裸裸地展现在众人面前，因此像君士坦丁这样聪明而有野心的人物就能操纵局势并从中获利。这种帝国制度让皇帝可以清楚地知道广大领土上什么时间、什么地点发生了什么事情——例如军队数量、仓库储粮、敌军行踪——而这肯定让君士坦丁得以充分掌握击败对手所需的情报。

[3] 目前的教堂是 7 世纪兴建的。

[4] 我们不知道君士坦丁决定以拜占庭作为新首都的那几个月发生了什么事，但往后世代的人们却不断将他们的想象作为历史事实记录下来。吉本（Gibbon）在《罗马帝国衰亡史》（The History of the Decline and Fall of the Roman Empire）中告诉我们，君士坦丁"急于在旁观者的心中留下充满希望而令人尊敬的深刻印象。皇帝步行，手里拿着长枪，亲自率领神圣队伍并进，并且亲手画下首都预定的疆界，助手们看到不断扩大的疆界者感到吃惊，最后他们终于鼓起勇气向皇帝表示，他画的界线已经超过一座伟大城市的最大限度。'我必须继续往前走，'君士坦丁回道，'直到在我面前无形指引我的上帝认为该停下来为止。'"参见 E. Gibbon,（1988）The History of the Decline and Fall of the Roman Empire. Abridged A. Lentin and B. Norman. Ware, Herts: Wordsworth Editions, vol. 1, chapter 17, pp. 1776-1789。

[5] 'urbis quam, aeterno nomine iubente, deo donavimus'（奉上帝之命，我们赋予这座城市永恒之名）。Theodosian Code 13.5.7（AD 334），C. Pharr, trans.（2001）The Theodosian Code and Novels and the Sirmondian Constitutions. Union, NJ: The Lawbook Exchange, p. 392.

第十四章 诸城之首

[1] Socrates Scholasticus, Ecclesiastical History 1.100.16, trans. P. Schaff and H. Wace eds.（reprinted 1989）A Select Library of Nicene and Post-Nicene Fathers of the Christian Church, Vol. 2: Socrates and Sozomenus: Church Histories. Edinburgh: T&T Clark, p. 144.

[2] 这种石头源自埃及采石场，但之后的史料告诉我们这些岩石是从罗马带来的，它们也经常被称为"罗马石"。这两种说法可能都是对的。

[3] 君士坦丁的城墙没有使用罗马人喜欢的建材白榴火山灰（pozzolana）—— 一种青铜器时代的火山灰，罗马仰赖它把帝国结合成事实上的统一体。

[4] 关于城墙的说明，参见 P. Gilles, R. G. Musto ed.（1988）The Antiquities of Constantinople, trans. J. Ball. New York: Italica Press, Book 1, chs. XIX and XXI.

[5] 参见 Chron. Pasch. anno 330。

[6] 关于这些与其他的建筑，详细内容见 S. G. Bassett（2004）The Urban Image of Late Antique Constantinople. Cambridge: Cambridge University Press, ch. 1.

[7] 关于福尔图娜·雷度克斯，见 C. Mango（2000）'The Triumphal Way of Constantinople and the Golden Gate'，Dumbarton Oaks Papers, 54, p. 177.

第十五章　信仰、希望、慈善与尼西亚信经

[1] Eusebius, *Life of Constantine*, Book 3, E. C. Richardson, trans.（1980）from *Nicene and Post-Nicene Fathers*, Second Series, Vol. 1. P. Schaff and H. Wace, ed. Buffalo, NY: Christian Literature Publishing Co.

[2] Eusebius, *Vita Constantini* 4.10, trans. P. Schaff and H. Wace, eds.（1955）in *A Select Library of Nicene and Post-Nicene Fathers of the Christian Church*. Edinburgh: T&T Clark.

[3] 见 A. K. Pekin and S. Kangal（2007）*Istanbul: 8000 Years Brought to Daylight: Marmaray, Metro, Sultanahmet Excavations*. Istanbul: Vehbi Koc Foundation, p. 78（cat. ü13）and p. 86（ü25）。

[4] Eusebius, *Vita Constantini* III.10.3, A. Cameron and S. G. Hall, trans.（1999）*Eusebius' Life of Constantine* with introduction and commentary. Oxford: Oxford University Press, Vol. 1.

[5] 君士坦丁说："你们是教会之内的人的主教，但我或许是上帝任命来统治教会之外的人的主教。"同上，4.24。

[6] 感谢狄奥尼修斯·斯泰克普洛斯（Dionysios Stathakopoulos）协助我厘清这些观念。

[7] Sozomen, *Ecclesiastical History* 2.3, trans. W. S. Davis ed.（1913）*Readings in Ancient History: Illustrative Extracts from the Sources*, Vol. 2: *Rome and the West*. Boston: Allyn & Bacon.

[8] 阿格里皮娜（Agrippina）说："他不是当地的行政官员。"

君士坦丁·奥古斯都说："但法律规定，行政官员不许购买任何物品，无论他购物的地点是在自己的还是别人的辖区，因此很明显地，购买这个行为已经违反法律。"

君士坦丁·奥古斯都又说："你知不知道，无论行政官员购买什么物品，他所购买的都将成为国库财产？"

阿格里皮娜说："他不是当地的监督官。我是跟他的兄弟做的交易。请看看这份买卖文件。"

君士坦丁·奥古斯都说："让寇狄亚（Codia）与阿格里皮娜从小贩那儿拿回适当的钱吧。"

参见 *Codex Theodosianus* 8.15.1, C. Pharr, trans.（2001）*The Theodosian Code and Novels and the Sirmondian Constitutions*. Union, NJ: The Lawbook Exchange。

[9] 女性在君士坦丁堡的教堂与宗教机构的活跃度似乎在 7 世纪时达到巅峰，不过直到 12 世纪为止，有些传统依然在君士坦丁堡拥有一定的活力。

[10] V. A. Karras（2004）'Female Deacons in the Byzantine Church', *Church History*, 73（2），pp. 272–316.

[11] 135 年，哈德良在各各他兴建了维纳斯神庙，参见 Eusebius, *Life of Constantine* 3.26。

[12] 感谢济卡·萨克（Zina Sackur）协助我到此地一游。

[13] 386 年，这座位于阿帕梅亚的宙斯神庙被当地狂热的主教摧毁，参见 Theodoret, *Historia Ecclesiastica* 5.21。

[14] S. Bradbury（1994）'Constantine and the Problem of Anti-Pagan Legislation in the Fourth Century', *Classical Philology*, 89（2），pp. 129–130. K. W. Harl（1990）'Sacrifice and Pagan Belief in Fifth- and Sixth-Century Byzantium', *Past & Present*, 128, pp. 7–27. R. M. Errington（1988）'Constantine and the Pagans', *Greek, Roman and Byzantine Studies*, 29, pp. 309–318. A. Bowman, P. Garnsey and A. Cameron eds.（2005）*The Cambridge Ancient History*, vol. 12: *The Crisis of Empire, AD 193—337*. Cambridge: Cambridge University Press, pp. 101–102.

第十六章　海伦娜

［1］关于君士坦丁与埃拉伽巴路斯在这段描述里的关系，更深入的讨论见 G. Fowden（1991）
'Constantine's Porphyry Column: The Earliest Literary Allusion'，*Journal of Roman Studies*, 81, pp.
119-131。

［2］Zonaras XIII. 2. 34-35; *BHG* 365（5-6, Opitz）; *Chronicle of George the Monk*（XI, 1, ii, pp. 491,
17-499, 7）.

［3］感谢奈杰尔·斯皮维（Nigel Spivey）提供这些观念。

［4］君士坦丁皇帝在 326 年与 333 年的敕令，要求查禁作为智慧化身的索菲亚形象。正如基督是第二
个亚当，女性则是第二个夏娃。哲罗姆（Jerome）曾忧心忡忡地教导人们如何养育一个保有处子
之身的女儿，他建议定期进行温和而强制性的禁食（让她免于饥饿，并能够阅读或唱赞美诗），而
不是近乎挨饿，他告诫说要避免"从节制转变成暴食，就像伊希斯与库柏勒的崇拜者狼吞虎咽地
吃下热腾腾的雉鸡与斑鸠，好让自己的牙齿不会亵渎刻瑞斯（Ceres）的恩赐"。Jerome, Letter 107,
to Laeta, AD 403, W. H. Fremantle, trans.（1885）*Nicene and Post-Nicene Fathers of the Christian
Church: Series II*. Edited by P. Schaff and H. Wace. New York: The Christian Literature Company, 1893,
VI: 248-249.

［5］柱头修士西蒙告诉但以理前去君士坦丁堡而非耶路撒冷时，他把君士坦丁堡称为第二耶路撒冷，这
个说法被后人引用时常说成新耶路撒冷。E. Dawes（1948）*Three Byzantine Saints: Contemporary
Biographies of St. Daniel the Stylite, St. Theodore of Sykeon and St. John the Almsgiver*, with
introductions and notes by N. H. Baynes. Oxford: Blackwell, pp. 12-13.

第十七章　生与死

［1］Eusebius, *Vita Constantini* 26.3, trans. P. Schaff and H. Wace, eds.（1955）in *A Select Library of Nicene
and Post-Nicene Fathers of the Christian Church*. Edinburgh: T&T Clark.

［2］Socrates Scholasticus, *Ecclesiastical History* 1.38, trans. P. Schaff and H. Wace eds.（reprinted 1989）
A Select Library of Nicene and Post-Nicene Fathers of the Christian Church, Vol. 2: *Socrates and
Sozomenus: Church Histories*. Edinburgh: T&T Clark, pp. 34-35.

［3］D. Woods（1997）'Where Did Constantine I Die?'，*Journal of Theological Studies*, 48（2）, pp.
531-535. R. W. Burgess（1999）'*Αχυρών* or *Προάστειον*? The Location and Circumstances of
Constantine's Death'，*Journal of Theological Studies*, 50, pp. 151-161.

［4］'Ita anno imperil tricesimo secundoque, cum totum orbem tredecim tenuisset, sexaginta natus atque
amplius duo, in Persas tendens, aquis bellum erumpere occeperat, rure proximo Nicomediae-Achyronam
vocant-excessit, cum id tetrum sidus regnis, quod crinitum vocant, portendisset.'

'Bellum versus Parthos moliens, qui iam Mesopotamiam fatigabant, uno et tricesimo anno imperii, aetatis
sexto et sexagesimo, Nicomediae in villa publica obiit. Denuntiata mors eius etiam per crinitam stellam,
quae inusitatae magnitudinis aliquamdiu fulsit, Graeci cometen vocant.' Eutr. *Brev*. 10.8.

'Constantinus, cum bellum pararet in Persas, in Acyrone villa publica iuxta Nicomediam moritur anno
aetatis LXVI.li.' Jer. *Chron*. s.a. 337.

'Cumque bellum in Persas moliretur, in villa publica iuxta Nicomediam, dispositam bene rempublicam
filiis tradens, diem obiit.' Oros. *Adv. Pag*. 7.28.30.

'cum bellum pararet in Persas, in suburbano Constantinopolitano villa publica iuxta Nicomediam'. *Origo* 35.

'cum bellum pararet in Persas, in Acyrone villa publica iuxta Nicomediam moritur'. Prosp. *Chron.* s.a. 337.

'dum bellum pararet in Persas, in Acyrone villa publica iuxta Nicomediam moritur'. Cass. *Chron.* s.a. 339.

'Obiit in Ancirone Nicomediae villa.' *Laterc. Imp. ad Justin I.* See Mai. *Chron.* 13.14.

［5］感谢彼得·弗兰科潘（Peter Frankopan）在这方面的协助。

［6］在模棱两可的状况下，石碑可以充当有用的象征工具。或许君士坦丁盗取了美丽的异教雕像（例如，在原本用来表彰保萨尼阿斯为希腊赢得胜利以及斯巴达与其他城邦击败波斯人的德尔斐青铜蛇柱上保萨尼阿斯傲慢地在蛇柱刻上自己的名字，如今这根蛇柱仍屹立在伊斯坦布尔的古竞技场），或许是君士坦丁对于其他共治皇帝采取了威胁态度，或许最重要的是君士坦丁令人懊恼地痴迷于单一的人神关系，这解释了为什么君士坦丁未如一般人预期的那样在他有生之年能在德尔斐神庙里被立像膜拜。君士坦丁获得权力之后，马上立法禁止异教献祭与某些种类的巫术活动；传统上人们总是将这种行为解释成他虔诚的表现，但更可能的解释是他内心感到焦虑，因此立法查禁君士坦丁堡居民数世纪以来狂热崇拜的、可能带来害处的恶魔，但这种信仰直到今日仍未完全为人所遗忘。

第十八章　异教徒与王位觊觎者

［1］Julian, *The Caesars* 336B, W. C. Wright, trans.（1913）Loeb Classical Library. Cambridge, MA: Harvard University Press, p. 413.

［2］君士坦丁二世于 340 年死于战场；君士坦斯统治西部，于 350 年遇刺身亡；君士坦提乌斯二世于 337 年到 361 年统治东部。

［3］这种将宦官引进到宫廷里的潮流，似乎是戴克里先皇帝在东方建立根据地之后开始的。

［4］Julian, *Letter to Evagrius*（362, Constantinople）, W. C. Wright, trans.（1913）Loeb Classical Library. Cambridge, MA: Harvard University Press

［5］Julian, *Letter to Philip*（362, Constantinople）, W. C. Wright, trans.（1913）Loeb Classical Library. Cambridge, MA: Harvard University Press, adapted. 或许基督教错过了机会，未能让这名被指控为异教徒与泛灵论者的自然爱好者完全改信基督教。

［6］Ammianus Marcellinus, *Res Gestae* 20.4, in W. Hamilton, trans.（1986）*The Later Roman Empire AD 354—378*, London: Penguin.

［7］参见 Zosimus, *New History* 3.75, J. J. Buchanan and H. T. Davis, trans.（1967）San Antonio, TX: Trinity University Press——引自 J. Freely（1998）*Istanbul: The Imperial City*. London: Penguin, pp. 52–52。

［8］这座教堂的兴建始于君士坦丁，由尤里安完成。参见 A. Murdoch（2005）*The Last Pagan: Julian the Apostate and the Death of the Ancient World*. Stroud: Sutton Publishing, p. 41。

［9］尤里安在雅典时"与哲学家一起生活，而且在各项学问上都超越了他的老师"。尤里安的确在应该刮净胡子的年代蓄胡（从钱币上的人像可以看出），在 363 年，他于安条克（Antioch）写了一篇讽刺文章《痛恨胡子的人》（"Misopogon"）。尤里安似乎喜欢自己的"胡子哲学"，或许他留胡子是为了否定基督教。参见 A. Peterkin（2001）*One Thousand Beards: A Cultural History of Facial Hair*. Vancouver: Arsenal Pulp Press, p. 22。

［10］尤里安在谈到神谕时也提到了阿波罗。

[11] Libanios, *Oratio* 18. 139, trans. G. W. Bowersock（1978）*Julian the Apostate*. Cambridge, MA: Harvard University Press, p. 72.

[12] 关于这点，可以从安布罗斯对狄奥多西的影响看出——非皇族出身的人因此获得了新的可能。

[13] 即使在 3 世纪，基督教学者如俄利根（Origen）也主张应该从寓言的角度诠释《圣经》，而非从字面上解读。一名宫廷演说家对基督教皇帝约维安（Jovian）表示，上帝喜欢人们以不同的方式崇拜他。

[14] 见 M. Scott（2014）*Delphi: A History of the Centre of the Ancient World*. Oxford and Princeton: Princeton University Press；这里的神谕事实上可能源自达佛涅（Daphne）而非德尔斐，但史料辗转相承，今日我们看到的记录中记载的却是德尔斐。

[15] Ammianus Marcellinus, *Res Gestae* 31.8.9, W. Hamilton, trans.（1986）*The Later Roman Empire（AD 354–378）*. London: Penguin, adapted by the author.

第十九章　哥特人的入侵

[1] Shakespeare, *Titus Andronicus*, Act 1, scene 1.

[2] 见 E. de la Vassière（2012）'Central Asia and the Silk Road', in S. F. Johnson ed. *The Oxford Handbook of Late Antiquity*. Oxford: Oxford University Press, pp. 144–147.

[3] P. Frankopan（2015）*The Silk Roads: A New History of the World*. London: Bloomsbury, 45ff.

[4] 同上。

[5] Ammianus Marcellinus, *Res Gestae* 31.4, W. Hamilton, trans.（1986）*The Later Roman Empire（AD 354–378）*. London: Penguin, translation adapted by the author.

[6] D. Pany and K. Wiltschke-Schrotta（2008）'Artificial Cranial Deformation in a Migration Period Burial of Schwarzenbach, Central Austria', *VIAVIAS*, 2, pp. 18–23.

[7] 伏尔加河（Volga）足足比多瑙河长 805 公里。

[8] 这间最近落成的罗马博物馆隐藏在帕绍（罗马时代称为巴达维斯［Batavis］）的偏僻街道里，就位于过去的罗马军营遗址上。博物馆收藏了一些珍品，都是新出土的工艺品，这些收藏并不只是出于单纯的对古物的爱好。帕绍是个美丽、色彩柔和的地方，曾是希特勒与希姆莱的短暂住所，令人意想不到的是，今日仍有许多当地人喜欢戴着有羽饰的传统软呢帽。罗马皇帝雇佣巴达维斯居民组成龙国的精锐部队，这里的战士与战马经过训练，在跨越汹涌河川时仍可以维持阵型。公元 43 年，巴达维斯人曾跟随罗马指挥官奥鲁斯·普劳提乌斯（Aulus Plautius）渡过英吉利海峡，在梅德韦河（Medway）协助击败了布立吞人（Britons），巴达维斯人的战技与才智确保了罗马占领不列颠尼亚。

[9] B. Murdoch and M. Read eds.（2004）*Early Germanic Literature and Culture*. Rochester, NY: Camden House, pp. 157–159.

[10] Themistius, *Orations* 162.206d, trans. Heather and D. Moncur（2001）*The Goths in the Fourth Century*. Liverpool: Liverpool University Press.

第二十章　狄奥多西：和平鸽或铁拳

[1] *Πάντα γὰρ τὰ κατὰ τὴν πόλιν τῶν τοιούτων πεπλήρωται, οἱ στενωποί, αἱ ἀγοραί, αἱ πλατεῖαι,*

τὰ ἄμφοδα · οἱ τῶν ἱματίων κάπηλοι, οἱ ταῖς τραπέζαις ἐφεστηκότες, οἱ τὰ ἐδώδιμα ἡμῖν ἀπεμπολοῦντες. Ἐὰν περὶ τῶν ὀβολῶν ἐρωτήσῃς, ὁ δέ σοι περὶ γεννητοῦ καὶ ἀγεννήτου ἐφιλοσόφησε · κἂν περὶ τιμήματος ἄρτου πύθοιο, Μείζων ὁ Πατήρ, ἀποκρίνεται, καὶ ὁ καὶ ὁ Υἱὸς ὑποχείριος. Εἰ δὲ, Τὸ λουτρὸν ἐπιτήδειόν ἐστιν, εἴποις, ὁ δὲ ἐξ οὐκ ὄντων τὸν Υἱὸν εἶναι διωρίσατο. Οὐκ οἶδα τί χρὴ τὸ κακὸν τοῦτο ὀνομάσαι, φρενῖτιν ἢ μανίαν, ἤ τι τοιοῦτον κακὸν ἐπιδήμιον, ὃ τῶν λογισμῶν τὴν παραφορὰν ἐξεργάζεται. 现有的翻译见 T. A. Robinson（2017）Who Were the First Christians? Dismantling the Urban Thesis. Oxford: Oxford University Press, p. 63.

[2]《尼西亚信经》直到 1014 年才被西方教会接受。（确切说，直到 1014 年，在神圣罗马皇帝亨利二世的加冕礼上，罗马教廷才正式启用了单方面改动过的《尼西亚信经》。——编注）

[3] Themistius, *Oratio XVIII*, Petavius（1684）, Paris: Aldine Press, p. 222.

[4] Urk. IV, pp. 586–587.

[5] 见吉姆·克罗（Jim Crow）教授对君士坦丁堡水道进行的研究，目前这项研究还在进行当中。参见 J. Crow, R. Bayliss and J. Bardill（2008）, *The Water Supply of Byzantine Constantinople, Journal of Roman Studies Monograph II*. London: Society for the Promation of Roman Studies. 及 Bayliss, Crow and Bono（2001）, 'The Water Supply of Constantinople: Archaeology and Hydrogeology of an Early Medieval City', *Environmental Geology*, 40, pp. 1325–1333.

[6] V. Onar et al.（2015）'Estimating the Body Weight of Byzantine Dogs from the Theodosius Harbour at Yenikapi, Istanbul', *Kafkas Universitesi Veteriner Fakultesi Dergisi*, 21, p. 56. U. Kocabaş ed.（2008）*The Old Ships of the New Gate/Yenikapı' nın Eski Gemileri*. Istanbul: Ege Yayınları. J. Sorgenfre（2013）*Port Business*. Self-published, p. 10.

[7] D. Dogu, C. Kose, N. S. Kartal and N. Erdin（2011）'Wood Identification of Wooden Marine Piles from the Ancient Byzantine Port of Eleutherius/Theodosius', *BioResources*, 6（2）, pp. 987–1018.

[8] 这次会议上，与会者正式与非正式地提出了一些另类的神学观点。

[9] Gregory of Nazianzus, *De Vita Sua*, trans. D. Meehan（1987）*Saint Gregory of Nazianzus: Three Poems*. Washington, DC: Catholic University of America Press, pp. 133–135.

[10] 'Canons of the One Hundred and Fifty Fathers who assembled at Constantinople during the Consulate of those Illustrious Men, Flavius Eucherius and Flavius Evagrius on the VII of the Ides of July', Canon III, 参见 http://legacy.fordham.edu/halsall/basis/const1.txt. 5 世纪时，君士坦丁堡的索克拉蒂斯写道，330 年，君士坦丁的城市被称为第二罗马，参见 Socrates Scholasticus, *Historia Ecclesiastica* 1.16。J. Pelikan（1987）*The Excellent Empire: The Fall of Rome and the Triumph of the Church*. Eugene, OR: Wipf & Stock, pp. 75–76.

[11] *Codex Theodosianus* 14.10.10, 11, 12, C. Pharr, trans.（2001）*The Theodosian Code and Novels and the Sirmondian Constitutions*. Union, NJ: The Lawbook Exchange.

[12] K. W. Harl（1990）'Sacrifice and Pagan Belief in Fifth-and Sixth-Century Byzantium', *Past & Present*, 128, pp. 7–27. J. A. Bregman（1993）'Synesius of Cyrene', in A. Cameron ed. *Barbarians and Politics at the Court of Arcadius*. Berkeley and Los Angeles: University of California Press, p. 30. S. Bradbury（1994）'Constantine and the Problem of Anti-Pagan Legislation in the Fourth Century', *Classical Philology*, 89（2）, pp. 120–139. 摩尼教徒起初被剥夺了财产权，有些人还被处死。史家索克拉蒂斯描述尼西亚辩论"沦为一场谩骂，因为双方毫无立论依据，只是无的放矢"。参见 Socrates, *Ecclesiastical History*, trans. E. Walford and H. de Valois（1853）, Book 1, Chapter 23, London: Bohn, p. 499。狄奥多西禁止不听令的主教如德摩菲洛斯（Demophilos）进城。据说这些被放逐的人在城墙外持续数年坚持他们的信仰。伊利里亚省长官接到指示惩罚那些顽固不从"疯癫错乱的异端"。在古典时代的希腊与希腊化世界，各种超自然的神与善的形式能获得分享、检验、讨论、辩护

与调适。而根据所持观点的不同，狄奥多西的改革也有不同的意义，有人认为精神、思想与伦理辩论的可能性增加了，也有人认为他的改革封闭了这些可能。

第二十一章　天国之战与人间之战：加萨与亚历山大

[1] Mark the Deacon, *Life of Porphyry, Bishop of Gaza*, G. F. Hill, trans. (1913) Oxford: Clarendon Press, p. 66.

[2] 至少到 1778 年为止，伊利索斯神庙一直位于此地，之后被奥斯曼人拆除作为建材。有一幅精美的版画记录了这起事件，这幅版画现收藏于伦敦索恩博物馆（John Soane Museum）。就在这枚钱币铸造后不久，阿耳忒弥斯的伊利索斯神庙就被改为了教堂。

[3] 参见 www.forumancientcoins.com/numiswiki/view.asp?key=victory。

[4] 这里必须小心，这些史料几乎可以确定是日后才出现的，参见 R. MacMullen（1984）*Christianizing the Roman Empire: A.D. 100—400*. New Haven and London: Yale University Press, p. 86ff. 因此这些史料可能让我们感受到其中的道德寓意。进一步的考古学与实验考古学将有助我们判断这段故事的真实性。

[5] Last Statues of Antiquity Database, LSA-27（2012）University of Oxford. http://laststatues.classics. ox.ac.uk/database/discussion.php?id=399.

[6] Mark the Deacon, *Life of Porphyry, Bishop of Gaza*, G. F. Hill, trans. (1913) Oxford: Clarendon Press, p. 66.

[7] 'Ancient Death Machines', programme in *Ancient Discoveries* series on the History Channel, aired 25 February 2008.

[8] 表面上，佩普图瓦的死导致了德尔图良（Tertullian）改信。德尔图良告诉我们："无论男女、老幼与身份"，每个人都可以成为基督徒，参见 R. H. Brumback（2007）*History of the Church through the Ages: From the Apostolic Age, through the Apostasies, the Dark Ages, the Reformation and the Restoration*. Oregon: Wipf and Stock, p. 23。当然人们会欣慰地了解到，这种活人献祭已无法取悦神明。佩普图瓦的著作是现存最古老的由女性书写的作品，而她曾经耐人寻味地写道，她梦想"成为男人"，参见 B. K. Gold（2013）'Gender Fluidity and Closure in Perpetua's Prison Diary' in J. Hallett, D. Lateiner, B. Gold and J. Perkins eds. *Roman Literature, Gender and Reception*. London: Routledge, p. 156。

[9] 在亚历山大，建城者亚历山大大帝把各种异教观点灌输到这座城市的基因里。亚历山大有一种特殊的天赋，愿意接受身边一切最好的事物，特别是信仰。公元前 324 年，托勒密（Ptolemy Soter），这位游历世界的独裁者的将领，在北非建立托勒密王朝，他赓续亚历山大兼容各国文化的作风，也继续执行亚历山大的计划来建设这座以亚历山大之名命名的大城。

[10] 基督教作者亚历山大的革利免（Clement of Alexandria）写道："真正的西西里蜜蜂从先知与使徒草地上的花朵采蜜，他在听众的灵魂中播下不朽的知识"。*Stromateis* I, 1（written c. 198–c. 203），in *The Sacred Writings of Clement of Alexandria*（2012）trans. P. Schaff.

[11] 从他信件的措辞中可以看出他多么坚决："由于我急欲表达对这些人与世界各地的犹太人，乃至对未来世代的感谢，我决定你的律法必须从希伯来文翻译成希腊文，而这些书可以跟其他书一样收藏在图书馆里。" *The Forgotten Books of Eden* 2.2, trans. and ed. Jr. Rutherford H. Platt（1926）Apocryphal Press.

[12] 根据索克拉蒂斯《教会史》（*Ecclesiastical History*）4.15 的说法，希帕提娅死于 3 月。

[13] 希帕提娅与她的父亲特翁（Theon）留下的少数作品最终保留在威尼斯的圣马可图书馆。

［14］Palladas, fourth century AD, 'A Pagan in Alexandria Considers Life under Christian Mobs Who are Destroying Antiquity' trans. Barnstone in *The Greek Poets: Homer to the Present*（2009） P. Constantine, R. Hadas, E. Keeley, K. van Dyck eds. with introduction by R. Hass. New York, London: W. W. Norton & Company, p.281.

［15］Socrates Scholasticus, *Ecclesiastical History* 7.15, trans. D. Duff（1891）*The Early Church: A History of Christianity in the First Six Centuries*, p. 446.

第二十二章 异教空气中的基督教尘埃：新罗马

［1］Prudentius to the Roman Senate, fifth century AD, *Contra Symmachum* 1.499－505, trans. J. Alchermes,（1994）'Spolia in Roman Cities of the Late Empire: Legislative Rationales and Architectural Reuse', *Dumbarton Oaks Papers*, 48, p. 171.

［2］从阿卡狄奥斯到查士丁尼，历任皇帝不断重申狄奥多西全面禁止献祭的禁令（君士坦丁的儿子君士坦斯与君士坦提乌斯早已宣布公开献祭与夜间献祭是违法行为），这充分显示献祭从未停止过。献祭怎么能停止？这是至少能回溯一万年的传统，献祭本身使社会持续运转，献祭后的仪式飨宴也维系了整个社群的向心力。异教群体深刻地感受到了这些行为的力量——他们想出聪明的方式规避禁令，让个人代表整个社群来进行献祭——最后一位"异教"史家佐西姆斯如此说道。他描述了一名祭司机灵地为雅典民众向阿喀琉斯献祭，由此避免雅典地震造成的灾难。叛教者尤里安与来自君士坦丁堡的雅典柏拉图学院院长普罗克勒斯（Proclus）的通信，清楚显示了庆典与献祭被认为是维系文明并结合希腊罗马传统的黏合剂。423 年，狄奥多西实际上同意了鼓励基督教社群与异教徒及犹太邻人和平相处的法律，但叙利亚的僧侣——包括柱头修士者西蒙——却表达了愤怒，因此这道法令于 425 年撤回。

［3］有趣的是，关于雕像热的一些最明确的证据来自 9 世纪的《君士坦丁堡简史》（*Parastaseis Syntomoi Chronikai*），该书本质上是一本君士坦丁堡文化导览。书中详细描述了拜占庭或许在有意或无意之间对于异教与基督教世界的融合表现出欣赏的态度。该书以上帝创世为起点，忠实追溯了特洛伊人、亚历山大大帝与恺撒的功绩，并且将这些伟大异教徒的故事与基督或《圣经》中的故事连结起来。参见 S. G. Bassett（2004）*The Urban Image of Late Antique Constantinople*. Cambridge: Cambridge University Press 和 H. Saradi（2000）'Perceptions and Literary Interpretations of Statues and the Image of Constantinople', *Byzantiaka*, 20, pp. 3－41。

［4］L. James（1996）'"Pray Not to Fall into Temptation and Be on Your Guard": Pagan Statues in Christian Constantinople', *Gesta*, 35（1）, pp. 12－20.

［5］关于这个主题极有用的作品以及君士坦丁堡收藏艺术品的目录见 S. G. Bassett（2004）*The Urban Image of Late Antique Constantinople*. Cambridge: Cambridge University Press。

［6］P. Gilles（1729）*The Antiquities of Constantinople*, trans. and ed. J. Ball. London, p. 144. "克卓努斯（Cedrenus）同样记得，君士坦丁堡皇宫内的图书馆收藏了 1120 卷书籍，其中一件是长 36 米的'龙肠'，上面用金字写着荷马的《伊利亚特》与《奥德赛》。"Homer, *The Iliad of Homer*, G. Chapman, trans. with introduction by R. Hooper（1888）. London: John Russell Smith, vol. 1, p. xciii; Cedrenus *Compendium Historiarum*（1647）J. Scylitzes, trans. vol. 1, p. 351. Parisiis: e Typographia regia.

［7］查士丁尼皇帝命令将收集的雕像交给他的得力助手，宦官纳尔塞斯。

［8］*Codex Theodosianus* 16.10.8.

［9］同上，16.10.15。

［10］例如，在卡托·帕纳（Kato Phana）挖掘出位于阿波罗圣殿上方的早期基督教建筑层。

［11］ L. Beaumont, A. Archontidou－Argyri, H. Bearnes, A. Tsigkou and N. Wardle（2004）'Excavations at Kato Phana, Chios: 1999, 2000, and 2001', *Annual of the British School at Athens*, 99, pp. 201－255.

［12］ 古典时代之后，这个地区的朝圣者会前往阿斯克勒庇俄斯（Asclepius）的神殿朝圣，他们的疾病在那里被"神奇地"治愈。这项传统在基督教与异教共同存在的地区依然持续着，人们也相信圣徒的触摸具有治愈疾病的力量。据说，皇帝只需亲自躺在某些神圣的石头上，身上的病就会痊愈。这类故事与其他奇迹故事传遍君士坦丁堡街头——这些故事让人感受到振奋人心的可能性。

［13］ 有些占星师被允许继续从事占星术——可参见之后拜占庭的雷托里乌斯（Rhetorius of Byzantium）的作品。

［14］ 2 世纪的维提乌斯·瓦林斯（Vettius Valens）完整地列出了这些人的工作类别。

［15］ Cyril I, Bishop of Jerusalem, c. AD 350, 引自 E. Theodossiou, V. Manimanis and M. S. Dimitrijevic（2012）'Astrology in the Early Byzantine Empire and the Anti-Astrology Stance of the Church Fathers', *European Journal of Science and Theology*, 8（2）, p. 20。

第二十三章　天上的雕像：苦行者

［1］ Theodoret, *History of the Monks of Syria*, R. M. Price, trans. and ed.（1985）. Cistercian Publications, AD444, ch. XXVI, Symeon（the Stylite）.

［2］ Lucian, *De Dea Syria* 28, 29. 见 http://warburg.sas.ac.uk/pdf/bkg950b2390112.pdf, p. 67："入口有狄俄尼索斯竖立的阳具，足足有 55 米那么高。"通常柱基与柱头都放着号角。也可参考对女神瑞亚的描述，在她的头上也有一根柱子。

［3］ 'The Life and Works of Our Holy Father, St. Daniel the Stylite', in E. Dawes（1948）*Three Byzantine Saints: Contemporary Biographies of St. Daniel the Stylite, St. Theodore of Sykeon and St. John the Almsgiver*, with introductions and notes by N. H. Baynes. Oxford: Blackwell, p. 10.

［4］ N. Baynes, 'St. Daniel the Stylite: Introduction', in E. Dawes（1948）*Three Byzantine Saints: Contemporary Biographies of St. Daniel the Stylite, St. Theodore of Sykeon and St. John the Almsgiver*, with introductions and notes by N. H. Baynes. Oxford: Blackwell, p. 13.

［5］ "恶魔无法压抑内心的嫉妒，于是找来一件工具来实现他的邪恶计划。有个名叫巴希亚妮（Basiane）的娼女刚从东方来到君士坦丁堡，许多追求像她这种女性的男子全受到她的蛊惑。一些异端人士之子找她过去，对她提出以下建议：'不管用什么方式，只要你能让站在安纳普鲁斯（Anaplus）石柱上的那个人传出丑闻，或者是让任何跟他在一起的人传出丑闻，我们会付给你一百枚金币。'这个无耻的女人同意了，她大张旗鼓地去找这名圣人，随行的还有一群年轻男子与娼妓，她假装生病，并且一直待在石柱的外围正对着圣人。虽然她一直待在那里，但无论她花多少时间，都只是白费工夫。"参见 E. Dawes（1948）*Three Byzantine Saints: Contemporary Biographies of St. Daniel the Stylite, St. Theodore of Sykeon and St. John the Almsgiver*, with introductions and notes by N. H. Baynes. Oxford: Blackwell, p. 39。

［6］ "要毫无缺失地服侍他，不管是身体还是精神都要全心全意地保持谦卑与服从。不要忘了款待；绝不能背弃你的神圣母亲，也就是教会，要远离一切冒犯的理由，杜绝异端的稗子。"同上，ch. 95。

［7］ P. Meineck（2013）'Dionysos, Divine Space and Dopamine: A Cognitive Approach to the Greek Theatre', *CHS Research Bulletin* 1.2, delivered at a research symposium at Center of Hellenic Studies, Washington, DC, 26 April 2013. http://wp.chs.harvard.edu/chs-fellows/author/pmeineck/. J. C. Robertson（1858）History of the Christian Church ii. London: J. Murray, pp. 41－43, p. 274.

［8］ E. Dawes（1948）*Three Byzantine Saints: Contemporary Biographies of St. Daniel the Stylite, St.*

Theodore of Sykeon and St. John the Almsgiver, with introductions and notes by N. H. Baynes. Oxford: Blackwell, ch. 24.

第二十四章 性与城市：宦官

[1] *Anth. Graec.* 16.33, W. R. Paton, trans.（1917 updated 1960）*The Greek Anthology*, Epigram 654. Loeb Classical Library. Cambridge, MA: Harvard University Press, p. 179.

[2] 参见 Shaun F. Tougher, chapter 8 in L. James ed.（1997）*Women, Men and Eunuchs: Gender in Byzantium*. London and New York: Routledge and S. Tougher ed.（2002）*Eunuchs in Antiquity and Beyond*. London: The Classical Press of Wales and Duckworth。

[3] 人们原先认为位于古竞技场西侧。

[4] Corippus, *In Laudem Iustini Augusti Minoris* 3.224−230, in Cameron, trans. and ed.（1976）London: The Athlone Press, p. 106.

[5] *Life of John of Cyprus* 52. 34−46, trans. E. Dawes（1948）*Three Byzantine Saints: Contemporary Biographies of St. Daniel the Stylite, St. Theodore of Sykeon and St. John the Almsgiver*, with introductions and notes by N. H. Baynes. Oxford: Blackwell, p. 255.

[6] W. Stevenson（2002）'Eunuchs and Early Christianity', in Shaun Tougher ed. *Eunuchs in Antiquity and Beyond. Swansea: The Classical Press of Wales*, London: Duckworth, pp. 123−142. 例如，俄利根引用了《马太福音》19: 12。

[7] 当然，在作为宦官制度的温床的君士坦丁堡，这项传统将持续蓬勃发展到 20 世纪。奥斯曼人一入主君士坦丁堡，就在托普卡珀皇宫建立自己的宦官庭院。庭院两旁有住所，大宦官及其僚属（白宦官）掌管通往"吉兆之门"的要道，这道门代表苏丹亲临。

[8] Eunapios 65.2.1−2, 4 世纪。

第二十五章 旧罗马被劫掠：哥特人的入侵，第二部分

[1] Zosimus, *New History* V.11.4, R. T. Ridley, trans.（1982）Canberra: Australian Association for Byzantine Studies, University of Sydney, quoted in S. Moorhead and D. Stuttard（2010）*AD 410: The Year that Shook Rome*. London: The British Museum Press, p. 77.

[2] 引自 C. Kelly（2008）*Attila the Hun, Barbarian Terror and the Fall of the Roman Empire*. London: Bodley Head, p. 41。

[3] 感谢 Chris Kelly 协助本章的写作：见 C. Kelly（2010）*The End of Empire: Attila the Hun and the Fall of Rome*. New York: W. W. Norton.

[4] Zosimus, *New History* V.7.5−6, R. T. Ridley, trans.（1982）Canberra: Australian Association for Byzantine Studies, University of Sydney, quoted in S. Moorhead and D. Stuttard（2010）*AD 410: The Year that Shook Rome*. London: The British Museum Press, p. 72.

[5] St. Jerome, quoting Virgil's *Aeneid* II. 361ff., D. West, trans.（2003）. Harmondsworth: Penguin.

[6] St. Augustine, *City of God*, 1.7ff 中记录了强奸与暴力（见 S. Moorhead and D. Stuttard［2010］*AD 410: The Year that Shook Rome*. London: The British Museum Press, p. 131）。哲罗姆记述了围城与劫掠期间的饥荒："征服整个世界的城市如今自己也被征服；饥荒杀人的速度不可能胜过刀剑，却很少

有人从饥荒中存活下来沦为俘虏。饥饿的民众丧失理智，他们饥不择食，做出骇人听闻的事；他们扯下彼此的肢体，好让自己有肉可吃。就连母亲也不放过她正在哺乳的婴儿……同时，在如此混乱的状况下发生这样的事是很自然的，一名沾满鲜血的胜利者闯入了玛切拉（Marcella）的家中。接下来就由我来陈述我所听闻的这些圣人看到的东西；因为有些人就在现场，他们说，在那个危险时刻，你也一样跟她在那个地方。当士兵走进屋子时，据说她脸上毫无惧色地接待他们；当他们向她索取黄金时，她指着自己身上的破衣服，表示自己并无财宝可供埋藏……基督让这群士兵的心软了下来，即使他们手上拿着沾血的刀剑，自然的情感依然占了上风。蛮族士兵将你跟她一起带到使徒保罗的圣殿，你也许会发现，那里就算不是个安全的地方，至少也可以当成坟墓。" Jerome, Letter 127.12-13, W. H. Fremantle, trans. (1885) *Nicene and Post-Nicene Fathers of the Christian Church: Series II*. edited by P. Schaff and H. Wace. New York: The Christian Literature Company.

佐西姆斯记录道："当亚拉里克听到民众受了训练准备战斗时，他说道，厚实的草要比稀疏的草更好割，他当着使者的面大笑，但当他们讨论和约时，他提出的条件恐怕再高傲的蛮族都会感到严苛：他宣布，除非他得到城内所有的金银、一切动产与所有蛮族奴隶，否则他不会停止攻城。一名使者问他，如果他把一切都拿走，那么他给城内的居民留下了什么，他回道：'他们的生命。'" Zosimus, *New History* 5.40, R. T. Ridley, trans. (1982) Canberra: Australian Association for Byzantine Studies, University of Sydney. 然后是约达尼斯（Jordanes）的记录："当他们终于进城时，亚拉里克明确命令他们只能进行劫掠，并不像那些野蛮人一样到处放火，他们也未对神圣场所大肆破坏。" Jordanes, *The Origin and Deeds of the Goths*, 30.156, C. C. Mierow, trans. (1915) Princeton: Princeton University Press. 奥罗修斯（Orosius）也记录道："（亚拉里克）下令，凡是在神圣场所避难的人，特别是使徒彼得与保罗的圣殿中的人，都获准不得予以侵犯或骚扰；他允许手下尽情地掠夺，但他命令不许伤害人命……他们进城的第三天，这群蛮族自行离去。他们的确烧毁了一些建筑物，但即使是这样的火灾也不足以跟罗马建城七百年来意外发生的火灾相比。" Orosius, *History against the Pagans* 7.39, I. W. Raymond, trans. (1936) *Seven Books Against the Pagans*. New York: Columbia University Press. 吉本写道："在野蛮横行之时，当一切热情都被点燃，一切束缚都被移除，'福音书'的训诫几乎无法影响哥特基督徒的行为。" E. Gibbon, (1988) *The History of the Decline and Fall of the Roman Empire*. Abridged A. Lentin and B. Norman. Ware, Herts: Wordsworth Editions, vol. 4, chapter 31, p. 662.

第二十六章　汪达尔人、智慧与匈人阿提拉

[1] *Corippus, In Laudem Iustini Minoris* 1.274-287, Cameron, trans. and ed. (1976) London: The Athlone Press.

[2] 在这个时期，罗马人使用的是德罗蒙战舰——德罗蒙这个名称或许适用于 5 世纪到 10 世纪的桨帆船——这种船只建造与维持的费用较低（从小型罗马式桨帆船里布尔纳 [liburna] 或里布尔尼安 [liburnian] 发展而来，这种船原本的功能是巡逻或掠夺）。拜占庭海军由查士丁尼一手建立：参见 J. Pryor and E. M. Jeffreys (2006) *The Age of the ΔΡΟΜΩΝ: The Byzantine Navy ca 500-1204*. Leiden: Brill. 有人根据智者利奥六世皇帝的著作《战术学》（*Tactica*）中的描述重建了德罗蒙战舰：同上，lxxvii, p. 754. 有兴趣的人可以参考诺尔船（Knarr boat）的模型；汪达尔人使用的船可能接近这种形式。

[3] 参见 A. Merrills and R. Miles (2010) *The Vandals*. Chichester: Wiley-Blackwell 和 W. Goffart (1981) 'Rome, Constantinople, and the Barbarians', *American Historical Review*, 86 (2), pp. 275-306。

[4] Callinicus, *Vita S. Hypatii*, G. Bartelink ed. *Vie d' Hypatios* (1971) Paris: Editions du Cerf, 138.21（拉丁文文本搭配法文译文）。也可见 A. Goldsworthy (2009) *The Fall of the West: The Death of the Roman Superpower*. London: Weidenfeld & Nicolson, p. 499, n. 1。

［5］见 http://www.academia.edu/691311/Tracing_the_Language_of_the_Vandals。感谢艾伦·鲍曼（Alan Bowman）的评论。

［6］N. Francovich Onesti（2002）*I Vandali: Lingua e storia*. Rome: Carocci.

［7］A. I. Wilson（1999）'Commerce and Industry in Roman Sabratha', *Libstud*, 30, pp. 29－52.

［8］引自一份莎草纸，上面抄写了新王国的训诫文字（Papyrus Chester Beatty IV），转引自 Ricardo A. Caminos, 'Peasants', in S. Donadoni ed.（1997）*The Egyptians*. Chicago: University of Chicago Press, p. 16。

［9］也可见《民数记》5:11－28。

［10］Plato, *Phaedrus*, 274e, H. N. Fowler, trans.（1925）Cambridge, MA: Harvard University Press.

［11］Eustathios, *Commentary on the Iliad*, 2.27, trans. Stallbaum（2010）.

［12］A. Markopoulos（2008）'Education', in E. Jeffreys, J. Haldon and R. Cormack eds. *The Oxford Handbook of Byzantine Studies*. Oxford: Oxford University Press, pp. 785－795 和 A. Markopoulos（2013）'In Search for "Higher Education" in Byzantium', *Recueil des Travaux de l'Institut d'Etudes Byzantines*, 50, pp. 29－44.

［13］也就是之后的玛格瑙拉宫大学（University of the Palace Hall of Magnaura）；855 年左右，一所哲学学校设立在玛格瑙拉宫里。

［14］D. Constantelos（1999）'The Formation of the Hellenic Christian Mind', in D. Constantelos, *Christian Hellenism: Essays and Studies in Continuity and Change*. New Rochelle, New York and Athens: Aristide D. Caratzas, passim.

［15］A. Markopoulos（2008）'Education', in E. Jeffreys, J. Haldon and R. Cormack eds. *The Oxford Handbook of Byzantine Studies*. Oxford: Oxford University Press, pp. 785－795.

第二十七章　圣母之城

［1］*Acta Concilorum Oecumenicorum*, ed. Schwartz, I, i, 2, 102.

［2］M. K. Klein（2014）'Holy Haulage: Shipping Hagia Sophia to Palestine', presentation given at King's College London, 11 February.

［3］E. Ferguson（1998）*Encyclopedia of Early Christianity*, vol. 1. London: Taylor & Francis, p. 505. 更多信息参见 Stephen the Deacon, *La Vie d' Etienne le Jeune par Etienne le Diacre*, trans. M. F. Auzépy（1997）Aldershot: Variorum。

［4］之后的拜占庭皇帝支持一种类似妥协的一神论立场，这显示这些帝国的实用主义者看出绝对立场在实际层面与精神层面上的不利之处。

［5］参见 R. Janin（1953）*La Géographie ecclésiastique de l' Empire Byzantin*, vol. 1.3: *Les Eglises et les monastères*. Paris: Institut Français d' Etudes Byzantines。

［6］英文译文出自：http://www.ewtn.com/library/Doctrine/EUCHAR10.htm, with reference: 'Ephrem the Syrian', *Inni su Santa Maria*, Inno 1, 10.14: *Monumenta Eucharistica*, I, p.340。

［7］参见凯特·库珀教授（Kate Cooper）的作品，如 K. Cooper（2013）*Band of Angels: The Forgotten World of Early Christian Women*. London: Atlantic Books, pp. 263－265。

［8］我们得知 6 世纪 70 年代狄奥多拉的外甥女索菲亚因为查士丁二世精神失常而执掌朝政；8 世纪伊莲娜理所当然地代替儿子君士坦丁六世统治国家。11 世纪末 12 世纪初，格鲁吉亚捐献者与艺术家僧

侣约阿内·托卡比（Ioane Tokhabi）发展了这个主题。在西奈山的格鲁吉亚修道院，登上王位的上帝之母安坐在君士坦丁堡，并且配以格鲁吉亚铭文——这些文字直到现在才被解读。Z. Skhirtladze（2015）'The Image of the Virgin on the Sinai Hexaptych and the Apse Mosaic of Hagia Sophia', *Dumbarton Oaks Papers*, 68, pp. 369−386。

［9］*Opp. Syr.* iii. 607, in J. H. Newman（1866）*A letter to the Rev. E.B. Pusey, D.D. on his recent Eirenicon.* London: Longmans, Green, Reader, and Dyer, p. 42. 圣耶福列木又说："最初，由于我们原初父母的罪，死亡降临到所有人身上；今日，马利亚使我们的死亡转化为生命。最初，蛇的话语充满了夏娃的耳朵，毒从那里蔓延到全身；今日，马利亚的耳朵收到了永恒幸福的捍卫者的话语：因此，原本受死亡摆布的人，其实也是唤醒生命的人。"

［10］John Chrysostom, *In Evangelium S. Matthaei*, homily 50:3−4, pp. 58, 508−509.

［11］John Chrysostom, *In Matthaeum Homiliae*, xxxiii, *Ex Capite*, xix（a）, Migne, *Patrilogia Graeca*, vol. 56, p. 803.

［12］569 年之后，各省总督完全只从主教与富有地主阶层选任。

［13］431 年以弗所公会议第三次会议，安卡拉的狄奥多图斯（Theodotos of Ankyra）主教。

［14］查士丁尼一世又加强了城市的防御。6 世纪末，阿瓦尔人与斯拉夫部族越过多瑙河占领默西亚与斯基提亚（Scythia）。阿拉伯人、伦巴底人（Lombards）、格皮德人（Gepids）、哥特人、库特里古尔人（Cutrigurs）与安特人（Antes）很快就聚集在帝国边境。577 年与 581 年，阿纳斯塔修斯的城墙击退了这些民族。参见 F. K. Haarer（2006）*Anastasius I: Politics and Empire in the Late Roman World.* Cambridge: Francis Cairns, pp. 106−109。

第二十八章　黄金时代

［1］C. P. Cavafy, 'In Church', from C. P. Cavafy（2003）*Poems by C.P Cavafy,* trans. J. C. Cavafy. Athens: Ikaros.

［2］这个地点由阿瑟·埃文斯爵士（Sir Arthur Evans）挖掘，埃文斯爵士也负责了米诺斯克里特岛的克诺索斯的挖掘与重建工作。

［3］有些资料称查士丁尼的出生地为巴德里亚纳（Baderiana）。普罗科匹厄斯的《建筑》（*Buildings*）4.1.17 提到，查士丁尼生于陶雷修姆，一个邻近巴德里亚纳要塞的小村落。

［4］到了 476 年，拉韦纳实质上已成为残存的旧罗马帝国的首都；君士坦丁堡见机不可失，便派遣军队前往当地——将强健的老枝嫁接到新罗马树上。

［5］这段文字引自 J. A. Evans（2002）*The Empress Theodora: Partner of Justinian.* Austin, TX: University of Texas Press, pp. 108−109。凯萨尔·巴罗尼乌斯生于 1538 年，死于 1607 年，他的《教会年代记》（*Annales Ecclesiastici*）出版于 1588 年到 1607 年。埃文斯指出（同上，p. 109），巴罗尼乌斯"早在人们于梵蒂冈图书馆发现普罗科匹厄斯的《秘史》之前就已经写下这段话，他揭露了狄奥多拉早年靠卖淫为生"。

［6］更深入的分析，参见 L. Garland（1999）*Byzantine Empresses: Women and Power in Byzantium AD 527—1204.* London: Routledge 和 S. A. Harvey（2011）Theodora, *The Believing Queen.* New England: Brown University Press。

［7］Procopius, *Secret History* 12.

［8］Justinian, *Novellae* 8.1, as quoted in J. A. Evans（2002）*The Empress Theodora: Partner of Justinian.* Austin, TX: University of Texas Press, p. 21.

[9] Procopius, *Secret History* 10.13, P. Sarris, ed. and G. Williamson, trans. (2007) London: Penguin. A. Kaldellis, ed. and trans. (2010) *The Secret History: with Related Texts*. Indianapolis: Hackett Publishing Company, p. 48 : "两人一起生活之后，从未单独做过决定。"

[10] Procopius, *History of the Wars* 1.25, H. B. Dewing, trans. (1914) Loeb Classical Library. Cambridge, MA: Harvard University Press.

[11] E. H. Kantorowicz (1963) 'Oriens Augusti. Lever du Roi', *Dumbarton Oaks Papers*, 17, p. 156. J. M. Featherstone (2012) '*De cerimoniis and the Great Palace*', in P. Stephenson ed. *The Byzantine World*. New York: Routledge, p. 171.

[12] J. A. Evans (2011) *The Power Game in Byzantium: Antonina and the Empress Theodora*. London: Continuum, pp. 49－50.

[13] 参见 A. Christophilopoulou (1956) *Εκλογή, αναγόρευσις καιστέψις τουβυζαντινού αυτοκράτορος [Πραγματείαι της Ακαδημίας Αθηνών, τ. 22/2]* Athens (reissued 2003) 和 Constantine Porphyrogennetos, *The Book of Ceremonies*, Moffat and M. Tall, trans. (2012) Canberra: Australian Association for Byzantine Studies, 432ff。

[14] Constantine VII Porphyrogenitos. *De Ceremoniis Aulae Byzantinae* 1:39, J. Reisky, ed. (1829－1830). Bonn.

[15] *Chronicon Paschale* 618.14－17 ；或许就是圣卡里库姆桥（ bridge of St. Callinicum ）。

[16] 普罗科匹厄斯提到狄奥多拉喜欢长时间泡温泉。他的描述显然带有恶意。《秘史》提到这部作品完成于 550 年，也就是狄奥多拉英年早逝的两年后。即使是狄奥多拉最有力的支持者也乐于承认她出身妓院；其中一位是叙利亚人约翰，他因为狄奥多拉的鼓动而当上主教。

[17] 或许这是夫妻两人之间一种私人的、高风险的"对打"，一种违反常理、用来激励彼此的对抗？也或许这是一种多元化的策略，一种明智的做法，让两派臣民各自在宫廷里找到效忠的对象——无论他们的神学倾向是什么。

[18] L. Garland (1999) *Byzantine Empresses: Women and Power in Byzantium AD 527－1204*. London: Routledge, pp. 28－29.

[19] 同上。J. A. Evans (2011) *The Power Game in Byzantium: Antonina and the Empress Theodora*. London: Continuum, pp. 60－63. John of Ephesus, *Ecclesiastical History*, Book 4.

[20] J. Bardill (2000) 'The Church of Sts. Sergius and Bacchus in Constantinople and the Monophysite Refugees', *Dumbarton Oaks Papers*, 54, p. 6, n. 42 and C. Mango (1975) 'The Church of Sts. Sergius and Bacchus Once Again', *Byzantinische Zeitschrift*, 67, p. 392 suggest p.531.

[21] John of Ephesus, *Lives, Patrologia Orientalis*, 18.529, in E. W. Brooks ed. (1923) *Patrologia Orientalis, Lives of the Eastern Saints I*. Paris: Firmin-Didot.

[22] L. Garland (1999) *Byzantine Empresses: Women and Power in Byzantium AD 527－1204*. London: Routledge, p. 27.

[23] Justinian, *Novellae* 5.5 (AD 535).

[24] Justinian, *Codex Justinianus* 8.17 (18) .12 (AD 531).

[25] Procopius, *Buildings* 1.9.1－10, H. B. Dewing, trans. (1940) Loeb Classical Library. Cambridge, MA: Harvard University Press. 悔罪院位于瓦尼科伊（ Vaniköy ）南部，博斯普鲁斯海峡的亚洲岸边，如今应该位于库雷里军官训练学院（ Kuleli Officers' Training College ）的下方。

[26] Procopius, *Secret History* 17.5, H. B. Dewing, trans. (1935) Loeb Classical Library. Cambridge, MA: Harvard University Press. 也可参见 Procopius, *Buildings* 1.9.1－10。

[27] 从这个时期的君士坦丁堡可以看到 "eros"（欲求）与统治阶级的伙伴关系，两者的伙伴关系不是指向性的欲求，而是柏拉图《会饮篇》（Symposium）里理解的爱神厄洛斯（Eros）——指一种可以引发性渴望的创造力。没错，但其中具有的转变力量也能助长主宰的野心，不只是让自己活在世上，更重要的是喜爱这种活在世上的感受。

[28] J. A. Evans（2002）The Empress Theodora: Partner of Justinian. Austin, TX: University of Texas Press, p. 21.

第二十九章　地震与大火

[1] Justinian, Codex Justinianus ix 47.12, P. Krueger, ed.（1929）Berlin: Weidmann.

[2] John the Lydian, On Offices 3.70.

[3] 关于尼卡暴动的年代与细节，有用的摘要与分析见 G. Greatrex（1997）'The Nika Riot: A Reappraisal', Journal of Hellenic Studies, 117, pp. 60 – 86。这个时期在君士坦丁堡与其他地方发生的冲突，包括 491 年、498 年与 507 年的暴动，君士坦丁堡的竞技场也遭到焚毁。507 年在安条克，战车手波菲里欧斯（Porphyrius）在圆形竞技场获胜引发的暴动烧毁了一间犹太会堂。参见 A. Guttmann（1983）'Roman Sports Violence', in J. H. Goldstein ed. Sports Violence. New York: Springer-Verlag, p. 16。伊比利亚战争（Iberian War）中，对抗萨珊王朝的达拉战役（Battle of Dara, 530 年）。J. Haldon,（2008）The Byzantine Wars. Stroud: The History Press, p. 27.

[4] 这场大屠杀发生在 500 年左右布里泰（Brytae）庆典期间的君士坦丁堡。抗争一直是君士坦丁堡文化的一部分，它们形塑了君士坦丁堡的物理空间。例如 512 年针对迦克墩反对者的暴动与谋杀和 1740 年的学生抗争。耐人寻味的是，21 世纪盖齐公园的抗争是为了反对破坏旧城绿色空间。

[5] 查士丁尼二世——据说他本人擅长各种残酷的行径——就是在这里被割下了鼻子与舌头。

[6] A. Van Millingen（1899）Byzantine Constantinople: The Walls of the City and Adjoining Historical Sites. London: John Murray, p. 28.

[7] Procopius, History of the Wars 2.30.

[8] 同上，1.24.33 – 38, trans. from L. Garland（1999）Byzantine Empresses: Women and Power in Byzantium AD 527 – 1204. London: Routledge.

[9] 局势因宫廷宦官总管纳尔塞斯而暂时获得缓和，他走进竞技场，发放金币给蓝党，提醒他们——有人描述此事时还想象他眼里散发着光彩——查士丁尼本人是蓝党，而他们选择的冒牌货是绿党。参见 A. Bridge（1978）Theodora: Portrait in a Byzantine Landscape. London: Cassell, pp. 73 – 78.

[10] 不过在我写作之时，市中心的考古挖掘尚未发现集体埋葬的墓穴。

[11] John Malalas, Chronicle 422.14 – 22, E. Jeffreys et al., trans.（1986）The Chronicle of John Malalas: A Translation, Byzantina Australiensia 4. Melbourne: Australian Association for Byzantine Studies.

第三十章　凤凰之城

[1] Paul the Silentiary, Description of Haghia Sophia 617, quoted in N. Schibille（2014）Hagia Sophia and the Byzantine Aesthetic Experience. Farnham: Ashgate, p. 20.

[2] Procopius, Buildings 1.1.27 – 29, H. B. Dewing, trans.（1940）Loeb Classical Library. Cambridge, MA: Harvard University Press.

[3] "根据《圣经》的说法，耶稣是童贞女马利亚所生，'圣灵要临到你身上'，（索菲亚是圣灵）'至高

者的能力要荫庇你'。(至高者是造物主)，'因此所要生的圣者必称为神的儿子'（《路加福音》1：35）。耶稣并非只来自至高者，如那些与亚当类似模样的人只来自至高者一样——耶稣来自索菲亚与造物主。耶稣这个新人来自圣灵——索菲亚与造物主——为的是让造物主能确立与构造他的身体，而圣灵供给他本质。" Hippolytus, *Refutation of all Heresies* 6.30.

[4] R. Ousterhout（2010）'New Temples and New Solomons: The Rhetoric in Byzantine Architecture', in P. Magdalino and R. Nelson eds. *The Old Testament in Byzantium*. Washington, DC: Harvard University Press, pp. 223−254.

[5] 忒米斯提欧斯，4 世纪的演说家。*Oratio* 8, 转引自 B. V. Foltz（2014）*The Noetics of Nature: Environmental Philosophy and the Holy Beauty of the Visible*. New York: Fordham University Press, p. 76。

[6] Procopius, *Buildings* 1.4.4−5, H. B. Dewing, trans.（1940）Loeb Classical Library. Cambridge, MA: Harvard University Press.

[7] 同上，1.11.1−6。

[8] Constantine VII, *De Ceremoniis Aulae Byzantinae*, ed. Reisky（1829−1830）, Bonn, vol. 1, pp. 33−34. 例如，参见 J. Harris（2007）*Constantinople: Capital of Byzantium*. London: Continuum, pp. 63−68。"离这道海墙只有一小段距离，在小悬崖的下方，工人们发现了布科里恩宫完好坚固的地窖，里头宛如遭受地震摇晃过似的，堆积着大理石柱与柱头"，参见 T. Bent（1887）'Byzantine Palaces', *English Historical Review*, 2（1）, p. 470。

[9] 新罗马人似乎了解他们的城市令人嫉妒的战略位置与地理优势同时也是城市的弱点；这个宫殿——所有逃生的地道与隐秘的走廊——予人一种霍比特人居所的感觉。

[10] 参见 C. Mango（1997）'The Palace of the Boukoleon', *Cahiers Archeologiques*, 45, pp. 41−50。

第三十一章　奇观，奇观

[1] 出自 John Chrysostom, *8th Homily on the First Epistle of St. Paul the Apostle to the Thessalonians*, 转引自 W. Dalrymple（1997）*From the Holy Mountain: A Journey in the Shadow of Byzantium*. London: HarperCollins, pp. 36−37。

[2] 本章有许多地方参考了 C. Roueché（2008）'Entertainments, Theatre, and Hippodrome', in E. Jeffreys, J. Haldon and R. Cormack eds. *The Oxford Handbook of Byzantine Studies*. Oxford: Oxford University Press, pp. 677−684 。

[3] R. Webb（2008）*Demons and Dancers: Performance in Late Antiquity*. Cambridge, MA: Harvard University Press, p. 102.

[4] Barsanuphios and John of Gaza, Letter 837 in *Correspondence*, 3, F. Neyt et al., eds. and trans.（2002）Paris: Editions du Cerf, pp. 316−319.

[5] Jacob of Serugh, *Homily 5*, fols 19v−20r, trans. C. Moss（1935）, pp. 22−23.

[6] 参见 C. Roueché（2008）'Entertainments, Theatre, and Hippodrome', in E. Jeffreys, J. Haldon and R. Cormack eds. *The Oxford Handbook of Byzantine Studies*. Oxford: Oxford University Press, pp. 677−684。

第三十二章　法律与秩序

[1] Justinian's Institutes. Const. Imp. 3.

［2］《法典》（*Codex*）完成于 529 年；《学说汇编》（*Digesta*）完成于 533 年；《法学提要》（*Institutiones*）完成于 533 年；《新律》（*Novellae*）完成于 534 年；《新律整理》（*Syntagma*）完成于 572 年到 577 年。

［3］20 世纪 80 年代晚期与 20 世纪 90 年代初期，整个中欧与东欧地区众多的立法显然都诉诸查士丁尼的《法典》以寻求共同的启发。如奥诺雷（A. M. Honoré）所言，如果我们阅读查士丁尼亲手写下的补充意见，就可以对他这个人产生一些认识："具说服力而且坚持己见，但他的举止并非十分优雅；喜欢强调、重申与反复说明……我们可以判断，查士丁尼的心智是通过阅读基督徒与官僚的文章而形成的，它们包括教父的作品、狄奥多西法典及新法、5 世纪与 6 世纪东罗马帝国的档案、当时的书信往来……他阅读某些人制定的律法，并决心超越这些人。普罗科匹厄斯也许曾形容查士丁尼的言谈、穿着与思想如同蛮族——但从较为宽容的角度来看，查士丁尼确实是个拥有强烈求胜意志的人，他有着无穷的精力，不拘泥于固有制度，勇于突破。" A. M. Honoré（1975）'Some Constitutions Composed by Justinian', *Journal of Roman Studies*, 65, pp. 107–123.

［4］Justinian, *Novels* 8.1.

［5］C. Humfress（2005）'Law and Legal Practice in the Age of Justinian', in M. Maas ed. *The Cambridge Companion to the Age of Justinian*. Cambridge: Cambridge University Press.

［6］例如，参见 H. Silving（1959）'The Oath: I', *Yale Law Journal*, 68（7），p. 1327, n. 56.

［7］"Latini" 是一个概括性的词，指生活在西方的人，这个词大概是在这个时期创造出来的。中世纪初期存在着许多种拉丁文：通俗的、用于《圣经》的、政治的、文学的、口语的——在这些种类之间通常存在着许多细微差异。

［8］教宗尼古拉一世明令禁止：参见 S. G. Koven（2008）*Responsible Governance: A Case Study Approach*. Armonk, NY: M. E. Sharpe, p. 158.

［9］Agathias, *Histories* 4.1.2ff.

第三十三章　犹太人的城市

［1］Justinian, *Digest Const. Tanta*, pr. 16（AD 533）.

［2］S. Dubnov（1968）*History of the Jews: From the Roman Empire to the Early Medieval Period*, trans. M. Spiegel. South Brunswick, NJ: Yoseloff, p. 201.

［3］关于拜占庭与犹太文化之间的关系，充分的讨论见 Schama（2013）S. Schama（2014）*The Story of the Jews: Finding the Words（1000 BCE–1492 CE）*. London: Vintage, ch. 5。

［4］《公祷书》的"晚祷文"（英国国教会）。

［5］反观叛教者尤里安（这件事发生在 362 年到 363 年的安条克）则是协助犹太人在耶路撒冷的重建工作。

［6］这方面的证据可以在马格里布（Maghreb）的伯里乌姆（Borium）社群里找到。

［7］例如，参见 J. Holo（2000）'A Genizah Letter from Rhodes Evidently Concerning the Byzantine Reconquest of Crete', *Journal of Near Eastern Studies*, 59（1），pp. 1–12。

［8］K. Kanellakis（1890）*Χιακ αναλεκτα: Χυλλογ ηθώ κα εθίμω*（Chiaka Analekta. Collection on Mores and Customs）. Athens: privately published, p. 550. Compare Hunger, *Prooimion*, p.201.

第三十四章 古典的城市

［1］ Palladas, fourth century AD, trans. Barnstone in *The Greek Poets: Homer to the Present* (2009) P. Constantine, R. Hadas, E. Keeley, K. van Dyck eds. with introduction by R. Hass. New York, London: W. W. Norton & Company.

［2］ John Malalas, *Chronicle* 18.47, E. Jeffreys et al., trans. (1986) *The Chronicle of John Malalas: A Translation*, Byzantina Australiensia 4. Melbourne: Australian Association for Byzantine Studies.

［3］ 有趣的是，到了查理五世的时代，依然存在着一种使用十二面骰子的"命运十二面体"游戏。

［4］ Justinian, *Codex Justinianus* 1.11.10.

［5］ 更深入的讨论见 E. Watts (2004) 'Justinian, Malalas, and the End of Athenian Philosophical Teaching in A.D. 529', *Journal of Roman Studies*, 94, pp. 168–182。

［6］ 参见 A. Georgiou (2012) 'The Cult of Flavia Iulia Helena in Byzantium. An Analysis of Authority and Perception through the Study of Textual and Visual Sources from the Fourth to the Fifteenth Century'. Doctoral thesis, University of Birmingham 和 A. Georgiou (2013) 'Helena: Th e Subversive Persona of an Ideal Christian Empress in Early Byzantium', *Journal of Early Christian Studies*, 21 (4), pp. 597–624。在街上也是一样，被官方视为魔鬼信仰的事物仍顽强地维持着吸引力；501 年，在异教布里泰节庆期间发生了暴乱——阿纳斯塔修斯皇帝禁止帝国境内举行这项庆典，因此"让这座城市丧失了最美丽的舞蹈"。在"被祝福的城市"埃德萨，直到 6 世纪为止，异教徒仍继续向宙斯—哈达（Hadad）献祭。基督的名字与基督教广泛流传；《新约》的内容在君士坦丁堡到处可见——在教堂墙上，在圣像上，在信众口中吟唱的优美赞美诗里。但是，基督教原初的精神是否已经丢失了呢？基督教是否已不再是先驱者，不再是弱者的朋友？569 年通过了一项法令，各省总督只能从主教与富有的地主阶层中选任。

［7］ 随着圣像破坏运动的结束，上古形象也获得了积极复兴，特别是在缮写室里。

［8］ Boethius, *The Consolation of Philosophy*, Book 2, prose 6, trans. V. E. Watts (1969), London: Penguin, p. 70.

第三十五章 凡事都是虚空

［1］ Procopius, *History of the Wars*, Book 3.XIV, H. B. Dewing, trans. (1914) Loeb Classical Library. Cambridge, MA: Harvard University Press.

［2］ Evagrius Scholasticus, *The Ecclesiastical History of Evagrius*, trans. E. Walford, London: Samuel Bagster and Son. 也可见 Marcellinus Comes 92.6–10（其中提到了 557 年的事件）。

［3］ 关于莱普提斯的铭文与历史，极有帮助的介绍见 http://inslib.kcl.ac.uk/irt2009/introductions/I3_lepcismagna.html。

［4］ W. Rosen (2008) *Justinian's Flea: Plague, Empire and the Birth of Europe*. London: Pimlico, p. 138. T. C. Lounghis (2010) *Byzantium in the Eastern Mediterranean: Safeguarding East Roman Identity, 407–1204*. Nicosia: Cyprus Research Centre.

［5］ Procopius, *History of the Wars* 4.

［6］ R. Hachlili (1998) *Ancient Jewish Art and Archaeology in the Diaspora*. Leiden: Brill, p. 312.

［7］ Procopius, *History of the Wars* 4.9, H. B. Dewing, trans. (1914) Loeb Classical Library. Cambridge, MA: Harvard University Press："凯旋式里有奴隶，其中包括格里梅尔还有他所有的家人，他的肩上

披着一件紫衣，如同许多汪达尔人一样，他们十分高大且白皙。当格里梅尔走到竞技场，看到坐在高耸座位上的皇帝以及两旁侍立的人时，他环顾四周，发觉自己身处一个不幸的苦境中，他既未流泪也未高喊，只是不住地诵念希伯来《圣经》的经文：'虚空的虚空，凡事都是虚空'（《传道书》1:2）。"

[8] P. Amory（1997）*People and Identity in Ostrogothic Italy, 489–554*. Cambridge: Cambridge University Press, pp. 10–12.

[9] 这座教堂为教宗贝拉基一世（Pope Pelagius I, 556–562）所建，据说建筑资金来自纳尔塞斯。M. Webb（2001）*The Churches and Catacombs of Early Christian Rome: A Comprehensive Guide*. Brighton: Sussex Academic Press, p. 154。

[10] 582 年，阿瓦尔人继续攻下了希尔米乌姆。

[11] 在早先的灯塔（5、6 世纪）周围进行的挖掘发现灯塔底部周围有一条稀薄的黑线。乌富克·科贾巴什认为这是海啸线：这与 6 世纪中叶左右发生的大地震证据相符。其他证据显示 1000 年左右又发生了一次海啸（或至少是严重的"暴风雨"）。几乎可以确定未来三十年这个地区将出现大地震。考古学家与兴建博斯普鲁斯海峡海底隧道的工程师对此并不感到意外。

[12] G. Bony, N. Marriner, C. Morhange, D. Kaniewski and D. Perincek（2011）'A High-Energy Deposit in the Byzantine Harbour of Yenikapi, Istanbul（Turkey）', *Quaternary International*, 30, pp. 1–14.

[13] 参见 http://www.saudiaramcoworld.com/issue/200901/uncovering.yenikapi.htm。

[14] John Malalas, *Chronicle* 385, E. Jeffreys et al., trans.（1986）*The Chronicle of John Malalas: A Translation*, Byzantina Australiensia 4. Melbourne: Australian Association for Byzantine Studies.

[15] John of Ephesus, *Commentary* fr. II. F, p. 232, lines 18–21; 也可参见 Procopius, *History of the Wars* II.14.6。

[16] 参见 M. Kölb–Ebert ed.（2009）*Geology and Religion: A History of Harmony and Hostility*. London: Geological Society。

[17] D. Stathakopoulos（2004）*Famine and Pestilence*. Farnham: Ashgate ; L. K. Little ed.（2008）*Plague and the End of Antiquity: The Pandemic of 541–750*. Cambridge: Cambridge University Press; 有兴趣的可参阅 W. Rosen（2008）*Justinian's Flea: Plague, Empire and the Birth of Europe*. London: Pimlico。

[18] 关于当时城市人口数字的说法不一——有些估计城市总人口有 40 万人，死亡人数达 112500 人；但可以确定的是，死亡人数占总人口的百分之二十到二十五。

[19] Justinian, *Novels* 63, trans. from J. Freely（1998）*Istanbul: The Imperial City*. London: Penguin.

[20] Paul the Silentiary, 'On a High House in Constantinople', trans. W. R. Paton（1917）, *The Greek Anthology*, Vol. 1. Loeb Classical Library. Cambridge, MA: Harvard University Press, p. 361.

[21] Agathias Scholasticus, 'On a House situated on a Hill in Constantinople', trans. W. R. Paton（1917）, *The Greek Anthology*, Vol. 1. Loeb Classical Library. Cambridge, MA: Harvard University Press, pp. 361–362.

第三十六章　蚕的旅程

[1] 克雷莫那主教留特普朗德，奥托一世（Otto I）的使节，在离开君士坦丁堡时让官员检查他携带的丝绸。Liutprand of Cremona, *The Embassy to Constantinople and Other Writings*, F. A. Wright, trans.（1993）London: J. M. Dent, pp. 202–203. J. Harris（2007）*Constantinople: Capital of Byzantium*.

London: Continuum, pp. 115-116.

[2]《旧唐书》卷 198，参见 F. Hirth（1885）*China and the Roman Orient: Researches into their Ancient and Mediaeval Relations as Represented in Old Chinese Records*. Shanghai and Hong Kong: G. Hirth。

[3]"聂斯托利派"是个轻蔑语，但本书却使用这个词，因为这个词经常出现在一手与二手史料中。感谢马丁·帕尔默（Martin Palmer）协助本章的写作，他曾建议我不要使用这个词。

[4] 本段与接下来六个段落，我大量参考了 A. Muthesius（1995）*Studies in Byzantine and Islamic Silk Weaving*. London: Pindar Press。

[5] Procopius, *History of the Wars* 1.20.9, H. B. Dewing, trans.（1914）Loeb Classical Library. Cambridge, MA: Harvard University Press.

[6]《行政长官书》（*The Book of the Eparch*, 912 年）显示了君士坦丁堡行会的规范：制丝业由中央特别管辖，出口必须严密管控，此外在一些卫星城市（雅典、底比斯与科林斯）中，制丝业也逐渐变得重要。起初，制丝业由国家控制，10 世纪之后，民间行会（其中五家位于君士坦丁堡）也获准生产丝绸。

[7] *Jewish Encyclopedia*, ed. J. Jacobs, I. Broydé and R. Gottheil（1901-1906）.

[8] 引自《旧唐书》卷 198，参见 F. Hirth（1885）*China and the Roman Orient: Researches into their Ancient and Mediaeval Relations as Represented in Old Chinese Records*. Shanghai and Hong Kong: G. Hirth。

[9] 参见 F. Thierry and C. Morrisson（1994）'Sur les monnaies byzantines trouvees en Chine', *Revue Numismatique*, 6th series, 36, pp. 109-145。

[10] 聂斯托利的观念显然对于以身体的与私密的方式体验基督教的人最有吸引力——特别是东部沙漠的僧侣。聂斯托利本人曾被放逐到严苛的上埃及沙漠中，并体验过那里的气候。

[11] 有些传教士沿着塔克拉玛干沙漠北缘的路线绕行。

[12] 61-folio MIK III/45. 感谢莉拉·罗素·史密斯博士（Dr. Lilla Russell Smith）的协助。

[13] Gregory of Nazianzus, *De Vita Sua*, trans. D. Meehan（1987）*Saint Gregory of Nazianzus: Three Poems*. Washington, DC: Catholic University of America Press, pp. 133-135. 关于"聂斯托利派"见帕尔默的研究：M. Palmer（2000）*The Jesus Sutras: Rediscovering the Lost Scrolls of Taoist Christianity*. Wellspring /Ballantine。关于东方教会——"景教经典"（The Jesus Sutras），进一步而且非常有用的讨论见 I. Gilman and H. -J. Klimkeit（1999）*Christians in Asia before 1500*. Richmond: Curzon Press。

[14] 我曾专程去过中国一趟，参观那里特有的地貌，前往西安碑林博物馆观看这块特别的石碑。然而就跟观察绝大多数的生活与大部分历史一样，我应该先注意眼前的东西。在西伦敦，我经常注意到在伊灵市（Ealing）坦波路（Temple Road）转角处，也就是离我小时候看的牙医不远的地方，有一个古亚述东方教会（Ancient Assyrian Church of the East）。在这里，中东历史的一小块遗存就存在罗帝酒吧（Roddy's Bar）隔壁，在一间爱尔兰酒吧中。在半常设的露台下，人们挤在褪色的红色桌布与经常使用的烟灰缸周围聊天，徒劳地想找回昔日中东的后街气氛。许多人说亚兰语。事实上，我们当地的教区牧师与理发师都能用亚兰语热烈交谈。古亚述教会最后一任世袭牧首马尔·埃夏伊（Mar Eshai）于 1975 年在加州遇刺身亡，这群聂斯托利派信徒组成的会众，也就是曾经东方教会的剩余人士，如今全球总计不过数千人。这些伊拉克的流亡者——他们至今还在谈论耶稣俗世人性的一面，也谈论聂斯托利这名从君士坦丁堡流亡的神学家，还有他大胆而孤独的决定——他们的亚兰故事提醒我们，文明有兴盛的时候，也有衰微的时候，但观念与故事却始终顽强执着地保存下来。

[15] 再次感谢马丁·帕尔默协助整理这方面的资料。

[16] Menander the Guardsman, fr. 19.1, R. C. Blockley trans.（1985）*The History of Menander the*

Guardsman. Liverpool: Francis Cairns, pp. 173−175.

[17] John of Ephesus, *Ecclesiastical History* 6.24.

[18] "突厥人"的首次提及仍有争议，例如司马迁（中国史家，公元前 163 年到公元前 90 年左右）认为："匈奴建立了强大而统一的国家，因此中国人要等到一百年后才有能力巩固他们在西域的地位。" ref. R. Grousset（1970）*The Empire of the Steppes: A History of Central Asia*. New Jersey: Rutgers University Press, p. 20. 匈奴人的事迹记录在《汉书》中，《汉书》是中国二十四史之一，而《汉书》的记录部分源自《史记》。更多信息参见 W. Nienhause（2011）'Sima Qian and the Shiji', in Andrew Feldherr and Grant Hardy eds. *The Oxford History of Historical Writing*, vol. 1: *Beginnings to AD 600*. Oxford: Oxford University Press, pp. 463−484。

第三十七章　君士坦丁堡

[1] Ahmad ibn-Jabir al-Baladhuri, *Kitab Futuh al-Buldha*, P. K. Hitti, F. C. Murgotten, trans.（1916 and 1924）'Al-Baladhuri: The Battle of the Yarmuk（636）and After' in *The Origins of the Islamic State, being a translation from the Arabic of the Kitab Futuh al−Buldha of Ahmad ibn-Jabir al-Baladhuri*. Studies in History, Economics and Public Law, LXVIII. New York: Columbia University Press, pp. 207−211.

[2] L. Sternbach, *Analecta Avarica* 304.9−13，转引自 Herrin, J.（1987）*The Formation of Christendom*. Princeton: Princeton University Press, p.199。

[3] 有趣的是，希拉克略的妻子法比亚（Fabia）（北非地主的女儿）在当上皇后之后取名为欧多西亚（Eudokia），这显示拉丁文正在衰微而希腊文明正受到喜爱。

[4] Jordanes, *The Origin and Deeds of the Goths* 35. 早期对斯拉夫人的描述可以参考普罗科匹厄斯与约达尼斯的作品。普罗科匹厄斯的《战史》提到斯拉夫人不下 41 次。

[5] 希拉克略在君士坦丁堡防守较弱的布雷彻尼兴建新的城墙。

[6] Nikephoros, *Short History* 12, C. A. Mango, trans.（1990）*Saint Nicephorus（Patriarch of Constantinople）*. Washington, DC: Dumbarton Oaks Research Library and Collection, pp. 55−57.

[7] "罗马人章"（《古兰经》第 30 章）是麦加篇章里的一章，根据特奥多尔·诺尔德克（Theodor Noldeke）的年代学分类，该章完成于第三麦加时期，参见 T. Noldeke（1909）*Geschichte des Qorans*. Leipzig: Dietrich。而根据蒙哥马利·瓦特（Montgomery Watt）开篇的简洁风格显示完成时间可能更早，其中第一到第五节或许与同章其他部分是分开的，参见 Montgomery Watt（1988）*Muhammad's Mecca: A History in the Qur'an*. Edinburgh: Edinburgh Univ. Press, pp. 13−14。第三麦加时代结束于希吉拉（Hijrah, 622 年）而希拉克略与波斯人的战争发生于 622 年到 628 年，如果该章具有"预言性质"，那么年代应更早一点，参见 N. M. El Cheikh（1998）'Sūrat Al-Rūm: A Study of the Exegetical Literature', *Journal of the American Oriental Society*, 118（3），（July-Sept.），p. 356, n. 3。

[8]《古兰经》30: 1−5。

[9] 原始《古兰经》的某个篇章提到这些失败，但穆罕默德清楚地表示，他们将反败为胜—— 一神教不需要害怕，只要善良的基督徒、犹太人与伊斯兰教的新弟兄能快乐地团结起来。西奈的修道院受到保护，先知穆罕默德在亲笔信上如此表示。无论是否为真，这都显示出这个时期穆罕默德与《古兰经》的影响力。值得注意的是，伊本·鲁斯塔（Ibn Rustah，波斯探险家与地理学家）的作品是穆斯林正典谈及君士坦丁堡的依据。

[10] "对 14、15 世纪的奥斯曼土耳其人来说，它是'卡在安拉喉咙里的骨头'"，参见 R. Crowley（2008）

Empires of the Sea: The Final Battle for the Mediterranean, 1521–1580. London: Faber & Faber, pp. 1–2。

第三十八章　卡在安拉喉咙里的骨头

［1］参见 R. Crowley（2006）*1453: The Holy War for Constantinople and the Clash of Islam and the West*. New York: Hyperion Books, pp. 629–717。

［2］"阿拉伯一性论基督教统治者哈里斯・伊本・贾巴拉（Harith b. Jabala）出身加萨尼部族，6 世纪初，查士丁尼任命他在阿拉伯半岛拜占庭与贝都因阿拉伯人的疆界上守边。529 年左右，哈里斯前往君士坦丁堡讨论他的王国的继承问题。他给君士坦丁堡居民，特别是皇帝的外甥尤斯提努斯（Justinus）留下了深刻的印象。根据以弗所的约翰的说法，数年后，当尤斯提努斯老耄不堪，开始胡言乱语时，侍臣会吓唬他，说哈里斯要来攻击他了。" C. Hillenbrand（2009）'Some Medieval Muslim Views of Constantinople', in S. R. Goodwin ed. *World Christianity in Muslim Encounter: Essays in Memory of David A. Kerr*, vol. 2. London: Continuum, p. 71.

［3］感谢伯明翰大学大卫・托马斯（David Thomas）教授的以下有用的解释："逊尼派圣训中，有六个具有特殊地位，布哈里圣训实录（al-Bukhari）、穆斯林圣训实录（Muslim ibn Hajjaj）、提尔米兹圣训集（al-Tirmidhi）、艾布・达乌德圣训集（Abu Dawud）、奈萨仪圣训集（al-Nasa'i）与伊本・马哲圣训集（Ibn Maja），这当中布哈里圣训实录与穆斯林圣训实录被穆斯林认定为完全可靠，因为它们只收录可以毫无争议地追溯到穆罕默德本人的圣训——不用说，非穆斯林学者不接受这个观点，而人们一般都认为任何特定圣训的历史可靠性都需要经过证明才能加以接受。"

阿拉伯文 "Rum" 通常翻译成拜占庭（Byzantine or Byzantium），而且通常是指东罗马人或东罗马帝国，所以，在试图解释带有这个词语的段落时必须稍加留意。"al-Qustantiniyya" 几乎可以确定是指君士坦丁堡本身。关于早期伊斯兰作者谈君士坦丁堡，参见 D. Thomas and A. Mallett（2010）*Christian-Muslim Relations: A Bibliographical History*, vol. 2: *900–1050*. Leiden: Brill, pp. 19–21.

［4］例如约翰一世・齐米斯基斯（John I Tzimiskes, 10 世纪），"'举起十字军旗'，在查尔克神殿祈求神明保佑，然后又前往圣索菲亚大教堂恳求上帝派遣胜利天使'走在大军之前，扫除一路上的阻碍'。然后皇帝参与了前往布雷彻尼神殿的游行仪式与最终的仪式"。M. McCormick（1990）*Eternal Victory: Triumphal Rulership in Late Antiquity, Byzantium and the Early Medieval West*. Cambridge: Cambridge University Press, p. 249.

［5］C. Hillenbrand（2015）*Islam: A New Historical Introduction*. London: Thames & Hudson, p. 29. T. Holland, trans.（2013）in Herodotus, *The Histories*, ed. and with introduction by P. Cartledge. London: Penguin, p. 333.

［6］与优素福・伊斯兰（Yusuf Islam，卡特・史蒂文斯［Cat Stevens］）的对谈，皇家地理学会，伦敦，2015 年 4 月。

［7］这句话出自穆希拉・伊本・舒巴（Mushira b. Shu'ba）之口，引自 P. Crone（1987）*Meccan Trade and the Rise of Islam*. Oxford: Blackwell, p. 246。

［8］参见 P. Frankopan（2015）*The Silk Roads: A New History of the World*. London: Bloomsbury, p. 74。

［9］详细而极为有用的估计，包括军队形制、数量与武器规模，见 D. Nicolle（1994）*Yarmuk AD 636: The Muslim Conquest of Syria*. Oxford: Osprey Publishing。

［10］这项调查目前还在进行——新发现的文献暗示有这个可能性，例如，参见 R. G. Hoyland（2000）'The Earliest Christian Writings on Muhammad: An Appraisal', in H. Motzki ed. *The Biography of Muhammad: The Issue of the Sources*. Leiden: Brill, 特别是 277–281 页。

[11] 也可参考关于其他可能性的讨论。基督徒记得犹太人仍被排除在耶路撒冷之外，参见 Y. Frenkel（2011）'The Use of Islamic Materials by Non-Islamic Writers', in Michael M. Laskier and Yaacov Lev eds.（2011）*The Convergence of Judaism and Islam: Religious, Scientific and Cultural Dimensions*. Gainesville: University of Florida Press, p. 97。

[12] 相关讨论见 W. E. Kaegi（2007）*Heraclius, Emperor of Byzantium*. Cambridge: Cambridge University Press。

[13] 拜占庭在阿拉伯入侵时广泛使用了希腊火。见 B. S. Hall（1999）'Introduction', in J. R. Partington. *A History of Greek Fire and Gunpowder*. Baltimore and London: Johns Hopkins University Press, p. xxi。

[14] 英译引自 D. Olster（1995）'Theodore Grammaticus and the Arab Siege of 674-8', *Byzantinoslavica*, 56, pp. 23-24。

[15] J. Haldon（1990）*Constantine Porphyrogenitus: Three treatises on imperial military expeditions*. Vienna: Verlag der Österreichischen Akademie der Wissenschaften（Austrian Academy of Sciences）, pp. 45-48, 59-60.

[16] 引自 P. Frankopan（2015）*The Silk Roads: A New History of the World*. London: Bloomsbury, p. 80。G. Dagron and V. Déroche（2010）'Juifs et Chrétiens', Paris: Amis du Centre d'Histoire et Civilisation de Byzance, pp. 240-247.

[17] R. G. Hoyland（1999）'Jacob of Edessa on Islam', in G. Reinink and A. Cornelis Klugkist eds. *After Bardasian: Studies on Continuity and Change in Syriac Christianity*. Leuven: Peeters, pp. 158-159.

[18] Imam Ahmad b. Hanbal, Awwal Musnad al-Kufiyyin, No. 18189. C855. 参见 K. E. Fleming（2003）'Constantinople: From Christianity to Islam', *Classical World*, 97（1）, p. 69.

第三十九章　晚上是僧侣，白天是狮子

[1] R. Ibrahim（2013）'The Siege of Byzantium', in *National Review*. NY.

[2] 引自 P. Frankopan（2015）*The Silk Roads: A New History of the World*. London: Bloomsbury, p. 84。

[3] 同上，pp. 88-89。

[4] 约翰·弗利里（John Freely）指出，在希腊人阿波克里斯（Greek Apokreas）与猎人圣约翰基内戈斯（St. John Kynegos the Hunter）的飨宴中，这些清晰的异教仪式残迹依然维持至今。

[5] H. C. Evans and B. Ratliff（2012）*Byzantium and Islam: Age of Transition 7th-9th Century*. New Haven and London: Yale University Press, pp. 252, 253-254.

[6] F. B. Flood（2001）*The Great Mosque of Damascus: Studies on the Makings of an Umayyad Visual Culture*. Leiden: Brill, pp. 163-83, 228-33.

[7] Alain George（2009）'Calligraphy, Colour and Light in the Blue Qur'an', *Journal of Qur'anic Studies*, 11（1）, pp. 75-125.

[8] H. C. Evans and B. Ratliff（2012）*Byzantium and Islam: Age of Transition 7th-9th Century*. New Haven and London: Yale University Press, pp. 221-222; "格拉多"椅子见 pp. 45-50。

[9] H. C. Evans, M. Holcomb and R. Hallman（2001）'The Arts of Byzantium', *Metropolitan Museum of Art Bulletin*, 58（4）, pp. 1, 4-68.

[10] 也可见伊朗早期的伊斯兰青铜壶，收藏于赫米蒂奇博物馆（Hermitage Museum）：U. al-Khamis

（1998）'An Early Islamic Bronze Ewer Reexamined', *Muqarnas*, 15, pp. 9-19。还有来自耶路撒冷与盖代拉（Tell Qatra）的盖印瓶罐把手（出土于 2005 年—2006 年）：I. Taxel（2009）'Late Byzantine/Early Islamic Stamped Jar Handles from Jerusalem and Tell Qatra', *Israel Exploration Journal*, 59（2）, pp. 185-193。

[11] 大马士革是世界上历史最悠久的有人类长久定居的城市之一（另一座是比布鲁斯 [Byblos]，也称朱拜勒 [Gebal]，这里曾发现几处新石器时代与铜石并用时代的墓葬坑）。大马士革在公元前 1000 年开始繁荣，不过周围位于广大巴拉达（Barada）盆地的小聚落的历史却可至少上溯到公元前 9000 年。随着伊斯兰教的扩张，大马士革又重新兴盛起来。今日大马士革绝大部分的遗迹都是以罗马时代的设计为基础；直到 12 世纪，一部分罗马城墙依然屹立着，街道仍依据希腊人的规划呈南北与东西走向。特别留意罗斯·伯恩斯（Ross Burns）的研究，他指出（连同哈里发的陵寝），罗马城墙是 750 年阿拔斯入侵期间的早期目标。R. Burns（2005）*Damascus: A History*. London: Routledge, p. 2. H. V. Vallois（1937）*Note sur les ossements humains de la necropole eneolithique de Byblos（avec 2 planches）*. Vol. 1. Bulletin of the Museum of Beirut. N. M. El Cheikh（2004）*Byzantium Viewed by the Arabs*. Cambridge, MA: Harvard University Press, pp. 60-81.

[12] 被城墙所保护的是一整册文明史。

[13] 金角湾其实是两条河的河口，这两条河的名称用现代土耳其文来说是阿里利贝伊柯伊（Alibeyköy）与卡希特哈尼（Kağithane）。有五座桥横跨金角湾，旧加拉塔桥的残迹还留在湾里。

第四十章 拜占庭与不列颠尼亚

[1] Chrétien de Troyes, *Cligès*, c. AD 1176, C. Carroll and W. Kibler, trans.（1991）Harmondsworth: Penguin.

[2] "就在同一天，这个蒙福之人离开人世去见天主，一名生活举止如天使般高洁，坚守修院清规，值得赞扬的美德之人，他名叫萨比努斯（Sabinus），住在亚历山大，他灵魂出窍，看见了约翰——上帝的荣耀——与教士一同走出自己的宫殿，拿着蜡烛走向君王，他说，一名内侍宦官召唤了他。" *Life of John of Cyprus* 46, trans. E. Dawes（1948）*Three Byzantine Saints: Contemporary Biographies of St. Daniel the Stylite, St. Theodore of Sykeon and St. John the Almsgiver*, with introductions and notes by N. H. Baynes. Oxford: Blackwell, p. 260.

[3] 相关论点见 A. Harris（2003）*Byzantium, Britain and the West: The Archaeology of Cultural Identity, AD 400-650*. Stroud and Charleston, SC: Tempus。

[4] 康沃尔的圣贾斯特（St. Just）可能得名于 4 世纪里昂的尤斯图斯（Justus）主教，尤斯图斯辞任主教之后到地中海东部隐居，继续以隐士的身份表现他的虔诚。

[5] 非常感谢海伦·吉克博士（Dr. Helen Geake）协助撰写本章。在蓝道申持续进行的工作见 Scull et al.（2016）and Minter et al.（2014）。

[6] 非常感谢克里斯托弗·斯卡尔教授（Professor Christopher Scull）与萨福克郡议会考古服务局的费伊·明特（Faye Minter）协助处理本章关于蓝道申的资料。

[7] 萨顿胡是邻近萨顿的一处土地；墓穴所在地依照此处的地名命名。见 *Beowulf*, 'Lay of the Last Survivor'（lines 2247-2266），当中提到与伟大的国王一同长眠的众多财宝。

[8] 参见 M. D. J. Bintley（2011）'The Byzantine Silver Bowls in the Sutton Hoo Ship Burial and Tree-Worship in Anglo-Saxon England', *Papers from the Institute of Archaeology*, 21, pp. 34-45。

[9] 在本章中，很多地方的描述来自我亲身造访萨顿胡与廷塔杰尔的经历，此外参考了 A. Harris（2003）*Byzantium, Britain and the West: The Archaeology of Cultural Identity, AD 400-650*. Stroud and

Charleston, SC: Tempus。

［10］参见 H. Geake（1999）'Invisible Kingdoms: The Use of Grave-Goods in Seventh-Century England', in T. Dickinson and D. Griffiths eds. *The Making of Kingdoms*. Anglo-Saxon Studies in Archaeology and History 10. Oxford: Oxford University School of Archaeology, pp. 203−215。

［11］S. Marzinzik（2008）'Expressions of Power-Luxury Textiles from Early Medieval Northern Europe', *Textile Society of America Symposium Proceedings 1,* Lincoln: Textile Society of America, University of Nebraska. D. Jacoby（2004）'Silk Economics and Cross-Cultural Artistic Interaction: Byzantium, the Muslim World, and the Christian West', *Dumbarton Oaks Papers*, *58*, pp. 197−240.

［12］D. Jacoby（2004）'Silk Economics and Cross-Cultural Artistic Interaction: Byzantium, the Muslim World, and the Christian West', *Dumbarton Oaks Papers*, 58, pp. 198−240.

［13］与不列颠西部的联结尤其密切——只要回想一下廷塔杰尔储藏的数量惊人的陶器就知道了。

［14］在罗马，拜占庭的丝绸卖给了来自不列颠的旅人。X. Liu（1996）*Silk and Religion*. Oxford: Oxford University Press, p. 122. C. Dodwell（1982）*Anglo-Saxon Art: A New Perspective*. Manchester: Manchester University Press, pp. 150−151.

［15］阿韦利亚纳（Avellana）的收藏，意大利翁布里亚区圣十字圣殿（Monastery of Santa Croce）藏书室所藏的 12 世纪手稿。Alexander Evers and Bernard Stolte eds. *Religion, Power, and Politics: Bishops, Emperors, and Senators in the Collectio Avellana, 367−553 AD*, Leuven: Peeters Publishers, forthcoming.

［16］塔西佗首次提到不列颠尼亚时就是用这个词来形容，参见 *Agricola* ch. 8。

［17］D. Jacoby（2008）'Silk Production', in E. Jeffreys, J. Haldon and R. Cormack eds. *The Oxford Handbook of Byzantine Studies*. Oxford: Oxford University Press, pp. 421−428. A. Muthesius, 'From Seed to Samite: Aspects of Byzantine Silk Production' and 'Constantinople and its Hinterland: Issues of Raw Silk Supply', in Muthesius ed.（1995）*Studies in Byzantine and Islamic Silk Weaving*. London: Pindar Press, pp. 119−134, 315−335.

第四十一章　圣像与圣像破坏运动

［1］St. John of Damascus, *On the Divine Images* III.12.72, B. Kotter ed.（1969−1988）Berlin and New York: Walter de Gruyter, pp. III, 123−124.

［2］B. Pasternak, *Doctor Zhivago*, M. Hayward and M. Harari, trans.（1958）Glasgow: Collins and Harvill Press.

［3］不是在 726 年就是在 730 年。L. Brubaker（2010）'Icons and Iconography', in L. James ed. *A Companion to Byzantium*. Oxford: Blackwell, p. 326。

［4］更多的信息见 A. Cutler（2002）'The Industries of Art', in A. E. Laiou ed. *The Economic History of Byzantium: From the Seventh through the Fifteenth Century*. Washington DC: Dumbarton Oaks Research Library and Collection, pp. 565−569；R. Cormack（2007）*Icons*. Cambridge, MA: Harvard University Press, ch. 2, 'How to Make an Icon'。

［5］列出的树种引自 R. Cormack（2007）*Icons*. Cambridge, MA: Harvard University Press, ch. 2, 本段有许多地方参考了 Cormack 的作品。

［6］Theophanes, *Chronographia* 472, M. Psellus and E. R. A. Sewter, trans.（1979）London: Penguin.

［7］W. Treadgold（1988）*The Byzantine Revival, 780−842*. Stanford: Stanford University Press, p. 224.

［8］自从查士丁尼流放了他的牧首尤提奇欧斯（Eutychios）之后，帝国宫廷许多成员最终被送往王子群岛度过余生：伊莲娜被流放到这里，先是被安置在普林奇波岛（Prinkipo）的修道院，然后又移往莱斯沃斯岛；罗曼努斯四世（Romanus IV）被弄瞎之后，流放到普罗蒂岛（Proti）的修道院，之后在那里死去。L. Brubaker and J. Haldon（2011）*Byzantium in the Iconoclast Era, c. 680–850: A History*. Cambridge: Cambridge University Press, p. 297. J. Freely（1998）*Istanbul: The Imperial City*. London: Penguin, p.131.

［9］引自 A. M. Silvas（2006）'Kassia the Nun c. 810–c. 865: An Appreciation', in L. Garland ed. *Byzantine Women: Varieties of Experience AD 800–1200*. Aldershot: Ashgate, p. 23。

［10］同上，p. 25。

［11］A. M. Silvas（2006）'Kassia the Nun c. 810–c. 865: An Appreciation', in L. Garland ed. *Byzantine Women: Varieties of Experience AD 800–1200*. Aldershot: Ashgate, pp. 17–39.

第四十二章 亦敌亦友的维京人，俄罗斯的诞生

［1］Rǫgnvaldr jarl Kali Kolsson, *Lausavísur*, 31.2（ed. Judith Jesch）https://www.abdn.ac.uk/skaldic/m.php?i=3632&p=verse. 也可见 http://www.abdn.ac.uk/skaldic/db.php?id=1916&if=default&table=verses&val=edition。

［2］Snorri Sturluson, *Heimskringla, or The Chronicle of the Kings of Norway*, L. Hollander, trans.（1964）Austin, TX: University of Texas Press.

［3］T. Thomov（2014）'Four Scandinavian Ship Graffiti from Hagia Sophia', *Byzantine and Modern Greek Studies*, 38（2）, pp. 168–184.

［4］感谢诺丁汉大学维京研究所教授朱迪丝·耶施（Judith Jesch）全力协助本章的写作，此外也感谢加雷思·威廉斯（Gareth Williams）针对大英博物馆 2014 年 3 月 6 日到 22 日展出的"维京人：生活与传说"与我进行了密集的讨论。

［5］我们有许多人可能平常就踩在维京人的足迹上。以锡尔弗代尔埋藏物（Silverdale Hoard）为例：此处发现了两百多件银饰——戒指、臂镯、货币、阿尔弗雷德大帝（King Alfred the Great）与哈德克努特（Harthacnut）的钱币、基督教的象征物，还有卡洛林、盎格鲁–撒克逊与维京风格共存的华丽银手镯——2011 年，当地的金属探测员才花了 20 分钟扫描一处原野就发现了这些东西。

［6］《耶利米书》6:22–3, ed. AV。

［7］如朱迪丝·耶施指出的，维京人这个名字也可能只是现代史家用来指称的方便说法：参见 J. Jesch（2015）*The Viking Diaspora*. London: Routledge, pp. 4–8。

［8］狂战士的其他诠释见鲁阿赖·达莱（Ruarigh Dale）最近的作品，如 http://blogs.nottingham.ac.uk/wordsonwords/2014/03/11/the-viking-berserker/。

［9］大英博物馆中世纪早期钱币馆主任威廉斯与我分享了这个词汇。

［10］例如，参见 J. Henning（2008）'Strong Rulers–Weak Economy? Rome, the Carolingians and the Archaeology of Slavery in the First Millennium AD', in J. Davis and M. McCormick eds. *The Long Morning of Medieval Europe: New Directions in Early Medieval Studies*. Aldershot: Ashgate, pp. 33–53。

［11］一般认为，从斯堪的纳维亚到拜占庭的奴隶贸易可以平衡东西方的进出口，可以"停止或甚至反转西方的金银外流"。A. Winroth（2004）*The Age of the Vikings*. Princeton: Princeton University Press, p. 126. 女奴可以充当小妾，如果女奴陪伴主人直到主人去世，她与她和主人生下的孩子就能获得自由。W. D. Phillips（1985）*Slavery from Roman Times to the Early Transatlantic Trade*. Manchester:

Manchester University Press, p. 37. 如尤瓦尔·罗特曼（Youval Rotman）表示的，"俘虏并未被视为战利品，将领会把这些俘虏留在身边或者将他们交给皇帝以交换战俘"。Y. Rotman（2009）*Byzantine Slavery and the Mediterranean*, trans. Jane Marie Todd. Cambridge, MA: Harvard University Press, p.37. 这指的或许是 8 世纪的《军事法》（Leges Militares）。

［12］更常见的说法是 "khasi" 或 "majbub"。

［13］Liutprand of Cremona in E. F. Henderson（1910）*Select Historical Documents of the Middle Ages*. London: George Bell, pp. 440−477.Henderson 的附录翻译了琉德普兰德从君士坦丁堡传回的报告。

［14］斯堪的纳维亚的传奇故事与诗歌把船只形容成"海上的战车"，而船长是"船舶的神"。长船则取了如"海上勇士"与"格伦达洛的海上骏马"这一类的名称，船只在海面上航行则被比喻成鸟儿飞翔。

［15］这艘船称为罗斯基勒六号（Roskilde 6），或许是在 1025 年左右于爱尔兰建造，1039 年左右于波罗的海修缮，二十年后毁坏埋入土里。船是维京文化的引擎，也是坟墓、漂浮的战场与维京文化的象征。维京人也发明了以船为主题的力量与技术竞赛——诗歌描述维京英雄沿着一根船桨保持平衡地从左舷走到右舷；学步孩子的玩具做成小船的外型；让人悲伤的墓石缅怀载着人一起沉入海底的船只，这都提醒我们，在海床上仍有埋在泥里的维京时代的"博物馆"，它们不受干扰地等待着我们的发现。

［16］维京人明确表现出他们喜爱贸易与行遍世界的天性。异国打造的金属（例如那些装饰着波斯图案的金属）清楚地展示在他们的颈环或臂镯上，用来证明成功的维京人具有世界主义。女性（我们从芬兰的墓葬品得知这一点）戴着伊斯兰银币（又称迪拉姆）装饰的珠子项链。阿拉伯作家提到，每当罗斯人获得一定程度的财富，就会为自己的妻子制作颈环。

［17］M. C. Wren and T. Stults（1994）*The Course of Russian History*. Eugene, OR: Wipf & Stock, p. 57.

［18］C. Raffensperger（2012）*Reimagining Europe: Kievan Rus' in the Medieval World*. Cambridge, MA: Harvard University Press, pp. 159−161.

［19］*Russian Primary Chronicle*, trans. S. H. Cross and O. P. Sherbowitz−Wetzor（1953）*Russian Primary Chronicles*. Cambridge, MA, p. 86. 这里的资料主要来自 P. Frankopan（2015）*The Silk Roads: A New History of the World*. London: Bloomsbury。

［20］维京人在里海掠夺穆斯林商人，直到"战利品与贸易填饱与满足他们的胃口"为止。但当时北非的法蒂玛王朝（Fatimids）开始崛起，维京人于是重新将外交的重点放在他们原本的势力范围之内——第聂伯河与德涅斯特河（除了一个古怪的例外，维京人居然在波斯湾留下一个永久的聚居地）。11 世纪下半叶，在黑斯廷斯（Hastings）战死的英格兰国王哈罗德二世（Harold II）把女儿吉莎（Gytha）嫁给了基辅大公。

［21］G. Isitt（2007）'Vikings in the Persian Gulf', *Journal of the Royal Asiatic Society*, 17（4），pp. 389−406.

［22］A. Madgerau（2013）*Byzantine Military Organization on the Danube, 10th−12th Centuries*. Leiden: Brill, pp. 103−104. V. Yotov（2008）'The Vikings on the Balkans（10th−11th Centuries）: Strategic and Tactical Changes: New Archaeological Data on the Weaponry', *Archaeologia Baltica*, 8, pp. 321−327.

［23］引自 K. N. Ciggaar（1996）*Western Travellers to Constantinople: The West and Byzantium 962−1204*. Netherlands: Brill, p. 107.

第四十三章　城墙之内

［1］C. Schefer（1881）'Indications sur les lieux de Pèlerinage', in *Archives de l'Orient latin 1*. Paris. p. 589.

[2] Al-Jahiz, *Kitab al-Hayawan*, in *Medieval Islamic Medicine*, trans. P. E. Pormann and E. Savage-Smith（2007）*Medieval Islamic Medicine*. Washington, DC: Georgetown University Press, p. 23.

[3] 感谢坎普教授（Professor Camp）让我进入雅典的阿哥拉挖掘现场。

[4] 参见 A. Lingas（2008）'Music', in E. Jeffreys, J. Haldon and R. Cormack eds. *The Oxford Handbook of Byzantine Studies*. Oxford: Oxford University Press, pp. 915-935。

[5] 762 年，据说曼苏尔（al-Mansur）接受聂斯托利派僧侣的建议，开始在底格里斯河岸边兴筑圆形城市巴格达（环绕的城墙一直到 1870 年才被奥斯曼改革派拆除）。

[6] 希腊原文来自 J. Koder, 'Zu den Versinschriften der Limburger Staurothek', *AmrhKg* 37（1985）, trans. J. M. Featherstone（2012）'De cerimoniis and the Great Palace', in P. Stephenson ed. *The Byzantine World*. New York: Routledge, pp. 11-31。

[7] 参见 B. V. Pentcheva（2007）'Containers of Power: Eunuchs and Reliquaries in Byzantium', *RES: Anthropology and Aesthetics*, 51, pp. 108-120，这是一篇精彩的文章。

[8] J. P. Thomas and A. C. Hero（2000）*Byzantine Monastic Foundation Documents*, 5 vols. Washington, DC: Dumbarton Oaks Research Library and Collection, vol. 1, ch. 18.

[9] 安娜·科穆宁娜的《阿历克塞传》卷四显示了她对占星术与当时的占星师的看法。也可见 Niketas Choriates, *Annals*, H. J. Magoulias, trans.（1984）*O City of Byzantium: Annals of Niketas Choniates*. Detroit, MI: Wayne State University Press. 曼努埃尔一世（Manuel I Komnenos，统治期间为 1143 年—1180 年）支持在宫廷里翻译关于神秘仪式书籍；他曾撰写《为占星术辩护》的文章，主张占星术与基督教教义是相容的。参见 D. George（2001）'Manuel I Komnenos and Michael Glykas: A Twelfth-Century Defence and Refutation of Astrology', *Culture and Cosmos: A Journal of the History of Astrology and Cultural Astronomy*, 5（1）, pp. 3-48 和 D. George（2001）'Manuel I Komnenos and Michael Glykas: A Twelfth-Century Defence and Refutation of Astrology', *Culture and Cosmos: A Journal of the History of Astrology and Cultural Astronomy*, 5（2）, pp. 23-51。

[10] Al-Muqaddasi, *Aḥsanu-t-taqāsīm fī ma rifati-ḷ-āqalīm*, B. Collins, trans.（2001）in 'Best Division of Knowledge'. Reading: Ithaca Press.

[11] 正当圣像问题引发众人焦虑之时，君士坦丁堡却出现一些陌生面孔。我们可以约略想象城里出现了举行神秘仪式之人、行巫术者、炼金术士、卜梦者、解读雕像声音之人、鸟占者、风水师、鬼神学家以及我们知道至今依然活跃的伪经作者。拜占庭的占星术在 13 世纪达到高峰；即使在衰落时期，依然有人通过观察天象来判断吉凶。

所以，欧几里得（Euclid）、亚里士多德、欧里庇得斯的作品从拜占庭图书馆来到阿拉伯译者与学者的书桌上。日后，加扎利（al-Jazari）在他的作品《精巧机械装置之书》（*Book of Contrivances*）里援引了阿基米德（Archimedes）、阿波罗尼奥斯等人的观念（与西方忽视许多这类观念与发明形成强烈的对比——他的评论与曾经造访被杂草湮没的阿基米德坟冢的西塞罗遥相呼应）。时髦的人争相追求的东西；在巴士拉与萨迈拉（Samarra）进行钴实验之后，人们制作出独特的蓝白色高级陶器，这些陶器最后在中国大为兴盛。伊斯兰学校开始发展——这种教育与学习形受到自佛教僧院的启发。伊斯兰学校也获得乌兹别克斯坦布哈拉（Bukhara）萨曼王朝（Samanids）的大力奖掖，萨曼王朝也鼓励对圣训进行研究。君士坦丁堡牧首与哈里发之间的书信往来显示双方的沟通完全畅通。参见迈恩多夫（Meyendorff）引用的书信: J. Meyendorff,（1964）'Byzantine Views of Islam', *Dumbarton Oaks Papers*, 18, pp. 113-132。

巧合的是，雅典也保留了另一份证据，显示了当时这座基督教城市与穆斯林邻邦的关系：在提克里特（Tigrit）——这座城市因萨达姆·侯赛因（Saddam Hussein）出生于此而闻名于世——曾经矗立着一座雄伟的皇宫。这座皇宫叫萨迈拉宫，内部的房间以精美的房门保护，房门用柚木雕成并且以藤蔓装饰。这些房门最终落脚在有些令人意外的地方，沿着雅典的后街走下去，来到普拉卡（Plaka，这里的商店成了跳蚤市场），这些房门就位于一座能够俯瞰古墓地（kerameikos）的新古典主义建筑里。它们前往希腊的旅程始于这些房门被移来覆盖石墓棺木之时，两名主教亚他那修与伊纳爵（Ignatios）安葬于此。这个时期基督徒与穆斯林的关系并非只是充满嫌隙与敌对，而是有机的。

[12] al-Ya'qubi and al-Baladhuri，转引自 J. Banaji（2007）'Islam, the Mediterranean and the Rise of Capitalism', *Historical Materialism*, 15, esp. pp. 59—60。

[13] P. Frankopan（2015）*The Silk Roads: A New History of the World*. London: Bloomsbury, p. 94.

[14] 然而我们现在知道，拜占庭在当时提供了对抗阿拉伯威胁的重要屏障。巴里（Bari）成为拜占庭政府在南方的中心。西方的罗马帝国依然需要东方，无论东方的拜占庭是调解者、皮条客还是盾牌。尽管拜占庭对于威尼斯与阿拉伯商人暗通款曲（为阿拉伯人提供原料，例如铁与木材，方便他们进行军火交易以及建造船只、生产武器）感到愤怒，992 年的一份文件却显示双方达成了和解：拜占庭给予优厚的贸易条件，以换取拜占庭帝国在有需要时可以请求意大利军队支援。

第四十四章　瓦兰吉卫队

[1] Orderic Vitalis, *The Ecclesiastical History* 4.2.172. 这里的译文出自 M. Chibnall trans.（1990）'The Ecclesiastical History of Orderic Vitalis', Vol. 2, Oxford: Clarendon Press, p. 203, 205。

[2] Nikephoros Bryennios the Younger（安娜·科穆宁娜的丈夫），*History*, C. A. Mango, trans.（1990）*Saint Nicephorus（Patriarch of Constantinople）*. Washington, DC: Dumbarton Oaks Research Library and Collection.

[3] R. M. Dawkins（1947）'The Later History of the Varangian Guard: Some Notes', *Journal of Roman Studies*, 37（1-2）, pp. 39—46.

[4] Matthew of Edessa, *Chronicle*, Part 1, 39, A. E. Dostourian, trans. and ed.（1993）*Armenia and the Crusades: Tenth to Twelfth Centuries—The Chronicle of Matthew of Edessa*. Maryland: University Press of America. 马修自己就是亚美尼亚人。

[5] "在耶稣升天节这天，皇帝依照惯例参与在城墙外的游行……（墙外建了一座非常美丽的、用来供奉圣母马利亚的教堂，此时拜占庭人与亚美尼亚人爆发了冲突。" *Leo the Deacon*, Book IV. 这里引用的译文来自 A. M. Maffry Talbot and D. F. Sullivan trans.（2005）*The History of Leo the Deacon: Byzantine Military Expansion in the Tenth Century*, Washington, DC: Dumbarton Oaks, p. 113。

[6] 引自 *The Saga of Harald Sigurtharson*, in Snorri Sturluson, *Heimskringla, or The Chronicle of the Kings of Norway*, L. Hollander, trans.（1964）Austin, TX: University of Texas Press. 其他版本的译文可以参考 A. Finlay and A. Faulkes（2016）*Heimskringla*, vol. 3. London: The Viking Society，其中另一句提到君士坦丁堡的诗文如下（第 579 页）：

强风吹着雄伟的

大船朝岸边疾驰——

船头与船尾都已用铁包覆

我们的船只昂首朝港湾前进。

大城的金色山墙

我们威名显赫的君主率先看见。

众多海上的船只排好阵势

驶向这座高墙的城市。

[7] A. Cameron（2006）*The Byzantines*. Oxford: Blackwell, p. 43.

[8] Orderic Vitalis, *The Ecclesiastical History* 4.2.172, 'exules igitur Anglorum favorabiliter a Grecis suscepti sunt. et Normannicus legionibus quae nimium Pelasgis adversabantur oppositi sunt', M. Chibnall trans.（1990）'The Ecclesiastical History of Orderic Vitalis', Vol. 2, Oxford: Clarendon Press, p. 203, 205.

[9] 参见斯内达尔（Snaedal）最近完成的令人惊艳的文章: T. Snaedal（2016）'Runes from Byzantium: reconsidering the Piraeus lion', in F. Androshchuk, J. Shepard, M. White eds. *Byzantium and the Viking World*. Stockholm: Uppsala University, pp. 187−214。

[10] G. Constable（2008）*Crusaders and Crusading in the Twelfth Century*. Aldershot: Ashgate, p. 227.

[11] Orderic Vitalis, *The Ecclesiastical History* 4.2.172, M. Chibnall trans.（1990）'The Ecclesiastical History of Orderic Vitalis', Vol. 2, Oxford: Clarendon Press, p. 203, 205

[12] J. Shepard（1973）'The English and Byzantium: A Study of their Role in the Byzantine Army in the Later Eleventh Century', *Traditio*, 29, pp.60−77. C. Fell（1974）'The Icelandic Saga of Edward the Confessor: Its Version of the Anglo-Saxon Emigration to Byzantium', *Anglo-Saxon England*, 3, pp. 179−196.

[13] Robert de Clari（1924）*La Conquête de Constantinople*, in P. Lauer ed.（1952）*Historiens et Chroniqueurs de Moyan Age*, Paris: Gallimard, p. 57.

第四十五章　大分裂？

[1] E. Gibbon,（1988）*The History of the Decline and Fall of the Roman Empire*. Abridged A. Lentin and B. Norman. Ware, Herts: Wordsworth Editions, vol. 7, chapter 60, part 1.

[2] Plato, *Phaedrus* 275d−e, H. N. Fowler, trans.（1925）Cambridge, MA: Harvard University Press.

[3] 这部分我大量参考了 B. Whalen（2007）'Rethinking the Schism of 1054: Authority, Heresy, and the Latin Rite', *Traditio*, 62, pp. 1−24 和 H. Chadwick（2005）*East and West: The Making of a Rift in the Church from Apostolic Times until the Council of Florence*. Oxford: Oxford University Press。也可参见 J. R. Ryder（2011）'Changing Perspectives on 1054', *Byzantine and Modern Greek Studies*, 35（1）, pp. 20−37 和 T. Kolbaba（2011）'1054 Revisited: Response to Ryder', *Byzantine and Modern Greek Studies*, 35（1）, pp. 38−44。

[4] 参见 S. Jakobsson（2008）'The Schism that Never Was: Old Norse Views on Byzantium and Russia', *Byzantinoslavica*, 1/2, pp. 173−188。

[5] M. Attaleiates（2012）*The History*, trans. A. Kaldellis and D. Krallis. Cambridge, MA: Harvard University Press, ch. 15, sections 91 and 92. 第四个十五年期实际上是 1065 年而非 1066 年。

[6] Skylitzes 8（Emperor Alexander）. 3 trans. Lady Mary Wortley Montagu, ed. T. Heffernan and D. O'Quinn.（2013）*The Tuckish Embassy Letter*. Ontario: Broadview Press.

第四十六章 1071 年、1081 年的大小事

[1] Anna Komnene, *The Alexiad* 1.10, E. R. A. Sewter, trans., with introduction and notes by P. Frankopan（2009）. London: Penguin, p. 30.

[2] 佩切涅格人在 1091 年因为无法横渡马里查河宽广的河口铩羽而归，马里查河位于今日土耳其与希腊边界附近（佩切涅格人撤兵时，君士坦丁堡街上传唱着一首新的流行歌曲，《一万名佩切涅格人看不到五月一日的太阳》）。

[3] Anna Komnene, *The Alexiad* 1.10, E. R. A. Sewter, trans., with introduction and notes by P. Frankopan（2009）. London: Penguin, p. 54.

[4] J. A. Kulakovskij（1908）*Mémoires de l'Académie Impériale des sciences de St. Pétersbourg*, 8th ser., no. 9, *Classe historico-philologique*. St. Petersburg, pp. 1–58.

[5] 引自 C. Hillenbrand（2007）*Turkish Myth and Muslim Symbol: The Battle of Manzikert*. Edinburgh: Edinburgh University Press, p. 55.

[6] Anna Komnene, *The Alexiad* 1.10, trans. E. R. A. Sewter, with introduction and notes by P. Frankopan（2009）. London: Penguin, p. 13.

[7] M. White（2013）*Military Saints in Byzantium and Rus, 900–1200*. Cambridge: Cambridge University Press, p. 2.

[8] J. Haldon（1999）*Warfare, State and Society in the Byzantine World, 565–1204*. London and New York: Taylor & Francis, p. 26.

[9] 此处为 al-Turtushi（d. 520/1126）于 12 世纪的描述，源于 *Siraūjal-mulūk*，引自 C. Hillenbrand（2007）*Turkish Myth and Muslim Symbol: The Battle of Manzikert*. Edinburgh: Edinburgh University Press, pp. 27–28. 必须注意的是，这里的数字受到夸大而且与其他资料不同，同上，第 38 页。"拜占庭军队人数众多，而苏丹率领的军队将近两万人。至于拜占庭国王，他率领三万五千名法兰克人与三万五千名……两百名将领与指挥官；每个将领拥有五百到两千名骑兵。他（还）率领一万五千名居住在君士坦丁堡以外地区的乌古斯人（Ghuzz），十万名工兵与十万名攻城部队士兵，四百辆装载武器、马鞍、弩炮与投石机的车子，其中投石机需要一千两百人来拉动。" Ibn al-Jawzi（d. 597/1200）in *Al-Muntaẓam fīta ʿrīkh al-mulūk wa ʿl-umam*.

[10] "鲁姆"是"阿拉伯文与波斯文里的拜占庭"，参见 C. Hillenbrand（2007）*Turkish Myth and Muslim Symbol: The Battle of Manzikert*. Edinburgh: Edinburgh University Press, p. 1。波斯文是"塞尔柱人的宫廷语言"，同上，第 36 页。

[11] 希伦布兰德（Hillenbrand）广泛分析了穆斯林与拜占庭对这场冲突的描述，以及这些描述如何成为建构神话的依据。参见 C. Hillenbrand（2007）*Turkish Myth and Muslim Symbol: The Battle of Manzikert*. Edinburgh: Edinburgh University Press。

[12] 参见 R. Crowley（2005）*Constantinople: The Last Great Siege, 1453*. London: Faber & Faber, pp. 25–26。

[13] 关于这些教派，有用的描述参见 http://www.iranicaonline.org/articles/cathars-albigensians-and-bogomils。

第四十七章 十字军之城

[1] Fulcher of Chartres, *A History of the Expedition to Jerusalem, 1095–1127*, trans. F. R. Ryan（1973）NY: W. W. Norton and Company, p. 79. 富尔彻（Fulcher，生于 1029 年）是一名法国僧侣与史家，曾

参与第一次十字军东征。

［2］Berthold of Constance, *Die Chroniken Bertholds von Reichenau und Bernolds von Konstanz*, I. Robinson, ed.（2003）Bournemouth: Hanover.

［3］Anna Komnene, *The Alexiad* 10.5, E. R. A. Sewter, trans., with introduction and notes by P. Frankopan （2009）. London: Penguin.

［4］同上。

［5］P. Frankopan（2015）*The Silk Roads: A New History of the World*. London: Bloomsbury, p. 136ff.

［6］R. Irwin, 'Muslim Responses to the Crusades', *History Today*, 47.4, April 1997.

［7］彼得·弗兰科潘致力于恢复安娜·科穆宁娜的名声。

［8］Robert of Clari, *The Conquest of Constantinople*, 75, trans. E. R. McNeal（2005）NY: Columbia University Press. 也可见 A. E. Laiou and R. P. Mottahedeh eds.（2001）*The Crusades from the Perspective of Byzantium and the Muslim World*. Washington, DC: Dumbarton Oaks Research Library and Collection 和 N. R. Hodgson（2005）'Nobility, Women and Historical Narratives of the Crusades and the Latin East', *Al−Masaq: Journal of the Medieval Mediterranean*, 17（1）, pp. 61−85。参见 Guibert of Nogent, and Peter Tudebode, 'Historia de Hierosolimitano Itinere', trans. John Hugh Hill and Laurita L. Hill（1974）*Memoirs of the American Philosophical Society*. Philadelphia: The American Philosophical Society, p. 55 和 *Gesta Francorum et aliorum Hierosolimitanorum*, ed. and trans. Rosalind Hill（1962）Edinburgh: Thomas Nelson and Sons。

［9］例如 Simonis Angelina Antiochina。

［10］A. Gillespie（2011）*A History of the Laws of War*, vol. 2: *The Customs and Laws of War with Regards to Civilians in Times of Conflict*. Oxford and Portland, OR: Hart Publishing, p. 133.

第四十八章　协商的僧侣与杀人的篡位者

［1］Odo of Deuil, *De Profectione Ludovici VII in Orientem*（*Journey of Louis VII to the East*）（1147）, Book 4. Latin: '*in omnibus modum excedit; nam sicut divitiis urbes alias superat, sic eitam vitiis*'.

［2］跟以往一样，我发现有关这个时期君士坦丁堡状态的研究中，哈里斯的作品极有助益，特别是第八章，参见 J. Harris（2015）*The Lost World of Byzantium*. New Haven and London: Yale University Press。

［3］Manganeois Prodomos，引自 J. Harris（2013）*Byzantium and the Crusades*. London and New York: Bloomsbury Academic, p. 106.

［4］A. Makrinos, s.v. Eustanthius, in M. Finkelberg（2011）*The Homer Encyclopedia*. Hoboken, NJ: Wiley−Blackwell, pp. 248−249.

［5］Niketas Choniates，葬礼悼词 viii.238, x.334。

［6］Eustathios, *On the Capture of Thessaloniki*, J. R. Melville Jones, trans.（1988）Canberra: Byzantina Australiensia.

［7］同上。

［8］Benjamin of Tudela, *The Itinerary of Benjamin of Tudela*,（1907）trans. M. N. Adler. NY: Philipp Feldham.

［9］John Tzetzes, *Antehomerica, Homerica et Posthomerica*（1793）Montana: Kessinga Publishing Co.

［10］西西里岛的地位十分重要。从公元前 415 年亚西比德不幸的西西里远征开始，这座岛屿作为粮食供应地与欧非之间的踏脚石的价值已经留存在集体记忆中。失去埃及（以及其他非洲领土）之后，西西里岛成为了供应粮食的地区。

［11］热那亚圣乔治宫（Palazzo di San Giorgio）的建材部分来自被劫掠的威尼斯驻君士坦丁堡大使馆。马可·波罗曾被囚禁于此。参见 P. Strathern（2012）*The Spirit of Venice: From Marco Polo to Casanova*. London: Jonathan Cape, p. 11。

［12］J. Phillips（2004）*The Fourth Crusade and the Sack of Constantinople*. London: Jonathan Cape, p. xxii, William of Tyre.

第四十九章　威尼斯的危险，骑士王国

［1］Niketas Choniates, *Historia* 301.21, H. J. Magoulias, trans.（1984）*O City of Byzantium: Annals of Niketas Choniates*. Detroit, MI: Wayne State University Press.（尼克塔斯亲眼看见了 1204 年第四次十字军东征时攻打君士坦丁堡。）

［2］Geoffroy de Villehardouin, 'The Conquest of Constantinople', *in Chronicles of the Crusades*, trans. M. R. B. Shaw.（1963）London: Penguin, p. 128.

［3］Robert de Clari（1924）*La Conquête de Constantinople*, in P. Lauer ed.（1952）*Historiens et Chroniqueurs de Moyan Age*, Paris: Gallimard, pp. 72-73. 引自 P. Frankopan（2015）*The Silk Roads: A New History of the World*. London: Bloomsbury, p. 154。

［4］Nicholas Mesarites, Funeral Oration in C. M. Brand ed.（1969）*Icon and Minaret: Sources of Byzantine and Islamic Civilization*. Englewood Cliffs, NJ: Prentice-Hall, pp. 131-132.

［5］1204 年君士坦丁堡遭到劫掠之后，熟练的制丝工人便在威尼斯出现，这绝非出于偶然。同一个世纪的晚期，蒙古人也以类似方式输出制丝工人——这不仅可以破坏他们攻打的城镇的经济，也能供给他们属于他们自己的外交礼品。

［6］T. F. Madden（2003）*Enrico Dandolo and the Rise of Venice*. Baltimore: Johns Hopkins University Press, p. 194. 其中比较重要的如 1206 年之前由杰拉尔德（Gerard）在君士坦丁堡制作的佛兰德的亨利的圣物（Staurotheca of Henry of Flanders，现保存于威尼斯的圣马可圣器收藏库），据说里面保存了真十字架的残片。参见 D. Buckton et al.（1984）*The Treasury of San Marco, Catalogue of the Exhibition at the Metropolitan Museum of Art*, New York. Milan: Olivetti. 更多关于全能者修道院与拉丁占领时期的介绍参见 D. Jacoby（2001）'The Urban Evolution of Latin Constantinople（1204-1261）' in N. Necipoğlu ed. *Byzantine Constantinople: Monuments, Topography and Everyday Life*. Leiden, Boston and Cologne: Brill, pp. 277-298 和 I. Taxidis（2013）'The Monastery of Pantokrator in the Narratives of Western Travellers', in S. Kotzabassi ed. *The Pantokrator Monastery in Constantinople*. Boston and Berlin: De Gruyter, p. 100, n. 18。

［7］Gaborit-Chopin in D. Buckton et al.（1984）*The Treasury of San Marco, Catalogue of the Exhibition at the Metropolitan Museum of Art*, New York. Milan: Olivetti pp. 244-251.

［8］15 世纪的一幅残存图像是以真正的透视法绘制的。科拉修道院绝大多数的湿壁画可以追溯到 1316 年到 1321 年之间特奥多雷·梅托奇特斯（Theodore Metochites）的修复计划。

［9］D. Pincus（1992）'Venice and the Two Romes: Byzantium and Rome as a Double Heritage in Venetian Cultural Politics', *Artibus et Historiae*, 13（26）, pp. 101-114.

［10］接下来，君士坦丁堡即将感受到另一个威胁带来的恐惧，那就是来自东方的成吉思汗，一个想成为"世界统治者"的男人。参见 P. Frankopan（2015）*The Silk Roads: A New History of the World*.

London: Bloomsbury, e.g. 154ff., 175ff.

[11] 十字军骑士不仅带来毁灭，也为人们提供医疗。圣约翰骑士团在耶路撒冷设立的医院，在任何时候都足以容纳两千名病患，其广大地基目前已挖掘出来。这间医院设立于 1180 年，无论信仰什么宗教的人都可以来这里接受治疗。在邻近圣约翰骑士团修道院教堂（Priory Church of the Order of St. John）的伦敦市中心，穿过石门遗址，沿着曲折的木制楼梯拾级而上，我们发现了某个可以说代表了圣约翰骑士团宗旨的东西：一个美丽的银碗。乍看之下，这个银碗应该是只会出现在贵族桌上的物品，但其实不然，这个银碗是用来洗穷人、犹太人、穆斯林与基督徒的脚。碗上刻的一段文字提醒我们：“天主不希望任何人死去，因此怜悯地接纳异教（穆斯林）信仰之人与犹太人……因为基督为折磨他的人祷告：'父啊！赦免他们；因为他们所做的，他们不晓得。'在这间被祝福的屋子里充满天国的教义……'你们的仇敌要爱他！恨你们的，要待他好！'”奇怪的是，这些人在神学上相信自己的战斗也是一种爱的行为。就理论来说，也许有可能证明这是一种爱上帝的方式（如果在神学逻辑里绕圈的话），但对中东居民来说，恐怕很难把十字军的侵略理解成基督教诲的“当爱你的邻舍”的具体实践。

[12] Georgius Pachymeres 4.529 in S. Kyriakidis（2011）*Warfare in Late Byzantium, 1204-1453*. Leiden: Brill, p. 124.

[13] Tacitus, *Agricola* 30（'atque, ubi solitudinem faciunt, pacem appellant'）

[14] 这里的航海条件良好，自然港湾极多，因此罗得岛创立的海洋法仍是国际海事协商的先例。

[15] D. Nicolle（2007）*Crusader Castles in Cyprus, Greece and the Aegean 1191-1571*. Oxford: Osprey Publishing.

[16] J. Fric, D. Portolous, A. Manolopoulos and T. Kastritis（2012）*Important Areas for Seabirds in Greece*. Athens: Hellenic Ornithological Society, p. 151.

[17] 参见 P. Frankopan（2015）*The Silk Roads: A New History of the World*. London: Bloomsbury, 157ff.

[18] Ramon Muntaner, *The Catalan Expedition to the East: From the Chronicle of Ramon Muntaner*, trans. R. D. Hughes. Woodbridge and Barcelona: Barcino Tamesis, p. 46, 49.

第五十章　伊尔迪里姆：雷霆

[1] E. S. Creasy（1854）*History of the Ottoman Turks: From the beginning of their Empire to the Present Time*. London: R. Bentley. pp. 10-11.

[2] 奥斯曼的名字原本可能是阿特曼·加齐（Atman，也称为奥特曼）。

[3] 耐人寻味的是，据说征服者威廉的母亲怀他的时候也做了类似的梦。

[4] Aşıkpaşazade, *Chronik*, bab 18, p. 23. 引自 E. Boyar and K. Fleet（2010）*A Social History of Ottoman Istanbul*. Cambridge: Cambridge University Press, p. 20.

[5] 最近的研究显示，温度只要上升百分之一，传播瘟疫的沙鼠的数量会增加百分之五十。参见 N. Stenseth et al.（2006）'Plague Dynamics Are Driven by Climate Variation', *Proceedings of the National Academy of Sciences of the United States of America*, 103, pp. 13110-13115.

[6] Doukas, *Historia Byzantina*, I. Bekker ed.（1843）Bonn: Weber, p. 34; Doukas, *Decline and Fall of the Ottoman Turks*, H.J Magoulias trans.（1979）Detroit: Wayne State University Press, p. 73. 引自 E. Boyar and K. Fleet（2010）*A Social History of Ottoman Istanbul*. Cambridge: Cambridge University Press, p. 21.

[7] 同上。

[8] C. J. Hilsdale（2014）*Byzantine Art and Diplomacy in an Age of Decline*. Cambridge: Cambridge University Press, pp. 1−2. 也可见 Cavafy trans. Sachperoglou（2009）, p. 153。

[9] Doukas, *Historia and Decline*. 引自 E. Boyar and K. Fleet（2010）*A Social History of Ottoman Istanbul*. Cambridge: Cambridge University Press, p. 21。

[10] 关于年代的讨论，相关例子参见 E. Zachariadou（1970）'The Conquest of Adrianople by the Turks', *Studii Veneziani*, 12, pp. 211−217。

[11] 语出钱达尔勒·卡拉·哈利勒（Çandarli Kara Halil）。

[12] 蒙古帝国瓦解后，丝绸贸易的规模就变得十分庞大；一百五十年内，总共有 120 吨丝绸在布尔萨流通。

[13] 关于这批文物的分析还在进行。

[14] J. Bogdanović（2012）'Life in a Late Byzantine Tower: Examples from Northern Greece', in M. J. Johnson, R. Ousterhout and A. Papalexandrou eds. *Approaches to Byzantine Architecture and its Decoration: Studies in Honor of Slobodan Ćurčić*. Farnham: Ashgate, pp. 187−202. T. Ganchou（2010）'L' Ultime Testament de Géôrgios Goudélès, homme d' affaires, *mésazôn* de Jean V et *ktètôr*（Constantinople, 4 mars 1421）', in *Mélanges Cécile Morrisson*. Travaux et Memoires 16. Paris, pp. 277−359.

[15] İnalcik and Oğuz eds.（1978）*Gazavât-i Sultân Murâd b. Mehemmed Hân Izaldi ve Varna Savaslari*（1443−1444）, *Üzerine Anonim Gazavâtnâme*, 15a.

[16] 帖撒罗尼迦早在 1387 年就曾经欢迎奥斯曼人进城。

[17] 感谢芭芭拉·格拉齐奥西（Barbara Graziosi）教授协助我进行研究；参见 B. Graziosi（2013）*The Gods of Olympus: A History*. London: Profile Books。

[18] 新圣母大殿（Santa Maria Novella）外观的建筑计划是在佛罗伦萨讨论的，它由莱昂·巴蒂斯塔·阿尔贝蒂（Leon Battista Alberti）完成；安杰利科修士（Fra Angelico）的圣马可祭坛画（San Marco Altarpiece）也是在佛罗伦萨设计的。博士礼拜堂（Magi Chapel）的《博士之旅》（*Journey of the Magi*）湿壁画（由贝诺佐·戈佐利［Benozzo Gozzoli］于 1459 年—1461 年所绘），据说描绘的是达官显要前来佛罗伦萨参与公会议的情景。画中的巴尔退则（Balthazar）神似当时的拜占庭皇帝约翰八世·帕里奥洛格斯（John VIII Palaiologos）。F. Cardini（2001）*The Chapel of the Magi in Palazzo Medici*. Florence: Mandragora, p. 31. 不同的看法参见 C. Acidini Luchinat ed.（1993）*The Chapel of the Magi: Benozzo Gozzoli's Frescoes in the Palazzo Medici-Riccardi Florence*, trans. E. Daunt（1994）. London: Thames & Hudson, p.126。

[19] 1438 年的费拉拉公会议（Council of Ferrara, 1439 年，这场会议因为害怕黑死病传染而移往佛罗伦萨举行）让西方与东方教会短暂地获得统一，教宗至高无上的地位再次获得确认："我们也规定，神圣的宗座（Apostolic See）与罗马教宗（Roman Pontiff）在全世界居于至高无上的地位；罗马教宗是蒙福的彼得也就是使徒之首的继承者，也是基督真正的代表，他是整个教会的领袖，是所有基督徒的父亲与老师；我们的主耶稣基督通过蒙福的彼得授予全权给罗马教宗，由他养育、号令与统治普世教会。"引自 W. Brandmüller（2009）*Light and Shadows: Church History amid Faith, Fact and Legend*. San Francisco: Ignatius Press, p. 36. 在君士坦丁堡，谴责教会统一的人在街头掀起暴动。酒碗挨家挨户传递，显示这是一场以宗教为名的抗争。此时访问威尼斯的拜占庭使节团当然认出了所有在 1204 年时从他们的城市强取豪夺的战利品。在 1439 年的统一诏书（Bull of Union, Florence, 6 July 1439）上，皇帝约翰八世·帕里奥洛格斯的红墨签名清晰可见——主教与教廷人员用黑墨签的副署则像蜘蛛一样拥挤地分布四处。大英图书馆慷慨地向我展示这份手稿。Cotton MS Cleopatra E. iii, ff. 80v-81r. in British Library Programme 'Two thousand years of Greek Manuscripts', 10 June 2014.

［20］Tursun Bey（1978）*The History of Mehmet the Conqueror*, trans. H. İnalcık and R. Murphey. Minneapolis: Bibliotheca Islamica, f. 35b. 引自 E. Boyar and K. Fleet（2010）*A Social History of Ottoman Istanbul*. Cambridge: Cambridge University Press, p. 13。

第五十一章　那不是老年人的国度

［1］Doukas, *Fragmenta Historicorum Graecorum*, 引自 R. Crowley（2005）*Constantinople: The Last Great Siege, 1453*. London: Faber & Faber, p. 97。

［2］关于这首诗的出处有许多猜测，我们不确定穆罕默德二世是一字不漏地把诗背诵出来（吉本与其他人采此说）还是即兴创作（坎泰米尔［Cantemir］与图尔松［Tursun］采此说）。原诗应该是菲尔多西（Ferdowsi）的作品，描述罗斯坦（Rustam）夜袭阿夫拉夏布的故事（《列王纪》［Shah-Nama］x. 18），参见 A. Ferdowsi（2016）*Shahnameh* trans. Dick Davis. New York: Viking, p. 18。然而，在这首诗的用语索引中却找不到"蜘蛛"这个词。或许因为如此，有人认为这首诗的作者可能是萨迪（Saadi）或甚至是鲁米，因为这两人都曾在别的作品中提到蜘蛛。

［3］我曾于 2013 年 5 月躬逢其盛。

［4］参见 R. Crowley（2005）*Constantinople: The Last Great Siege, 1453*. London: Faber & Faber。

［5］"痛哭呻吟"是 16 到 20 世纪人们在围城时常使用的词汇。

［6］'Aşıkpaşazade, *Chronik, bab* 123, 132. 引自 E. Boyar and K. Fleet（2010）*A Social History of Ottoman Istanbul*. Cambridge: Cambridge University Press, p. 11。

［7］E. Boyar and K. Fleet（2010）*A Social History of Ottoman Istanbul*. Cambridge: Cambridge University Press, p. 18。

［8］Kritoboulos, *History of Mehmed the Conqueror*, C. T. Riggs trans.（1954）New Jersey: Princeton University Press.

［9］1453 年 6 月 1 日，穆罕默德二世授予君士坦丁堡加拉达的热那亚人的许可。Egerton MS 2817, British Library Programme 'Two thousand years of Greek Manuscripts', 10 June, 2014。

［10］使馆区设于此地，瑞典宫（Swedish Palace，今日为领事馆，但原本是大使馆）于1757年投入使用，这是瑞典在海外所拥有的历史最悠久的国有土地。往后五百年，此区将成为国际情报人员汇集的地方。

［11］Steffano Infessura, *Diario della Città di Roma*（1890）Rome: Roma Forzani.

［12］Eustathios, *On the Capture of Thessaloniki*, J. R. Melville Jones, trans.（1988）Canberra: Byzantina Australiensia, p. 54.

［13］N. Bisaha（2004）'Pope Pius II and the Crusade', in N. Housley ed. *Crusading in the Fifteenth Century: Message and Impact*. Basingstoke: Palgrave, pp. 39−52. N. Bisaha（2004）*Creating East and West: Renaissance Humanists and the Ottoman Turks*. Philadelphia: University of Pennsylvania Press. M. Meserve（2006）'News from the Negroponte: Politics, Popular Opinion, and Information Exchange in the First Decade of the Italian Press', *Renaissance Quarterly*, 59, pp. 440−480.

第五十二章　暮光之城

［1］*Gesta Francorum et Aliorum Hierosolimitanorum*, Rosalind Hill ed. and trans.（1962）Edinburgh: Thomas Nelson and Sons, p. 3, 21.

［2］这是 14 世纪末在巴耶济德要求下设立的专区。这个说法出自杜卡斯，引自 N. Necipoğlu（2009）
Byzantium between the Ottomans and the Latins: Politics and Society in the Late Empire. Cambridge:
Cambridge University Press, pp. 138–139。

［3］Sphrantezes, *Chronicles* 16（VII.3）.

［4］参见永纳·西塔里杜博士（Dr. Ionna Sitaridou）的作品 *The Romeyka Project*（2011–2016）。关
于这方面更多的信息与其他杰出的专题研究，见 Cambridge Group for Endangered Language and
Cultures, Cambridge University。

［5］特拉比松的乔治。引自 J. Goodwin（1999）*Lord of the Horizons: A History of the Ottoman Empire*.
New York: Vintage Publishing。

［6］Niketas Choriates, *Annals*, H. J. Magoulias, trans.（1984）*O City of Byzantium: Annals of Niketas
Choniates*. Detroit, MI: Wayne State University Press.

第五十三章　极乐的居所

［1］G. Necipoğlu（1992）*Architecture, Ceremonial and Power: The Topkapı Palace in the Fifteenth and
Sixteenth Centuries*. Cambridge, MA: MIT Press, p. 163, 8.

［2］例如，参见 M. Canard, 'Les Expéditions des Arabes contre Constantinople dans l'histoire et dans les
légendes', *Journal Asiatique*, 1926, pp. 61–121。

［3］Tursun Bey, *Tarih*, 41. 引自 E. Boyar and K. Fleet（2010）*A Social History of Ottoman Istanbul*.
Cambridge: Cambridge University Press, p. 12。

［4］托普卡珀得名于一座同名的宫殿，意思是"大炮之门"，宫殿早已毁于马哈茂德一世（Mahmud I）
时期的一场大火。

［5］清单出自 J. Taylor（2010）*Imperial Istanbul: A Traveller's Guide（includes Iznik, Bursa and Edirne）*.
London: Tauris Parke Paperbacks。这本书是我在伊斯坦布尔时的指南，是一部阅读起来令人感
到愉快的作品。

［6］参见 G. Necipoğlu（1993）'Framing the Gaze in Ottoman, Safavid and Mughal Palaces', Pre–Modern
Islamic Palaces special issue, *Ars Orientalis*, 23, pp. 303–342。

［7］参见 J. Freely（1998）*Istanbul: The Imperial City*. London: Penguin，本书中有许多这类有趣的小细节。

［8］H. İnalcık（2012）'Istanbul', in P. Bearman, Th. Bianquis, C. E. Bosworth, E. van Donzel and W. P.
Heinrichs eds. *Encyclopaedia of Islam*. 2nd edn. Brill Online.

第五十四章　天上一神，地上一国

［1］K. Setton（1984）*The Papacy and the Levant, 1204–1571*. Philadelphia: American Philological
Society, vol. 3, p. 172. 引自 P. Frankopan（2015）*The Silk Roads: A New History of the World*. London:
Bloomsbury。

［2］P. S. Allen, H. M. Allen and H. W. Garrod（1938）*Opus Epistolarum Desedirii Erasmi Roterodami*,
vol. 9: *1530–1532*. Oxford: Oxford University Press, p. 254. J. D. Tracy（2002）*Emperor Charles
V: Impresario of War, Campaign Strategy, International Finance, and Domestic Politics*. Cambridge:
Cambridge University Press, p. 27.

［3］参见 H. İnalcık（1990）'Istanbul: An Islamic City', *Journal of Islamic Studies*, 1, pp. 1−23，散见各处。

［4］Doukas, *Historia Byzantina*, I. Bekker ed.（1843）Bonn: Weber, p. 306; Doukas, *Decline and Fall of the Ottoman Turks*, H.J. Magoulias trans.（1979）Detroit: Wayne State University Press, p. 235. 引自 E. Boyar and K. Fleet（2010）*A Social History of Ottoman Istanbul*. Cambridge: Cambridge University Press, p. 10。

［5］Kritoboulos, *History of Mehmed the Conqueror*, C. T. Riggs trans.（1954）New Jersey: Princeton University Press, p. 105.

［6］如人们所讨论的，许多人主张"伊斯坦布尔"这个名字其实源自"eis ten polin"，在希腊文中是进城的意思。

［7］例如，参见 D. Alexander（2006）'Swords from Ottoman and Mamluk Treasuries', in L. Komaroff ed. *Pearls from Water, Rubies from Stone: Studies in Islamic Art in Honour of Priscilla Soucek*, Part 1. *Artibus Asiae*（special volume）, 66（2）, pp. 13−34。

［8］引自 S. T. Wasti（2005）'The Ottoman Ceremony of the Royal Purse', *Middle Eastern Studies*, 41（2）, pp. 193−200。

［9］E. J. W. Gibb trans. and ed.（1882）*Ottoman Poems*. MA: Harvard University, p. 33.

［10］虽然信仰的改变确实发生了，但官方首次承认苏丹为哈里发却要等到二百五十年后，当奥斯曼人被俄罗斯人侵夺土地时，哈里发国的主张才被提出以巩固精神上的影响力。

［11］这里我大量仰赖了库班的说明，参见 D. Kuban（1996）*Istanbul: An Urban History: Byzantion, Constantinopolis, Istanbul*. Istanbul: Türkiye İş Bankası Kültür yayınları。

［12］E. Boyar and K. Fleet（2016）*Ottoman Women in Public Space*, Leiden and Boston: Brill, p.14。

［13］N. Gamm, 'Women in Ottoman Society', *Hurriyet Daily News*, 10.03.2012. http://www.hurriyet-dailynews.com/women-in-ottoman-society-. aspx? page-ID=238&nID=15651&NewsCatID=438 [accessed 19.01.2016].

［14］1703 年后，伊莲娜教堂成为了军事装备的储藏库。1730 年，苏丹艾哈迈德三世在位期间，这里成为了武器博物馆，而从 1846 年起，这里也开始正式收藏各种古物。

［15］古竞技场边缘现存的一栋 15 世纪石造建筑提醒我们，在那个时代，身份地位的一项表征就是女眷居住的区域与一般活动区域相隔多远——理想情况下要间隔三个庭院，每个庭院都要限制出入。如今看来，这段距离使早期伊斯坦布尔女性居民拥有时间与空间来形塑远离城市的生活。当时市中心许多民宅都是奥斯曼居民以泥砖、水泥与碎石兴建的。残存的唯一一栋 16 世纪建筑面对着古竞技场，如今已成为博物馆；这栋建筑物之所以能留存下来，只因它相当罕见地是座石造建筑。

［16］M. Hamidullah（1973）*The Muslim Conduct of State*. Kuala Lumpur: Islamic Book Trust, p. 36.

第五十五章　文艺复兴之城

［1］Tursun Bey（1978）*The History of Mehmet the Conqueror*, trans. H. İnalcık and R. Murphey. Minneapolis: Bibliotheca Islamica, f. 63a. 引自 E. Boyar and K. Fleet（2010）*A Social History of Ottoman Istanbul*. Cambridge: Cambridge University Press, p. 27。

［2］这段从土耳其文翻译的译文来自伦敦大学皇家霍洛威学院的伊尔凯尔·埃夫里姆·宾巴什（Ilker Evrim Binbaş）。感谢马丁·坎普（Martin Kemp）教授协助本章的写作。

［3］2013 年，一些剩余的树遭到拔除，这在盖齐公园与塔克西姆广场引发了抗议。或许，这座城市的树林与流水留给人们的集体记忆终将消失？

[4] 关于这些例子，详尽的讨论参见 J. Brotton（2002）*The Renaissance Bazaar: From the Silk Road to Michelangelo*. Oxford: Oxford University Press。

[5] E. Boyar and K. Fleet（2010）*A Social History of Ottoman Istanbul*. Cambridge: Cambridge University Press, 48ff. 这里的说明大量参考了这部作品。

[6] 例如，参见 M. d'Ohsson（1824）*Tableau general de l'Empire Othoman*. 7 vols. Paris: Firmin Didot 和 M. Z. Pakalin（1971）*Osmanlı tarih deyimleri ve terimleri sözlüğü*. Istanbul: Milli Eğitim Basımevi。

[7] O. Düzbakar（2006）'Charitable Women and their Pious Foundations in the Ottoman Empire: The Hospital of the Senior Mother, Nurbanu Valide Sultan', *Journal of the International Society for the History of Islamic Medicine*, 5, p. 14.

[8] M. Baer (2004) 'The Great Fire of 1600 and the Islamization of Christian and Jewish Space in Istanbul', *International Journal of Middle East Studies*, 36(2), pp.159–181.

[9] G. Necipoğlu（1992）*Architecture, Ceremonial and Power: The Topkapı Palace in the Fifteenth and Sixteenth Centuries*. Cambridge, MA: MIT Press, p. 163.

[10] B. Grivna（2013）*My Father's Father*. Xlibris Self–Publishing Corporation, p. 130.

第五十六章　生长着各种水果的花园

[1] Lady Mary Wortley Montagu（2013）*The Turkish Embassy Letters*, ed. T. Heffernan and D. O'Quinn. Ontario: Broadview Press, p. 163.

[2] S. Başaran and U. Kocabaş（2008）'From the Theodosian Harbour to Yenikapi Shipwrecks', *Colloquium Anatolicum*, 7, pp. 1–22.

[3] H. İnalcık（1990）'Istanbul: An Islamic City', *Journal of Islamic Studies*, p. 12.

[4] 15 世纪末，阿诺德·冯·哈夫（Arnold von Haff）写道，伊斯坦布尔的犹太人口是三万六千人（不光只是新来的犹太人）。B. Lewis（1985）*The Jews of Islam*. Princeton: Princeton University Press, p. 122.

[5] Aboab, *Nomologia, o Discuros legales compuestos*（1629）, 125, and D. Altabé, *Spanish and Portuguese Jewry before and after 1492*（1983）, 引自 P. Frankopan（2015）*The Silk Roads: A New History of the World*. London: Bloomsbury, p. 200。

[6] H. Hattenhauer and U. Bake eds.（2012）*Ein Fugger–Kaufmann im Osmanischen Reich: Bericht von einer Reise nach Konstantinople und Kleinasien 1553–1555*. Frankfurt: Peter Lang. 引自 D. P. Bell（2008）*Jews in the Early Modern World*. Lanham, MD: Rowman & Littlefield, p. 60. 也可见 M. Rozen（1998）'Public Space and Private Space among the Jews of Istanbul in the Sixteenth and Seventeenth Centuries', *Turcica*, 30, pp. 331–346; U. Heyd（1953）'The Jewish Communities of Istanbul in the Seventeenth Century', *Oriens*, 6（2）, pp. 299–314; F. Zarinebaf（2012）'Intercommunal Life in Istanbul during the Eighteenth Century', *Review of Middle East Studies*, 46（1）, pp. 79–85; M. Baer（2004）'The Great Fire of 1600 and the Islamization of Christian and Jewish Space in Istanbul', *International Journal of Middle East Studies*, 36（2）, pp. 159–181.

[7] 1439 年到 1440 年间，约翰内斯·谷登堡（Johannes Gutenberg）发明了印刷机。

[8] 关于这个时期制丝业从业者间的互动，充分而精彩的讨论见 D. Jacoby（2004）'Silk Economics and Cross–Cultural Artistic Interaction: Byzantium, the Muslim World, and the Christian West', *Dumbarton Oaks Papers*, 58, pp. 198–240。

[9] 查理曼穿着最上等的布料下葬——布料是在君士坦丁堡织成，上面装饰着大象。西西里的鲁杰罗二世拥有的华丽丝织斗篷日后成为神圣罗马帝国皇帝加冕时披的衣物，鲁杰罗二世围攻拜占

庭的科林斯与底比斯，然后将当地众多的制丝工人运到巴勒莫（Palermo），强迫他们将制丝知识传授给当地人。即使是拜占庭丝织品的补丁也被人们视为极有价值，加以反复利用。圣托马斯·贝克特（St. Thomas Becket）的十字褡包含各种高级布料，其中一块来自西班牙的阿尔梅里亚（Almería）。

[10] 1922 年，随着希腊人遭到驱逐，布尔萨的制丝业终于陷入大规模停顿。14 世纪以来，布尔萨曾经非常繁荣，当地人以从头到脚穿着丝绸与天鹅绒衣物闻名于世。希腊制丝商塔基·特里克卓格鲁（Taki Terliktsoglou）回忆说，当丝绸在街上被弄得一团糟时，进行人都没有办法通过。

[11] D. Vlami (2015) *Trading with the Ottomans: The Levant Company in the Middle East*. London: I. B. Tauris, p. 268.

[12] S. Shaw (1991) *The Jews of the Ottoman Empire and the Turkish Republic*. New York: New York University Press, p. 114.

[13] G. C. Soulis (1961) 'The Gypsies in the Byzantine Empire and the Balkans in the Late Middle Ages', *Dumbarton Oaks Papers*, 15, pp. 141, 143-165.

[14] P. Mansel (1997) *Constantinople: City of the World's Desire, 1453-1924*. London: Penguin, p. 102.

第五十七章　一枚钻石镶嵌在两颗蓝宝石之间

[1] Evliya Çelebi，引自 B. Lewis (1963) *Istanbul and the Civilization of the Ottoman Empire*. Norman, OK: University of Oklahoma Press, pp. 110-111。

[2] The Greek Kritovoulos，引自 J. Taylor (2010) *Imperial Istanbul: A Traveller's Guide（includes Iznik, Bursa and Edirne）*. London: Tauris Parke Paperbacks, p. 125, Bayezid II。

[3] 布特林特是个浪漫之地，吸引以四海为家的人前来，如 1191 年的彼得伯勒的本笃（Benedict of Peterborough）、阿拉伯旅行作家伊德里西（al-Idrisi）、拜伦·卡瓦菲斯与弗拉赫（Vlach）牧羊人，他们把这些遗迹当成自己的家；据说这里也是美狄亚的安息之地以及埃涅阿斯从特洛伊前去建立罗马途中短暂停留的地方——墨索里尼因此在 20 世纪 20 年代中叶支持在此进行挖掘。

[4] 每一季的挖掘都会发现新的宝物；2005 年，人们发现了保存完整的罗马广场，2007 年，发现了连绵的输水道，最近则发现一座希腊化时代的塔楼——这些全被保护在 6 世纪的巨大城墙之内。充满魔力、赋予生命力量的古井，让考古学家雀跃不已。大巴西利卡盖在此地犹太会堂的上方。洗礼堂保证了基督教能够带来好处——孔雀象征着乐园。这或许能为 249 年到 251 年左右在此地被投入野兽圈栏里的殉教者以及那些并未名列剧场石碑自由者名单上的奴隶带来安慰。

[5] G. Necipoğlu (2007) 'Creation of a National Genius: Sinan and the Historiography of "Classical" Ottoman Architecture', *Muqarnas*, 24, pp. 141-183. D. Kuban (1996) *Istanbul: An Urban History: Byzantion, Constantinopolis, Istanbul*. Istanbul: Türkiye İş Bankası Kültür yayınları, pp. 288-312（ch. 24, 25）。

[6] 例如，参见 Ç. C. Suvari (2010) 'A Brief Review of Ethnicity Studies in Turkey', *Iran & the Caucasus*, 14（2）, p. 412。

[7] 这里我大量参考了埃尔金（Ergin）的说法，参见 N. Ergin (2008) 'The Soundscape of Sixteenth-Century Istanbul Mosques: Architecture and Qur'an Recital', *Journal of the Society of Architectural Historians*, 67（2）, pp. 204-221。

[8] 在里昂，1561 年，皮埃尔·吉勒出版了 *Three Books on the Thracian Bosphorus* 和 *Four Books on the Topography of Constantinople and its Antiquities*。

第五十八章　穆斯林的千禧年

［1］Matteo Zane, *Alberi* III, 442−443. 引自 Kármán and Kunčević, *The European Tributary States of the Ottoman Empire in the Sixteenth and Seventeenth Centuries*, trans. L. Marchini. Leiden and Boston: Brill, p. 81。

［2］R. G. Păun（2013）'Enemies Within: Networks of Influence and the Military Revolts against the Ottoman Power（Moldavia and Wallachia, Sixteenth-Seventeenth Centuries）', in G. Karman and L. Kunčević eds. *The European Tributary States of the Ottoman Empire in the Sixteenth and Seventeenth Centuries*. Leiden and Boston: Brill, p. 263.

［3］al-Suyuti, Jalal al-Din. N.d. al. Hawi li-l-fatawa, 2 vols. Beirut: Dar al-Fikr, 2: 86−9 in C. Wessinger（2016）, p. 271.

［4］如果女性心仪的男子持续四十天佩戴这块"蒙福"的手帕,那么这名理想的对象将无法抗拒手帕主人的魅力。

［5］F. W. Hasluck（1916/18）'The Mosques of the Arabs in Constantinople', *Annual of the British School of Athens*, 22, p. 171.

［6］例如,参见 R. J. Topinka（2009）'Islam, England, and Identity in the Early Modern Period: A Review of Recent Scholarship', *Mediterranean Studies*, 18, pp. 114−130。S. C. Welch, M. Jenkins and C. Kane（1984）'Islamic Art', *Notable Acquisitions 1983−1984*. New York: Metropolitan Museum of Art, pp. 4−8。

［7］G. K. Chesterton, *Lepanto*（1915）The American Chesterton Society: http://www.chesterton.org/lepanto/.

［8］布洛顿（J. Brotton）最近广泛谈到这个主题,提出了不少具有启发性的看法。参见 J. Brotton（2016）*This Orient Isle: Elizabethan England and the Islamic World*. London: Allen Lane。

［9］Miguel de Cervantes Saavedra（1825）*The Life and Exploits of the Ingenious Gentleman Don Quixote De La Mancha*, trans. Charles Jarvis, New York: Evert Duyckinck, p. 109. ch. 'Wherein the captive relates his life and adventures'.

［10］J. J. Norwich（2007）*The Middle Sea: A History of the Mediterranean*. London: Vintage Books, p. 325.

［11］"苏丹从埃迪尔内夏宫赶往首都监督新舰队的建造。" S. White（2011）*The Climate of Rebellion in the Early Modern Ottoman Empire*. Cambridge: Cambridge University Press, p. 15. 也可见 C. Imber（1996）'The Reconstruction of the Ottoman Fleet after the Battle of Lepanto', in C. Imber ed. *Studies in Ottoman History and Law*. Istanbul: Gorgias Press, pp. 85−101。

第五十九章　火药帝国与枪手：通事与宦官

［1］Gelibolulu Mustafa Ali, *Sûr*, p. 124. E. Boyar and K. Fleet（2010）*A Social History of Ottoman Istanbul*. Cambridge: Cambridge University Press. p. 52.

［2］Sujan Rai, *Khulasat al-Tawarikh* f. 引自 S. P. Blake（2002）*Shahjahanabad: The Sovereign City in Mughal India 1639−1739*. Cambridge: Cambridge University Press, p. 193.

［3］Inayat Khan（1990）*The Shah Jahan Nama*. W. Begley and Z. Desai eds. and trans. Oxford: OUP India, p. 28.

［4］圣城麦加与麦地那代表的不只是情感与精神的源头,也是物质财富的来源。奥斯曼人接续了拜占庭

人收集圣物的热情，收集的圣物与珍宝送回到伊斯坦布尔收藏保存，作为呈献给麦加的供物（20世纪初，欧洲强权试图在中东扩展影响力，许多收藏就此留在托普卡珀皇宫展示）。前面曾提到，塞利姆一世曾经宣称什叶派不是真正的伊斯兰教形式。

[5] 感谢凯瑟琳·斯科菲尔德（Katherine Schofield）在奥斯曼与莫卧儿音乐风格上提供的建议。

[6] 奥斯曼苏丹每周五（主麻日）的游行仪式极为壮观：骑兵骑着白马，路面如铺着地毯般覆盖着白沙，在皇宫前集结的士兵恭敬地走在领袖身后。直到19世纪，印度与日本的访客依然语带敬畏地评论他们看到的一切。

[7] 引自 N. R. Farooqi（1989）*A Study of Political and Diplomatic Relations between Mughal India and the Ottoman Empire, 1556−1748*. Delhi: Idarah−i Adabiyat−iDelli。

[8] 参见 N. E. Rothman（2009）'Interpreting Dragomans: Boundaries and Crossings in the Early Modern Mediterranean', *Comparative Studies in Society and History*, 51（4）, pp. 771−800。

[9] 参见 C. Philliou（2008）'The Paradox of Perceptions: Interpreting the Ottoman Past through the National Present', *Middle Eastern Studies*, 44（5）, pp. 661−675。

[10] J. Tolan, G. Veinstein and H. Laurens（2013）*Europe and the Islamic World: A History*. Princeton: Princeton University Press, p. 148.

[11] 参见 G. P. Marana（1687）*Letters Writ by a Turkish Spy, Who Lived Five and Forty Years Undiscovered at Paris*. London.

[12] J. Lad（2010）'Panoptic Bodies: Black Eunuchs as Guardians of the Topkapı Harem', in M. Booth ed. *Harem Histories: Envisioning Places and Living Spaces*. Durham, NC: Duke University Press, pp. 136−176.

[13] 参见 S. Skilliter（1965）'Three Letters from the Ottoman "Sultana" Safiye to Queen Elizabeth I', in S. M. Stern ed. *Documents from Islamic Chanceries*. Cambridge, MA: Harvard University Press, p. 148.

第六十章　女苏丹当家

[1] Philip Massinger, *The Renegado*, Act 1, scene 3.

[2] H. Ostovik, M. V. Silcox and G. Roebuck（2008）*The Mysterious and the Foreign in Early Modern England*. Associated University Presses, p. 66.

[3] S. Bicknell（2001）*The History of the English Organ*. Cambridge: Cambridge University Press, p. 72.

[4] T. Dallam（1893）The Diary of Master Thomas Dallam, 1599−1600. *Early Voyages and Travels in the Levant*, 2.

[5] B. Arbel（1992）'Nur Banu（c. 1530−1583）: A Venetian Sultana?', *Turcica*, *24*, pp. 241−259.

[6] 参见 L. P. Peirce（1993）*The Imperial Harem: Women and Sovereignty in the Ottoman Empire*. New York and Oxford: Oxford University Press, passim.

[7] 同上，p. 147。

[8] 同上，p. 226。

[9] 同上，p. 208。这座清真寺被爱维亚·瑟勒比形容成"光之山"，同上，p. 186。

[10] 在本章中，我大量参考了皮尔斯（Pierce）的作品，同上，p. 209。

[11] 不过萨菲耶自己也为她的床伴寻找嫔妃。

[12] 引自 L. P. Peirce（1993）*The Imperial Harem: Women and Sovereignty in the Ottoman Empire*. New York and Oxford: Oxford University Press, p. 202。

［13］E. Boyar and K. Fleet（2016）*Ottoman Women in Public Space*, Leidn and Boston: Brill.

［14］S. Skilliter（1965）'Three Letters from the Ottoman "Sultana" Safiye to Queen Elizabeth I', in S. M. Stern ed. *Documents from Islamic Chanceries*. Cambridge, MA: Harvard University Press, pp. 132－133.

［15］引自 L. P. Peirce（1993）*The Imperial Harem: Women and Sovereignty in the Ottoman Empire*. New York and Oxford: Oxford University Press, p. 228。

［16］S. Skilliter（1965）'Three Letters from the Ottoman "Sultana" Safiye to Queen Elizabeth I', in S. M. Stern ed. *Documents from Islamic Chanceries*. Cambridge, MA: Harvard University Press, p. 43.

［17］O. Bon and G. Goodwin eds.（1996）*The Sultan's Seraglio: An Intimate Portrait of Life at the Ottoman Court*, trans. R. Withers. London: Saqi Books, p. 46.

［18］出自 "公祷文使用的一种形式……用来激励所有信神的人向上帝祷告，让那些正遭受土耳其人攻击的基督徒能得到拯救", reprinted in W. Keatinge Clay ed.（1847）*Liturgical Services of the Reign of Queen Elizabeth: Liturgies and Occasional Forms of Prayer Set Forth in the Reign of Queen Elizabeth*. Cambridge: Cambridge University Press, pp. 519－523, esp. 519.

［19］这里我大量参考了 D. J. Vitkus（1997）'Turning Turk in Othello: The Conversion and Damnation of the Moor', *Shakespeare Quarterly*, 48（2）, pp. 519－523, esp. 519。

［20］S. S. Montefiore（2016）*The Romanovs: 1613－1918*. London: Weidenfeld & Nicolson, p. 239.

［21］G. MacLean（2004）*The Rise of Oriental Travel: English Visitors to the Ottoman Empire, 1580－1720*. Basingstoke and New York: Palgrave Macmillan, p. 165.

［22］R. Bernard Yeazell（2000）*Harems of the Mind*. New Haven and London: Yale University Press, passim.

第六十一章　耶尼切里

［1］引自 A. Wheatcroft（2008）*The Enemy at the Gate: Habsburgs, Ottomans and the Battle for Europe*. London: Random House, p. 163。

［2］Robert Walsh（1828）*Narrative of a Residence at Constantinople*, 引自 A. Wheatcroft（1993）*The Ottomans*. London: Viking, p. 86。

［3］Adolphus Slade, *Record of Travels in Turkey, Greece etc. and of a Cruise in the Black Sea with the Captain Pasha in the Years 1828, 1829, 1830, 1831*（1833）, 引自 A. Wheatcroft（1993）*The Ottomans*. London: Viking, p. 92。

［4］一般来说，西方的兴起，以及哥伦布和瓦斯科·达·伽马（Vasco da Gama）成功航行带来的既有的商业模式的被破坏，是奥斯曼高门与后宫的策士不仅要熟悉本地情况，还要了解国际社会并且忠诚的一个原因。穆拉德四世举办了为期一星期哗众取宠的庆典活动，同业公会的人在城里列队游行。我们可以思考个中动机，这么做要证明什么？难道这是个通过信仰、观念，或花哨的贸易商品来保持团结的社会？ 1638 年 12 月 25 日，巴格达向穆拉德四世投降；在中东划下的疆界，至今仍具有影响力。1645 年，奥斯曼军队登陆克里特岛，1683 年，大维齐尔将目光转向北方——望向辽阔的多瑙河这条坚固的自然疆界。少了耶尼切里，要达成这些目标是不可能的。

［5］但原则上，犹太人、罗马人、库尔德人（Kurds）、波斯人与土耳其人要成为耶尼切里却不是那么受欢迎。

［6］古雷·伊尔玛兹（Gulay Yılmaz）运用法院记录与遗嘱认证登记簿得出了卓越的研究成果，参见她的博士论文，G. Yılmaz（2011）'The Economic and Social Roles of Janissaries in a 17th Century Ottoman City: The Case of Istanbul', doctoral thesis, McGill University, Montreal. digitool.library.

mcgill.ca/thesisfile104500.pdf [date accessed 28.01.16]。

[7] V. H. Askan（1998）'Mutiny and the Eighteenth Century Ottoman Army', Turkish Studies Association Bulletin, 22（1）, pp. 116–125. C. Kafadar（1991）'On the Purity and Corruption of the Janissaries', *Turkish Studies Association Bulletin*, 15（2）, pp. 273–280. A. Wheatcroft（1993）*The Ottomans*. London: Viking, pp. 84–137.

[8] 相当于 160 克到 190 克。

第六十二章　维也纳大围城

[1] Mehmed IV, *The Great Turks Declaration of war against the Emperor of Germany（At his Pallace at Adrinople, Feb 20, 1683）*, London: printed by G. C. for John Mumford（1683）.

[2] 索别斯基随信寄上从奥斯曼人手中夺得的"先知军旗"。索别斯基是骑兵领袖，他率兵朝着奥斯曼军队冲锋。

取自针对抗撒旦与叛教天使的驱邪仪式，被称为"圣安东尼的书简"，圣安东尼将书简给予一名打算自杀的葡萄牙女子，此事发生于 12 世纪，参见《启示录》5: 5 ："不要哭！看哪，犹大支派中的狮子，大卫的根，他已得胜，能以展开那书卷，揭开那七印。"

[3] 这段城墙的考古与修复工作正在进行中。

[4] *Nähere Untersuchung der Pestansteckung*, 42, Pascal Joseph von Ferro, Joseph Edler von Kurzbek k.k. Hofbuchdrucker, Wien, AD 1787.

[5] 参见 "烛光无敌舰队"，1526 年摩哈赤战役前夕："仿佛七重天上所有的星辰全聚集起来。每个地方都被照亮，整个谷地瞬间成了一座玫瑰园，" 苏丹的史家索拉克 - 札德（Solak-zâde）写道，"大鼓（kös）、双面鼓与号角的回音令大地为之震动，喧嚣声从地上直达天际。" Solak-zâde, *Tarihi*, trans. 1999, 40. 也可参见 B. Jezernik ed.（2009）*Imagining the 'Turk'*. Newcastle: Cambridge Scholars Publishing, p. 38–39 和 B. Ware Allen（2015）*The Great Siege of Malta: Battle between the Ottomans and the Knights of St. John*. Lebanon, NH: University Press of New England, p. 155。

[6] B. Georgievitz（1661）*The Rarities of Turkey Gathered by One that was Sold Seven Times as Slave in the Turkish Empire...* London, p. 46.

[7] R. Murphey（1999）*Ottoman Warfare: 1500–1700*. London: UCL Press, p. 152. M. Baer（2008）*Honored by the Glory of Islam: Conversion and Conquest in Ottoman Europe*. Oxford: Oxford University Press, p. 216. 贝尔（Baer）对艾哈迈德·阿迦（Ahmed Agha）的讨论参见 *The Events or Calamities of Vienna（Vekayi-i Beç）*, 213ff.

[8] "（8 月 25 日）正午之前，大维齐尔进入战壕并且召唤侯赛因·帕夏（Hussein pasha）、贝基尔·帕夏（Bekir pasha）、耶尼切里的阿迦（Aga）……与其他指挥官来到大本营……他严正警告所有人，并且耳提面命，让每一个人务必尽全力打赢这场仗，将自己的生命财产悉数奉献给真正的信仰……仿佛这是一场无止境的斗争，而这场战斗将持续带来令人难以置信的痛苦。" 参见 J. Stoye（2012）*The Siege of Vienna*. Edinburgh: Birlinn, ch. 8.II。

[9] 关于此战役的确切参与人数说法不一，但据说这是史上最大规模的骑兵冲锋，包括尾随在索别斯基率领的三千名重装波兰枪骑兵、骠骑兵之后的两万名骑兵；四万七千名德意志、奥地利联军与三万七千名波兰、立陶宛联军；两万名耶尼切里；十万名步兵；四万名鞑靼后备队队。R. Overy（2014）*History of War in 100 Battles*. Oxford: Oxford University Press, p. 58. 也可见 M. Varvounis（2012）*Jan Sobieski: The King Who Saved Europe*. Bloomington, IN: Xlibris, p. 152 ; E. Jenkins Jr.（2000）*Muslim Diaspora: A Comprehensive Chronology of the Spread of Islam in Asia, Africa,*

Europe and the Americas, vol. 2: *1500－1799*. Jefferson, NC: McFarland, p. 205。

［10］"鏖战八小时后，昏暗的天色迫使他们撤退。隔天早晨，在索别斯基的猛攻之下，土耳其人丢下一万名阵亡将士后逃离战场。三千名基督徒战死。" E. Jenkins Jr. (2000) *Muslim Diaspora: A Comprehensive Chronology of the Spread of Islam in Asia, Africa, Europe and the Americas*, vol. 2: *1500－1799*. Jefferson, NC: McFarland, p. 205.

［11］引自 *A True and Exact Relation of the Raising of the Siege of Vienna and the Victory Obtained over the Ottoman Army, the 12th of September 1683*. pamphlet 'Printed for Samuel Crouch at the Corner of Popes-Head Alley next Cornhill, 1683' in *German History in Documents and Images*, vol. 2: *From Absolutism to Napoleon, 1648－1815*. http://germanhistorydocs. ghi-dc.org/sub_document. cfm?document_id=3580 [accessed 19.01.2016]。

［12］E. Jenkins Jr. (2000) *Muslim Diaspora: A Comprehensive Chronology of the Spread of Islam in Asia, Africa, Europe and the Americas*, vol. 2: *1500－1799*. Jefferson, NC: McFarland, p. 206.

［13］参见 G. Goodwin (2006) *The Janissaries*. London: Saqi Publishing, pp. 176－177。

［14］参见最近的杰出作品 R. Dankoff and S. Kim eds. and trans. (2010) *An Ottoman Traveller: Selections from the Books of Travels of Evliya Çelebi*. London: Eland。

［15］R. Dankoff (2004) *An Ottoman Mentality*. Leiden: Brill, p. 117.

［16］同上，pp. 105－106。非常感谢丹科夫教授（Professor Dankoff）的协助。

［17］Frankopan (2015) *The Silk Roads: A New History of the World*. London: Bloomsbury, p. 261－262.

第六十三章　白奴贸易与结核病

［1］M. Wagner (1856) *Travels in Persia, Georgia and Koordistan with Sketches of the Cossacks and the Caucasus*. London: Hurst and Blackett Publishers. Digitised by Google.

［2］Mansel (2011) .

［3］这两座城市的联结至今仍受到纪念。波季主要的座堂建于 1907 年，是以君士坦丁堡圣索菲亚大教堂为范本兴建的。

［4］Augustine of Hippo, *Letters* 10.6, R. Eno, trans. (1989) Washington, DC: Catholic University of America Press.

［5］P. Mansel (1997) *Constantinople: City of the World's Desire, 1453－1924*. London: Penguin, p. 131.

［6］Shakespeare, *Henry IV*, Part 2, Act 5, scene 2. B. Malieckal (2008) 'Slavery, Sex and the Seraglio: "Turkish" Women and Early Modern Texts', in H. Ostovich, M. V. Silcox and G. Roebuck eds. *The Mysterious and the Foreign in Early Modern England*. Newark, DE: University of Delaware Press, pp. 58－73. P. Magdalino and M. Mavroudi (2006) *The Occult Sciences in Byzantium*. Geneva: La Pomme d'Or.

［7］J. Hathaway (2011) 'Habeşi Mehmed Ağa: The First Chief Harem Eunuch', in A. Ahmed and B. Sadeghi eds. *The Islamic Scholarly Tradition: Studies in History, Law, and Thought in Honor of Professor Michael Allan Cook*. Leiden: Brill, p. 182.

［8］Y. I. Baris and G. Hillerdal (2009) 'Tuberculosis in the Ottoman Harem in the 19th Century', *Journal of Medical Biography*, 17, p. 171.

［9］同上，pp. 170－173。N. Ersoy, Y. Gungor and A. Akpinar (2011) 'International Sanitary Conferences from the Ottoman Perspective（1851−1938）', *Hygiea Internationalis*, 10（1）, p. 53.

［10］ D. S. Brookes trans. and ed.（2008）*The Concubine, the Princess, and the Teacher: Voices from the Ottoman Harem*. Austin, TX: University of Texas Press.

第六十四章　白高加索人

［1］ 引自 B. Baum（2008）*The Rise and Fall of the Caucasian Race: A Political History of Racial Identity*. New York: New York University Press, p. 84。

［2］ Thackeray（1846）'The Paris sketch book'. 'Memoirs of Mr. Charles J. Yellowplush'. 'The Irish sketch book'. 'Notes of a Journey from Cornhill to Grand Cairo, by way of Lisbon, Athens, Constantinople, and Jerusalem: Performed in the Steamers of the Peninsular and Oriental Company', Volume 2 of *Miscellanies*,（Fields, Osgood & Company, 1869）, original from Harvard University, p. 534.

［3］ J. F. Blumenbach（2000）'On the Natural Variety of Mankind', in R. Bernasconi ed. *The Idea of Race*. Indianapolis: Hackett Publishing, p. 31.

［4］ Leo Tolstoy（2001）*The Wood Felling*, in Collected Shorter Fiction, vol. 1., trans. A. Maude, L. Maude and N. Cooper. New York and Toronto: Alfred A. Knopf.

［5］ C. King（2008）*The Ghost of Freedom: A History of the Caucasus*. Oxford: Oxford University Press, p. 134.

［6］ Alberi, *Relazioni*, 2, p. 97; 也可见 *Queen Elizabeth and the Levant Company*, 23（一份给在罗斯代尔［Rosedale］的英国大使的报告）。

［7］ Barnum to Greenwood, 14 May 1864, in A. H. Saxon ed.（1983）*Selected Letters of P. T. Barnum*. New York: Columbia University Press, p. 115−127.

［8］ 参见 C. King（2011）*Odessa: Genius and Death in the City of Dreams*. New York and London: W. W. Norton, 35ff.

［9］ 对内尔·欧文·佩因特（Nell Irvin Painter）的访谈, *Caucasian Roots*, BBC Radio 3, 首播于 2015 年 5 月。也可见 N. I. Painter（2011）*The History of White People*. New York and London: W. W. Norton, pp. 83−84。

［10］ N. I. Painter（2003）'Why White People Are Called Caucasian?', *Proceedings of the Fifth Annual Gilder Lehrman Center International Conference*, Yale University, 7−8 November 2003, http://glc.yale.edu/sites/default/files/files/events/race/Painter.pdf.

第六十五章　肥皂与天花

［1］ A. Crooke（1637）*A Relation of a Journey Begun An Dom: 1610: Fovre Bookes*. Library of the Ohio State University, Digitised 2014, p. 69.

［2］ Byron（1837）*The Complete Works of Lord Byron*, A. and W. Galignani and Company, p. 107.

［3］ V. Brown（1909）*Haremlik*. Boston; New York: Houghton & Miffl in Co.

［4］ Lady Mary Wortley Montagu（2013）*The Turkish Embassy Letters*, ed. T. Heffernan and D. O'Quinn. Ontario: Broadview Press, p. 163, pp. 101−102.

［5］ 参见 E. Boyar and K. Fleet（2016）*Ottoman Women in Public Space*, Leiden and Boston: Brill, p. 238。

［6］ 关于伊斯坦布尔土耳其浴文化更详细的研究参见 N. Cichocki（2005）‘Continuity and Change in Turkish Bathing Culture in Istanbul: A Life Story of the Çemberlitaş Hamam’, *Turkish Studies*, 6（1）, pp. 254−258。

［7］ Lady Mary Wortley Montagu（2013）*The Turkish Embassy Letters*, ed. T. Heffernan and D. O’Quinn. Ontario: Broadview Press.

［8］ 参见 E. Boyar and K. Fleet（2010）*A Social History of Ottoman Istanbul*. Cambridge: Cambridge University Press, p. 254, 258。

［9］ 对于那些确实能进入后宫的人来说，这些描述只是为了宣扬有趣的故事，而不是作为活动的基础；1877 年，《英国妇女评论》（*Englishwoman’s Review*）提到，“对他（男性穆斯林）而言，女人只是动物”。

［10］ 参见 ‘Cigar Divan’, in G. Cruikshank（1832）*Scraps and Sketches*. Publisher unknown。

［11］ Jerichau−Baumann, *Brogede Rejsebilleder*（*Motley Images of Travel*）,（Copenhagen, 1881）.

［12］ G. MacLean（2004）*The Rise of Oriental Travel: English Visitors to the Ottoman Empire, 1580−1720*. Basingstoke and New York: Palgrave Macmillan.

［13］ I. Hershkovitz, et al.（2008）‘Detection and Molecular Characterization of 9000−Year−Old Mycobacterium Tuberculosis from a Neolithic Settlement in the Eastern Mediterranean’, in PLoS ONE 3（10）: dx.doi.org/10.1371/journal. pone.0003426.

［14］ 参见 N. Ersoy, Y. Gungor and A. Akpinar（2011）‘International Sanitary Conferences from the Ottoman Perspective（1851−1938）’, *Hygiea Internationalis*, 10（1）。

第六十六章　郁金香与纺织品

［1］ Nabi Efendi（1901）‘Eulogy of Istanbul’ in de A. P. Courteille and R. Arnot eds. and trans. *The Counsels of Nabi Efendi to his Son Aboul Khair*. New York: The Colonial Press, pp. 182−185.

［2］ G. H. Grelot（1683）*A late voyage to Constantinople*. trans. J. Phillips, London: John Playford, p. 58.

［3］ B. S. Robinson（2009）‘Green Seraglios: Tulips, Turbans and the Global Market’, *Journal for Early Modern Cultural Studies*, 9（4）, pp. 107−108.

［4］ C. Kafadar（1989）‘Self and Others: Th e Diary of a Dervish in Seventeenth Century Istanbul and First−Person Narratives in Ottoman Literature’, *Studica Islamica*, 69, p. 129.

［5］ 参见 F. Zarinebaf（2010）*Crime and Punishment in Istanbul 1700−1800*. Berkeley and Los Angeles: University of California Press, p. 176。

［6］ 引自 J. Mather（2009）*Pashas: Traders and Travellers in the Islamic World*. New Haven and London: Yale University Press, p. 113。

第六十七章　噢，爱！年少的爱！

［1］ Lord Byron, *Don Juan*, Canto XIII, stanza xxiii.

［2］ Byron（1837）*The Complete Works of Lord Byron*, A. and W. Galignani and Company, p. 594.

［3］ 参见 L. A. Marchand ed.（1973）*Byron’s Letters and Journals*, vol. 1: ‘*In my Hot Youth*’ and vol. 2: ‘*Famous in my Time*’. London: John Murray。

[4] 玛丽·沃特利·蒙塔古夫人写给朋友亚历山大·蒲柏的信中提到许多事件的细节，她描述了苏丹大军出城讨伐奥地利与匈牙利时的肃杀气氛。

[5] Byron, *Don Juan*, Canto V, stanza iii.

[6] Byron（1837）*The Complete Works of Lord Byron*, A. and W. Galignani and Company, p. 136.

[7] 感谢威廉·圣克莱尔（William St. Clair）慷慨协助我提出这些观念，也感谢他提供拜伦的作品，还有茶。

[8] 引自 R. Beaton（2013）*Byron's War: Romantic Rebellion, Greek Revolution. Cambridge:* Cambridge University Press, p. 203。

第六十八章 大屠杀

[1] Kevin Smith, trans.（2007）原刊于 *The Redwood Coast Review*, 9（3），Summer 2007。

[2] 当时正值英格兰威塞克斯王朝末代国王登基，而在亚美尼亚，巴格拉提德王朝（Bagratid）末代国王、年轻的加吉克二世（Gagik II）试图防卫首都阿尼（Ani），抵御拜占庭与德文酋长国（Emirat of Dvin）的进犯。参见 M. Chahin（2001）*The Kingdom of Armenia: A History*. Richmond: Curzon Press, p. 231。

[3] 10 世纪时人们开始一窝蜂地兴建宗教建筑物，这些建筑物往往过于华丽，皇帝尼克波洛斯二世·福卡斯因此禁止新修道院的奠基与捐献。这些宗教建筑物的兴建都太轻率；有些根本不是基于虔信与慈善而设。

[4] 有几部描述君士坦丁堡历史与遗迹的作品被认定是此人所作，但实际上他很可能是编纂者。

[5] 由于每棵树一年只出产 9 盎司左右（相当于 250 克），因此大家都有按比例分配与保护乳香脂的共识。在设有城门的城镇梅斯特（Meste），数世纪以来，民众在日落后都禁止出入城镇。

[6] 今日，在风光如同布里奇特·赖利（Bridget Riley）黑白式绘画风格的皮尔基（Pyrgi）村里，年老妇人依然展现出如画般的完美笑容——也许是乳香脂的效用，也可能是乳香脂的生意兴隆让她们满心欢喜。乳香脂贸易的所有收入由合作社成员共同分享。

[7] P. M. Kitromilides（2010）'The Ecumenical Patriarchate', in L. Leustean ed. *Eastern Christianity and the Cold War, 1945–1991*. Abingdon: Routledge, p. 227.

[8] 例如，参见 D. Brewer（2011）*The Greek War of Independence: The Struggle for Freedom and from Ottoman Oppression*. New York: The Overlook Press.

[9] 各个资料记载的数字不大一样。根据米勒的说法，"四月，（岛上）的基督徒估计有十一万三千人，到了八月只剩一千八百人……两万三千人被杀，四万七千人被当成奴隶贩卖"，参见 W. Miller（2013）*The Ottoman Empire and its Successors 1801–1927: With an Appendix 1927–1936*, 4th edn. Cambridge: Cambridge University Press, p. 80。也可见 D. Rodogno（2011）*Against Massacre: Humanitarian Interventions in the Ottoman Empire 1815–1924*. Princeton: Princeton University Press, p. 69；C. A. Fraze（1969）*The Orthodox Church and Independent Greece 1821–1852*. Cambridge: CUP Archive, p. 51；W. A. Phillips（1897）*The War of Greek Independence 1821–1833*. London: Smith, Elder, p. 94。

[10] R. Schiffer（1999）*Oriental Panorama: British Travellers in 19th Century Turkey*. Amsterdam: Rodopi, p. 188.

[11] Eugène Delacroix, *Correspondance générale*, ed. Joubin（1935）Paris: Plon, p. 18.

[12] 关于希俄斯岛的历史年表，参见 www.christopherlong.co.uk/pub/chiosinfo.html。

第六十九章 革命

[1] 引自 C. King（2014）*Midnight at the Pera Palace: The Birth of Modern Istanbul*. New York and London: W. W. Norton, p. xv。

[2] N. Stone（2010）*Turkey: A Short History*. London: Thames & Hudson, ch. 6.

[3] J. Freely（1998）*Istanbul: The Imperial City*. London: Penguin, p. 131, pp. 263–265.

[4] 1827 年，吉祥事变发生后还不到一年，英国、法国与俄国为了增加希腊要求自治的筹码，在纳瓦里诺湾（Navarino Bay，今日的皮洛斯 [Pylos]）歼灭了奥斯曼舰队，尽管这当中英国人在文化上或许反对崇尚古罗马文化的拿破仑法国，而且英国人也认为俄国人不该支持希腊，唯恐俄国人从奥斯曼帝国谋取利益。1832 年，独立的小王国希腊从德国迎来国王，以纳夫普利翁（Nafplion）作为临时首都。

[5] J. Pardoe（1838）*The Beauties of the Bosphorus*. London: George Virtue, 26, Ivy Lane.

[6] A. Wharton（2015）*The Architects of Ottoman Constantinople: The Baylan Family and the History of Ottoman Architecture*. London: I. B. Tauris, p. 114.

[7] 邻近岛屿如锡米岛（Symi）的船夫被认定是地中海最棒的，奥斯曼人雇用他们通过水路在帝国各地从事邮递业务，从伊拉克到多瑙河都可以见到他们的身影。

[8] 爱德华·利尔愉快的游记参见 S. Hyman（1988）*Edward Lear in the Levant: Travels in Albania, Greece and Turkey in Europe 1848–1849*. London: John Murray。

[9] E. B. de Fonblanque（1877）*Lives of the Lords Strangford: With Their Ancestors and Contemporaries Through Ten Generations*. London: Cassell, Petter & Galpin, p. 262.

第七十章 沙皇格勒

[1] Parliamentary Papers. *Accounts and Papers: Thirty-Six Volumes: Eastern Papers*, V. Session 31 January–12 August 1854, Vol. 71. London: Harrison & Son, doc. 1. H. Temperley（1936）*England and the Near East*. London: Longmans, Green, p. 262.

[2] 这两座港口至今仍是海军基地，1997 年以前，塞瓦斯托波尔仍不对外开放，而巴拉克拉瓦（Balaklava，现在是塞瓦斯托波尔的一部分）依然未标示在苏联地图上以保护驻扎在当地的潜艇。

[3] I. de Madariaga（1990）*Catherine the Great: A Short History*. New Haven and London: Yale University Press, p. 48.

[4] 1774 年，俄罗斯击败奥斯曼后签订的《库楚克开纳吉和约》（Treaty of Küçük Kaynarca）第十四条规定，俄国人有权在加拉达兴建教堂。参见 R. H. Davidson（1979）'The "Dosografa" Church in the Treaty of Küçük Kaynara', *Bulletin of the School of Oriental and African Studies*, 42（1），pp. 46–52。

[5] M. C. Wren and T. Stults（1994）*The Course of Russian History*. Eugene, OR: Wipf & Stock, p. 325.

[6] 布洛表示这是 19 世纪 50 年代大仲马搭船经过波季港时所观察到的，参见 O. Bullough（2010）*Let Our Fame Be Great: Journeys among the defiant people of the Caucasus*. London: Penguin。

[7] C. King（2008）*The Ghost of Freedom: A History of the Caucasus*. Oxford: Oxford University Press, p. 63.

[8] A. S. Pushkin（2008）*Complete Prose Tales: The Moor of Peter the Great*. trans. G. Aitken. London: Random House, p. 33.

第七十一章　斯库塔里

[1] Pushkin, *A Journey to Arzrum*. 普希金在 1829 年战役时写下的笔记。文中的耶尼切里是阿明—奥格鲁（Amin-Oglu）；阿尔祖鲁姆是安纳托利亚东部的城镇，1071 年曼齐克特战役后被塞尔柱土耳其人攻占并且改名。

[2] 参见 N. Stone（2010）*Turkey: A Short History*. London: Thames & Hudson, p. 105。

[3] M. Gul（2009）'Istanbul between the Crimean War and the First World War', in M. Gul, *Emergence of Modern Istanbul: Transformation and Modernisation of a City*. London: Tauris Academic Studies, p. 41.

[4] 1858 年在伦敦出版。

[5] K. Marx（1897）*The Eastern Question. A Reprint of Letters Written 1853−1856 Dealing with the Events of the Crimean War*, ed. E. Marx Aveling and E. Aveling. New York: B. Franklin, 1968. London: Frank Cass, 1969.

[6] 对克里米亚战争现存史料的详细描述参见 C. Badem（2010）*The Ottoman Crimean War（1853−1856）*. Leiden: Brill。

[7] G. Terakye and F. Oflaz（2007）'A Historical Overview of Psychiatric Mental Health Nursing in Turkey', *International Journal of Mental Health*, 36（3）, pp. 73−83.

第七十二章　单向沟通

[1] 威尔斯亲王日记。参见 S. Gordon（with contributions from B. El Hage and A. Nasini）（2013）*Cairo to Constantinople: Francis Bedford's Photographs of the Middle East*. London: Royal Collection Trust。

[2] 其中一些照片参见 S. Gordon（with contributions from B. El Hage and A. Nasini）（2013）*Cairo to Constantinople: Francis Bedford's Photographs of the Middle East*. London: Royal Collection Trust。

[3] 伊斯坦布尔出现了一些问题。当拿破仑三世的妻子欧仁妮皇后（Empress Eugénie）随苏丹阿卜杜勒阿齐兹前往后宫（新盖的多尔玛巴赫切宫）时，据说苏丹皇太后由于法国皇后的出现感到受到冒犯，因而掌掴了她。而在巴黎，马克·吐温（Mark Twain）对阿卜杜勒阿齐兹与拿破仑三世做了不恰当的比较。J. Freely（2000）*Inside the Seraglio: Private Lives of the Sultans in Istanbul*. London: Penguin, p. 273.

[4] Ş. Yildirim and G. Karakaş（2006）*Edirne Museums and Sites*. Istanbul: Yapı Kredi Yayınları, p. 89.

[5] P. Mansel（1997）*Constantinople: City of the World's Desire, 1453−1924*. London: Penguin, p. 295.

[6] 参见 C. B. Rose（1998）'Troy and the Historical Imagination', *Classical World*, 91（5）, pp. 386−403。

[7] 感谢夏洛特·卢谢教授（Professor Charlotte Roueché）让我注意到这些细节。

[8] 也可见 'Leaving Therapeia', 1882 年 7 月 16 日下午两点三十分。感谢维多利亚·索罗莫尼德斯博士（Dr. Victoria Solomonides）与我分享卡瓦菲斯从君士坦丁堡寄出的第一张明信片。

[9] 1899 年，德皇威廉二世在伊斯坦布尔古竞技场兴建了一座奇异的、融合拜占庭与奥斯曼风格的喷泉，它反映了在德国境内广受喜爱的新奥斯曼建筑风格。

[10] 例如，参见 Sadri Sema（2002）*Eski İstanbul Hatıraları*. Maçka: Kitabevi, p. 12。

[11] T. Fikret（2007）*Rübab-ı Şikeste*. Kemal Bek ed. Istanbul: Bordo Siyah Yayınları, p. 370, 371.

第七十三章　玫瑰园里的病人

[1] R. Allen (2008) *Spies, Scandals, & Sultans: Istanbul in the Twilight of the Ottoman Empire*. First English Translation of Egyptian Ibrahim al-Muwaylihi's *Ma Hunalik*. Lanham, MD: Rowman & Littlefield Publishers, pp. 77-83.

[2] 感谢菲利普·桑兹（Philippe Sands）。

[3] 引自 E. Boyar and K. Fleet (2010) *A Social History of Ottoman Istanbul*. Cambridge: Cambridge University Press, p. 46, n. 110。

[4] K. Zhukov and A. Vitol (2001) 'The Origins of the Ottoman Submarine Fleet', *Oriente Moderno*, 20 (81), 1, pp. 221-232.

[5] 本章大量参考了 C. King (2014) *Midnight at the Pera Palace: The Birth of Modern Istanbul*. New York and London: W. W. Norton。

[6] 感谢菲利普·曼塞尔（Philip Mansel）让我注意到这点。P. Mansel (1997) *Constantinople: City of the World's Desire, 1453-1924*. London: Penguin, p. 307.

[7] 麦克德莫特（G. H. MacDermott）与乔治·威廉·亨特（George William Hunt）1878 年所作的合唱曲。

[8] 参见 M. Erol (2013) 'Surveillence, Urban Governance and Legitimacy in Late Ottoman Istanbul: Spying on Music and Entertainment during the Hamidian Regime (1876-1909)', *Urban History*, 40, pp. 706-725。

[9] 十六国签署的《布鲁塞尔会议法》（Brussels Conference Act，即《奴隶贸易与输入枪炮、弹药与烈酒到非洲的相关公约》）明令禁止奥斯曼的奴隶贸易。为切尔克西亚人四处奔走的人士开始在西方畅所欲言，例如熟知东方事务的外交官大卫·厄克特（David Urquhart），他在欧洲各地设立了蒸汽浴场（最后一座土耳其浴场位于伦敦的杰明街 [Jermyn Street]，毁于 1941 年的伦敦大轰炸）。厄克特设计了切尔克西亚国旗，据说他的儿子，一名牛津大学教授，1919 年被推举为北高加索山区共和国（North Caucasus Mountain Republic）的总统。

[10] 令人愉快的描述参见 C. King (2007) 'Imagining Circassia: David Urquhart and the Making of North Caucasus Nationalism', *Russian Review*, 66 (2), pp. 238-255。

[11] 关于俄国对伊斯坦布尔的兴趣，精彩的讨论参见 D. Lieven (2015) *Towards the Flame: Empire, War and the End of Tsarist Russia*. London: Allen Lane, p. 73。

[12] 同上，p. 26。

[13] G. Keynes ed. (1968) *The Letters of Rupert Brooke*. London: Faber & Faber, p. 662. 布鲁克在 1915 年 2 月写下这封信，这是他最后一封寄回国的信。

第七十四章　加里波利：帝国末日

[1] 刊于 *Mayorough and Dunolly Advertiser*, 12 April, 1916。

[2] Doukas, *Historia Byzantina*, I. Bekker ed. (1843) Bonn: Weber, p. 155; Doukas, *Decline and Fall of the Ottoman Turks*, H.J Magoulias trans. (1979) Detroit: Wayne State University Press, p. 144. 引自 E. Boyar and K. Fleet (2010) *A Social History of Ottoman Istanbul*. Cambridge: Cambridge University Press, p. 21。

[3] 参见 C. King (2014) *Midnight at the Pera Palace: The Birth of Modern Istanbul*. New York and London: W. W. Norton, p. 34。

［4］ *Talat Paşa' nin Anilari*（Memoirs of Talat Pasha）（1994），trans. S. T. Wasti（2004）'The 1912–13 Balkan Wars and the Siege of Edirne', *Middle Eastern Studies*, 40（4），p. 71 n. 4.

［5］ O. L. von Sanders（1927）*Five Years in Turkey*, trans. C. Reichmann. Annapolis: United States Naval Institute.

［6］ 参见 E. Rogan（2015）*The Fall of the Ottomans: The Great War in the Middle East, 1914–1920*. London: Allen Lane, p. 133。

［7］ F. Moberly（1923）*History of the Great War Based on Official Documents: The Campaign in Mesopotamia 1914–1918*, vol. 1. London: HMSO, pp. 130–131，引自 P. Frankopan（2015）*The Silk Roads: A New History of the World*. London: Bloomsbury, p. 334。

［8］ Cheetham to Foreign Office, 13 December 1914, PRO FO 371/1973/87396, 引自 P. Frankopan（2015）*The Silk Roads: A New History of the World*. London: Bloomsbury, p. 335。

［9］ E. Rogan（2015）*The Fall of the Ottomans: The Great War in the Middle East, 1914–1920*. London: Allen Lane, p. 140.

［10］ P. FitzSimons（2015）*Gallipoli*. London: Bantam Press. P. Lecane（2015）*Beneath a Turkish Sky: The Royal Dublin Fusiliers and the Assault on Gallipoli*. Dublin: The History Press.

［11］ M. Gilbert（2004）'Churchill and Gallipoli' in J. MacLeod ed. *Gallipolli: Making History*. London: Frank Cass, p. 27.

［12］ E. Rogan（2015）*The Fall of the Ottomans: The Great War in the Middle East, 1914–1920*. London: Allen Lane, 110ff.

［13］ 引自 P. FitzSimons（2015）*Gallipoli*. London: Bantam Press, p. 246。

［14］ 鲁伯特·默多克（Rupert Murdoch）的父亲，墨尔本通讯记者基思·默多克（Keith Murdoch）报导了这场战役。

［15］ 后征服时期伊斯坦布尔居民谦卑的军士心态经常引起议论。结束主麻仪式回宫的路上，苏丹会驾着一般的战车，这种戏剧性的仪式是为了让苏丹想起自己有着土耳其战士血统的记忆。19 世纪末穆斯林旅行作家希布利·诺马尼（Shibli Nu'mani）表示，没有任何城市能与君士坦丁堡并驾齐驱，但他也赞扬道，与家庭给印度带来的伤害相比，伊斯坦布尔住宅与房屋的规模适中，较为简朴，并且伊斯坦布尔居民并未丧失身为战士的正直。

［16］ 感谢卡那封伯爵夫人，她检视了卡那封收藏的奥布雷·赫伯特的资料（2011 年），让我注意到这个细节。

［17］ 引自 National Memorial Service 1914 Sikhs Order of Service Monday 8 June 2015，参见 Nagendra M. P. Srivastava（1973）*Growth of Nationalism in India: Effects of International Events*. Meerut: Meenakshi Prakashan, p. 66。

［18］ C. King（2014）*Midnight at the Pera Palace: The Birth of Modern Istanbul*. New York and London: W. W. Norton, p. 36.

［19］ S. H. Ross（2006）*How Roosevelt Failed America in World War II*. Jefferson, NC: McFarland, p. 189.

［20］ 出版于 1918 年，L. Einstein（1917/2012）*Inside Constantinople–A Diplomatist's Diary during the Dardanelles Expedition April–September 1915*. London: Forgotten Books（originally London: John Murry）。

［21］ E. Rogan（2015）*The Fall of the Ottomans: The Great War in the Middle East, 1914–1920*. London: Allen Lane, p. 338.

［22］ C. King（2014）*Midnight at the Pera Palace: The Birth of Modern Istanbul*. New York and London: W.

W. Norton, p. 42.

［23］C. F. Horne ed.（1923）*Source Records of the Great War*, vol. 6. New York: National Alumni, p. 344.

［24］引自 Mansel（2011）.

［25］Ilber Ortayli. *Istanbul'dan Sayflar* cited by Professor Nur Bilge Criss in A. Serim（2015）*Konstantiniyye 1918*. Istanbul: Denizler Kitabevi。

［26］关于《赛克斯—皮科协定》的有趣分析，参见 S. McMeekin（2015）*The Ottoman Endgame: War, Revolution and the Making of the Modern Middle East, 1908–1923*. London: Allen Lane。

第七十五章　红苹果

［1］引自 Mansel（2011）.

［2］引自 P. Lecouras（2001）'Hemingway in Constantinople', *Midwest Quarterly*, 43, pp. 29–41。

［3］同上，p. 99。

［4］这里我大量参考了 Mansel（1995），p.396–397。

［5］查尔斯·金（Charles King）讲述的一则可爱的故事引起了我的注意，他提到有一头高加索熊，圣诞节时被英国士兵喂食了波特酒，结果跌入博斯普鲁斯海峡，最后被渔民捞起。

第七十六章　大灾难

［1］引自 M. Fitzherbert（1985）*The Man Who Was Greenmantle: A Biography of Aubrey Herbert*. London: Oxford University Press（originally London: John Murray, 1983），p. 219。

［2］1934 年，圣索菲亚大教堂最终在希腊与土耳其的协商下改成博物馆，但今日你依然能听见宣礼塔上的叫拜声———项违反协议的政治声明。1939 年，戈培尔（Goebbels）造访佩拉宫与圣索菲亚大教堂，他觉得教堂给了他不少灵感。

［3］M. Mazower（2004）*Salonica: City of Ghosts: Christians, Muslims and Jews 1430–1950*. London: Harper Perennial, p. 344.

［4］不过，在撰写本书的时候，这个地区已逐渐成为中产阶级居住区，最近还成为艺术家与自由行旅行者拜访的著名景点。

［5］土耳其是中东唯一一个在第一次世界大战后独立的民族国家。

第七十七章　最后的哈里发

［1］引自 M. Boivin（2003）*La Rénovation du Shi'isme Ismaélien en Inde et au Pakistan d'après les écrits et les discours de Sultan Muhammad Shah Aga Khan（1902–1954）*. London and New York: Routledge Curzon。

［2］C. Finkel（2006）*Osman's Dream: The Story of the Ottoman Empire 1300–1923*. London: John Murray, p. 545.（阿卜杜勒迈吉德二世继承了堂兄穆罕默德六世的皇位，而穆罕默德六世是阿卜杜勒迈吉德一世的儿子）。

［3］同上，p. 546。

［4］"1924 年 3 月，凯末尔决心直捣旧秩序的核心，他废除了哈里发制度与谢赫伊斯兰（Sheikh-ul-Islam）一职……1925 年 9 月，在经历了库尔德人叛乱并受到哈里发支持者的启发之后，凯末尔决定大规模解散德尔维希教派、兄弟会与在土耳其运作的宗派，并且禁止未担任政府认可的宗教职位之人穿戴宗教服饰或配件。11 月，凯末尔制定了著名的《帽子法》，禁戴带有浓厚宗教意味的菲斯帽。" A. L. MacFie（2013）*Atatürk*. London and New York: Routledge, p. 136.

伊斯兰团体伊扎布特（Hizb ut-Tahrir，伊斯兰解放党）在土耳其遭禁，2009 年，将近有两百名成员被逮捕。http://news.bbc.co.uk/1/hi/world/europe/8166972.stm。但 2015 年伊扎布特于伊斯坦布尔召开支持哈里发的会议（见 http://www.khilafah.com/hizb-ut-tahrir-wilayahturkey-held-a-khilafah-conference-on-the-anniversary-of-khilafahsabolition-in-istanbul/）并于 2014 年与 2015 年进行集会（https://www.youtube.com/watch?v=DUgERpmTuK0）。也可见 http://www.voanews.com/content/critics-even-supporters-say-erdogan-is-the-man-who-would-be-caliph/3024375.html。

2015 年 3 月 17 日，福阿特·厄兹古尔·恰拉普库鲁（Fuat Özgür Çalapkulu，隶属于土耳其执政党正义与发展党）在推特上表示："哈里发就要到来，大家做好准备。"这则推特招来强烈的抗议，而他在 3 月 19 日发表了一份书面声明，表示他对"哈里发"一词有不同的看法。"我用哈里发来指称能掌控一国的问题、体制与行政机关的领导人；独立且能为世上遭践踏的人大力发声的领导人；被压迫者的保护人。" http://www.hurriyetdailynews.com/get-ready-for-erdogans-caliphate-turkeys-ruling-party-official-says.aspx?pageID=238&nID=79883&NewsCatID=338. 也可见 https://www.washingtonpost.com/news/worldviews/wp/2015/03/19/the-caliph-is-coming-get-ready-pro-erdogan-turkish-politician-tweets/。

第七十八章　全球的未来

［1］C. King（2014）*Midnight at the Pera Palace: The Birth of Modern Istanbul*. New York and London: W. W. Norton, p. 9.

［2］土耳其各地学生背诵的学生誓词，1933 年到 2013 年间誓词有一些改变。

［3］事实上，积习难改。伊斯坦布尔的许多居民，无论是穆斯林还是基督徒，更喜欢过旧的节日，如八月中旬的圣母升天节。萨拉热窝围城期间，防空炮也漆上了圣海伦娜的名字——一千五百年来，伊斯坦布尔早已看惯了穆斯林与基督徒不断上演的紧张关系。

［4］感谢亚历山大·贝尔（Alexander Bell）的估算。

［5］'Erdogan's Shanghai Organization Remarks Lead to Confusion, Concern', *Today's Zaman*, 28, January 2013.

［6］这是作者于 2011 年参观时的状况。

［7］资料来源参见 Hansard Online and Open Access。感谢彼得·弗兰科潘博士的建议。

［8］我们偶尔确实能听见真正的声音。穆拉德五世的妃子菲莉茨腾（Filizten）在彻拉安宫（Çirağan Palace）这座巴洛克大理石牢笼里写下回忆录，她在这里生活了二十八年。参见 D. S. Brookes trans. & ed.（2008）*The Concubine, the Princess, and the Teacher: Voices from the Ottoman Harem*. Austin, TX: University of Texas Press。

尾声

［1］Yahya Kemal Beyatlı, *Aziz Istanbul*, p.67. 引自 E. Boyar and K. Fleet（2010）*A Social History of Ottoman Istanbul*. Cambridge: Cambridge University Press, p. 328。

附录

[1] S. Blair and J. Bloom eds. (2012) *God Is Beautiful and Loves Beauty: The Object in Islamic Art and Culture.* New Haven and London: Yale University Press.

[2] I. Dikov (2015) 'Bulgaria Unveils Monument of Cyrillic (Bulgarian) Alphabet in Mongolia's Capital Ulan Bator', *Archaeology in Bulgaria.*

http://archaeologyinbulgaria.com/2015/05/11/bulgaria-unveils-monument-of-cyrillic-bulgarian-alphabet-in-mongolias-capital-ulan-bator/. and http://www.euractiv.com/euro-finance/cyrillic-alphabet-appearance-eur-news-516974.

[3] I. Dikov (2015) 'Bulgaria Unveils Monument of Cyrillic (Bulgarian) Alphabet in Mongolia's Capital Ulan Bator', *Archaeology in Bulgaria.*

http://archaeologyinbulgaria.com/2015/05/11/bulgaria-unveils-monument-of-cyrillic-bulgarian-alphabet-in-mongolias-capital-ulan-bator/.

[4] 相关讨论参见 M. Salamon, M. Wołoszyn, A. Musin and P. Špehar eds. (2012) *Rome, Constantinople and Newly-Converted Europe: Archaeological and Historical Evidence*, vol. 2. Crakow, Leipzig, Rzeszow and Warsaw: Instytut Archeologii I Etnologii Polskiej akademii nauk, esp. Bollók at pp. 131–144。